Studium: Kritische Sozialwissenschaft

Veit Michael Bader / Johannes Berger / Heiner Ganßmann / Jost v. d. Knesebeck

Einführung in die Gesellschaftstheorie

Gesellschaft, Wirtschaft und Staat bei Marx und Weber

Campus Verlag
Frankfurt/New York

CIP-Kurztitelaufnahme der Deutschen Bibliothek

Einführung in die Gesellschaftstheorie :
Gesellschaft, Wirtschaft u. Staat bei Marx u.
Weber / Veit Michael Bader ... – 4. Aufl., einbd.
Sonderausg. – Frankfurt/Main ; New York :
Campus-Verlag, 1987.
(Campus : Studium ; 525/526 : Krit. Sozialwiss.)
ISBN 3-593-32813-5

NE: Bader, Veit-Michael [Mitverf.]; Campus /
Studium

4. Auflage 1987

ISBN 3-593-32813-5

Gesamtherstellung: Friedrich Pustet, Regensburg
Printed in Germany

Inhalt

Vorwort zur zweiten Auflage 1
Anmerkung zur Zitierweise 10
Einleitung 11

Teil A Marx: Basis und Überbau

1. Kapitel: Die Soziologie und das Ideologieproblem 19
2. Kapitel: Die Hauptsätze der materialistischen Geschichtsauffassung 26
3. Kapitel: Die Wendung zur Ideologiekritik 32
4. Kapitel: Gesellschaftliches Sein und Bewußtsein 40
5. Kapitel: Die Verselbständigung der gesellschaftlichen Verhältnisse 46
6. Kapitel: Konsequenzen der Ideologie und die Bedingungen ihrer Aufhebung 55

Teil B Max Weber: Grundbegriffe der verstehenden Soziologie

Einleitung 65
7. Kapitel: Handlung und Sinn 66
8. Kapitel: Erklären und Verstehen 83

Vergleichende Diskussion I: Die Grenzen des handlungstheoretischen Paradigmas 99

Teil C Marx: Kritik der politischen Ökonomie

Einleitung 114

I. Abschnitt: Die Warenform der Arbeitsprodukte 119
9. Kapitel: Gebrauchswert und Wert als Faktoren der Ware 119
10. Kapitel: Der Doppelcharakter der in den Waren dargestellten Arbeit 128
11. Kapitel: Die Wertformen 134
12. Kapitel: Der Fetischcharakter der Ware 143

II. Abschnitt: Der Austausch und das Geld 147
13. Kapitel: Der Austauschprozeß 147
14. Kapitel: Das Geld oder die Warenzirkulation 151

III. Abschnitt: Das Kapital und sein Produktionsprozeß 160
15. Kapitel: Die Verwandlung von Geld in Kapital 161
16. Kapitel: Die Produktion des Mehrwerts 167
17. Kapitel: Absoluter und relativer Mehrwert 173

IV. Abschnitt: Reproduktion und Klassenstruktur 179
18. Kapitel: Der Produktionsprozeß als Reproduktionsprozeß . . 179
19. Kapitel: Klassen, Klassenbewußtsein und Ideologie 186

Teil D Max Weber: Soziologische Grundbegriffe des Wirtschaftens

Einleitung 193
I. Abschnitt: Wirtschaften 195
20. Kapitel: Wirtschaftliches Handeln 195
21. Kapitel: Wirtschaftliches Handeln und die Theorie vom subjektiven Wert 203
22. Kapitel: Tausch als Form der Vergesellschaftung 211

II. Abschnitt: Geld und die sozialen Konsequenzen des Geldgebrauchs 219
23. Kapitel: Geld 219
24. Kapitel: Konsequenzen des Geldgebrauchs und Markt 229
25. Kapitel: Formale Rationalität der Geldrechnung 240

III. Abschnitt: Der moderne Kapitalismus 261
26. Kapitel: Haushalten und Erwerben 261
27. Kapitel: Kapitalrechnungsmäßiges Erwerben und moderner Kapitalismus 271
28. Kapitel: Moderner Kapitalismus und der Widerstreit von formaler und materialer Rationalität 285
29. Kapitel: Zur Rationalität des modernen Sozialismus 294

Vergleichende Diskussion II: Wirtschaftliches Handeln und gesellschaftliche Arbeit 308

Teil E **Marx' Analyse der politischen Struktur der bürgerlichen Gesellschaft**

I. Abschnitt: Methodische Einleitung 321
30. Kapitel: Begriffliche Entwicklung der Struktur des bürgerlichen Staats und ihre Voraussetzungen 321

II. Abschnitt: Einfache Zirkulation – Modernes Recht – Bürgerlicher Staat als Rechtsstaat 327
31. Kapitel: Trennung von bürgerlicher Gesellschaft und Staat (Vorverständigung) 328
32. Kapitel: Austauschprozeß – Rechtsverhältnisse 337
33. Kapitel: Bürgerlicher Staat als Rechtsstaat 347
34. Kapitel: Grundrechte, Warenzirkulation und Demokratie . . . 358

III. Abschnitt: Bürgerlicher Rechtsstaat als Klassenstaat 368
35. Kapitel: Bürgerlicher Staat als Klassenstaat 368

IV. Abschnitt: Politische Formen der Klassenherrschaft der Bourgeoisie und politische Form der sozialen Emanzipation des Proletariats 379
36. Kapitel: Bürgerliche Demokratie. Widerspruch zwischen demokratischer Form der Herrschaft und Klassenherrschaft der Bourgeoisie 379
37. Kapitel: Verselbständigung des Staatsapparats und personale Formen der Klassenherrschaft der Bourgeoisie 390
38. Kapitel: Proletarische Revolution und politische Form der Emanzipation 397
39. Kapitel: ›Absterben‹ von Staat und Recht 406

Teil F **Max Webers soziologische Theorie der politischen Herrschaft** 418

Einleitung 418
40. Kapitel: Grundbegriffe 421
41. Kapitel: Die Legitimitätsgründe der Herrschaft 436
42. Kapitel: Die bürokratische Form der politischen Herrschaft 448
43. Kapitel: Bürokratische Herrschaft und demokratische Regierungsform 462
44. Kapitel: Bürokratische Herrschaft und kapitalistische Produktionsweise 470

Vergleichende Diskussion III: ›Gehäuse der Hörigkeit‹ oder sozialistische Demokratie . . . 483

Literaturverzeichnis 496
Register 509

Vorwort zur 2. Auflage

Unsere Einführung in die Gesellschaftstheorie verdankt ihre Entstehung einem konkreten Anlaß, der Anlage und Durchführung dieser Arbeit geprägt hat: der Aufgabe, für das Grundstudium am Institut für Soziologie der Freien Universität Berlin einen Grundkurs zu verfassen, in dem die Soziologien von Marx und Weber vergleichend vorgestellt würden. Schon die Wortwahl ‚Soziologien' führt uns erneut jene Schwierigkeiten vor Augen, die uns mit der Übernahme dieser Aufgabe jahrelang geplagt haben. Daß Weber ein Soziologe ist – schön und gut; aber sperrt sich nicht das Marxsche Werk jeder Zuordnung zu dem Fächerkanon der »akademischen« Wissenschaften? Läßt sich das Werk der beiden »Antipoden« überhaupt in eine sinnvolle Vergleichsperspektive bringen? Handelt es sich überhaupt um Antipoden? Haben sie überhaupt genügend ausgearbeitete Theorien zu vergleichbaren Gegenstandsgebieten vorgelegt? Wir haben uns an die Arbeit gemacht mit einer affirmativen Vorentscheidung dieser Fragen. Aus der Luft gegriffen ist es schließlich nicht, sie als Antipoden zu behandeln; Max Weber hat einige seiner wichtigsten Arbeiten selber als »positive Widerlegung der materialistischen Geschichtsauffassung« verstanden. Zudem sind beide Autoren in der Folgezeit von seiten marxistischer Theoretiker wie akademischer Soziologen weitgehend als Antipoden interpretiert worden.

Die spezifische Kombination von Marx und Weber sollte in unseren Augen schon damals nicht dazu dienen, die weitere Beschäftigung mit Weber für überflüssig zu erklären; durch den Vergleich können prinzipiell jedenfalls auch alteingesessene Vorurteile über unantastbare Weistümer der Marxschen Theorie ins Rutschen geraten. Natürlich schrieben wir dieses Buch nicht als eingefleischte Weberianer; aber wir waren bestrebt, auch die Marxsche Theorie dem Test eines ernsthaften Theorievergleichs zu unterziehen. Es war und ist für uns nicht ausgemacht, daß ein solcher Vergleich damit enden muß, die Inferiorität von Weber für alle Zeiten festzustellen. Bereits durch die Perspektive einer vergleichenden Behandlung ist vielmehr zum Ausdruck gebracht, daß es sich bei der Weberschen wie bei der Marxschen Soziologie um »große Theorie« handelt. Auch kann ein solcher Vergleich als Vehikel dazu benutzt werden, Marx in kritischer Perspektive in die akademische Soziologie zu bringen und die Studenten zu einem systematischen Studium nicht nur von Marx, sondern auch von Weber anzuhalten.

Seit der Zeit, da wir unser Buch schrieben, – die ersten Entwürfe zu ihm gehen auf Anfang der 70-er Jahre zurück – ist wahrhaftig vieles geschehen, was auch den Versuch, Marx und Weber in ein Verhältnis zueinander zu setzen, nicht unbeeinflußt lassen kann. Zwar hatte die Studentenbewegung schon wesentlich an politischer Kraft verloren, als wir zu schreiben begannen, aber einer ihrer wesentlichen wissenschaftspolitischen Erfolge war die Etablierung eines »massenhaften« Kapitalstudiums (um im Jargon von damals zu bleiben) wenigstens an einigen großstädtischen Universitäten, ein Sachverhalt, den wir bei der Konzeption des Buches in Rechnung stellten. Die »Tendenzwende« hat auch die »Kapitallektüre« fast schneller verschwinden lassen als sie entstanden ist; die politische Resignation großer Teile der sozialistischen Linken in den 70-er Jahren hat viele gute Köpfe am Wert eines fortgesetzten Studiums der Kritik der Politischen Ökonomie verzweifeln lassen; mittlerweile ist die uns noch selbstverständliche Verbindung von sozialistischer Bewegung und großer Theorie erneut zerbrochen. Damals schien das Marxsche Werk nicht nur die Einheit von Theorie und Praxis zu versprechen; auch die Theorie selbst schien von ihrem Zuschnitt her jenseits der Spezialisierung des gewohnten Wissenschaftsbetriebs angesiedelt. Speziell die Werttheorie galt als Eingangstor zur Gesellschaftstheorie und Fundament aller gesellschaftswissenschaftlichen Bemühungen. Heute droht sie unter dem Einfluß einer durch die Arbeiten von Sraffa (1960) und Morishima (1973) ausgelösten enormen Verfachlichung zu einer Disziplin von Spezialisten zu werden, an deren Diskussionen nur noch ein kleiner Kreis geschulter Fachleute teilhaben kann.

Hätte der Streit der Fachleute wenigstens eindeutigere Resultate gehabt! Zwar überblicken wir heute mit hinreichender Klarheit die Schwierigkeiten und Grenzen einer quantitativen Wertbestimmung, aber was Wert heißt, ist nach mehr als 100 Jahren Diskussion umstrittener denn je. Auch bei anderen Grundbegriffen der Marxschen Theorie, wie z. B. dem der »Klasse«, drängt sich der Eindruck auf, daß die fortschreitende Diskussion allenfalls die in ihm angelegten Alternativen geklärt, aber zu keinem konsistenten, das Untersuchungsfeld sozialer Schichtung anleitenden Gebrauch geführt hat.

Ganz anders ist es Webers Soziologie ergangen. Sie ist durch die politische und wissenschaftliche Entwicklung des letzten Jahrzehnts nicht in Frage gestellt, sondern an die Spitze des theoretischen Interesses von Soziologen gerückt worden. Das Bild der tatsächlichen Lage wäre jedoch stark verzeichnet, würde man behaupten, der Marxschen Theorie sei es nur schlecht ergangen, Webers Soziologie hingegen nur ausgezeichnet. Bei aller »Krise des Marxismus«: Marx wird zum ersten Mal seit langem wieder ernsthaft gelesen; die Marxschen Problemstellungen haben einen wachsenden Einfluß auf den verschiedensten Gebieten der sozialwissenschaftlichen Forschung, z.B. in der ökonomischen Diskussion (vgl. Morishima), der Analyse sozialer Schichtung (vgl. Giddens 1973, Wright 1976) und in der Sozialgeschichte (vgl. Breuer 1976, Hilton 1976, Tilly 1975). Während es aber in der Debatte um Marx heftig umstritten ist, ob dessen grundlegende Theorieentscheidungen nicht in eine Sackgasse geführt haben (für die Werttheorie vgl. Steedman 1977, Cutler u.a. 1978), scheint Weber eher unter dem Vorzeichen gelesen zu werden, einen Ausweg aus vielen Sackgassen soziologischer Forschung zu weisen. Jedenfalls erleben wir seit Mitte der 70-er Jahre eine ungeahnte Renaissance der Beschäftigung mit Max Webers Werk und die Diskussion der nächsten Zukunft scheint uns eher durch die Auseinandersetzung zwischen linken und rechten Weberianern als durch die Auseinandersetzung zwischen Marx und Weber bestimmt zu sein.

Diese erneute Zuwendung zu Webers Soziologie hat eine Reihe von Klärungen erbracht, die auch die an einen Vergleich von Weber mit Marx herangetragenen Fragestellungen verändern. Tenbrucks (1976) suggestive Frage, wie gut wir das Werk Max Webers kennen, hat zu einer fruchtbaren Auseinandersetzung darüber geführt, ob tatsächlich »Wirtschaft und Gesellschaft« und nicht viel eher die Religionssoziologie das Hauptwerk Max Webers darstelle. Zwar sind die Einseitigkeiten der Position Tenbrucks in der Kritik (vgl. vor allem Roth 1979, auch Schluchter 1979) hinreichend deutlich geworden; dennoch muß sich jede Weber-Interpretation der damit aufgeworfenen Kontroverse stellen. Wir hatten damals sehr bewußt wegen der wirtschaftssoziologischen Partien »Wirtschaft und Gesellschaft« gewählt und die religionssoziologischen Schriften vernachlässigt. Der von der Anlage des Buches ausgehende Zwang, der Marxschen Kritik der Politischen Ökonomie ein thematisch möglichst naheliegendes Stück der Weberschen Soziologie gegenüberzustellen, hat zu Verzerrungen geführt, die uns heute im Lichte der Diskussion der letzten Jahre sehr deutlich geworden sind. Umgekehrt erscheint es uns wenig fruchtbar, den Rang, den Weber ökonomischen Strukturen und der wirtschaftlichen Entwicklung für die Geschichte und die Gestaltung der »übrigen Lebenssphären« einräumt, in ähnlicher Weise zu unterschätzen, wie dies in der Tradition der herrschenden Weberlektüre geschehen ist.

Mittlerweile sind wichtige Arbeiten erschienen, in welchen insbesondere der methodologische Status der verstehenden Soziologie sowie ihr systematischer und entwicklungsgeschichtlicher Gehalt geklärt wurden (vgl. Weiß 1975, Roth 1976, 1968, 1971, Schluchter 1979, Prewo 1979 u. a.). Jene erneute Weber-Renaissance und die unter ihrer Wirkung einsetzende Diskussion des logischen Status handlungstheoretisch orientierter

Sozialwissenschaften haben die Schwierigkeiten des Theorievergleichs, die wir in der Einleitung zur ersten Auflage ansprachen, in einer Weise deutlich werden lassen, daß die Verfasser sich nur zögernd für eine vom Verlag gewünschte zweite Auflage der »Einführung« haben entscheiden können. Eine tiefgehende methodische und sachliche Überarbeitung des Textes kam aus Zeitgründen und Koordinationsproblemen nicht zustande und kleinere Korrekturen: wie: Ausmerzung von Fehlern, Verdeutlichung ambivalent gebliebener Argumentationsgänge, Straffung umständlicher und Streichung überflüssiger oder irreführender Argumentationen, Ergänzung wichtiger, älterer und neuerer Sekundärliteratur haben wir unterlassen in der Hoffnung, Zeit und Möglichkeit zu finden, den Text grundlegend zu verändern. Wenn somit das Buch nun in völlig unveränderter Fassung wieder aufgelegt wird, möchten wir dies nicht als Zeichen arroganter Selbstvoreingenommenheit der Autoren oder als Teil einer Immunisierungsstrategie gegenüber vorgetragenen Einwänden verstanden wissen. Das Interesse des Verlags und die Tatsache, daß das Buch in Lehrveranstaltungen als Textgrundlage verwendet wird und auch weiter verwendet werden können sollte, haben bei dieser Entscheidung gegenüber unseren Bedenken den Ausschlag gegeben.

Nun kann es nicht Sinn und Zweck eines Vorworts sein, jene Bedenken etwa auszuräumen. Wir fühlen uns jedoch verpflichtet, auf bestimmte Schwächen, die wir heute zu erkennen glauben, zumindest aufmerksam zu machen, um damit wenigstens die Richtung anzudeuten, in der eine Umarbeitung des Vergleichs der Theorien von Marx und Weber vorzunehmen wäre.

Im vorliegenden Text behandeln wir die gesellschaftstheoretischen Ansätze von Marx und Weber als alternative theoretische Positionen: objektiv gerichtete versus subjektiv gerichtete Gesellschaftstheorie (vgl. 16f.). Wenngleich wir diese Charakterisierung an vielen Stellen abschwächen oder sogar überwinden, ist vor allem unsere Interpretation der Grundkategorien der verstehenden Soziologie Webers durch diese auch in der akademischen Soziologie eingebürgerte Tradition in spezifischer Weise geformt und auch irregeleitet:

– Wir tendieren dazu, die Webersche Soziologische Kategorienlehre (Erster Teil WG), insbesondere deren 1. Kapitel: »Soziologische Grundbegriffe« bruchlos in einem »handlungstheoretischen Ansatz« aufgehen zu lassen (vgl. 17 u.ö.) und diesem Ansatz dann die »historisch komparativische und funktionalistische Analyse« in Webers »materialen Arbeiten« abstrakt zu kontrastieren. Weder ist damit der logische Status der ersten vier Kapitel von »Wirtschaft und Gesellschaft« getroffen, noch der überaus komplexe Zusammenhang von funktionalen und strukturellen Erklärungen einerseits mit intentionalen und nomologisch-deduktiven oder induktiv-statistischen Kausalerklärungen andererseits thematisiert, wie er sich in ersten Ansätzen in den »Soziologischen Grundbegriffen« und in Webers »Wissenschaftslehre« findet.

– Wir tendieren dazu – ambivalenten Formulierungen Webers und einer wenigstens damals verbreiteten Weberinterpretation folgend – die handlungstheoretischen Elemente in der Soziologischen Kategorienlehre einseitig ›subjektivistisch‹ und ›individualistisch‹ zuzuspitzen (vgl. Weiß 1978). Der komplexe Zusammenhang von je subjektiv gemeintem Sinn, objektivierten Sinnstrukturen und sozialen Institutionen in Webers verstehender Soziologie wird damit nicht entfaltet und manchmal verschüttet.

– Unsere Interpretation von ›Erklären durch Verstehen‹ blieb ebenso mehrdeutig wie vielleicht der Webersche Text selbst. Der Zusammenhang von aktuellem wie motivationalem Verstehen des subjektiv gemeinten Sinns einer Handlung und damit der Handlung einerseits, dem Verstehen objektivierter Sinnstrukturen (vgl. WG Kap. I, § 4 über Typen der Regelmäßigkeit der Einstellung sozialen Handelns) und funktionalen, strukturellen wie kausalistischen Erklärungen der ›Handlungssituation‹, des ›Handlungsrahmens‹, der strukturell gegebenen Handlungsmöglichkeiten als ›Chance‹ andererseits ist nicht entfaltet.

– Der Zusammenhang von Sinnbezogenheit des Handelns und ›Bewußtsein‹ wird manchmal verkürzt: sinnhaftes Handeln scheint zuweilen zusammenzufließen mit bewußtem Handeln, anstatt bestimmt zu werden im Ausgang von der »Möglichkeit . . . daß der Handelnde den Sinn seines Handelns klarmachen *kann*« (vgl. dieses Buch, S. 72) und der Möglichkeit, die sozialen Bedingungen des Handelns prinzipiell im Modus der Veränderbarkeit zu sehen.

In der Kritik ist unserem Buch oft die Wiederholung eines in der Theorieentwicklung bereits überwundenen Gegensatzes von Handlung und Struktur, Individuum und Gesellschaft etc. vorgehalten worden. Wir wollten aber nicht eine verflossene Entgegensetzung soziologischer Grundbegriffe aufwärmen, sondern gegen die Überdehnung des handlungstheoretischen Ansatzes argumentieren. Zwar sind auch die Strukturen sozialer Systeme auf einem durch Handlungen konstituierten Ordnungsniveau angesiedelt. Unsere Problemstellung war aber vor allem kapitalismus-theoretisch an dem »Überhang an gesellschaftlicher Objektivität« orientiert, hinter dem die konstituierende Subjektivität verschwindet (vgl. H. Reichelt 1970). Dieser aus einer verkehrten Form der Naturaneignung entspringende Überhang an gesellschaftlicher Objektivität ist gewiß keine Realität jenseits von Handlungen, vergleichbar ihrer physiologischen Basis, aber er läßt sich nicht kausal erklären durch Rekurs auf den Handlungssinn von Akteuren im System. Auf der anderen Seite arbeiten viele Autoren (vgl. z. B. Schluchter) an einer Integration struktureller Erklärungen in die

Handlungstheorie, so daß letztere tendenziell synonym wird mit nicht reduktionistischer, genuin soziologischer Theorie.

Unsere Explikation der Grundannahmen des Historischen Materialismus, die aus didaktischen Erwägungen heraus auf eine Interpretation von Auszügen aus der deutschen Ideologie beschränkt blieb, vermeidet zwar nachdrücklich jene objektivistischen Mißverständnisse der Marxschen Theorie, die in den üblichen Auffassungen über den Marxismus in der akademischen Soziologie gang und gäbe sind, entfaltet aber andererseits auch nicht den angezielten Zusammenhang von objektiven Produktionsverhältnissen, Charaktermasken, Klassen einerseits mit kollektiven wie individuellen Handlungen andererseits. Insofern trifft der diesbezügliche Einwand Poggis: »leave unacknowledged the difficulties Marx and the Marxist tradition encounter« (362). Auch hätte die präzise Bedeutung jener eigenartigen gesellschaftlichen Objektivität, die Marx als Warenfetischismus bezeichnet hat, in einer Weise geklärt werden müssen, daß von daher die handlungstheoretischen Grenzen einer Aufhellung des »sie tun es, aber sie wissen es nicht« hätten einsehbar werden können.

Schließlich war in unserer Behandlung der gesellschaftstheoretischen Ansätze von Marx und Weber die Explikation des evolutionstheoretischen Gehalts des Historischen Materialismus wie der verstehenden Soziologie Webers bewußt ausgeklammert (vgl. Habermas 1976, Roth 1976, Schluchter 1979 u. a.). Angesichts der Diskussionslage heute schmerzt das noch mehr als die Aussparung des Vergleichs klassenanalytischer Partien. Wenn es richtig ist, daß ein wesentliches Moment der Aktualität der Theorien von Marx und Weber darin zu suchen ist, daß beide gegenüber einer Vernachlässigung der geschichtlichen Entwicklung in der soziologischen Theoriebildung einerseits, einer vorschnellen Historisierung der Soziologie andererseits ein forschungsstrategisch fruchtbares Verhältnis von Soziologie und Geschichte ermöglichen, ist dies gerade im Blick auf aktuelle Diskussionen ein empfindlicher Mangel. (Vgl. Moore 1966, Wallerstein 1974, Anderson 1974, Tilly 1975).

Auch der Vergleich der Marxschen Kritik der Politischen Ökonomie und der Weberschen soziologischen Grundbegriffe des Wirtschaftens unterliegt spezifischen Schwierigkeiten: Weber waren die theoretischen Aporien subjektiver Wertlehren bewußt. So konstruierten wir zum Zwecke der Vergleichbarkeit von Grenznutzentheorie und Marxscher Werttheorie unter Rückgriff auf Arbeiten von Böhm-Bawerk, Menger, Wieser u. a. eine Folie, um jene Erklärungsprobleme subjektiv gerichteter Theorie an strategischen Punkten aufzeigen zu können und zugleich zu analysieren, warum und wie Weber sich von ihr distanziert. Wir vermeiden damit zwar Schwächen und Fehler in der Interpretation der Weberschen soziologischen Grundbegriffe, laufen jedoch Gefahr, gerade die Stärken des Weberschen

Textes (z. B. die Bedeutung der Kasuistik der Appropriation/Expropriation für die Konstruktion empirisch fruchtbarer Typen von Wirtschaftsordnungen (vgl. §§ 15 ff. des II. Kapitels WG)) zu ignorieren.

Wohl gibt es gute Gründe (gegenüber Tenbruck) an »Wirtschaft und Gesellschaft« als soziologisch entscheidender Arbeit Webers festzuhalten und auch in der Diskussion der Rationalisierungsthese die Bedeutung wirtschaftlicher Strukturen und Prozesse herauszuarbeiten, wie wir dies tun. Dennoch sind die Schwerpunkte der theoretischen Anstrengungen Webers (mit Schluchters Formulierung: Gesellschaftsgeschichte des modernen Okzidents) und Marxens (Analyse der ökonomischen Struktur und der Entwicklungstendenzen kapitalistischer Gesellschaften) verschieden und der Vergleich ihrer Aussagen wird dadurch schwierig.

In der Behandlung der Kritik der Politischen Ökonomie würden wir heute zum einen den gesellschaftstheoretischen Gehalt und logischen Status der Marxschen Analysen deutlicher herausarbeiten, zum anderen auf die nicht unerheblichen immanenten Probleme dieser Theorie stärker aufmerksam machen, als dies geschehen ist. Jede Einführung in die Werttheorie steht heute vor dem kaum lösbaren Problem, einerseits die vornehmlich im Rahmen von Input-Output-Gleichungen geführte ökonomische Diskussion nicht ignorieren zu können, andererseits aber nicht inhaltlich aufnehmen zu können, ohne für den Anfänger kaum übersteigbare Hürden aufzubauen. Zwar gibt es gute Gründe dafür, daß die Entdeckung von Aporien der quantitativen Wertbestimmung heute ihrer durch Bortkiewicz bestimmten »kanonischen Fassung« anzulasten ist; aber die Präsentation der Werttheorie ohne Berücksichtigung dieser Debatte bleibt ihrerseits zu »kanonisch«, um sie unverändert beizubehalten.

Beim Vergleich der Marxschen Ansätze zur Analyse der Politischen Struktur der bürgerlichen Gesellschaft mit Webers soziologischer Theorie der politischen Herrschaft kumulieren die Schwierigkeiten, für den Vergleich geeignete Themen und Texte zu finden. Z. Zt. der Abfassung unseres Buches war die marxistische staatstheoretische Diskussion von der sogenannten »Ableitungsliteratur« beherrscht. In ihr ging es darum, die Form des bürgerlichen Rechtsstaats aus der ökonomischen Struktur der kapitalistischen Gesellschaft zu deduzieren. Unser Text sollte zeigen, daß es noch andere, am Ende bedeutendere Themen der an Marx anschließenden politischen Theorie gibt. Die Vergleichsabsicht wird zudem erschwert durch die verfügbaren Textgrundlagen, in denen sich der wenig ausgearbeitete Stand der Theoriebildung reflektiert. Aussagen zur politischen Theorie müssen bei Marx in noch weitaus stärkerem Maße als bei Weber aus den politischen Schriften herausgearbeitet werden. Zumindest für die Analyse der politischen Struktur der bürgerlichen Gesellschaft im Anschluß an Marx geht diese Explikation über in eine durch wenige allgemeine, theoretisch-methodologische Sätze angeleitete Neukonstruktion. In diesen Teilen des Buches bleibt die Bezugnahme auf Weber eher schwach. Aber auch für Webers Herrschaftssoziologie und seine Ansätze zur Staatssoziologie gilt, daß weder die zentralen Gliederungsprinzipien noch die Zusammenhänge mit der Wirtschaft, dem Recht, der Ethik, bereits hinreichend expliziert sind. Zumindest der Zusammenhang der Soziologie der Herrschaft mit der Rechtssoziologie müßte entfaltet werden. Ein Vergleich der Grundbegriffe der Weberschen Herrschaftssoziologie sowie ihrer zentralen Themen: Typen der Legitimität und Strukturen von Herrschaftsverbänden mit diesbezüglichen Aussagen von Marx und Engels scheinen aufgrund sehr verschiedener Abstraktionsniveaus und aufgrund rudimentär bleibender Andeutungen in deren Texten kaum fruchtbar. Abgesehen von didaktischen Einwänden würde ein Ausweichen auf die spätere marxistische Theoriebildung diesbezüglich leider nichts grundlegend verändern. Schon aus diesem Grunde wäre der Eindruck strikt zu vermeiden, daß »Marx comes out the winner« (Poggi 361).

Wenn die benannten Mängel und Schwächen in Rechnung gestellt und – vor allem in der Lehre – bewußt gemacht werden, kann der Text auch in der vorliegenden Fassung nützlich sein:

- Die »didaktischen« Grundprinzipien erscheinen uns – bei allen Mängeln in der praktischen Umsetzung – auch heute noch produktiv.
- Zwar wurden im Zuge der Weber-Renaissance der letzten Jahre die methodologischen Grundlagen und der sachliche Gehalt der Weberschen Soziologie deutlicher umrissen, aber der Vergleich der Theorien von Marx und Weber steckt noch in den Anfängen. Hierzu bietet unser Text u.E. wichtige und bisher in der Literatur wenig beachtete Ansätze.
- Wir halten es für sinnvoll, – im Unterschied zu den noch stets dominierenden, vornehmlich wissenschaftstheoretisch oder an der Frage der sozialen Konstitution der Realität orientierten Arbeiten zum Theorievergleich und zur soziologischen Grundlagendiskussion, diese mit Teilen der materialen Analysen in jenen zwei Dimensionen zu verbinden, welche in struktur- wie entwicklungstheoretischer Hinsicht jedenfalls für die moderne, bürgerliche Gesellschaft im Zentrum des theoretischen Interesses stehen: Wirtschaft und Staat.

Literatur zum Vorwort

Anderson, P. (1947): *Lineages from the Absolutist State.* London.

Breuer, R. (1976): *Agrarian Class Structure and Economies in Pre-Industrial Europe.* In: Past and Present, Nr. 70.

Cutler, A., Hindess, B., u. a. (1978): *Marx's ›Capital‹ and Capitalism Today.* 2 Vols., London.

Giddens, A. (1973): *The Class Structure of the Advanced Societies,* New York.

Habermas, J. (1976): *Zur Rekonstruktion des historischen Materialismus.* Frankfurt.

Hilton, R. (1976): *The Transition from Feudalism to Capitalism.* London.

Moore, B. (1966): *Social Origins of Dictatorship and Democracy.* Boston. (Deutsch: Frankfurt 1969).

Morishima, M. (1973): *Marx' Economics.* Cambridge.

Poggi, I. (1978): Rezension: Veit Bader, Johannes Berger, u. a.: Einführung in die Gesellschaftstheorie. In: *Contemporary Sociology,* Vol. 7, p. 360 ff.

Prewo, R. (1979): *Max Webers Wissenschaftsprogramm.* Frankfurt.

Reichelt, H. (1970): *Zur logischen Struktur des Kapitalbegriffs.* Frankfurt.

Roth, G. (1968): *Introduction in Max Weber: Economy and Society.* New York.

– (1971): *Sociological Typology and Historical Explanation.* In: Bendix, R., Roth, G., Scholarship and Partisanship. Berkeley.

– (1976): *History and Sociology in the Work of Max Weber.* In: British Journal of Sociology, Vol. 27, p. 306 ff.

– (1979): *Abschied oder Wiedersehen? Zur fünften Auflage von Max Webers »Wirtschaft und Gesellschaft.* In: Kölner Zeitschrift für Soziologie und Sozialpsychologie, Bd. 31.

Schluchter, W. (1979): *Die Entwicklung des okzidentalen Rationalismus. Eine Analyse von Max Webers Gesellschaftsgeschichte.* Tübingen.

Sraffa, P. (1960): *Production of Commodities by Means of Commodities.* Cambridge.

Steedman, I. (1977): *Marx after Sraffa.* London.

Tenbruck, S. (1976): *Wie gut kennen wir Max Weber? Über die Maßstäbe der Weber-Forschung im Spiegel der Maßstäbe der Weber-Ausgaben.* In: Zeitschrift für die gesamte Staatswissenschaft, Bd. 131.

Tilly, Ch. (Ed.) (1975): *The Formation of National States in Western Europe.* Princeton.

Wallerstein, J. (1974): *The Modern World System.* New York, San Francisco, London.

Weiß, J. (1975): *Max Webers Grundlegung der Soziologie.* München.

– (1978): *V. M. Bader u. a., Einführung in die Gesellschaftstheorie.* In: Soziologische Revue 1978, Heft 2, S. 119–126.

Wright, E. O. (1978): *Class, Crisis and the State.* London.

Anmerkung zur Zitierweise

Die Werke von *Marx und Engels* zitieren wir nach folgenden Ausgaben (in Klammern die von uns im Text verwendeten Symbole):

(MEW) – Marx-Engels-Werke Bde. 1–39 und zwei Ergänzungsbände. Hrsg. vom Institut für Marxismus-Leninismus beim ZK der SED, Berlin (DDR), 1956ff. (so bedeutet: MEW 23/84: Marx-Engels-Werke, Bd. 23, S. 84)

(DI) – Für die Schrift »Die Deutsche Ideologie« (MEW 3) wird zusätzlich die Seitenzahl nach der »Neuveröffentlichung des Kapitels I des I. Bandes der ›Deutschen Ideologie‹ von Karl Marx und Friedrich Engels« angegeben, die in: Deutsche Zeitschrift für Philosophie, 1966/10, S. 1192–1254 erschienen ist.

(GR) – Grundrisse der Kritik der Politischen Ökonomie, Berlin (DDR) 1953

(R) – Resultate des unmittelbaren Produktionsprozesses, Frankfurt a. M. 1969

Die Werke von *Max Weber* zitieren wir nach folgenden Ausgaben (in Klammern wieder die von uns im Text verwendeten Symbole):

(WG) – Wirtschaft und Gesellschaft. Grundriß der verstehenden Soziologie. 5. rev. Aufl., besorgt von J. Winckelmann, Tübingen 1972

(WL) – Gesammelte Aufsätze zur Wissenschaftslehre, 3. Aufl., Tübingen 1968

(PS) – Gesammelte Politische Schriften, 2. erw. Auflage, Tübingen 1958

(SP) – Gesammelte Aufsätze zur Soziologie und Sozialpolitik, Tübingen 1924

(RS) – Gesammelte Aufsätze zur Religionssoziologie, 5. Aufl., Tübingen 1963, Bd. I

(PE II) – Die protestantische Ethik II. Kritiken und Antikritiken, 2. Aufl. (Hrsg. J. Winckelmann), Hamburg 1972

(WGesch) – Wirtschaftsgeschichte. Abriß der Universalen Sozial- und Wirtschaftsgeschichte. 2. unver. Aufl., München und Leipzig 1924

Die arabischen Ziffern hinter den genannten Symbolen geben die Seitenzahl der zitierten Stellen in den jeweiligen Ausgaben an.

Einleitung

I. Die Beschäftigung mit Gesellschaftstheorie mag vom Standpunkt einer empirischen Sozialforschung, die sich ihres eigenen Verfahrens nicht bewußt ist, als im schlechten Sinne ›abstrakt‹ und darum als müßig und überflüssig erscheinen. Gegenüber dem dann unterstellten unmittelbaren Zugang zur sozialen Wirklichkeit in der Form der Sammlung empirischer Fakten über isolierte gesellschaftliche Bereiche wäre daran zu erinnern, daß 1. jene rubrizierten ›facts‹ nichts Unmittelbares sind und daß jene isolierten Untersuchungsbereiche in vielfältiger Weise von gesamtgesellschaftlichen Bezügen abhängig sind; daß 2. jegliche soziale Erfahrung, ob Alltagserfahrung oder wissenschaftlich geleitete Erfahrung, ob Erfahrung isolierter sozialer Phänomene oder gesamtgesellschaftlicher Zusammenhänge, ›theoriegeleitete‹ Erfahrung ist auch dann, wenn man sich dessen nicht bewußt ist. Wenn sich das vom strengen logischen Empirismus formulierte Postulat theorieunabhängiger Erfahrung als Irrtum erweisen läßt, dann wird es zur unumgänglichen Aufgabe jeglicher wissenschaftlicher Beschäftigung mit Gesellschaft, den heimlichen oder offen ausgesprochenen theoretischen Bezugsrahmen aller gesellschaftlichen Erfahrung selber zu thematisieren. Die Bedeutung dieser Aufgabe läßt sich daran demonstrieren, daß das je ›alltägliche‹ oder ›normale‹ Gesellschaftsbild, das in Klassengesellschaften der jeweiligen gesellschaftlichen Stellung entsprechend sehr verschieden ist, als selbstverständliches oder quasi-natürliches behandelt wird und als solches auch in diejenige empirische Sozialforschung einfließt, die sich jener vorgängigen Klärung nicht unterzieht. Die Resultate empirischer Forschung aber sind – wie vermittelt auch immer – abhängig von implizit oder explizit vorausgesetzter Theorie der Gesellschaft.

Derselbe Vorwurf der ›Abstraktheit‹ mag vom Standpunkt einer sich ›konkret‹ wähnenden Geschichte der Wirtschaft, des Rechts, der Politik etc. eines bestimmten Landes oder vom Standpunkt gängiger dogmengeschichtlicher Arbeiten aus formuliert werden. Auch ihnen gegenüber ist daran zu erinnern, daß sich der im Historismus unterstellte angeblich ›theorielose‹ Zugriff zu den historischen ›Fakten‹ wie eine ›Theoriegeschichte ohne Theorie‹ aus denselben Gründen als ideologische Verschleierung unausgesprochener Interessen und Standpunkte erweisen läßt. Wissenschaftlicher Analyse zeigt sich, wie schon Hegel wußte, jenes ›Konkrete‹ als das Abstrakteste und die angeblich abstrakte Theorie als brauchbarer

Zugang zum Begreifen der ›zusammengewachsenen‹ Wirklichkeit. Wenn jedoch die Wahl zwischen verschiedenen explizit formulierten Gesellschaftstheorien kein bloßer Akt der Willkür bleiben und damit auf den emphatischen Anspruch wissenschaftlicher Wahrheit verzichtet werden soll, müssen die verschiedenen theoretischen Ansätze zum Begreifen von Struktur und Entwicklungstendenzen von Gesellschaft oder von bestimmten Gesellschaftsformationen (gesellschaftlichen ›Epochen‹) thematisiert und verglichen werden.

Da wir also der »Frage nach der Bedeutung der Theorie für die sozialwissenschaftliche Erkenntnis« (WL 190) einen derartigen Rang zumessen, müssen wir zumindest andeuten, was Gesellschaftstheorien eigentlich leisten können. Man kann letztere erstens als (notwendige) *Mittel zur Erkenntnis* der gesellschaftlichen Wirklichkeit bezeichnen. Sie unterliegen damit als Teile erfahrungswissenschaftlicher Disziplinen – auch wenn sie nicht unmittelbar oder in allen Stücken direkte Theorie über ›Erfahrbares‹ darstellen – den generellen Anforderungen wissenschaftlicher Überprüfung erfahrungswissenschaftlicher Aussagen. Dabei stehen jedoch die Gesellschaftswissenschaften gegenüber den Naturwissenschaften vor drei eigentümlichen Schwierigkeiten: Zum einen sind die Möglichkeiten der Überprüfung von Gesetzeshypothesen durch ›Experiment‹ in ihrem Gebiet weitaus begrenzter und für entscheidende Bereiche überhaupt nicht vorhanden. Zudem ist die Erfahrung gesellschaftlicher Phänomene, an der doch die theoretischen Aussagen letztendlich überprüft werden müssen, in weit größerem Maß als in den Naturwissenschaften, von divergierenden theoretischen Interpretationen abhängig. Schließlich ist aufgrund der den Gesellschaftswissenschaften spezifischen Stellung von Subjekt und Objekt der Erkenntnis deren Gegenstand in seiner Entwicklung in qualitativ anderem Maße abhängig von den handelnden Subjekten. So nimmt auch der sozialwissenschaftliche Forscher durch seine Arbeit direkt oder sehr vermittelt Einfluß auf jene ›objektiven Prozesse‹, die seine Hypothesen andrerseits allein verifizieren oder falsifizieren können. In seinen Fragestellungen antwortet er auf Bedürfnisse ›gesellschaftlicher Praxis‹ und seine Antworten beeinflussen diese – wenn auch in durchaus unterschiedlichem Maße – ihrerseits. Gesellschaftstheorien sind daher zweitens ebensosehr als *Mittel zur Veränderung* oder Stabilisierung der gesellschaftlichen Wirklichkeit zu behandeln, und sie müssen diesen Zusammenhang von Theorie und gesellschaftlicher Praxis weit mehr als die Naturwissenschaften auch als solchen reflektieren, wenn sie wissenschaftlichen Ansprüchen genügen wollen. Sie stehen vor der Aufgabe, Theorie und Praxis, letztlich den Zusammenhang von (zumal antagonistischen oder Klassen-) Interessen und wissenschaftlicher Erkenntnis zu thematisieren. Weder dürfen sie der Frage: wem nützt dies? noch der anderen: ist dies wahr? ausweichen, noch beide vermengen, wie dies in der üblichen Konfrontation von ›Parteilichkeit versus Wertfreiheit‹ der Wissenschaft häufig geschieht. Sie müssen schließlich darauf antworten, ob – und wenn wie – sie den alten Anspruch der politischen Theorien als ›Wissenschaft vom guten Leben‹ unter den modernen Anforderungen an wissenschaftliche Wahrheit aufrechterhalten, oder warum – und um welchen Preis – sie ihn opfern.

II. Geht man von der Notwendigkeit einer systematischen Einführung in Probleme von Gesellschaftstheorie aus, so ergeben sich unserer Ansicht nach folgende – nach Gesichtspunkten des Allgemeinheitsgrades gegliederte – Gegenstandsbereiche: 1. Probleme der Begriffsbildung und der Überprüfung von Theorien in den empirischen Wissenschaften, des Zusammenhangs von Theorie, Erfahrung und Gesellschaft und des Verhältnisses von Erkenntnis und Interesse (Erkenntnis- und Wissenschaftstheorie im engeren Sinn); 2. Grundprobleme allgemeiner Gesellschaftstheorie (allgemeine soziologische Theorie); 3. Allgemeine Theorie einer bestimmten Gesellschaftsformation und des Zusammenhangs gesellschaftlicher Strukturen oder Teilsysteme. Um eine stoffliche Überfrachtung dieses Buches zu vermeiden, bleiben allgemeine erkenntnis- und wissenschaftstheoretische Problemstellungen hier ausgeklammert. Im Unterschied zur gängigen ›Soziologischen Theorie-Diskussion‹ jedoch halten wir es für notwendig und fruchtbar, Reflexionen über den analytischen Bezugsrahmen der Gesellschaftswissenschaften nicht von deren Gegenstand in der Weise zu trennen, als handelte es sich um unabhängige oder nur locker miteinander verbundene Forschungsgebiete. Wir werden vielmehr verfolgen, wie in die gesellschaftstheoretischen Grundlagen gerade ein spezifisches Verständnis des jeweiligen Gegenstandes ›Gesellschaft‹ oder sogar historisch spezifischer Gesellschaftsformation eingeht.

Wir beginnen daher mit der Diskussion allgemeiner gesellschaftstheoretischer Konzepte, um diese am Beispiel ihrer Umsetzung in der Analyse der modernen bürgerlichen Gesellschaft in actu zu verfolgen und hinsichtlich ihrer Konsistenz, ihrer Reichweite und Erklärungskraft zu untersuchen. Wir konzentrieren uns auf die Behandlung von Grundstrukturen der bürgerlichen Gesellschaft nicht allein aus Gründen der Aktualität, vielmehr weil diese Gesellschaftsformation aufgrund ihrer spezifisch ›ungeselligen Geselligkeit‹ der theoretischen Durchdringung besondere Schwierigkeiten entgegenstellt und ihre Analyse daher einerseits den geeigneten Prüfstein für gesellschaftstheoretische Ansätze, andrerseits in gewisser Weise auch einen Schlüssel zum Verständnis anderer Gesellschaftsformationen darstellt.

Im Zentrum unserer Diskussion der modernen bürgerlichen Gesellschaft steht die Frage nach dem Zusammenhang von Wirtschaft, Gesellschaft und Staat. Gibt es einen ›funktionalen Primat‹ eines bestimmten gesellschaftlichen Teilsystems, z. B. der ›Wirtschaft‹? Was ist das ›einheitsstiftende Prinzip‹ dieser Gesellschaft? Ist die bürgerliche Gesellschaft eine bloße Summation isolierter und sich irgendwie beeinflussender ›Sphären‹ oder ›gesellschaftlicher Bereiche‹, oder bildet sie eine ›organische Totalität‹? Allein diese Fragestellungen verbieten schon eine *unreflektierte* Übernahme der – der realen Ausdifferenzierung gesellschaftlicher Teilsysteme entspringenden – Differenzierung in die sozialwissenschaftlichen Spezialdisziplinen Ökonomie, Soziologie, Jurisprudenz, Staatslehre, Politologie usw. Sowohl in ihr wie in der Wiederholung dieser Differenzierung innerhalb der Soziologie als Wirtschaftssoziologie, Rechtssoziologie, Staatssoziologie, politischer Soziologie, Organisationssoziologie usw. ist die Gefahr angelegt (und sie tritt in der Mehrzahl der jeweiligen Arbeiten ganz manifest zutage), jenen inneren Zusammenhang vorab zu verfehlen, Gesellschaft als Ganze aus dem Blick zu verlieren und darüberhinaus diese Not auch noch zu methodologischer Notwendigkeit und Tugend zu erklären. Umgekehrt kann an den Ergebnissen der arbeitsteiligen Spezialdisziplinen nicht – oder nur um den Preis eines offenkundigen Dilettantismus' – vorbeigegangen werden. Wir versuchen dieser Gefahr durch die – in einem Einführungskurs sowieso gebotene – Beschränkung auf einfachste Grundlagen zu begegnen.

III. Nach dieser Skizze der stofflichen Anforderungen wollen wir die didaktischen Überlegungen umreißen, die zur gewählten Vermittlungsform und ihrer konkreten Gestaltung geführt haben. Als generelles Lernziel betrachten wir das Erlernen der Fähigkeit zu selbständigem theoretisch-wissenschaftlichem Arbeiten. Dies verlangt zumindest die Fähigkeit zur intensiven Rezeption und Zusammenfassung wissenschaftlicher Texte, zur Kritik textimmanenter Widersprüche und zur kritischen Diskussion theoretischer Ansätze hinsichtlich ihrer Reichweite und Erklärungskraft. Die Notwendigkeit intensiver Rezeption wissenschaftlicher Texte in Verbindung mit dem Prinzip exemplarischen Lernens erfordert allein schon eine strenge Begrenzung der Zahl der zu behandelnden Theorien, die durch die gebotene Kürze noch verschärft wird. Dazu kommt, daß es in der Sache selbst liegt, zu den oben genannten Gegenstandsbereichen nicht jeweils andere Theorien zu behandeln. Wir haben uns daher – nicht nur, aber auch aus didaktischen Gründen – entschlossen, nur zwei alternative und exemplarische Theorien zu untersuchen.

Die Fähigkeit zur kritischen Diskussion verschiedener theoretischer Ansätze versuchen wir auf zweifache Weise zu entwickeln. Zum einen dadurch, daß wir die behandelten Theorien nicht jeweils in sich abgeschlossen nacheinander behandeln, sondern sie – nach Gegenstandsbereichen gegliedert – vorstellen und vergleichend diskutieren. Dadurch hoffen wir, den Problemhorizont zu erweitern, zu vergleichender Kritik anzuregen und darüber vermittelt zugleich auch das immanente Verständnis beider Theorien zu erleichtern. Zum andern dadurch, daß wir unsrerseits den ›Theorievergleich‹ schrittweise und offen, unter Vermeidung vorschneller und definitiver Gesamturteile, zu führen versuchen.

Bei der Ausarbeitung dieses Buches haben wir uns von folgenden Prinzipien leiten lassen:

1. Im Buch selbst wird vorausgesetzt, daß die zu jedem Kapitel angegebenen *Textgrundlagen* vorgängig zur Kenntnis genommen werden. Nur so kann das Buch zu einem adäquaten Verständnis der behandelten Theorien beitragen. In Anbetracht der vielbeklagten ›Kompliziertheit‹ dieser Theorien haben wir versucht – auch durch Angabe von *Lernzielen* – den Stoff überschaubar zu gliedern. Die *Fragen zur Diskussion* sollen einerseits eine gewisse Lernkontrolle ermöglichen, andrerseits auf offene Probleme verweisen. Zugleich eröffnet die gewählte Kombination von Textgrundlage und Interpretation die für wissenschaftliche Textrezeption und -interpretation wesentliche Möglichkeit von Kontrolle und Kritik.

2. Wir versuchen – vor allem in den ersten Teilen – die Erwartungshaltungen bezüglich schneller, probater und abschließender ›Lösungen‹ der angesprochenen Probleme in der Weise zu beeinflussen, daß ›richtiges‹ Fragen, exakte Einkreisung eines Problems bereits als wichtige Teilergebnisse zu behandeln sind, daß kritische Skepsis gegenüber angebotenen Lösungen und ihr stets erneutes Infragestellen eine der Grundvoraussetzungen auch und gerade sozialwissenschaftlichen Arbeitens bildet.

3. Bei dem durchgeführten, schrittweisen Theorievergleich versuchen wir einerseits, vorschnelle Globalurteile zu verhindern und seine Unabgeschlossenheit – auch, und dies ist hier besonders zu betonen, bezüglich selektiver Rezeption der behandelten Theorien – zu betonen, andrerseits aber gegenüber dem gängigen ›Pluralismus‹ im sozialwissenschaftlichen Denken am emphatischen Anspruch wissenschaftlicher Wahrheit und Kritik festzuhalten.

4. Wir wollen Anleitungen zu weiterem selbständigem Arbeiten und zur Strukturierung des weiteren Studiums vermitteln. Diesem Zweck dienen im wesentlichen die Problemverweise und Literaturangaben in den *Erläuterungen und Zusätzen*, in denen außerdem auf die wichtigste Sekundärliteratur zu den behandelten theoretischen Komplexen verwiesen wird.

IV. Wir haben didaktische Gründe angeführt, warum wir uns nur mit zwei alternativen, exemplarischen Gesellschaftstheorien befassen wollen. Bei der Auswahl bestimmter Theorien aus sachlichen Gründen sieht man sich vor eine doppelte Schwierigkeit gestellt: zum einen gibt es – und wenigstens darin besteht weitgehend Konsens – keinen allgemein geteilten gesellschaftstheoretischen Ansatz, sondern zunächst ein kaum überschaubares und scheinbar ungegliedertes Angebot von divergierenden Theorien (mit den Gründen für diesen Sachverhalt werden wir uns noch zu beschäftigen haben). Zum andern besteht nicht einmal Konsens über Prinzipien der Klassifikation gesellschaftstheoretischer Ansätze, geschweige denn über Klassifikationen selber. Wir haben uns daher bei unserer Auswahl der Theorien von Karl Marx und Max Weber von folgenden Überlegungen leiten lassen:

1. Von einer vernünftigen Gesellschaftstheorie ist zu fordern, daß sie die Eigenart ihres Gegenstands nicht vorab verfehlt, sondern die mit menschlichem und gesellschaftlichem Handeln sich entwickelnde Dimension von Freiheit wie auch immer theoretisch in Anschlag bringt. Wir schließen daher ›organizistische‹ und verhaltenswissenschaftliche gesellschaftstheoretische Ansätze von einer Behandlung aus, weil in ihnen die Differenz von Naturereignissen und menschlichem Handeln als *methodisch* prinzipiell unerheblich betrachtet wird. – Ein Zentralproblem zumindest der Behandlung der bürgerlichen Gesellschaft besteht nun darin, den Zusammenhang zwischen subjektivem Handeln und eigentümlicher gesellschaftlicher Objektivität, die aus dem Zusammenprallen der vielen einzelnen Handelnden resultiert, aufzuhellen. Angesichts dieses Problems sind abstrakt zwei alternative theoretische Ansätze möglich: eine subjektiv gerichtete Theorie, die es unternimmt, die sozialen Gebilde oder die überindividuelle gesellschaftliche Objektivität vom Handeln einzelner und dem je subjektiv gemeinten Sinn her zu konstituieren; und objektiv gerichtete Theorien, die nicht Gesellschaft durch Handeln, sondern umgekehrt Handeln durch Gesellschaft zu erklären versuchen, obwohl Gesellschaft selbst als Handlungszusammenhang erkannt ist. Unsere Auswahl der Gesellschaftstheorien von Marx und Weber reflektiert diese theoretische Alternative: wir behandeln Max Webers handlungstheoretisch orientierte verstehende Soziologie als Beispiel für subjektiv gerichtete Theoriekonzeptionen und die Marxsche Gesellschaftstheorie als Beispiel für objektiv gerichtete Theoriekonzeptionen. Die soziologische Systemtheorie (Parsons, Luhmann), die neben der Marxschen die zweite wichtige Ausprägung objektiv gerichteter Gesellschaftstheorie darstellt, behandeln wir in dieser Einführung zunächst deshalb nicht, weil sie sich in expliziter Auseinandersetzung mit handlungstheoretisch orientierter Soziologie entwickelt hat und nur auf dieser Grundlage (und unter Berücksichtigung der unterschwelligen Auseinandersetzung mit dem Marxismus) verständlich wird. Dazu kommt, daß die wegen ihrer Bedeutung für die aktuelle Diskussion in Betracht kommenden Theorien von Parsons und Luhmann nicht nur ohne vorgängige Kenntnis von Weber kaum zu begreifen wären, sondern daß sie hinsichtlich der Bearbeitung der uns interessierenden Gegenstandsbereiche wie hinsichtlich ihres empirischen Gehalts doch wohl hinter den Arbeiten von Weber und Marx zurückbleiben.

2. Karl Marx und Max Weber sind nun nicht nur anerkanntermaßen die Begründer jener alternativen gesellschaftstheoretischen Positionen, sondern nach wie vor ihre wichtigsten Repräsentanten. Unser Interesse an ihren Theorien ist darum kein ›dogmengeschichtliches‹, sondern ein durchaus aktuelles: die gegenwärtige Diskussion in den Sozialwissenschaften ist durch die fortdauernde Wirkung ihrer Arbeiten nachdrücklich beeinflußt. Soweit die Spaltung der Sozialwissenschaften in ›bürgerliche‹ und ›marxistische‹ in Kraft ist, werden sie als Begründer dieser gegensätzlichen Positionen in Anspruch genommen.

Ein Vergleich der Theorien von Marx und Weber ist nun aus mehreren Gründen nicht problemlos. Zunächst bestehen Zweifel darüber, ob – und in welchem Sinne – die Webersche Soziologische Kategorienlehre überhaupt als systematische Theorie aufzufassen ist. Eine weitere Schwierigkeit besteht darin, daß gefragt werden muß, in welchem Zusammenhang Webers ›materiale‹ Arbeiten mit den Grundkategorien der verstehenden Soziologie stehen, wie sich also handlungstheoretischer Ansatz mit historisch-komparatistischer und funktionalistischer Analyse verbindet. Schließlich besteht eine vorab zu benennende Differenz hinsichtlich des angesetzten Allgemeinheitsgrades der behandelten Theorien. Zwar liegen der Historische Materialismus und die Weberschen Grundkategorien des sozialen Handelns als generelle gesellschaftstheoretische Konzepte auf derselben Abstraktionsebene. Während jedoch Marx – aus darzustellenden Gründen – keine allgemeine, universalhistorisch gültige Wirtschafts-, Rechts- oder Staatstheorie formuliert, sondern sich auf eine allgemeine Untersuchung der ökonomischen, rechtlichen und politischen Struktur und Entwicklung der kapitalistischen Gesellschaftsformation beschränkt, verzichtet Weber in der Fassung der Soziologischen Grundkategorien des Wirtschaftens ebenso wie bei der Behandlung der Typen der Herrschaft, in der Wirtschafts- wie in der Rechts- und Staatssoziologie bewußt auf eine derartige Begrenzung. Aus zwei Gründen ist dennoch ein Vergleich möglich und sinnvoll: Erstens bilden für Weber die moderne kapitalistische Erwerbswirtschaft, das moderne Recht und der moderne Staat zugestandenermaßen (vgl. WG 30, 124 u. ö.) das Modell seiner idealtypisch und epochenübergreifend angesetzten Begriffsbildung, und zweitens ist das Interesse von Weber in seinen ›materialen‹ Arbeiten konzentriert auf eine umfassende Erkenntnis der modernen kapitalistischen Erwerbswirtschaft oder der modernen okzidentalen Gesellschaft. Zwei wichtige Grundlagen unseres versuchten Theorievergleichs auf dieser Ebene bestehen nun gerade darin, daß Marx wie Weber den Zusammenhang von Wirtschaft, Recht, Staat und Bewußtsein in der modernen kapitalistischen Erwerbswirtschaft ausführlich thematisieren und daß die von Marx erkannte ›Versachlichung‹ der gesellschaftlichen Verhältnisse im Kapitalismus bei Weber in der eigentümlichen Fassung der ›formalen Rationalität‹ der modernen kapitalistischen Erwerbswirtschaft, des modernen Rechts und der monokratisch-bürokratischen Verwaltung aufscheint und ausführlich – wenn auch spezifisch unterschieden – thematisiert wird.

Teil A
Marx: Basis und Überbau

Lernziele
Im einleitenden Teil unserer Untersuchung soll

a) über das Ideologieproblem ein Zugang zur Spezifik gesellschaftstheoretischer Aussagen eröffnet, und

b) anhand des Marxschen Ideologiebegriffs eine Diskussion der für Marx charakteristischen Unterscheidung von Basis und Überbau ermöglicht werden. Da es zunächst vor allem um die Kenntlichmachung eines *Problem*zusammenhangs geht, sind Erwartungen bezüglich leicht handhabbarer Problem*lösungen* fehl am Platz.

1. Kapitel: Die Soziologie und das Ideologieproblem

Ein problemloser Zugang zur Soziologie im Sinne einer Vorverständigung über ihren Gegenstand und ihre Verfahrensweise in Abgrenzung von anderen Wissenschaften ist schwerlich denkbar. Da es so gut wie keinen Konsensus darüber gibt, was Soziologie ist[1], läßt sich dieser Zugang nur erschließen durch eine Problematisierung verschiedener Ansätze. Der Beginn mit der Marxschen Basis-Überbau-These hat dabei gegenüber anderen möglichen Zugängen den Vorteil, daß Marx eine Frage ausdrücklich stellt, die in jeder vernünftigen Gesellschaftstheorie beantwortet werden muß: – in der Marxschen Formulierung – die Frage nach dem Verhältnis von gesellschaftlichem Sein und Bewußtsein. Die Bedeutsamkeit dieser Frage läßt sich wohl am ehesten durch den Nachweis demonstrieren, daß ihre mögliche Beantwortung Kriterien zur Einordnung divergierender soziologischer Theorieansätze an die Hand gibt.

§ 1. Unter Soziologie wird auch im wissenschaftlichen Sprachgebrauch Verschiedenes verstanden. Naheliegend ist die Übersetzung des – halb lateinisch, halb griechisch zusammengesetzten – Kunstwortes: Wissenschaft von der Gesellschaft. Eine derartige Bestimmung dessen, was Soziologie sein soll, setzt sich bereits Einwänden aus. Was soll »Gesellschaft« im strengen Sinne heißen? Der Begriff erscheint vielen Soziologien selbst zu umfassend, zu wenig präzisierbar. Man versucht, ihn zu ersetzen: Soziologie handelt von den Formen der Vergesellschaftung[2], oder: Soziologie ist die Wissenschaft vom sozialen Handeln[3], oder: Soziologie ist Theorie sozialer Systeme[4] usw. Mit diesen verschiedenen Bestimmungen der Soziologie wird ausgedrückt, daß Soziologen z. T. mit sehr unterschiedlichen Fragestellungen an ihren Stoff, die gesellschaftliche Wirklichkeit im weitesten Sinne, herangehen. Das ist nicht nur so zu verstehen, daß es in der Wissenschaft Soziologie Spezialgebiete gibt (die »Bindestrich«-Soziologien: Familien-, Gemeinde-, Kultur-, Staats-Soziologie usw.), die in gewisser Selbständigkeit nebeneinander existieren, sondern auch in dem Sinne, daß es unterschiedliche Auffassungen darüber gibt, was Soziologie im allgemeinen ist, welchen Gegenstand sie hat und welche Behandlungsweise diesem Gegenstand angemessen ist.

Diese Divergenzen könnten die Ansicht begründen, daß es eine gewisse Willkür gibt: je nach Lust, Laune, Neigung und mit mehr weniger ausführlicher Begründung setzen der einzelne Soziologe oder eine soziologische »Schule« fest, was Soziologie, ihr Gegenstand und ihre spezifische Verfahrensweise sein soll. (Nach dem Spruch: »Soziologie ist, was die Soziologen machen«). Da diese Festsetzung willkürlich ist, hätten wir ein zusammenhangloses Nebeneinander von Theorien vor uns, zwischen denen es keine Überschneidungen zu geben braucht, die also keinen gemeinsamen Bezug mehr hätten. Ohne einen solchen gemeinsamen Bezug steht aber der Charakter der Soziologie als eigenständige Wissenschaft in Frage. Wenn es die wesentliche Funktion von Wissenschaft ist, allgemeine, intersubjektiv gültige Aussagen über bestimmte Gegenstände zu ermöglichen, so setzt dies nicht nur voraus, daß die getroffenen Aussagen mittels eines als verbindlich anerkannten Verfahrens gewonnen werden, sondern auch, daß sie sich auf abgrenzbare Gegenstände beziehen, über deren Bestimmung sich erst eine Wissenschaft als besondere »konstituiert«.

Über die Bestimmung des Gegenstands der Soziologie herrscht also keine Einigkeit. Die Redeweise »Wissenschaft von der Gesellschaft« erscheint nicht nur vielen Soziologen zu vage. Auch die Wissenschaften von der Ökonomie, der Geschichte, der Politik usw. befassen sich mit gesellschaftlichen Phänomenen, so daß die Soziologie eine Universalwissenschaft wäre, beschränkte man sich zur Bestimmung ihres Gegenstands auf diese Redeweise (Universalwissenschaft in dem Sinne, daß sie alle Sozialwissenschaften als »Spezialgebiete« mit umfassen würde). Umgekehrt führt aber der Versuch, den Gegenstand der Soziologie präziser zu bestimmen, etwa gemäß den bereits angeführten Definitionen: soziale Systeme, Formen der Vergesellschaftung, soziales Handeln, offenbar nicht zu einer Einigung, sondern zu einer Divergenz der Auffassungen über das, was Soziologie sein soll. Einzelne soziologische »Schulen« heben einen bestimmten »Aspekt« der gesellschaftlichen Wirklichkeit, der ihnen wesentlich erscheint (und der von den »Nachbar«-Disziplinen noch nicht abgedeckt ist), hervor und betrachten ihn als den »eigentlichen« Gegenstand der Soziologie[5].

§ 2. Da es uns noch nicht um eine eingehende vergleichende Diskussion verschiedener soziologischer Theorieansätze geht, ist auch keine begründete Entscheidung darüber möglich, welcher dieser Ansätze anderen überlegen ist, so daß z. B. festgelegt werden könnte, Soziologie sei die Wissenschaft von den sozialen Gruppen. Ein Zugang zu diesen verschiedenen Ansätzen eröffnet sich aber über die Frage, warum sie überhaupt divergieren. Zur Klärung dieser Frage bedarf es zunächst der Vergewisserung, daß jene Ansätze trotz unterschiedlicher ausdrücklicher Bestimmung ihres jeweiligen Gegenstandes einen gemeinsamen Bezug haben. Als selbst in Gesellschaft lebende Individuen kennen wir diesen gemeinsamen Bezug, weil wir alle Vorstellungen haben über gesellschaftliche Verhältnisse, Strukturen, Prozesse, den eigenen Ort in diesen Verhältnissen usw. Jedes Individuum verfügt über eine bestimmte Anschauung dessen, was wir gesellschaftliche Wirklichkeit nennen können. Zunächst stellt diese »gesellschaftliche Wirklichkeit« den gemeinsamen Bezug soziologischer Theorien, das Forschungsgebiet der Soziologie, den vorgegebenen Rahmen ihrer möglichen Gegenstände dar. Ebenso vertraut wie die mehr oder weniger vage eigene Vorstellung von der gesellschaftlichen Wirklichkeit ist aber die Tatsache, daß diese Vorstellung von Individuum zu Individuum verschieden sein kann. Einmal vorausgesetzt, daß die wissenschaftliche Arbeit immer in irgendeiner Form vom Alltagswissen von Individuen ausgehen muß, läßt sich an dieser Tatsache anknüpfen, um zu klären, warum divergierende Auffassungen über das, was Soziologie ist oder sein soll, bestehen. Wir stellen zunächst die Vorfrage, warum die noch vorwissenschaftlichen Vorstellungen von der gesellschaftlichen Wirklichkeit bei den in dieser Wirklichkeit lebenden und handelnden Individuen verschieden sind.

Wir unterscheiden also einerseits zwischen Subjekten, die ein bestimmtes Bewußtsein von der gesellschaftlichen Wirklichkeit haben, in der sie leben, und dieser gesellschaftlichen Wirklichkeit andererseits (als dem Objekt dieses Bewußtseins). Gibt es verschiedene Vorstellungen der Individuen von der gesellschaftlichen Wirklichkeit, dann kann das offenbar liegen an der Eigenart dieser Individuen selbst oder der Eigenart der gesellschaftlichen Wirklichkeit, in der sie leben[6]. Ein Beispiel: zwei Bürger der BRD (gleiches Geschlecht, gleiches Alter) äußern sich, befragt über die gesellschaftliche Wirklichkeit wie folgt:

A: In unserer Gesellschaft hat jeder seine Chance, ein schönes Leben zu führen. Wer fleißig und begabt ist, schafft sich schon hoch, hat Erfolg und verdient ordentlich.

B: Es ist immer so, daß die einen oben und die anderen unten sitzen. Jeder muß sehen, wie er an seinem Platz zurechtkommt, aber die Kleinen müssen es immer ausbaden, wenn was schief läuft.

Auf welche der beiden oben benannten Faktoren wäre der Unterschied zwischen diesen beiden Aussagen zurückzuführen? Man könnte natürlich sagen, A ist von seiner Natur her Optimist und B ist Pessimist etc. Wahrscheinlicher ist aber, daß die Differenz der Aussagen von A und B weniger auf ihnen von der Natur her gegebene Eigenheiten (z. B. Differenzen im Chromosomensatz) zurückführbar ist, als auf unterschiedliche Erfahrungen, die A und B entweder selbst gemacht haben oder die ihnen von anderen (Eltern, Lehrer usw.) vermittelt wurden. Ohne das Beispiel weiter auszuführen, läßt sich wohl sagen, daß die unterschiedlichen Vorstellungen, die einzelne Individuen von der gesellschaftlichen Wirklichkeit haben, weitgehend darauf zurückzuführen sind, daß die Stellung der Individuen in dieser Wirklichkeit, damit auch ihre Erfahrungen und die daraus resultierenden Anschauungen, verschieden sind. Zur Erklärung der Differenz der Vorstellungen von Individuen über die gesellschaftliche Wirklichkeit sind wir also wieder zurückverwiesen auf diese gesellschaftliche Wirklichkeit, weil das, was die Individuen sind, die Art, wie sie handeln, welche Vorstellungen sie haben usw., selbst zu einem guten Teil Produkt ihrer sozialen Umgebung ist. Umgekehrt ist die gesellschaftliche Wirklichkeit in einer noch näher zu bestimmenden Weise Resultat des Zusammenwirkens, der Handlungen, Reaktionen, des Verhaltens usw. von Individuen.

§ 3. Offenbar bewegt man sich auf diese Weise in einem Zirkel. Der Versuch, einen Zugang zur Erklärung der gesellschaftlichen Wirklichkeit zu finden, führte zu voneinander unterschiednen soziologischen Theorieansätzen, von denen vorweg nicht auszumachen war, welcher der richtige, plausibelste sein könnte. Die anschließende Frage, *warum* diese Ansätze divergieren, zog einen Wechsel auf die Ebene der Betrachtung des Alltagswissens von Individuen nach sich. Auf dieser Ebene stellte sich heraus, daß die unterschiedlichen Vorstellungen der Individuen über die gesellschaftliche Wirklichkeit in einem noch nicht näher bestimmten, aber beträchtlichen Ausmaß selbst Resultat dieser Wirklichkeit, z. B. der sozialen Lage der einzelnen Individuen sind. Offenbar ist die gesellschaftliche Wirklichkeit nichts Einfaches, Einheitliches, so daß eine unterschiedliche Stellung in dieser Wirklichkeit zu unterschiedlichen Vorstellungen von ihr führt. Um diese Vorstellungen als unterschiedliche zu erklären, müßte man die gesellschaftliche Wirklichkeit selbst auch schon erklärt haben, während die Anknüpfung an diese unterschiedlichen Vorstellungen uns gerade einen Zugang zu dieser Erklärung eröffnen sollte.

Das Drehen im Kreise war aber nicht ganz umsonst. Als vorläufiges Resultat der bisherigen Überlegungen läßt sich festhalten, daß offenbar alle Vorstellungen und Aussagen, die Individuen über die gesellschaftliche Wirklichkeit produzieren, (mit-)bedingt sind durch diese gesellschaftliche Wirklichkeit, deren Charakter umgekehrt durch die Tätigkeit derselben Individuen geprägt wird. Wenn also Individuen Aussagen über die gesellschaftliche Wirklichkeit machen, so machen sie sie über ihren eigenen gesellschaftlichen Zusammenhang, und jede solche Aussage läßt sich auch ihrer Stellung in diesem gesellschaftlichen Zusammenhang zuordnen. Insofern diese Stellung verschieden ist, können auch die Aussagen verschieden sein, obwohl sie sich auf denselben Gegenstand beziehen.

Diese Überlegung erschließt ein erstes Kriterium auch zur Einschätzung theoretischer, mit wissenschaftlichem Anspruch vorgetragener Aussagen über soziale Phänomene. Man könnte versuchen, derartige Aussagen über die gesellschaftliche Wirklichkeit der Position des Subjekts zuzuordnen, das die Aussagen macht. Mit dieser Zuordnung zu sozialen Positionen wäre möglicherweise eine Erklärung gewonnen für die Divergenz derartiger Aussagen (also auch: der soziologischen Theorieansätze).

§ 4. Das Problem, die Divergenz soziologischer Theorieansätze zu erklären, war nur aufgetaucht, weil es um einen Zugang zur Erklärung der gesellschaftlichen Wirklichkeit ging, ohne daß über die Qualität der verschiedenen Theorieangebote vorweg eine Entscheidung zu treffen war. Zwar ist nun die Divergenz dieser Ansätze möglicherweise begründet, aber diese Begründung läuft scheinbar der ursprünglichen Intention zuwider; die Lösung des Problems, wie eine adäquate Theorie über die gesellschaftliche Wirklichkeit vorzugehen und anzusetzen hat, erscheint weiter entfernt als vorher: wenn alle Aussagen über gesellschaftliche Zusammenhänge auch ihrem Inhalt nach der sozialen Position ihrer Verfasser zuordenbar und durch diese Position bedingt sind, scheint offenbar keine »richtige«, allgemein gültige Gesellschaftstheorie möglich zu sein, sondern nur ebensoviele Theorien, wie es verschiedene soziale Positionen gibt (sofern die Inhaber bestimmter sozialer Positionen überhaupt in die Lage versetzt sind, Theorien zu formulieren). Wenn die gesellschaftliche Wirklichkeit nichts Einfaches, Einheitliches ist, sondern eine Verschiedenheit der Stellung der Individuen in ihr einschließt, die mit verschiedenen Tätigkeiten, Erfahrungen und Interessen dieser Individuen verknüpft sind – wie sollen diese verschiedenen Perspektiven der Individuen in einem allgemein verbindlichen Aussagesystem, einer gültigen Theorie der gesellschaftlichen Wirklichkeit vereinheitlicht werden können?[7]

Die Schlußfolgerung liegt auf der Hand, daß es allgemein verbindliche heoretische Aussagen über gesellschaftliche Zusammenhänge nicht geben kann. Allenfalls läßt sich versuchen (und in dieser Aufgabe wird eine wesentliche Funktion der Soziologie gesehen)[8], die verschiedenen Aussagen den verschiedenen sozialen Positionen zuzuordnen und sie dadurch in ihrem Gültigkeitsanspruch zu relativieren, insbesondere dann, wenn bei der Formulierung der Aussage die Partikularität (Besonderheit) der sozialen Stellung des Aussagenden nicht mitbedacht wurde. Die Frage, ob solche Aussagen wahr oder falsch sind, kann sich gar nicht mehr stellen, weil es keine »wahren« Aussagen über gesellschaftliche Verhältnisse geben kann.

Sie sind alle partikulär, können gar nicht das (uneinheitliche) Ganze der sozialen Verhältnisse treffen, sind interessenbedingt aufgrund der unterschiedlichen gesellschaftlichen Stellung der Aussagenden und als solche immer »ideologisch«.

Eine derartige Lösung des Problems der eigenartigen – reflexiven – Struktur von Aussagen über die gesellschaftliche Wirklichkeit, daß sie nämlich mitbedingt sind von dieser gesellschaftlichen Wirklichkeit selbst, weil die Individuen, die solche Aussagen machen, nicht nur Teil, sondern wesentlich auch Produkt ihrer gesellschaftlichen Verhältnisse sind (daß also Subjekt und Objekt der sozialwissenschaftlichen Erkenntnis irgendwie zusammenhängen), ist in der Soziologie vertreten worden. Mit dem Konzept eines »totalen Ideologiebegriffs«[9] wurde die Auffassung verbunden, daß die – selbst wieder sozialen – Entstehungsbedingungen von Urteilen über die gesellschaftliche Wirklichkeit deren »Wahrheitsfähigkeit« prinzipiell tangieren, weil die mit der besonderen sozialen Position des jeweiligen Aussagenden verbundenen Interessen immer in diese Urteile eingehen und damit deren »Objektivität« beeinträchtigen.

§ 5. Ein Einwand gegen einen derartigen »totalen Ideologiebegriff« liegt nahe: abgesehen davon, daß es unbefriedigend bleiben muß, wenn die Wahrheitsfähigkeit von Aussagen über die gesellschaftliche Wirklichkeit generell in Frage gestellt wird, wird ja zumindest für *eine* Aussage Gültigkeit beansprucht, nämlich die Diagnose, daß *alle* soziologische oder gesellschaftstheoretische Erkenntnis nicht nur gesellschaftlich bedingt, sondern dadurch auch nicht mehr wahrheitsfähig ist. Dieser Einwand reicht aber nicht sonderlich weit, weil gegen die Gültigkeit eines »totalen Ideologiebegriffs« gezeigt werden muß, wie trotz der immer gegebenen Gebundenheit von Aussagen über gesellschaftliche Phänomene an partikulare gesellschaftliche Positionen und damit besondere Interessen solche Aussagen wahrheitsfähig sein sollen. Die Bedingungen müssen bestimmt werden, unter denen es Individuen (oder Gruppen von Individuen) gelingt, die gesellschaftliche Wirklichkeit in allgemein verbindlicher Weise zu erkennen: weil sie die spezifischen, mit ihrer besonderen sozialen Position gegebenen Interessen »neutralisieren« können, oder weil ihr Interesse ein gesellschaftlich allgemeines ist[10], oder weil es einen von uns bisher übersehenen Zugang zur Erkenntnis der gesellschaftlichen Wirklichkeit gibt, für den sich das herausgearbeitete Problem der Bedingtheit durch eine besondere gesellschaftliche Stellung des Erkennenden nicht (oder nicht in gleicher Weise) stellt.

Im folgenden wird anhand der Marxschen Behandlung dieses Problemzusammenhanges zu zeigen sein, daß Marx einerseits eine radikale ideologiekritische Position vertritt, andererseits aber durchaus nicht die Konsequenz eines »Relativismus« zieht, für den es nur in ihrer Gültigkeit beschränkte, weil auf bestimmte soziale Positionen hin relativierbare Aussagen über gesellschaftliche Phänomene geben kann.

Erläuterungen und Zusätze

1. »Sociologists have never agreed on the domain of their subject matter nor on their attitude toward it.« (CAIRNS, 1945, S. 3f.)
2. Vgl. SIMMEL (1908)
3. Vgl. WEBER, WG, 1. Kap.
4. Vgl. LUHMANN (1970a), S. 113–136
5. Wir sehen hier zunächst ab von der Unterschiedlichkeit der Auffassungen bezüglich der Methoden, deren sich die Soziologie legitimerweise bedienen darf, obwohl die Bestimmung des Gegenstands nur zu oft auch abhängig ist von Entscheidungen darüber, welche Verfahrensweise allein wissenschaftlich gesicherte Aussagen erlaubt.
6. Wir abstrahieren der Einfachheit halber von solchen Faktoren wie der Entwikkeltheit des Wahrnehmungsapparats, der unterschiedlichen Dauer und Intensität von Erfahrungen etc.
7. Zur Verdeutlichung ein Beispiel: Man stelle sich eine Baustelle vor und fünf Individuen, die als Kranführer, Maurergehilfe, »Bauherr«, Architekt, künftiger Mieter alle etwas mit dieser Baustelle zu tun haben. Es ist einleuchtend, daß jedes dieser Individuen die Baustelle »mit anderen Augen« sieht, andere Interessen mit ihr verbindet usw. Was ist nun die »Wahrheit« über die Baustelle?
8. In der Wissenssoziologie sollen herrschende Vorstellungsweisen, Bewußtseinsformen, Aussagesysteme, »Denkstile« usw. jeweils sozialen Klassen, Schichten oder Gruppen zugeordnet werden. Die Wissenssoziologie nimmt ihren Ausgang vom Ideologieproblem, das durch die These von der prinzipiellen »Seinsgebundenheit des Denkens« (MANNHEIM, 1952, S. 71 u. ö.) verallgemeinert wird, insofern allein aufgrund dieser »Seinsgebundenheit« alles Denken ideologisch sein soll. Dadurch wird einerseits der Ideologiebegriff entschärft (enthält keinen ›Vorwurf‹ mehr, weil die Ideologiehaftigkeit des Denkens unausweichlich ist), andererseits stellt sich notwendig das Problem, wie denn überhaupt noch »wahre« Aussagen möglich sein sollen. Die ältere Wissenssoziologie flüchtete – um dem Relativismus (für den es keine wahren Aussagen mehr geben kann) zu entgehen – in metaphysische Geschichtskonstruktionen, z. B. in die Anschauung, daß trotz aller historischen und sozialen Gebundenheit »Denkstandorte und Denkgehalte ... Teile eines über sie hinausragenden sinnvollen Werdens sind« (MANNHEIM, 1925, S. 635). Die neuere Wissenssoziologie verzichtet auf derartige Konstruktionen; die Frage, wieweit die Gültigkeit von Aussagen durch ihre Zuordnung zu sozialen »Seinslagen« berührt wird, wird nicht mehr gestellt. Zur Formulierung des Ansatzes der Wissenssoziologie vgl. SCHELER (1926); MANNHEIM (1952). An Mannheims Arbeit schloß sich eine breite Diskussion über das Ideologieproblem an. Zur Kritik an Mannheims Position vgl. z. B. HORKHEIMER (1930). Für einen Überblick vgl. LIEBER, FURTH (1965).
9. Gegenüber der »allgemeinen Fassung des totalen Ideologiebegriffes« (MANNHEIM, 1952, S. 70f.) der Wissenssoziologie Mannheimscher Prägung sind für unsere Zwecke zwei Richtungen der Abgrenzung und Einschränkung wichtig: ei-

nerseits der marxistische Begriff der Ideologie, der im folgenden noch ausführlich behandelt wird. Andererseits die positivistische Variante des Ideologiebegriffs, beispielsweise bei GEIGER (1953): »Die ideologische Abweichung von der Erkenntniswirklichkeit besteht darin, daß eine Aussage sich garnicht auf ein Erkenntniswirkliches bezieht und beschränkt, sondern wirklichkeitsfremde Elemente enthält. Die ideologische Aussage ist kraft ihrer Art und ihres Gegenstandes der empirischen Bewahrheitung oder Widerlegung unzugänglich.« (S. 49f.). In der positivistischen Ideologielehre handelt es sich eher darum, einen bestimmten Typus von Aussagen als ideologisch, d. h. vordringlich: unwissenschaftlich, zu kritisieren. Die Frage der Zuordnung ideologischer Aussagen oder Aussagesysteme zu sozialen Gruppierungen rückt in den Hintergrund; das Ideologieproblem verliert damit seine politische Relevanz weitgehend. Einen Überblick über den Problembereich Ideologiekritik und Wissenssoziologie bietet die Textsammlung von LENK (1964). Zur Geschichte der Ideologiekritik vgl. in diesem Reader die »Problemgeschichtliche Einleitung« von LENK; ferner BARTH (1974, S. 13–60); RAUH (1970).

10. Vgl. z. B. die Konzeption der »sozial freischwebenden Intelligenz« bei MANNHEIM (1952, S. 135ff.).

Fragen zur Diskussion

1. Stellen Sie anhand einer Statistik über die Einkommensverteilung (z. B. im Statistischen Jahrbuch) fest, welcher Gruppe der Einkommensbezieher Ihre Familie zugeordnet werden kann (z. B. obere 10, 20, 30%). Glauben Sie, daß Ihre Vorstellungen und Meinungen spezifisch von diesem Hintergrund geprägt sind?
2. Kennen Sie Beispiele, die den Einfluß der gesellschaftlichen Stellung auf Urteile über gesellschaftliche Verhältnisse verdeutlichen?
3. Versuchen Sie, zwischen solchen Aussagen zu unterscheiden, deren »einseitige Färbung« dem Aussagenden durchaus bewußt ist und die im Verfolg bestimmter Interessen eingesetzt werden, und solchen, in denen die Interessenbedingtheit unbewußt bleibt.

2. Kapitel: Die Hauptsätze der materialistischen Geschichtsauffassung[1]

Textgrundlage

Marx, K. Zur Kritik der politischen Ökonomie, Vorwort, MEW 13, S. 7–11

§ 1. Marx faßt das Problem, daß die Gültigkeit von Aussagen über die gesellschaftliche Wirklichkeit nicht ohne weiteres unterstellt werden kann, weil derartige Aussagen immer schon mitbedingt sind durch die gesellschaftlichen Verhältnisse, noch weiter. Das Bewußtsein[2] der Individuen von den gesellschaftlichen Verhältnissen kann nicht als Angelpunkt einer theoretischen Erfassung der gesellschaftlichen Wirklichkeit dienen. Ausgangspunkt gesellschaftstheoretischer Betrachtungen müssen Marx zufolge die »materiellen Lebensverhältnisse« der in Gesellschaft lebenden Individuen sein. Aus deren historisch spezifischer Form lassen sich Marx zufolge die Grundzüge der gesellschaftlichen Wirklichkeit erklären, weil z. B. solche gesellschaftlichen Verhältnisse wie Recht, politische Organisationen usw. von diesen materiellen Lebensverhältnissen abhängig sind.

Gemäß der »klassischen« Formulierung des Verhältnisses von Basis und Überbau im Vorwort seiner Schrift »Zur Kritik der politischen Ökonomie« hat Marx seine Position in einer Auseinandersetzung mit der Hegelschen Philosophie (und der anknüpfenden philosophischen Tradition) entwickelt. Er nimmt den von Hegel[3] selbst verwandten (und aus der französischen Aufklärung und der englischen politischen Ökonomie stammenden) Begriff der »bürgerlichen Gesellschaft« auf[4] und geht zwecks Erarbeitung einer Theorie der bürgerlichen Gesellschaft über zum Studium der »politischen Ökonomie«, da diese die »Anatomie der bürgerlichen Gesellschaft« enthält. Der Ansatz bei dieser »Anatomie« hat – wie es scheint – den Vorzug, daß die auf dem »Willen« der vergesellschafteten Individuen basierenden gesellschaftlichen Verhältnisse zunächst zur Erklärung der Struktur und Funktionsweise der bürgerlichen Gesellschaft nicht berücksichtigt werden müssen. Vielmehr betont Marx, daß die Grundvoraussetzung menschlicher Existenz, die Produktion, unter Verhältnissen stattfindet, die vom »Willen« der beteiligten Individuen unabhängig seien, vielmehr »einer bestimmten Entwicklungsstufe ihrer materiellen Produktivkräfte entsprechen« müßten. Die notwendige Korrespondenz von materiellen Produktivkräften und gesellschaftlichen Verhältnissen der Produktion läßt also den Individuen, die diese Verhältnisse eingehen, nicht beliebige Handlungsspielräume offen. Vielmehr besteht zwischen der »Gesamtheit dieser Produktionsverhältnisse«, die die »ökonomische Struktur der Gesellschaft« bilden, und den »gesellschaftlichen Bewußtseinsformen« ein weiteres Entsprechungsverhältnis; gleichzeitig ist die ökonomische Struktur als »reale Basis« Träger eines »juristischen und politischen Überbaus«. Den Zusammenhang von materiellen Produktivkräften, Produktionsverhältnissen, juristischen und politischen Formen und Bewußtsein der Individuen resumiert Marx wie folgt: »Die Produktionsweise des materiellen Lebens bedingt den sozialen, politischen und geistigen Lebensprozeß überhaupt. Es ist nicht das Bewußtsein der Menschen, das ihr Sein, sondern umgekehrt ihr gesellschaftliches Sein, das ihr Bewußtsein bestimmt.« (MEW 13/8f.)

Die gesellschaftlichen Verhältnisse verändern und entwickeln sich daher primär auch nicht, weil sich das Bewußtsein der Individuen verändert, sondern weil ihre materiellen Produktivkräfte sich entwickeln und deren gesellschaftliche Anwendung neue Produktionsverhältnisse erforderlich macht. Wenn es also einen »Fortschritt« in der Geschichte gibt, dann zunächst auf der Ebene der materiellen Produktion. Neue Formen der Produktion induzieren neue Formen der gesellschaftlichen Organisation, allerdings nicht in einem gleichfömig verlaufenden Prozeß, sondern die »ökonomischen Gesellschaftsformationen« lösen einander nur ab unter geschichtlichen Kämpfen, »sozialen Revolutionen«. Schließlich mündet der geschichtliche Prozeß in einer qualitativ neuen Form der Gesellschaft; die »Vorgeschichte der menschlichen Gesellschaft« schließt ab mit der modernen bürgerlichen Produktionsweise als »letzte antagonistische Form des gesellschaftlichen Produktionsprozesses«, weil »die im Schoß der bürgerlichen Gesellschaft sich entwickelnden Produktivkräfte ... zugleich die materiellen Bedingungen zur Lösung dieses Antagonismus« (MEW 13/9) schaffen. Implizit sagt Marx damit die proletarische Revolution voraus, als Vollendung und Lösung eines durch antagonistische gesellschaftliche Verhältnisse und soziale Revolutionen gekennzeichneten historischen Prozesses. Für dessen Untersuchung gilt, daß stets zu unterscheiden ist »zwischen der materiellen, naturwissenschaftlich treu zu konstatierenden Umwälzung in den ökonomischen Produktionsbedingungen und den juristischen, politischen, religiösen, künstlerischen und philosophischen ... Formen, worin sich die Menschen dieses Konflikts bewußt werden und ihn ausfechten. Sowenig man das, was ein Individuum ist, nach dem beurteilt, was es sich selbst dünkt, ebensowenig kann man eine solche Umwälzungsepoche aus ihrem Bewußtsein beurteilen, sondern muß vielmehr dies Bewußtsein aus den Widersprüchen des materiellen Lebens, aus dem vorhandenen Konflikt zwischen gesellschaftlichen Produktivkräften und Produktionsverhältnissen erklären.« (ebd.)

§ 2. Wir wollen die damit skizzierten Hauptthesen der »materialistischen Geschichtsauffassung«[5], die Marx als das »allgemeine Resultat« bezeichnet, »das sich mir ergab, und, einmal gewonnen, meinen Studien zum Leitfaden diente« (MEW 13/8), selbst als Leitfaden zur Diskussion der Marxschen Theorie benutzen, aus dem sich wichtige Fragen ergeben, die wir im folgenden im Blick behalten wollen.

1. Was macht den »Materialismus« dieser Geschichtsauffassung aus?

2. Läßt sich tatsächlich die Theorie der bürgerlichen Gesellschaft so fassen, daß die deren Struktur ausmachenden Produktionsverhältnisse ohne Rekurs auf Willen und Bewußtsein der beteiligten Individuen erklärt werden können?

3. Wenn das gesellschaftliche Sein das Bewußtsein der Menschen bestimmt, wie läßt sich das »ideologische« Bewußtsein erklären als – in noch näher zu bestimmendem Sinne – falsche Auffassung des gesellschaftlichen Seins? Wie sehen die Bedingungen für nichtideologische Aussagen aus?

4. Wie kann der allgemein gehaltene, auf alle Geschichtsepochen bezogene Marxsche Ansatz für eine bestimmte Epoche – insbesondere die »mo-

dern bürgerliche« Produktionsweise – eingelöst werden? Wie ist überhaupt die Abgrenzung solcher Epochen der »ökonomischen Gesellschaftsformation« möglich?

5. Wieweit kann die »Ableitung« gesellschaftlicher Phänomene aus der ökonomischen Struktur gehen?

Erläuterungen und Zusätze

1. Mit den folgenden Erörterungen wird, da sie sich – abgesehen vom kurzen Eingehen auf das Vorwort zu »Zur Kritik der politischen Ökonomie« in diesem Kapitel – auf frühe Texte von Marx und Engels stützen, nicht beansprucht, die materialistische Geschichtsauffassung als allgemeine Gesellschaftstheorie zureichend zu behandeln. Diese Einschränkung gilt für die Diskussion des Basis-Überbau-Verhältnisses,des Verhältnisses von gesellschaftlichem Sein und Bewußtsein, des Ideologiebegriffs, mit der wir lediglich einen problemorientierten *Zugang* zur Marxschen Theorie eröffnen wollen, ebenso wie für die gar nicht behandelten Themen, z. B. Objektivität gesellschaftlicher Gesetzmäßigkeiten, Notwendigkeit historischer Entwicklung.
2. Der Begriff »Bewußtsein« umfaßt nicht nur Vorstellungen, Gefühle, Gedanken, Ideen usw., die jedes Individuum hat, die aber »von außen« schwer erschließbar sind, sondern auch – und vor allem – Aussagen, geistige Produkte, Theorien usw., also sozusagen in der Sprache objektiviertes Bewußtsein. Vgl. MEW 3/30f.; DI 1212f.
3. Vgl. HEGEL (1970), §§ 182–256.
4. Der Begriff »Gesellschaft« bzw. »bürgerliche Gesellschaft« bedarf einiger Erläuterungen. Es wurde bereits im 1. Kapitel erwähnt, daß er vielen Sozialwissenschaftlern zu vage ist, daher auch nicht als Inbegriff des Gegenstandes der Soziologie gelten kann. So z. B. E. Troeltsch: »Von der Gesellschaft als dem Inbegriff aller großen, kleinen und kleinsten soziologischen Kreise und ihrer gegenseitigen Verschlingungen und Beeinflussungen kann man als von etwas Übersehbarem und wissenschaftlich Brauchbarem überhaupt nicht reden; sie ist in der Unendlichkeit ihrer Bildung und der für jede Betrachtungsweise beliebig vornehmbaren Verknüpfung der Phänomene etwas überhaupt Unausdenkbares, ein Abstraktum, wie Kultur und Geschichte überhaupt, von denen auch nur die Dilettanten immer im Ganzen reden.« (TROELTSCH, 1919, S. 8) Marx übernimmt den Begriff der »bürgerlichen Gesellschaft« über Hegel aus der Tradition der englischen politischen Ökonomie und der französischen Aufklärung (civic society, societé civile). In dieser Tradition ist »bürgerliche Gesellschaft« zunächst der Gegenbegriff zum Staat. Während das Gesellschaftsdenken in der Periode der absolutistischen Monarchien auf die politische Form des Gemeinwesens zentriert ist (sog. etatistische Theorien), macht das nach Herrschaft strebende Bürgertum seine Ansprüche auf Freiheit von staatlichen Eingriffen geltend mit Verweis auf die Selbstregulation der bürgerlichen Gesellschaft (Liberalismus), die als Produkt freien (insbesondere ökonomischen) Handelns der Individuen gedacht wird und sich auch über die regionalen Schranken bestehender Staatswesen hinaus ausdehnt. Die Verbindung: Emanzipation des Bürgertums von feudalen Schranken und Umstrukturierung des Gesellschaftsdenkens, wird auch in der romantischen Reaktion auf den Kapi-

talismus gesehen. »Der ganze Begriff der Gesellschaft im sozialen und politischen Sinne findet seine natürliche Grundlage in den Sitten und Anschauungen des dritten Standes. Er ist eigentlich kein Volksbegriff, sondern immerhin nur ein Drittenstands-Begriff ... Die Fürsten halten Hof ... Für die Bauern und die Kleinbürger gibt es wohl Wirtshäuser und Schenken aller Art, in denen sie sich zusammenfinden, aber keine Gesellschaft. Aber der dritte Stand ist teils für sich, teils in Verbindung mit dem mindern Adel ... gesellig und seine Gesellschaft ist zu einer Quelle und zugleich zum Ausdruck gemeinsamer Urteile und Tendenzen geworden. Es bildet sich in ihr eine Gesamtanschauung und die Meinung der Gesellschaft wird zur öffentlichen Meinung und zu einer sozialen und politischen Macht ... wo immer die städtische Kultur Blüten und Früchte trägt, da erscheint auch die Gesellschaft als ihr unentbehrliches Organ. Das Land kennt sie nur wenig. Von den Hofzirkeln und Hofresten unterscheidet sich die Gesellschaft durch das bürgerliche Prinzip der Gleichheit der Teilnehmer, der ›Gesellen‹ ... Die Gesellschaft auf der ersten Stufe ist nicht organisiert. Je nach Bedürfnis treten die Individuen in ihr auf oder ziehen sich von ihr zurück ... Es war daher kein glücklicher Gedanke, den Staat aus der Gesellschaft zu erklären ... Gerade die Unstaatlichkeit der Gesellschaft gehört zu ihrem Wesen. Sie läßt sich auch nicht in die Grenzen einer besonderen Volksgenossenschaft eindämmen ... Sie spinnt ihre Fäden über das besondere Staatsgebiet hinaus und verbindet die gebildeten Klassen der zivilisierten Welt. Indem sie vornehmlich aus dem Privatleben entsprungen ist und in privaten Formen sich bewegt, entzieht sie sich auch da mit gutem Grund jeder staatlichen Leitung und jeder staatlichen Vormundschaft.« (Bluntschli, 1859, S. 247f.) Jene romantische Reaktion findet ihren Niederschlag in dem besonders in der deutschen Soziologie gepflegten Gegensatz von »Gemeinschaft« und Gesellschaft, wobei im Begriff der Gemeinschaft »organisch« gewachsene soziale Beziehungen, dem der Gesellschaft anonyme, temporäre und aus Nützlichkeitserwägungen eingegangene soziale Beziehungen gedacht werden (vgl. Tönnies, 1922; s. a. Webers Begriffspaar Vergemeinschaftung und Vergesellschaftung, WG, Kap. 1, § 9).

Die Verwendung des Begriffs »bürgerliche Gesellschaft« durch Marx ist dadurch gekennzeichnet, daß er – auch mit der Basis-Überbau-These – die Tradition der bürgerlichen Abkehr vom etatistischen Denken fortsetzt: die bürgerliche Gesellschaft ist der »wahre Herd und Schauplatz aller Geschichte«, die sich nicht in »Haupt- und Staatsaktionen« (MEW 3/36; DI 1217) erschöpft. Allerdings ist der Staat keine »selbständige« Sphäre gegenüber der bürgerlichen Gesellschaft mehr, deren Begriff also nicht mehr bloß Gegenbegriff zum Staat, sondern umfassender Begriff der gesellschaftlichen Verhältnisse, zu denen auch politische Handlungs- und Organisationsformen gehören. Probleme bietet der Marxsche Begriff der »bürgerlichen Gesellschaft« in zweierlei Hinsicht: a) Die Einschränkung des Begriffs auf die modern kapitalistische Gesellschaftsformation ist in den frühen Schriften nicht eindeutig, obwohl sie angezielt wird: »Das Wort bürgerliche Gesellschaft kam auf im achtzehnten Jahrhundert, als die Eigentumsverhältnisse bereits aus dem antiken und mittelalterlichen Gemeinwesen sich herausgearbeitet hatten. Die bürgerliche Gesellschaft als solche entwickelt sich erst mit der Bourgeoisie; die unmittelbar aus der Produktion und dem Verkehr sich entwickelnde gesellschaftliche Organisation, die zu allen Zeiten die Basis des Staats und der sonstigen idealistischen Superstruktur bildet, ist indes fortwährend mit demselben Namen bezeichnet worden.« (MEW 3/36; DI 1248). Demgegenüber soll an anderer Stelle z. B. »die bürgerliche Gesellschaft in ihren verschiedenen Stufen als Grundlage der ganzen Geschichte« (MEW 3/37; DI 1220) aufgefaßt werden. b) Marx verwendet einerseits den Begriff »(bürgerliche) Gesellschaft« vielfach beschränkt auf die »Produktionsverhältnisse« oder die »materiellen Lebensverhältnisse«, also als Begriff, der nur die »Basis« umfaßt (vgl. MEW 6/408, MEW 13/8, GR 600). Andererseits ist »Gesellschaft« auch für Marx ein Begriff, der die »Totalität« – also die Gesamtheit – aller gesellschaftlichen Beziehungen der Individuen (in einer bestimmten räumlichen und zeitlichen Eingrenzung) bezeichnet. In diesen umfassenden Begriff der Gesellschaft gehen also nicht ausschließlich »ökonomische«, sondern alle Formen sozialer Beziehungen ein (familiäre, politische, rechtliche etc.).

5. In der Diskussion der Basis-Überbau-These lassen sich zwei hauptsächliche Einwände ausmachen: a) Der Einwand, daß in ihrer Allgemeinheit nicht begründbare, also »metaphysische« Aussagen über Geschichtsverlauf und Strukur von Gesellschaften gemacht werden, so z. B. der Vorwurf des »Ökonomismus«: »Frei von dem veralteten Glauben, daß die Gesamtheit der Kulturerscheinungen sich als Produkt oder als Funktion ›materieller‹ Interessenkonstellationen *deduzieren* lasse, glauben wir unsererseits doch, daß die *Analyse der sozialen Erscheinungen und Kulturvorgänge* unter dem speziellen Gesichtspunkt ihrer *ökonomischen* Bedingtheit und Tragweite ein wissenschaftliches Prinzip von schöpferischer Fruchtbarkeit war, und bei umsichtiger Anwendung und Freiheit von dogmatischer Befangenheit, auch in aller absehbarer Zeit noch bleiben wird. Die sogenannte ›materialistische Geschichtsauffassung‹ als ›*Weltanschauung*‹ oder als Generalnenner kausaler Erklärung der historischen Wirklichkeit ist auf das Bestimmteste abzulehnen . . . Die sogenannte ›materialistische Geschichtsauffassung‹ in dem *alten* genial-primitiven Sinne etwa des kommunistischen Manifests beherrscht heute wohl nur noch die Köpfe von Laien und Dilettanten. Bei ihnen findet sich allerdings noch immer die eigentümliche Erscheinung verbreitet, daß ihrem Kausalbedürfnis bei der Erklärung einer historischen Erscheinung so lange nicht Genüge geschehen ist, als nicht irgendwie und irgendwo ökonomische Ursachen als mitspielend nachgewiesen sind (oder zu sein scheinen): ist dies aber der Fall, dann begnügen sie sich wiederum mit der fadenscheinigsten Hypothese und den allgemeinsten Redewendungen, weil nunmehr ihrem dogmatischen Bedürfnis, das die ökonomischen ›Triebkräfte‹ die ›eigentlichen‹, einzig ›wahren‹, in ›letzter Instanz überall Ausschlag gebenden‹ seien, Genüge geschehen ist.« (WEBER, WL 166f.) Zum Vorwurf des »Historizismus«, vgl. POPPER (1965).
b) Der Einwand, daß die Basis-Überbau-These auf die materialistische Geschichtsauffassung selbst angewandt werden müsse, diese These deshalb selbst Ausdruck einer bestimmten geschichtlich-gesellschaftlichen Situation sei und demzufolge z. B. nur gälte für den Kapitalismus des 19. Jahrhunderts im Gegensatz zum modernen, nur für den Kapitalismus, nicht aber für den Sozialismus etc. Einen Überblick über die Diskussion gibt TOMBERG (1969). Vgl. auch die dort besprochene und angegebene Literatur.

Fragen zur Diskussion

1. Läßt sich ein gesellschaftliches Sein ohne Bewußtsein der vergesellschafteten Individuen denken?
2. Sind Ihrer Auffassung nach die Begriffspaare »Basis – Überbau« und »gesellschaftliches Sein – Bewußtsein« auf denselben Sachverhalt bezogen?
3. Vergegenwärtigen Sie sich nochmals die oben zitierte (Zusatz 5) Äußerung Max Webers über die materialistische Geschichtsauffassung. Wie beurteilen Sie diese Äußerung im Verhältnis zu der folgenden von Engels? »Nach materialistischer Geschichtsauffassung ist das *in letzter Instanz* bestimmende Moment in der Geschichte die Produktion und Reproduktion des wirklichen Lebens. Mehr hat weder Marx noch ich je behauptet. Wenn nun jemand das dahin verdreht, das ökonomische Moment sei das *einzig* bestimmende, so verwandelt er jenen Satz in eine nichtssagende, abstrakte, absurde Phrase. Die ökonomische Lage ist die Basis, aber die verschiedenen Momente des Überbaus – politische Formen des Klassenkampfs und seine Resultate – Verfassungen, nach gewonnener Schlacht durch die siegende Klasse festgestellt usw. – Rechtsformen, und nun gar die Reflexe aller dieser wirklichen Kämpfe im Gehirn der Beteiligten, politische, juristische, philosophische Theorien, religiöse Anschauungen und deren Weiterentwicklung zu Dogmensystemen, üben auch ihre Einwirkung auf den Verlauf der geschichtlichen Kämpfe aus und bestimmen in vielen Fällen vorwiegend deren *Form*. Es ist eine Wechselwirkung aller dieser Momente, worin schließlich durch alle die unendliche Menge von Zufälligkeiten (d. h. von Dingen und Ereignissen, deren innerer Zusammenhang untereinander so entfernt oder so unnachweisbar ist, daß wir ihn als nicht vorhanden betrachten, vernachlässigen können) als Notwendiges die ökonomische Bewegung sich durchsetzt.« (MEW 37/463)

3. Kapitel: Die Wendung zur Ideologiekritik

Textgrundlage

Marx, K., Engels, F., Die Deutsche Ideologie, 1. Kapitel, MEW 3, S. 13–31; DI, S. 1199–1206, 1211–1213.

§ 1. Bereits in der frühen Schrift »Die Deutsche Ideologie«[1], in der sich Marx und Engels polemisch mit philosophischen Positionen der Hegel-Nachfolger auseinandersetzen, sind die Grundgedanken der materialistischen Geschichtsauffassung formuliert. Zur Verdeutlichung der Marxschen Position sollen im folgenden hauptsächlich Passagen aus der »Deutschen Ideologie« herangezogen werden, soweit ihr theoretischer Gehalt auch für die weitere Entwicklung der Marxschen Theorie gültig geblieben ist. Wir gehen deshalb auch nicht näher auf die von Marx und Engels kritisierten theoretischen Positionen ein, obwohl Marx als Hauptzweck der »Deutschen Ideologie« die Absicht bezeichnet, »den Gegensatz unserer Ansicht gegen die ideologische der deutschen Philosophie gemeinschaftlich auszuarbeiten, in der Tat mit unserem ehemaligen philosophischen Gewissen abzurechnen.« (MEW 13/10)

Ausgehend von dem Widerspruch zwischen dem Anspruch von Bauer, Stirner usw.[2], durch theoretische Kritik die deutschen Zustände ohne weiteres zu verändern, und der realen Ohnmacht der Kritiker, deren immer neue Wendungen zu keinem greifbaren Resultat führen, stellen Marx und Engels die Frage »nach dem Zusammenhang der deutschen Philosophie mit der deutschen Wirklichkeit, nach dem Zusammenhange ihrer Kritik mit ihrer eigenen materiellen Umgebung« (MEW 3/20; DI 1201). Mit dieser Frage vollziehen Marx und Engels den Schritt von der theorie-immanenten Auseinandersetzung zur Ideologiekritik, in der es nicht mehr um das Problem geht: wer hat Recht, was ist richtig, was falsch?, sondern darum, die gesellschaftlichen Bedingungen für als falsch geltende Auffassungen herauszuarbeiten.[3] Wie soll nun aber die »deutsche Wirklichkeit«[4] dargestellt werden? Offenbar hat die Ideologiekritik schon eine durchgeführte Gesellschaftstheorie zur Voraussetzung. Marx und Engels sehen sich nun keineswegs in der Lage, eine wissenschaftliche Darstellung der »deutschen Wirklichkeit« zu liefern. Sie können zunächst nur einen Weg angeben, der zu einer solchen Darstellung führt.

§ 2. Es geht Marx und Engels darum, die Voraussetzungen herauszuarbeiten, die mit der Existenz jeder gesellschaftlichen Wirklichkeit gegeben sind und deshalb auch bei deren wissenschaftlicher Darstellung prinzipiell beachtet werden müssen. Es sollen dies keine »willkürlichen« Voraussetzungen sein, keine »Dogmen«, sondern »wirkliche Voraussetzungen, von denen man nur in der Einbildung abstrahieren kann. Es sind die wirklichen Individuen, ihre Aktion und ihre materiellen Lebensbedingungen, sowohl die vorgefundenen wie die durch ihre eigene Aktion erzeugten. Diese Voraussetzungen sind also auf rein empirischem Wege konstatierbar.« (MEW 3/20; DI 1202)

»Materialistisch« an diesem Ansatz ist zunächst, daß Marx und Engels im Gegensatz zu den von ihnen kritisierten Theoretikern nicht lange über das Wesen »des Menschen« oder »der Gesellschaft« usw. spekulieren, sondern auf den schlichten Umstand hinweisen, daß zu allererst wirkliche, handelnde Individuen in ihrer Beziehung zueinander und zur Natur zu betrachten sind. In dieser Betrachtung orientieren sich Marx und Engels streng an dem Satz, wonach das gesellschaftliche Sein das Bewußtsein der Menschen bestimmt. Auch in der theoretischen Aneignung der Wirklichkeit, also einer »Bewußtseinsaktivität«, geht es darum, nicht von der Selbstgewißheit dieses Bewußtseins auszugehen und – mit der unbestreitbaren Voraussetzung, daß alle Individuen ein Bewußtsein von ihrer natürlichen und sozialen Umwelt haben, weiteroperierend – aus dem eigenen und fremden Bewußtsein von dieser Wirklichkeit, deren theoretische Reproduktion herzuleiten. Vielmehr ist die theoretische Aktivität auf außerhalb des »denkenden Kopfes« gegebene Gegenstände gerichtet, die »wirklichen Individuen, ihre Aktion und ihre materiellen Lebensbedingungen«. Daß diese Individuen auch ein Bewußtsein haben, erscheint zunächst offenbar als ein durchaus sekundärer Tatbestand: »Das Bewußtsein kann nie etwas anderes sein als das bewußte Sein, und das Sein der Menschen ist ihr wirklicher Lebensprozeß.« »Nicht das Bewußtsein bestimmt das Leben, sondern das Leben bestimmt das Bewußtsein.« (MEW 3/26f.; DI 1206) Offenbar sind dies recht einfache Aussagen über einen komplizierten Sachverhalt, wenn man dreierlei bedenkt:

1. Alle Individuen haben ein Bewußtsein. Was auch immer sie tun, sie tun es mit Bewußtsein. Wie soll die »materielle Tätigkeit« getrennt vom Bewußtsein der tätigen Individuen betrachtet werden können?

2. Gerade Marx und Engels waren von der Existenz von Ideologien, also »falschem Bewußtsein«, ausgegangen. Wie kommt aber ein falsches Bewußtsein zustande, wenn jegliches Bewußtsein nichts anderes sein kann als »bewußtes Sein«? Gibt es etwa ein »falsches Sein«?

3. Auch die Theorie von Marx und Engels ist, trotz all des finsteren Materialismus, der mit den beiden Namen assoziiert wird, ein Bewußtseinsprodukt; die »materiellen Lebensverhältnisse« sprechen und legen sich ja nicht selbst aus. Wenn nun Marx und Engels ihre Theorie mit dem Anspruch auf Wahrheit und Wissenschaftlichkeit formulieren, wie kommt es, daß offenbar dieselben »materiellen Lebensverhältnisse« auf der einen Seite ein »ideologisches«, auf der anderen Seite ein »wahres« Bewußtsein hervorbringen? Oder produzieren Marx und Engels selbst wieder eine Ideologie, auch in ihrem eigenen Verständnis?

In diesem und dem folgenden Kapitel wird zunächst nur die erste dieser Fragen behandelt. Die beiden letzten Kapitel dieses Abschnittes sind der Diskussion der zweiten und dritten Frage gewidmet.

§ 3. »Die erste Voraussetzung aller Menschengeschichte ist natürlich die Existenz lebendiger menschlicher Individuen. Der erste zu konstatierende Tatbestand ist also die körperliche Organisation dieser Individuen und ihr dadurch gegebenes Verhältnis zur übrigen Natur ... Alle Geschichtsschreibung muß von diesen natürlichen Grundlagen und ihrer Modifikation im Lauf der Geschichte durch die Aktion der Menschen ausgehen.« (MEW 3/20; DI 1202) Bei dieser ersten Voraussetzung aller Menschengeschichte handelt es sich um Naturbedingungen. Die Menschen sind als Lebewesen selbst Teil der Natur, haben als solche eine bestimmte körperliche Organisation, sind auf einen Stoffwechsel mit der übrigen Natur angewiesen. en. Dieser Stoffwechsel vollzieht sich aber auf eine besondere Weise, die zugleich Bedingung dafür ist, daß sich eine Differenz von menschlicher Geschichte und Naturgeschichte einstellt, daß also das, was »der Mensch«

als Gattungswesen ist, nicht auf eine Naturgegebenheit reduziert werden kann: Die Menschen »fangen an, sich von den Tieren zu unterscheiden, sobald sie anfangen, ihre Lebensmittel zu *produzieren*, ein Schritt, der durch ihre körperliche Organisation bedingt ist.« (ebd.) Was unterscheidet die Aneignung der Natur durch die Menschen in der Produktion z. B. vom Stoffwechsel zwischen einem Tier und seiner natürlichen Umgebung?[5] Als nähere Bestimmung der Produktion nennen Marx und Engels fünf »Momente« der »ursprünglichen geschichtlichen Verhältnisse«, die nicht als verschiedene Entwicklungsstufen (zeitliche Abfolge) verstanden werden dürfen, sondern als »›Momente‹, die vom Anbeginn der Geschichte an und seit den ersten Menschen zugleich existiert haben und sich noch heute in der Geschichte geltend machen«:

1. Die Erzeugung der Mittel zur Befriedigung von Bedürfnissen, damit die »Produktion des materiellen Lebens selbst«.

2. Eingeschlossen in diese Produktion ist, »daß das befriedigte erste Bedürfnis selbst, die Aktion der Befriedigung und das schon erworbene Instrument der Befriedigung zu neuen Bedürfnissen führt«.

3. Die Fortpflanzung, womit zugleich das erste »soziale Verhältnis«, die Familie gegeben ist.

4. Damit ist die »Produktion des Lebens, sowohl des eignen in der Arbeit wie des fremden in der Zeugung« von vornherein bestimmt »als ein doppeltes Verhältnis – einerseits als ein natürliches, andrerseits als gesellschaftliches Verhältnis – gesellschaftlich in dem Sinne, als hierunter das Zusammenwirken mehrerer Individuen, gleichgültig unter welchen Bedingungen, auf welche Weise und zu welchem Zweck, verstanden wird.« (MEW 3/29f.; DI 1211f.) Die Produktion unterscheidet sich vom tierischen etc. Stoffwechsel also zunächst dadurch, daß sie nicht auf ein Verhältnis Individuum – Natur reduzierbar, sondern von vornherein gesellschaftlicher Prozeß ist, also gesellschaftliche Verhältnisse einschließt.

5. Fünftes Moment ist schließlich das Bewußtsein der Menschen, das damit ebenfalls zu den »ursprünglichen« geschichtlichen Verhältnissen gehört und von Marx und Engels als funktionales Erfordernis des Verkehrs zwischen den Individuen eingeführt wird. Bewußtsein entwickelt sich nur in diesem und durch diesen Verkehr und ist gebunden an die Entwicklung der Sprache. »Die Sprache ist so alt wie das Bewußtsein – die Sprache *ist* das praktische, auch für andre Menschen existierende, also auch für mich selbst erst existierende Bewußtsein, und die Sprache entsteht, wie das Bewußtsein, erst aus dem Bedürfnis, der Notdurft des Verkehrs mit andern Menschen.« (MEW 3/30; DI 1212) Marx und Engels zufolge wäre es müßig darüber zu spekulieren, ob ein Individuum ein Bewußtsein hat, das über keinerlei sprachliche Ausdrucksmittel verfügt. Nur mit deren Hilfe kann es andern Individuen Bewußtseinsinhalte mitteilen. »Das Bewußtsein ist

also von vornherein schon ein gesellschaftliches Produkt und bleibt es, solange überhaupt Menschen existieren.« (MEW 3/30f.; DI 1212 f.)

Wenn sich die menschliche Produktion vom tierischen etc. Stoffwechsel mit der Natur zunächst durch die Gesellschaftlichkeit der Aneignung der Natur unterscheidet, die Produktion also sowohl Verhältnis zur Natur als auch gesellschaftliches Verhältnis ist, so zeigt sich nun, daß die Produktion als solches doppeltes Verhältnis immer auch ein Bewußtsein der beteiligten Individuen einschließt. Zusammengefaßt heißt das: die Produktion, die aufgrund der natürlichen Bedingungen und Voraussetzungen menschlicher Existenz spezifisch menschliche Form der Aneignung der Natur, unterscheidet sich vom Stoffwechsel anderer Lebewesen mit der Natur dadurch, daß sie *gesellschaftliche* und zugleich *bewußte*, zweckbestimmte Tätigkeit ist. Aneignung der Natur, gesellschaftliches Zusammenwirken und Entwicklung des Bewußtseins bedingen sich wechselseitig.[6]

Es läßt sich nun verstehen, warum Marx und Engels ihre Geschichtsauffassung als »materialistische« bezeichnen. Materialismus heißt für sie nicht etwa der Versuch, gesellschaftliche Verhältnisse analog zu mechanischen Bewegungen von toten Körpern zu begreifen. Materialismus impliziert vielmehr für Marx und Engels zunächst einmal, daß man zur Erklärung gesellschaftlicher Verhältnisse nicht primär das Bewußtsein der beteiligten Individuen abfragt (da von vornherein die Möglichkeit berücksichtigt werden muß, daß diese Individuen sich falsche Vorstellungen über ihre eigenen Verhältnisse zur Natur und zueinander machen – obwohl für uns noch offen ist, wie denn ein derart falsches Bewußtsein zustandekommt), sondern zunächst Naturbedingungen in Rechnung stellt und von der Notwendigkeit der Produktion des »materiellen« Lebens als der ersten Voraussetzung menschlicher Existenz ausgeht. Die Aneignung der Natur ist immer ein materieller, tätiger[7] und zugleich gesellschaftlicher Prozeß. Die Theorie von Marx und Engels ist dann materialistisch, wenn die materiellen Voraussetzungen, die gegeben sein müssen, damit es überhaupt Menschen gibt, voll in Rechnung gestellt und bei der Untersuchung aller gesellschaftlichen Verhältnisse berücksichtigt werden. »Diese Geschichtsauffassung beruht also darauf, den wirklichen Produktionsprozeß, und zwar von der materiellen Produktion des unmittelbaren Lebens ausgehend, zu entwickeln und die mit dieser Produktionsweise zusammenhängende und von ihr erzeugte Verkehrsform, also die bürgerliche Gesellschaft in ihren verschiedenen Stufen, als Grundlage der ganzen Geschichte aufzufassen« (MEW 3/37; DI 1220).

Soweit ließe sich die materialistische Geschichtsauffassung auf einen *Verfahrensvorschlag* reduzieren, in dem Anweisungen formuliert werden, wie bei der Untersuchung gesellschaftlicher Verhältnisse vorzugehen ist. Dieser methodische Vorschlag setzt nicht unbedingt voraus, daß man bereits bestimmte inhaltliche Aussagen über den Gegenstand als gültig unterstellt, insbesondere solche Aussagen, die Rolle und Funktion des Bewußtseins der Individuen bei der Gestaltung gesellschaftlicher Verhältnisse betreffen. Es geht lediglich darum, wie denn am besten gesicherte Kenntnisse über gesellschaftliche Verhältnisse zu gewinnen sind. Die primäre Betrachtung der materiellen Produktion, insbesondere der materiellen Produktivkräfte, hat hierbei den Vorzug vor anderen Ansatzpunkten, daß Marx und Engels zufolge über ihren Charakter »naturwissenschaftlich getreue« Aussagen möglich sind. Man gewinnt sozusagen festen Boden, bevor man über die gesellschaftlichen Verhältnisse der Individuen, die diese Produktivkräfte anwenden, und über ihr spezifisches Bewußtsein etwas aussagt.

Offenbar ist aber mit der materialistischen Geschichtsauffassung und ihrem Kernstück, der Basis-Überbau-These, mehr gemeint als nur ein solcher (zweckmäßiger) Verfahrensvorschlag. Aussagen wie: »In der gesellschaftlichen Produktion ihres Lebens gehen die Menschen bestimmte, notwendige, *von ihrem Willen unabhängige Verhältnisse* ein, Produktionsverhältnisse, die einer bestimmten Entwicklungsstufe ihrer materiellen Produktivkräfte entsprechen« (MEW 13/8, Herv. v. d. Verf.), oder: »Nicht das Bewußtsein bestimmt das Leben, sondern das Leben bestimmt das Bewußtsein« (MEW 3/27; DI 1206), lassen sich nicht auf eine methodische Anweisung reduzieren. Vielmehr werden Abhängigkeiten formuliert, die eine bestimmte Struktur der gesellschaftlichen Wirklichkeit kennzeichnen. Die Produktionsverhältnisse sind »von ihrem Willen unabhängige« Verhältnisse der Individuen, das gesellschaftliche Sein »bestimmt« das Bewußtsein usw. Diese Aussagen gaben bereits zu der Frage Anlaß, ob die Produktionsverhältnisse, die ja die Struktur der bürgerlichen Gesellschaft ausmachen, ohne Rekurs auf Willen und Bewußtsein der beteiligten Individuen erklärt werden können.

Diese Frage stellt sich jetzt schärfer. Einerseits behaupten Marx und Engels eine Abhängigkeit des Bewußtseins der Individuen von ihrem gesellschaftlichen Sein und siedeln die Grundstruktur dieses »Seins« in der materiellen Produktion an. Andererseits zeigen die einfachsten Bestimmungen der Produktion, daß bereits der Produktionsakt ein Bewußtsein des produzierenden Individuums über Zweck und Mittel seiner Tätigkeit einschließt, und darüberhinaus das Bewußtsein nicht nur Resultat, sondern auch Voraussetzung des Verkehrs zwischen den Individuen ist. Dieser Verkehr zwischen den Individuen ist notwendiges Moment der Produktion, die sich immer in gesellschaftlichen Verhältnissen vollzieht.[8] Wenn die materialistische Geschichtsauffassung mehr als ein Verfahrensvorschlag (im oben dargelegten Sinne) sein soll, stellt sich die Frage, wie die These von der Abhängigkeit des Bewußtseins vom gesellschaftlichen Sein und der vom Willen der Individuen unabhängigen Form der Produktionsverhältnisse als der Grundstruktur dieses gesellschaftlichen Seins mit der Feststellung vereinbar sein soll, daß das Bewußtsein der gesellschaftlich produzierenden Individuen immer schon notwendiges »Moment« ihrer Produktion und ihres Verkehrs ist (also Bewußtsein vom Zweck der Produktion, von der Angewiesenheit auf Kooperation mit anderen Individuen usw.).

Erläuterungen und Zusätze

1. Für nähere Angaben über die Entstehung dieser Schrift vgl. DI, S. 1192 ff.
2. Die von Marx und Engels kritisierten Philosophen Bruno Bauer und Max Stirner gehören zu einer Gruppe von Hegel-Schülern, den sog. »Junghegelianern«. Im Gegensatz zu den »Althegelianern« verwarfen die Junghegelianer die politisch konservativen Gehalte des Hegelschen Systems und versuchten, die Hegelsche Philosophie für eine Kritik der bestehenden gesellschaftlichen Zustände im Sinne liberaler und demokratischer Bestrebungen zu benutzen. Vgl. CORNU (1962), LÖWITH (1964).
3. Vgl. GEIGER (1953) S. 181 f.: »Der Logiker und Erkenntnistheoretiker entscheidet zwischen richtigen und falschen Aussagen. Der Ideologiekritiker sucht die Gesetzlichkeiten, die hinter den falschen Aussagen walten.«
4. Daß die »deutsche Wirklichkeit«, »wirkliche« Individuen das »wirkliche« Leben, die »wirkliche Geschichte« dargestellt werden sollen, um zur »wirklichen, positiven Wissenschaft« zu kommen, bleibt in der »Deutschen Ideologie« immer Programm. Die Anführung der »Wirklichkeit« hat den Sinn, daß nach der materialistischen Geschichtsauffassung nicht über das Wesen »des Menschen« oder »der Gesellschaft« spekuliert, sondern empirisch gegebene Individuen in konkreten geschichtlichen Verhältnissen betrachtet werden sollen.
5. Vgl. zum folgenden MEW 3/28–30; DI 1211–1213. Wenn Marx und Engels ausführlich auf die »ursprünglichen geschichtlichen Verhältnisse« eingehen, die als »wirkliche Voraussetzungen« aller Geschichte auch den theoretischen Ausgangspunkt aller Geschichts- und Gesellschaftsbetrachtungen darstellen sollen, so ist die Fragestellung doch keine anthropologische in dem Sinne, daß sie sich konzentriert auf das Problem: was zeichnet das Gattungswesen »Mensch« vor anderen Lebewesen aus etc. Marx und Engels kommen verschiedentlich auf eine derartige (anthropologische) Fragestellung zu sprechen (vgl. MEW 20/444–455). In den »reifen« Werken bezeichnen Marx und Engels die Arbeit als die genuin menschliche Tätigkeit. (In der »Deutschen Ideologie« ist der Begriff »Arbeit« dagegen noch reserviert für deren spezifisch kapitalistische Form, die Lohnarbeit). »Die Arbeit ist zunächst ein Prozeß zwischen Mensch und Natur, ein Prozeß worin der Mensch seinen Stoffwechsel mit der Natur durch seine eigne Tat vermittelt, regelt und kontrolliert. Er tritt dem Naturstoff selbst als eine Naturmacht gegenüber. Die seiner Leiblichkeit angehörigen Naturkräfte, Arme und Beine, Kopf und Hand, setzt er in Bewegung, um sich den Naturstoff in einer für sein eignes Leben brauchbaren Form anzueignen. Indem er durch diese Bewegung auf die Natur außer ihm wirkt und sie verändert, verändert er zugleich seine eigne Natur . . . Wir haben es hier nicht mit den ersten tierartig instinktmäßigen Formen der Arbeit

zu tun ... Wir unterstellen die Arbeit in einer Form, worin sie dem Menschen ausschließlich angehört. Eine Spinne verrichtet Operationen, die denen des Webers ähneln, und eine Biene beschämt durch den Bau ihrer Wachszellen manchen menschlichen Baumeister. Was aber von vornherein den schlechtesten Baumeister vor der besten Biene auszeichnet, ist, daß er die Zelle in seinem Kopf gebaut hat, bevor er sie in Wachs baut. Am Ende des Arbeitsprozesses kommt ein Resultat heraus, das beim Beginn desselben schon in der Vorstellung des Arbeiters, also schon ideell vorhanden war. Nicht daß er nur eine Formveränderung des Natürlichen bewirkt; er verwirklicht im Natürlichen zugleich seinen Zweck, den er weiß, der die Art und Weise seines Tuns als Gesetz bestimmt und dem er seinen Willen unterordnen muß.« (MEW 23/192f.)

6. Von diesem – zugegebenermaßen groben – Resultat her wäre es interessant, jene »genaue Analyse des ersten Teils der *Deutschen Ideologie*« kennenzulernen, die Habermas zwar nicht vorführt, die aber seiner Auffassung nach »zeigt, daß Marx nicht eigentlich den Zusammenhang von Interaktion und Arbeit expliziert, sondern unter dem unspezifischen Titel der gesellschaftlichen Praxis eins auf das andre reduziert, nämlich kommunikatives Handeln auf instrumentales zurückführt.« (Habermas, 1968, S. 45) Habermas hat insoweit recht, als Marx und Engels jenen Zusammenhang von Interaktion und Arbeit tatsächlich »nicht eigentlich« explizieren, aber es ist nicht sichtbar, wo sie in der »Deutschen Ideologie« ein Reduktionsprogramm in der von Habermas unterstellten Form verfolgen. Wenn es in der gesamten Marxschen Theorie ein Reduktionsprogramm gibt, dann geht diese Reduktion auf *gesellschaftliche* Arbeit aus, nie auf Arbeit schlechthin. Die Bedeutung dieses Unterschieds – gerade für den von Habermas immer wieder thematisierten und nicht gerade dialektisch gehandhabten Gegensatz von Arbeit und Interaktion – wird jedoch erst im »Kapital« einsichtig.
7. Vgl. dazu Marx' Auffassung vom »Hauptmangel alles bisherigen Materialismus« in der ersten These »ad Feuerbach«, MEW 3/5. Eine Interpretation gibt z. B. Schmidt 1967, S. 96ff.).
8. »Alle Produktion ist Aneignung der Natur von seiten des Individuums innerhalb und vermittelst einer bestimmten Gesellschaftsform.« (GR 9) »Die Produktion des vereinzelten Einzelnen außerhalb der Gesellschaft – eine Rarität, die einem durch Zufall in die Wildnis verschlagnen Zivilisierten wohl vorkommen kann, der in sich dynamisch schon die Gesellschaftskräfte besitzt – ist ein ebensolches Unding als Sprachentwicklung ohne *zusammen* lebende und zusammen sprechende Individuen.« (GR 6) Wie man sieht, wendet sich Marx nicht nur gegen die Robinsonaden der ökonomischen Theorie, sondern gegen alle sozialwissenschaftlichen Ansätze, die von einem monologisch konstitutierten Subjekt ausgehen.

Fragen zur Diskussion

1. Worin besteht der Materialismus der materialistischen Geschichtsauffassung?
2. Ist das Bewußtsein für Marx und Engels ein bloßes Epiphänomen?
3. Sind Ihrer Auffassung nach allgemeine Aussagen möglich, die für alle geschichtlichen Epochen gültig sind? Welchen Erkenntniswert haben derartige Aussagen?
4. Wie hängen Ihrer Meinung nach inhaltliche Aussagen über einen Gegenstand und Verfahrensvorschläge zur Gewinnung solcher Aussagen zusammen?

4. Kapitel: Gesellschaftliches Sein und Bewußtsein

Textgrundlage

Marx, K., Brief an P. W. Annenkow vom 28. 12. 1846, MEW 4, S. 548f.

§ 1. Wie kann Marx der Auffassung sein, daß die Produktionsverhältnisse den Charakter notwendiger, vom Willen der sie eingehenden Individuen unabhängiger Verhältnisse haben? Er bestreitet nicht, daß Individuen bewußt handeln (denn nur durch solches Handeln können sie z. B. ihre Produktivkräfte weiterentwickeln). Offenbar besteht für Marx eine Differenz zwischen bewußtem Handeln der Individuen und ihrer Möglichkeit, die eigenen gesellschaftlichen Verhältnisse gemäß ihrem Willen frei zu gestalten. Schon der einfache Produktionsakt erfordert, gerade als bewußter, eine Unterordnung des Willens unter den Zweck der Produktion, eine Anpassung an Naturgesetze, die nicht übersprungen, sondern nur ausgenutzt werden können. Soweit die gesellschaftlichen Verhältnisse der Individuen von der Art und Weise ihrer Produktion, die keine willkürliche, sondern vom Stand ihrer Produktivkräfte abhängig ist, bestimmt sind, können sie deren Form ebenfalls nicht willkürlich verändern, sondern nur nach Maßgabe ihrer materiellen Lebensverhältnisse. Wenn die Individuen ihre gesellschaftlichen Verhältnisse nicht willkürlich »wählen« können, vielmehr immer in ihrem gesellschaftlichen »Sein« an die gegebenen materiellen und gesellschaftlichen Bedingungen anknüpfen müssen (die sozusagen das Material ihrer gesellschaftlichen Tätigkeit abgeben), dann gilt dasselbe für das Bewußtsein der Individuen. Mit der Aussage: das gesellschaftliche Sein bestimmt das Bewußtsein, würde man nicht etwa behaupten, daß sich sowohl Aneignung der Natur als auch der Verkehr zwischen den Individuen zunächst bewußtlos vollziehen, um sich dann auf ein von diesen Verhältnissen losgelöstes Bewußtsein der Individuen auszuwirken. Vielmehr geht es Marx zunächst offenbar darum zu betonen, daß es keine völlig »freischwebende« Entwicklung des Bewußtseins geben kann. Das Bewußtsein ist immer das von in bestimmten gesellschaftlichen Verhältnissen lebenden Individuen. Soweit die Individuen in gegebenen gesellschaftlichen Verhältnissen handeln, denen ein gegebener Stand der Produktivkräfte zugrundeliegt, wird auch ihr Bewußtsein von diesen gegebenen Voraussetzungen, die nicht willkürlich veränderbar sind, bestimmt. Werden z. B. die materiellen Produktivkräfte weiterentwickelt, so geschieht dies in der Regel weder zufällig noch bewußtlos. Aber genauso wie die Umgestaltung der gesellschaftlichen Verhältnisse kann auch die fortschreitende Beherrschung der Natur nur in Anknüpfung an gegebene Bedingungen, zu denen ein tradiertes Bewußtsein der Individuen von der Natur gehört, erreicht werden.

Marx zielt also mit der Formulierung: das gesellschaftliche Sein bestimmt das Bewußtsein, darauf, daß das Bewußtsein nichts anders sein kann als das Bewußtsein bestimmter Individuen. Deren Bestimmtheit ergibt sich nicht aus ihrem von den gesellschaftlichen Verhältnissen möglicherweise losgelöst gedachten Bewußtsein, sondern aus ihren gesellschaftlichen Verhältnissen, die selbst wiederum nicht aus willkürlichen Handlungen der Individuen resultieren. Deren Handeln ist vielmehr dadurch charakterisiert, daß sich die gegebenen gesellschaftlichen Verhältnisse als Bedingungen darstellen, die nicht einfach übersprungen werden können. Hat z. B. ein Individuum oder eine Masse von Individuen diese Bedingungen nicht als solche im Bewußtsein, werden sie also im bewußten Handeln »vergessen«, so mag es scheinen, als schieße das Bewußtsein über die gegebenen gesellschaftlichen Verhältnisse hinaus, als treibe ein derart »fortgeschrittenes« Bewußtsein auch die handelnden Individuen über die gegebenen gesellschaftlichen Bedingungen hinaus. Dies »Vergessen« bleibt aber nicht folgenlos, die gesellschaftlichen Verhältnisse bringen sich in »Erinnerung« und reduzieren das Handeln auf das, was unter diesen Verhältnissen – auch an Veränderungen – möglich ist.[1]

Das Verhältnis von gesellschaftlichem Sein und Bewußtsein ist offenbar von Marx sehr viel komplizierter gedacht, als es in so einfachen Sätzen wie: »Nicht das Bewußtsein bestimmt das Leben, sondern das Leben bestimmt das Bewußtsein«, zunächst erscheinen mag. Marx kommt es in solchen Formulierungen, die ein allgemeines Resultat historischer Studien zusammenfassen, auf eine bestimmte Gewichtung an. Man muß in solchen Untersuchungen ausgehen »von den wirklichen lebendigen Individuen selbst und ... das Bewußtsein nur als *ihr* Bewußtsein« (MEW 3/27; DI 1206) betrachten. Die Menschen sind zwar, wie Marx an anderer Stelle sagt, »in einem Verfasser und Schausteller ihres eigenen Dramas« (MEW 4/135), aber das heißt nicht, daß sie ihre Rolle in »dichterischer Freiheit« gestalten. »Die Menschen sind die Produzenten ihrer Vorstellungen, Ideen pp., aber die wirklichen, wirkenden Menschen, wie sie bedingt sind durch eine bestimmte Entwicklung ihrer Produktivkräfte und des denselben entsprechenden Verkehrs bis zu seinen weitesten Formationen hinauf.« (MEW 3/26; DI 1206) Damit ist keineswegs gesagt, daß Ideen, Vorstellungen, Prinzipien, z. B. Religionen, Rechtsauffassungen usw., keinen Einfluß auf das Handeln von Individuen haben. Vielmehr ist erst die Grundlage gegeben, um einen derartigen Einfluß zu verstehen. Bestimmte Bewußtseinsformen entstehen weder unter beliebigen gesellschaftlichen Bedingungen noch haben sie unabhängig von diesen Bedingungen einen Einfluß auf das Handeln der Menschen.

§ 2. Kompliziert wird dieser Zusammenhang eigentlich erst dadurch, daß er sich für die in Gesellschaft handelnden Individuen selbst ganz anders darstellen kann (und unter bestimmten Bedingungen anders darstellen muß). Marx und Engels zufolge ist es ein wesentliches Merkmal ideologischer Bewußtseinsformen, daß die Individuen ihre gesellschaftlichen Verhältnisse nicht als von ihnen selbst erzeugte, sondern als von irgendwelchen äußeren Instanzen bestimmte begreifen, ohne zu wissen, daß letztere nichts als ihre eigenen Bewußtseinsprodukte sind.[2] Ein Beispiel: Betrachten wir religiöse Prinzipien wie die »Zehn Gebote«. Es sind dies zumindest zum Teil religiös begründete »Verkehrsregeln«, die den Individuen ein bestimmtes soziales Verhalten vorschreiben. Die Befolgung derartiger Regeln ermöglicht ein aufeinander eingespieltes Handeln von Individuen, eine Orientierung des Handelns, weil in Befolgung der Regeln mit einem bestimmten Verhalten anderer Individuen gerechnet werden kann. (Man soll nicht lügen, stehlen, morden, ehebrechen usw.) Derartige Regeln haben also die soziale Funktion, im Verkehr der Individuen miteinander bestimmte, diesen Verkehr beeinträchtigende Verhaltensweisen auszuschließen. Es würde an sich ausreichen, sie aus dieser Funktion zu begründen. Warum es derartige, wenn auch unter Umständen von den »Zehn Geboten« völlig verschiedene Regeln des Zusammenlebens geben muß, ist ohne weiteres einsichtig. (Uns braucht hier nicht zu interessieren, wer, wann, wie solche Regeln ausdrücklich formuliert, wie ihre Einhaltung garantiert wird usw.) Die »Zehn Gebote« sind ein Beispiel dafür, daß Ideen, Prinzipien (in diesem Fall: »Verkehrsregeln«) nicht als aus den gesellschaftlichen Verhältnissen der Individuen selbst hervorgehende Resultate ihres Zusammenlebens angesehen werden, sondern für die Individuen Resultate eines fremden (göttlichen) Willens sind, Anordnungen einer von den (gläubigen) Individuen als über ihnen stehend anerkannten Macht. Den Individuen gilt also ihr eigenes Handeln als von Vorstellungen, Ideen, Prinzipien bestimmt, die nicht auf dieses Handeln in gesellschaftlichen Verhältnissen als ihren Ursprung zurückführbar erscheinen. Im ideologischen Bewußtsein stellen sich diese Ideen, Prinzipien usw. eben nicht mehr als Bewußtseinsprodukte dar, deren Produzenten die »wirklichen Menschen« sind, sondern als Wirkung »fremder Mächte«.

Demgegenüber beharren Marx und Engels in ihrer Ideologiekritik darauf, daß die »Menschen . . . die Produzenten ihrer Vorstellungen, Ideen pp.« sind. Sie müssen dann aber erklären, wie es zu Bewußtseinsinhalten kommt, die keine Entsprechung im gesellschaftlichen Sein finden, wie es also kommt, daß im ideologischen Bewußtsein die wirklichen Verhältnisse »auf den Kopf gestellt erscheinen« (MEW 3/26; DI 1206), wieso die Produkte des Bewußtseins der Individuen von diesen selbst als »mysteriöse Mächte« (MEW 3/347) anerkannt werden. Stellt nicht das Phänomen des ideologischen Bewußtseins die Gültigkeit der Aussage: das gesellschaftliche Sein bestimmt das Bewußtsein, in Frage? Muß nicht gerade angesichts dieses Phänomens gefragt werden, welchen Einfluß die ideologische Bewußtseinsverfassung auf das Handeln der Individuen und damit auch auf die Gestaltung ihrer gesellschaftlichen Verhältnisse hat?

Diese Fragen lassen sich vorerst nur vorläufig beantworten, da sich zeigen wird, daß ihre zureichende Beantwortung eine genaue Analyse bestimmter gesellschaftlicher Verhältnisse voraussetzt. Worauf es zunächst ankommt, ist die Erläuterung des Grundmusters, das Marx und Engels in der »Deutschen Ideologie« zur Erklärung des ideologischen Bewußtseins darlegen.

§ 3. Ideologiekritik kann nicht einfach heißen, daß ideologisches Bewußtsein als falsches entlarvt und denunziert wird. Aufgabe der Ideologiekritik ist vielmehr, die systematische Verzerrung des Bewußtseins von Individuen selbst noch auf gesellschaftliche Ursachen zurückzuführen und dadurch zu erklären. Der Satz: Das gesellschaftliche Sein bestimmt das Bewußtsein, impliziert u. a. dieses Postulat. Angesichts des Ideologieproblems kompliziert sich nun der mit diesem Satz ausgedrückte Sachverhalt dahingehend, daß sich offenbar gerade das ideologische Bewußtsein durch die (implizite oder ausdrückliche) Verneinung oder Abschneidung eines derartigen Zusammenhangs zwischen gesellschaftlichem Sein und Bewußtsein auszeichnet. Dem ideologischen Bewußtsein gelten gerade nicht die Verhältnisse der Individuen zueinander und zur Natur, wie sie sich aus dem Handeln der Individuen ergeben und auf es zurückwirken, als ein Gegenstand, der aus sich selbst heraus zu erklären wäre. In den Ideologien werden vielmehr andere »Instanzen« eingesetzt, die dieses Handeln bedingen, sei dies eine übermächtige, undurchschaute und deshalb vergötterte Natur, ein selbständiger göttlicher Wille oder ein vom wirklichen Bewußtsein der Individuen getrennt gedachter »Geist«, die Idee der Vernunft usw. Im ideologischen Bewußtsein werden also die wirklichen gesellschaftlichen Verhältnisse »auf den Kopf gestellt« und gerade diese Verdrehung soll in der Ideologiekritik als gesellschaftlich bedingte erklärt werden. »Wenn in der ganzen Ideologie die Menschen und ihre Verhältnisse wie in einer Camera obscura auf den Kopf gestellt erscheinen, so geht dies Phänomen ebensosehr aus ihrem historischen Lebensprozeß hervor, wie die Umdrehung der Gegenstände auf der Netzhaut aus ihrem unmittelbar physischen.« (MEW 3/26; DI 1206) Der Nachweis, daß und wie die Ideologie aus dem »historischen Lebensprozeß« der Menschen hervorgeht, erfordert aber offenbar eine sehr viel genauere Untersuchung gesellschaftlicher Verhältnisse als sie von Marx und Engels in der »Deutschen Ideologie« vorgenommen wird. Sie benennen – abgesehen von historischen Skizzen – dort nur abstrakte Grundvoraussetzungen menschlicher, d. h. gesellschaftlicher Existenz: die Produktion überhaupt, die einerseits als »ursprüngliches geschichtliches Verhältnis«, andererseits als immer gültige Bedingung und

Voraussetzung des menschlichen Lebens gilt.

Schon für »ursprüngliche geschichtliche Verhältnisse« läßt sich aber das Bewußtsein der Individuen nicht »empiristisch« auflösen in dem Sinne, daß es nur eine mehr oder weniger exakte ideelle Wiedergabe ihrer Verhältnisse zueinander und zur Natur enthält. Zwar ist das Bewußtsein »natürlich zuerst bloß Bewußtsein über die *nächste* sinnliche Umgebung und Bewußtsein des bornierten Zusammenhangs mit andern Personen und Dingen außer dem sich bewußt werdenden Individuum« und »zu gleicher Zeit Bewußtsein der Natur«, aber weil die Natur »den Menschen anfangs als eine durchaus fremde, allmächtige und unangreifbare Macht gegenübertritt, zu der sich die Menschen rein tierisch verhalten, von der sie sich imponieren lassen wie das Vieh« (MEW 3/21; DI 1213), wird die Natur Gegenstand religiöser Erklärung (besser: Verklärung). Naturvorgänge können in einem unentwickelten Stadium der Naturbeherrschung nicht in ihrer eigenen Gesetzlichkeit erklärt werden, sie erscheinen vielmehr als Wirkungen einer »fremden, allmächtigen und unangreifbaren Macht«, eines in religiös verklärter Form gedachten Subjekts, dem sich die Menschen als Objekt unterwerfen müssen. Erst mit der zunehmenden Naturbeherrschung verschwindet auch die Notwendigkeit, Naturprozesse in religiöser Form zu deuten, weil die Natur mehr und mehr ihren Charakter als fremde, die Individuen beherrschende Macht verliert.[3]

Damit verschwindet aber nicht die Bedingung für ideologisches Bewußtsein. Vielmehr ändert sich Marx und Engels zufolge nur dessen Grund. Ideologische Bewußtseinsformen knüpfen weniger am Verhältnis der Individuen zur Natur als an deren gesellschaftlichen Verhältnissen an. Die Bedingungen für die ideologische Verkehrung wirklicher Verhältnisse im Bewußtsein bleiben aber analog zu den bereits für die Naturreligionen gültigen: Gesellschaftliche Verhältnisse stellen sich in ideologischer Form dar, weil sie für die Individuen ebenso zur »fremden, unangreifbaren Macht« geworden sind, wie es vordem die Natur war. Wie ist es nun aber möglich, daß gesellschaftliche Verhältnisse sich für die Individuen als »zweite Natur«[4] darstellen, wenn diese gesellschaftlichen Verhältnisse doch nichts anderes sind als das Resultat des wechselseitigen Sichverhaltens der Individuen? Ist es deren bloße Dummheit oder Borniertheit, wenn sie sich ihre eigenen gesellschaftlichen Verhältnisse so auslegen, als seien sie eben nicht das Resultat ihres Handelns, sondern wiederum Wirkung eines mysteriösen Subjekts, seien es nun »Gott«, »Weltgeist« oder »Staat«, »Nation« usw.?

Zunächst ist offensichtlich, daß derlei mystifizierende Auslegungen gesellschaftlicher Verhältnisse nicht zustande kämen, wenn diese Verhältnisse einfach und für die beteiligten Individuen durchsichtig wären.[5] Um demgegenüber die Fremdheit und Undurchschaubarkeit der modernen gesellschaftlichen Verhältnisse drastisch hervorzuheben, bedienen sich Marx und Engels Adam Smith's berühmter Metapher von der »invisible hand«: wie soll man erklären, »daß der Handel, der doch weiter nichts ist als der Austausch der Produkte verschiedner Individuen und Länder, durch das Verhältnis von Nachfrage und Zufuhr die ganze Welt beherrscht – ein Verhältnis, das, wie ein englischer Ökonom sagt, gleich dem antiken Schicksal über der Erde schwebt und mit unsichtbarer Hand Glück und Unglück an die Menschen verteilt, Reiche stiftet und Reiche zertrümmert, Völker entstehen und verschwinden macht« (MEW 3/35; DI 1217)?

Erläuterungen und Zusätze

1. In diesem Zusammenhang stellt sich das Problem der Utopie. Vgl. dazu insbesondere Bloch (1964), (1959), weiterhin auch z. B. Mannheim (1952).
2. Vgl. Hegel (1952, S. 390): »Als eben dieses spricht die Aufklärung den Glauben richtig aus, indem sie von ihm sagt, daß das, was ihm das absolute Wesen ist, ein Sein seines eigenen Bewußtseins, sein eigener Gedanke, ein vom Bewußtsein Hervorgebrachtes sei.«
3. Die Bestimmung der Natur als einer »fremden Macht« findet sich z. B. bei Schiller, für den sich »alles wirkliche Dasein von der Natur, als einer fremden Macht, aller Schein aber ursprünglich von dem Menschen, als vorstellendem Subjekt ... herschreibt.« (Schiller, F. W., Über die ästhetische Erziehung des Menschen in einer Reihe von Briefen, 26. Brief). Das Problem der Naturbeherrschung formuliert Schiller (25. Brief) wie folgt: »Aus einem Sklaven der Natur, solang er sie bloß empfindet, wird der Mensch ihr Gesetzgeber, sobald er sie denkt. Die ihn vordem nur als Macht beherrschte, steht jetzt als Objekt vor seinem richtenden Blick.«
4. Vgl. zu der Metapher von der »zweiten Natur« z. B. Hegel (1970, § 151), der die Gewohnheit des Sittlichen als eine zweite Natur bezeichnet, »die an die Stelle des ersten bloß natürlichen Willens gesetzt« ist.
5. Vgl. MEW 23/93f.

Fragen zur Diskussion

1. Ist es Ihrer Meinung nach unproblematischer, Aussagen über Zweck und Form z. B. von Produktionsmitteln zu machen als über Bewußtseinsinhalte, Intentionen von Individuen? Wieweit lassen sich beide Formen von Aussagen zur Bestimmung gesellschaftlicher Verhältnisse verwenden?
2. Ist Ihrer Meinung nach in der materialistischen Geschichtsauffassung unterstellt, daß das Bewußtsein der Individuen, soweit es immer »Moment« ihrer produktiven Tätigkeit ist, weniger anfällig für ideologische Verzerrung ist, als ihr Bewußtsein von gesellschaftlichen Verhältnissen?
3. »Neue höhere Produktionsverhältnisse treten nie an die Stelle, bevor die materiellen Existenzbedingungen derselben im Schoß der alten Gesellschaft selbst ausgebrütet worden sind.« (MEW 13/9) Gibt es nach Ihrer Kenntnis historische Vorgänge, die die Gültigkeit dieser Aussage beeinträchtigen?
4. Trifft eine solche Aussage jeden einzelnen historischen Vorgang, oder bezieht sie sich nur auf Resultate längerer Entwicklungsprozesse?

5. Kennen Sie Beispiele für die ideologische Begründung sozialer »Verkehrsregeln« aus einem nicht-religiösen Zusammenhang?

5. Kapitel: Die Verselbständigung der gesellschaftlichen Verhältnisse

Textgrundlage:

Marx, K., Engels, F., Die Deutsche Ideologie, MEW 3, S. 32–40, DI, S. 1214–1221.

§ 1. Marx und Engels unterstellen nicht einfach, daß die ideologische Bewußtseinsverfassung von Individuen ein bloßes Hirngespinst sei, das nur aus ihrer Beschränktheit erklärbar ist (eine Beschränktheit, die dann auch durch Kritik und Aufklärung einfach beseitigt werden könnte). Vielmehr sind die gesellschaftlichen Verhältnisse, denen ideologische Bewußtseinsformen entsprechen, dadurch charakterisiert, daß sie gegen die Individuen *verselbständigte* gesellschaftliche Verhältnisse sind. Verselbständigung der gesellschaftlichen Verhältnisse gegen die Individuen bedeutet, daß diese Verhältnisse sozusagen ein »Eigenleben« führen, daß sie – obwohl nichts anderes als das Resultat des wechselseitigen Verhaltens der Individuen – aktuell nicht mehr nur in dieser Eigenschaft begreifbar sind, sondern ein Eigendasein entwickeln, das umgekehrt das Verhalten der Individuen bestimmt. Obwohl die Individuen eigentlich Subjekt ihrer gesellschaftlichen Verhältnisse sind, die Menschen ihre Geschichte selbst machen, werden diese Verhältnisse »übermächtig« gegen sie. Wenn auch die ideologischen Bewußtseinsformen der Menschen »Sublimate ihres materiellen, empirisch konstatierbaren und an materielle Voraussetzungen geknüpften Lebensprozesses« (MEW 3/26; DI 1206) sein sollen, dann hat dies zur Voraussetzung, daß sich der materielle, empirisch konstatierbare und an materielle Voraussetzungen geknüpfte gesellschaftliche Lebensprozeß selbst gegen die Individuen verselbständigt hat. Damit ist nun das Grundmuster der Erklärung der ideologischen Bewußtseinsverfassung skizziert (oder die Richtung angegeben, in der eine solche Erklärung gesucht werden muß). Voraussetzung dieser Erklärung ist, daß die reale Verselbständigung der gesellschaftlichen Verhältnisse nicht nur empirisch deskriptiv erfaßt, sondern begriffen werden kann ohne Verletzung der Grundannahme der materialistischen Geschichtsauffassung, wonach die Menschen die Subjekte ihrer eigenen Geschichte sind. Wie schwierig diese Aufgabe ist, deutet sich schon darin an, daß sie nur in paradoxer Weise formuliert werden kann, weil zwei entgegengesetzte Aussagen gleichzeitig gelten sollen. Einerseits:

Die Menschen machen ihre eigene Geschichte, sind deren Subjekt, weil sowohl ihr Verhältnis zur Natur als auch ihre gesellschaftlichen Verhältnisse nichts weiter sein können als die Resultate ihres wechselseitigen Verhaltens.[1] Andererseits: Die gesellschaftlichen Verhältnisse der Menschen haben sich gegen sie verselbständigt, haben Subjektcharakter gewonnen; die Menschen sind diesen Verhältnissen als Objekte unterworfen.[2]

Das Problem der Ideologie geht damit in der allgemeinen Frage nach den Bedingungen der Verselbständigung gesellschaftlicher Verhältnisse gegen die handelnden Individuen auf – in der Formulierung von Marx und Engels: »Die Individuen sind immer von sich ausgegangen, gehen immer von sich aus. Ihre Verhältnisse sind Verhältnisse ihres wirklichen Lebensprozesses. Woher kommt es, daß ihre Verhältnisse sich gegen sie verselbständigen? Daß die Mächte ihres Lebens übermächtig gegen sie werden?« (MEW 3/540; DI 1251)[3]

§ 2. In der »Deutschen Ideologie« lautet die lapidare Antwort auf diese Frage: »Mit einem Wort: *Die Teilung der Arbeit*, deren Stufe von der jedesmal entwickelten Produktivkraft abhängt.« (ebd.) Die Erklärung der Verselbständigung gesellschaftlicher Verhältnisse aus der Arbeitsteilung ist jedoch von der entwickelten Marxschen Theorie her gesehen unzureichend. Wichtig an der bisher zur Charakterisierung des Marxschen Ansatzes herangezogenen frühen Schrift »Deutsche Ideologie« erscheint vielmehr, das Problem des Gegensatzes von (individuellem) Handeln und aus diesem Handeln resultierenden »geronnenen« und verselbständigten Verhältnissen in aller Schärfe unter den von der programmatisch dargelegten materialistischen Geschichtsauffassung her gegebenen Lösungsbedingungen gestellt zu haben.[4]

Die in der »Deutschen Ideologie« vorgeschlagene Erklärung der Aussage: die gesellschaftlichen Verhältnisse haben sich gegen die Individuen verselbständigt, knüpft an die Tatsache an, daß sich der historische Entwicklungsprozeß durch das Merkmal einer zunehmenden Komplexität gesellschaftlicher Systeme charakterisieren läßt. Diese Entwicklung wird nun in der »Deutschen Ideologie« auf *eine* Ursache zurückgeführt: die Teilung der Arbeit. Teilung der Arbeit heißt zunächst nichts weiter, als daß nicht jedes Individuum alle Mittel, die es zur Befriedigung seiner Bedürfnisse braucht, selbst herstellt. Die immer entwickeltere Naturbeherrschung ist offenbar nur möglich, wenn die komplizierter werdenden Produktionsprozesse spezialisierte Funktionen von Individuen werden, die – weil sie von den Produkten, die sie konsumieren, nur noch einen Teil selbst herstellen – miteinander verkehren müssen, um diese Produkte ihren Bedürfnissen entsprechend zu verteilen. Je weiter der Umkreis der Bedürfnisse, damit der Produkte als Befriedigungsmittel, um so komplexer wird das System der Arbeitsteilung, um so notwendiger auch der sich ausweitende Verkehr zwischen den Individuen. Obwohl die materielle Grundlage dieses Verkehrs – abstrakt gesehen – immer dieselbe ist: einerseits ein System der gesellschaftlichen Arbeit als Aneignung der Natur, andererseits ein entsprechendes System von Bedürfnissen bei jedem Individuum, ist offensichtlich, daß die Form dieses Verkehrs sehr verschieden sein kann. Sie ist wesentlich davon abhängig, wie die Arbeit selbst im gesellschaftlichen Maßstab organisiert ist; eine Organisation, die ihren Ausdruck in verschiedenen Eigentumsformen findet.

Während mit der Teilung der Arbeit streng genommen noch keine gesellschaftliche Gliederung gemeint sein muß, die eine vertikale Differenzierung gesellschaftlicher Positionen einschließt, ist mit den Eigentumsformen offenbar das Problem dieser vertikalen Differenzierung angesprochen. Obwohl Eigentum an sich eine Bedingung jeglicher Produktion ist, weil Produktion Aneignung der Natur heißt, und eine »Aneignung, die sich nichts zu eigen macht, . . . contradictio in subjecto« (GR 9) ist, so sind doch die gesellschaftlichen Formen dieser Aneignung historisch sehr verschieden.[5] Ihre Untersuchung richtet sich auf das Problem, daß mit der Teilung der Arbeit »zu gleicher Zeit auch die Verteilung, und zwar die *ungleiche*, sowohl quantitative wie qualitative Verteilung der Arbeit und ihrer Produkte gegeben« (MEW 3/32; DI 1214) ist. Marx und Engels gehen in der »Deutschen Ideologie« davon aus (was historisch sicher nicht unberechtigt, aber systematisch unbefriedigend ist), daß die horizontale Gliederung der Gesellschaft durch die Teilung der Arbeit zugleich eine vertikale Gliederung bedinge (also die Etablierung von Herrschaftsverhältnissen und diese ausdrückende Eigentumsformen). Beide Richtungen der Ausdifferenzierung der gesellschaftlichen Verhältnisse münden nun – so Marx und Engels in der »Deutschen Ideologie« – darin, daß diese gesellschaftlichen Verhältnisse sich gegen die Individuen verselbständigen. »Und endlich bietet uns die Teilung der Arbeit gleich das erste Beispiel davon dar, daß, solange die Menschen sich in der naturwüchsigen Gesellschaft befinden, solange also die Spaltung zwischen dem besondern und gemeinsamen Interesse existiert, solange die Tätigkeit also nicht freiwillig, sondern naturwüchsig geteilt ist, die eigne Tat des Menschen ihm zu einer fremden, gegenüberstehenden Macht wird, die ihn unterjocht, statt daß er sie beherrscht. Sowie nämlich die Arbeit verteilt zu werden anfängt, hat jeder einen bestimmten ausschließlichen Kreis der Tätigkeit, der ihm aufgedrängt wird, aus dem er nicht heraus kann . . . Dieses Sichfestsetzen der sozialen Tätigkeit, diese Konsolidation unsres eignen Produkts zu einer sachlichen Gewalt über uns, die unsrer Kontrolle entwächst, unsre Erwartungen durchkeuzt, unsere Berechnungen zunichte macht, ist eines der Hauptmomente in der bisherigen geschichtlichen Entwicklung.« (MEW 3/33; DI 1215).[6]

§ 3. Das Schema, mit dem Marx und Engels die Verselbständigung der gesellschaftlichen Verhältnisse in der »Deutschen Ideologie« erklären, ist relativ einfach. Ausgehend von der Teilung der Arbeit[7] wird festgestellt, daß diese zugleich eine Verteilung sowohl der Arbeit als auch ihrer Produkte einschließt, und daß diese Verteilung historisch von vornherein eine ungleiche ist. Eine strenge Begründung dieser ungleichen Verteilung der Arbeit und ihrer Produkte auf die Gesellschaftsmitglieder geben Marx und Engels nicht. Vielmehr sind für sie »Teilung der Arbeit und Privateigentum identische Ausdrücke« (MEW 3/32; DI 1214). Das Privateigentum hat dabei immer das Merkmal an sich, Ausdruck einer ungleichen Verteilung der Arbeit und ihrer Produkte zu sein; der »Gegenbegriff« zum Privateigentum ist die Arbeit, so daß es auf der einen Seite Arbeiter, auf der anderen Seite Privateigentümer gibt, die sich die Produkte der Arbeiter aneignen. Wenn der festgestellte Zusammenhang von Teilung der Arbeit, Herrschaftsverhältnissen und Eigentumsformen nun auch sicher historisch nicht ganz falsch ist[8], so ist doch die umstandslose Gleichsetzung einer horizontalen gesellschaftlichen Gliederung (Teilung der Arbeit) mit einer vertikalen nach Herrschaftsverhältnissen und Eigentumsformen fragwürdig.[9]

Zwar legen Marx und Engels großes Gewicht darauf, daß die Entwicklung der Produktivkräfte unter der Form der Teilung der Arbeit ein »naturwüchsiger« Prozeß ist, in dessen Verlauf die Individuen unter bestehende Verhältnisse subsumiert werden, anstatt daß sie bewußt diese Verhältnisse eingehen, aber auch dieses Merkmal der »Naturwüchsigkeit« reicht nicht hin, um die Tatsache der Verselbständigung der gesellschaftlichen Verhältnisse gegen die Individuen aus deren eigenem Handeln zu begründen. Daß die »soziale Macht, d. h. die vervielfachte Produktionskraft, die durch das in der Teilung der Arbeit bedingte Zusammenwirken der verschiedenen Individuen entsteht, . . . diesen Individuen, weil das Zusammenwirken selbst nicht freiwillig, sondern naturwüchsig ist, nicht als ihre eigne vereinte Macht, sondern als eine fremde, außer ihnen stehende Gewalt, von der sie nicht wissen woher und wohin« (MEW 3/34; DI 1215 f.), erscheint, ist von den Individuen gar nicht so falsch gedacht, solange sie tatsächlich nur ihre Einzelinteressen verfolgen. Aber warum sie nur diese Interessen verfolgen und warum die soziale Macht »im Gegenteil nun eine eigentümliche, vom Wollen und Laufen der Menschen unabhängige, ja dies Wollen und Laufen erst dirigierende Reihenfolge von Phasen und Entwicklungsstufen durchläuft« (ebd.), ist mit dem Verweis auf die Teilung der Arbeit und die Naturwüchsigkeit ihrer Ausdehnung nicht erklärt, sondern allenfalls beschrieben. Offenbar geht der mit dem Begriff der Verselbständigung gesellschaftlicher Verhältnisse angezielte Sachverhalt, der Marx und Engels in der »Deutschen Ideologie« als Erklärungsgrund für ideologische Bewußtseinsformen dient, weder darin auf, daß sich mit der fortschreitenden gesellschaftlichen Arbeitsteilung das Problem der Einbindung individuellen Handelns in immer weitläufigere soziale Zusammenhänge ergibt, noch darin, daß die Naturwüchsigkeit der gesellschaftlichen Entwicklung den Fortbestand tradierter Institutionen usw. bedingt, die sich für neue Formen der Produktion und des Verkehrs als Hemmnisse erweisen. Im Begriff der Verselbständigung, wie ihn Marx und Engels in der »Deutschen Ideologie« gebrauchen, werden augenscheinlich die mit den Merkmalen Arbeitsteilung und Naturwüchsigkeit nicht zureichend erfaßten gesellschaftlichen Verhältnisse der (kapitalistischen) Warenproduktion mitgedacht. Deren charakteristische Form der Verselbständigung, die sowohl eine Versachlichung (bzw. Verdinglichung) gesellschaftlicher Verhältnisse als auch eine Verkehrung von Subjekt und Objekt (Herrschaft der toten über die lebendige Arbeit) einschließt, analysiert Marx erst im »Kapitel«.

§ 4. Soweit für Marx und Engels ideologische Bewußtseinsformen auf der Verselbständigung gesellschaftlicher Verhältnisse gegen die Individuen beruhen – und mit diesem Begriff der Verselbständigung eine Gesellschaftsform erfaßt werden soll, in der die Warenproduktion vorherrschende Form der Produktion ist –, ist auch die Ideologielehre angelegt auf die Analyse des Verhältnisses von gesellschaftlichem Sein und Bewußtsein in warenproduzierenden Gesellschaften. Diese Zuspitzung des Ideologieproblems zeigt sich z. B. darin, daß schon in der »Deutschen Ideologie« das Geld als Hauptindiz für jene Verselbständigung gilt: durch das Geld – das nicht von Individuen bewußt eingesetztes Mittel ihres Verkehrs, sondern dessen »naturwüchsiges« Produkt ist – werden die Beziehungen zwischen den Individuen sachlich vermittelt. Im Gegensatz z. B. zum Fronbauern, der noch für den Feudalherren arbeitete, weil er unter ein persönliches Herrschaftsverhältnis gestellt war, arbeitet der moderne Lohnarbeiter für den Kapitalisten, nicht weil dieser ihn persönlich beherrscht, sondern weil er ihm Geld zahlt, das der Arbeiter braucht, um seine Lebensmittel zu kaufen. Die Beziehung zwischen Lohnarbeiter und Kapitalist ist also durch ein »Drittes« vermittelt, das Geld, in dem die »Herrschaft des Eigentümers über die Nichteigentümer« den Charakter eines persönlichen Verhältnisses verloren und »dingliche Gestalt« angenommen hat. (MEW 3/65; DI 1228) »In der Macht des Geldes, in der Verselbständigung des allgemeinen Tauschmittels, sowohl der Gesellschaft wie den Einzelnen gegenüber, tritt die Verselbständigung der Produktions- und Verkehrsverhältnisse überhaupt am deutlichsten hervor.« (MEW 3/380)

Eine derartige Zuspitzung des Ideologieproblems auf warenproduzierende und geldgebrauchende Gesellschaftsformen bedeutet zweierlei: einmal ist das Problem nicht gelöst, ob und wieweit man die für andre Gesellschaftsformen (z. B. Feudalismus) charakteristischen Formen falschen Bewußtseins als Ideologie *im strengen Sinne* bezeichnen kann und wie derartige Bewußtseinsformen zu begründen wären. Zum anderen bedeutet diese Zuspitzung, daß die Durchführung einer Ideologiekritik, in der davon ausgegangen wird, daß die Existenz ideologischer Bewußtseinsformen auf die Verselbständigung gesellschaftlicher Verhältnisse zurückgeht, eine Begründung dieser Verselbständigung voraussetzt, die Marx und Engels in der »Deutschen Ideologie« nicht hinreichend gelingt. Wieweit Marx im »Kapital« eine derartige Begründung gibt, soll in Teil C untersucht werden.

Allerdings lassen sich – mit der gebotenen Vorsicht – schon von der spezifischen Stellung des Ideologieproblems in der »Deutschen Ideologie« her Anhaltspunkte für den inhaltlichen Charakter von Ideologien ausmachen. Es läßt sich vermuten, daß es im wesentlichen zwei Typen von Ideologien gibt, die sich jeweils auf eine Seite jenes Gegensatzes beziehen, der in der Marxschen Problemstellung einer Begründung der Verselbständigung der gesellschaftlichen Verhältnisse gegen die Individuen zum Ausdruck kommt: einerseits auf die nicht abweisbare Erkenntnis, daß die Menschen die Subjekte ihrer eigenen Geschichte sind, andererseits auf die offenbar ebensowenig abweisbare Erkenntnis, daß in der modernen bürgerlichen Gesellschaft deren Verhältnisse eine Übermacht und Starre nicht nur gegenüber individuellem, sondern gegenüber subjektivem Handeln schlechthin gewonnen haben, die dazu nötigt, jene Verhältnisse als »zweite Natur« zu begreifen.[10] Eine an Marx anschließende Kritik moderner Ideologien müßte diesen in ideologischen Bewußtseinsformen abstrakt bleibenden Gegensatz thematisieren, demgemäß entweder die Aussage gilt: die Menschen sind Subjekte ihrer eigenen gesellschaftlichen Verhältnisse (wenn sie wollen, können sie sie verändern), oder die Aussage: die Menschen können sich an die gegebenen gesellschaftlichen Verhältnisse nur anpassen.

Erläuterungen und Zusätze

1. Vgl. Marx' Hinweis auf Vico, demgemäß »die Menschengeschichte sich dadurch von der Naturgeschichte unterscheidet, daß wir die eine gemacht und die andre nicht gemacht haben.« (MEW 23/393)
2. Daß auch dieser Gedanke nicht nur im Marxismus zu Hause ist, zeigt sich bei Gehlen (1949, S. 7): »Die gesellschaftlichen Verhältnisse haben heutzutage eine Übermacht, die dazu nötigt, den Begriff der Anpassung einzuführen, wenn man das Verhalten der Menschen beschreiben will.«
3. Wenn Marx schreibt: »Die Individuen sind immer von sich ausgegangen, gehen immer von sich aus. Ihre Verhältnisse sind Verhältnisse ihres wirklichen Lebensprozesses« (MEW 3/540; DI 1251), so zeigt sich in dieser *Ausgangs*position: gesellschaftliche Verhältnisse resultieren aus Handlungen – und handlungsfähig sind allein Individuen –, zunächst keine Differenz zu Max Weber (»Handeln . . . gibt es für uns nur als Verhalten von einer oder mehreren *einzelnen* Personen« (WG, Kap. 1, § 1, Abs. 9)), der es für die Soziologie ablehnt, »soziale Gebilde« (Staat, Genossenschaften usw.) als handelnde Kollektivsubjekte zu betrachten.
4. Jener Gegensatz liegt auch – wie wir meinen – der gegenwärtig diskutierten Di-

chotomie von Handlungs- und Systemtheorien in den Sozialwissenschaften zugrunde, wobei gesellschaftliche Verhältnisse im ersten Theorietyp im Ausgang vom individuellen Handeln, im zweiten Theorietyp z. B. durch die Frage nach ihrer Funktion (Parsons) oder der Grenzbildung sozialer Systeme (Luhmann) erklärt werden sollen. Mit Max Webers soziologischer Kategorienlehre werden wir eine streng handlungstheoretische Position kennenlernen.

5. Vgl. GR, S. 375–413.
6. Der Sachverhalt, den Marx und Engels mit dem Theorem der Verselbständigung der gesellschaftlichen Verhältnisse gegen die Individuen anzielen, wurde philosophisch mit dem Begriff der Entfremdung bzw. Selbstentfremdung des Menschen gefaßt. Schon bei Rousseau findet sich der Gedanke, daß der gesellschaftliche Mensch im Gegensatz zum natürlichen Menschen immer »hors de lui« (außer sich) sei. (Eine Interpretation, die die Idee der Selbstentfremdung ins Zentrum der Rousseau'schen Schriften stellt, gibt Barth, 1974, S. 99ff.) Der Gedanke der Entfremdung, Entzweiung des Geistes von der Wirklichkeit und den Formen ihrer Versöhnung bildet schließlich das Zentrum der Hegelschen Philosophie. Marx knüpft – z. T. vermittelt über Feuerbach – auch bezüglich des Entfremdungsgedankens an Hegel an, bezieht ihn – im Anschluß an Moses Heß – schon in den Ökonomisch-Philosophischen Manuskripten von 1844 auf gesellschaftliche Arbeit und die kapitalistischen Produktionsverhältnisse. In der »Deutschen Ideologie« wird der Begriff »Entfremdung« nur noch polemisch als philosophische Umschreibung des Sachverhaltes der Verselbständigung der gesellschaftlichen Verhältnisse gebraucht (vgl. MEW 3/34; DI 1216), wohingegen im »Kapital« der Begriff schließlich – ohne den antiphilosophischen Unterton – ein Prädikat der unter das Kapital subsumierten Arbeit bezeichnet (vgl. z. B. MEW 23/596). Die Literatur zur Marxschen Entfremdungstheorie ist umfangreich bis zur Unüberschaubarkeit, was u. a. daran liegt, daß mit der Veröffentlichung der Ökonomisch-Philosophischen Manuskripte von 1844 in den dreißiger Jahren eine Basis dafür gefunden schien, den jungen philosophischen, humanistischen Marx gegen den älteren, »ökonomistischen« (und vor allem politisch »gefährlichen«) Marx auszuspielen.
7. Auf den Zusammenhang zwischen Ideologie und Arbeitsteilung, wie ihn Marx und Engels mit dem Verweis auf die Teilung von materieller und geistiger Arbeit herstellen, wird im folgenden Kapitel noch kurz eingegangen.
8. Engels bemerkt im Vorwort zu seiner Schrift »Ludwig Feuerbach und der Ausgang der klassischen deutschen Philosophie« (1888) über die »Deutsche Ideologie«: »Der Abschnitt über Feuerbach ist nicht vollendet. Der fertige Teil besteht nur in einer Darlegung der materialistischen Geschichtsauffassung, die nur beweist, wie unvollständig unsre damaligen Kenntnisse der ökonomischen Geschichte noch waren.« (MEW 21/264) Diese Bemerkung läßt sich insbesondere beziehen auf den bereits problematisierten Stellenwert, den die Teilung der Arbeit für die Begründung verselbständigter gesellschaftlicher Verhältnisse (insbesondere des Privateigentums) in der »Deutschen Ideologie« hat. Im »Kapital« bemerkt Marx: »In der altindischen Gemeinde ist die Arbeit gesellschaftlich geteilt, ohne daß die Produkte zu Waren werden.« (MEW 23/56) Die Warenform der Arbeitsprodukte ist aber die Grundform der Verselbständigung der gesell-

schaftlichen Verhältnisse in der modernen bürgerlichen Gesellschaft. Ohne sie gibt es auch kein Privateigentum (vgl. unten Teil C). Der von uns formulierte Einwand gegen die Begründung der Verselbständigung der gesellschaftlichen Verhältnisse einzig aus der Teilung der Arbeit – daß mit dieser zunächst nicht notwendig eine vertikale Differenzierung gesellschaftlicher Positionen (Über- und Unterordnung), sondern nur eine horizontale Differenzierung begründet ist – setzt einen Begriff der Arbeit voraus, den Marx erst im »Kapital« entwickelt: die abstrakt allgemeine Arbeit. Ohne die Reduktion verschiedener Arbeitsarten auf menschliche Arbeit schlechthin ergibt sich schon aus den verschiedenen Ausmaßen der Qualifikation der Arbeiter deren vertikale Differenzierung.

9. Genauso fragwürdig ist der Versuch von Marx und Engels, aus der Teilung der Arbeit unmittelbar die Notwendigkeit des *Staates* als verselbständigter Sphäre, als »einer besonderen Existenz neben und außer der bürgerlichen Gesellschaft« (DI 1248) herzuleiten: Weil die Arbeit geteilt ist, gibt es einen »Widerspruch zwischen dem Interesse des einzelnen Individuums oder der einzelnen Familie und dem gemeinschaftlichen Interesse aller Individuen, die miteinander verkehren« (MEW 3/32; DI 1214), wobei das »gemeinschaftliche Interesse« aus der gegenseitigen Abhängigkeit der Individuen resultiert. »Eben aus diesem Widerspruch des besondern und gemeinschaftlichen Interesses nimmt das gemeinschaftliche Interesse als *Staat* eine selbständige Gestaltung, getrennt von den wirklichen Einzel- und Gesamtinteressen, an.« (ebd.) An der Teilung der Arbeit läßt sich nicht einfach ablesen, warum »die Individuen *nur* ihr besondres – für sie nicht mit ihrem gemeinschaftlichen Interesse zusammenfallendes suchen« (MEW 3/34; DI 1215). Es gehören noch mehr Bedingungen dazu, um zu begründen, daß eine Zersplitterung und Vereinzelung der Individuen stattfindet, die diese nur noch ihre eigenen Interessen verfolgen läßt, was erst die Regelung ihrer gemeinsamen Angelegenheiten durch eine äußerliche, verselbständigte »Instanz«, den Staat, notwendig macht.

10. Wenn sich aus dem Verselbständigungs-Theorem zunächst Anhaltspunkte für den inhaltlichen Charakter von Ideologien in der Richtung ergeben, daß sich gesellschaftliche Verhältnisse als »zweite Natur« darstellen, so läßt sich dieser Inhalt in »modernen« Ideologien auf den ersten Blick nur schwer wiederfinden, soweit deren Grundaussage lautet: die gegebenen (kapitalistischen) gesellschaftlichen Verhältnisse sind in einem hohen Grade manipulierbar. Ihre Entwicklung führt demgemäß auch nicht zu einem Konflikt (wie etwa dem zwischen den Produktivkräften und Produktionsverhältnissen), der zu einer qualitativ anderen Form der gesellschaftlichen Organisation drängt. (Beispiel: ökonomische Krisen erscheinen nicht mehr als Quasi-Naturereignis, sondern als Resultat des Versagens dieses oder jenes Wirtschaftspolitikers). Der ideologische Charakter derartiger Aussagen bestünde weniger in der Anerkennung der Verselbständigung gesellschaftlicher Verhältnisse und der Einsetzung mysteriöser Triebkräfte zur Erklärung dieser Verselbständigung als in deren Leugnung (Beispiel: Leistungsideologie, deren Grundgehalt eine Aussage der Form ist: bei genügender Effizienz des individuellen Handelns lassen sich die Intentionen des Individuums in den gegebenen gesellschaftlichen Verhältnissen bruchlos verwirklichen). Wieweit diese Leugnung angesichts der modernen kapitalistischen Verhältnisse be-

rechtigt, wieweit sie ideologisch ist, stellt für die Soziologie selbst ein Problem dar. So läßt Webers handlungstheoretischer Ansatz zunächst nicht erkennen, wie die Möglichkeit der Verselbständigung gesellschaftlicher Verhältnisse gegen die Individuen erklärt werden soll, während Weber in seiner Diagnose der Entwicklung kapitalistischer Verhältnisse schließlich doch den modernen Kapitalismus resignativ als »ehernes Gehäuse« bezeichnet. Was enthält die Charakterisierung des »spezifisch modernen Kapitalismus als eines die Wirtschaft und durch sie das Alltagsschicksal der Menschen *unentrinnbar* beherrschenden Systems« (PS 242) anderes als den Grundgedanken der Verselbständigung der gesellschaftlichen Verhältnisse gegen die Individuen?
Während bei Weber noch eine Spannung zwischen Ansatz beim intentionalen Handeln einzelner Individuen und schließlich resignativer Diagnose der Verselbständigung gesellschaftlicher Verhältnisse gegen die Individuen im Kapitalismus aufscheint, entfällt im Gesellschaftsdenken des technokratischen Typs, in dem Form und Entwicklungsrichtung gesellschaftlicher Verhältnisse auf »Sachgesetzlichkeiten« zurückgeführt werden, auch noch dieser kritische Impuls. Dies technokratische Gesellschaftsdenken gilt übrigens H. Marcuse und J. Habermas als der spezifische Ideologietypus des modernen Kapitalismus (und auch des »bürokratischen Sozialismus«), der Habermas zufolge mit dem Instrumentarium der Marxschen Theorie nicht mehr adäquat zu erfassen ist. (Man könnte auch umgekehrt sagen, daß sich erst im technokratischen Denken das Charakteristikum bürgerlicher Ideologie: – Marx zufolge – die Darstellung der bestehenden kapitalistischen Produktionsverhältnisse als naturnotwendige, rein ausprägt.) Vgl. Marcuse (1965, 1967); Habermas (1968). Zur Kritik der Habermasschen Marx-Interpretation vgl. statt vieler Tomberg (1969, S. 38–42, 177f.).

Fragen zur Diskussion

1. Warum ist mit der – einmal als richtig unterstellten – Feststellung, daß die Teilung der Arbeit in allen historisch bekannten Fällen immer einherging mit Herrschaftsverhältnissen, das Zustandekommen dieser Herrschaftsverhältnisse nicht zureichend erklärt?
2. Halten Sie es für zutreffend, daß die Teilung der Arbeit nur eine »horizontale« gesellschaftliche Gliederung impliziert?
3. Halten Sie die Entwicklung zur immer arbeitsteiligeren gesellschaftlichen Produktion für eine historisch unumkehrbare Tatsache?
4. Schließt die Tatsache, daß die Arbeit unter den Individuen in einer Gesellschaft geteilt ist, auch ein, daß zwischen diesen Individuen antagonistische Interessenkonflikte bestehen?
5. Gibt es Ihrer Meinung nach einen notwendigen Zusammenhang von Strukturen des gesellschaftlichen Zusammenlebens und ideologischer Bewußtseinserfassung?
6. Kennen Sie Beispiele für ideologische Aussagen, die sich an dem Gegensatz von subjektivem Handeln und objektiven gesellschaftlichen Gebilden festmachen?

6. Kapitel: Konsequenzen der Ideologie und Bedingungen ihrer Aufhebung

Textgrundlage

Marx, K., Engels, F., Die Deutsche Ideologie, MEW 3, S. 65–77; DI, S. 1239–1248.

§ 1. Wenn es richtig ist, daß die ideologische Bewußtseinsverfassung Resultat einer bestimmten Verfassung der gesellschaftlichen Verhältnisse der Individuen ist, dann muß sich dieses ideologische Bewußtsein auch auf die Gestaltung dieser Verhältnisse auswirken. Eine derartige Auswirkung ab zustreiten, hieße zugleich annehmen, daß das Handeln der Individuen »bewußtlos« abläuft, oder daß es zerfällt in »gedankenlose Tätigkeit« einerseits, »tatlose Gedanken« andererseits (DI 1214 FN). Wenn nun im ideologischen Bewußtsein gesellschaftliche Verhältnisse dank deren realer Verselbständigung als »fremde Macht« erscheinen, für deren Existenz außergesellschaftliche »Erklärungsgründe« herangezogen werden, so enthält dies ideologische Bewußtsein zwar die bestehenden gesellschaftlichen Verhältnisse »transzendierende«, d. h. über diese hinausweisende Momente. Aber damit erscheinen die bestehenden gesellschaftlichen Verhältnisse, über die das Bewußtsein »hinausschießt«, selbst nicht als real, durch eigenes Handeln, veränderbar. Im Gegenteil, sie finden als bestehende Verhältnisse eine Rechtfertigung, die sie als unangreifbar erscheinen läßt (z. B. als gottgewollt, naturgegeben usw.). Damit ist nicht gesagt, daß das ideologische Bewußtsein konsequenzlos für das Handeln der Individuen bleibt. Insofern diese gesellschaftlichen Verhältnisse z. B. soziale Gebilde umfassen, die sich nur im Zusammenwirken mit ideologisch »angeleitetem« Handeln erklären lassen (z. B. Kirchen und religiöses Bewußtsein, Justiz und ideologische Rechtsauffassungen, Herrschaftsapparate und politische Ideologien), bewegt sich dies Handeln innerhalb der gegebenen gesellschaftlichen Verhältnisse, deren Ausdruck im Bewußtsein die Ideologien sind, und baut sie aus, mehr als daß es sie verändert.[1]

Als Antwort auf die Frage nach den sozialen Folgen ideologischen Bewußtseins soll zunächst die grobe These genügen, daß dies Bewußtsein als Ausdruck bestimmter gegebener gesellschaftlicher Verhältnisse eben diese konservieren hilft. Ein ideologisch »angeleitetes« Handeln fördert die Verselbständigung gesellschaftlicher Verhältnisse gegen die Individuen insoweit, als diese Verselbständigung nicht in Frage gestellt, sondern anerkannt und verklärt wird. Marx und Engels behandeln in der »Deutschen Ideologie« die Frage nach den sozialen Konsequenzen von Ideologien, soweit diese sich mit den bestehenden gesellschaftlichen Verhältnissen in Übereinstimmung befinden, nur sehr kursorisch. Es geht ihnen vielmehr um zwei weitergehende Aspekte des Ideologieproblems: Einmal die Frage nach den Auswirkungen der Teilung zwischen materieller und geistiger Arbeit, nach der sozialen Funktion der »ideologischen Stände«, zum anderen die Frage nach dem Einfluß der ideologischen Bewußtseinsverfassung in den durch einen Widerspruch zwischen materiellen Produktivkräften und vorhandenen Produktionsverhältnissen gekennzeichneten historischen Umwälzungsepochen.

§ 2. Die Erörterung der Auswirkungen der Teilung zwischen materieller und geistiger Arbeit nimmt in der »Deutschen Ideologie« relativ breiten Raum ein, da der Zweck der Schrift nicht vordringlich eine Kritik der Ideologie als allgemein herrschender Bewußtseinsform ist, sondern eine Kritik an einer besonderen Ausprägung des »falschen Bewußtseins«, das durch die verselbständigte geistige Produktion der »aktiven konzeptiven Ideologen« (DI 1225) eine Systematisierung und Zuspitzung erfährt.[2] Die Möglichkeit spezialisierter Ideologieproduktion beruht auf der Teilung der Arbeit, die »erst wirklich Teilung (wird) von dem Augenblicke an, wo eine Teilung der materiellen und geistigen Arbeit eintritt. Von diesem Augenblicke an *kann* sich das Bewußtsein wirklich einbilden, etwas andres als das Bewußtsein der bestehenden Praxis zu sein . . . von diesem Augenblicke an ist das Bewußtsein imstande, sich von der Welt zu emanzipieren und zur Bildung der ›reinen‹ Theorie, Theologie, Philosophie, Moral etc. überzugehen.« (MEW 3/31; DI 1213) Die Herauslösung der geistigen Arbeit aus einem Arbeitsprozeß, in dem Kopf- und Handarbeit noch Funktionen jeweils eines Individuums sind, führt also bei den geistigen Arbeitern zu einem von ihrer Existenzbedingung, der materiellen gesellschaftlichen Produktion, abstrahierenden Bewußtsein. Wenn die der herrschenden Klasse zugerechneten »aktiven konzeptiven Ideologen . . ., welche die Ausbildung der Illusion dieser Klasse über sich selbst zu ihrem Hauptnahrungszweige machen« (MEW 3/46; DI 1225), falsche Vorstellungen über die bestehenden gesellschaftlichen Verhältnisse verbreiten und propagieren, die diese Verhältnisse konservieren helfen, so ist diese Funktion der ideologischen Stände nicht allein als bewußte Manipulation im Interesse der herrschenden Klasse zu fassen. Die »Ideologen« machen sich selbst Illusionen über ihr Geschäft und seinen Zusammenhang mit gesellschaftlicher Wirklichkeit. Insofern kann auch die Existenz von Ideologien und ihre gesellschaftliche Wirksamkeit nicht derart erklärt werden, daß »Ideologen« der ihnen gegenüberstehenden »Masse« des Volkes im Dienst der Herrschenden mit wissenschaftlich falschen Informationen, Theorien usw. die Gehirne vernebeln.[3]

Wir wollen die damit aufgeworfenen Fragen nach der gesellschaftlichen Funktion der »ideologischen Stände«, der spezialisierten Ideologieproduktion und der Möglichkeit einer Manipulation des Bewußtseins der Individuen im Sinne herrschender Interessen hier nicht weiter verfolgen. Es sind dies Fragen, die nur vor dem Hintergrund eines Ideologiebegriffs geklärt werden können, demgemäß weder unterstellt werden kann, Ideologien seien bloße Resultate von Manipulation, noch, Ideologien seien einfach deshalb falsches Bewußtsein, weil sie aus einer partikularen gesellschaftlichen Position resultieren. Wir haben versucht, einen derartigen Ideologiebegriff herauszuarbeiten: das ideologische Bewußtsein ist falsches Bewußtsein, das mit Notwendigkeit aus einer bestimmten Verfassung der gesellschaftlichen Verhältnisse hervorgeht, insofern sich nämlich die gesellschaftlichen Verhältnisse gegen die Individuen verselbständigt haben. Diese Verselbständigung betrifft alle unter derartigen gesellschaftlichen Verhältnissen lebenden Individuen, gleichgültig, ob sie nun Nutznießer dieser Verselbständigung sind oder nicht.

§ 3. Gemäß diesem Ideologiebegriff ergibt sich nun zunächst ein sehr hermetischer Zusammenhang von gesellschaftlichem Sein und Bewußtsein: aus einer bestimmten Weise des gesellschaftlichen Seins resultiert unausweichlich ein ideologisches Bewußtsein, in dem dieses gesellschaftliche Sein sich als notwendiges darstellt. Offenbar gibt es aber die Möglichkeit, die ja von Marx und Engels nicht bestritten wird, daß bestehende gesellschaftliche Verhältnisse auch mit Hilfe ideologischer Aussagen (oder Aussagesystemen, z. B. der Theorien Bauers, Stirners usw.) kritisiert werden. Marx und Engels führen die Möglichkeit eines derartigen Widerspruchs auf einen unterliegenden Widerspruch im gesellschaftlichen Sein selbst zurück: »wenn diese Theorie, Theologie, Philosophie, Moral etc. in Widerspruch mit den bestehenden Verhältnissen treten, so kann dies nur dadurch geschehen, daß die bestehenden gesellschaftlichen Verhältnisse mit der bestehenden Produktionskraft in Widerspruch getreten sind« (MEW 3/31f.; DI 1213).[4] Betrachtet man die Konsequenzen der ideologischen Bewußtseinsverfassung in den durch einen derartigen Widerspruch gekennzeichneten historischen Umwälzungsepochen, so läßt sich nicht mehr sagen, daß Ideologien nur die Funktion der Rechtfertigung und Konservierung bestehender Verhältnisse hätten.

Marx und Engels charakterisieren die Veränderung, die sich in solchen Umwälzungsperioden auch für das Bewußtsein der Individuen ergibt, durch die Differenz von »zufälligem« und »persönlichem« Individuum.[5] Demnach erscheinen den Individuen, die in einem tradierten Rahmen gesellschaftlicher Verhältnisse bereits in einer neuen Weise produzieren, die den alten Produktionsverhältnissen nicht mehr entspricht, diese überkommenen sozialen Existenzbedingungen als »zufällig«. Sie haben nicht mehr den Charakter notwendiger, »zu ihrer Individualität gehöriger Bedingungen« (MEW 3/72; DI 1242). Z. B. »behandelten die entlaufenden Leibeignen ihre bisherige Leibeigenschaft als etwas ihrer Persönlichkeit Zufälliges.« (MEW 3/72; DI 1240) An die Stelle der Ideologien, in denen die tradierten gesellschaftlichen Verhältnisse legitimiert werden, treten deshalb auch neue Bewußtseinsinhalte, in denen die Notwendigkeit neuer gesellschaftlicher Organisationsformen begründet wird und die alten Produktionsverhältnisse als »zufällige« Schranken betrachtet werden, die es zu beseitigen gilt. Marx und Engels deuten nur an, in welcher Weise in derartigen Umwälzungsprozessen das Bewußtsein einen Einfluß auf die Gestaltung der gesellschaftlichen Verhältnisse hat. Demnach ist z. B. der »idealistische Ausdruck bestehender ökonomischer Schranken . . . nicht allein rein theoretisch, sondern auch im praktischen Bewußtsein vorhanden, d. h. das sich emanzipierende und mit der bestehenden Produktionsweise in Widerspruch geratende Bewußtsein bildet nicht allein Religionen und Philosophien, sondern auch Staaten.« (DI 1214 FN) Damit ist nun nicht gemeint, daß das Bewußtsein als solches Staaten bildet, daß also Staatsformen reine Bewußtseinsprodukte seien. Die ökonomischen, materiellen Lebensverhältnisse sind »die Basis, aber die verschiedenen Momente des Überbaus – politische Formen des Klassenkampfes und seine Resultate – Verfassungen, nach gewonnener Schlacht durch die siegende Klasse festgestellt usw. – Rechtsformen, und nun gar die Reflexe aller dieser wirklichen Kämpfe im Gehirn der Beteiligten, politische, juristische, philosophische Theorien, religiöse Anschauungen und deren Weiterentwicklung zu Dogmensystemen, üben auch ihre Einwirkung auf den Verlauf der geschichtlichen Kämpfe aus und bestimmen in vielen Fällen vorwiegend deren *Form*.« (MEW 37/463) Soweit der naturwüchsige gesellschaftliche Entwicklungsprozeß immer einschließt, daß bestimmte gesellschaftliche Verhältnisse bewußt und mit Willen geregelt werden, wirkt sich auch der ideologische Charakter des Bewußtseins der Individuen praktisch (auf die ökonomischen wie auf die rechtlichen und politischen Verhältnisse) aus.

§ 4. Das gilt insbesondere für historische Perioden, in denen ein Konflikt zwischen Produktivkräften und Produktionsverhältnissen manifest wird. Marx betont gerade für die Betrachtung solcher Umwälzungen, daß streng zu unterscheiden sei zwischen ideologischen Formen, in denen sich die Menschen dieses Konfliktes bewußt werden, und der Umwälzung in den ökonomischen Produktionsbedingungen selbst. Ist es nun aber nicht so, daß gerade in einem solchen Konflikt, in einer »Epoche sozialer Revolution«, jeweils die Chance besteht, die ideologische Verzerrung des Bewußtseins zu durchbrechen? Wenn die Bedingung des ideologischen Bewußtseins die reale Verselbständigung gesellschaftlicher Verhältnisse ist, wird diese Verselbständigung, insofern sie z. T. auch darauf beruht, daß die gesellschaftlichen Verhältnissen tradierte, von denen Individuen fertig vorgefundene sind, nicht in solchen sozialen Revolutionen »zurückgenommen«?

Offenbar hängt die Antwort auf diese Frage davon ab, wie die »neuen«

gesellschaftlichen Verhältnisse aussehen, die schließlich aus einer solchen Umwälzungsepoche resultieren. Marx und Engels sind der Auffassung, »daß in allen bisherigen Revolutionen die Art der Tätigkeit stets unangetastet blieb und es sich nur um eine andre Distribution dieser Tätigkeit, um eine neue Verteilung der Arbeit an andre Personen handelte« (MEW 3/39; DI 1219). Zwar verändern sich die gesellschaftlichen Verhältnisse mit dem Fortschritt in der Naturbeherrschung, aber ihr Charakter als verselbständigte Bedingung der Existenz der Individuen wurde – folgt man der »Deutschen Ideologie« – dadurch bisher nicht berührt, im Gegenteil, die Verselbständigung nahm immer krassere Formen an. Die notwendige »Vereinigung« der Individuen in der Gesellschaft fand bisher nur statt unter »Bedingungen, innerhalb deren dann die Individuen den Genuß der Zufälligkeit hatten.« (MEW 3/75; DI 1241) D. h. die Individuen konnten sich von den verselbständigten Bedingungen ihrer gesellschaftlichen Existenz nicht frei machen, traten vielmehr nur in Beziehung zueinander unter Bedingungen, »die bisher dem Zufall überlassen waren und sich gegen die einzelnen Individuen eben durch ihre Trennung als Individuen, durch ihre notwendige Vereinigung, die mit der Teilung der Arbeit gegeben, . . . verselbständigt hatten.« (ebd.) Die Verselbständigung der Produktions- und Verkehrsverhältnisse spitzt sich als Resultat des naturwüchsig verlaufenden Geschichtsprozesses immer mehr zu. Marx und Engels sehen nun in den modern kapitalistischen Verhältnissen die Bedingung dafür angelegt, daß diese Verselbständigung »zurückgenommen« werden kann. Die »im Schoß der bürgerlichen Gesellschaft sich entwickelnden Produktivkräfte schaffen . . . die materiellen Bedingungen« (MEW 13/9) dafür, daß die gesellschaftlichen Individuen ihren eigenen gesellschaftlichen Prozeß bewußt und in einer Weise regeln, die ihre Verhältnisse nicht mehr länger als »fremde Macht« beläßt, sondern sie zu Verwirklichungsbedingungen der Individuen werden läßt. »Der Kommunismus unterscheidet sich von allen bisherigen Bewegungen dadurch, daß er die Grundlage aller bisherigen Produktions- und Verkehrsverhältnisse umwälzt und alle naturwüchsigen Voraussetzungen zum erstenmal mit Bewußtsein als Geschöpfe der bisherigen Menschen behandelt, ihrer Naturwüchsigkeit entkleidet und der Macht der vereinigten Individuen unterwirft. Seine Einrichtung ist daher wesentlich ökonomisch, die materielle Herstellung der Bedingungen dieser Vereinigung . . . Das Bestehende, was der Kommunismus schafft, ist eben die wirkliche Basis zur Unmöglichmachung alles von den Individuen unabhängig Bestehenden, sofern dies Bestehende dennoch nichts als ein Produkt des bisherigen Verkehrs der Individuen selbst ist. Die Kommunisten behandeln also praktisch die durch die bisherige Produktion und Verkehr erzeugten Bedingungen als unorganische« (MEW 3/70f.; DI 1242). Mit der »Zurücknahme« der Verselbständigung der gesellschaftlichen Verhältnisse entfielen auch die Bedingungen für das ideologische Bewußtsein.

Wer soll nun aber der Träger dieser kommunistischen Bewegung sein? Sind nicht alle Individuen in der modernen kapitalistischen Gesellschaft verselbständigten gesellschaftlichen Verhältnissen unterworfen, über die sie keine Macht haben, die ihnen also eine bewußte, diese Verhältnisse verändernde Tätigkeit verbieten, schon allein weil ihr Bewußtsein ein ideologisches ist? Wenn der Kommunismus nicht selbst wieder eine bloße Idee sein soll, die genauso ideologisch ist wie irgendeine der von Marx und Engels kritisierten philosophischen, theologischen, moralischen oder politischen Theorien, dann muß es offenbar gesellschaftliche Bedingungen geben, die es bestimmten Individuen erlauben, nicht nur das ideologische Bewußtsein zu überwinden, sondern zugleich die bestehenden gesellschaftlichen Verhältnisse zu verändern. Zwei derartige Individuen kennen wir bereits von ihren theoretischen Äußerungen her: Marx und Engels treten mit dem Anspruch auf, über die ideologischen Bewußtseinsformen hinaus zu sein und zumindest den Ansatz zu einer Geschichtsauffassung und Gesellschaftstheorie zu formulieren, die der ideologischen Verzerrung entgehen. Schon die Möglichkeit der Charakterisierung der Ideologie als falsches, den wirklichen Lebensverhältnissen der Individuen nicht adäquates Bewußtsein beruht darauf, daß derjenige, der ein Denken etc. als ideologisch charakterisiert, für sein eigenes Denken Wahrheit beansprucht.[6] Wie ist aber dieser Anspruch zu rechtfertigen, wenn Marx und Engels gleichzeitig die Auffassung vertreten, daß die ideologischen Bewußtseinsformen *notwendiges* Resultat einer bestimmten Verfassung der gesellschaftlichen Verhältnisse sind? Offenbar muß derselbe Zusammenhang zwischen gesellschaftlichem Sein und Bewußtsein auch für ein Denken gelten, das der ideologischen Verzerrung entgeht. Marx und Engels müssen also die Möglichkeit der materialistischen Geschichtsauffassung als »wirkliche, positive Wissenschaft« (MEW 3/27; DI 1207) selbst noch »rückkoppeln« an bestimmte soziale Bedingungen. Diese sozialen Bedingungen sind für Marx und Engels identisch mit den Bedingungen der kommunistischen Bewegung und ihrem Ziel, der proletarischen Revolution. Der Kommunismus ist für sie »nicht ein *Zustand*, der hergestellt werden soll, ein *Ideal*, wonach die Wirklichkeit sich zu richten haben wird. Wir nennen Kommunismus die *wirkliche* Bewegung, welche den jetzigen Zustand aufhebt. Die Bedingungen dieser Bewegung ergeben sich aus der jetzt bestehenden Voraussetzung.« (MEW 3/35; DI 1216) Marx und Engels sind also der Auffassung, daß es die gegenwärtigen gesellschaftlichen Verhältnisse selbst sind, die den Kommunismus als wirkliche soziale Bewegung (und damit auch die Theorie dieser Bewegung) möglich machen.

Die Bedingungen dieser Bewegung sind nun gerade derart, daß sie aus der in der modernen bürgerlichen Gesellschaft zugespitzten Form der Verselbständigung der gesellschaftlichen Verhältnisse gegen die Individuen resultieren. Diese Zuspitzung erlaubt nur noch eine Veränderung der gesellschaftlichen Verhältnisse – zu der die entwickelten Produktivkräfte drängen – derart, daß die Verselbständigung selbst »aufgehoben«[7] wird. Die an objektive Bedingungen geknüpfte Möglichkeit der Aufhebung der Verselbständigung der sozialen Verhältnisse gestattet dann auch eine »ideologiefreie« Theorie, in der die Bedingungen dieser Aufhebung formuliert werden: »Diese *›Entfremdung‹*, um den Philosophen verständlich zu bleiben, kann natürlich nur unter zwei *praktischen* Voraussetzungen aufgehoben werden. Damit sie eine ›unerträgliche‹ Macht werde, d. h. eine Macht, gegen die man revolutioniert, dazu gehört, daß sie die Masse der Menschheit als durchaus ›Eigentumslos‹ erzeugt hat und zugleich im Widerspruch zu einer vorhandnen Welt des Reichtums und der Bildung, was beides eine große Steigerung der Produktivkraft – einen hohen Grad ihrer Entwicklung voraussetzt – und andrerseits ist diese Entwicklung der Produktivkräfte (womit zugleich schon die in *weltgeschichtlichem*, statt der in lokalem Dasein der Menschen vorhandne empirische Existenz gegeben ist) auch deswegen eine absolut notwendige praktische Voraussetzung, weil ohne sie nur der *Mangel*, die Notdurft verallgemeinert, also mit der *Notdurft* auch der Streit um das Notwendige beginnen und die ganze alte Scheiße sich herstellen müßte, weil ferner nur mit dieser universellen Entwicklung der Produktivkräfte ein *universeller* Verkehr der Menschen gesetzt ist, daher einerseits das Phänomen der ›Eigentumslosen‹ Masse in allen Völkern gleichzeitig erzeugt (die allgemeine Konkurrenz), jedes derselben von den Umwälzungen der andern abhängig macht, und endlich *weltgeschichtliche*, empirisch universelle Individuen an die Stelle der lokalen gesetzt hat.« (MEW 3/34f.; DI 1216)[8] Jene eigentumslose Masse der Menschheit ist das Proletariat, »eine Klasse . . ., welche alle Lasten der Gesellschaft zu tragen hat, ohne ihre Vorteile zu genießen, welche aus der Gesellschaft herausgedrängt, in den entschiedensten Gegensatz zu allen andern Klassen forciert wird; eine Klasse, die die Majorität aller Gesellschaftsmitglieder bildet und von der das Bewußtsein über die Notwendigkeit einer gründlichen Revolution, das kommunistische Bewußtsein ausgeht« (MEW 3/69; DI 1219). Die Stellung und die Bewegung des Proletariats als Klasse ist also die soziale Bedingung, an die Marx und Engels die Möglichkeit ihrer eigenen Theorie als ideologiefreier Wissenschaft koppeln: das »kommunistische Bewußtsein« kann sich »auch unter den andern Klassen vermöge der Anschauung der Stellung dieser Klasse bilden« (ebd.).

Die in der »Deutschen Ideologie« von Marx und Engels formulierte Theorie der proletarischen Revolution soll hier nicht näher diskutiert werden. Eine angemessene Diskussion ist offenbar erst möglich, wenn anhand einer – über die Skizzen in der »Deutschen Ideologie« hinausgehenden –

Untersuchung der modernen bürgerlichen Gesellschaft folgende Fragen geklärt sind:

1. Wie kommt die Verselbständigung der gesellschaftlichen Verhältnisse zustande?

2. Wie kommt es, daß einerseits die gesellschaftlichen Verhältnisse wegen der Teilung der Arbeit und der Ausdehnung des Verkehrs immer komplexer und weitläufiger werden, sich aber andererseits die sozialen Existenzbedingungen der Individuen soweit vereinheitlichen, daß sich die Individuen zu gesellschaftlichen Klassen zusammenfassen? Mit anderen Worten:

3. Wie kommt – in der Terminologie der »Deutschen Ideologie« – die Entgegensetzung von »Privateigentum« und »Arbeit« zustande?

4. Unter welchen Bedingungen kann der historische Prozeß, den Marx und Engels als »naturwüchsig« charakterisiert haben, diese Qualität verlieren und zu einem von den Menschen bewußt gestalteten Prozeß werden?

Diese Fragen lassen sich erst anhand und vor dem Hintergrund des Marxschen Hauptwerks »Das Kapital« klären. Die »Deutsche Ideologie« enthält demgegenüber, wie Marx und Engels selbst wissen, noch nicht die »wirkliche, positive Wissenschaft, die Darstellung der praktischen Betätigung, des praktischen Entwicklungsprozesses der Menschen«, vielmehr einige »Abstraktionen«. »Diese Abstraktionen haben für sich, getrennt von der wirklichen Geschichte, durchaus keinen Wert. Sie können nur dazu dienen, die Ordnung des geschichtlichen Materials zu erleichtern ... Sie geben aber keineswegs ... ein Rezept oder Schema, wonach die geschichtlichen Epochen zurechtgestutzt werden können. Die Schwierigkeit beginnt im Gegenteil erst da, wo man sich an die Betrachtung und Ordnung des Materials sei es einer vergangenen Epoche oder Gegenwart, an die wirkliche Darstellung gibt. Die Beseitigung dieser Schwierigkeiten ist durch Voraussetzungen bedingt, die keineswegs hier gegeben werden können, sondern die erst aus dem Studium des wirklichen Lebensprozesses und der Aktion der Individuen jeder Epoche sich ergeben.« (MEW 3/27; DI 1207)

Erläuterungen und Zusätze

1. Das in der Soziologie berühmt gewordene sog. Thomas-Theorem: »If men define ... situations as real, they are real in their consequences« (THOMAS, 1966, S. 301), ist also unter eingeschränkten Bedingungen durchaus vereinbar mit der Marxschen Theorie. Die eingeschränkten Bedingungen ergeben sich daraus, daß Marx immer an Prozessen und Faktoren interessiert ist, die eine Korrektur derartiger subjektiver Definitionen von Situationen und daraus resultierender Handlungen objektiv erzwingen. Als Beispiel mag die Marxsche Auffassung der ökonomischen Krisen gelten. Vgl. GR 318, wo Marx die Überproduktionskrisen als »die plötzliche *Erinnerung* aller dieser notwendigen Momente der auf das Kapital gegründe-

ten Produktion« bezeichnet, in der »allgemeine Entwertung infolge des Vergessens derselben« stattfindet.

2. Der Zusammenhang von Teilung zwischen geistiger und körperlicher Arbeit und Ideologie unterliegt u. a. auch der positivistischen Ideologielehre Geigers (vgl. GEIGER, 1953, S. 75ff.), der dem Problem folgende Wendung gibt: Geiger unterscheidet zwischen Erkenntnis- und Existentialwirklichkeit. Gegenstände der Erkenntnis können nur durch empirische Beobachtung faßbare Sachverhalte sein. Der objektiven Erkenntnis angemessen sind nur Aussagen eines bestimmten Typs (»Ist-Aussagen«), die sich auf empirisch beobachtbare Zusammenhänge stützen. Ideologisch sind nun nach Geiger Aussagen, die zwar den Charakter von »Ist-Aussagen« haben, aber sich auf Gegenstände beziehen, die der empirischen Beobachtung gar nicht zugänglich sind (z. B. Werturteile), also nicht zur »Erkenntniswirklichkeit« gehören. Allerdings handeln die Menschen immer als Beteiligte in der sog. »Existentialwirklichkeit«, in der sie praktisch interessierte Beziehungen zu allen möglichen Gegenständen haben, z. B. religiöse Gefühle. Das religiöse Gefühl ist nun nach Geiger nicht per se ideologisch. An dieses religiöse Gefühl knüpfen aber durch Abstraktionen und Generalisierung gewonnene Aussagen an (Geigers Beispiel: »Gott ist allmächtig«), die zum großen Teil produziert werden durch spezialisierte geistige Betätigung (hier: der Theologen). Derartige Aussagen sind ideologisch, weil sie den Charakter von »Ist-Aussagen« haben, ohne sich auf Gegenstände zu beziehen, die durch empirische Beobachtung erfaßbar sind.

3. Die Schwäche der »Herren- und Priestertrugs«-Theorie der französischen Aufklärung (Helvétius, Holbach), die alle Vorurteile auf »Altar und Thron« zurückführt, liegt u. a. in der Auffassung, daß das interessierte Vorurteil den Herrschenden als solches bewußt ist: die Urheber der Vorurteile sind selbst aufgeklärt, verbreiten aber falsche Lehren, weil sie ihnen nützlich sind bei der Erhaltung und Verbreiterung ihrer Macht. Demgegenüber ist für die marxistische Ideologiekritik die Ideologie »ein Prozeß, der zwar mit Bewußtsein vom sogenannten Denker vollzogen wird, aber mit einem falschen Bewußtsein. Die eigentlichen Triebkräfte, die ihn bewegen, bleiben ihm unbekannt; sonst wäre es eben kein ideologischer Prozeß. Er imaginiert sich also falsche resp. scheinbare Triebkräfte.« (MEW 39/97)

4. Vgl. SCHNÄDELBACH (1969), dessen Versuch einer Begriffsklärung zumindest da unzureichend ist, wo er die Bedingungen ideologischen Bewußtseins im Widerspruch zwischen Produktivkräften und Produktionsverhältnissen sucht (S. 83). Darauf hat KRAUSE (1971, S. 523ff.) mit Recht hingewiesen, wobei Krause sich wiederum in Schwierigkeiten verwickelt, wenn er einen – wohl auf Lenin zurückgehenden – »positiven« Ideologiebegriff, der auf die Gleichsetzung von interessenbedingtem Denken und Ideologie hinausläuft, mit dem bei Marx und Engels entwickelten zusammenbringen will. In der marxistisch-leninistischen Soziologie wird versucht, zwischen *soziologischem* Ideologiebegriff, der den Zusammenhang zwischen (Klassen-)Interessen und Denken thematisiert, und *gnoseologischem* Ideologiebegriff zu unterscheiden, der sich auf das Wahrheitsproblem bezieht. Vgl. zu einer derartigen Thematisierung des Zusammenhangs von Interesse (›Parteilichkeit‹) und Erkenntnis (Wissenschaft) KON, 1973, S. 153–158.

5. Vgl. MEW 3/71f., 75f., DI 1239f., 1242.

6. »Wenn man das Bewußtsein der Ideologiehaftigkeit bezichtigt, setzt man notwendig die Unterscheidung von ›falschem‹ und ›wahrem‹ Bewußtsein voraus« (Barth, 1974, S. 288).
7. »*Aufheben* hat in der Sprache den gedoppelten Sinn, daß es soviel als aufbewahren, *erhalten* bedeutet und zugleich soviel als aufhören lassen, *ein Ende machen*. ... So ist das Aufgehobene ein zugleich Aufbewahrtes, das nur seine Unmittelbarkeit verloren, aber darum nicht vernichtet ist.« (Hegel, 1969, S. 114)
8. Vgl. MEW 3/67–70; DI 1246f. für eine ausführlichere Darlegung der Bedingungen der proletarischen Revolution in der »Deutschen Ideologie«.

Fragen zur Diskussion

1. Halten Sie folgende Aussagen für vereinbar mit der Basis-Überbau-These? »Wenn die Menschen Situationen als real definieren, dann sind diese in ihren Folgen real« (Thomas).
2. Halten Sie die folgende Aussage für eine zureichende Begründung dafür, daß es Ideologien als herrschende Bewußtseinsformen gibt? »Die Gedanken der herrschenden Klasse sind in jeder Epoche die herrschenden Gedanken, d. h. die Klasse, welche die herrschende *materielle* Macht der Gesellschaft ist, ist zugleich ihre herrschende *geistige* Macht. Die Klasse, die die Mittel zur materiellen Produktion zur Verfügung hat, disponiert damit zugleich über die Mittel zur geistigen Produktion, so daß ihr damit zugleich im Durchschnitt die Gedanken derer, denen die Mittel zur geistigen Produktion abgehen, unterworfen sind.« (MEW 3/46; DI 1224f.)
3. Unter welchen gesellschaftlichen Bedingungen kann Ihrer Auffassung nach eine »Manipulation« des Bewußtseins von Individuen über die gesellschaftliche Wirklichkeit wirksam werden? Welche Rolle spielen die »Medien«, also Presse, Rundfunk, Fernsehen usw., im Prozeß der politischen Willensbildung?
4. Marx und Engels versuchen, die Möglichkeit ihrer eigenen Theorie als »ideologiefreier« Wissenschaft an soziale Bedingungen zu koppeln: die Entstehung des Proletariats als Klasse. Da Marx und Engels selbst keine Proletarier waren, nehmen sie für sich in Anspruch, daß sich das »kommunistische Bewußtsein« »natürlich auch unter den anderen Klassen vermöge der Anschauung dieser Klasse bilden kann« (MEW 3/69; DI 1219) Inwieweit ist mit diesem Begründungszusammenhang die allgemeine These von der Abhängigkeit des Bewußtseins vom gesellschaftlichen Sein modifiziert?

Teil B
Max Weber: Grundbegriffe der verstehenden Soziologie

Textgrundlage
WG, I. Teil, 1. Kap., §§ 1–3.
WL S. 427–440

Einleitung

Das Vorhaben, in die Grundbegriffe der verstehenden Soziologie einzuführen, setzt sich womöglich der naiven Frage aus: gibt es denn noch andere theoretische Ansätze als den der verstehenden Soziologie oder sind nicht vielmehr die Grundbegriffe der Soziologie insgesamt solche der verstehenden Soziologie? Es muß ohne Umschweife zugestanden werden, daß der gegenwärtige Stand der Theoriebildung in der Soziologie durch die Konkurrenz theoretischer Ansätze gekennzeichnet ist, die tiefgreifend hinsichtlich des theoretischen Bezugsrahmens und der jeweiligen Grundbegriffe divergieren. Nicht nur die Soziologie, aber sie in besonderem Maße, ist derzeit nicht in der Lage, in der Forschungspraxis auf eine generelle Theorie zurückgreifen zu können, wenn wir darunter eine Theorie verstehen, die sowohl einen einheitlichen Forschungsansatz für das gesamte Fach darstellt als auch von den »Fachleuten« allgemein akzeptiert ist (vgl. LUHMANN 1970a, KUHN 1967).[1] Unser Interesse an Webers Handlungstheorie ist nun keineswegs domengeschichtlicher Art (wie schon ausführlicher in der Gesamteinleitung dieses Buches dargelegt). Die Auseinandersetzung mit ihm trifft keinen »Toten«, da die Entwicklung der soziologischen Theorie ohne den bestimmenden Einfluß Max Webers nicht denkbar ist. Z. B. wirkt die Intention einer allgemeinen Theorie des sozialen Handelns im Werk T. Parsons fort. Ebenso erblickt die Schule des »symbolischen Interaktionismus«[2] in Weber ihren Vorläufer. Und auch dort, wo im Zweifel an der Möglichkeit, die Gesellschaftswissenschaften vom Grundbegriff des Handelns her aufzubauen, der Handlungstheorie eine Systemtheorie entgegengesetzt wird, wirken die grundbegrifflichen Entscheidungen der Weberschen Soziologie weiter.[3] Ihren Kern erblicken wir in der Konstruktion des Handlungsbegriffs mit Hilfe des Sinnbegriffs. Dadurch wird es möglich, einen Bereich sinnhaften Handelns aus dem bloßen Verhalten ohne Bezug auf Bedeutung oder Sinn auszugrenzen. Am Beginn unserer Einführung in die Grundbegriffe der verstehenden Soziologie steht daher die Explikation der Begriffe Handlung und Sinn.

Erläuterungen und Zusätze

1. Wieviele generelle theoretische Ansätze, also Theorien, die sich auf alle sozialen Phänomene erstrecken (generell sind in sachlicher und zeitlicher Dimension) existieren, ist umstritten. Der letzte Soziologentag in Kassel (1974) stellte z. B. fünf solcher Theorien vor, ohne mit dieser Gliederung unbedingt Recht behalten zu wollen: Verhaltenstheorie, Kommunikationstheorie (J. Habermas), Handlungstheorie, Systemtheorie und historischer Materialismus.
2. Vgl. hier z. B. G. H. Mead, A. Rose, und die Beiträge in: Arbeitsgruppe Bielefelder Soziologen, Hrsg. (1973).
3. So z. B. bei N. LUHMANN (1973): »auch soziale Systeme sind Systeme, die Handlungen durch ihren Sinn ... miteinander verbinden« (S. 176).

7. Kapitel: Handlung und Sinn

Lernziele

In diesem Kapitel sollen Sie die spezifische Gegenstandsbestimmung von Webers Soziologie kennenlernen, in der die »soziale Welt« durch »soziales Handeln« konstituiert wird. Nach einer Verständigung über den zugrundeliegenden Text des ersten Kapitels aus »Wirtschaft und Gesellschaft« (im § 1) gliedert sich die Kenntnisnahme dieses Ansatzes, in dem Erscheinungen des »Sozialen« auf Handeln bzw. genauer: auf soziales Handeln zurückgeführt werden sollen in folgende Schritte:

a) Unterscheidung von Handeln und Verhalten durch den Begriff des Sinns (§ 2);
b) Explikation des Sinnbegriffs und Abgrenzung gegen Mißverständnisse (§§ 3, 4);
c) Erörterung und Bedeutung von Webers Festlegung, daß es Handeln stets nur als Handeln *einzelner* Personen gibt (§ 5);
d) Bestimmung des sozialen Handelns und der sozialen Beziehung (§ 6).

§ 1. An den Beginn des systematischen Teils seines Hauptwerks: »Wirtschaft und Gesellschaft«, stellt Weber die Bestimmung von Gegenstand und Aufgabe der Soziologie: »Soziologie (im hier verstandenen Sinn dieses sehr vieldeutig gebrauchten Wortes) soll heißen: eine Wissenschaft, welche soziales Handeln deutend verstehen und dadurch in seinem Ablauf und seinen Wirkungen ursächlich erklären will. ›Handeln‹ soll dabei ein menschliches Verhalten (einerlei ob äußeres oder innerliches Tun, Unterlassen oder Dulden) heißen, wenn und insofern als der oder die Handelnden mit ihm einen subjektiven *Sinn* verbinden. ›Soziales‹ Handeln aber soll ein solches Handeln heißen, welches seinem von dem oder den Handelnden gemeinten Sinn nach auf das Verhalten *anderer* bezogen wird und daran in seinem Ablauf orientiert ist« (WG 1).

Die weiteren Ausführungen des ersten Paragraphen sind eine Explikation der genannten inhaltlichen und methodischen Grundbegriffe (Handeln, Sinn, soziales Handeln und Verstehen). Die folgenden Paragraphen des ersten Kapitels bauen zumindest soweit auf den Ausführungen des ersten Paragraphen auf, als sie a) den Bereich des sozialen Handelns gliedern, also innerhalb dieses Bereichs lokalisiert sind und b) durch den Begriff des sozialen Handeln sämtliche weiteren soziologischen Begriffe definiert werden (insoweit handelt es sich um systematische Soziologie). Andererseits sind nach Webers eigenem Eingeständnis die Klassifikationen weder vollständig, noch stehen die Grundbegriffe immer in einem »Ableitungszusammenhang«. »Die Art der Bildung soziologischer Begriffe ist überaus weitgehend Zweckmäßigkeitsfrage. Keineswegs alle nachstehend aufgestellten Kategorien sind wir *genötigt* zu bilden« (WL 427).[1] Insofern darf man das erste Kapitel nicht als Aufstellung eines logisch geschlossenen Begriffssystems mißverstehen. Andererseits handelt es sich aber auch nicht um ein (nicht einmal alphabetisch geordnetes) Wörterbuch der Soziologie; am ehesten wird man dem Text gerecht, wenn man ihn in der *Perspektive* einer Kategorienlehre des sozialen Handelns liest, ohne an den Text den Anspruch zu stellen, selbst schon die endgültige Fassung einer solchen Lehre zu bieten.

Der erste Paragraph bestimmt den Gegenstandsbereich (soziales Handeln) und die Aufgabe (Methode) der Soziologie als Wissenschaft (durch Verstehen erklären). Bevor wir auf das Selbstverständliche oder Befremdliche dieser Bestimmungen eingehen, diskutieren wir ihre Voraussetzungen, die Kategorien »Handlung« und »Sinn«.

§ 2. Weber unterscheidet zwischen Handeln und Verhalten mit Hilfe der Kategorie: Sinn. Handeln ist »sinnhaftes Sicherverhalten« (WL 429), sinnhaft orientieres Verhalten oder ein Verhalten, mit der Handelnde einen Sinn »verbindet« (§ 1). Wird einerseits der Bereich des Handelns aus dem weiteren Bereich des Verhaltens mittels des Sinnbegriffs ausgegrenzt, so gibt es andererseits keinen »reinen« Sinn. Sinn ist vielmehr immer »Sinn von . . .«. So ist Sinn immer Sinn von Handlungen. Nur weil Sinn nicht reiner Sinn ist, läßt sich mit Hilfe dieses Begriffs innerhalb der Gesamtheit des Wirklichen zwischen solchen Wirklichkeiten unterscheiden, an denen Sinn auftritt und solchen, an denen kein Sinn feststellbar ist, von denen also in keiner Weise gesagt werden kann, mit ihnen sei ein Sinn verknüpft. Um die Tragweite dieser Unterscheidung vom Verhalten und Handeln zu verstehen, müssen wir den Sinnbegriff vorläufig erläutern (vorläufig deswegen, weil seine eigentliche Erörterung in den nächsten Paragraphen gehört). Was unter Sinn gemeint werden könnte, kann man sich am einfachsten am Beispiel der Sprache klarmachen. Bei jedem gesprochenen Wort unterscheiden wir zwischen a) dem Sprecher, b) dem von ihm produzierten sprachlichen Ausdruck, c) der Bedeutung oder dem Sinn dieses Ausdrucks und d) den »Dingen«, worüber der Sprecher spricht. Ebenso wie nun an den Ausdrükken der Sprache ein Sinn haftet, ist auch mit dem Handeln ein Sinn verbunden. Das menschliche Handeln ist wie die Sprache »sinnhaft strukturiert«. Und genau insofern und insoweit ein Verhalten »sinnhaft« ist, ist es verständlich. Ebenso sagen wir von den Ausdrücken der Sprache, daß wir sie verstehen.[2] Weber benutzt den Sinnbegriff nicht eigentlich, um menschliches vom tierischen Verhalten zu unterscheiden, sondern um innerhalb des menschlichen Sicherverhaltens eine mit »Sinn« ausgezeichnete Sphäre von einer Sphäre bloßen Sicherhaltens abheben zu können (vgl. WG 2, Punkt 2). Darf Weber zufolge der Bereich sinnhaften Handelns nicht zu weit gefaßt und auf alle menschlichen Zustände und Äußerungen ausgedehnt werden, so darf er andererseits auch nicht zu eng gefaßt werden. Unter sinnhaftem Handeln versteht Weber nicht lediglich ein aktives Einwirken auf äußere Objekte im weitesten, Dinge und ihre Eigenschaften, Personen und ihre Äußerungen umfassenden Sinn: »Jeder geistige Denkakt und jeder psychische Habitus« (WL 532) fällt mit unter diesen Begriff. Legt man die »klassische« Einteilung der menschlichen Aktvollzüge in Denken, Fühlen und Wollen (Handeln) zugrunde, dann fallen selbstverständlich auch Denken (Beispiel: die Rechenoperation $2 \times 2 = 4$) und Fühlen (Beispiel: Freude) unter den Begriff des sinnhaften Handelns.

§ 3. Wir müssen nun, in der Absicht einer Klärung des Handlungsbegriffes, unsere vorläufige und noch ungenaue Rede von der Verknüpfung von Handlung und Sinn präzisieren. Bisher waren uns Handlung und Sinn lediglich Korrelatbegriffe: Wie Handlung durch Sinn bestimmt ist, so der Sinn durch die Handlung, wenn darunter zunächst nur gemeint sein soll, daß er immer Sinn von Handlungen ist. Sinn ist nun auf spezifische Art und Weise mit Handlungen verknüpft: er kommt nicht einfach an Handlungen vor und haftet auch nicht an ihnen (wie der Egel an der Haut), sondern die Handelnden selbst sind es, die einen Sinn mit ihrem Handeln verbinden. Weber bestimmt den Handlungssinn näher als *subjektiven* Sinn. Das soll heißen: es ist ein Sinn, den der Handelnde selbst intendiert, oder den sein Handeln »in seinen eigenen Augen« hat. Sinn als subjektiver Sinn ist »gehabter« oder »gemeinter« Sinn (WL 429). Weber erläutert den Begriff des subjektiven Sinns durch Abgrenzung gegen den objektiv gültigen und den metaphysisch wahren Sinn. Um mit letzterem zu beginnen; es wäre ein Mißverständnis, die soziologische Redeweise von Sinn etwa mit Fragestellungen nach dem Sinn des Lebens zu verwechseln oder unter der Behauptung: mit dem Handeln ist ein Sinn verbunden, zu verstehen: es sei sinnvoll im Unterschied zu sinnlos. Diesen soziologischen Sprachgebrauch unterstellt, gibt es kein sinnloses Handeln. »Der Positivist, der ein Weihnachtslied als einen sinnlosen Satz bezeichnet, formuliert nur die Grenzen seiner besonderen Maximen. Jeder Unsinn, auch dieser, hat in seiner Befremdlichkeit wieder Sinn« (Luhmann 1971a, S. 32). Der subjektive Sinn ist nicht das »Sinnvolle«, d. h. der Sinn, der in einem Vorgang gefunden werden kann, »von dem metaphysischen Sinn des Weltganzen angefangen bis zu dem Sinn, den das Bellen eines Hundes Robinsons bei Annährung eines Wolfes hat« (WL 333) – nämlich Robinson zu warnen.

Etwas schwieriger ist der Unterschied zum objektiv gültigen Sinn deutlich zu machen. Weber denkt hier an die Verwendung des Sinnbegriffs in den dogmatischen, »normativen« Wissenschaften. Solche sind nach Weber: Logik, normative Ethik, Ästhetik, Rechtswissenschaft etc. Um ein Beispiel aus letzterer zu wählen: Aufgabe der Rechtsdogmatik ist entweder die juristische Begründung von Gesetzesnormen oder die Ermittlung des Sinns eines Gesetzes dort, wo der Text einen Interpretationsspielraum läßt (bekanntes Beispiel: Interpretation von Verfassungsgeboten). Dagegen liegt die Aufgabe der Soziologie als empirischer Wissenschaft nicht in der juristischen Begründung von Normen. In Ansehung des Rechts hat Weber ihre spezifische Aufgabe darin erblickt, zum einen den bestimmten Ablauf eines Handelns aus der Befolgung einer Norm kausal zu erklären (daß der Beamte X jeden Morgen um 8 Uhr sein Haus verläßt, hat seinen Grund in der Arbeitsordnung des Betriebes, die von Herrn X als normativ gültig angesehen wird), zum anderen aber darin, das empirische Zustandekommen von Normen aus Handlungen, genauer: bestimmten Formen sozialer Beziehungen zu erklären (einfaches Beispiel: Erlaß von Satzungen durch den Verwaltungsstab eines Verbandes).[3]

Wie wir gesehen haben, bestimmt die verstehende Soziologie Sinn von vornherein als Sinn von Handlungen: Sie grenzt den Handlungssinn ab gegen z. B. den Sinn des Weltganzen, den Sinn von Gesetzestexten (die in ihnen enthaltene Norm), aber auch den »Funktionssinn« von Dingen oder »Einrichtungen« (z. B. Sinn des Blinkers am Auto, Sinn der Türen in Häusern). Unter Sinn von Handlungen, auch das wissen wir bereits, versteht sie genauer den »gemeinten« Sinn. Dieser gemeinte Sinn ist das Prinzip, durch das sich die verstehende Soziologie den Zugang zum »Sozialen« eröffnet (vgl. Habermas 1967, S. 59). Unter dem Sozialen wollen wir an dieser Stelle lediglich die Gesamtheit der Beziehungen der Individuen aufeinander verstehen, unabhängig von der Art dieser Beziehungen (z. B. Familienbeziehungen) oder dem Modus ihrer Entstehung, ob es sich um von den Individuen selbst hergestellte Beziehungen handelt, oder ob es Beziehungen sind, in die sie immer schon verstrickt sind, ohne sie selbst (d. h. aktiv und bewußt) geknüpft zu haben.

Webers Grundannahme, daß als Gegenstand der verstehenden Soziologie vornehmlich in Betracht kommt, was die Schwelle eines sinnhaft deutbaren Verhaltens zu Objekten überschritten hat (vgl. WL 439) darf nicht zu eng interpretiert werden, als ob es die »Soziologie . . . nur mit einem Handeln genannten Weltausschnitt zu tun habe. Auch Sinn von Handlungen impliziert stets die Welt im ganzen« (Luhmann 1971, S. 76). –

Unsere nächste Aufgabe besteht nun darin, herauszuarbeiten, was es heißt, mit einer Handlung einen Sinn zu verbinden. Zur Klärung der fraglichen Struktur (»gemeinter«, »gehabter« Sinn) bedienen wir uns am besten des Intentionalitätsbegriffs. Daß der Handelnde mit seinem Handeln einen Sinn verbindet, heißt uns zunächst nur: sein Handeln ist *intentional.* Unter Intentionalität verstehen wir im Anschluß an HUSSERL (1950) die Eigenheit von Handlungen (im weitesten Sinne), einen bestimmten Inhalt zu haben, der ein Inhalt *von* etwas ist. So ist es »die Eigenheit von Erlebnissen, Bewußtsein *von* etwas zu sein ... Ein Wahrnehmen ist ein Wahrnehmen von etwas, etwa einem Dinge; ein Urteilen ist ein Urteilen von einem Sachverhalt; ein Werten von einem Wertverhalt; ein Wünschen von einem Wunschverhalt usw. ...« (S. 204). Um sinnhaft zu sein, ist es nicht erforderlich, daß ein Handeln sich etwa auf ein anderes Ich bezöge. »Auch jedes Handeln auf ein Ding zu ist bereits sinnvoll. Wenn ich meine Feder ins Tintenfaß tauche oder meine Lampe anzünde, so verbinde ich mit diesem Handeln einen Sinn.« (SCHÜTZ 1974, S. 24)

Wenn unsere Überlegung richtig ist, Sinn generell als intendierten Inhalt von Akten (das sind Handlungen im weitesten, auch Denken und Fühlen, soweit es »in sich erstreckt ist«, einbeziehenden Sinn) zu interpretieren, dann ist es von hier aus möglich, zwei unseres Erachtens (vom Weberschen Standpunkt aus) verkürzte Fassungen des Sinnbegriffs einer Kritik zu unterziehen. Wir meinen a) die Identifikation von Sinn mit Zweck und Ziel und b) die Identifikation des Sinns mit der Regel (Norm), der ein Handeln folgt.

ad a) Wir hatten zu Beginn dieses Kapitels zwischen Verhalten ohne Bezug auf Sinn und Handeln als sinnhaftem Verhalten unterschieden. Diesen Handlungsbegriff im weiteren Sinne müssen wir von einem engeren, der umgangssprachlichen Bedeutung des Wortes angepaßten Handlungsbegriff unterscheiden. Handeln im engeren Sinne unterscheidet sich dadurch vom intentionalen (sinnhaften) Verhalten, daß ihm, in der Sprache von A. Schütz, ein »Entwurf« vorausgeht, der im Ablauf des Handelns eingeholt werden soll. Was entworfen wird, ist das Ziel der Handlung; der Handelnde will durch sein Handeln das Ziel verwirklichen. Nur für dieses Handeln gilt die Identität von Handlungssinn und Handlungsziel; dagegen wäre es verkehrt, etwa den Sinn des Urteils: Peter überquert die Straße, als das Ziel des Urteilakts zu bezeichnen. Urteilen ist Weber zufolge ein Verhalten mit einem gemeinten Sinn, aber kein Handeln nach einem voraus entworfenen Plan. Wenn auch Sinn und Ziel (Zweck) nicht zusammenfallen, so darf darüber nicht übersehen werden, daß die Grundbegriffe der verstehenden Soziologie am Typus des zweckrationalen Handelns orientiert sind.

ad b) In Frage steht, ob sinnhaft deutbares Sichverhalten zu Objekten identisch ist mit *regelgeleitetem* Verhalten, das wir von *regelmäßigem* Verhalten unterscheiden. Wenn Sinn und Regel (Norm) zusammenfielen, dann hieße eine Handlung aus ihrem Sinn verstehen, soviel wie die Regel verstehen, die sie befolgt. Nun läßt sich schwerlich bestreiten, daß für Weber Normen zwar einen wichtigen, aber eben doch nur *einen* Kausalfaktor des Handelns ausmachen (vgl. WL 331 ff.). Schon von hier aus ließe sich die Identifikation von Regel und Sinn bestreiten. Eine andere Frage ist aber, ob sich Webers Differenzierung zwischen Norm und Sinn sachlich halten läßt. P. WINCH hat zu zeigen versucht, daß von einem sinnhaften Verhalten nur dann und insoweit gesprochen werden kann, als es einer Regel folgt. Allerdings räumt Winch ein, daß Weber selbst keineswegs Sinn und Norm zusammengezogen hat. In der Tat kennzeichnet es Webers Sinnbegriff, daß er monologisch konstituiert ist, d. h., von Weber als eine von sozialen Beziehungen unabhängige Kategorie gedacht wird (auch wenn es nur ein einziges Ich gibt, kann dieses sich sinnhaft verhalten), wohingegen von einer Regel nur innerhalb eines sozialen Kontextes gesprochen werden kann. Aber auch dann, wenn es Sinn nur als intersubjektiv geteilten gibt, Sinn also auf der Ebene des »einsamen Ichs« gar nicht gedacht werden kann – und zu diesem Schluß zwingt der Sachverhalt der Verständlichkeit des Sinns, der eben nur dann verständlich ist, wenn er nicht der Sinn eines einsamen Ichs ist[4] – bliebe noch die Frage offen, ob der Sinn, den ein Handelnder mit seinem Handeln verbindet, gleichbedeutend ist mit der Regel, der sein Handeln folgt. Zumindest könnte man einwenden, daß Webers Holzhakker sich nicht deswegen sinnvoll verhält, weil er einer Regel folgt, sondern daß die (technische) Regel, der er folgt, aus dem Sinn seines Handelns resultiert.

Unsere These[5] – unter dem gemeinten Sinn eines Handelns versteht Weber dessen intentionale Struktur – haben wir damit, wenn auch nur in Ansätzen, gegen die Auslegung des Sinns als Zweck oder als Norm abgegrenzt. Nun gilt es, diesen ersten, nur vorläufigen Sinnbegriff in der Richtung der Verbindung von Sinn und Subjekt weiter auszugestalten. Weber, das ist unsere weitere These, bestimmt den Sinn durch das Subjekt. Das will heißen: der »gemeinte« Sinn ist eine »Hervorbringung« des Handelnden. Nur soweit er dies ist, kann von einem »eigenen« Verhalten gesprochen werden. Und nur »je eigenes« Verhalten ist sinnhaftes Verhalten. Unter Sinn eine subjektive Intention oder Hervorbringung eines Handelnden verstehen, heißt aber nicht, den Sinn der Willkür der Subjekte preiszugeben. Z. B. ist ein Haus-Wahrnehmen nicht ein Haus-Phantasieren; oder, eine Rechenoperation folgt Regeln, die nicht in der Beliebigkeit des Subjekts liegen. Gleichwohl muß der Sinn, um »gemeinter« Sinn zu sein, von einem Handelnden »ergriffen« werden. Den Sinnbegriff an das Intendieren, Leisten eines Subjekts zu binden, bedeutet auch nicht, die sinnhaften Verhaltensweisen an das aktive Verhalten zu binden. Wenn ich aus dem Fenster springe, ist dies ein sinnhaftes Verhalten; ein solches liegt dagegen nicht vor, wenn ich gestoßen werde. Sehr wohl verhalte ich mich aber sinnhaft, wenn ich es unterlasse, zu springen.

Weiter gehört zum subjektiven Sinn, daß er *verstandener* Sinn ist. Daß der Sinn verstandener Sinn ist, heißt in erster Linie nicht, daß der Soziologe ihn versteht, sondern daß der Handelnde selbst sich in seinem Handeln versteht. Wenn auch »das reale Handeln . . . in der großen Masse seiner Fälle in dumpfer Halbbewußtheit oder Unbewußtheit seines ›gemeinten Sinns‹« verläuft und der Handelnde »ihn mehr unbestimmt« fühlt als der ihn wüßte oder ›sich klar machte‹« (WG 10) ist Sinn doch insofern an Bewußtheit gebunden, als die Voraussetzung dafür, von einem sinnhaften Handeln zu sprechen, die Möglichkeit ist, daß der Handelnde sich den Sinn seines Handelns klar machen *kann*. Zwar kann Herr X die sozialdemokratische Partei auch ohne die Überlegung wählen, sich von einem Wahlsieg dieser Partei größere »soziale Gerechtigkeit« oder ähnliches zu versprechen, aber andererseits kann, wenn keine Möglichkeit besteht, Herrn X den Sinn seines Handelns vor Augen zu führen, nicht mehr von einem sinnhaften Verhalten gesprochen werden.

Der Sinn schließlich, auf den hin ein Handelnder sich versteht, stiftet die Einheit der Handlung. Nur über den gemeinten Sinn – das ist die These der verstehenden Soziologie – können wir z. B. Wahlen von einer Tanzveranstaltung unterscheiden. Dieser Sachverhalt, daß Handlungsgrenzen mit Sinngrenzen zusammenfallen, wird wichtig, wenn wir zur Betrachtung von sozialen Zusammenhängen (Beziehungen) übergehen.

§ 4. Der Begriff der sinnhaften und daher verstehbaren Handlung läßt sich in den angezeigten Richtungen einer Klärung zuführen; er bedarf auch dieser Klärung. Jedoch sind die mit dem Grundbegriff der verstehenden Soziologie verknüpften Probleme damit noch nicht erschöpft; weitere, schwerwiegende Probleme sind mit der Differenz

a) von subjektivem und objektivem und

b) von tatsächlich und idealtypisch gemeinten Sinn angezeigt.

ad a) Einen objektiven Sinn haben wir bisher in der Gestalt einer objektiv gültigen Norm oder des Sinns von Dingen, sei es des metaphysischen Sinns des Weltganzen, sei es des Funktionssinns, kennengelernt. Jedoch besitzt der Begriff des objektiven Sinns noch eine andere, wesentliche Bedeutung, von der bis jetzt nicht die Rede war. Von ihm her fällt auch neues Licht auf den Begriff des subjektiven Sinns.

Dem Begriff des objektiven Sinns (im Unterschied zum objektiv gültigen Sinn) nähern wir uns am besten über die Kennzeichnung der *Differenz* zwischen objektivem und subjektivem Sinn. Auf sie hat im Anschluß an Max Weber vor allem A. Schütz aufmerksam gemacht. Zu ihrer Charakteristik bedient sich Schütz des Begriffspaars Erzeugen–Erzeugnis. Mit diesem Begriffspaar will Schütz die Differenz von Handeln und Handlung, Produktion und Produkt, Sprechen und Gesprochenem etc. ausdrücken. Handlungen, Produkte etc. verweisen auf ein Handeln, das sie hervorbrachte. Von den Erzeugnissen ausgehend kann man nach den Abläufen des Erzeugens zurückfragen, durch welche sie hervorgebracht wurden. Das Verstehen kann sich entweder auf das Produkt, das Erzeugnis richten – z. B. einen gesprochenen Satz – oder auf den Akt des Produzierens (Erzeugens). »Im ersten Fall verstehen wir das Gesprochene, im letzteren den Sprechenden (oder Handelnden)« (WL 93). Das Verständnis eines »Erzeugnisses in seinem objektiven Sinn müssen wir von dem Verstehen des Sinns, den der Handelnde mit seiner Handlung anzielte oder meinte, unterscheiden. Den subjektiven Sinn erfassen wir, wenn wir die »Blickwendung auf das Bewußtsein vollführen, für dessen Erlebnisse das Erzeugnis Zeugnis ist«; den objektiven Sinn erfassen wir, wenn wir eben diese »Blickwendung unvollzogen und die Konstitutionsvorgänge, welche zur Setzung des Erzeugnisses führen, dahingestellt« sein lassen. »Objektiver Sinn steht daher nur in einem Sinnzusammenhang für das Bewußtsein des Deutenden, subjektiver Sinn verweist daneben und darüber hinaus auf einen Sinnzusammenhang für das Bewußtsein des Setzenden.« (Schütz 1974, S. 188)

Die Bedeutung der Unterscheidung zwischen subjektivem und objektivem Sinn liegt für uns in der Erkenntnis, daß die Individuen gerade in ihren intentionalen, sinnhaften Akten an einem Sinnzusammenhang teilnehmen, der den Erlebnishorizont des Einzelnen grundsätzlich übersteigt. Objektiver Sinn entsteht in Handlungen, mit denen die Handelnden einen subjektiven Sinn verbinden und weist gleichwohl über den subjektiven Sinn als »Meinung« des Handelnden hinaus. Er ist eine identische, invariante Bedeutung, die von allen gemeint werden kann. Damit wandelt sich aber auch der Sinn des subjektiven Sinns; auch der »gemeinte« Sinn ist »kommunikabler« Sinn, oder es liegt kein Sinn vor.

Zwar muß der gemeinte Sinn nicht mit dem Sinn zusammenfallen, welchen der Vorgang für den Beobachtenden hat (vgl. Schütz 1974, S. 28), aber dennoch ist der subjektive Sinn kein »Privatsinn«. Nicht nur der Deutende ordnet ein beobachtetes Verhalten in objektive Deutungsschemata ein (Heiraten, Holzhacken), auch der Handelnde selbst bewegt sich in den mit dem Beobachter geteilten Deutungsschemata (Sinnzusammenhängen). Wenn unsere Überlegungen richtig sind, dann schmilzt der Unterschied zwischen subjektivem und objektivem Sinn auf eine verschiedene Form der Zuwendung zusammen. Den objektiven Sinn verstehen wir unabhängig von den Leistungen, in denen er aufgebaut wurde; dagegen verstehen wir subjektiven Sinn im jederzeit möglichen Rekurs von einem vorgegebenen Erzeugnis auf die Konstitutionsprozesse, in denen es erzeugt wurde.

ad b) Der mit einem Handeln verbundene Sinn muß nicht, wie es vielleicht naheliegt, der *tatsächlich* gemeinte Sinn sein. Es kann auch der »in einem begrifflich konstruierten *reinen* Typus von dem oder den als Typus *gedachten* Handelnden subjektiv *gemeinte* Sinn« sein (WG 1). Weber löst demnach den Begriff des gemeinten Sinnes, in dem sich ein Handeln versteht, vom wirklichen Handeln ab. Der Kern dieser Wendung liegt nicht eigentlich darin, daß der gemeinte Sinn in Typen geteilt, also klassifiziert wird, sondern darin, daß an Stelle des Handelnden der als Typus *gedachte* Handelnde tritt (etw: Beamter, Arbeiter, Unternehmer). Der Soziologie wird die Aufgabe zugedacht, idealtypische Zusammenhänge sinnhaften Handelns nicht von wirklich Handelnden, sondern von Typen Handelnder zu bilden. Auch in diesem Übergang vom tatsächlichen zum idealtypischen Sinn erblicken wir wie unter der ad a) diskutierten Frage einen Prozeß der Entsubjektivierung des subjektiv gemeinten Sinns. –

Die eigentliche Schwierigkeit des Begriffs des idealtypischen Sinns liegt aber in dessen Verhältnis zum tatsächlich gemeinten Sinn. Diese Schwierigkeit taucht in Formulierungen wie: »die Soziologie bildet . . . Typenbegriffe« (WG 9) oder: sie bildet »ihre Begriffe durch Klassifikation des möglichen ›gemeinten Sinns‹« (WG 11) gar nicht auf. Sie wird aber ersichtlich, wenn man auf den Bildungsprozeß idealtypischer Begriffe reflektiert. Idealtypische Begriffe sind nicht (oder nicht wesentlich) ein Resultat empirischer Verallgemeinerung. Der verstehende Soziologe beobachtet nicht das empirische Verhalten von Beamten und stellt dann eine Merkmalsliste auf, durch die der Begriff »Beamter« definiert ist. Niemand ist schon dadurch Beamter, daß er äußerliche Verhaltensmerkmale erfüllt, z. B. morgens pünktlich auf dem Büro erscheint –, sondern dadurch, daß er mit der Ausübung seiner Rolle z. B. eben diesen Sinn verbindet. Er versteht, würde Winch sagen, was es heißt, einer Regel zu folgen. Dieses Regelverständnis besitzt der Rollenträger aber auch dort, wo er nicht pünktlich auf dem Büro erscheint. Weber hebt wiederholt hervor, daß die idealtypischen Begriffe der Soziologie Konstruktionen sind. Sie werden gewonnen durch »einseitige Steigerung« (WL 191) bestimmter Züge des zu verstehenden Objekts. Ihr Bildungskriterium ist die »Sinnadäquanz«, aber nicht die Häufigkeit des empirischen Auftretens eines bestimmten Merkmals.[6] Z. B. kann der Typus »Unternehmerhandeln« sinnadäquat konstruiert sein (Maximierung des Geldgewinnstrebens), obwohl das empirisch beobachtete Unternehmerverhalten mehr oder weniger stark von diesem Typus abweicht. Die »Idealtypen haben nicht auf ein individuelles alter ego oder auf eine Mehrheit von alter egos Bezug, die historisch oder räumlich lokalisiert werden müßten. Sie sind Aussagen über das in voller Anonymität verlaufende Handeln eines Jedermanns, wann und wo immer sich ein solches Handeln abspielen mag« (SCHÜTZ 1974, S. 344). Für das Verhältnis von konkretem und typischen Handeln heißt dies: das typische Handeln ist nicht eine Verallgemeinerung des konkreten, sondern das konkrete verwirklicht ein typisches Handeln. Andererseits stehen die Handlungstypen, in denen sich konkret Handelnde bewegen, nicht »immer schon« fest, sondern werden im Handeln selbst erzeugt. Aber auch dann ist das Verhältnis von Typus und Konkretem, Allgemeinem und Besonderem nicht auf Forscher und Gegenstand polar verteilt, sondern der Gegenstand ist insofern selbst allgemein, als im konkreten Handeln die objektiven Sinnzusammenhänge entstehen, denen das Handeln dann seinerseits folgt.

§ 5. In den vorangehenden Paragraphen haben wir Probleme diskutiert, die mit dem Konzept der sinnhaften Bezogenheit eines Handelns (im weitesten Sinne) auf Objekte (im weitesten Sinne) verknüpft sind. Jetzt müssen wir uns nach dem Träger dieses Handelns umsehen. Die verstehende Soziologie rechnet sinnhaftes Handeln ausschließlich Personen zu. »Handeln« – so Weber programmatisch – »gibt es für uns stets als Verhalten von einer oder mehreren *einzelnen* Personen« (WG 6). Es ist durchaus denkbar, daß der Rang der Aussage: »der Einzelne ist . . . der einzige Träger sinnhaften Sichverhaltens« (WL 439) auf den ersten Blick nicht einsichtig ist. Um ihre Bedeutung und Tragweite zu ermessen, müssen wir die konträre Annahme, gegen die sie sich wendet, ins Auge fassen. Die Zurechnung des Handelns muß als Kritik an der Rede von handelnden Kollektivpersönlichkeiten (vgl. WG 6) in der Soziologie gelesen werden. In einem Brief bezeichnet es Weber einmal als seine Aufgabe, »dem immer noch spukenden Betrieb, der mit Kollektivbegriffen arbeitet, ein Ende zu machen«. Die Soziologie könne »nur durch Ausgehen vom Handeln des oder der . . . Einzelnen, strikt ›individualistisch‹ in der Methode also, betrieben werden« (zit. nach MOMMSEN 1965, S. 137). Wenn in der Soziologie also keine handelnden »Kollektivpersönlichkeiten« zugelassen sind, in welchem Denken sind sie dann zulässig? Welche Denkformen und Theorien arbeiten mit ihnen? Weber verweist zunächst einmal auf die Verführung der Sprache. »Es liegt in der Eigenart nicht nur der Sprache, sondern auch unseres Denkens, daß die Begriffe, in denen Handeln erfaßt wird, dieses im Gewande eines . . . ein Eigenleben führenden ›personenhaften‹ Gebildes erscheinen lassen« (WL 439). So reden wir z. B. ständig von Klasseninteressen, Klassenbewußtsein und Klassenhandeln. Natürlich würde Weber nicht bestreiten, daß eine Klasse durch ein gemeinsames Bewußtsein ihrer Lage bestimmt ist und der Artikulation gemeinsamer Interessen und gemeinsamen Handelns fähig ist. Die Verführung der Sprache liegt vielmehr darin, daß z. B. eine Klasse wie ein »Subjekt im Großformat« (Habermas) gedacht wird. Wenn eine Klasse handelt, dann handelt sie gerade nicht wie ein einzelnes Subjekt. Subjekt des Klassenhandelns sind einzig und allein die »beteiligten Einzelmenschen«. Das Klassenhandeln ist somit nicht das Handeln einer

Klasse, wenn damit gemeint ist, daß die Klasse das Subjekt des Handelns sei,sondern eine bestimmte Art des Zusammenhandelns von Menschen.

Aber nicht nur die natürliche Sprache, auch ganze Wissenschaften, so z. B. die Rechtswissenschaft, benutzen die Fiktion höherstufiger Subjekte. Weber erkennt, daß diese Fiktion kein Fehler ist, den man etwa der Rechtswissenschaft vorzurechnen hätte, sondern eine für ihre Ziele unvermeidliche Denkform. Für juristische Erkenntniszwecke, so Weber, kann es »geradezu unvermeidlich« sein, »soziale Gebilde . . . genau so zu behandeln, wie Einzelindividuen (z. B. als Träger von Rechten und Pflichten oder als Täter rechtlich relevanter Handlungen)« (WG 6). Wenn es auch aus Zweckmäßigkeitsgründen (Vermeidung einer umständlichen Terminologie) und aus Gründen, die mit den Erkenntniszwecken bestimmter Wissenschaften zusammenhängen, nicht zu umgehen sein wird, soziale Gebilde wie Einzelindividuen zu behandeln, so muß die Soziologie gleichwohl auf der Aufdeckung des falschen Scheins einer Handlungsfähigkeit von Kollektivpersönlichkeiten bestehen. Wenn die Soziologie »von ›Staat‹ oder von ›Nation‹ oder von ›Aktiengesellschaft‹ oder von ›Familie‹ oder von ›Armeekorps‹ oder von ähnlichen ›Gebilden‹ spricht, so meint sie damit vielmehr *lediglich* einen bestimmt gearteten Ablauf tatsächlichen oder als möglich konstruierten sozialen Handelns Einzelner . . .« (WG 6f.).

Die Grundannahme der verstehenden Soziologie: nur einzelne Subjekte handeln, kann in verschiedener Hinsicht mißverstanden werden. Wir gehen die wichtigsten Fehldeutungen der Reihe nach durch.

a) Schütz hat u. E. zu Recht die eigentliche Leistung M. Webers darin erblickt, »alle Arten sozialer Beziehungen und Gebilde . . . auf das ursprünglichste Geschehenselement des sozialen Verhaltens Einzelner zurückgeführt« zu haben. »Niemals vorher war das Prinzip, die ›Welt des objektiven Geistes‹ auf das Verhalten Einzelner zu reduzieren, dermaßen radikal durchgeführt worden« (Schütz 1974, S. 13, 14) – (richtiger wäre wohl zu sagen: . . . postuliert werden). In der Auseinandersetzung mit Weber hat nun Luhmann versucht, den Übergang von der Handlungstheorie zur Systemtheorie mit der Behauptung zu motivieren, die Handlungstheorie bliebe bei der isolierten Einzelhandlung stehen. Eine Soziologie, welche sich die soziale Welt (soziale Systeme) generell aus Einzelhandlungen aufgebaut denkt, bleibt aber gerade nicht bei einzelnen Handlungen als ihrem »Objekt der Betrachtung« stehen. Luhmann hat Webers Grundannahme, daß Handlungen immer Handlungen einzelner Personen sind, dahingehend mißverstanden, daß der Gegenstand der Handlungstheorie *einzelne* Handlungen seien und daraus die Forderung entwickelt, von der Analyse einzelner Handlungen zur Analyse von Handlungssystemen überzugehen. R. Thomé hat gegen Luhmann geltend gemacht, daß der Scheingegensatz von Handlung und System nur dadurch möglich wird, daß Luhmann nicht

»sorgfältig genug zwischen einer einzelnen Handlung im Unterschied zu Handlungsketten und der Handlung einer einzelnen Person unterscheide« (THOMÉ 1973, S. 22). Die Differenz zwischen Handlungs- und Systemtheorie muß (und kann auch) anders als mit Hilfe der Unterscheidung von Einzelhandlung und Handlungssystem begründet werden.[7]

b) in der Auflösung sozialer Gebilde in das Handeln Einzelner liegt *keine* Bevorzugung »großer Individuen«. Weder ist die verstehende Soziologie allein schon durch ihre Grundannahmen genötigt, Sätze wie: »Cäsar eroberte Gallien« zu bilden und alle sonst noch an diesem sozialen Prozeß Beteiligten zu vergessen; noch verkennt sie systematisch soziale Zwänge und Restriktionen, unter denen das Handeln der Individuen steht. Um in Gang zu kommen, bedarf sie nicht der Annahme, daß der Einzelne auch *kann*, was er will. Eine andere Frage ist, ob aus ihren Grundannahmen zwangsläufig folgt, daß die einzigen Bewegungskräfte der Geschichte handelnde Individuen sind.[8]

c) Wenn die verstehende Soziologie in sozialen Gebilden nur eine bestimmte Art von Handlungen Einzelner erblickt, dann leugnet sie damit nicht die Existenz übersubjektiver Gebilde. Ihr *»methodologischer* Individualismus ist keine ontologische Theorie, in Übereinstimmung mit welcher nur Menschen in der sozialen Welt als wirklich gelten« (DANTO 1974, S. 440). Sie bestreitet nicht die *Existenz* übersubjektiver sozialer Phänomene (Familien, Klassen, Staat etc. generell: soziale Systeme einerseits, Normen, Rollen, Institutionen, Strukturen andererseits), sondern intendiert nur eine bestimmte Art ihrer Erklärung, nämlich, die sozialen Gebilde aus dem Handeln der einzelnen heraus deutend zu verstehen. Allerdings: das Programm des methodologischen Individualismus erfordert nicht notwendig den Rekurs auf *konkretes* Handeln. Ein soziales System ist auch dann individualistisch erklärt, wenn die soziologische Theorie auf Handlungs*typen* rekurriert und die konkreten Individuen anonym bleiben. (Beispiel: die individualistische Erklärung des sozialen Systems »Tausch« durch die Grenznutzenlehre, vgl. WG 9). Die methodologische Gegenposition besteht damit nicht in der Formulierung von *Gesetzen*, sondern in dem von Danto so bezeichneten »methodologischen Sozialismus«. Den Gegensatz beider Positionen faßt Danto so zusammen: »in welchem Sinne auch immer der Individualist vorgeben wird, daß einzelne Menschen das letztlich Ausschlaggebende – das ›letzthin Grundlegende‹ – der sozialen Welt sind, wird demgegenüber der Sozialist behaupten, daß soziale Individuen (Danto meint: soziale Gebilde – d. Verf.) das Ursprüngliche, Elementare in der sozialen Welt sind« (DANTO 1974, S. 442).[9]

§ 6. Wir haben die Begriffe Handlung und Sinn bisher diskutiert, ohne die Existenz »anderer Ichs« in unsere Überlegungen systematisch einzubeziehen. Aber wir dürften nun genügend vorbereitet sein, um diese Abstraktion preiszugeben; damit treten wir in die Diskussion des Begriffs »soziales Handeln« ein. Weber hat bekanntlich die Soziologie als Wissenschaft vom sozialen Handeln bestimmt. »Primäres« oder »spezifisches« Objekt der Soziologie ist – so Weber – das soziale Handeln. Dieser Gegenstandsbestimmung haftet heute, wo die wichtigsten Schulen der »akademischen Soziologie«[10] den Begriff des »sozialen Handelns« als soziologischen Grundbegriff akzeptieren, der Schein der Selbstverständlichkeit an. Dabei ist diese Formel nichts weniger als selbstverständlich. In ihr drücken sich vielmehr eine Reihe prinzipieller theoretischer Entscheidungen aus, die eine Antwort auf die Frage nach dem Sein des »Sozialen« (im Unterschied zum Individuellen) enthalten und die in einer Umformung der Gesellschaftstheorien des 19. Jahrhunderts in soziologische Theorie im Fachsinne münden: In Webers Soziologie rückt nun der Begriff des sozialen Handelns an die Stelle des Gesellschaftsbegriffs. Zwar läßt sich mit ihm noch ausdrükken, was allem Gesellschaftlichen gemeinsam ist. Eine Typik des Sinns gibt es nur *innerhalb* der Gesellschaft, der *Begriff* der Gesellschaft selbst fällt aber mit dem Begriff des sozialen Handelns – genauer: der sozialen Beziehung zusammen.

Die Definition des Begriffs »soziales Handeln« enthält zwei Bestandteile: a) es ist »seinem von dem oder den Handelnden gemeinten Sinn nach auf das Verhalten anderer bezogen« und b) es ist »daran« (nämlich am Verhalten anderer, die Verf.) in »seinem Ablauf orientiert« (WG 1).

ad a) Die Orientierung des eigenen Verhaltens am Verhalten anderer vollzieht sich im Medium sinnhafter Beziehungen; es ist *sinnhaftes* Verhalten. Mit dem Begriff der sinnhaften Beziehung sind wir schon genügend vertraut; das soziale Handeln unterscheidet sich von anderen Arten sinnhaften Verhaltens lediglich durch die Spezifik seines »gemeinten« Sinns. Es ist ein Verhalten, das »dem subjektiv gemeinten Sinn des Handelnden nach auf das Verhalten anderer bezogen ist« (WL 429). Weil eine sinnhafte Beziehung vorliegen muß, fallen bloße Berührungen von Menschen, wie der unbeabsichtigte Zusammenprall zweier Radfahrer, nicht schon unter soziales Handeln (vgl. WG 11). Soziale Handlungen sind durch Sinnbeziehungen, nicht durch ›mechanische‹ Berührung mit dem Handeln eines oder mehrerer anderer Ichs zusammengeschlossen. Umgekehrt heißt das natürlich nicht, daß soziale Handlungen berührungslos verlaufen müßten; die auf den Zusammenprall folgende Prügelei der Radfahrer ist nur ein drastisches Beispiel. In gleicher Weise vermag Weber zwischen einerseits einem bloß massenbedingten Verhalten (WG 11), einem traditionalen und affektuellen Verhalten dort, wo letztere die Grenze eines sinnhaft orientierten Verhaltens unterschritten haben (WG 12) und andererseits einem durch seine sinnhaften Beziehungen ausgezeichneten sozialen Handeln zu differenzieren.

Wir schließen hier gleich die Frage nach der Behandlung sinnfremder Vorgänge durch die verstehende Soziologie an. Webers Aussagen hierzu (WG § 1, Punkte 4, 7, 8; WG 12; WL 430 f.) lassen sich ungefähr so ordnen:

1. Die verstehende Soziologie hat es »keineswegs *nur* mit ›sozialem Handeln‹ zu tun, sondern dieses bildet nur . . . ihren zentralen Tatbestand, denjenigen, der für sie als Wissenschaft sozusagen *konstitutiv* ist« (WG 12). Sinnfremde Vorgänge z. B. Dinge und Vorgänge der Natur, (Naturkatastrophen wie der Einbruch des Dollart, aber auch Geburts- und Sterberaten) kommen für die Verstehende Soziologie als »Bedingungen« und »Folge«, als »Anlaß«, »Förderung« und »Hemmung« des Handelns in Betracht.

2. Einzelne Ereignisse und Regelmäßigkeiten sind nicht schon deswegen, weil sie unverstehbar sein mögen, weniger wichtig.

3. »Soziologische Tatbestände« (WG 6) sind Vorgänge, die »einen auf das Verhalten anderer subjektiv bezogenen Sinn haben« (WL 430). Daß ein Vorgang verständlich ist, heißt *nicht*: er unterliege keiner Regel. Vielmehr zeigt menschliches Handeln »sowohl Zusammenhänge wie Regelmäßigkeiten des Verlaufs wie alles Geschehen« (WL 427). Der Unterschied zwischen verstehbarem und nicht verstehbarem Geschehen liegt darin, daß die Regelmäßigkeiten, denen menschliches Sichverhalten unterliegt, verständlich deutbar sind (vgl. WL 428). Der Grund der Regelmäßigkeit des Handelns liegt in einem verständlichen gemeinten Sinn (vgl. WG 6, sowie unsere Diskussion des »Greshamschen Gesetzes« im 2. Kap.). So entstehen etwa Regelmäßigkeiten des wirtschaftlichen Handelns aus der Identität des gemeinten Sinns dieses Handlungstypus. Oder aus dem gemeinten Sinn der Handlung: Diskussionen über wissenschaftspolitische Fragen folgen Regeln, deren Befolgung die Regelmäßigkeit des Ablaufs z. B. der Sitzung eines akademischen Gremiums bewirkt. Wenn nun jemand seine Meinung plötzlich singend kundgäbe, würde dies den Sinnzusammenhang einer wissenschaftspolitischen Diskussion vielleicht nicht sprengen – was nur am gewählten Beispiel liegt – aber doch zumindest höchstes Befremden erregen. Wir haben nun eine Regelmäßigkeit *verstanden*, wenn wir die Regel, d. h. den durch seinen Sinn bestimmten Handlungtypus (vgl. WG 6) verstanden haben. – Ebenso wie es nun auf dem Felde sinnhaften Verhaltens Regelmäßigkeiten gibt, gibt es *Statistik* von sinnhaften Vorgängen genauso wie von sinnfremden.

ad b) Die Bezogenheit auf das Verhalten anderer bestimmt den Ablauf des eigenen Verhaltens. Daher ist ein *gleichmäßiges* Verhalten, obwohl es – wie z. B. das gleichzeitige Öffnen von Regenschirmen – ein sinnhaftes Verhalten sein kann, nicht eo ipso soziales Handeln, da es nicht auf das Verhalten anderer bezogen ist. Ferner liegt auch dann nicht schon ein soziales Handeln vor, wenn »jemand eine ihm zweckmäßig scheinende Einrichtung« (etwa den Ankauf einer Spülmaschine) »die er bei anderen kennenlernte, nun auch bei sich trifft« (WG 12).

Was heißt aber: sich am Verhalten anderer orientieren? Webers Begriff der Orientierung des Verhaltens bleibt eigentümlich unbestimmt. Drei Interpretationen sind denkbar.

1. Soziales Handeln liegt bereits bei bloßer »Fremdeinstellung« (Schütz) vor. Einzige Bedingung für das Vorliegen sozialen Handelns ist die Unterstellung anderer sprach- und handlungsfähiger Subjekte im eigenen Handeln, gleich ob es sich um eines oder viele handelt, ob sie im eigenen Wahrnehmungsfeld liegen oder in völliger Anonymität verbleiben (letzteres wichtig fürs Geld, vgl. Teil D, 2. Abschnitt). Diese Interpretation hätte die meisten Textstellen, an denen Weber z. B. auch Sympathiegefühle unter soziales Handeln rubriziert, für sich.

2. Schütz (1974) ist der Auffassung, daß das »Fremdwirken« Weber als Modell für seinen Begriff des sozialen Handelns gedient habe (S. 209). Von Fremdwirken redet Schütz, wenn »der sozial Handelnde durch dieses sein Handeln ein besonderes Verhalten des Anderen herbeizuführen beabsichtigt« (S. 208). Diese Interpretation hätte die Schwierigkeit, mit den meisten Textstellen nur schwerlich sich vereinbaren zu lassen. Sie muß u. E. ausscheiden.

Eine 3. Interpretation schließt sich an den Ausdruck: *Orientierung* des eigenen Handelns am fremden Verhalten an. Ein Handeln ist orientiert an fremdem Verhalten, wenn es durch fremdes Verhalten bedingt wurde, in seinem Verlauf *mitbestimmt* ist (vgl. WL 429) durch das Verhalten anderer. Das Modell für das soziale Handeln würde somit das »strategische Handeln« bilden (Abstimmung der eigenen Pläne auf die Pläne der Partner oder Kontrahenten).

Wie immer auch die Entscheidung zwischen (1) und (3) ausfällt, in jedem Falle gilt, daß soziales Handeln nicht nur ein *wirkliches* Handeln umfaßt, sondern auch ein »*theoretisch*, als objektiv ›möglich‹ oder ›wahrscheinlich‹ konstruiertes Sicherverhalten von *Einzelnen* zum aktuellen oder zum vorgestellten potentiellen Sicherverhalten anderer Einzelner« (WL 442). Die endgültige Entscheidung darüber, ob zum sozialen Handeln unabdingbar die Orientierung am Verhalten anderer oder nur die Fremdeinstellung als intentionales Ausgerichtetsein auf andere gehört – das auch dann schon erfüllt ist, wenn A an B denkt, oder B gram ist (wegen seiner Lieblosigkeit), wird nur so zu fällen sein, daß man fragt, ob *Erwartungen* eines bestimmten Verhaltens zur Struktur sozialen Handelns gehören oder nicht gehören. Den Begriff der Erwartung haben wir in der Diskussion des sozialen Handelns bislang nicht berührt. Seine Einbeziehung führt uns zugleich zu dem letzten Begriff, den wir in diesem Kapitel behandeln wollen: dem Begriff der sozialen Beziehung.

»Einen wichtigen normalen, – wenn auch nicht unentbehrlichen Bestandteil« des sozialen Handelns, formuliert Weber sehr vorsichtig, »bildet insbesondere dessen sinnhafte Orientierung an den *Erwartungen* eines bestimmten Verhaltens anderer« (WL 441). An diese von Weber dargestellte Erwartungsstruktur des Handelns hat sich eine beträchtliche Diskussion angeschlossen. Die Einbeziehung von Erwartungen ist das eigentlich »Moderne« an Webers Theorie des sozialen Handelns.[11] Diese Erwartungen beziehen sich nicht auf Naturvorgänge; natürlich können wir auch diese erwarten. Z. B. wenn ich ausgehe, kann ich erwarten, daß das Wetter schön bleibt. Erwartet wird vielmehr beim sozialen Handeln ein sinnhaftes Handeln anderer. Daß B's Handeln, das A erwartet, sinnhaftes, soziales Handeln ist, heißt aber auch: B selbst erwartet ein Handeln, wenn auch nicht unbedingt von A, so doch von C, D, usw. Wenn A ein sinnhaftes Verhalten von B erwartet, so erwartet er damit zugleich ein Erwarten von B mit. Ihren eigentlichen »Ort« hat aber die Struktur: Erwarten von Erwartungen in der sozialen Beziehung. Darunter meint Weber ein »seinem Sinngehalt nach aufeinander eingestelltes und dadurch orientiertes Sichverhalten mehrerer« (WG 13). Um von einem aufeinander eingestellten Handeln der Beteiligten (vgl. ebd.) reden zu können, ist keinesfalls erforderlich, daß die Glieder der Interaktion dieselben Einstellungen hegen. Aufeinanderbezogen sind zwei oder mehrere Handelnde schon dann, wenn »der Handelnde vom Partner ... eine bestimmte Einstellung dieses letzteren ihm (dem Handelnden) gegenüber voraussetzt und an diesen Erwartungen sein eigenes Handeln orientiert« (WG 14) – wenn er also Erwartungen erwartet. Z. B. kann, um Luhmanns hübsches Beispiel aufzugreifen, der Beteiligte einer Liebschaft erwarten, wann sich beim Partner Eheerwartungen kristallisieren. Da nun aber in einer sozialen Beziehung jeder Beteiligte Handelnder und Partner zugleich ist, läßt sich das Aufeinanderbezogensein beiderseitigen Handelns – die soziale Beziehung also – *zusammenziehen in der wechselseitigen Reflexivität des Erwartens* (Reflexivität des Erwartens deswegen, weil es ein Erwarten von Erwartungen ist). Die Antwort auf die Frage: was ist eine soziale Beziehung (und damit für den handlungstheoretischen Ansatz auf die Frage: was ist die »Gesellschaft«) lautet also: unter sozialer Beziehung ist eine Beziehung zu verstehen, die durch eine wechselseitige Reflexivität des Erwartens aufgebaut ist.

Erläuterungen und Zusätze

1. Vgl. WG 13, 14, 18, 22, 26, 27, 30; Weber formuliert z. B., eine gegebene Klassifikation sei »in gar keiner Weise erschöpfend« (WG 13), oder ein Begriff sei »hier absichtlich noch ganz allgemein definiert« (WG 22).
2. Die »systematische Bedeutung der sinnhaften Strukturierung von Gesellschaft« wird von der verhaltenswissenschaftlichen Soziologie im Anschluß an die analy-

tische Wissenschaftstheorie bestritten. Ihr zufolge ist »der spezifische Unterschied zwischen dem sinnverstehend zugänglichen Bereich von Zuständen und Äußerungen sprach- und handlungsfähiger Personen einerseits und dem allein der Beobachtung zugänglichen Bereich physikalisch meßbarer Dinge, Ereignisse und Zustände andererseits methodologisch unerheblich ...« (Habermas 1971, S. 171).

3. Vgl. WL 440: »Die Soziologie hat es dagegen, soweit für sie das ›Recht‹ als Objekt in Betracht kommt, nicht mit der Ermittlung des logisch richtigen *›objektiven‹* Sinngehaltes von ›Rechtssätzen‹ zu tun, sondern mit einem *Handeln*, als dessen Determinanten und Resultanten natürlich unter anderem auch *Vorstellungen* von Menschen über den ›Sinn‹ und das ›Gelten‹ bestimmter Rechtssätze eine bedeutsame Rolle spielen.«
4. Weber identifiziert das sinnhafte mit dem verstehbaren Verhalten (vgl. WG 2) und bezeichnet sinnhafte Vorgänge ausdrücklich als »kommunikable Vorgänge« (ebd.) – wenn auch in Grenzfällen kommunikabel etwa nur für den »Fachexperten«.
5. Eine gründlichere Erörterung der hier angesprochenen Fragen würde weiterreichende Analyse voraussetzen, die den Charakter einer Einführung in Grundbegriffe sprengen würde.
6. Es ergibt sich hier die Schwierigkeit, ein eindeutiges Kriterium für »Sinnadäquanz« auszumachen. Nach Weber liegt das Kriterium der Sinnadäquanz einer Handlung bzw. eines gebildeten Idealtypus darin, daß »die Beziehung seiner Bestandteile von uns nach den durchschnittlichen Denk- und Gefühlsgewohnheiten als typischer (wir pflegen zu sagen: ›richtiger‹) Sinnzusammenhang bejaht wird« (WG 5). Weber hat aber nicht ausreichend geklärt, was unter »durchschnittlichen Denk- und Gefühlsgewohnheiten« zu verstehen ist (vgl. Schütz 1974, S. 330ff.).
7. Nicht im Vorkommen eines Systembegriffs an sich liegt die Differenz. Der üblichen Definition eines sozialen Systems – ein soziales System besteht aus faktischen Handlungen verschiedener Personen, die durch ihren Sinn aufeinander bezogen sind und durch diesen Sinnzusammenhang abgrenzbar sind gegenüber einer Umwelt – könnte auch Weber zustimmen. Die Differenz der funktionellen Systemtheorie z. B. Luhmanns zu Weber liegt in der u. a. durch Gehlens Institutionenlehre geprägten Ausgangsannahme, daß Handeln ohne die Voraussetzung des Systems überlastet wäre und zusammenbrechen würde. Das »Reduktionsproblem« also steht am Eingang der Systemtheorie Luhmanns.
8. Vgl. dazu Vergleichende Diskussion I.
9. Dantos Bezeichnungen vom »methodologischen Sozialismus« und gar vom methodologischen »Sozialisten« dürfen nur als Gegenbezeichnungen zum »methodologischen Individualismus« bzw. »methodologischen Individualisten« aufgefaßt werden, keinesfalls aber als Kennzeichnung »sozialistischer«, d. h. richtiger: marxistischer Positionen. Die Einordnung der Theorie von Marx in dieses grobe Schema ist schwieriger als man angesichts z. B. der Betrachtung des Verhältnisses von Kapital und Kapitalist in der Theorie von Marx vorschnell annehmen könnte. Denn auch, wenn sich bei Marx zahlreiche Formulierungen finden, die das Kapital wie ein handlungsfähiges Subjekt erscheinen lassen, so hat er doch

die Redeweise vom Kapital als Subjekt von Prozessen präzisiert und (aber: nicht immer) von handlungstheoretischen Mißverständnissen freigehalten. (S. Vergleichende Diskussion I).

10. Über den Terminus »akademische Soziologie« vgl. GOULDNER, 1971 (deutsch 1974).
11. Vgl. dazu z. B. G. H. MEAD, N. LUHMANN, J. HABERMAS.
12. J. Habermas hat im Anschluß an G. H. Mead zu zeigen versucht, daß in der Reflexivität wechselseitiger Erwartungen sich die Identität von Bedeutungen (Sinn) konstituiert. Die »Kommunikationstheorie der Gesellschaft« zählt die genannte Struktur damit ebenfalls zu ihren Grundlagen.

Fragen zur Diskussion

1. Inwieweit stehen die von Weber vorgestellten Grundbegriffe (WG, 1. Kap. §§ 2ff.) in Zusammenhang mit den Kategorien »Handeln« bzw. »soziales Handeln«?
2. Was besagt die jeweils unterschiedliche Ausdrucksweise:
   a) Dinge ereignen sich – Menschen handeln,
   b) Tiere verhalten sich – Menschen handeln?
3. Diskutieren Sie die Behauptung von H. GIRNDT (1967): »Handeln ist nach Weber eine besondere Art von Verhalten, und zwar menschliches Verhalten im Unterschied zu nichtmenschlichem, speziell auch tierischem Verhalten.« (S. 23)
4. Was heißt: mit einer Handlung sei ein Sinn verbunden?
5. Worin liegt der Unterschied von subjektiv gemeintem und objektiv gültigem Sinn? Was beinhaltet demgegenüber die von A. Schütz eingeführte Unterscheidung zwischen subjektivem und objektivem Sinn?
6. Ist subjektiv gemeinter Sinn für Weber immer ein von einem Handelnden tatsächlich gemeinter Sinn?
7. Was ist unter der Kennzeichnung »methodologischer Individualismus« zu verstehen? Inwiefern fällt Webers handlungstheoretischer Ansatz unter diese Kennzeichnung?
8. In welchem Verhältnis stehen jeweils: äußerliches Handeln, inneres Sichverhalten, gleichmäßiges Handeln mehrerer, von anderen beeinflußtes Handeln und massenbedingtes Handeln zum sozialen Handeln?

8. Kapitel: Erklären und Verstehen

Lernziele

In Gegenüberstellung zur »Kausalerklärung nach Gesetzen« (§ 2) sollen Sie die spezifische Methode von Webers Soziologie: das »Verstehen« sinnhaften Handelns, kennenlernen und die behauptete »Mehrleistung« dieser Methode gegenüber der der Kausalerklärung zu beurteilen lernen (§ 3). Weitere Aufgaben dieses Kapitels sind die Erörterung der Unterscheidung zweier Verstehensbegriffe (§ 4), das Problem der

Überprüfung eines durch Verstehen gedeuteten Zusammenhanges (§ 5) und die Frage, inwieweit Webers idealtypische Begriffsbildung Konsequenz seiner verstehenden Methode ist (§ 6).

§ 1. Aus der Unterscheidung von Verhalten und Handeln folgt die Unterscheidung von Erklären und Verstehen. Verhalten ist nur erklärbar, Handeln ist darüber hinaus verstehbar. Wir wollen diese Unterscheidung untersuchen und sehen, ob die Zuordnung des Erklärens zum Verhalten und des Verstehens zum Handeln so gedacht werden muß, daß Handeln nicht erklärt werden kann.

Weber bestimmt in seiner Eingangsdefinition die Aufgabe der Soziologie: »Soziologie (...) soll heißen: eine Wissenschaft, welche soziales Handeln *deutend verstehen* und dadurch in seinem Ablauf und seinen Wirkungen *ursächlich erklären* will.« (WG 1, Herv. d. Verf.) Damit ist keineswegs eindeutig festgelegt, ob denn nun »deutendes Verstehen« oder »ursächliches Erklären« das eigentliche Ziel der Soziologie ist. Nimmt man das deutende Verstehen als die eigentliche Aufgabe der Soziologie an, dann hieße das, daß im Verstehen das ursächliche Erklären einbegriffen und ihm untergeordnet sei, denn nur so hätte die Formulierung »deutend verstehen *und dadurch* ... ursächlich erklären« (Herv. d. Verf.) einen Sinn. Nimmt man dagegen das ursächliche Erklären als die eigentliche Aufgabe an, dann käme dem deutenden Verstehen gegenüber dem ursächlichen Erklären eine untergeordnete Bedeutung zu in dem Sinne, daß das Verstehen ein Schritt auf dem Wege zum ursächlichen Erklären sei, daß Verstehen Mittel zum Zweck des Erklärens sei, daß eben »dadurch« (durch Verstehen) ursächlich erklärt werden solle.[1]

Das Verhältnis von Erklären und Verstehen und damit die Aufgabe der Soziologie wollen wir über die Analyse der Bedeutung von Erklären und der von Verstehen zu ermitteln suchen.

§ 2. »Kausale Erklärung bedeutet ... die Feststellung: daß nach einer irgendwie abschätzbaren, im – seltenen – Idealfall: zahlenmäßig angebbaren, Wahrscheinlichkeits*regel* auf einen beobachtbaren (inneren oder äußeren) Vorgang ein bestimmter anderer Vorgang folgt (oder mit ihm gemeinsam auftritt)« (WG 5). Die kausale Erklärung bringt das zu erklärende Ereignis in einen Regelzusammenhang mit anderen Ereignissen oder Tatbeständen. Der in der Erklärung ausgedrückte Kausalzusammenhang bezieht sich auf singuläre konkrete Ereignisse. Wir gehen davon aus, daß sich alle Tatbestände bzw. Ereignisse, die für die Erklärung Bedeutung haben, beobachten bzw. empirisch konstatieren und sich in eindeutigen Aussagen beschreiben lassen. Wenn auch die Ereignisse, die in der kausalen Erklärung als kausal zusammenhängend dargestellt werden, zu beobachten sind, so ist damit aber nicht ihr Kausalzusammenhang zu beobachten. Die kausale Erklärung singulärer Ereignisse ist nur möglich in der Anwendung allgemeiner Gesetze auf singuläre Ereignisse. »Diese Gesetze können aber so trivial, ein so selbstverständlicher Bestandteil unseres Alltagswissens sein, daß wir sie nicht zu erwähnen brauchen und sie selten bemerken. Wenn wir als Todesursache Giordano Brunos die Tatsache angeben, daß er auf dem Scheiterhaufen verbrannt wurde, brauchen wir das allgemeine Gesetz, nach dem alle Lebewesen sterben, wenn sie intensiver Hitze ausgesetzt werden, nicht zu erwähnen. Unsere Kausalerklärung setzt aber ein solches Gesetz stillschweigend voraus.« (Popper 1965, S. 113f.)

Weber hat diese Abhängigkeit der Kausalerklärung singulärer Ereignisse von allgemeinen Gesetzen klar betont: »wenn die kausale Erkenntnis des Historikers *Zurechnung* konkreter Erfolge zu konkreten Ursachen ist, so ist eine *gültige* Zurechnung irgend eines individuellen Erfolges ohne die Verwendung ›nomologischer‹ Kenntnis – Kenntnis der Regelmäßigkeiten der kausalen Zusammenhänge – überhaupt nicht *möglich*« (WL 179). Popper kommt deshalb bei der Analyse der Kausalerklärung in den Sozialwissenschaften bzw. in der Geschichtswissenschaft zu der Feststellung: Webers »Bemerkungen auf S. 179 seiner Ges. Schr. zur Wissenschaftslehre (1922) sind die der hier gebotenen Analyse ähnlichste Vorwegnahme, die mir bekannt ist.« (Popper 1965, S. 113) Wenn es stimmt, daß Weber in diesem Zusammenhang als Vorläufer anzusehen ist, dann können wir hier die Grundzüge des Erklärungsmodells in einer modernen und präziseren Wissenschaftssprache als der von Weber verwendeten darstellen, ohne damit die bei ihm zugrundeliegende Vorstellung kausaler Erklärung zu verfehlen. Das Erklärungsmodell sei an folgendem Beispiel erläutert: zu erklären sei das Ereignis, daß in der BRD zu einer gewissen Zeit die Ein-Pfennig-Stücke aus der Geldzirkulation zu verschwinden pflegten.

Nun haben wir im sogenannten Greshamschen Gesetz (vgl. WG 5) die Aussage eines Gesetzes im Sinne einer deterministischen Regularität, das besagt, daß einzelne Münzsorten immer dann aus der Geldzirkulation verschwinden, wenn ihr Nennwert unter ihrem Metallwert liegt.[2] Es kommt nicht darauf an, ob uns dieses Gesetz in irgend einem Sinn »einleuchtet«, »verständlich« ist, oder »evident« zu sein scheint; es kommt allein darauf an, daß es in dem Sinne *gilt*, daß bisher kein Fall eingetreten oder bekannt geworden ist, wo bei einer zu niedrig bewerteten Münzsorte nicht ein Schwund dieser Sorte aus der Geldzirkulation die Folge gewesen wäre. Mit dem Gesetz allein ist allerdings eine Erklärung des zu erklärenden Ereignisses noch nicht möglich, indem man nun etwa einfach schlösse: eine zu niedrige Bewertung der Ein-Pfennig-Stücke sei die Bedingung jenes Verschwindens in dem fraglichen Zeitraum. Denn das hieße den in dem Gesetz ausgedrückten Kausalzusammenhang unzulässig umdrehen. Das Greshamsche Gesetz besagt, daß eine zu niedrige Bewertung das Verschwinden der Münzen zur Folge hat, aber nicht, daß dies Verschwinden *nur* aus einer zu niedrigen Bewertung folgen könne. Es muß vielmehr auf empirische Weise geklärt werden, ob die sogenannte Anfangsbedingung oder Randbedingung des Gesetzes – in dem fraglichen Zeitraum waren die Ein-Pfennig-Stücke unterbewertet – im gegebenen Fall erfüllt war, bevor das Gesetz als Erklärungsaussage Anwendung finden kann. Erst aus dem Gesetz (Unterbewertung einer Münzsorte bedingt deren Verschwinden) *und* der empirisch als gültig ermittelten Randbedingung (in dem fraglichen Zeitraum waren die Ein-Pfennig-Stücke unterbewertet) folgt dann logisch das zu erklärende Ereignis: In dem fraglichen Zeitraum verschwinden Ein-Pfennig-Stücke aus der Geldzirkulation. »Einen Vorgang ›kausal erklären‹ heißt, einen Satz, der ihn beschreibt, aus *Gesetzen und Randbedingungen* deduktiv ableiten« (POPPER 1966, S. 31).

Wir haben der Einfachheit halber unterstellt, daß das Gesetz unseres Beispiels eine *deterministische* Aussage sei, d. h. die Aussage beansprucht ohne Ausnahme bzw. ohne Einschränkung zu gelten. Weit häufiger sind in den Sozialwissenschaften allgemeine Aussagen, die nur eine mehr oder minder festgelegte Ereigniswahrscheinlichkeit zum Ausdruck bringen. Z. B.: »Kollektive haben meistens eine niedrigere Selbstmordrate von Katholiken als von Protestanten.« Oder: »Etwa 95% der straffällig gewordenen Personen werden rückfällig.« (Beispiele von OPP 1970, S. 37). Wir erwähnen derartige Aussagen hier nur, weil Weber oft auf »statistische Regelmäßigkeiten« verweist, wenn er im Zusammenhang des kausalen Erklärens allgemeine Aussagen bzw. Gesetze oder Regeln anspricht. Für die hier beabsichtigte Gegenüberstellung von kausalem Erklären und deutendem Verstehen sind aber diese Differenzen nicht bedeutsam.[3]

§ 3. »›Verstehen‹, ist schließlich auch der Grund, weshalb die verstehende Soziologie (in unserem Sinne) das Einzelindividuum und sein Handeln als unterste Einheit, als ihr ›Atom‹ – wenn der an sich bedenkliche Vergleich hier einmal erlaubt ist – behandelt« (WL 439). Die Methode des Verstehens ist an die spezifische Konstitution des Gegenstandes, Sozialerscheinungen durch »Handeln als unterste Einheit« aufzufassen, gebunden. Verstehen ist nicht von beliebigen Objekten möglich, sondern verständlich sind allein sinnhafte Handlungen. Der Zusammenhang von Methode (Verstehen) und Gegenstandsbestimmung (sinnhaftes Handeln) tritt dort deutlich hervor, wo Weber die Gegenstandsbestimmung mit Hilfe methodologischer Ausdrücke expliziert (z. B.: »sinnhaftes, d. h. verstehbares Handeln«, WG 2) und wo er umgekehrt – wie in dem obigen Zitat – in der spezifischen Methode der Soziologie eine Begründung für die Bestimmung ihres Gegenstandes erblickt.

Mit der Auslegung des Handelns als sinnhaftes Verhalten eröffnet sich für die Erfahrung eine neue Ebene: neben der Beschreibung des beobachtbaren Verhaltens und seiner kausalen Erklärung nach Gesetzen ergibt sich die Möglichkeit der Rekonstruktion der Handlung »von innen heraus« (WL 430), aus ihrem Sinn. Weil und soweit ein Verhalten an Sinnbezügen orientiert ist, kann es von diesen Sinnbezügen her erschlossen werden. Die Besonderheit des Gegenstandes gestattet eine spezifische Weise seiner Gegebenheit: Sinnverstehen.

Die Differenz zwischen Sinnverstehen und kausalem Erklären läßt sich am Beispiel jenes Verschwindens einer Münzsorte aus der Geldzirkulation erläutern: das Greshamsche Gesetz bringt eine hinlänglich bestätigte Regelmäßigkeit im Verhalten der Geldgebraucher zum Ausdruck, nämlich die, daß eine unterbewertete Münzsorte von den Geldgebrauchern der Zirkulation entzogen zu werden pflegt. Wir hatten schon darauf hingewiesen, daß es für die kausale Erklärung bedeutungslos ist, ob dieses Gesetz für »einleuchtend«, »evident« oder »verständlich« gehalten wird, daß es hingegen allein darauf ankomme, ob – wie Weber sich ausdrückt – nach den »erprobten Regeln der Erfahrung« (WG 5) dieses Gesetz gilt. Dazu ist es keinesfalls erforderlich einzusehen oder eben zu verstehen, warum die Geldgebraucher eine unterbewertete Münzsorte der Zirkulation entziehen; es reicht aus zu wissen, daß dies überhaupt oder nach einer statisch erfaßbaren Regelmäßigkeit geschieht.

Im deutenden Verstehen geht es dagegen darum, das Verhalten der Geldgebraucher, die eine Münzsorte der Zirkulation entziehen, einzusehen. Wir können dieses Verhalten als ein sinnhaftes Handeln verstehen, als ein Handeln, dessen Sinn es ist, sich die Differenz zwischen Nennwert und Metallwert einer Münzsorte zunutze zu machen. Wir deuten als Motiv des Handelns die Absicht der Bereicherung. In diesem Sinne drückt nun das Greshamsche Gesetz nicht nur eine statistisch zu erfassende Regelmäßigkeit des Verhaltens aus, sondern es ist darüberhinaus »eine rational evidente Deutung menschlichen Handelns bei gegebenen Bedingungen und unter der idealtypischen Voraussetzungen rein zweckrationalen Handelns ... Ohne diese gelungene Deutung wäre unser kausales Bedürfnis offenkundig unbefriedigt. Ohne den Nachweis andererseits, daß der – wie wir einmal annehmen wollen – gedanklich erschlossene Ablauf des Sichverhaltens auch wirklich in irgendeinem Umfang eintritt, wäre ein solches an sich noch so evidentes ›Gesetz‹ für die Erkenntnis des wirklichen Handelns eine wertlose Konstruktion« (WG 5).

Vergleichen wir nun das Greshamsche Gesetz in seiner Fassung als unverstehbare Regelmäßigkeit mit seiner Fassung als rational evidente Deutung menschlichen Handelns, so befriedigt nach Webers Worten die »gelungene Deutung ... unser *kausales* Bedürfnis« (Herv. d. Verf.) besser als die unverstehbare Regelmäßigkeit. In diesem Sinne spricht Weber auch von der »Mehrleistung der deutenden gegenüber der beobachtenden Erklärung« (WG 7). In beiden Fällen aber handelt es sich demnach – so Weber – um kausale Erklärungen.[4] Offenbar bedeutet aber »kausale Erklärung« in beiden Fällen etwas anderes. Das Handeln gemäß dem Greshamschen Gesetz unterstellt einen vorgestellten Zweck als subjektiv gemeinten Sinn: Bereicherung angesichts der vom Handelnden gewußten Differenz von Nennwert und Metallwert. Im deutenden Verstehen könnte nur dieser subjektiv gemeinte Sinn, also der vorgestellte Zweck, »Ursache« eines bestimmten Verhaltens als Wirkung sein. Der gedeutete Sinn der Handlung wäre ein zureichender Grund, also Ursache, sowohl des beobachtbaren Verhaltens (Kaufen der Münzen zum Nennwert, Verkaufen zum Metallwert), als auch der nicht intendierten Wirkungen (Verschwinden einer Münzsorte aus der Zirkulation). In diesem Sinne – und, wie wir behaupten, nur in diesem Sinne – soll Weber zufolge die Soziologie »soziales Handeln deutend verstehen und dadurch in seinem Ablauf und seinen Wirkungen *ursächlich* erklären« (WG 1, Herv. d. Verf.).

Dagegen besteht das Wesen des kausalen Erklärens nach Regeln bzw. Gesetzen – also des Verfahrens der Naturwissenschaften – eben in der *Bezugnahme auf jene Gesetze.* Weber vermeidet in der Erläuterung dieses Erklärungstypus sogar den Begriff der Ursache und betont die Regularität, »daß . . . auf einen bestimmten beobachteten (. . .) Vorgang ein bestimmter anderer Vorgang folgt (oder: mit ihm gemeinsam auftritt)« (WG 5). Würde man aber gegen Webers Intention auch beim Erklären aus Gesetzen von Ursache und Wirkung reden wollen, denn müßte in unserem Beispiel die Zuordnung so erfolgen, daß die Unterbewertung einer Münzsorte als Ursache und ihr Verschwinden aus der Zirkulation als Wirkung zu bezeichnen wäre. Damit würde aber die erkenntnislogisch unhaltbare Situation eintreten, daß wir in der kausalen Erklärung *eines* Ereignisses (Verschwinden einer Münzsorte) verschiedene Tatbestände als Ursache zu bezeichnen hätten je nachdem, ob wir nun nach Gesetzen oder durch Deutung erklären. Denn die Unterbewertung einer Münzsorte, die im erstern Fall Ursache wäre, ist in der Deutung nur Bedingung, und zwar keine hinreichende Bedingung des Handelns; sie ist nur Anlaß für ein Handeln, dessen Sinn bzw. Zweck die Bereicherung ist, und das ohne diesen verstandenen Sinn weder in seinem Ablauf noch in seinen Wirkungen ursächlich erklärt werden kann. Unsere Analyse ergibt, daß bei Weber zwei verschiedene Bedeutungen kausalen Erklärens vorliegen. Einmal: kausales Erklären durch Rückgriff auf einen als Ursache interpretierten Sinn; zum anderen: kausales Erklären aus allgemeinen Gesetzen. Auch das deutende Verstehen ist seinem Anspruch nach eine »kausale Hypothese« (WG 4) im Sinne der hypothetischen Angabe einer Ursache. Den gedeuteten Sinn einer Handlung versteht Weber als Ursache eines als Wirkung verstandenen Verhaltens. Insofern schließt ihm zufolge das deutende Verstehen ein ursächliches Erklären ein.

Dieses ursächliche Erklären ist aber seinem Gehalt nach verschieden von der Kausalerklärung nach *Gesetzen.* Weber selbst hat allerdings in den »Methodischen Grundlagen« weder die beiden Bedeutungen kausalen Erklärens eindeutig herausgearbeitet noch ihr Verhältnis zueinander eindeutig geklärt.[5]

In das bisher verwendete Beispiel des Greshamschen Gesetzes sind weitere problematische oder einfach ungeklärte Vorstellungen zur Methode des Verstehens eingegangen, denen wir uns jetzt zuwenden wollen. Im Greshamschen Gesetz geht es ausschließlich um das sogenannte erklärende und nicht um das aktuelle Verstehen. Wir haben also 1. die Differenz von aktuellem und erklärendem Verstehen zu behandeln (§ 4). Außer acht gelassen hatten wir bisher auch die Unterscheidung zwischen tatsächlich gemeintem Sinn eines Handelnden und dem im Verstehen des Beobachters ergriffenen Sinn. Wir haben also 2. diese Unterscheidung aufzunehmen und das sich daraus ergebende Problem, die Notwendigkeit der Überprüfung des deutend Verstandenen durch nicht-verstehende Methoden, zu behandeln (§ 5). Wir hatten schließlich im Greshamschen Gesetz gar nicht den gemeinten Sinn eines konkreten Handelnden vor Augen, sondern einen idealtypischen Sinn. Wir haben also 3. das Verhältnis von individuell gemeintem Sinn und idealtypischem Sinn für die verstehende Soziologie zu besprechen (§ 6).

§ 4. Wie schon angedeutet, unterscheidet Weber zwei Arten des Verstehens: aktuelles und erklärendes Verstehen (Motivationsverstehen). Der gemeinte Unterschied läßt sich am deutlichsten am Beispiel der Sprache demonstrieren. Ich verstehe aktuell den Satz »2 × 2 = 4« in seinem Bedeutungsgehalt, den ich irgendwo lese oder höre, also ganz unabhängig von dem Zusammenhang, in dem der Satz auftaucht. Dagegen verstehe ich *motivationsmäßig* den Lehrer, der im Zusammenhang des Einpaukens des Einmaleins' vor einer Schulklasse den Satz »2 × 2 = 4« ausspricht. In dem Beispiel ist »das objektive ›Verstehen‹ des *Sinnes* einer Äußerung von der subjektiven ›Deutung‹ der *Motive* eines (sprechenden oder handelnden) Menschen klar geschieden«. »Im ersteren Fall ›verstehen‹ wir das Gesprochene, im letzteren den Sprechenden (oder Handelnden)« (WL 93). Sofern aktuelles Verstehen sich auf das Auffassen des Bedeutungsgehaltes eines Wortes, eines Satzes, eines Zeichens (z. B. eines Verkehrszeichens), also eines symbolischen Ausdrucks richtet, der unabhängig von der ihn produzierenden Handlung erscheinen kann, ist der gemeinte Unterschied zum erklärenden Verstehen (Motivationsverstehen) deutlich.

Was besagt dagegen »aktuelles Verstehen von Handlungen«? Nach Weber verstehen wir »z. B. aktuell ... das Verhalten eines Holzhackers« (WG 3f.). Aktuell verständlich daran sind uns die bekannten Regeln, die der mit Axt und Holz Beschäftigte befolgt, und deren richtige Anwendung wir eben Holzhacken nennen. Das Kennen dieser Regeln ist Voraussetzung, damit wir bei der Beobachtung einer Tätigkeit entscheiden können, ob es sich um einen Anwendungsfall dieser uns bekannten und verständlichen Regeln handelt. Die Regel ist dabei insofern verstanden, als sie als ein festgelegter Zweck-Mittel-Zusammenhang ausgelegt wird. Wir verstehen festgelegte Bestandteile der Holzhackertätigkeit als Zweck, andere als Mittel. Bestandteile einer Tätigkeit als Zweck oder Mittel aufzufassen, kann niemals durch Beobachtung, sondern nur durch Verstehen erfolgen. In Abänderung des obigen Zitates können wir für unser Beispiel formulieren: wir verstehen aktuell die Tätigkeit des Holzhackens, ohne damit schon den handelnden Holzhacker zu verstehen. Ihn verstehen wir erst und zwar »motivationsmäßig, wenn wir wissen, daß der Holzhacker entweder gegen Lohn oder aber für seinen Eigenbedarf oder zu seiner Erholung . . ., oder etwa ›weil er sich eine Erregung abreagierte‹ . . . diese Handlung vollzieht« (WG 4). Der Holzhacker, der z. B. gegen Lohn arbeitet, verbindet mit dem vorgegebenen Sinn der Tätigkeit »Holzhacken«, den wir aktuell verstehen, einen subjektiven Sinn (Geldverdienen), so daß der allgemeine Sinn der Tätigkeit sich in einen speziellen subjektiven Sinnzusammenhang einordnet; die sinnvolle Tätigkeit wird Mittel zum Zweck des Geldverdienens. Erst der subjektiv gemeinte Sinnzusammenhang, Holzhacken um Geld zu verdienen, bietet einen Erklärungsgrund für die tatsächlich ablaufende Handlung. Niemand hackt motivationslos Holz, niemand spricht unvermittelt den Satz »2 × 2 = 4«, sondern stets erfolgen diese Handlungen aus einem subjektiv gemeinten Sinn, der erst den aktuell verständlichen Sinn der Tätigkeit oder des Satzes in einen Sinnzusammenhang bringt, aus dem allein heraus erklärendes Verstehen möglich ist. »Erklären bedeutet also für eine mit dem Sinn des Handelns befaßte Wissenschaft soviel wie: Erfassung des Sinnzusammenhangs, in den, seinem subjektiv gemeinten Sinn nach, ein aktuell verständliches Handeln hineingehört« (WG 4).

Mit dieser weitgehend an Webers eigenen Worten orientierten Nachzeichnung der Differenz von aktuellem und erklärendem Verstehen sind die Probleme, die in dieser Unterscheidung stecken, weder eindeutig benannt noch gelöst. Zwei dieser Probleme wollen wir hier ansprechen. Weber meint, daß das Verstehen den subjektiv gemeinten Sinn des Handelnden zu ergreifen habe. Obwohl dies ausdrücklich auch für das aktuelle Verstehen von ihm bestätigt wird (»das aktuelle Verstehen des *gemeinten* Sinnes einer Handlung«, WG 3, Herv. d. Verf.), kann bestritten werden, ob im aktuellen Verstehen wirklich der subjektiv gemeinte Sinn ergriffen wird. Aktuelles und erklärendes Verstehen können wir so auslegen, daß wir im aktuellen Verstehen die wahrnehmbaren *Erzeugnisse* eines Handelns und im erklärenden Verstehen den *Erzeugungsprozeß* der Handlung verstehen. Dies kann eigentlich nur gemeint sein, wenn Weber aktuelles und erklärendes Verstehen einer Sprachhandlung so unterscheidet: »Im ersteren Fall ›verstehen‹ wir das Gesprochene, im letzteren den Sprechenden (oder Handelnden)« (WL 93). Es wäre dann zu fragen, ob die Erzeugnisse eines Handelns im Hinblick auf den subjektiv gemeinten Sinn überhaupt verstanden werden können, oder ob nicht vielmehr die isoliert verstandenen Erzeugnisse nur aus einem nicht-subjektiv gemeinten, also aus einem objektiven Sinn verstanden werden können. Knüpfen wir zur Verdeutlichung an ein Beispiel von Weber an: ein mit einer wissenschaftlichen Demonstration Beschäftigter spricht den Satz »2 × 2 = 4« aus. Wir nehmen darüber hinaus an, er habe sich nur versprochen, er habe eigentlich sagen wollen: »2 + 2 = 4«. Wir können den Sinn des tatsächlich erzeugten Satzes (2 × 2 = 4) zweifellos aktuell verstehen, obwohl er nicht der gemeinte Sinn des Sprechenden ist. Auf den tatsächlich gemeinten Sinn kommen wir nur, wenn wir den Erzeugungsprozeß der Handlung mit einbeziehen, also nachvollziehen, daß in den Sinnzusammenhang seiner wissenschaftlichen Demontration der aktuell verständliche Satz »2 + 2 = 4« statt »2 × 2 = 4« hineingehört. So können wir auch den tatsächlich gesprochenen Satz (2 × 2 = 4) als ein irrtümliches Versprechen verstehen, aber eben nur dadurch, daß wir erstens den Sinn des Satzes »2 × 2 = 4« aktuell verstanden haben, und dann zweitens in der Einbeziehung des Erzeugungsprozesses verstehen können, daß dieser aktuell verstandene Sinn nicht hineingehört.

Das Beispiel zeigt, daß im aktuellen Verstehen ein objektiver Sinn verstanden wird, weil das Erzeugnis der Handlung, eben die Äußerung, unabhängig vom Erzeugungsprozeß, der allein den subjektiv gemeinten Sinn enthüllt, verstanden wird. Weber spricht ja auch in der Wissenschaftslehre in diesem Zusammenhang von einem »objektive(n) ›Verstehen‹ des *Sinnes* einer Äußerung« (WL 93). Auch bei anderen Handlungen, die nicht sprachliche Laute, Symbole oder Zeichen produzieren, bei denen die Selbständigkeit des Erzeugnisses relativ deutlich ist, bleibt der Einwand, daß im aktuellen Verstehen ein objektiver Sinn verstanden wird, gültig. Holzhacken z. B., meint Weber, verstehen wir aktuell, gleichgültig, ob es zum Eigenbedarf oder zur Entspannung betrieben wird. Dem zum Eigenbedarf Holzhackenden kommt es wirklich auf den Zweck der Produktion von Kleinholz an; dem zur Entspannung Holzhackenden nicht. Aber dennoch ist auch für Weber das sichtbare Erzeugnis ihrer verschiedenen Motive ein und dieselbe aktuell verständliche Tätigkeit, eben: Holzhacken. Dieser Einwand, daß das aktuelle Verstehen ein Verstehen nicht-subjektiv gemeinten Sinnes, sondern das eines objektiven Sinnes sei, wird in ähnlicher Begründung auch von Schütz vorgetragen. Schütz greift die Unterscheidung von aktuellem und motivationsmäßigen Verstehen aber auch insgesamt an: »Stellt man . . . Webers Begriffe des aktuellen und motivationsmäßigen Verstehens einander gegenüber,« – faßt Schütz sein Argument zusammen – »so zeigt sich, daß die Abscheidung dieser beiden Verstehensarten eine willkürliche und innerlich unbegründete ist . . . Man kann das aktuelle Verstehen, sobald es thematisch auf den subjektiven Sinn gerichtet sein will, ebensowohl als Frage nach den Motiven auffassen, falls man bereit ist, den unendlichen Regressus, den jede Frage nach dem Motiv bedingt, rechtzeitig genug abzubrechen: z. B. der ›Holzhacker‹ vollführt diese so geartete Tätigkeit, weil er mit ihr den Sinn verbindet, sie werde der von ihm angestrebten Zerkleinerung des Holzes förderlich sein. Man kann andererseits das motivationsmäßige Verstehen ebensowohl als aktuelles Verstehen eines Sinnzusammenhanges auffassen, wenn man die ›fremde Handlung‹ genannte Erlebnisserie des Beobachters weit genug faßt, also etwa den Abschluß des Lohnvertrages, die Zerkleinerung des Holzes, die Entgegennahme der Entlohnung als einheitliche Handlung des Beobachteten ansieht, genannt: ›berufstätig sein, und zwar als Holzhacker‹« (Schütz 1974, S. 40).

§ 5. Verstehen kann nur bedeuten: Verstehen des Sinns. Der motivationale Sinn eines beobachteten Handelns ist aber nicht fraglos gegeben; er kann als Sinn nicht beobachtet werden, sondern er ist als Sinn nur zu deuten. Der Begriff des Deutens weist schon darauf hin, daß hier eine vermittelte Weise der Erfahrung vorliegt, d. h. daß über etwas Wahrnehmbares – die Handlung – etwas nicht Wahrnehmbares – deren Sinn – erschlossen werden soll. »Jede Deutung strebt zwar nach Evidenz. Aber eine sinnhaft noch so evidente Deutung kann als solche und um dieses Evidenzcharakters willen noch nicht beanspruchen: auch die kausal *gültige* Deutung zu sein. Sie ist an sich nur eine besonders evidente kausale *Hypothese*« (WG 4). Der gedeutete Sinn einer Handlung ist nur eine hypothetische Annahme über den tatsächlich gemeinten Sinn des Handelnden. Den gemeinten Sinn faßt Weber als »Ursache« eines Verhaltens, den gedeuteten Sinn dementsprechend als kausale Hypothese. Es kommt also für die verstehende Soziologie, sofern sie verläßliche Erfahrung bieten will, darauf an, ihre Deutungshypothesen als gültige Deutungen auszuweisen. »Kontrolle der verständlichen Sinndeutung durch den Erfolg: den Ausschlag im tatsächlichen Verlauf, ist also, wie bei jeder Hypothese, unentbehrlich« (WG 4). Bei den von Weber nur aufgezählten Verfahrensweisen, die diese Kontrolle zu übernehmen hätten, muß man zwischen selbst wieder verstehenden und nicht-verstehenden Verfahrensweisen unterscheiden können. Nach dem wenigen, was Weber dazu sagt, scheint die Verfahrensweise »der Vergleichung möglichst vieler Vorgänge« (WG 5) und die »des ›gedanklichen Experiments‹« (ebd.) selbst wieder ein Verstehen einzuschließen. Insofern hätten diese Verfahren nur einen relativen Wert, weil sie ja selbst wieder hypothetische Annahmen einschließen. Die Überprüfungen einer Deutung

»im psychologischen Experiment« (ebd.) und »durch die Statistik« (ebd.) bedeuten dagegen nicht-verstehende Verfahrensweisen, die sich letztlich auf Beobachtungen zu stützen hätten.[6] Wir wollen nun sehen, was beobachtende Verfahrensweisen für die Überprüfung einer Deutung zu leisten vermögen.

Weber charakterisiert das deutende Erklären gegenüber dem beobachtenden Erklären durch ein »Mehr« an Erklärungsgehalt und durch ein »Weniger« an Erklärungssicherheit. »Diese Mehrleistung der deutenden gegenüber der beobachtenden Erklärung ist freilich durch den wesentlich hypothetischeren und fragmentarischeren Charakter der durch Deutung zu gewinnenden Ergebnisse erkauft. Aber dennoch: sie ist gerade das dem soziologischen Erkennen Spezifische« (WG 7). Es kann nun bestritten werden, daß irgendeine beobachtende Verfahrensweise ein deutendes Verstehen hinreichend zu bestätigen vermag. Wie soll eine beobachtende Verfahrensweise die »Mehrleistung« der Deutung begründen können, die sie selbst gar nicht erbringen kann? Sie kann eine Deutung nur so weit bestätigen, so weit sie selber reicht; in dem, was die Deutung an »Mehr« erbringt, kann sie nicht bestätigt werden. Das heißt, was durch den Vergleich von auf deutendem und auf beobachtendem Wege Erklärtem erreicht werden kann, ist nur eine Übereinstimmung in dem Erklärungsbereich, den beide Erklärungsarten gemeinsam haben, und das heißt umgekehrt, wenn sie in diesem Bereich schon nicht übereinstimmen, dann ist die Deutung insgesamt abzulehnen. Aus diesem Grund können nichtverstehende Verfahrensweisen allenfalls die Nicht-Gültigkeit einer Deutung, nicht aber deren Gültigkeit erweisen. Gerade die Mehrleistung »der deutenden gegenüber der beobachtenden Erklärung« kann in ihrer Gültigkeit durch nicht-verstehende Verfahrensweisen niemals festgestellt werden.[7] Wir können uns dieses Problem wieder an dem vertrauten Beispiel des Greshamschen Gesetzes verdeutlichen. Die für das Gesetz angegebene Deutung befindet sich in Übereinstimmung mit dem zu beobachtenden Sachverhalt, daß eine Münzsorte aus der Zirkulation verschwindet. Nun kann diese Deutung über das unverstehbare Kausalgesetz hinaus mit weiteren Beobachtungen in Übereinstimmung gebracht werden, etwa mit der, daß die betreffende Münzsorte eingeschmolzen und das so gewonnene Metall verkauft wird. Aber auch mit dieser Beobachtung ist die Deutung nicht voll bestätigt, denn vielleicht liegt ein sinnvolles Handeln gar nicht vor, oder die Handelnden verbinden mit ihrem nun so weitgehend beobachteten Verhalten dennoch einen anderen Sinn als den gedeuteten der Bereicherung. Es ist z. B. denkbar, daß ein Handelnder diese beobachtbaren Verhaltensweisen nur ausführt, weil er die Absicht hat, den Staat zu schädigen. Umgekehrt können wir die Nicht-Gültigkeit der Deutung in dem Fall durch Beobachtung feststellen, wenn wir sehen, daß die Ein-Pfennig-Stücke über

Jahre gesammelt und dann dafür Brautschuhe gekauft werden.

Stets wird die Deutung durch Beobachtungen nur relativ bestätigt; die Übereinstimmung mit der Beobachtung bedeutet noch nicht die Gültigkeit der Deutung. Nur die Nichtübereinstimmung bedeutet Nicht-Gültigkeit. Die Mehrleistung der verstehenden Soziologie läßt sich in diesem Sinne nicht auf die Kausalerklärung nach Gesetzen zurückführen, sondern leistet über diese hinaus eine selbständige Erschließung der sozialen Welt.

§ 6. In Anknüpfung an die Bestimmungen des »gemeinten Sinns« im § 1, Punkt 1 (WG 1) führt nun Weber für das Sinnverstehen aus: »›Verstehen‹ heißt in allen diesen Fällen: deutende Erfassung: a) des im Einzelfall real gemeinten (bei historischer Betrachtung) oder b) des durchschnittlich und annäherungsweise gemeinten (bei soziologischer Massenbetrachtung) oder c) des für den *reinen* Typus (Idealtypus) einer häufigen Erscheinung wissenschaftlich zu konstruierenden (›idealtypischen‹) Sinnes oder Sinnzusammenhangs« (WG 4).

Was bedeutet nun die entsprechend zum Sinn auch hier im Verstehen vorgenommene Ausweitung von der deutenden Erfassung des real gemeinten Sinns auf die deutende Erfassung des durchschnittlichen und des idealtypischen Sinns? Wir hatten das Problem des idealtypischen Sinns schon im letzten Kapitel angesprochen und kommen jetzt noch einmal im Hinblick auf das deutende Erfassen des idealtypischen Sinns darauf zurück. Dabei lassen wir den Durchschnitts-Typus – »ein Gebilde, welches der methodologischen Erläuterung nicht besonders bedarf« (WG 10), und dem Weber darüber hinaus auch keine besondere Bedeutung auf soziologischem Gebiet einräumt (vgl. ebd.) – beiseite.

Beginnen wir damit, was die Ausweitung auf die deutende Erfassung eines idealtypischen Sinns nicht bedeutet. Nicht gemeint sein kann eigentlich: das Verstehen eines schon gebildeten Idealtypus selbst, also das Verstehen einer sinnadäquaten gedanklichen Konstruktion von einem möglichen typischen Handeln. Das Verstehen sprachlicher Gebilde ist nicht das, was Weber unter der deutenden Erfassung eines idealtypischen Sinns begreift. Dies würde weder eine Ausweitung der deutenden Erfassung bedeuten noch damit deren besondere Hervorhebung rechtfertigen. Wenn aber mit der deutenden Erfassung eines idealtypischen Sinns nicht das Verstehen eines gebildeten Idealtypus gemeint ist, dann kann nur die Bildung von Idealtypen selbst gemeint sein. Der für den reinen Typus zu konstruierende Sinn ist deutend zu erfassen. Die Bildung von Idealtypen ist eben selbst eine Leistung des Verstehens. Man könnte vielleicht annehmen, daß im Übergang von der deutenden Erfassung eines tatsächlich gemeinten Sinns zur Bildung von Idealtypen der Übergang von einer rezeptiven zu einer konstruktiven Leistung des Verstehens beschritten sei. Diese Annahme wäre falsch, denn schon die deutende Erfassung eines tatsächlich gemeinten Sinns ist keineswegs nur eine rezeptive Leistung, sondern erfordert von dem Deutenden in gleicher Weise die Leistung eines Sinnentwurfs wie bei der Bildung eines Idealtypus. Wenn auch der tatsächlich gemeinte Sinn eines Handelnden von einem diesen Handelnden verstehenden Beobachter ebenfalls in der Deutung entworfen werden muß, dann liegt die im Idealtypus besonders hervortretende konstruktive bzw. entwerfende Leistung eines Sinns schon jeder Deutung zugrunde.

Wir ersehen daraus, daß der Idealtypus nicht irgendeine beliebige Konstruktion ist, von der man auch im Rahmen der verstehenden Soziologie absehen könnte, weil sie sozusagen nur an diese angehängt sei, sondern die Bildung von Idealtypen geht mit innerer Konsequenz aus der verstehenden Soziologie hervor. Weber hat ihn selbst als die Konsequenz seines verstehenden Ansatzes betrachtet. Die Struktur der Deutung eines tatsächlich gemeinten Sinns enthält eben schon den Entwurfscharakter, der den Idealtypus dann in besonderer Weise auszeichnet. Der Idealtypus bedeutet so eine Herauslösung, Verdeutlichung und Vervollkommnung eines Strukturmerkmals der Deutung.

Im Zusammenhang mit dieser sinn-konstruierenden Leistung des Verstehens, die sich eben nicht nur auf die idealtypische Sinn-Konstruktion, sondern auch auf die im Deuten einer Handlung erforderliche Nachkonstruktion eines gemeinten Sinns bezieht, kann auf die relative Bevorzugung der Zweckrationalität in Webers verstehender Soziologie hingewiesen werden. Weber betont die besondere Deutungs-Evidenz eines tatsächlich zweckrationalen Handelns: »Jede Deutung eines . . . rational orientierten Zweckhandelns besitzt – für das Verständnis der angewendeten *Mittel* – das Höchstmaß von Evidenz« (WG 2). Gleiches gilt aber auch für »Gesetze« bzw. Idealtypen: »Verständlich und eindeutig sind sie im Höchstmaß soweit, als rein zweckrationale Motive dem typisch beobachteten Ablauf zugrunde liegen (bzw. dem methodisch konstruierten Typus aus Zweckmäßigkeitsgründen zugrunde gelegt werden), und als dabei die Beziehungen zwischen Mittel und Zweck nach Erfahrungssätzen eindeutig ist (beim ›unvermeidlichen‹ Mittel)« (WG 9). Die (Nach-)Konstruktion eines zweckrationalen Sinnzusammenhanges impliziert nach Weber ein »Höchstmaß« von Eindeutigkeit bzw. von Evidenz im Vergleich zu zweckirrationalen Sinnzusammenhängen.

Die idealtypische Begriffsbildung – wie wir gesehen haben: eine innere Konsequenz des verstehenden Ansatzes – ist für Weber die eigentliche Aufgabe der verstehenden Soziologie. Durch die Aufgabe der Bildung von Idealtypen unterscheidet sich die Soziologie von der Geschichte als Wissenschaft, die individuelle sinnhafte Handlungszusammenhänge versteht, während die Soziologie allgemeine Deutungszusammenhänge typischen Handelns formuliert. Diese Idealtypen haben als Mittel zwar Bedeutung für die Analyse individueller Handlungsabläufe, aber ihre Bildung ist eine selbständige Aufgabe der verstehenden Soziologie. »Die Soziologie bildet – wie schon mehrfach als selbstverständlich vorausgesetzt – *Typen*-Begriffe und sucht *generelle* Regeln des Geschehens. Im Gegensatz zur Geschichte, welche die kausale Analyse und Zurechnung *individueller, kultur*wichtiger Handlungen, Gebilde, Persönlichkeiten erstrebt« (WG 9)[8].

Erläuterungen und Zusätze

1. Nach Habermas (1967) zeigt sich bei Weber eine Unentschiedenheit zwischen »Erklären« und »Verstehen« als den beiden einander gegenüberstehenden Erklärungszielen der Sozialwissenschaft. »Weber hat die beiden streitenden Intentionen nicht ausdrücklich in Verbindung gebracht« (S. 16). Das bedeutet, daß in der Hervorhebung mal dieses mal jenes Erklärungsziels bei Weber das jeweils andere »auf einen methodologisch untergeordneten Status verwiesen« wird (ebd.).
2. Das sogenannte Greshamsche Gesetz (benannt nach Thomas Gresham, 1519–1579) bezieht sich ursprünglich auf Doppelwährung und speziell auf Bimetallismus, wobei Münzen zweier Währungsmetalle (meist Gold und Silber) in einem gesetzlich festgelegten Verhältnis stehen. Wenn die Marktpreisrelation der beiden Währungsmetalle vom gesetzlich festgelegten Verhältnis abweicht, dann »verdrängt das schlechte Geld das gute Geld«. Die gleiche Erscheinung ist aber auch zu beobachten, wenn bei Münz- und Papiergeldwährung der Marktpreis des Münzmetalls über den nominalen Wert der Münzen steigt.
3. Unsere Ausführungen zum Kausalerklären halten sich im Rahmen einer ersten Einführung, deren Ziel es ist, eine einfachste Vorstellung dessen zu vermitteln, was »Kausalerklären« bedeutet, um die Methode des Verstehens in der Differenz zum Erklären verdeutlichen zu können. Darüber hinaus verweisen wir hier nur auf einige Titel der Literatur zur Methodologie der Sozialwissenschaften: Adorno, Albert, Dahrendorf et al. (1969); Albert, Hrsg. (1964); Nagel (1961); Opp (1970); Popper (1965); Topitsch, Hrsg. (1965); Stegmüller (1969) und (1970); von Wright (1974).
4. Vgl. auch WG 4: »Verstehen« kann man »als ein *Erklären* des tatsächlichen Ablaufs des Handelns ansehen«. Weber weist wiederholt auf »die kausale Bedeutung dieses ›Erklärens‹« (ebd.) hin.
5. Das Problem zweier Bedeutungen des kausalen Erklärens ist relativ deutlich nur an einer Stelle in dem Aufsatz der »Wissenschaftslehre« über »Roscher und Knies« angesprochen, bleibt aber auch dort ohne Lösung damit verbundener Fragen. So wird z. B. auch dort nicht klar, ob für Weber deutendes Verstehen die einzige Möglichkeit ursächlichen Erklärens darstellt, und insofern mit diesem zusammenfällt oder ob das ursächliche Erklären im deutenden Verstehen zwar einbegriffen ist, aber darüber hinaus auch selbständig als nicht-verstehende Verfahrensweise des Erklärens für möglich erachtet wird. Die Stelle lautet: »Die Form, in welcher die Kategorie der Kausalität von den einzelnen Disziplinen verwendet wird, ist . . . eine verschiedene, und in einem bestimmten Sinn – das ist durchaus zuzugeben – wechselt damit auch der Gehalt der Kategorie selbst, dergestalt nämlich, daß von ihren Bestandteilen bald der eine, bald der andere gerade dann seinen

Sinn verliert, wenn mit der Durchführung des Kausalprinzips bis in die letzten Konsequenzen Ernst gemacht wird. Ihr voller, sozusagen ›urwüchsiger‹ Sinn enthält zweierlei: den Gedanken des ›*Wirkens*‹ als eines, sozusagen dynamischen Bandes zwischen unter sich qualitativ verschiedenen Erscheinungen auf der einen, den Gedanken der Gebundenheit an ›*Regeln*‹ auf der anderen Seite. Das ›Wirken‹ als sachlicher Gehalt der Kausalkategorie und damit der Begriff der ›Ursache‹ verliert seinen Sinn und verschwindet überall da, wo im Wege der quantifizierenden Abstraktion die mathematische Gleichung als Ausdruck der rein räumlichen Kausalbeziehungen gewonnen ist. Soll ein Sinn der Kausalkategorie hier noch festgehalten werden, so kann es nur der einer Regel zeitlichen Aufeinanderfolgens von Bewegungen sein, und auch dieses nur in dem Sinn, daß sie als Ausdruck der Metamorphose eines seinem Wesen nach ewig *Gleichen* gilt. – Umgekehrt verschwindet der Gedanke der ›Regel‹ aus der Kausalkategorie, sobald auf die schlechthinnige qualitative Einmaligkeit des durch die Zeit ablaufenden Weltprozesses und die qualitative *Einzigartigkeit* auch jedes räumlich-zeitlichen Ausschnittes daraus reflektiert wird. Für eine schlechthin einmalige gesamtkosmische oder partialkosmische Entwicklung verliert dann der Begriff der Kausal*regel* ganz ebenso seinen Sinn, wie für die Kausalgleichung der Begriff des kausalen *Wirkens* . . .« (WL 134f.). – In der neueren Diskussion zur Logik der Erklärung von Handlungen (vgl. von Wright 1974, Ritsert 1975) wird den »intentionalen Erklärungen« der Status kausaler Erklärungen generell streitig gemacht. Ein zentrales Argument der in der Kritik am Universalitätsanspruch des »Gesetzesschemas der Erklärung« entwickelten neuen Ansätze bezieht sich darauf, daß die Kausalrelation eine kontingente Beziehung zwischen logisch unabhängigen Ereignissen ausdrückt, wohingegen »Sinn« und »Handlung« in einer *logischen* Beziehung zueinander stehen und der Sinn der Handlung daher nicht als Ursache derselben angesprochen werden kann.

6. Die Befragung der Handelnden zur Feststellung des von ihnen tatsächlich gemeinten Sinns bzw. zur Überprüfung einer Sinndeutung wird in ihrer Bedeutung von Weber für relativ gering veranschlagt. Einmal weil ihm vornehmlich ein an historischen Ereignissen orientiertes Verstehen vor Augen stand; zum anderen weil Selbstzeugnisse der Handelnden die Unsicherheit einer bewußten oder unbewußten Täuschung in sich bergen, insofern also auch eine Überprüfung der »Richtigkeit« der Selbstzeugnisse erforderlich wäre. Vgl. WG 4: »Es verhüllen vorgeschobene ›Motive‹ und ›Verdrängungen‹ (d. h. zunächst: nicht eingestandene Motive) oft genug gerade dem Handelnden selbst den wirklichen Zusammenhang der Ausrichtung seines Handelns derart, daß auch subjektiv aufrichtige Selbstzeugnisse nur relativen Wert haben. In diesem Fall steht die Soziologie vor der Aufgabe, diesen Zusammenhang zu ermitteln und deutend festzustellen, *obwohl* er nicht, oder meist: nicht voll, als in concreto ›gemeint‹ ins *Bewußtsein* gehoben wurde: ein Grenzfall der Sinndeutung.«
7. Webers Ausführungen über die Notwendigkeit der Überprüfung des deutend Verstandenen haben zu verschiedenen Interpretationen geführt (vgl. etwa Zusatz 1 dieses Kap.). Winch (1966) wendet gegen Weber ein: »Aber ich möchte Webers implizite Annahme in Zweifel ziehen, daß Verstehen etwas logisch Unvollständiges sei und der Ergänzung durch eine ganz andere Methode bedürfe,

nämlich durch eine statistische Anhäufung. Demgegenüber möchte ich darauf beharren, daß die Statistik, wenn eine angebotene Deutung falsch ist, zwar darauf hinweisen kann, daß es so ist, aber nicht in der von Weber angenommenen Weise die entscheidende und oberste Instanz ist, an die hinsichtlich der Gültigkeit soziologischer Deutungen appelliert werden muß. Erforderlich ist demnach eine bessere Deutung, nicht etwas der Gattung nach davon Verschiedenes. Die Vereinbarkeit einer Deutung mit der Statistik beweist nicht ihre Gültigkeit.« (S. 145). Webers eigene Ausführungen lassen sich aber auch in Übereinstimmung mit Winchs Kritik bringen, wenn wir die Differenz von »Deuten« und »Verstehen« einführen. Weber scheint die beiden Ausdrücke synonym zu verwenden und macht auf ihre mögliche Differenz nicht aufmerksam.
Eine Handlung kann unmittelbar verstanden werden, wenn ihr Sinn verstanden ist, aber des gemeinten Sinns eines Handelnden werde ich nur »habhaft« durch Deutung. Nun ist es aber nicht so, daß ich erst eines Sinns »habhaft« werde und ihn dann verstehe, so wie ich erst etwas sinnlich wahrnehmen kann und mir dann das Wahrgenommene zu erklären versuche. Ein »Wahrnehmen« eines Sinns ohne ein Verstehen des Sinns ist ausgeschlossen. Insofern muß Deuten Verstehen einschließen. Das erklärt nun auch die scheinbar synonyme Verwendung der Begriffe »Deuten« und »Verstehen«. Aber der Begriff »Deuten« enthält etwas mehr: er meint nicht nur das Verstehen des Sinns selbst, sondern auch das Auffassen eines mir nicht unmittelbar gegebenen Sinnzusammenhangs. Unmittelbar gegeben und damit unmittelbar verständlich ist mir eigentlich nur der Sinn meines eigenen Handelns, wenn man einmal von den besonderen, dabei auftretenden Problemen absieht. Für das Verstehen des Sinns eines fremden Handelns kommt noch eine Leistung hinzu: ich muß z. b. beim Hören oder Lesen eines Satzes bestimmte Schallwellen bzw. eine bestimmte Verteilung von Druckerschwärze auf dem Papier als einen spezifischen Sinn interpretieren, eben: deuten. Der Sinn fremden Handelns ist erst im Deuten verständlich.
Das Fragmentarische und Hypothetische einer Deutung (vgl. WG 7) liegt nun gerade in der spezifischen Leistung der Deutung, die sie vom Verstehen unterscheidet. Und die Notwendigkeit der Überprüfung richtet sich nur auf diese spezifische Leistung der Deutung. Weber spricht deshalb auch nie von der Notwendigkeit der Überprüfung des Verstandenen oder vom hypothetischen Charakter des Verstehens, sondern an diesen Stellen steht immer der Ausdruck »Deuten«. Überprüft werden muß stets nur die Deutung als hypothetische Annahme eines Sinns und nie das Verstehen des Sinns selbst. Da aber im Akt der Deutung ein unmittelbares Verstehen eingeschlossen ist, erscheint die Überprüfung einer Deutung auch als Überprüfen des Verstehens. Die Überprüfung durch nicht-verstehende Verfahrensweisen kann nur die hypothetische Annahme eines Sinns zurückweisen, wenn das gedeutete Verhalten mit dem beobachteten Verhalten nicht übereinstimmt. Die Richtigkeit einer Deutung kann aber niemals durch nicht-verstehende Verfahrensweisen erwiesen werden.

8. Alle methodologischen Erörterungen zum Idealtypus bleiben in diesem Kapitel beiseite, weil hier allein die Bedeutung des Idealtypus im Zusammenhang des verstehenden Ansatzes der Soziologie Thema war.
Zur Methodologie des Idealtypus vgl. M. Weber, Die Objektivität sozialwissen-

schaftlicher und sozialpolitischer Erkenntnis (WL 146–214, besonders: S. 190ff.): weitere Literatur: JANOSKA-BENDL (1965); SCHÜTZ (1974, S. 245ff.); zur Einordnung der verstehenden Soziologie in Webers Wissenschaftslehre (und in diesem Zusammenhang auch zur Bedeutung des Idealtypus) vgl. HENRICH (1952).

Fragen zur Diskussion

1. Will Weber als eigentliches Erklärungsziel soziales Handeln »deutend verstehen« oder »ursächlich erklären« (WG 1)? Ist eines der beiden Ziele dem anderen methodologisch untergeordnet?
2. Inwiefern ist bei Weber eine doppelte Auffassung von »Kausalerklärung« festzustellen?
3. Worin liegt die behauptete »Mehrleistung« des deutenden Verstehens gegenüber dem Erklären nach Gesetzen? Wie ist diese Mehrleistung zu beurteilen?
4. Inwieweit bezieht sich aktuelles und motivationsmäßiges Verstehen auf den *subjektiv gemeinten* Sinn von Handlungen?
5. Wie ist eine Überprüfung einer Deutung durch nichtverstehende Verfahrensweisen möglich, und was besagt diese Kontrolle bezüglich der Gültigkeit der Deutung?
6. Ist Webers idealtypische Begriffsbildung abhängig von seiner Methode des Verstehens?

Vergleichende Diskussion I: Die Grenzen des handlungstheoretischen Paradigmas

§ 1. Als »Quintessenz« des historischen Materialismus galt uns der Grundgedanke von Marx: es ist nicht das Bewußtsein der Menschen, das ihr Sein, sondern umgekehrt ihr gesellschaftliches Sein, das ihr Bewußtsein bestimmt. Dieser Grundgedanke ist in der Wissenschaft (ganz zu schweigen von Zusammenhängen der Propaganda und der Apologetik) häufig Mißverständnissen ausgesetzt gewesen. Es ist nicht unsere Aufgabe, diese zu referieren und Einwände im einzelnen zu entkräften. In der Perspektive eines Vergleichs zwischen soziologischer Handlungstheorie und historischem Materialismus greifen wir nur solche Argumente auf, mit denen u. E. eine handlungstheoretisch orientierte Soziologie ihre Überlegenheit über den historischen Materialismus zu begründen versucht. Diese Einwände laufen u. E. alle in dem Gedanken zusammen, der historische Materialismus berücksichtige nicht ausreichend die Rolle, welche Handlungen im Aufbau der sozialen Welt spielen. Zwei Varianten lassen sich unterscheiden:

a) im historischen Materialismus seien letzter und eigentlicher Erklärungsgrund für den sozialen Wandel nicht-subjektive Faktoren; die Hauptantriebskraft der Geschichte bilde der »technische Wandel«. Neben dieser Behauptung eines heimlichen »Positivismus« oder eines »mechanizistischen Weltbilds« steht die verwandte Behauptung, daß

b) im historischen Materialismus Bewußtsein und Handeln von Individuen und Klassen eindeutig und irreversibel festgelegt seien durch deren soziale Stellung oder Klassenlage. Diese in Begriffen der ökonomischen Struktur beschriebene Klassenlage (nicht: Macht, Prestige, Status etc.) werde wiederum eindeutig determiniert durch den Entwicklungsstand der Produktivkräfte. (Determinismus-Vorwurf).

Es hat keinen Zweck, an dieser Stelle in eine erneute Diskussion der Berechtigung solcher Einwände einzutreten und das mühselige Geschäft der Widerlegungen und Antikritiken fortzusetzen. Wir beschränken uns der Einfachheit und Kürze halber darauf, aufzuzeigen, wie Elemente einer Theorie menschlicher Handlungen im historischen Materialismus berücksichtigt sind.

1. Der historische Materialismus basiert auf Annahmen über die spezifische Differenz menschlichen und tierischen Verhaltens. »Das Tier«, schreibt Marx (MEW Erg. Bd. 1/516) »ist unmittelbar eins mit seiner Lebenstätigkeit. Es unterscheidet sich nicht von ihr. Es ist *sie*. Der Mensch macht seine Lebenstätigkeit selbst zum Gegenstand seines Wollens und seines Bewußtseins. Er hat bewußte Lebenstätigkeit.« Seine Lebenstätigkeit zum Gegenstand zu machen ist aber das Wesen der Arbeit. So wenig Arbeit um die Dimension der Bewußtheit verkürzt werden kann, so wenig läßt sie sich auch als »instrumentales Handeln« von Verhältnissen der Interaktion abspalten. Die Dimensionen der »Auseinandersetzung mit Natur« und der »Gesellschaftlichkeit« sind gleich ursprünglich. Allerdings: nicht ein Handeln generell, sondern ein spezifisches Handeln (Arbeit als Aneignung der Natur) bildet die den Menschen auszeichnende Reproduktionsform. Menschen kommen nicht einfach vor, sondern machen sich in der Weise zum Gegenstand, daß ihre Vergegenständlichung oder Objektivierung an die Aneignung der Natur gebunden ist. Selbstreproduktion durch Produktion der gesellschaftlichen Verhältnisse, in denen sie sich bewegen, und Naturaneignung sind nicht zwei getrennte Akte, vielmehr vollzieht sich die Selbstreproduktion in Akten der Naturaneignung ebenso wie erstere sich immer schon in gesellschaftlichen Verhältnissen vollziehen.

2. Nicht der technische Wandel an sich, sondern eine spezifische Konstellation von Produktivkräften und gesellschaftlichem Rahmen ist nach Marx die Quelle der gesellschaftlichen Entwicklung. Wenn gesagt worden ist, daß Marx im Zuge der Herausarbeitung seines Systems den Akzent von der subjektiven Rebellion der Arbeiter auf die objektive Rebellion der Produktivkräfte verlagert habe (vgl. Korsch 1967, S. 187), dann muß dabei beachtet werden, daß die Zuteilung des Prädikats ›Rebellion‹ abhängig ist von dem gesellschaftlichen Rahmen, in dem Produktivkräfte sich entwik-

keln und daß zudem Produktivkräfte nur durch ihren Handlungsbezug (den Bezug auf menschliche Arbeit) Produktivkräfte sind. Die Produktionsverhältnisse selbst sind nichts als gesellschaftliche Beziehungen. (Die Differenz zur Handlungstheorie besteht nicht im »Stoff«, aus dem sie bestehen, sondern in den Begriffen, in denen sie interpretiert werden). »Was ist die Gesellschaft, welches auch immer ihre Form sei« fragt Marx und antwortet: sie ist »das Produkt des wechselseitigen Handelns der Menschen« (MEW 4/548).

Marx könnte sich mit Weber in der Kritik an einer »substantiellen Auffassung« (WG 13) von Begriffen wie Staat, Klasse, Geschichte, Gesellschaft treffen; er insistiert darauf, daß die einzigen Subjekte des Gesellschaftsprozesses empirisch vorfindliche Individuen sind. »Die Geschichte tut nichts, sie besitzt keinen ungeheuren Reichtum, sie kämpft keine Kämpfe. Es ist vielmehr der Mensch, der wirklich lebendige Mensch, der alles tut, besitzt und kämpft.« (MEW 2/98; vgl. Lenin (1971), S. 152). Marx teilt somit den Ansatz einer Konstitutionstheorie der Gesellschaft, wenn darunter verstanden werden soll, daß die Menschen jene geschichtlich-soziale Welt, die sie bis ins Innerste durchdringt, selbst hervorbringen.

3. Im historischen Materialismus wird zwar zwischen dem Konflikt von Produktivkräften und Produktionsverhältnissen (die ›Dialektik‹ beider steht uns stellvertretend für gesellschaftliche Bewegungsgesetze) und Handlungen als verschiedenen Ebenen der Analyse von Gesellschaftsprozessen unterschieden. Andererseits erweist sich nach Engels die Entwicklungsgeschichte der Gesellschaft gerade darin als wesentlich verschiedenartig von der Natur, daß in der »Geschichte der Gesellschaft« die Handelnden »lauter mit Bewußtsein begabte, mit Überlegung oder Leidenschaft handelnde, auf bestimmte Zwecke hinarbeitende Menschen« sind; »nichts geschieht ohne bewußte Absicht, ohne gewolltes Ziel« (MEW 21/296). In alles, was geschieht, sind demnach Intentionen eingebaut[1].

Wenn der Historische Materialismus somit Motive einer soziologischen Handlungstheorie in sich enthält, ist dann nicht die Dualität der genannten Theorieansätze in ihm aufgehoben? Jedoch ließe sich ein solcher Gedanke auch in genau umgekehrter Richtung formulieren, wenn gezeigt werden könnte, daß eine soziologische Handlungstheorie den Grundgedanken des Historischen Materialismus in ihrem eigenen Ansatz zu integrieren vermöchte. Daher wenden wir uns zunächst dem Grundgedanken der Handlungstheorie zu. Wir werden zu zeigen haben, daß eine Kritik der Handlungstheorie sich nicht auf das simple Muster reduzieren läßt: bei Marx bestimmt die Basis den Überbau – was nachweislich »richtig« sei; dagegen bestimme bei Weber der Überbau (das »Bewußtsein«) die Basis – und dies sei »falsch«.

§ 2. Der Kerngedanke einer soziologischen Handlungstheorie lautet: Die

Grundeinheit der ›sozialen Welt‹ ist das soziale Handeln (also nicht: Personen oder ›soziale Individuen‹, d. h. Gruppen bis hin zur Gesellschaft).[2]

Dieses Handeln unterscheidet sich von allem Nicht-Handeln (darunter fällt alles menschliche Verhalten, soweit es dem Schema von Reiz und Reaktion folgt) durch den »Sinn«, der im Handeln ergriffen wird. Und, weil Handlungen erst durch Intentionalität zu Handlungen werden, müssen sie auch intentional begriffen werden. Der Begriff des Sinnes enthält demnach nicht nur eine Antwort auf die Frage: was ist das Soziale, er gibt zugleich ein Prinzip an für dessen Erfassung: »Der Grundsatz der . . . verstehenden Interpretation bezieht sich auf den *Zugang* zu den sozialen Tatsachen« (HABERMAS 1967, S. 59, Herv. d. Verf.). Gegenstand, wie spezifische Erkenntnisform der Sozialwissenschaften sind durch ›Sinn‹ konstituiert.

Das Bezugssystem ›soziales Handeln‹ wird von der verstehenden Soziologie dazu benutzt, eine prinzipielle Differenz von Naturwissenschaften und Sozialwissenschaften zu behaupten. Diese Differenz läßt sich ungefähr so begründen: Während wir in den Naturwissenschaften den Dingen Benennungen zuteilen, haben sich in den Sozialwissenschaften die Dinge schon längst »benannt«, bevor die Wissenschaft als namengebendes Subjekt hinzutritt. Anders formuliert: Im Falle sozialen Handelns gehen Begriffe selbst in den Gegenstand ein. Insofern muß die Erklärung dieses Handelns auf diese Begriffe, welche die Sache von sich selbst hat, rekurrieren. Wenn die Objekte der Forschung vor aller Forschung ein Selbstverständnis besitzen und dementsprechend das Objekt der Erkenntnis und die Erkenntnis selbst nicht auf zwei Seiten verteilt sind, sondern die Differenz von Objekt und Erkenntnis in die zu erkennenden Objekte selbst fällt, – was nicht heißen soll, daß gesellschaftliches Sein sich in Erkenntnis auflöse, – dann muß dem die zu wählende Methode sich anpassen. Will ich daher ein Handeln verstehen, so muß ich auf den Sinn zurückgehen, den ihm ein hypothetischer Handelnder gibt. Ein Beispiel vermag dies vielleicht zu verdeutlichen: Ein Apfel fällt vom Baum auch ohne das Wissen um das Gravitionsgesetz, das diesen Vorgang erklärt. Streiche ich dagegen aus einer Demonstration das Wissen der Demonstrierenden, daß es sich um eine Demonstration handelt, dann streiche ich damit dieses bestimmte geartete Handeln selbst.

Wenn unsere Skizze des handlungstheoretischen Grundgedankens richtig ist, dann liegen seine Grundannahmen weniger auf thematischem Felde (und schon gar nicht auf »makrosoziologischem« Felde, etwa der Evolutionstheorie oder der Theorie des Sozialen Wandels) noch auf methodologischem Felde im engeren Sinne. Von WRIGHT (1974) hat in Bezug auf die radikale Ausarbeitung des handlungstheoretischen Rahmens bei WINCH (1966) vielmehr von einer *Philosophie* der Methode gesprochen.[3] Es handelt sich bei der Handlungstheorie also im wesentlichem um eine auf einer Theorie des Seins des Sozialen gegründete Vorstellung von der spezifischen

Einstellung des Sozialwissenschaftlers zu seinem Objekt. Das Modell für das Verhältnis des Gedankens zu der Objektivität auf dem Gebiet der Sozialwissenschaften bildet nicht der Verhaltensforscher vor dem Affenhaus, sondern die wechselseitige Verschränkung der Perspektiven miteinander kommunizierender Subjekte. Winch hat dies die »Partizipation an einer Lebensform« genannt.

Die so skizzierte soziologische Handlungstheorie besitzt mit ihrem zentralen Konzept des subjektiven Sinns kritische Kraft in dreifacher Hinsicht:

a) Es kritisiert den Objektivismus einer Theorie, die menschliches Verhalten im Schema von Reiz und Reaktion konzeptualisiert und stellt sich dem Positivismus auf methodologischem Gebiet, d. h. jenem spezifischen Programm einer einheitlichen Methode für alle Wissenschaften, die in der mathematischen Physik bereits vorbildlich realisiert sei, entgegen. Eine solche Kritik könnte Marx teilen, da auch dem Historischen Materialismus Annahmen über die prinzipielle Differenz von menschlichem und tierischem Verhalten zugrunde liegen und auch er daraus Folgerungen für die Erkenntnis der sozialen Welt zieht.

b) Wenn der Stoff, aus dem Geschichte gewebt ist, aus Handlungen (Vico) besteht, dann kritisiert eine soziologische Handlungstheorie Erklärungen, deren entscheidende Variable Über-Individuelles oder Nicht-Handlungen sind (womit Einflüsse der natürlichen Umgebung und des organischen Substrats des Menschen auf das Handeln natürlich nicht geleugnet werden sollen). Watkins hat diese Intention des methodologischen Individualismus so zusammengefaßt: »Sozialwissenschaftler lassen sich grob und mit einiger Gewaltsamkeit in zwei Hauptgruppen aufteilen; Jene, die soziale Prozesse sich als sozusagen aus eigener Kraft fortbewegend denken, entsprechend ihrer eigenen Natur und ihrer Gesetze, die Menschen, die in sie verstrickt sind mit sich fortreißend; und jene, die soziale Prozesse als das komplizierte Ergebnis des Verhaltens von Menschen ansehen« (Watkins, zitiert nach Danto (1974) S. 495f.)

Auch der Historische Materialismus redet keineswegs von Bewegungskräften der Geschichte, die nicht aus Handlungen von Menschen resultieren; an der Aussage von Watkins wäre nur die Gegenüberstellung von übersubjektiven Prozessen und subjektivem Verhalten zu kritisieren. Eben jene sozialen Prozesse, welche die in sie verstrickten Individuen mit sich fortreißen sind nichts als das »komplizierte Ergebnis« des Handelns von Menschen. Insofern läßt sich der Historische Materialismus keinem der beiden Glieder von Watkins Disjunktion bruchlos einfügen.

c) Schließlich bedeutet der Ausgang der soziologischen Theorie vom menschlichen Handeln, daß dieses nicht als vollständig determiniert, sei es durch Normen, sei es durch seine soziale oder natürliche Umgebung angesehen wird. Handeln ist wesentlich kontingent; es ist eine Wahl aus einem

Umkreis von Möglichkeiten, die auch anders ausfallen könnte. Mit dem Ergreifen eines Sinns wird anderer Sinn nicht negiert, sondern als Horizont von Verweisungsmöglichkeiten in Geltung gelassen. – Auch an diesem Punkte besteht kein unbedingter Gegensatz zum Historischen Materialismus, sondern allenfalls zu bestimmten vulgären Abweichungen desselben. Ein Gegensatz in *dieser* Frage ist dann um so schwerer zu konstruieren, wenn man bestimmte Versionen der soziologischen Handlungstheorie, welche die Wahlfreiheit zu überschätzen neigen, aus dem Theorievergleich ausschließt. »Was dem einen sin Ul, ist dem andern sin Nachtigall«; die Überbetonung des Determinismus findet ihr Gegenstück in der Überbetonung der Handlungsfreiheit vergesellschafteter Individuen.

Soweit die Handlungstheorie eine Aussage über das Wesen sozialen Handelns darstellt, werden sich kaum Einwände gegen sie formulieren lassen. In der Tat ist Handeln intentional konstituiert und kann daher gar nicht ohne Rekurs auf Intentionen begriffen werden[4].

Es könnte daher scheinen, daß sich die so skizzierte Handlungstheorie als alternativenloser Ansatz der Gesellschaftstheorie für den Sozialforscher darstellt. Wenn alles, was in der sozialen Welt vorkommt, entweder selbst Handeln ist oder einen Handlungsbezug besitzt (als Mittel, als Produkt oder als ›Regel‹ des Handelns) und wegen dieser seiner Herkunft aus Handlungen auch in Handlungsbegriffen analysiert werden muß, fällt dann nicht Gesellschaftstheorie mit Handlungstheorie zusammen? Der Nachweis der Nichtidentität oder die Auflösung des falschen Scheins der Identität führt über eine Kritik an der Handlungstheorie. Aufgabe einer solchen Kritik ist es nicht, die Handlungstheorie zu »zertrümmern«, sie also aus dem Bereich soziologischer Forschung zu verbannen, sondern klarzumachen, daß es eine theoretische Alternative gibt, welche die vermuteten Erklärungsschranken der Handlungstheorie durchbricht, ohne auf deren »Stärken« verzichten zu müssen.[5]

§ 3. Hat also eine soziologische Handlungstheorie in der von Weber ausgearbeiteten Gestalt Grenzen?

In der Beantwortung dieser Frage gehen wir so vor, daß wir die Grenzen der Handlungstheorie nicht eigentlich auf thematischem Felde suchen und auch nicht darin, daß sie nur *einen* Typus von Erklärungen (Erklärungen aus Motiven) zuläßt. Sie mag zwar bestimmte Bereiche zu erklärender Gegenstände sowie einen bestimmten Erklärungstypus *bevorzugen*, aber ihre Grenzen müssen sich in erster Linie auf der Ebene des *Bezugsrahmens der Analyse* nachweisen lassen. Auf dieser Ebene nun existiert eine prinzipielle, womöglich auch erschöpfende Alternative: entweder wird ein soziales Phänomen in Handlungsbegriffen oder in Begriffen der – um mit den Soziologen zu sprechen – »institutionellen Ordnung« oder der gesellschaftlichen Verhältnisse (unbeachtet der Frage, ob und inwiefern gesellschaftliche

Verhältnisse prinzipiell Resultat des Handelns von Individuen sind) beschrieben und erklärt. Wir wollen also die Grenzen der Handlungstheorie nicht dadurch kennzeichnen, daß wir sagen: sie thematisiert bestimmte soziale Phänomene gar nicht, (obwohl es auch solche Phänomene gibt, in Anbetracht derer der methodologische Individualismus nicht »arbeitet«: statistische Regularitäten, soweit sie sinnfremd sind, und Massenreaktionen). Es gibt aber u. E. keinen Sinn ab, zu sagen, Webers soziologische Handlungstheorie thematisiere lediglich konkretes individuelles Handeln, dagegen nicht »gesellschaftliche Tatsachen« (MANDELBAUM 1975) wie Krisen, Arbeitslosigkeit und Inflation, oder daß wir sagen, sie kenne nur *eine* bestimmte Erklärung solcher Phänomene; in unserem Beispiel: die Erklärung von Krisen aus Willensakten der Beteiligten. Auch der Handlungstheorie fehlt die Einsicht nicht, daß Krisen nicht deswegen existieren, weil eine bestimmte Gruppe sie gewollt hat. Eine intentionale Erklärung von Regelmäßigkeiten des sozialen Lebens im Rahmen der Handlungstheorie besteht *nicht* in deren kausaler Reduktion auf Willensakte oder auf Motive. Worin besteht sie dann?

U. E. kommt man dem Wesen des handlungstheoretischen Ansatzes näher, wenn man seine Grundlagen (bei Weber: die »soziologischen Grundbegriffe«) nicht als »erklärende«, sondern als »beschreibende« Theorie auffaßt. Die handlungstheoretisch-orientierte Soziologie Webers fußt auf einer Schicht der Begriffsbildung, bei der es sich nicht um empirische Sozialwissenschaft, sondern um eine auf konzeptionelle Elemente abzielende Gesellschaftstheorie handelt. Die Grundlagen der verstehenden Soziologie sind insgesamt Vorschläge, Gesellschaftliches zu konzeptualisieren; sie geben eine Antwort auf die Frage: *Was* ist das Soziale? (nämlich: sinnhaftes und soziales Handeln). In Beantwortung der Frage, *warum* ein bestimmtes Handeln vorkommt, oder warum bestimmte Gesellschaftsformen durch »Auftreten« oder »Absterben« bestimmter Handlungstypen gekennzeichnet sind, kann der handlungstheoretische Ansatz sich mit jeder richtigen Erklärung solcher Phänomene verbinden. Darauf hat Weber ausdrücklich verwiesen: er beschränkt die Aufgabe der »Soziologischen Kategorienlehre« auf soziologische Typisierung; das Ziel sei allein »eine schematische Systematik« um mit leidlich eindeutigen Begriffen in Zukunft operieren zu können. Dagegen verzichteten die Ausführungen in den ersten Kapiteln auf »wirkliche Erklärungen« – was diese anbelangt, betont Weber, daß »nur *ökonomische* Tatbestände das Fleisch und Blut für eine wirkliche Erklärung des Ganges, auch der soziologischen relevanten Entwicklung« liefern (WG 63). Die entscheidende Differenz zwischen historischem Materialismus und Handlungstheorie betrifft damit den generellen Bezugsrahmen der Analyse.

Bevor wir uns nunmehr einer Kritik des handlungstheoretischen Ansatzes zuwenden, noch ein Wort über die Berechtigung, Webers Soziologie generell als Handlungstheorie aufzufassen. Diese Sichtweise Webers ist von Schütz und Parsons in den USA verbreitet worden und hat von daher die europäische Diskussion beeinflußt. Wenn wir diese Sichtweise im Interesse an der Frage: Wie muß die »ideale Form der Sozialwissenschaft« (DANTO) aussehen, übernehmen, bedeutet dies – darauf möchten wir noch einmal hinweisen – nicht, die zwei wichtigen weiteren Schichten des Weberschen Werks, die vergleichende Universalgeschichte und die strukturelle Analyse von Gesellschaftsformen, einfach zu unterschlagen.[6]

§ 4. Das handlungstheoretische Konzept des subjektiven Sinns ist von Anfang an eine eigentümliche Verbindung mit dem sogenannten methodologischen Individualismus eingegangen (vgl. Teil B). Dieser *methodologische* Individualismus ist (wenigstens bei Weber) keine ontologische These. Er behauptet nicht: »Es gibt nur Handeln«; »es existieren keine sozialen Gebilde«. Vielmehr ist, wie DANTO betont hat, der methodologische Individualist als »Ontologe« militanter Dualist (DANTO 1974, S. 440). Nur dann hat ja seine methodische Grundannahme einen Sinn: daß »soziale Gebilde« nur unter Bezugnahme auf ein soziales Handeln erklärt werden können. Auf die Kernaussage des methodologischen Individualismus: »Begriffe wie ›Staat‹, ›Gesellschaft‹, ›Feudalismus‹ u. ä. bezeichnen für die Soziologie, allgemein gesagt, Kategorien für bestimmte Arten menschlichen Zusammenhandelns, und es ist also ihre Aufgabe, sie auf ›verständliches‹ Handeln und d. h. ausnahmslos auf Handeln der beteiligten Einzelmenschen, zu reduzieren« (WL 439) – wollen wir unsere Kritik konzentrieren. Nun ist eben diese Kernaussage wiederholt einer ihren Sinn verfehlenden Kritik unterzogen worden. Diese ›falsche‹ Kritik tritt u. E. vornehmlich in zwei Formen auf:

a) in der Behauptung, Weber leugne die gesellschaftliche Objektivität und löse sie in ›Einstellungen‹ auf. Die Konsequenz davon wäre: als empirische Sozialforschung gilt in erster Linie die Meinungsumfrage (im Unterschied zu historisch-empirischen oder sozialstatistischen Untersuchungen). Dies ist der Einwand ADORNOS (1969, 1970) gegen Weber. Auch nur ein oberflächlicher Blick auf Webers Hauptwerk, und hier gerade auf den strenger handlungstheoretisch konzipierten ersten Teil, kann von der Unhaltbarkeit einer solchen Annahme überzeugen. Dort ist ständig von »large scale phenomena« die Rede. Wenn wir von solchen Phänomenen wie Klassen, Staaten, Kriegen etc. reden, reden wir gerade *nicht* von Attitüden, Dispositionen, Interessen, Zwecken, Motiven und Erwartungen. Wenn für die Soziologie Ausdrücke für soziale Gebilde nur Begriffe für Abläufe eines bestimmten Handelns besonderer Art sind (WL 440), dann heißt dies gerade *nicht*, daß keine sozialen Gebilde existieren. Es heißt nur, daß *Aussagen* über soziale Gebilde sich in ›terms‹ von Aussagen über soziales Handeln formulieren lassen müssen. Nur in letzterem Sinne löst Weber soziale Gebilde in soziales Handeln auf.

b) wird behauptet, die soziologische Handlungstheorie leugne gesellschaftliche Zwänge. Mit diesem Einwand hat sich WATKINS 1968 (S. 512) beschäftigt:

»A good deal of unmerited opposition to methodological individualism seems to spring from the recognition of the undoubted fact, that individuals often run into social obstacles. Thus the conclusion at which Mandelbaum arrives is ›that there are societal facts which exercise external constraints over individuals . . .‹«. Jedoch: »This conclusion is perfectly harmonious with the methodological individualist's insistence that plans often miscarry (and that even when they do succeed they almost (!) invariably have other important and unanticipated effects). The methodological individualist only insists that the social environment by which any particular individual is confronted and frustrated and sometimes manipulated and occasionally destroyed is, if we ignore its physical ingredients, made up of other people, their habits, inertia, loyalties, rivalries and so on«.

Auch Weber würde gründlich mißverstanden, wollte man ihm die Erklärung der bestehenden Einrichtung der Dinge aus den (guten) Absichten der Individuen unterstellen. Eine soziologische Handlungstheorie denkt sich Entstehung, Ordnung und Wandel sozialer Gebilde nicht generell nach der Art von Vereinsgründungen. Sie setzt *nicht* voraus, daß Intentionen sich immer rein verwirklichen. Insofern bezeichnen soziale Restriktionen keine Grenze der verstehenden Soziologie. Diese scheitert nicht an der unbestreitbaren Tatsache, daß Individuen sich nicht durchsetzen können, daß der »wirkliche Weltlauf und das Wollen« (Hegel) voneinander abweichen. Ein derartiges Mißverständnis speist sich aus der durchgehenden Verwechslung intentionaler Erklärungen mit Erklärungen aus Willenshandlungen, ohne zu sehen, daß mit Sinn oder Intention Situationsdeutungen des Handelnden gemeint sind. Insofern endet der Bereich der verstehenden Soziologie nicht mit dem Ausschnitt der sozialen Welt, über den Individuen oder Gruppen souverän verfügen können, der in ihrer Macht ist (Wochenendausflüge z. B.)[7]

Zur Bezeichnung dieser Differenz von Zuständen, die Handlungen angebbarer Personen oder Gruppen zugerechnet werden können und solchen, die niemandem zugerechnet werden können, hat die verstehende Soziologie das Konzept der unintendierten Handlungsfolgen entwickelt. Weber zufolge ist der überwiegende Teil sozialer Verhältnisse so beschaffen, daß niemand sich auffinden läßt, von dem gesagt werden könne, er habe diese bestimmten Verhältnisse gewollt (z. B. Arbeitslosigkeit). Watkins verweist auf solche »hackneyed examples« wie ein Streben nach Frieden, das bei einer bestimmten Lage der internationalen Politik zum Krieg führt oder die Absicht der Regierung, durch einen ausgeglichenen Haushalt die Konjunktur zu stabilisieren, aber eben damit nur das Gegenteil zu erreichen.[8]

Die Kritik am methodologischen Individualismus der Weberschen Soziologie kann u. E. also weder in der Behauptung zusammenlaufen, eine soziologische Handlungstheorie rede nicht von sozialen Phänomenen, sondern nur von individuellem Verhalten[9], noch läßt sie sich in der Form halten, daß die Handlungstheorie die gesellschaftliche Bedingtheit individuellen Verhaltens negiere; die Handlungstheorie ist weder auf Erklärungen von sozialem Handeln aus Motiven noch auf Erklärungen von Gesellschaftlichem aus individuellem oder kollektivem Handeln festgelegt. Beide Kritikformen würden verkennen, daß es sich bei den ›soziologischen Grundbegriffen‹ um eine, konzeptionelle Elemente entwickelnde Gesellschaftstheorie handelt und die Auseinandersetzung mit ihr daher auch auf dieser Ebene geführt werden muß. Unser Vorschlag lautet daher, die Auseinandersetzung mit der Handlungstheorie (genauer: den ›soziologischen‹ Grundbegriffen) durch den Nachweis zu führen, daß in der methodischen Reduktion sozialer Phänomene auf verständliches Handeln (vgl. WL 439) in die Begriffe für verständliches Handeln unhintergehbar sozialstrukturelle Sachverhalte einfließen, die sich ihrerseits *nicht* auf verständliches Handeln reduzieren lassen.

Der gewählte handlungstheoretische Bezugsrahmen hat dann allerdings Folgen für die *Erklärungs*versuche der verstehenden Soziologie. Da der Kern der Handlungstheorie in einer Übersetzung der Begriffe für Gesellschaftliches (Staat, Familie etc.) in Begriffe für soziales Handeln besteht, wären alle Gebilde dann ursächlich erklärt, wenn das entsprechende soziale Handeln ursächlich erklärt wäre. Insofern spiegelt sich die Eigenart des analytischen Bezugsrahmen in den Erklärungsgrenzen der verstehenden Soziologie wider. Unseren Vorschlag zur Kritik können wir dann in zweierlei Hinsicht konkretisieren:

1. Die Handlungstheorie stößt an Grenzen bei der Analyse solcher Formen der Vergesellschaftung, deren Ordnung nicht auf »Vereinbarungen« beruht. Diese Kritik ist unabhängig von der bürgerlichen Gesellschaft. Sie betrifft die Handlungstheorie auch dort, wo sie »soziale Systeme«, die nicht die bürgerliche Gesellschaft sind, thematisiert, also entweder Teilsysteme der Gesellschaft oder andere Gesellschaftsformen als die bürgerliche Gesellschaft.

2. Im analytischen Bezugsrahmen der Handlungstheorie läßt sich jenes Phänomen, das *Marx* die Verselbständigung und Versachlichung des gesellschaftlichen Zusammenhangs, in den die Mitglieder der bürgerlichen Gesellschaft verflochten sind, genannt hat, nicht adäquat erklären.

ad 1: Unsere Behauptung ist: der handlungstheoretische Ansatz stößt an eine Grenze bei der Analyse von Vergesellschaftungen, die nicht »freie Zweckvereine« (WL 447ff.) sind, sondern nur so funktionieren, *als ob* sie solche wären. Unter einem Zweckverein versteht Weber ein »Gesellschaftshandeln mit einer zweckrationalen von *allen* Beteiligten vereinbarten Ordnung des Inhalts und der Mittel des Gesellschaftshandelns« (WL 447). Daß derartige soziale Gebilde intentional erklärt werden können – wenn auch nicht unbedingt: müssen –, darf als unbestreitbar gelten. (»Erklärt werden können« nicht nur im Sinne einer Beschreibung, sondern vor allem im Sinne einer Antwort auf die Ursache ihres Zustandekommens). Dagegen bildet es für den handlungstheoretischen Ansatz durchaus ein – zudem von Weber eingestandenes Problem, »die Entstehung und den Fortbestand nicht auf kollektivem Wege zweckvoll geschaffener und doch ... zweckvoll funktionierender Institutionen ... zu erklären« (WL 29). Es handelt sich hierbei um eine Differenz, die z. B. in der Organisationssoziologie in der Unterscheidung von formalen und sozialen Organisationen wiederkehrt. (Blau 1962, Mayntz 1963). Blau macht darauf aufmerksam, daß der Unterschied der beiden Typen sozialer Gebilde nicht, wie es auf dem ersten Blick scheinen könnte, darin liegt, ob das Verhalten der Individuen durch ›soziale Kontrollen‹ gesteuert wird – »such social controls operate in both types of circumstances.« Der Unterschied liegt darin, daß die verhaltensregulierenden Ordnungen im Falle der formalen Organisationen *vereinbarte* Ordnungen, wie Weber sagen würde, sind, während den sozialen Organisationen, z. B. dem Markt, eben dieses Moment, daß ihre Ordnung vereinbart ist, fehlt; gleichwohl wirken sie so, als ob ihnen eine solche Vereinbarung zugrunde liege. Ähnlich wird in der Wissenschaftstheorie im Anschluß an Braithwaite (1953) zwischen den Bereichen der Zielintendiertheit und der Zielgerichtetheit unterschieden (Stegmüller 1969, von Wright 1974). Mit zielintendiertem Verhalten haben wir es zu tun, wenn wir eine Erklärung für bewußtes menschliches Handeln zu geben versuchen (Stegmüller S. 521). Es bildet die eigentliche Domäne intentionaler Erklärungen. Dagegen wäre es laut Stegmüller ein Zeugnis ›mythischer‹ Denkweise, von Zielen oder Zwecken auch dort zu reden, wo niemand da ist, der sich diese Zwecke setzt oder diese Ziele verfolgt. Daher sei im Bereich zielgerichteten Verhaltens die Rede von Zielen und Zwecken bloße façon de parler. Die Bezugsaufnahme auf Zwecke geschehe hier nur in der Form von Als-Ob-Betrachtungen.[10]

Warum sollen nun soziale Organisationen, zielgerichtete Systeme oder »nicht auf kollektivem Wege geschaffene Institutionen« eine Grenze für die verstehende Soziologie bilden?

Entweder weil sich soziale Organisationen, zielgerichtete Systeme etc. nicht im »Sprachspiel« der Handlungstheorie widerspruchsfrei beschreiben lassen, oder weil das Zustandekommen derartiger sozialer Gebilde nicht aus einem bestimmten Handeln ursächlich erklärt werden kann. Wenden wir uns zunächst der ersten Alternative zu.

Die gestellte Frage läßt sich am besten durch die Heranziehung jener Beispiele beantworten, die Weber für solche Vergesellschaftungsformen anführt: der Marktgemeinschaft und der Sprachgemeinschaft. Beide sind für Weber Komplexe eines bestimmt gearteten Handelns. Weber ist an der Frage interessiert, wie der Geldgebrauch und die Verständigung in einer Sprache möglich sei. Die Antwort wäre ihm zufolge einfach, wenn sich zur Erklärung der bezeichneten Sachverhalte auf vereinbarte Regeln zurückgreifen ließe. Da solche vereinbarten Regeln in keinem der beiden Fälle vorliegen, konstruiert Weber einen Handlungstypus, der den Geldgebrauch wie das Sprechen einer Sprache erklären soll: das Einverständnishandeln. Unter Einverständnis versteht er den Sachverhalt, »daß ein an Erwartungen des Verhaltens anderer orientiertes Handeln um des Willen eine empirisch ›geltende‹ Chance hat, diese Erwartungen erfüllt zu sehen, weil die Wahrscheinlichkeit objektiv besteht: daß diese anderen jene Erwartungen trotz des Fehlens einer Vereinbarung als sinnhaft ›gültig‹ für ihr Verhalten praktisch behandeln werden (WL 456, vgl. WG 38f. u. ö.)

Mit dem Rekurs auf einen bestimmten Handlungstypus ist aber noch keine einzige grammatische Regel konstruiert noch die Funktionsweise des Marktmechanismus enthüllt. Ebenso wenig ist die Entstehung von Markt- wie Sprachregeln entschlüsselt. Die Zuordnung eines bestimmten Handlungstypus zur Markt- oder Sprachgemeinschaft erklärt nicht die Entstehung und Funktionsweise von Regeln, die den Markt wie eine Sprache konstituieren. Sie etabliert nur eine bestimmte *Sprechweise* über soziale Phänomene der bezeichneten Art. Einmals angenommen, wir akzeptierten diese Sprechweise, welche Bedingungen müßten dann erfüllt sein, um den Rekurs auf ein Einverständnishandeln als Erklärung des Geldgebrauchs wie der Sprachverständigung zu nehmen?

Zwei Wege sind denkbar. Entweder man erklärt das Einverständnishandeln zu einer mit der Menschennatur gegebenen psychischen Disposition. Diesen Weg geht Watkins. Die Fähigkeit des Sozialwissenschaftlers »consists, first in spotting the relevant dispositions, and secondly in inventing a simple but realistic model which shows, how in a precise type of situation, those dispositions generate some typical regularity or process« (Watkins 1968, S. 513). Weber ist dieser Auflösung der Soziologie in Psychologie scharf entgegengetreten: »Die verstehende Soziologie ist nach allem Gesagten nicht Teil einer ›Psychologie‹«. (WL 432) Dann bleibt nur noch die Möglichkeit, nach der *objektiven Berechtigung* für die Erwartung eines Einverständnisses der Anderen zu suchen. Die Motive jedoch, »aus welchen dieses Verhalten der Anderen erwartet werden darf« (WL 456) sind »begrifflich gleichgültig«. Für die Soziologie bedeutet das: wenn Motive nicht psychologisch interpretiert werden dürfen, dann drücken sich in ihnen ›gesellschaftliche Tatsachen‹ (Normen oder sozialstrukturelle Sachverhalte) aus. Eine Auslegung individuellen Handelns oder eines bestimmten Handlungstypus muß daher unvermeidlich auf solche »gesellschaftliche Tatsachen« Bezug nehmen.

Damit kommen wir zur zweiten Alternative: der ursächlichen Erklärung der Entstehung und des Fortbestands von nicht »auf kollektivem Wege zweckvoll geschaffener und doch . . . zweckvoll funktionierender Institutionen« (WL 29) durch ein bestimmtes Handeln, das Einverständnishandeln. Wenn wir die Zuordnung von bestimmten Vergesellschaftungsformen (Marktformen, Sprachgemeinschaften) zu Handlungstypen als *ursächliche* Erklärung interpretieren, dann verwandeln sich alle unsere Argumente gegen die Durchführbarkeit des Programms des methodologischen Individualismus in Argumente von Erklärungsgrenzen der verstehenden Soziologie. Das Einverständnishandeln, welche das Zustandekommen von Marktformen wie Sprachregeln erklären soll, ist entweder eine ›Disposition‹; eine solche Interpretation würde aber die Soziologie auf Psychologie zurückführen. Oder es handelt sich um gesellschaftlich erworbene Fähigkeiten. Dann bedarf es aber zur Erklärung dieses Handelns des Rückgriffs auf Ursachen, die ihrerseits kein Einverständnishandeln sind. (Z. B. das Handeln der Marktteilnehmer wird erklärt durch Marktgesetze).

ad 2: Eine weitere Grenze der handlungstheoretischen Soziologie erblikken wir in einer Vergesellschaftungsform, die Marx als unterscheidendes Merkmal der bürgerlichen Gesellschaft erblickt hat. Eine soziologische Handlungstheorie kann, so würde die These lauten, die Verselbständigung des gesellschaftlichen Zusammenhangs, in den die Mitglieder der bürgerlichen Gesellschaft verflochten sind, gegenüber diesen und den versachlichten Ausdruck, den diese verselbständigten Verhältnisse erhalten, nicht adäquat erklären. Die spezifischen, in *einem* verselbständigten und versachlichten Verhältnisse sind – so Marx: Ware, Geld und Kapital. Eine Explikation dieser Kritik ist aber erst möglich, wenn wir Webers Wirtschaftssoziologie und die Marxsche Kritik der politischen Ökonomie zumindest in den Grundzügen referiert haben. Wir kommen daher auf diese Kritik in dem Abschnitt, in dem wir ein vergleichendes Resumée zwischen der Wirtschaftssoziologie und der Kritik der politischen Ökonomie ziehen wollen, zurück.

Erläuterungen und Zusätze

1. Auf die angegebene Passage folgt eine klassische Formulierung des Gedankens der nicht gewollten Handlungsfolgen.
2. Vgl. Parsons 1937, S. 30ff.
3. Kuhn (1967) hat die angesprochene theoretische Konstruktion ein Paradigma

genannt. Vgl. auch die rückblickende Bemerkung von PARSONS (1964): die »structure of social action« was not a study in sociological theory in a strict sense but an analysis . . . of the nature and implications of the action frame of reference.« (S. VIII.) Die Unterscheidung zwischen »begrifflichem Bezugsrahmen« und »Methode« mag einem an der klassischen Erkenntnistheorie orientierten Methodenverständnis befremdlich vorkommen, sie hat aber ihren sachlichen Grund in dem verengten Methodenbegriff der analytischen Wissenschaftstheorie.

4. Eine andere Frage ist bereits, ob der Rekurs auf Intentionen eine kausale *Erklärung* eines konkreten Handelns – z. B. Herr X rennt zum Zug, weil er ihn erreihen will und der Meinung ist, ihn durch Rennen erreichen zu können – darstellt. Als Erklärungen taugen Intentionen nur dann, wenn es sich bei ihnen um vom Handeln logisch unabhängige Ursachen handelt. Die Interpretation von Intentionen (Motive) als Ursachen bestreiten: STRAUSS 1959, MELDEN 1961, VON WRIGHT 1974.
5. Der gegenwärtige Stand der sozialwissenschaftlichen Theoriebildung wird gewöhnlich dadurch charakterisiert, daß »es in den Sozialwissenschaften keine *universellen* Paradigmata gibt und dies ein Merkmal ist, das sie von den Naturwissenschaften unterscheidet« (VON WRIGHT 1974, S. 176). Wieviele, nicht aufeinander reduzierbare Paradigmata es gibt, ist durchaus umstritten, da noch nicht einmal über das Gliederungsprinzip der Ansätze Einigkeit besteht. Die These von *zwei* Soziologien vertreten z. B. WATKINS 1952 (methodologischer Individualismus vs. methodologischer Sozialismus), MALEWSKI 1964 (historisch gerichtete Soziologie vs. verhaltenswissenschaftliche Soziologie), Und LÖWITH 1960 (bürgerliche vs. marxistische Soziologie).
6. Ein glänzendes Beispiel struktureller Analysen bildet im Rahmen von Webers Werk dessen Beschäftigung mit der Patrimonialbürokratie. Zugleich demonstriert diese Analyse, daß der Gedanke der Determiniertheit der politischen Organisation durch die ökonomische Basis kein exklusiver Besitz von Marx und Engels ist. In der Interpretation von LOCKWOOD (1964) zeigt »Webers Analyse der materiellen Voraussetzungen der Bürokratisierung eindringlich die Art der funktionalen Probleme, die sich für Gesellschaften des patrimonialbürokratischen Typs stellen. Diese Probleme konzentrieren sich auf das Verhältnis der Institution der Bürokratie einerseits und der materiellen Substruktur andererseits.« (S. 132) Die materielle Substruktur besteht in Webers Analyse in einer duchgeführten Geldwirtschaft. Damit bildet, so folgert LOCKWOOD, »in diesem Gesellschaftstypus die Steuerfähigkeit in Bezug auf die bürokratischen Bedürfnisse die entscheidende Spannungsquelle« (S. 133).
7. Oder, wenn darauf bestanden würde, daß der handlungstheoretische Ansatz so weit reicht, wie Individuen über soziale Situationen mächtig sind, ließe sich die Position des methodologischen Individualismus so formulieren: es ist kein Zustand der sozialen Welt denkbar, der sich nicht ändern ließe, wenn zwei Dinge zusammenkommen: der Wunsch der beteiligten Individuen nach Änderung und die Ausstattung dieser Individuen mit geeigneten Informationen und Mitteln hierfür (WATKINS S. 506).
8. Man wird zwei Sorten nicht intendierter Folgen zu unterscheiden haben: solche,

die zwar nicht intendiert, aber unsystematisch entstehen (das Streben nach Frieden hätte auch zum Frieden führen können) und solche gegensätzlichen Folgen, die aus einer »gegensätzlichen« Vergesellschaftsform enspringen (der systematisch erzeugte Umschlag eines Handlungssinnes in sein Gegenteil).

9. So z. B. Colletti (1973) S. 54: »Weber hatte das Wesen des Kapitalismus nicht in seiner ökonomischen Anatomie und Physiologie, sondern in den verschiedensten menschlichen Verhaltensweisen und Geisteshaltungen gesucht, die er in den Begriff ›Geist des Kapitalismus‹ zusammenfaßte ...« Oder Meurer (1974), S. 109: Weber hielte »für soziologisch wichtig nicht die gesellschaftliche Realität ... sondern das, was sich im Bewußtsein des Menschen davon auffinden läßt.«

10. von Wright (1974, S. 139) kleidet unser Problem in die Frage: »Kann der Mensch einer Bestimmung dienen, die nicht mit Hilfe seiner eigenen intentionalen Ziele definierbar ist? – Wir führen das Beispiel der Wissenschaftstheorie an, nicht weil es uns darum geht, Probleme einer Logik zielgerichteter Systeme anzusprechen, sondern weil sich in der selbständigen Aufgabe, welche »das funktionelle Zusammenspiel, die Selbstregulation, Selbstreproduktion und Entwicklung organischer und soziologischer Gebilde (Stegmüller 1969, S. 534) dem Logiker stellt, nur die Selbständigkeit eines bestimmten Typus der Vergesellschaftung gegenüber dem intentionalen Handeln, wenigstens so weit dieses als mit Bewußtsein vollzogenes zweckhaftes Handeln interpretiert wird, widerspiegelt.

Teil C
Marx: Kritik der politischen Ökonomie

Einleitung

Textgrundlage

Marx, K., Das Kapital, 1. Bd., Vorwort zur ersten und Nachwort zur zweiten Auflage, MEW 23, S. 11–28.

§ 1. In der »Deutschen Ideologie« formulieren Marx und Engels das Programm einer »wirklichen, positiven Wissenschaft« als der »Darstellung der praktischen Betätigung, des praktischen Entwicklungsprozesses der Menschen« (MEW 3/27; DI 1207). Dies Programm einer neuen Wissenschaft zeichnet sich nicht so sehr durch die Wahl eines neuen Gegenstandes als vielmehr durch die neue Art seiner Behandlung aus: bestimmte gesellschaftliche Phänomene (Familie, Rechtsverhältnisse, staatliche Institutionen etc.) können nicht aus sich selbst heraus begriffen werden. In der Behandlung derartiger Phänomene sehen sich Marx und Engels vielmehr auf eine Abhängigkeit verwiesen, die der Wissenschaft eine bestimmte Bearbeitungsweise derartiger Gegenstände aufzwingt.

Gesellschaftliche Verhältnisse können jeweils der Basis oder dem Überbau zugeordnet werden und zwischen beiden besteht ein Abhängigkeitsverhältnis derart, daß – ungeachtet aller Wechselwirkungen zwischen z. B. politischen Formen und Verhältnissen in der Produktion des gesellschaftlichen Reichtums – »in letzter Instanz« die materiellen Lebensverhältnisse determinierendes Gewicht für alle gesellschaftlichen Verhältnisse haben. Demgemäß muß auch die wissenschaftliche Untersuchung dieser Verhältnisse mit der Analyse der ökonomischen Struktur der Gesellschaft beginnen.[1] Diese Analyse erfolgt nicht unter der vorweggenommenen Versicherung, daß sich aus der Darstellung der »realen Basis« in strenger Deduktion alle Verästelungen des juristischen und politischen »Überbaus«, alle empirisch gegebenen »Bewußtseinsformen« kausal herleiten ließen. Das Bedingungsverhältnis zwischen der »Produktionsweise des materiellen Lebens« und dem »sozialen, politischen und geistigen Lebensprozeß überhaupt« (MEW 13/8 f.) muß selbst noch einmal Gegenstand der wissenschaftlichen Untersuchung werden. Diese Untersuchung kann jedoch nur unter der Voraussetzung geführt werden, daß ein »Begriff« der ökonomischen Struktur entwickelt ist. Ohne diesen »Begriff« lassen sich vorweg allenfalls Inkompatibilitäten formulieren, die aus der Anschauung historischer Verhältnisse gewonnen werden (z. B.: die politische Organisationsform eines germanischen Ackerbauernstammes ist unvereinbar mit dem Bau von Lokomotiven). Die Analyse der ökonomischen Struktur der Gesellschaft hat also Marx zufolge methodische Priorität vor der Untersuchung anderer gesellschaftlicher Phänomene, die erst vor dem Hintergrund der Darstellung der »materiellen Lebensverhältnisse« begreifbar sind. Diese Darstellung ist jedoch nicht mit beliebiger historischer Reichweite anzusetzen. Vielmehr gibt es im »praktischen Entwicklungsprozeß der Menschen« als Gattung gerade in der ökonomischen Struktur von Gesellschaften qualitative Unterschiede, die eine historisch spezifizierte eigene Untersuchung erfordern, also mit den »allgemeinsten Resultaten«, den »Abstraktionen . . . von der wirklichen Geschichte« (MEW 3/27), wie sie in der »Deutschen Ideologie« über die Produktion als gesellschaftlichem Prozeß der Aneignung der Natur formuliert wurden, nicht zureichend bestimmt sind.

Marx bedient sich zur Kennzeichnung derartiger qualitativer Unterschiede in der ökonomischen Struktur historisch bestimmter Gesellschaften des Begriffs der »ökonomischen Gesellschaftsformation«, für den eine zentrale Bestimmung konstitutiv ist: zwar zeichnen sich bis hin zum Kapitalismus alle[2] historisch bekannten Gesellschaften dadurch aus, daß ein Teil der Arbeit der unmittelbaren Produzenten, seien diese Sklaven, Leibeigene oder Lohnarbeiter, unentgeltlich angeeignet wird. Aber »die Form, worin diese Mehrarbeit dem unmittelbaren Produzenten, dem Arbeiter, abgepreßt wird, unterscheidet die ökonomischen Gesellschaftsformationen, z. B. die Sklaverei von der Lohnarbeit.« (MEW 23/231) Für Marx gilt nun, daß ökonomische Gesellschaftsformationen als Systeme in dem Sinne dargestellt werden können, daß je nach der Form der Aneignung von Mehrarbeit sich auch die politische Form des Gemeinwesens, die Rechtsverhältnisse usw. verschieden gestalten.[3]

Die allgemeine These über das Verhältnis von Basis und Überbau kann demgemäß nur in der Untersuchung einer historisch bestimmten ökonomischen Gesellschaftsformation entfaltet werden. An die Stelle der historischen Belege der These in der »Deutschen Ideologie«, die eher illustrativen Charakter haben, tritt dann die theoretische Rekonstruktion eines gesellschaftlichen Systems. Dessen Darstellung erschöpft sich nicht in einer Analyse der ökonomischen Struktur, der Aufdeckung der ökonomischen Bewegungsgesetze einer Gesellschaft. Vielmehr gilt nach der Basis-Überbau-These, daß die gesellschaftlichen Formen der Produktion und Verteilung des Reichtums »systemstiftendes Prinzip« sind in dem Sinne, daß sie sozusagen den »Rahmen« abgeben, innerhalb dessen die anderen Momente des Systems angesiedelt sind, d. h. zum Beispiel, daß sowohl Entwicklung der Formen als auch der »Handlungsspielräume« staatlicher Instanzen durch die ökonomische Struktur einer Gesellschaft in gewissem

Ausmaß determiniert sind. Welchen Umfang dieses »gewisse Ausmaß« hat, läßt sich zunächst allgemein nicht formulieren. Die Einschränkung deutet nur daraufhin, daß die streng begriffliche Rekonstruktion eines gesellschaftlichen Systems (die mit der Darstellung der ökonomischen Basis ansetzt) Grenzen hat.[4]

§ 2. In seinem Hauptwerk: »Das Kapital. Kritik der politischen Ökonomie« widmet sich Marx ausschließlich der Darstellung der ökonomischen Struktur der kapitalistischen Gesellschaftsformation. Zunächst also ist sein Gegenstand ein historisch begrenzter. Es handelt sich weder um universalistische Geschichtsbetrachtung noch um eine vergleichende Lehre von den Gesellschaftsformationen, sondern um die Theorie der zu Marx' Zeit »modernen« Gesellschaft. Darüber hinaus ist Marx' Gegenstand im »Kapital« ein systematisch begrenzter. Es handelt sich nicht um die Darstellung aller gesellschaftlichen Phänomene in ihrer Verkettung, sondern ausschließlich um die Darstellung der Produktionsverhältnisse der Menschen in der kapitalistischen Gesellschaftsformation, ihrem Zusammenhang als ökonomischer Struktur. Für Marx »ist der letzte Endzweck dieses Werks, das ökonomische Bewegungsgesetz der modernen Gesellschaft zu enthüllen.« (MEW 23/15f.) Gemäß der Basis-Überbau-These sind aber mit diesem »Endzweck« die gesellschaftstheoretischen Implikationen der Marxschen Kritik der politischen Ökonomie nicht erschöpft. Vielmehr müssen sich aus der Darstellung Anknüpfungspunkte ergeben, die eine Begründung von bestimmten Formen des »juristischen und politischen Überbaus« gestatten; eine Begründung, in deren Zusammenhang die den Produktionsverhältnissen entsprechenden Bewußtseinsformen der Individuen ebenfalls dargestellt werden.

Insofern das Marxsche Hauptwerk auch als »Test« für die Brauchbarkeit der allgemeinen Basis-Überbau-These angesehen werden kann, muß sein Gegenstand ein historisch abgegrenzter sein (die Untersuchung einer bestimmten ökonomischen Gesellschaftsformation). Damit ist nun noch begründet, warum Marx die »moderne« kapitalistische Gesellschaftsformation zum Gegenstand einer solchen Untersuchung macht (und nicht z. B. die feudale Form der Organisation der Produktion). Diese Auswahl des Gegenstands hat nicht ausschließlich politische Gründe der Aktualität (wonach natürlich eine Theorie des Feudalismus der Arbeiterklasse in ihren Kämpfen wenig theoretische Anleitung bieten kann, während das »Kapital« für Marx wesentlich diese Funktion hat), sondern auch methodische Gründe. Marx betrachtet den geschichtlichen Prozeß als Entwicklung, in der die ökonomischen Gesellschaftsformationen nicht in zufälligem Wechsel einander ablösen, sondern in der mit der Erarbeitung immer größerer materieller Produktivkräfte auch die gesellschaftlichen Formen, die Verhältnisse der Individuen untereinander sich immer differenzierter und umfassender entfalten. Geschichte ist aber als solcher Entwicklungsprozeß nur zu begreifen von dessen entwickelten Resultaten her: »In der Anatomie des Menschen ist ein Schlüssel zur Anatomie des Affen.« (GR 26)[5]

Diese Bemerkungen zur Eingrenzung des Gegenstands des Marxschen Hauptwerks sollen zunächst genügen, da mit ihnen nur der Zusammenhang zu der im Teil A dargestellten Basis-Überbau-These und ihren gesellschaftstheoretischen Implikationen hergestellt werden, nicht aber der inhaltlichen Behandlung dieses Gegenstands durch Marx vorgegriffen werden soll. Es bleibt aber noch kurz etwas über die Art und Weise der Behandlung dieses Gegenstands zu sagen.

§ 3. Wie der Untertitel zum »Kapital«: Kritik der politischen Ökonomie, besagt, behandelt Marx denselben Gegenstand wie die politische Ökonomie (programmatisch wird dieser Gegenstand im Titel des Hauptwerks von Adam Smith umrissen, der der »Adam« der politischen Ökonomie war: »Eine Untersuchung der Natur und der Gründe des Reichtums der Nationen«), allerdings in Form einer Kritik. Was da nun Kritik heißt, welche Resultate sie bringt, kann vor der inhaltlichen Auseinandersetzung mit der Marxschen Theorie schlecht geklärt werden. Nach seinem Selbstverständnis bedient sich Marx jedenfalls zum Behufe dieser Kritik einer »Untersuchungsmethode . . ., die auf ökonomische Probleme noch nicht angewandt wurde« (MEW 23/31). Er nennt sie (im Anschluß an Hegel) »dialektische Methode«. Allein schon diese Methode – als besondere Behandlungsweise des Gegenstands – muß Marx zufolge »dem Bürgertum und seinen doktrinären Wortführern ein Ärgernis und ein Greuel (sein), weil sie in dem positiven Verständnis des Bestehenden zugleich auch das Verständnis seiner Negation, seines notwendigen Untergangs einschließt, jede gewordne Form im Flusse der Bewegung, also auch nach ihrer vergänglichen Seite auffaßt, sich durch nichts imponieren läßt, ihrem Wesen nach kritisch und revolutionär ist.« (MEW 23/28)

Das Besondere an dieser Behandlungsweise des Gegenstands – des »Systems der bürgerlichen Ökonomie« – ist also, daß sie – wie Marx an anderer Stelle formuliert – »zugleich Darstellung des Systems und durch die Darstellung Kritik desselben« (MEW 29/550) erlaubt. Marx läßt sich nun vor der inhaltlichen Befassung mit seinem Gegenstand nicht ausführlich darüber aus, wie denn »positives Verständnis des Bestehenden« und »zugleich auch das Verständnis seiner Negation« miteinander vereinbar seien. Er verweist vorweg allerdings auf eine »Befremdlichkeit« seiner Behandlungsweise des Gegenstands, nachdem er auf den Unterschied von Forschungsarbeit und schließlicher Formulierung einer Theorie aufmerksam gemacht hat: »Die Forschung hat den Stoff sich im Detail anzueignen, seine verschiednen Entwicklungsformen zu analysieren, und deren innres Band aufzuspüren. Erst nachdem diese Arbeit vollbracht, kann die wirkliche Bewegung entsprechend dargestellt werden. Gelingt dies und spiegelt sich nun das Leben des Stoffs ideell wider, so mag es aussehn, als habe man es mit einer Konstruktion a priori zu tun.« (MEW 23/27)

Marx warnt also den Leser vorweg vor dem aus der Form seiner Darstellung resultierenden Eindruck, als handele es sich bei dieser Darstellung um eine begriffliche Konstruktion, die von der Erfahrung her (sei es die, die jedes Individuum als Mitglied der bürgerlichen Gesellschaft hat, sei es wissenschaftlich gesicherte Erfahrung) nicht abgedeckt und überprüfbar sei. Damit will Marx – so kann man interpretieren – den Leser auch von einem vorschnellen Rekurs auf Erfahrungsgegebenheiten abhalten. Die »dialektische Methode« als theoretische Behandlungsweise eines Stoffs besitzt die Form der begrifflichen Konstruktion, deren Endresultat – soviel sei vorweg gesagt – erst Aussagen über die erfahrbare gesellschaftliche Wirklichkeit sind. Aber nicht mehr diese Wirklichkeit in der Form, wie sie jeder kennt, sondern eine theoretisch rekonstruierte und damit erst »begriffene« Erfahrungswelt.[6] D. h. ein Nachteil der angewandten Untersuchungsmethode ist – wie Marx selbst weiß –, daß das Publikum (der Leser), »stets ungeduldig nach dem Ergebnis und begierig, den Zusammenhang zwischen den allgemeinen Grundsätzen und den Fragen zu erkennen, die es unmittelbar bewegen, sich abschrecken läßt« (MEW 23/31). Insbesondere die ersten Kapitel des »Kapital«, in denen diese »allgemeinen Grundsätze« abgehandelt werden, sind nicht ohne weiteres geeignet, »praktische« Fragen, wie sie den Leser unmittelbar bewegen, zu beantworten. Dieser Nachteil muß Marx zufolge in Kauf genommen werden, wenn die Vorzüge der dialektischen Methode nicht verloren gehen sollen. Marx warnt emphatisch: »Das ist ein Nachteil, gegen den ich nichts weiter unternehmen kann, als die nach Wahrheit strebenden Leser von vornherein darauf hinzuweisen und gefaßt zu machen. Es gibt keine Landstraße für die Wissenschaft, und nur diejenigen haben Aussicht, ihre lichten Höhen zu erreichen, die die Mühe nicht scheuen, ihre steilen Pfade zu erklimmen.« (ebd.)

Erläuterungen und Zusätze

1. Der Beginn bei der Analyse der ökonomischen Struktur ist nicht notwendig der zeitliche, vielmehr der methodisch geforderte Beginn.
2. Eine Ausnahme bilden die sog. urkommunistischen Gemeinwesen.
3. Vgl. MEW 25/799; zum Systembegriff bei Marx vgl. z. B. GR 189.
4. Diese Grenzen der begrifflichen Darstellung können erst näher verdeutlicht werden unter der Voraussetzung eines inhaltlich gefüllten Begriffs der ökonomischen Gesellschaftsformationen. Abstrakt läßt sich sagen, daß sie einerseits das Maß betreffen, in dem der »Begriff« einer Sache ihre empirisch konkreten Ausprägungsformen umfaßt, andererseits die historischen Voraussetzungen eines gesellschaftlichen Systems und die Resultate seiner Entwicklung, die schließlich den Übergang zu einer qualitativ anderen Form einschließen.

5. Daß Marx mit derartigen Überlegungen (über Fortschritt in der Geschichte) im Grunde »Metaphysik« betreibe, ist eines der Hauptargumente der Marx-Kritik. Wie wenig sich aber derartige Kritiker der materialistischen Geschichtsauffassung von einem – zunächst einmal ja nur methodisch zu postulierenden – Gedanken der Entwicklung als »Fortschritt« frei machen können, läßt sich auch an Weber demonstrieren, den seine Kritik am Entwicklungsgedanken (vgl. WL 360ff.) nicht daran hindert, Geschichte unter dem leitenden Gesichtspunkt universaler »Rationalisierung« zu begreifen. Vgl. z. B. Webers Wirtschaftsgeschichte, »die eine ... Typologie der Wirtschaftsgeschichte in die Darstellung der Vorbereitung und Entfaltung des modernen Kapitalismus einmünden läßt.« (WGesch V)
6. Eine Interpretation der dialektischen Methode findet sich in: BADER, BERGER, GANSSMANN et al. (1975, 1. Kapitel).

I. Abschnitt: Die Warenform der Arbeitsprodukte

Lernziele:
In der Analyse der Ware, als der Elementarform des Reichtums in Gesellschaften mit kapitalistischer Produktionsweise, unternimmt es Marx, das Strukturmerkmal dieser Gesellschaften in seiner Grundform zu erklären: die Verselbständigung, Versachlichung und Verkehrung der gesellschaftlichen Beziehungen der Individuen in den Wertformen. Der Nachvollzug der Marxschen Argumentation soll deren gesellschaftstheoretische Implikationen verdeutlichen, denn es geht Marx darum zu zeigen, daß es sich bei seinem Untersuchungsgegenstand Ware (in den folgenden Abschnitten Geld, Kapital usw.) nicht um Dinge handelt, sondern um Verhältnisse zwischen Personen (letztlich: Klassen), die aber unter dinglicher Hülle versteckt sind.

9. Kapitel: Gebrauchswert und Wert als Faktoren der Ware

Textgrundlage
Das Kapital, 1. Bd., 1. Kap., 1. Abs., MEW 23/49–55.

§ 1. Marx beginnt seine Untersuchung weder mit einer Bestimmung dessen, was »Kapital« ist, noch dessen, was »politische Ökonomie« sein soll. Er beginnt vielmehr mit der »Analyse der Ware« (MEW 23/49). Die Begründung für diesen Anfang entgegen den durch Titel und Zweck genährten Erwartungen (und auch entgegen den Erwartungen, die man nach Kenntnisnahme der Basis-Überbau-These haben muß, wonach mit der Betrachtung der Produktion als gesellschaftlichem Aneignungsprozeß der Natur begonnen werden müßte) steckt im ersten Satz: »Der Reichtum der Gesellschaften, in welchen kapitalistische Produktionsweise herrscht, erscheint als eine ›ungeheure Warensammlung‹, die einzelne Ware als seine Elementarform. Unsere Untersuchung beginnt daher mit der Analyse der Ware.« (ebd.) Marx legt zunächst weder fest, was die »kapitalistische Produktionsweise«, noch was »Reichtum« ist, sondern nur: der Reichtum in solchen Gesellschaften »erscheint als eine ›ungeheure Warensammlung‹«.[1] Ohne daß der Leser über mehr als seine Alltagsvorstellung verfügt von dem, was »Reichtum« ist, weist Marx kurz darauf hin, daß dieser in Gesellschaften mit kapitalistischer Produktionsweise als ungeheure Warensammlung erscheint, »die einzelne Ware als seine Elementarform«. Weil also der Reichtum in der zu untersuchenden Gesellschaft eine bestimmte Form hat, die von Waren, demgemäß die einzelne Ware »Elementarform« ist, muß mit der Analyse der Ware begonnen werden. Die Analyse der Ware (*die* Ware ist sozusagen der Gattungsbegriff für die Elemente der ungeheuren Warensammlung; analysiert wird also, was all diesen Elementen gemeinsam ist) ergibt nun zunächst: Sie ist »ein äußerer Gegenstand, ein Ding, das durch seine Eigenschaften menschliche Bedürfnisse irgendeiner Art befriedigt.« (ebd.)[2] Daß ein Ding Bedürfnisse befriedigt, macht es zum nützlichen Ding. Diese Nützlichkeit wiederum »macht es zum Gebrauchswert« (MEW 23/50). Der Gebrauchswert fällt mit dem »Warenkörper selbst« zusammen, da nur dessen dingliche Eigenschaften die Nützlichkeit der Ware ausmachen. Zugleich gilt aber, daß sich der Gebrauchswert »nur im Gebrauch oder der Konsumention« *verwirklicht.*[3] Daß die Ware Gebrauchswert hat (oder Gebrauchswert ist), gilt nun nicht als Spezifikum der Ware. Der Gebrauchswert ist vorausgesetzt, damit ein Ding Ware sein kann, aber nicht alle Gebrauchswerte sind Waren.

»Gebrauchswerte bilden den stofflichen Inhalt des Reichtums, welches immer seine gesellschaftliche Form sei.« (ebd.) Sobald also von Reichtum die Rede ist, ist von Gebrauchswerten die Rede, von Dingen, die in bezug auf menschliche Bedürfnisse nützlich sind. Offenbar ist aber damit nicht erschöpfend geklärt, was Reichtum ist. Erinnern wir uns an den ersten Satz, wonach der »Reichtum der Gesellschaften, in welchen kapitalistische Produktionsweise herrscht, ... als eine ›ungeheure Warensammlung‹« erscheint (MEW 23/49). Damit ist schon die Unterscheidung angezielt, die Marx, nachdem er geklärt hat, was Gebrauchswert ist, jetzt einführt: die Unterscheidung zwischen stofflichem *Inhalt* und gesellschaftlicher *Form* des Reichtums. Gebrauchswert, als eine Bestimmung, ein »Faktor« der Ware, ist nur dieser stoffliche Inhalt. Es gilt also jetzt zu zeigen, was die Ware als besondere gesellschaftliche Form des Reichtums von andern möglichen Formen unterscheidet, wobei der Stoff, die Gebrauchswerte als Dinge, die menschliche Bedürfnisse befriedigen, immer unterstellt bleibt (so sehr auch die »Gebrauchsweisen der Dinge« in den historischen Epochen variieren mögen): die Gebrauchswerte bilden in »der von uns zu betrachtenden Gesellschaftsform ... zugleich die stofflichen Träger des – Tauschwerts.« (MEW 23/50)

§ 2. Mit dem Nachvollzug der Marxschen Bestimmung des Tauschwerts hat man seine Schwierigkeiten. Wenn Marx sich bei der einführenden Eingrenzung seines Gegenstands (ungeheure Warensammlung, Analyse der Ware als Elementarform) darauf verlassen hat, daß jeder Leser eine Vorstellung von dem, was seine Ware ist, mitbringt (z. B. nützliche Dinge, die man kaufen kann) und an diese Vorstellung anknüpft, so versagt derlei Alltagsvorstellung doch beim Tauschwert: »Der Tauschwert erscheint zunächst als das quantitative Verhältnis, die Proportion, worin sich Gebrauchswerte einer Art gegen Gebrauchswerte anderer Art austauschen, ein Verhältnis, das beständig mit Zeit und Ort wechselt.« (ebd.) Falls es überhaupt so etwas wie eine gängige Vorstellung vom Tauschwert gibt, dann wohl eher die, daß Waren einen Preis haben, der ihr Austauschverhältnis mit Geld angibt (obwohl die genaue Festlegung dieses Austauschverhältnisses erst im faktischen Austausch erfolgen mag). Marx hingegen abstrahiert mit dem Begriff des Tauschwerts zunächst vom Geld: im Tauschwert stehen sich Gebrauchswerte von verschiedener Art gegenüber. Diese Abstraktion vom Geld hat nicht den Sinn, daß Marx etwa der Meinung wäre, das Geld lege einen bloßen »Schleier« über die Austauschverhältnisse, bei denen es letztlich immer nur um den Stellenwechsel von »realen Gütern« gehe. Die (vorläufige) Abstraktion vom Geld hat vielmehr die Funktion, durch Ausgang von der einfachsten Form des Austausches das Geld als notwendiges Resultat des entwickelten gesellschaftlichen Austauschprozesses nachzuweisen.[4]

Der Begriff Tauschwert wird von Marx zunächst ohne Bezug auf den Begriff der Ware eingeführt (es heißt also nicht Ware ist oder hat Tauschwert, wenn ...). Der Tauschwert »erscheint zunächst« vielmehr als quantitatives Verhältnis von (mindestens zwei) Gebrauchswerten; die Mengenverhältnisse, worin diese sich austauschen, wechseln nach Ort und Zeit. Es scheint, als könne man über den Tauschwert nicht mehr sagen, als aufzuzählen, was sich alles gegen was austauscht, und in welchem quantitativen Verhältnis dieser Austausch geschieht. Weiter fällt auf, daß Marx die – praktisch naheliegende – Frage: was bestimmt eigentlich die Höhe dieser Austauschrelationen? nicht stellt. Er zieht vielmehr zwei Schlußfolgerungen aus dem Sachverhalt, daß eine Ware ebensoviele Tauschwerte hat, wie es andere Waren gibt, mit denen sie sich austauschen kann, und daß zwischen diesen Tauschwerten eine irgendwie geartete Gleichheitsbeziehung besteht: 1. »Die gültigen Tauschwerte derselben Ware drücken ein Gleiches aus.« (MEW 23/51) 2. »Der Tauschwert kann überhaupt nur die Ausdrucksweise, die ›Erscheinungsform‹ eines von ihm unterscheidbaren Gehalts sein.« (ebd.) Das Phänomen, daß verschiedene Gebrauchswerte (also Dinge, die verschiedene menschliche Bedürfnisse befriedigen) einander quantitativ gleichgesetzt werden, interessiert Marx also zunächst von seiner qualitativen Seite her: was – welche Eigenschaft der Dinge – ermöglicht überhaupt ihre Gleichsetzung? Was ist das »Gleiche«, das die Tauschwerte ausdrücken?

Marx kommt zu dem Resultat: »Dies Gemeinsame« (worauf die Tauschwerte der Waren zu reduzieren sind) »kann nicht eine geometrische, physikalische, chemische oder sonstige natürliche Eigenschaft der Waren sein.« (ebd.) Kennen wir aber nicht bereits eine gemeinsame Eigenschaft aller Waren? War doch die erste Voraussetzung, die erfüllt sein muß, damit ein Ding Ware sein kann, die, daß es Gebrauchswert hat. Erlaubt nun diese gemeinsame Eigenschaft der Waren ihre Gleichsetzung im Austauschverhältnis? Zunächst ist klar, daß der Austausch eine sinnlose Operation wäre, würde man *gleiche* Gebrauchswerte austauschen: der Zweck der Übung ist gerade, ein Ding anzueignen, das andere Bedürfnisse befriedigt, als dasjenige, das der Austauschende bereits besitzt. Wenn es demgemäß verschiedene Gebrauchswerte sein müssen, die ausgetauscht werden, kann es nicht ihre Nützlichkeit sein, die ihren Austausch erlaubt? Verschiedene Gebrauchswerte befriedigen zwar verschiedene Bedürfnisse, sind also in verschiedener Hinsicht nützlich. Davon ist aber ihr allgemeiner Charakter als nützliche Dinge nicht betroffen. Kann es also die Nützlichkeit schlechthin, der Gebrauchswert der Waren sein, die ihren Austausch ermöglicht? Marx verneint diese Frage.[5] Zwar ist der Gebrauchswert eines Dings Voraussetzung dafür, daß dieses Ding Ware werden kann. Aber 1. muß die Ware nicht nur Gebrauchswert schlechthin sein, sondern – damit sie austauschbar ist – »Gebrauchswert für andre, gesellschaftliche(r) Gebrauchswert« (MEW 23/35). Sie muß also Bedürfnisse für andre als den Warenbesitzer, der diese Ware produziert hat, befriedigen können. 2. Marx zufolge »ist es gerade die Abstraktion von ihren Gebrauchswerten, was das Austauschverhältnis der Waren augenscheinlich charakterisiert.« (MEW 23/51 f.) Diese Abstraktion geht offenbar so weit, daß nicht nur von der jeweils spezifischen Nützlichkeit der Waren, sondern auch von ihrem allgemeinen Charakter als nützliche Dinge abstrahiert wird, wenn die Waren ausgetauscht werden: »Als Gebrauchswerte sind die Waren vor allem verschiedner Qualität, als Tauschwerte können sie nur verschiedner Quantität sein, enthalten also kein Atom Gebrauchswert.« (MEW 23/52)

Damit bleibt den Waren nur noch eine gemeinsame Eigenschaft: »die von Arbeitsprodukten« (ebd.)[6] Wenn im Tauschwertverhältnis jedoch von allen Eigenschaften der Waren, die sie zu Gebrauchswerten machen, abstrahiert wird, verlieren sie sozusagen jegliche Gegenständlichkeit: all ihre »sinnlichen Beschaffenheiten sind ausgelöscht«, übrig bleibt nichts als »gespenstige Gegenständlichkeit«. Die Waren als bloße Arbeitsprodukte, »sinnlich übersinnliche« Dinge, wie Marx später sagt (MEW 23/85), sind auch nicht mehr länger Produkt verschiedener, konkreter Arbeitsarten, nützlicher Arbeiten, die einen gegebenen Naturstoff in eine zur Befriedigung menschlicher Bedürfnisse erforderliche Form bringen. Was sich in ihnen darstellt, ist nur noch »gleiche menschliche Arbeit, abstrakt menschliche Arbeit.« »Als Kristalle dieser ihnen gemeinschaftlichen gesellschaftlichen Substanz sind die Werte – Warenwerte.« (MEW 23/52) Damit ist der zweite »Faktor«, der ein Ding zur Ware macht, der Wert, bestimmt und bereits auf die »Wertsubstanz«: die abstrakt menschliche Arbeit, zurückgeführt.

§ 3. Fassen wir den bisherigen Gang der Analyse der Ware noch einmal kurz zusammen: Ausgangspunkt war die Feststellung von Marx, daß der »Reichtum der Gesellschaften, in welchen kapitalistische Produktionsweise herrscht, . . . als eine ›ungeheure Warensammlung‹, die einzelne Ware als seine Elementarform« (MEW 23/49) erscheint. Der Gegenstand der folgenden Untersuchung ist in diesem ersten Satz angegeben. Politische Ökonomie handelt (irgendwie) vom gesellschaftlichen Reichtum; über die Art der Behandlung dieses Gegenstands gibt es unterschiedliche Auffassung.[7] Marx deutet das in diesem ersten Satz bereits an: er grenzt diesen Gegenstand ein auf die »kapitalistische Produktionsweise« und bedient sich – auch das ist im ersten Satz angedeutet – dazu des Begriffspaars Form – Inhalt (bzw. Stoff). Der Reichtum (als Stoff) *erscheint* in einer historisch besonderen Produktionsweise in besonderer Form.

»Wir gehn von der *Ware* – von dieser spezifischen gesellschaftlichen Form des Produkts – als Grundlage und Voraussetzung der kapitalistischen Produktion aus.« (Daß die Ware dies tatsächlich ist: Grundlage und Voraussetzung der kapitalistischen Produktion, wird sich für den Leser erst noch erweisen müssen!) »Wir nehmen einzelne Produkte in die Hand und analysieren die Formbestimmtheiten, die sie als Ware enthalten, die sie zur Ware stempeln.« (MEW 26.3/108) Bevor diese Formbestimmtheiten analysierbar waren, mußte jedoch zunächst der Stoff, der da (von wem oder von was?) geformt wird, bestimmt werden: erste Bestimmung der Ware war der Gebrauchswert, eine Bestimmung, die nichts für die Ware spezifisches ist, sondern: »Gebrauchswerte bilden den stofflichen Inhalt des Reichtums, welches immer seine gesellschaftliche Form sei.« (MEW 23/50) Diese Form bildet den eigentlichen Gegenstand der Untersuchung.[8] Die Schwierigkeit ist nun, daß innerhalb der Untersuchung der gesellschaftlichen Form des Reichtums die Form-Inhalt-Dualität überlagert wird durch die Unterscheidung von Wesen und Erscheinung. Die nähere Betrachtung des Tauschwerts ergibt nämlich: er kann »überhaupt nur die Ausdrucksweise, die ›Erscheinungsform‹ eines von ihm unterscheidbaren Gehalts sein.« (MEW 23/51) Als dieser »Gehalt«, oder, will man den traditionellen Paarbegriff zu Erscheinung verwenden, als das »Wesen«, dessen Erscheinungsform der Tauschwert ist, ergibt sich nicht der eingangs gewonnene erste »Inhalt«: der Gebrauchswert. Vielmehr »ist es grade die Abstraktion von ihren Gebrauchswerten, was das Austauschverhältnis der Waren augenscheinlich charakterisiert.« (MEW 23/51f.) In diesem Austauschverhältnis stellen sich die Waren nur noch in einer Eigenschaft dar, der von Arbeitsprodukten, und die Arbeit, die sie produziert, kann – da von allen Gebrauchswerteigenschaften abgesehen wird – nicht konkret nützliche Arbeit, sondern nur »abstrakt menschliche Arbeit« (MEW 23/52) sein. »Als Kristalle dieser ihnen gemeinschaftlichen gesellschaftlichen Substanz sind sie Werte – Warenwerte.« (ebd.) Zweite Bestimmung der Ware also: die Ware ist Wert. Nur dieses »Wertsein« der Ware erlaubt überhaupt ihre Gleichsetzung mit anderer Ware im Austauschverhältnis. Aber der Wert einer Ware ist nichts, was man greifen, fühlen, hören, riechen, schmecken kann, genausowenig, wie man unmittelbar erfahren kann, was »abstrakt menschliche Arbeit« ist. Die Bestimmungen der Ware als Wert und der abstrakt menschlichen Arbeit als *»Substanz* des Werts« (MEW 23/55) sind Abstraktionsprodukte, Resultate theoretischer Anstrengung, deren erfahrbarer Ausgangs- oder Anknüpfungspunkt der Tauschwert als Austauschverhältnis zweier unterschiedlicher Gebrauchswerte ist. Daß in der Theorie nur eine praktisch im Austausch vorsichgehende Abstraktion nachgezeichnet werde, bleibt zunächst eine Versicherung: wir müssen zusehen, was mit dem gewonnenen Begriff des Werts erklärt werden kann. Zunächst verwandelt der Wert als Bestimmung der Ware diese in ein »Unding«, nimmt man die Marxsche Beschreibung des »Residuums der Arbeitsprodukte« ernst: »Es ist nichts von ihnen übriggeblieben als dieselbe gespenstige Gegenständlichkeit, eine bloße Gallerte unterschiedloser menschlicher Arbeit, d. h. der Verausgabung menschlicher Arbeitskraft ohne Rücksicht auf die Form ihrer Verausgabung. Diese Dinge« (!?) »stellen nur noch dar, daß in ihrer Produktion menschliche Arbeitskraft verausgabt, menschliche Arbeit aufgehäuft ist.« (MEW 23/52) Mit derartigen »Dingen« (gespenstig, bloße Gallerten usw.) kann man sowohl theoretisch als auch praktisch schwer etwas anfangen. Offenbar muß man sich also an ihre (sinnlich erfahrbaren) »Erscheinungsformen« halten. Marx deutet das selbst an und formuliert zugleich einen Anspruch: »Der Fortgang der Untersuchung wird uns zurückführen zum Tauschwert als der notwendigen Ausdrucksweise oder Erscheinungsform des Werts, welcher zunächst jedoch unabhängig von dieser Form zu betrachten ist.« (MEW 23/53) Der Anspruch, der hier formuliert wird, steckt in dem Wort »notwendig«: der Tauschwert, der als der Erfahrung zugänglicher Ausgangspunkt der Analyse diente, die schließlich zum Wert führte, soll nun umgekehrt als »notwendige Ausdrucksweise oder Erscheinungsform des Werts« nachgewiesen werden. Vorher schaltet Marx aber noch die weitere Untersuchung des Werts ein, bestimmt die

Faktoren, die die Wertgröße bedingen[9], und betrachtet die Arbeit, soweit sie einerseits Gebrauchswert, andererseits Wert bildet.

Erläuterungen und Zusätze

1. Das Wort »erscheinen« ist hier wichtig. (Vgl. MEW 23/50: »Der Tauschwert erscheint zunächst ...«; MEW 23/51: »Der Tauschwert kann überhaupt nur die Ausdrucksweise, die ›Erscheinungsform‹ eines von ihm unterscheidbaren Gehalts sein.« usw.)
2. Ein »Nicht-Ding» kann also keine Ware sein? Insofern ein »Nicht-Ding« ein Unding ist, schön und gut. Geht aber einer zum Friseur und läßt sich die Haare schneiden und gibt dem Friseur Geld dafür. Hat er nun eine Ware gekauft? Marx' Vorgehen, das auf den ersten Blick »grob materialistisch« erscheint, indem er zwar »äußere Gegenstände«, »Dinge« unter den Begriff der Ware faßt, aber z. B. keine Dienstleistungen, gewinnt seine Berechtigung vielleicht nur, wenn man sich die Schwierigkeiten vor Augen hält, in die alternative Ansätze der ökonomischen Theorie geraten (vgl. unten, Teil D, I. Abschnitt).
3. Offenbar ist hier einiges im Fluß. Ein Brot z. B. im Schaufenster einer Bäckerei ist eine Ware. Es hat verschiedene nützliche Eigenschaften. Wie wir gesehen haben, macht diese Nützlichkeit es zum Gebrauchswert. Weil die Nützlichkeit des Brotes nicht in der Luft schwebt, ist sein »Warenkörper« selbst ein Gebrauchswert oder Gut. Aber dieser Gebrauchswert »verwirklicht sich nur im Gebrauch oder der Konsumtion«, wenn jemand das Brot aufißt, den Warenkörper vernichtet. Vor dem Akt der Einverleibung ist das Brot offenbar nur Gebrauchswert der Möglichkeit nach, verwirklicht sich der Gebrauchswert, dann verschwindet er zugleich.
4. Eine Begründung des Geldes aus dem gesellschaftlichen Verhalten von Individuen kann nicht so verlaufen, daß der jedermann vertraute praktische Umgang mit Geld auch in der Theorie als Ausgangspunkt dient. Vielmehr besteht die theoretische Arbeit hier darin, die Ursachen des Geldgebrauchs durch Rekurs auf die Form des Austausches und ihre sozialen Bedingungen aufzudecken, und aufgrund einer derartigen Analyse die Natur des Geldes zu erklären. Marx formuliert für sich selbst den Anspruch: »zu leisten, was von der bürgerlichen Ökonomie nicht einmal versucht ward, nämlich die Genesis dieser Geldform nachzuweisen, also die Entwicklung des im Wertverhältnis der Waren enthaltenden Wertausdrucks von seiner einfachsten unscheinbarsten Gestalt bis zur blendenden Geldform zu verfolgen. Damit verschwindet zugleich das Geldrätsel.« (MEW 23/62)
5. Indem Marx nicht nur die *spezifische* Nützlichkeit der ausgetauschten Waren als Bedingung für die Möglichkeit ihrer Gleichsetzung ausschließt, sondern auch ihren *allgemeinen* Charakter als nützliche Dinge, verwechselt er Böhm-Bawerk zufolge die »Abstraktion von einem Umstande überhaupt mit der Abstraktion von den speciellen Modalitäten, unter denen dieser Umstand auftritt.« D. h. im Austauschverhältnis der Waren wird »zwar von der speciellen Modalität abstrahiert, unter der der Gebrauchswert der Waren erscheinen mag, ... aber beileibe nicht vom Gebrauchswerte überhaupt. Daß man nicht vom letzteren schlechtweg abstrahiert, hätte Marx schon daraus entnehmen können, daß ja kein Tauschwert existieren kann, wo nicht ein Gebrauchswert vorhanden ist, eine Tatsache, die Marx selbst« nach dem Eindruck von Böhm-Bawerk, »wiederholt einzugestehn

gezwungen ist.« (Böhm-Bawerk, 1896, S. 74) Dieser Einwand Böhm-Bawerks hat natürlich Methode: die subjektivistische Wertlehre, als einer deren Hauptvertreter Böhm-Bawerk gelten kann, versucht gerade, den Wert aus der Nützlichkeit der Güter herzuleiten. Das sog. Wertparadoxon, das darin besteht, daß Güter, die eminent nützlich sind (z. B. Wasser), wenig Wert, hingegen solche, die wenig nützlich sind (z. B. Diamanten) großen Wert haben, wird von dieser Richtung durch Einbeziehung des Knappheitskalküls gelöst: der Wert bestimmt sich nicht allein durch die Nützlichkeit, sondern auch durch die Knappheit (Seltenheit) der Güter. Das sog. Knappheitsaxiom bildet demgemäß die Grundvoraussetzung der subjektivistischen Wertlehre in ihren verschiedenen Varianten, in denen schließlich vom Wert (als »metaphysischem Begriff«) überhaupt abgerückt wird zugunsten einer (empirisch gehaltlosen) Preistheorie. Ähnlich wie Böhm-Bawek in dem oben zitierten Einwand argumentiert übrigens auch schon Hegel in einer (beiläufigen) Betrachtung des Werts (vgl. Hegel, 1970, § 63).
Die Begründung der Kommensurabilität (Vergleichbarkeit) von Gebrauchswerten aus ihrer Bezogenheit auf (subjektive) Bedürfnisse (vgl. die von Marx referierte Analyse der Wertform bei Aristoteles, MEW 23/73f.) kann nicht aus *logischen* Gründen zurückgewiesen werden. Die marxistische Kritik derartiger Begründung des Werts beruft sich deshalb auf die Tatsache, daß die Warenproduktion als arbeitsteilige Form der Produktion immer heißt: Produktion von Gebrauchswert »für andre« (MEW 23/55) »Hier produziert der einzelne eine Ware allein, die für ihn höchstens in einem einzelnen Exemplar, aber nie in ihrer Masse Gebrauchswert haben kann. Daß diese Ware für andere nützlich, ist Voraussetzung für ihre Austauschbarkeit, aber als für mich nutzlos, ist der Gebrauchswert meiner Ware kein Maßstab auch nur meiner individuellen Wertschätzung, geschweige denn Maßstab für eine objektive Wertgröße.« (Hilferding, 1904, S. 5)

6. Daß Marx bei der Suche nach der gemeinsamen Eigenschaft der Waren, die ihre Gleichsetzung im Austauschverhältnis erlaubt, schließlich nur die der »Arbeitsprodukte« übrigbehält, ist für Böhm-Bawerk nur »aalglatter dialektischer Geschicklichkeit« zu verdanken. Marx beschränke »nämlich den Umfang seiner Untersuchung nach der Substanz des Tauschwerts von vornherein auf die ›Waren‹, wobei er diesen Begriff, ohne ihn just sorgfältig zu definieren, jedenfalls enger als den der ›Güter‹ faßt und auf Arbeitsprodukte im Gegensatz zu Naturgaben einschränkt.« Böhm-Bawerk zufolge ist es eine »methodische Totsünde«, diejenigen »tauschwerten Güter, die nicht Arbeitsprodukte sind, bei der Suche nach dem dem Tauschwerte zu Grunde liegenden Gemeinsamen auszuschließen« (Böhm-Bawerk, 1896, S. 69f.) Ob Totsünde oder nicht, jedenfalls hat diese Ausschließung bei Marx tatsächlich Methode: zunächst ist nicht einzusehen, warum ein Ding, das als »Naturgabe« allen Individuen gleichermaßen ohne Arbeit zur Verfügung steht, ausgetauscht werden sollte. Daß Naturbedingungen in einem gegebenen gesellschaftlichen Umkreis nicht allen Individuen gleichermaßen zugänglich, d. h. ohne Arbeit angeeignet und monopolisiert (wie z. B. der Grund und Boden) und dann auch ausgetauscht werden können, also einen Preis haben, ist ein wichtiger Einwand, dessen Berücksichtigung aber u. a. voraussetzt: die Betrachtung von Herrschaftsverhältnissen, die z. B. die Monopolisierung des Grund und Bodens erlauben. Marx will aber gemäß der Basis-Überbau-These die Existenz von

Herrschaftsverhältnissen nicht einfach als einen Ausgangspunkt seiner Betrachtung unterstellen, sondern deren ökonomische Vermittlung, ihre Abhängigkeit von der ökonomischen Struktur nachweisen. Er behandelt demgemäß die Möglichkeit, daß Dinge ausgetauscht werden, ohne daß sie Arbeitsprodukte sind, zunächst nicht, obwohl gilt: »Um ein Ding zu verkaufen, dazu gehört nichts, als daß es monopolisierbar und veräußerlich ist.« (MEW 25/646) Die Gesetzmäßigkeiten der Preisbildung von Nicht-Arbeitsprodukten (bzw. von nicht beliebig reproduzierbaren Produkten wie Kunstwerken usw.) sind für Marx nur erschließbar unter der Voraussetzung, daß die auf dem Wert basierenden Produktionsverhältnisse in ihrer entwickelten Form dargestellt sind. Daß sich Marx nicht um das von Böhm-Bawerk aufgeworfene Problem drückt, wird daraus ersichtlich, daß er es von vornherein unter den prinzipiellen Einwänden gegen die Arbeitswerttheorie aufführt und auch den Ort seiner Lösung in der »Lehre von der Grundrente« (vgl. MEW 13/48) angibt. Marx zeigt am Beispiel des Bodenpreises unter welchen Gesetzen sich der Austausch von Dingen vollzieht, die keinen Wert haben, aber monopolisierbare Naturbedingungen der Produktion sind. (Vgl. MEW 25/636f.)

7. Unterschiedliche Auffassungen vom Gegenstand und seiner Behandlungsweise in der klassischen bürgerlichen Ökonomie kommen z. B. in einem Brief Ricardos an Malthus (9. Oktober 1820) zum Ausdruck: »Political Economy you think is an enquiry into the nature and causes of wealth – I think it should be called an enquiry into the laws which determine the division of the produce of industry amongst the classes who concur in its formation . . . Every day I am more satisfied that the former enquiry is vain and delusive, and the latter only the true object of science.« (Ricardo, 1887).
8. Über die Unterscheidung von Form und Stoff des Reichtums und ihre Bedeutung für die Bestimmung des Gegenstands der politischen Ökonomie bei Marx: »Die politische Ökonomie hat es mit den spezifischen gesellschaftlichen Formen des Reichtums oder vielmehr der Produktion des Reichtums zu tun. Der Stoff desselben, sei er subjektiv, wie Arbeit, oder objektiv, wie Gegenstände für die Befriedigung natürlicher oder geschichtlicher Bedürfnisse, erscheint zunächst allen Produktionsepochen gemeinsam.« (GR 736) Daß die politische Ökonomie die spezifisch bürgerliche Form der Produktion des Reichtums nicht als historisch besondere (und damit transitorische) *Form* auffaßt, sondern nicht als absolute, naturnotwendige Form der Produktion ausgibt, ist einer der Gründe dafür, daß Marx seine Theorie als »*Kritik* der politischen Ökonomie« formuliert.
9. Auf die Faktoren, die die Wertgröße bestimmen, wird kurz im nächsten Kapitel eingegangen.

Fragen zur Diskussion

1. Marx unterscheidet zwei »Faktoren« der Ware. Wie lassen diese sich der Unterscheidung zwischen Form und Inhalt des Reichtums zuordnen?
2. Ist der Gebrauchswert eine inhärente Eigenschaft von Dingen oder existiert er nur in Beziehung auf menschliche Bedürfnisse?
3. Ist der Tauschwert Eigenschaft einer einzelnen Ware?

4. Warum muß im Austauschverhältnis zweier Waren von deren Gebrauchswert abstrahiert werden?
5. Was versteht Marx unter »Substanz« des Wertes?
6. Wie wird der Wert einer Ware gemessen?
7. Gibt es a) Gebrauchswerte, die keine Arbeitsprodukte, b) Arbeitsprodukte, die keine Waren, c) Waren, die keine Arbeitsprodukte sind?
8. Warum muß eine Ware Gebrauchswert »für andre« sein, nicht nur für ihre Produzenten?
9. Wäre es Ihrer Ansicht nach einleuchtend, die Möglichkeit der Gleichsetzung zweier Waren im Austausch aus deren Nützlichkeit zu begründen?

10. Kapitel: Der Doppelcharakter der in den Waren dargestellten Arbeit

Textgrundlage

Das Kapital, 1. Bd., 1. Kap., 2. Abs., MEW 23/56–61

§ 1. Die Analyse der Ware als Elementarform des Reichtums in Gesellschaften mit kapitalistischer Produktionsweise ergab bisher: Marx unterscheidet zwischen Inhalt und Form des Reichtums. Der Inhalt ist bestimmt als die Gebrauchswerteigenschaften, die stofflichen Qualitäten von Dingen, die irgendein menschliches Bedürfnis befriedigen. Dieser stoffliche Inhalt des Reichtums ist dessen Differenzierung in Formen vorausgesetzt. Die Form des Reichtums ist eine gesellschaftliche Bestimmung; die Variation der Formen des Reichtums deutet auf Variation der Formen der gesellschaftlichen Produktion hin. Erste Formbestimmung ist die Ware. Erstes Kriterium für die Unterscheidung der Warenform von anderen Formen: der Tauschwert als Verhältnis zweier Gebrauchswerte, die dadurch, daß sie in dies Verhältnis gesetzt sind, Warenform annehmen. Die Möglichkeit des Tauschwertes beruht auf immanenten Eigenschaften der Waren, kann aber nicht aus ihrer Natur als Gebrauchswerte resultieren (dieser ist vielmehr vorausgesetzt, damit Dinge überhaupt Reichtum sind). Als immanente Eigenschaft der Waren, die ihre Setzung ins Tauschwertverhältnis erlaubt, ergibt sich: sie sind Arbeitsprodukte. Als solche sind sie Werte, verkörpern eine bestimmte Menge wertbildender »Substanz«: menschliche Arbeit schlechthin. Diese immanente Eigenschaft der einzelnen Ware nimmt selber wieder eine äußerliche Form an, die noch näher betrachtet werden muß.

§ 2. Zunächst ist jedoch einzugehen auf den Zusammenhang von Inhalt und Form des Reichtums und menschlicher Arbeit. Produktion des Reichtums heißt Aneignung der Natur durch Arbeit. Entsprechend der Unterscheidung von Inhalt und gesellschaftlicher Form des Reichtums ergibt sich nun auch eine Unterscheidung für die Arbeit: Gebrauchswert (als stofflicher Inhalt des Reichtum) erfordert zu seiner Herstellung menschliche Arbeit, die je nach Art der zu produzierenden Gebrauchswerte in entsprechender Weise verausgabt werden muß. Die Produktion des Gebrauchswerts Tisch erfordert Tischlerarbeit usw. Je nach der konkreten Natur des Gebrauchswerts ist also eine bestimmte *konkret nützliche Arbeit* zu seiner Herstellung erforderlich. Die Produktion für ein System von Bedürfnissen erfordert ein gesellschaftlich gegliedertes System konkret nützlicher Arbeiten.

Der gesellschaftlichen *Form* des Reichtums, als deren einfachste Ausprägung in der kapitalistischen Produktionsweise wir bisher die Ware kennengelernt haben, entspricht nun auch eine gesellschaftliche *Form* der Arbeit: die Ware ist Einheit von Gebrauchswert und Wert; der Wert wurde zurückgeführt auf menschliche Arbeit als seine »Substanz«. Diese menschliche Arbeit als wertbildende Substanz ist nun nicht zu verwechseln mit der konkret nützlichen Arbeit, wie sie in der Produktion von Gebrauchswerten verausgabt wird. Wenn das Austauschverhältnis gerade dadurch charakterisiert ist, daß von allen Gebrauchswerteigenschaften der Waren abstrahiert werden muß, so gilt dies auch für die Arbeit, soweit sie als wertbildende dies Austauschverhältnis erst ermöglicht. Sie verliert ihren Charakter als konkret nützliche Arbeit zur Herstellung eines konkret nützlichen Gegenstands, zählt nur noch als unterschiedslose menschliche Arbeit oder *abstrakt menschliche Arbeit.*[1]

§ 3. Zunächst scheint es sich bei der abstrakt menschlichen Arbeit genauso um eine naturnotwendige Existenzbedingung des Menschen zu handeln wie bei der konkret nützlichen Arbeit, für die Marx diese »ewige Naturnotwendigkeit« (MEW 23/57) ausdrücklich hervorhebt. Einmal wird Arbeit »im physiologischen Sinn« (MEW 23/61), das andere Mal Arbeit »als Bildnerin von Gebrauchswerten« (MEW 23/57) betrachtet. Dieselbe Sache wird nur von zwei verschiedenen Seiten her gesehen; bloß der »Aspekt« des Betrachters scheint die Differenz der Bestimmungen zu ermöglichen. Genauso wie man »das Tier« überhaupt von Löwen, Hasen, Käfern usw. unterscheiden kann, kann man Arbeit überhaupt von den verschiedenen konkret nützlichen Arbeiten unterscheiden. Diese Unterscheidung erscheint als bloß theoretische Zutat des Betrachters, der im Denken von einzelnen konkreten Sachverhalten abstrahiert und sie nach gemeinsamen Merkmalen zu einem Gattungsbegriff zusammenfaßt.

Insgesamt wird daher zunächst nicht recht einsichtig, warum a) eine derartige Unterscheidung für die Arbeit zu dem anspruchsvollen Prädikat »Doppelcharakter« führt (ein Löwe hat keinen »Doppelcharakter«, weil er zugleich Löwe und Tier ist, aber die zur Produktion eines Tisches als Ware aufgewandte Arbeit soll »Doppelcharakter« haben, weil sie zugleich konkret nützliche (Tischler-) Arbeit und abstrakt menschliche Arbeit ist); und warum b) Marx zufolge diese »zwiespältige Natur der in den Waren enthaltenen Arbeit . . . der Springpunkt ist, um den sich das Verständnis der politischen Ökonomie dreht.« (MEW 23/56)[2]

Beide Probleme lassen sich zusammenfassen in den Fragen: Wie kann abstrakt menschliche Arbeit, die doch nichts weiter ist als »Verausgabung menschlicher Arbeitskraft im physiologischen Sinn« (MEW 23/61), zur besonderen *Form* gesellschaftlicher Arbeit[3] in warenproduzierenden Gesellschaften werden? Mit anderen Worten: wieso wird »menschliche Arbeit schlechthin« (MEW 23/59) zur besonderen Form gesellschaftlicher Arbeit? Marx sagt: »in dieser Eigenschaft ... bildet sie den Warenwert« (MEW 23/61). Da immer und überall, wo gearbeitet wird, abstrakt menschliche Arbeit verausgabt wird, bildet die Arbeit auch immer Wert? Hätte das Arbeitsprodukt auch immer Warenform? Offenbar nicht. Marx führt die Ware ausdrücklich als historisch besondere gesellschaftliche Form des Reichtums ein; er beansprucht, »daß gleich in der einfachsten Form, der der Ware, der *spezifisch* gesellschaftliche, keineswegs *absolute* Charakter der bürgerlichen Produktion analysiert ist.« (MEW 29/463)

Wir haben mit dem Tauschwert bereits eine Bestimmung der Ware kennengelernt, die darauf verweist, daß nur unter spezifischen gesellschaftlichen Bedingungen die Arbeitsprodukte Waren sind, nämlich dann, wenn sie ausgetauscht (und auch für den Austausch produziert) werden. Die Notwendigkeit des Austauschs – und damit der Warenform der Arbeitsprodukte – beruht auf zwei gesellschaftlichen Grundbedingungen: der gesellschaftlichen Teilung der Arbeit und der Verausgabung von Arbeit als Privatarbeit. »Nur Produkte selbständiger und voneinander unabhängiger Privatarbeiten treten einander als Waren gegenüber.« (MEW 23/57) Genausowenig, wie das Arbeitsprodukt immer Warenform hat[4], genausowenig hat die Arbeit immer Doppelcharakter, obwohl sich jede Arbeit unter dem doppelten Aspekt: als konkret nützliche und als abstrakt menschliche Arbeit betrachten läßt. Beide Bestimmungen sind aneinander gekoppelt: nur die »in den Waren dargestellte Arbeit« hat diesen Doppelcharakter. Die Frage, die sich an diesem Punkt stellen muß, lautet: Warum nimmt »dieser Inhalt jene Form an« (MEW 23/95)? Warum kennzeichnen Bestimmungen, die sich analytisch[5] aus der Betrachtung jedes nur möglichen Arbeitsprozesses gewinnen lassen, eine historisch-spezifische gesellschaftliche Form der Arbeit? Die Antwort auf diese Frage findet sich in der Untersuchung der »Wertformen«, in der ein Zusammenhang zwischen den beiden Grundbedingungen der Warenproduktion: Arbeitsteilung und Privatarbeit, und der Warenform des Arbeitsproduktes hergestellt werden muß, so daß sich schließlich auch die Bestimmung vom Doppelcharakter der in den

Waren dargestellten Arbeit als reale Bestimmung (und nicht nur als »Zutat« des Betrachters) erweist.

Erläuterungen und Zusätze

1. Mit der Unterscheidung von konkret nützlicher und abstrakt menschlicher Arbeit ist zwar die Reduktion des Wertes auf gesellschaftliche Arbeit ermöglicht und ein Maß für die Wertgröße gewonnen (Arbeitszeit). Aber die Bestimmung der abstrakt menschlichen Arbeit als Wertsubstanz und der Arbeitszeit als Maß des Werts genügen nicht, um die Wertgröße einer Ware eindeutig festzulegen. *Erstens* muß von individuellen Unterschieden der Arbeitskräfte abgesehen werden: ob ein Mensch faul oder fleißig, geschickt oder ungeschickt ist, also mehr oder weniger Arbeitszeit zur Produktion einer Ware braucht, kann sich nicht unmittelbar auf deren Wertgröße auswirken. Die Arbeit, »welche die Substanz des Werts bildet, ist gleiche menschliche Arbeit, Verausgabung derselben menschlichen Arbeitskraft« (MEW 23/53) und kann, da nun einmal Unterschiede zwischen den Individuen bestehen, nur Wirkung einer Durchschnitts-Größe sein: der gesellschaftlichen Durchschnitts-Arbeitskraft. Diese ist dadurch definiert, daß sie »in der Produktion einer Ware auch nur die im Durchschnitt notwendige oder gesellschaftlich notwendige Arbeitszeit braucht.« (ebd.) *Zweitens:* daß die Wertgröße der Waren durch die in ihrer Produktion verausgabte *gesellschaftlich notwendige Arbeitszeit* bestimmt ist, hat einen Doppelsinn. Zunächst ist diese gesellschaftlich notwendige Arbeitszeit eine technologisch bestimmte Durchschnittsgröße, die besagt, wieviel Zeit zur Produktion eines Warenexemplars notwendig ist. Weiter gilt aber, daß »das Wertgesetz der Waren bestimmt, wieviel die Gesellschaft von ihrer ganzen disponiblen Arbeitszeit auf die Produktion jeder besonderen Warenart verausgaben kann.« (MEW 23/377; vgl. MEW 23/121 f.) Es kann also sein, daß zwar zur Produktion jedes Einzelexemplars einer Warenart nur die »im Durchschnitt notwendige ... Arbeitszeit« (MEW 23/53) gebraucht, und dennoch ein zu großer Teil der gesellschaftlichen Gesamtarbeitszeit für ihre Summe verausgabt wurde. Die Wirkung ist dieselbe, als ob in jeder einzelnen Ware mehr als die gesellschaftlich notwendige Arbeitszeit (als technologisch bestimmte Durchschnittsgröße) enthalten wäre. *Drittens* gibt es jenseits dieser individuellen Unterschiede der Arbeitskräfte eine weitere Schwierigkeit bei der Festlegung dessen, was als »menschliche Arbeit schlechthin« den Wert der Ware bildet: neben ihrer Differenzierung in zahllose verschiedene konkret nützliche Arbeitsarten, also der qualitativen Differenzierung, von der hier (bei der Wertbildung) abzusehen ist, differenziert sich die menschliche Arbeit auch nach ihrem Kompliziertheitsgrad. Als wertbildende Substanz erhält Arbeit dann je nachdem, ob sie komplizierte oder einfache Arbeit ist, ein unterschiedliches Gewicht; soll die wertbildende Potenz gemessen werden, genügt es nicht mehr, einfach die Arbeitszeit zu messen. Vorher müssen Arbeiten von verschiedenem Kompliziertheitsgrad auf ein einheitliches Maß reduziert werden: die »einfache Durchschnittsarbeit«. »Kompliziertere Arbeit gilt nur als *potenzierte* oder vielmehr *multiplizierte* einfache Arbeit, so daß ein kleineres Quantum komplizierter Arbeit gleich einem größeren Quantum einfacher Arbeit« (MEW 23/59) ist. Marx gibt nicht an, nach welchen Kriterien diese Reduktion von komplizierter auf einfache Arbeit zu erfolgen hätte (ein

Problem, das bei empirischen Untersuchungen, z. B. über die Auswirkung von Ausbildungsaufwand auf ökonomisches Wachstum, große Schwierigkeiten macht). Er verweist nur darauf, daß eine Gesetzmäßigkeit existieren muß, nach der diese Reduktion erfolgt, läßt sich aber nicht auf deren Diskussion ein, sondern unterstellt: »Der Vereinfachung halber gilt uns im Folgenden jede Art Arbeitskraft unmittelbar für einfache Arbeitskraft, wodurch nur die Mühe der Reduktion erspart wird.« (ebd.) Die Berechtigung dieser Marxschen Annahme ist seit Böhm-Bawerk (1896, S. 80–86) und Hilferding (1904, S. 14–22) ebenso umstritten wie die empirischen Lösungsversuche des »Reduktionsproblems« (vgl. z. B. Ludwig, Maier, Wahse, 1972, S. 72–92). Theoretisch legitim ist Marx' Ausklammerung des »Reduktionsproblems« sicherlich so lange, wie die dauernde Berücksichtigung des unterschiedlichen Kompliziertheitsgrades der Arbeiten den Gang der Argumentation nur unnötig komplizieren würde, ohne etwas zur Erkenntnis der untersuchten Sachverhalte beizutragen. Ähnliche Überlegungen gelten auch für das analoge Problem der unterschiedlichen Intensität von Arbeiten.

2. Eine Andeutung, warum Marx zufolge der Doppelcharakter der in den Waren dargestellten Arbeit der »Springpunkt ist, um den sich das Verständnis der politischen Ökonomie dreht« (MEW 23/56), gibt Marx unter anderem mit dem Hinweis auf die »gegensätzliche Bewegung« (MEW 23/60) von steigender Masse des stofflichen Reichtums (Gebrauchswert) und gleichzeitigem Fall seiner Wertgröße. Die Möglichkeit dieser gegensätzlichen Bewegung beruht auf der Steigerung der Produktivkraft der Arbeit (vgl. MEW 23/54f.), deren Auswirkung auf den Wert der Waren mit dem »zwieschlächtigen Charakter der Arbeit« (MEW 23/60) erklärt werden kann. Abgesehen davon, daß so auf Basis der Arbeitswerttheorie das sog. Wertparadoxon gelöst ist, wonach Dinge von großer Nützlichkeit wenig Wert haben können und umgekehrt, bildet die gegensätzliche Bewegung von Gebrauchswert und Wert das Kernstück der zentralen Gesetze der Marxschen Kritik der politischen Ökonomie (z. B. des Gesetzes des tendenziellen Falls der Profitrate).
   Für empirische Untersuchungen von Produktivitätsverschiebungen stellt sich nicht nur das Problem der Reduktion von komplizierter auf einfache Arbeit. (Wenn Marx sagt: »Dieselbe Arbeit ergibt daher in denselben Zeiträumen stets dieselbe Wertgröße, wie immer die Produktivkraft wechsle« (MEW 23/61), so ist diese Reduktion auf homogene Arbeit immer schon unterstellt). Auch die verschiednen Quanta Gebrauchswerte, in denen sich dieselbe Wertgröße darstellt, müssen vergleichbare, d. h. homogene Größen sein.
3. Vgl. auch Marx' Ausdruck von der »spezifischen Art der Gesellschaftlichkeit« der Tauschwert setzenden Arbeit. (MEW 13/19)
4. »Kein Produzent . . ., isoliert betrachtet, produziert Wert oder Ware. Sein Produkt wird nur Wert und Ware in bestimmtem gesellschaftlichem Zusammenhang.« (MEW 25/651)
5. Wenn abstrakt allgemeine Arbeit zunächst nichts anderes bedeutet als menschliche Arbeit schlechthin oder Arbeit im physiologischen Sinn, so gilt sicherlich, daß der Begriff – ebenso wie sein Komplement: konkret nützliche Arbeit – analytisch aus der Untersuchung aller möglicher Arbeitsprozesse zu gewinnen ist. Gesellschaftstheoretisch relevant wird der Begriff aber nur für die kapitalistische Pro-

duktionsweise, was sich theoriegeschichtlich schon darin ausdrückt, daß der Prozeß der Gewinnung und Verarbeitung des Begriffes der abstrakten Arbeit parallel zur Entstehung der kapitalistischen Produktionsweise verläuft (vgl. GR 24f.). Dennoch haben Smith und Ricardo die Gültigkeit der mit Hilfe des Begriffs gewonnenen Wertbestimmung historisch extrapoliert in graue Vorzeit, als noch Hirsch- und Biberjäger miteinander tauschten (vgl. Smith, 1937, Buch I, Kap. 5; Ricardo, 1905, S. 11), während sie diese Wertbestimmung angesichts der Schwierigkeiten einer Erklärung des Kapitals nur noch partiell durchführen können. Abgesehen von der Frage, wie Marx inhaltlich das Hauptproblem Ricardos (»wie Profit realisiert wird, weil die Waren sich *zu ihrem Wert* austauschen« – MEW 26.3/171) löst, besteht auch formell für Marx der Zwang, die Relation zwischen der in der Untersuchung der einfachen Zirkulation gewonnenen Wertbestimmung und ihrer Gültigkeit für entwickelte kapitalistische Produktionsverhältnisse zu präzisieren. Der bequeme Ausweg der Klassiker, die Gültigkeit der Wertbestimmung in ihrer Grundform (Austausch von durch Arbeitszeit definierten Äquivalenten) in graue Vorzeiten zu verlagern, steht für Marx nicht mehr offen. Er zielt eine Lösung dieses Problems in der Weise an, daß er die »Sphäre« der einfachen Zirkulation, in deren Untersuchung er die Wertbestimmung gewinnt, als »Oberfläche« gerade der entwickelten kapitalistischen Produktionsweise behandelt (vgl. GR 907 u. ö.). Diese Lösung ist theoretisch überzeugend gerade gegenüber allen historizierenden Verfahren, die auch in der Marx-Interpretation oft genug unterstellt werden, wenn man so tut, als ginge es im 1. Abschnitt des »Kapitals« um eine Epoche der einfachen Warenproduktion. Marx' Lösung läßt allerdings scheinbar die Frage offen: Wie ist die Gültigkeit des Gesetzes der Bestimmung des Werts durch die Arbeitszeit, das in der Untersuchung der »Oberfläche« des »Systems der bürgerlichen Produktion« (GR 907) gewonnen wird, für dieses System insgesamt möglich? Die Antwort kann nur so aussehen, daß – abgesehen von allen Modifikationen und Einschränkungen des Wertgesetzes, mit deren Hilfe der »Widerspruch zwischen dem allgemeinen Gesetz und weiter entwickelten konkreten Verhältnissen« (MEW 26.3/83f.) gelöst werden muß (z. B. durch die Verwandlung der Werte in Produktionspreise, vgl. MEW 25/164ff.) – das Verhältnis von »Oberfläche« und »innerem Wesen« (MEW 26.3/458) nicht als eines von »bloßem Schein« und »Wirklichkeit« verstanden wird. Die Sphäre des Austausches, der einfachen Zirkulation, ist nicht im Sinne eines irgendwie ablösbaren Überbaus der zugrundeliegenden Produktionsverhältnisse zu verstehen, sondern beide sind notwendig Bestandteile des Systems der bürgerlichen Produktion. Das ändert nichts daran, daß die einfache Zirkulation, wenn sie als »Oberfläche« getrennt von ihrer »Grundlage« *betrachtet* wird, wie Marx sagt, »bloßer Schein« (GR 409) ist, oder: »Ihr unmittelbares Sein ist daher reiner Schein.« (GR 166)

Fragen zur Diskussion

1. Sind konkret nützliche Arbeit und abstrakt menschliche Arbeit verschiedene Arbeitsarten? Oder ist abstrakt menschliche Arbeit nur ein Oberbegriff für alle verschiedenen Möglichkeiten der Verausgabung von menschlicher Arbeitskraft?
2. Warum ist die gesellschaftliche Teilung der Arbeit eine notwendige, aber keine

hinreichende Bedingung für die Existenz von Warenproduktion? Welche Bedingung muß noch erfüllt sein, damit Waren produziert werden?
3. Schafft allein die Arbeit Reichtum?
4. Was ist der Unterschied zwischen Arbeit und Arbeitskraft?
5. Betrifft die Unterscheidung von einfacher und komplizierter Arbeit die abstrakt menschliche oder die konkret nützliche Arbeit?
6. Ist die »einfache Durchschnittsarbeit« eine historisch variable Bestimmung?
7. Welche Faktoren bestimmen die Wertgröße einer Ware?
8. Warum kann es eine »gegensätzliche Bewegung« von Masse des stofflichen Reichtums und Wert geben?

11. Kapitel: Die Wertformen

Textgrundlage
Das Kapital, 1. Bd., 1. Kap., 3. Abs., MEW 23/62–85

§ 1. Die beiden Faktoren der Ware: Gebrauchswert und Wert wurden zurückgeführt auf Arbeit in den zwei Bestimmungen »konkret nützlich« und »abstrakt menschlich«. Aber diese Bestimmungen lassen sich für jedes Arbeitsprodukt – unabhängig von der (historisch spezifischen) Form der Produktion – anführen. Die Frage: wie wird ein Arbeitsprodukt zur Ware? ist bisher noch nicht zureichend beantwortet (dieselbe Frage in Marxschen Termini: wie gewinnt das Arbeitsprodukt »Warenform«?). Diese Frage fällt zusammen mit der weiteren Frage: inwieweit hat die Ware eine »Wertform«? Denn das Arbeitsprodukt erscheint erst als Ware, wenn die beiden Bestimmungen der Ware: Gebrauchswert und Wert ebenfalls *erscheinen* (d. h. empirisch erfahrbar sind). Für die eine Eigenschaft der Waren, ihren Gebrauchswert, ist dies nicht weiter kompliziert: »Waren kommen zur Welt in der Form von Gebrauchswerten oder Warenkörpern . . . Es ist dies ihre hausbackene Naturalform.« (MEW 23/62) Damit stellt sich das Arbeitsprodukt aber noch nicht als Ware dar: eine »Naturalform« hat jedes Arbeitsprodukt. Diese »Naturalform« kann also nicht die »Warenform« sein. Um Warenform zu besitzen, muß auch die zweite Eigenschaft der Waren erscheinen: der Wert. Die Waren müssen also eine »Wertform« besitzen. »Sie erscheinen daher nur als Waren oder besitzen nur die Form von Waren, sofern sie Doppelform besitzen, Naturalform und Wertform« (ebd.). Gesucht ist also: die Wertform der Waren, die zugleich die Warenform der Arbeitsprodukte ist. Der Begriff Wert*form* drückt so etwas wie ein Postulat aus: die durch Abstraktion gewonnene Bestimmung der Ware, ihre Eigenschaft als Wert, muß irgendwie empirisch erfahrbar sei, sich *gegenständlich* darstellen (die Marxschen Ausdrücke: »Wertform«, »Wertgegenständlichkeit«, »Erscheinungsform des Werts« beziehen sich alle auf diesen Sachverhalt). Gäbe es keine »Wertgegenständlichkeit«, hätte der Wert also keine Form, in der er erscheint, dann wäre der Wertbegriff ohne weiteres – wie moderne bürgerliche Ökonomen sagen – ein »metaphysischer Begriff«.[1]

Abgesehen von diesem aus dem Aufbau der Marxschen Argumentation resultierenden methodischen Postulat, wonach ein »Wesen« (der Wert als im Austauschverhältnis verborgener »Gehalt«) auch erscheinen muß, soll es nicht ein »Unwesen« sein, muß sich die Frage nach der »Wertform« auch sachlich stellen: Der Inhalt der Wertbestimmung legt zunächst nahe, daß sich Arbeitsprodukte austauschen nach dem in ihnen enthaltenen Quantum abstrakt menschlicher Arbeit – nach ihrer Wertgröße also. Damit ist keineswegs geklärt, warum die Arbeitsprodukte Warenform, die Waren eine Wertform haben müssen. Aber: »Jedermann weiß, wenn er auch sonst nichts weiß, daß die Waren eine mit den bunten Naturalformen ihrer Gebrauchswerte höchst frappant kontrastierende, gemeinsame Wertform besitzen – die Geldform« (ebd.). Zwar wird nicht jedermann das Geld als Wertform der Waren bezeichnen, aber jedermann ist der Umgang mit Geld eine vertraute Sache: man kauft und verkauft Waren, verwandelt Geld in Waren und umgekehrt. Aus dem *Inhalt* der Wertbestimmung ist nun nicht zu entnehmen, warum die Arbeitsprodukte als Waren eine von sich unterschiedene Form (Geldform) annehmen müssen (warum z. B. die Arbeitsprodukte nicht direkt – ohne Dazwischenkunft des Geldes – gemäß der in ihnen vergegenständlichten Arbeit getauscht werden). Stellt man also die Frage nach der Notwendigkeit der Wertform, so stellt man implizit zugleich die Frage nach der Notwendigkeit des Geldes. Erst jene Fragestellung gestattet es, nicht nur – wie die politische Ökonomie vor Marx – die Höhe der Austauschrelationen zu erklären, sondern auch die sozialen Bedingungen in die ökonomische Untersuchung mit aufzunehmen, die eine Gesellschaft, in der kapitalistische Produktionsweise herrscht, von anderen Gesellschaften unterscheidet. Marx behandelt die Tatsache, daß die Arbeitsprodukte als Waren eine von sich (d. h. von ihrer Naturalform) unterschiedene Form annehmen müssen, weder als eine »naturgegebene« Voraussetzung gesellschaftlicher Produktion, noch als eine gegenüber den sogenannten »realen« Austauschverhältnissen der Güter äußerliche Zutat, durch die sich wohl die Produzenten den Verkehr untereinander erleichtern, die aber zugleich nur einen »Schleier« über die »realen« Austauschverhältnisse (den gesellschaftlichen »Stoffwechsel«) legt.[2] Es ist Marx zufolge »einer der Grundmängel der klassischen bürgerlichen Ökonomie« (und – so kann man hinzufügen – fast aller ökonomischen Theorien bis auf den heutigen Tag), daß sie »zwar, wenn auch unvollkommen, Wert und Wertgröße analysiert und den in diesen Formen versteckten Inhalt entdeckt«, aber »niemals auch nur die Frage gestellt (hat), warum dieser Inhalt jene Form annimmt, warum sich also die Arbeit im Wert und das Maß der Arbeit durch ihre Zeitdauer in der Wertgröße des Arbeitsprodukts darstellt.« Vielmehr »behandelt sie die Wertform als etwas ganz Gleichgültiges und der Natur der Ware selbst Äußerliches. Der Grund ist nicht allein, daß die Analyse der Wertgröße ihre Aufmerksamkeit ganz absorbiert. Er liegt tiefer. Die Wertform des Arbeitsprodukts ist die abstrakteste, aber auch allgemeinste Form der bürgerlichen Produktionsweise, die hierdurch als eine besondere Art gesellschaftlicher Produktion und damit zugleich historisch charakteristisiert wird. Versieht man sie daher für die ewige Naturform gesellschaftlicher Produktion, so übersieht man notwendig auch das Spezifische der Wertform, also der Warenform, weiter entwickelt der Geldform, Kapitalform usw.« (MEW 23/94 f.)

Es handelt sich hier nicht um eine bloß fachökonomische Streitfrage, in der Marx die Position vertritt, daß zur wissenschaftlichen Klärung des Geldes zunächst die Wertform des Arbeitsprodukts zu untersuchen sei. Über diese Frage hinaus handelt es sich darum, die »bürgerliche Produktionsweise« als eine historisch »besondere Art gesellschaftlicher Produktion« zu erkennen, die bestimmte – veränderliche und veränderbare – gesellschaftliche Voraussetzungen hat.

§ 2. Die Untersuchung der Wertform muß – nach Marx' eigenem Anspruch[3] – eine Erklärung für den – von ihm bereits in seinen frühen Schriften immer wieder gekennzeichneten Sachverhalt der Verselbständigung und Versachlichung gesellschaftlicher Verhältnisse gegen die Individuen in der bürgerlichen Gesellschaft erbringen. Die Begriffe »Wertform« bzw. »Wertgegenständlichkeit« sind im Grunde Kürzel für die Bezeichnung dieses Sachverhalts: denn die Wertgegenständlichkeit ist »rein gesellschaftlich« (MEW 23/62); es ist eine Gegenständlichkeit, die nicht irgendwelchen Natureigenschaften der Arbeitsprodukte, sondern rein gesellschaftlichen Bedingungen geschuldet ist, in der sich also eine bestimmte Form der gesellschaftlichen Beziehung der Individuen »objektiviert«. Nun ist der Vorgang der Vergegenständlichung (Objektivation, Versachlichung, Verdinglichung) an sich keine mysteriöse Angelegenheit. Ein Beispiel: ein Tischler baut einen Tisch. Die Tätigkeit des Tischlers (des Subjekts) vergegenständlicht sich in einem Tisch (dem Objekt), indem der Tischler einen (schon vorher von einem andern bearbeiteten) Naturstoff (Holz) durch seine Arbeit umformt. Auch der Vorgang der Vergegenständlichung einer sozialen Beziehung läßt sich im Anschluß an dieses Beispiel verstehen: nehmen wir an, zwei (oder mehr) Tischler bauen einen Tisch zusammen. Sie müssen sich vorher über Zweck und Art ihrer Tätigkeit verständigt haben; der Tisch ist Resultat ihres gesellschaftlichen Zusammenwirkens in der Umformung von Naturstoff. Dem Tisch braucht man es übrigens nicht anzusehen, daß er das Resultat der Tätigkeit mehrerer Individuen ist. Bei der Wertgegenständlichkeit ist das anders: hier muß sich eine gesellschaftliche Beziehung von Produzenten gegenständlich darstellen, und zwar so, daß diese Wertgegenständlichkeit unterscheidbar ist von der Naturalform des Produkts. Warum? Weil die Produzenten als Glieder einer gesellschaftlichen Gesamtproduktion tätig werden, indem sie arbeitsteilig füreinander Produkte herstellen, aber nicht *vor* dieser Produktion in gesellschaftlichen Kontakt treten. Sie sind Privatproduzenten. D. h. es gibt keine unmittelbar gesellschaftlichen Verhältnisse der Personen in ihren Arbeiten selbst. Erst wenn diese Arbeiten als Privatarbeiten (oder Arbeiten der »vereinzelten Einzelnen« (MEW 13/21)) abgeschlossen sind, in einem Produkt resultieren, treten die Produzenten in gesellschaftlichen Kontakt. Dieser gesellschaftliche Kontakt ist notwendig, weil sie arbeitsteilig produzieren, Gebrauchswerte »für andre« herstellen. Würden die Produzenten isoliert für sich produzieren, also alles, was sie zum Leben brauchen, auch durch ihre eigne Arbeit herstellen, dann brauchten sie auch nicht in gesellschaftlichen Kontakt mit anderen zu treten (außer z. B. im engen Umkreis einer autark wirtschaftenden Bauernfamilie). Sie produzieren aber einerseits privat, als unabhängige, vereinzelte Individuen, andererseits gesellschaftlich, weil sich ihre bestimmten nützlichen Arbeiten »als Glieder der Gesamtarbeit, des naturwüchsigen Systems der gesellschaftlichen Teilung der Arbeit, bewähren« (MEW 23/87) müssen. Der notwendige gesellschaftliche Kontakt kann sich nur noch über die Arbeitsprodukte herstellen, und erst am Schicksal dieser Arbeitsprodukte kann sich zeigen, ob die verausgabte Privatarbeit sich als Glied der gesellschaftlichen Gesamtarbeit »bewährt«. Zum Zweck dieser »Bewährung« muß das Produkt der Privatarbeit eine von seiner »Naturalform« unterschiedene Form annehmen, die »Wertform«, denn es soll ja gesellschaftliche Arbeit darstellen, obwohl es Resultat von Privatarbeit ist.

Warum muß das Arbeitsprodukt sich aber ausgerechnet in einer »*Wert*form« darstellen (also, da es neben dieser Wertform seine Naturalform immer behält, sich in einer »Doppelform« zeigen und damit – als Einheit beider Formen – »Warenform« annehmen)? Bisher war der Wert nichts als eine Abstraktion, die gewonnen wurde in Ansehung des Verhältnisses zweier Waren, welche ausgetauscht werden. Die Waren werden einander gleichgesetzt; die Möglichkeit dieser Gleichsetzung beruht auf einer gemeinsamen Eigenschaft der Waren: ihrem Wert. Der Vorgang ist, mit andren Worten, folgender: man setzt »jede der Waren = einem Dritten; d. h. sich selbst Ungleich. Dies Dritte, von beiden verschieden, da es ein Verhältnis ausdrückt, existiert zunächst im Kopfe, in der Vorstellung, wie Verhältnisse überhaupt nur *gedacht* werden können, wenn sie fixiert werden sollen, im Unterschied von den Subjekten, die sich verhalten.« (GR 61) Das

»Dritte« ist also der Wert; das Verhältnis, das der Wert ausdrückt, ist – wie die weitere Untersuchung ergab – ein *gesellschaftliches Verhältnis* von Arbeiten, die reduziert sind auf den kleinsten gemeinsamen Nenner, den Arbeiten, die unabhängig voneinander getätigt werden und die in verschiedenen Gebrauchswerten resultieren, überhaupt haben können: auf abstrakt menschliche Arbeit. Und nun muß dieses gesellschaftliche Verhältnis, das zunächst nur im Kopfe existiert, sich *gegenständlich* darstellen, weil es – wie wir gesehen haben – in der warenproduzierenden Gesellschaft keine unmittelbaren gesellschaftlichen Verhältnisse der Personen *in ihren Arbeiten* gibt, sondern nur über ihre Arbeitsprodukte, also sachlich, vermittelte Verhältnisse. Die gesuchte Wertform kann – da das Resultat widersprüchlicher Anforderungen – selbst nur eine widersprüchliche Form sein. Der Wert konnte zunächst nur begrifflich fixiert werden, war nur Abstraktionsprodukt, gewonnen an einem Verhältnis. Nun muß ein Ding unmittelbar ein Verhältnis darstellen. Andere Dinge als Arbeitsprodukte stehen nicht zur Verfügung. Die Arbeitsprodukte sind von Haus aus Gebrauchswerte (haben ihre »hausbackene Naturalform«). Nun muß ein Arbeitsprodukt unmittelbar Wert darstellen. Als Gebrauchswerte sind die Arbeitsprodukte Resultate konkret nützlicher Arbeit. Nun muß ein Arbeitsprodukt sich unmittelbar als bloßes Resultat abstrakt menschlicher Arbeit darstellen. Die Arbeitsprodukte sind das Resultat von Privatarbeiten, nun muß sich ein Arbeitsprodukt unmittelbar als Resultat gesellschaftlicher Arbeit darstellen.[4]

§ 3. Die Lösung dieser Probleme findet Marx in seiner Untersuchung der Wertformen.[5] Er geht dabei stufenweise vor, untersucht zunächst die im einfachsten Wertverhältnis (dem »gesellschaftlichen Verhältnis von Ware zu Ware« (MEW 23/62)) *enthaltene* einfache Wertform; dann die »Totale oder entfaltete Wertform«, in der eine Ware ihren Wert in vielen andren Waren darstellt; schließlich die »allgemeine Wertform«, in der alle Waren ihren Wert »einfach . . ., weil in einer einzigen Ware«, und »einheitlich, weil in derselben Ware« (MEW 23/79) darstellen. Von dieser Form zur »Geldform« bedarf es nur noch des kleinen Schritts, anstelle einer beliebigen Ware als »allgemeines Äquivalent« durch »gesellschaftliche Gewohnheit« (MEW 23/84) die Ware zu setzen, deren natürliche Eigenschaften sie am besten zu dieser Funktion geeignet macht: das Gold. Damit ist die »Genesis« der Geldform nachgewiesen, insofern die Entwicklung von der einfachen Wertform bis hin zur Geldform den Charakter einer (begrifflich, nicht historisch![6]) *notwendigen* Entwicklung hat. Um die Frage zu klären, ob die Entwicklung der Wertformen den Charakter einer notwendigen Entwicklung hat, sind insbesondere die Übergänge aus einer Form in die nächste zu untersuchen.[7] Der Grundgedanke, dessen sich Marx in der Konstruktion dieser Übergänge bedient, ist der von der Notwendigkeit einer »adäquaten« Erscheinungsform des Werts. Da der Wert nur Ausdruck für gesellschaftliche Verhältnisse ist, in denen »der allgemein menschliche Charakter der Arbeit deren spezifisch gesellschaftlichen Charakter bildet« (MEW 23/82), kann seine adäquate Erscheinungsform nur eine allgemeine sein. Die in der als allgemeines Äquivalent fungierenden Ware verwirklichte Arbeit wird in den »zahllosen Gleichungen, woraus die allgemeine Wertform besteht, . . . jeder in andrer Ware enthaltenen Arbeit gleich«(-gesetzt) und wird dadurch »zur allgemeinen Erscheinungsform menschlicher Arbeit überhaupt« (ebd.). Zwei Probleme bleiben allerdings beim Nachweis der Genesis der Geldform zunächst offen: *Erstens* entsteht, wie Marx sagt, im Gegensatz zur einfachen und zur entfalteten Wertform die allgemeine Wertform »nur als gemeinsames Werk der Warenwelt« (MEW 23/80). Der Prozeß, in dem eine Ware als allgemeines Äquivalent aus dem Kreis aller übrigen Waren ausgeschlossen wird, ist »ein von der ausgeschlossenen Ware unabhängiger *objektiver* Prozeß«[8], während die vorhergegangenen Wertformen das Resultat rein subjektiver Prozesse sein können (in denen es »sozusagen das Privatgeschäft der einzelnen Ware, sich eine Wertform zu geben, (ist) und sie vollbringt es ohne Zutun der andren Waren.« (MEW 23/80)). Wie kommt es zu diesem »gemeinsamen Werk der Warenwelt«? *Zweitens* entsteht die Geldform, indem eine bestimmte Ware, »das Gold«, die Position eines allgemeinen Äquivalents »historisch erobert« (MEW 23/84). Unterstellt ist also ein historischer »Eroberungs«-Prozeß, als dessen Resultat Gold ein »Monopol« (ebd.) einnimmt. Wieso gewinnt ausgerechnet das Gold diese Monopolstellung? Beiden Fragen geht Marx im 2. Kapitel »Der Austauschprozeß« nach. Bevor dieses Kapitel behandelt wird, soll nochmals zusammenfassend der Sachverhalt der Versachlichung und Verselbständigung gesellschaftlicher Verhältnisse betrachtet werden, den Marx in seiner Grundform bereits mit der Analyse der Ware und der Wertformen zu erklären beansprucht.

Erläuterungen und Zusätze

1. Wenn moderne bürgerliche Ökonomen »radikal« mit den tradierten Grundbegriffen ihrer Wissenschaft umspringen, wie z. B. Joan Robinson, kommt oft nicht mehr heraus als der »grobe Empirismus«, den Marx schon an der klassischen politischen Ökonomie kritisierte. Solchem Empirismus ist der nicht sonderlich komplizierte Gedanke fremd, daß »Verhältnisse . . . in der Sprache nur als Begriffe ausgedrückt werden« (MEW 3/347) können, »wie überhaupt ein Verhältnis nur durch Abstraktion eine besondere Verkörperung erhalten, selbst wieder individualisiert werden kann . . . im Unterschied von den Subjekten, die sich verhalten.« (GR 61) Da solchen Begriffen, weil sie ein Verhältnis ausdrücken, auch ein unmittelbar greifbares empirisches Korrelat fehlt, werden sie als metaphysische Begriffe denunziert. Robinson fragt – und es ist sicherlich ihr Verdienst, im Gegensatz zur Mehrheit ihrer Kollegen überhaupt noch solche Fragen zu stellen –: »Was aber

ist er?« (der Wert) – Antwort: »Es geht einem wie stets bei metaphysischen Begriffen; wenn man sie festhalten will, erweisen sie sich als hohle Worte.« (ROBINSON, 1972, S. 36). Als hätte er es geahnt, beginnt Marx seine Untersuchung der Wertformen mit demselben Problem: »Die Wertgegenständlichkeit der Waren unterscheidet sich dadurch von der Wittib Hurtig, daß man nicht weiß, wo sie zu haben ist . . . Man mag . . . eine einzelne Ware drehen und wenden, wie man will, sie bleibt unfaßbar als Wertding.« (MEW 23/62) Für Marx versteht sich allerdings »von selbst, daß sie (die Wertgegenständlichkeit) nur im gesellschaftlichen Verhältnis von Ware zu Ware erscheinen kann.« (ebd.) Während Robinson resigniert feststellt: »Der *Wert*, diese mysteriöse Erscheinung, hielt sich auf irgendeine Weise in den relativen Preisen verborgen« (ROBINSON, 1972, S. 45) – »mysteriöse Erscheinung« ist der Wert wohl, weil er als solcher überhaupt nicht erscheint, sondern nur in einer von ihm, als dem Wesen, unterschiedenen Erscheinungsform –, geht es Marx gerade darum, die Preisform (d. h. den einfachen relativen Wertausdruck einer Ware in der Geldform, vgl. MEW 23/84) als notwendige Erscheinungsform des Werts nachzuweisen.

2. Die Metapher vom »Geldschleier« (vgl. z. B. PIGOU, 1969, S. 30–36), der zu durchdringen sei, will man ein korrektes Verständnis des ökonomischen Prozesses gewinnen, hat einerseits eine kritische Funktion: gegen die frühbürgerlichen Theorien der Monetar- und Merkantilsysteme, denen gemäß Geld der einzige Reichtum ist, wurde in der klassischen Ökonomie die Auffassung vertreten, daß Arbeit (und Natur) die Quellen allen Reichtums sind (vgl. z. B. HUME, 1910, S. 66–83; oder SMITH, 1937, Book IV, Ch. I). Andererseits hat die Auffassung des Geldes als eines bloßen »Schleiers« über den »realen« Austauschverhältnissen eine apologetische Funktion, insofern die Implikationen des Geldgebrauchs für die Gestaltung des ökonomischen Prozesses geleugnet werden. Am deutlichsten wird diese Funktion im sog. Sayschen Gesetz der Absatzwege (vgl. SAY, 1803, S. 138ff.): von der durch das Geld bedingten Zerlegung des Austausches in die getrennten Akte von Kauf und Verkauf wird abstrahiert, und mittels dieser Abstraktion kann die Möglichkeit von Krisen des kapitalistischen Systems bestritten werden (vgl. z. B. RICARDO, 1905, S. 293ff.).
3. Vgl. GR 908f., 924
4. Vgl. die drei »Eigentümlichkeiten« der Äquivalentform (MEW 23/70–73).
5. Die Untersuchung der Wertform ist nicht zu verwechseln mit der Darstellung von Austauschprozessen. Wie Marx z. B. bei der Untersuchung der einfachen Wertform, die im einfachen Wertverhältnis von Ware zu Ware *enthalten* ist, vorgeht, läßt sich vielleicht am besten durch eine Hilfsvorstellung verdeutlichen: man stellt sich quasi hinter eine Ware (oder stellt sich als deren Besitzer vor). Wie drückt man – zunächst in einfachster Form – deren Wert aus? Durch ihre Gleichsetzung mit einer anderen (beliebigen) Ware. Damit ist aber nur der Wert *einer* Ware ausgedrückt. Marx untersucht die Form dieses Ausdrucks. Der Austausch ist dagegen immer eine Beziehung – zwar auch zwischen zwei Waren, aber darüberhinaus – zwischen zwei Subjekten (Warenbesitzern). »Denken wir uns Tauschhandel zwischen Leinwandproducent A und Rockproducent B . . . Hier befinden sich *beide*, Leinwand und Rock, *gleichzeitig* in relativer Werthform und in Aequivalentform. Aber, notabene, *für zwei verschiedene Personen* und *in zwei verschiedenen*

Werthausdrücken, welche nur *gleichzeitig* ins Leben treten. Für A befindet sich *seine Leinwand*, – denn für ihn geht die Initiative *von seiner Waare* aus – in relativer Werthform, *die Waare des Andren*, der Rock dagegen, in Aequivalentform. *Umgekehrt* vom Standpunkt des B. *Dieselbe* Waare besitzt also *niemals*, auch nicht in diesem Fall, *die beiden Formen gleichzeitig in demselben Werthausdruck.«* (Marx, 1867, S. 765f.)

Genausowenig, wie die Untersuchung der Wertformen mit der Darstellung von Austauschprozessen verwechselt werden darf, sollte der Umstand, daß Marx die Wertformen als Gleichungen schreibt, dazu verleiten, die Wertformen als Gleichungen in dem Sinne zu interpretieren, daß man sie beliebig vorwärts und rückwärts lesen kann. Damit ginge zwar nicht verloren, daß der Ausdruck x Ware A = y Ware B rechts und links gleiche Größen enthält, aber die qualitativ verschiedenen Rollen, die die beiden Waren in diesem Verhältnis spielen, wären vernachlässigt. Um diese qualitativ verschiedenen Rollen hervorzuheben, bezeichnet Marx relative Wertform und Äquivalentform als Pole des Wertausdrucks (MEW 23/63), d. h. »zueinander gehörige, sich wechselseitig bedingende unzertrennliche Momente, aber zugleich einander ausschließende oder entgegengesetzte Extreme« (ebd.). So wie der Nordpol nicht ohne den Südpol, beide aber etwas durchaus verschiedenes sind, so existiert die relative Wertform nicht ohne ihr Gegenüber, die Äquivalentform (und umgekehrt). Es handelt sich also um entgegengesetzte Bestimmungen, die zusammen eine Einheit bilden (so wie die Ware Einheit von Gebrauchswert und Wert, zweier entgegengesetzter Bestimmungen, ist). Während im einfachen Wertverhältnis aber noch gut sichtbar ist, daß den Waren die verschiedenen Funktionen von relativer Wertform und Äquivalentform nur *innerhalb* dieses Verhältnisses zufallen (also auch die Naturalform der Ware B, die als »Wertspiegel« (MEW 23/67) fungiert, nur innerhalb dieses Wertverhältnisses zur unmittelbaren »Erscheinungsform von Wert« wird), entfällt diese Durchsichtigkeit mit der Entwicklung der Wertformen. Mit der allgemeinen Wertform – und noch mehr mit der Geldform –, wo eine Ware als allgemeines Äquivalent fungiert, als gemeinsamer Wertausdruck aller Waren, scheint diese Funktion einem Ding von Natur aus, also auch *außerhalb* des Wertverhältnisses zuzukommen. Die Geldware »scheint nicht erst Geld zu werden, weil die andren Waren allseitig ihre Werte in ihr darstellen, sondern sie scheinen umgekehrt allgemein ihre Werte in ihr darzustellen, weil sie Geld ist. Die vermittelnde Bewegung verschwindet in ihrem eignen Resultat und läßt keine Spur zurück. Ohne ihr Zutun finden die Waren ihre eigne Wertgestalt fertig vor als einen außer und neben ihnen existierenden Warenkörper. Diese Dinge, Gold und Silber, wie sie aus den Eingeweiden der Erde herauskommen, sind zugleich die unmittelbare Inkarnation aller menschlichen Arbeit. Daher die Magie des Geldes.« (MEW 23/107)

6. Es ist ein alter Streitpunkt in der marxistischen Diskussion, ob und wieweit die *begriffliche* Entwicklung der Formen des Werts, die Marx im »Kapital« entfaltet zugleich die *historische* Entwicklung – oder zumindest so etwas wie die »Logik der Geschichte« – einbegreift. Unzweifelhaft ist, daß Marx im »Kapital« immer wieder auf historische Voraussetzungen der kapitalistischen Produktionsweise eingeht, ebenso unzweifelhaft ist aber auch, daß das »Kapital« weder systematische noch historische Betrachtungen vorkapitalistischer Gesellschaftsformatio-

nen enthält. Für das hier unmittelbar interessierende Problem, ob die Entwicklung der Wertformen auch »in nuce« die historische Entwicklung und Entstehung des Geldes darstellt, vgl. Marx' Hinweis auf die historische Vorform des Warenaustausches, den »unmittelbaren Produktentausch«, wo er ausdrücklich einen Formunterschied feststellt (MEW 23/102f.). Vgl. GR 21–29, MEW 13/472–475.

7. Vgl. MEW 23/76, 78f., 83f.
8. Marx, 1867, S. 782.

Fragen zur Diskussion

1. Waren sind »Gebrauchgegenstände und zugleich Wertträger« (MEW 23/62). Was ist gemeint, wenn Marx sagt, daß sie nur als Waren existieren, wenn sie außer ihrer »Naturalform« auch noch eine »Wertform« besitzen?
2. Muß diese »Wertform« eine empirisch erfahrbare Eigenschaft sein?
3. Wieso ist die »Geldform« die gemeinsame Wertform der Waren?
4. Der Wert einer Ware findet seine Form nicht in dieser Ware selbst, sondern nur in der Beziehung zu einer andern Ware. Die »Wertform« kann deshalb auch nicht Form einer einzelnen Ware sein, sondern der Wert kann nur in einem Verhältnis »erscheinen«. Damit also *eine* Ware sich als Wert darstellt, sind mindestens *zwei* Waren nötig, die zueinander ins Verhältnis gesetzt werden. In diesem Verhältnis fallen den beiden Waren verschiedene Funktionen zu. Welches sind diese Funktionen? Warum sind diese Funktionen »einander ausschließende oder entgegengesetzte Extreme« (MEW 23/63)?
5. Wieso bringt das Wertverhältnis zweier Waren den »spezifischen Charakter der wertbildenden Arbeit zum Vorschein« (MEW 23/65)?
6. Wieso gibt der relative Wert einer Ware (deren quantitatives Austauschverhältnis mit anderer Ware) die Wertgröße nur unzulänglich wieder? Wieso enthält die Äquivalentform einer Ware keine quantitative Wertbestimmung?
7. Welches sind die drei »Eigentümlichkeiten« der Äquivalentform und welchen Zusammenhang gibt es zwischen ihnen?
8. Die dritte »Eigentümlichkeit« der Äquivalentform enthält den Gegensatz von »Privatarbeit« und »Arbeit in unmittelbar gesellschaftlicher Form« (MEW 23/73). Wird in einem kapitalistischen Industriebetrieb, in dem viele Individuen durch verschiedene Arbeiten schließlich ein gemeinsames Produkt herstellen, Privatarbeit geleistet? Oder Arbeit in unmittelbar gesellschaftlicher Form? Wenn Arbeit zunächst immer Tätigkeit eines Individuums ist, wie kann es überhaupt Arbeit in *unmittelbar* gesellschaftlicher Form geben?
9. Hat Marx tatsächlich »bewiesen«, daß »die Wertform oder der Wertausdruck der Ware aus der Natur des Warenwerts entspringt, nicht umgekehrt Wert und Wertgröße aus ihrer Ausdrucksweise als Tauschwert« (MEW 23/75)?

12. Kapitel: Der Fetischcharakter der Ware

Textgrundlage

Das Kapital, 1. Bd., 1. Kap., 4. Abs., MEW 23/85–98

§ 1. Im Abschnitt über den »Fetischcharakter der Ware und sein Geheimnis« wird die über ökonomische Fragen hinausgehende gesellschaftstheoretische Relevanz der Marxschen Warenanalyse offensichtlich. Was Marx unter dem Titel »Fetischcharakter der Ware« zusammenfaßt, ist nichts anderes als der Sachverhalt, daß eine Gesellschaftsformation, in der die Arbeitsprodukte Warenform annehmen müssen, durch eine Versachlichung und Verselbstandigung der gesellschaftlichen Verhältnisse gegen die Individuen gekennzeichnet ist. Beide Momente – Versachlichung und Verselbständigung – zusammen bringen das zentrale Strukturmerkmal warenproduzierender Gesellschaften zum Ausdruck: die Verkehrung von Subjekt und Objekt.[1] Mit dieser handlichen, aber schwer verständlichen Formel läßt sich eine Gesellschaftsformation charakterisieren, »worin der Produktionsprozeß die Menschen, der Mensch noch nicht den Produktionsprozeß bemeistert« (MEW 23/95), bzw. worin die gesellschaftlichen Individuen (als Subjekte) von der Bewegung ihrer eigenen Produkte (als den Objekten) beherrscht werden. Marx' Charakterisierung der Ware als »Fetisch« drückt diesen Sachverhalt einerseits exakt aus, insofern die Fetische der Wilden ihr eigenes Produkt sind und im »religiös befangenen Denkprozeß das Produkt des Denkens die Herrschaft über das Denken nicht nur beansprucht, sondern ausübt« (MEW 26.3/272). Andererseits versagt die Analogie aus der »Nebelregion der religiösen Welt« (MEW 23/86), insofern die Fetische zwar Macht über das Denken der Menschen haben, die Bewegung der Waren aber unmittelbar als materielle Gewalt erscheint, indem »sich in den zufälligen und stets schwankenden Austauschverhältnissen ihrer Produkte die zu deren Produktion gesellschaftlich notwendige Arbeitszeit als regelndes Naturgesetz gewaltsam durchsetzt, wie etwa das Gesetz der Schwere, wenn einem das Haus über dem Kopf zusammenpurzelt.« (MEW 23/89) Zwar bleiben die Individuen nach wie vor »an sich« die Subjekte ihres eigenen Lebensprozesses, denn niemand anders als sie selbst produzieren ihre materiellen Existenzbedingungen und ihre gesellschaftlichen Verhältnisse. Aber die Form, in der sie diese produzieren, stellt den Zusammenhang auf den Kopf: »Ihre eigne gesellschaftliche Bewegung besitzt für sie die Form einer Bewegung von Sachen, unter deren Kontrolle sie stehen, statt sie zu kontrollieren.« (ebd.) Kurz: »Es ist nur das bestimmte gesellschaftliche Verhältnis der Menschen selbst, welches hier für sie die phantasmagorische Form eines Verhältnisses von Dingen annimmt.« (MEW 23/86) Mit der Spezifikation »für sie« ist nicht etwa ausgedrückt, daß es sich bei dieser Verkehrung um eine bloße

Einbildung handelt, die sich die Warenproduzenten nur aus dem Kopf schlagen müssen. Vielmehr besitzt ihre eigne gesellschaftliche Bewegung die Form einer Bewegung von Sachen für sie, weil sie selbst diese Form als materielle hervorbringen und gar nicht wissen, daß es ihre eigenen gesellschaftlichen Verhältnisse sind, die sich hinter dieser Form verbergen.

§ 2. Warum diese sachliche Form, die Wertgegenständlichkeit, notwendig ist, haben wir bereits gesehen. Sie »entspringt ... aus dem eigentümlichen gesellschaftlichen Charakter der Arbeit, welche Waren produziert.« (MEW 23/87) Aufgrund der Bedingungen der Warenproduktion, Privatarbeit (juristisch: Privateigentum) und Arbeitsteilung, müssen die Produkte ausgetauscht werden. Ihr Austausch erfordert »eine von ihrer sinnlich verschiedenen Gebrauchsgegenständlichkeit getrennte, gesellschaftlich gleiche Wertgegenständlichkeit.« Mit der Verallgemeinerung des Austauschs und damit der Produktion für den Austausch »erhalten die Privatarbeiten der Produzenten tatsächlich einen doppelten gesellschaftlichen Charakter.« (ebd.) Sie müssen gesellschaftlich nützliche Arbeiten sein und als solche qualitativ voneinander verschieden, andererseits gesellschaftlich gleiche Arbeiten sein und als solche qualitativ ununterschieden. Die Gleichheit, da sie nur Abstraktion von der wirklichen Ungleichheit sein kann, findet keine andere Erscheinung als die der Wertgegenständlichkeit, deren Darstellung eine Ware »malgré elle« übernehmen muß.[2] Insofern die Wertgegenständlichkeit adäquat dargestellt ist, also in der allgemeinen Wertform oder in der Geldform, gewinnt in der als allgemeinem Äquivalent ausgeschlossenen Ware die abstrakt menschliche Arbeit ihren unmittelbaren und gegenständlichen Ausdruck. Die in der Produktion dieser Ware aufgewandte konkrete nützliche Arbeit gilt unmittelbar als abstrakt menschliche (allgemeine) Arbeit. Um noch einmal den armen Löwen[3] zu strapazieren, der keinen Doppelcharakter hatte: »Es ist, als ob neben und außer Löwen, Tigern, Hasen und allen anderen wirklichen Tieren ... auch noch *das Tier* existierte.«[4]

Daß die Wertgegenständlichkeit notwendiges Resultat der gesellschaftlichen Bedingungen ist, unter denen die Warenproduzenten arbeiten, und daß sie Verkehrungen einschließt, ist den Warenproduzenten keineswegs bewußt. Sie »beziehen also ihre Arbeitsprodukte nicht aufeinander als Werte, weil diese Sachen ihnen als bloß sachliche Hüllen gleichartig menschlicher Arbeit gelten. Umgekehrt. Indem sie ihre verschiedenartigen Produkte einander im Austausch als Werte gleichsetzen, setzen sie ihre verschiednen Arbeiten einander als menschliche Arbeit gleich. Sie wissen das nicht, aber sie tun es.« (MEW 23/88)

§ 3. Daß die Waren produzierenden und austauschenden Individuen nicht wissen, was sie tun, wenn sie ihren eigenen gesellschaftlichen Zusammenhang herstellen, ist nun keineswegs per se Ursache dafür, daß sich dieser gesellschaftliche Zusammenhang, ihre eigne »soziale Macht«, ihnen als »fremde Macht« gegenüberstellt.[5] Umgekehrt gilt vielmehr: die – naturwüchsig entstandene – Form des gesellschaftlichen Zusammenwirkens sorgt aufgrund der in ihr eingeschlossenen Versachlichung und Verselbständigung dafür, daß die Warenproduzenten nicht nur tun, was sie nicht wissen, sondern sich darüberhinaus falsche Vorstellungen über das machen, was sie tun. D. h. die »Leerstelle« im Wissen über das eigene Handeln wird gefüllt durch Ideologien. Und selbst die »späte wissenschaftliche Entdekkung, daß die Arbeitsprodukte, soweit sie Werte, bloß sachliche Ausdrücke der in ihrer Produktion verausgabten menschlichen Arbeit sind, . . . verscheucht keineswegs den gegenständlichen Schein der gesellschaftlichen Charaktere der Arbeit.« (MEW 23/88) Abgesehen davon, daß gerade diese Entdeckung der klassischen politischen Ökonomie in der Tradition des bürgerlichen ökonomischen Denkens wieder verloren ging[6], hebt auch sie nur »den Schein der bloß zufälligen Bestimmung der Wertgröße der Arbeitsprodukte auf, aber keineswegs ihre sachliche Form.« (MEW 23/89) Da sich Verhältnisse gesellschaftlicher Arbeit als Dinge darstellen, diese Dinge aber ihre Eigenschaften von Natur aus zu besitzen scheinen, erscheinen die historisch spezifischen, bürgerlich-gesellschaftlichen Verhältnisse als »Naturformen des gesellschaftlichen Lebens«, unhistorisch und unangreifbar wie die Natur selbst.

Schon Marx' Analyse der einfachen Wertform ergibt, daß sie eine »verrückte Form« ist. Aber: »Derartige Formen bilden eben die Kategorien der bürgerlichen Ökonomie.« (MEW 23/90) Die »Widerspiegelung« der versachlichten gesellschaftlichen Verhältnisse im Denken der Warenproduzenten und der Wissenschaftler, die diese Verhältnisse untersuchen, ergibt »gesellschaftlich gültige, also objektive Gedankenformen für die Produktionsverhältnisse dieser historisch gesellschaftlichen Produktionsweise, der Warenproduktion« (ebd.), die dennoch falsch sind. Die Objektivität (gesellschaftliche Gültigkeit) dieser Gedankenformen, der Kategorien der bürgerlichen Ökonomie, verdankt sich einer Objektivität (Gegenständlichkeit) der gesellschaftlichen Formen, die Ausdruck der »Verkehrung von Subjekt und Objekt« ist.

Ideologie wurde in Teil A als notwendiges und zugleich falsches Bewußtsein charakterisiert. Marx' Untersuchung der Wertformen zeigt, wie und warum ein falsches Bewußtsein zugleich ein notwendiges ist, obwohl das »Bewußtsein . . . nie etwas andres sein (kann) als das bewußte Sein« (MEW 3/26). Wenn das gesellschaftliche Sein durch die »Verkehrung von Subjekt und Objekt« charakterisiert ist, bleibt das diesem »Sein« entsprechende Bewußtsein solange ideologisch, wie nicht die materiellen Bedingungen einer neuen Form der gesellschaftlichen Produktion herangereift sind.

Erläuterungen und Zusätze

1. Zu dem Ausdruck »Verkehrung von Subjekt und Objekt« vgl. z. B. R 17f.: »Die Herrschaft des Kapitalisten über den Arbeiter ist daher die Herrschaft der Sache über den Menschen, der toten Arbeit über die lebendige, des Produkts über den Produzenten, da ja in der Tat die Waren, die zu Herrschaftsmitteln (aber bloß als Mittel der Herrschaft des *Kapitals* selbst) über die Arbeiter werden, bloße Resultate des Produktionsprozesses, *die* Produkte derselben sind. Es ist dies ganz *dasselbe* Verhältnis in der materiellen Produktion, im wirklichen gesellschaftlichen Lebensprozeß – denn dies ist der Produktionsprozeß – welches sich auf dem ideologischen Gebiet in der *Religion* darstellt, die Verkehrung des Subjekts in das Objekt und umgekehrt.«
2. Vgl. oben 4. Kapitel § 2 und nochmals die drei »Eigentümlichkeiten« der Äquivalentform (MEW 23/70–73).
3. Vgl. das Beispiel oben 3. Kapitel § 3.
4. Marx, 1966, S. 234.
5. Vgl. MEW 3/33f.; DI 1215.
6. In der Arbeitswertlehre der »klassischen politischen Ökonomie« (vgl. MEW 23/95 Fn) wird die »späte wissenschaftliche Entdeckung, daß die Arbeitsprodukte, soweit sie Werte, bloß sachliche Ausdrücke der in ihrer Produktion verausgabten menschlichen Arbeit sind« (MEW 23/88), formuliert. Da aber die klassische politische Ökonomie die »Wertform als etwas ganz Gleichgültiges oder der Natur der Ware selbst Äußerliches« (MEW 23/95 Fn) behandelt, gelingt es ihr auch nicht, den »gegenständlichen Schein der gesellschaftlichen Charaktere der Arbeit« zu »verscheuchen« (MEW 23/88) – einmal abgesehen davon, daß dieser Schein in der Warenproduktion beständig neu produziert wird, seine »Verscheuchung« also nicht nur theoretische Einsicht, sondern veränderte gesellschaftliche Bedingungen erfordert (vgl. MEW 23/94). Die klassische Arbeitswertlehre gestattet es Marx aber, an ihre epochemachende Entdeckung anzuschließen und in der Wertform-Analyse nicht nur die gesellschaftlichen Bedingungen der Verwandlung der Arbeitsprodukte in Waren herauszuarbeiten, sondern die ökonomischen Formen selbst noch als versachlichte und verselbständigte gesellschaftliche Verhältnisse zu bestimmen und damit die politische Ökonomie (vermittels ihrer Kritik) in eine Theorie der bürgerlichen Gesellschaft zu integrieren.
   Anders mit der subjektivistischen Wertlehre, in der die – Marx zufolge – »epochemachende Entdeckung« der Reduktion des Werts auf gesellschaftliche Arbeit quasi zurückgenommen wird, und die sich ab etwa 1870 verbreitete als Reaktion einerseits auf die Mängel der klassischen politischen Ökonomie, andererseits auf die politischen Implikationen ihrer Kritik durch Marx. Da die Ausgangstheoreme der subjektivistischen Wertlehre am Verhältnis einzelner Individuen zu den Gütern, die den Reichtum ausmachen, gewonnen sind, enthalten sie keinerlei gesellschaftstheoretische Dimension mehr. Die damit schon implizit auf eine Theorie »individueller Wahlhandlungen« reduzierte Ökonomie erfordert zu ihrer Ergänzung eine Soziologie, in der der Tendenz nach die »Formen der Vergesellschaftung« unabhängig von den materiellen Lebensverhältnissen der Individuen betrachtet werden.

Fragen zur Diskussion

1. Woraus resultiert der »mystische Charakter der Ware« (MEW 23/85), aus ihrem Gebrauchswert, aus dem Inhalt der Wertbestimmung oder aus der Warenform?
2. Marx bezeichnet die Waren als »gesellschaftliche Dinge« (MEW 23/86), also als Formen gesellschaftlicher Objektivität. Wieso sind die Waren als gesellschaftliche Dinge zugleich »sinnlich übersinnliche« Dinge?
3. Wie geht diese spezifisch gesellschaftliche Objektivität aus dem Handeln der Individuen hervor?
4. Inwiefern enthält sie eine »Verkehrung von Subjekt und Objekt«?
5. Warum bezeichnet Marx die Regelung der gesellschaftlichen Produktion durch den Wert als »Naturgesetz« (MEW 23/89)?
6. In welcher Weise ist die Wertgegenständlichkeit als spezifisch gesellschaftliche Objektivität konstitutiv für ideologische Bewußtseinsformen?

II. Abschnitt: Der Austausch und das Geld

Lernziele

Im folgenden Abschnitt soll der Frage weiter nachgegangen werden, wie sich auf Basis arbeitsteiliger Privatproduktion ein gesellschaftlicher Gesamtzusammenhang herstellen kann. Die Betrachtung von Austausch, Geld und einfacher Zirkulation soll zeigen, warum das Geld unter den Bedingungen der Warenproduktion notwendiges Erfordernis des Verkehrs zwischen den Individuen ist, und welche Funkionen es in der Etablierung eines »Systems allseitiger sachlicher Abhängigkeit« zwischen den Individuen erfüllt.

13. Kapitel: Der Austauschprozeß

Textgrundlage

Das Kapital, 1. Bd., 2. Kap., MEW 23/99–108

§ 1. Mit dem bisher entwickelten theoretischen Instrumentarium (den Begriffen Ware, Gebrauchswert, Wert, Wertform) läßt sich nun der Prozeß darstellen, aus dessen Anschauung das Instrumentarium überhaupt erst gewonnen wurde: der Austauschprozeß. Die Bestätigung der bisher nur »theoretischen, gedachten« (MEW 13/29) Beziehung der Ware auf alle anderen Waren erfolgt erst im Austausch. Der Austauschprozeß wird aber auch jetzt nicht in seiner entwickelten empirischen Gestalt dargestellt. Eines der Momente dieser entwickelten empirischen Gestalt soll vielmehr erst als notwendiges Resultat eines gesellschaftlichen Prozesses nachgewiesen werden: das Geld.

Die Untersuchung der Wertformen – die nicht mit einer formalisierten Darstellung von Austauschprozessen verwechselt werden darf! – zeigt bereits, daß die allgemeine Wertform nur das »gemeinsame Werk der Warenwelt« (MEW 23/80) sein kann; ein gesellschaftlicher Prozeß ist unterstellt, um diese Form auszubilden. Bei der Geldform – für die derselbe Prozeß unterstellt ist – bleibt darüberhinaus offen, warum ausgerechnet das Gold das gesellschaftliche »Monopol« der Geldware erobert.

Um nun diesen gesellschaftlichen Prozeß darzustellen, der schließlich zur »Verdopplung der Ware in Ware und Geld« (MEW 23/102) führt, läßt Marx zunächst seine Akteure[1] auftreten: die Individuen, die wir bisher nur als unabhängige Privatproduzenten kennengelernt haben, erscheinen nun als Warenbesitzer. Ihr Verhalten als Warenbesitzer unterstellt die Einhaltung bestimmter Regeln. Wenn sie ihre Arbeitsprodukte als Waren aufeinander beziehen, also austauschen wollen, kann keiner der Warenbesitzer dem andern gegenüber Gewalt gebrauchen, z. B. den andern so lange verprügeln, bis der sein Arbeitsprodukt abgibt. Vielmehr müssen sich die »Warenhüter . . . zueinander als Personen verhalten, deren Willen in jenen Dingen haust, so daß der eine nur mit dem Willen des andren, also jeder nur vermittelst eines, beiden gemeinsamen Willensakts sich die fremde Ware aneignet, indem er die eigne veräußert.« (MEW 23/99) Sie haben vor ihrem Eintritt in den Austauschprozeß privat produziert, nun müssen sie sich »wechselseitig als Privateigentümer anerkennen.« (ebd.)[2]

Die Regeln ihres Verhaltens sind also durch das ökonomische Verhältnis von Warenbesitzern bereits fixiert, in das sie als unabhängige Privatproduzenten zueinander treten. Als solche haben sie »Gebrauchswerte für andre« produziert. Was sie für sich brauchen, müssen sie sich durch Austausch aneignen. Ihre eigne Ware gilt ihnen als Tauschmittel, um Gebrauchswert für den eignen Bedarf einzutauschen. Daß dies nicht nur für alle, sondern in jedem einzelnen Tauschakt doppelt gilt, weil sich immer zwei Warenbesitzer gegenüberstehen, macht diesen scheinbar so einfachen Tauschakt zu einer komplizierten Angelegenheit. Die beiden Individuen können sich ja nicht nur nach der einfachen Formel einigen – die jeder vor sich hin murmelt, nachdem sie sich gefunden haben –: Du hast das, was ich brauche, und ich habe das, was du brauchst, also tauschen wir. Die Waren sind nicht nur Gebrauchswerte, sondern Werte. Das wechselseitige Bedürfnis für die Ware des andern ist keine hinreichende Bedingung des Austauschs. Die Waren müssen im Austausch auch ihren Wert »realisieren«, d. h. die private Arbeit ihrer Produzenten muß ihre Bestätigung als gesellschaftlich notwendige Arbeit erfahren.

§ 2. Marx drückt die Schwierigkeiten des Austauschprozesses mit dem Widerspruch aus: Einerseits müssen sich die Waren »als Werte realisieren, bevor sie sich als Gebrauchswerte realisieren« (also *ver*braucht werden) können. »Andererseits müssen sie sich als Gebrauchswerte bewähren, bevor sie sich als Werte realisieren können.« (MEW 23/100) Anders gewendet: Einerseits ist der Austausch für jeden Warenbesitzer, der seine Ware gegen eine andre, die sein Bedürfnis befriedigt, veräußern will, »nur individueller Prozeß. Andrerseits will er seine Ware als Wert realisieren, also in jeder ihm beliebigen andren Ware von demselben Wert, ob seine eigne Ware nun für den Besitzer der andren Ware Gebrauchswert habe oder nicht. Sofern ist der Austausch für ihn allgemein gesellschaftlicher Prozeß. Aber derselbe Prozeß kann nicht gleichzeitig für alle Warenbesitzer nur individuell und zugleich nur allgemein gesellschaftlich sein.« (MEW 23/101)

Das Dilemma resultiert aus der »Doppelnatur« der Waren und bleibt solange bestehen, wie deren Wert keine adäquate, d. h. allgemeine Form hat. Der Lösungsweg ist in der Untersuchung der Wertformen schon vorgezeichnet: die allgemeine Wertform gibt allen Waren einen einfachen und einheitlichen Wertausdruck, indem eine Ware aus ihrem Kreis ausgeschlossen wird und als allgemeines Äquivalent fungiert. Die Probleme des Austauschprozesses sind »gelöst«, wenn sich die auszutauschenden Waren »gegensätzlich auf irgendeine andre Ware als allgemeines Äquivalent beziehen« (ebd.) können. »Aber nur die gesellschaftliche Tat kann eine bestimmte Ware zum allgemeinen Äquivalent machen.« (ebd.) Wie sollen sich die »vereinzelten Einzelnen«, die unabhängigen Privatproduzenten, zu einer solchen »gesellschaftlichen Tat« zusammenfinden? Und woher wissen sie überhaupt, was sie zu tun haben? Marx meint: sie haben »schon gehandelt, bevor sie gedacht haben« (ebd.)[3]. In einem naturwüchsigen, langwierigen historischen Prozeß, den Marx ausgehend von der Form des »unmittelbaren Produktentauschs« (MEW 23/102f.) skizziert, entsteht das Geld. »Die historische Ausweitung und Vertiefung des Austausches entwickelt den in der Warennatur schlummernden Gegensatz von Gebrauchswert und Wert. Das Bedürfnis, diesen Gegensatz für den Verkehr äußerlich darzustellen, treibt zu einer selbständigen Form des Warenwerts und ruht und rastet nicht, bis sie endgültig erzielt ist durch die Verdopplung der Ware in Ware und Geld.« (MEW 23/102) Marx deutet schließlich auch an, warum die edlen Metalle das gesellschaftliche Monopol der Geldware einnehmen: »Adäquate Erscheinungsform von Wert oder Materiatur abstrakt und daher gleicher menschlicher Arbeit kann nur eine Materie sein, deren sämtliche Exemplare dieselbe gleichförmige Qualität besitzen. Andrerseits, da der Unterschied der Wertgrößen rein quantitativ ist, muß die Geldware rein quantitativer Unterschiede fähig sein, also nach Willkür teilbar und aus ihren Teilen wieder zusammensetzbar sein. Gold und Silber besitzen aber diese Eigenschaften von Natur.« (MEW 23/104)

§ 3. Sobald die gesellschaftliche Funktion des allgemeinen Äquivalents fest auf eine bestimmte Ware übergegangen ist, wird diese Geldware »allgemeine Ware« (ebd.). D. h. zwar ist Geld Ware, aber nicht irgendeine Ware wie alle andren. Nicht nur seine Funktionen[4] unterscheiden das Geld von anderen Waren, sondern an der Geldform ist noch weniger als an der Warenform des Arbeitsprodukts ablesbar, daß ein »Ding, worin die Wertgröße eines anderen Dings dargestellt wird« (MEW 23/107), seine Wertform nicht von Natur her besitzt. Daß die »Geldform nur der an einer Ware festhaftende Reflex der Beziehungen aller andren Waren« (MEW 23/105) ist, sieht man dem »fertigen« Geld nicht mehr an. »Daher die Magie des Geldes. Das bloß atomistische Verhalten der Menschen in ihrem gesellschaftlichen Produktionsprozeß und daher die von ihrer Kontrolle und ihrem bewußten individuellen Tun unabhängige, sachliche Gestalt ihrer eignen Produktionsverhältnisse erscheinen zunächst darin, daß ihre Arbeitsprodukte allgemein Warenform annehmen.« (MEW 23/107f.) Die Verallgemeinerung der Warenproduktion bringt die »Verdopplung der Ware in Ware und Geld« mit sich, aber keiner der Akteure, die diese Verdopplung im Austauschprozeß zustandebringen, weiß »wie, warum, wodurch Ware Geld ist.« (MEW 23/107)

Erläuterungen und Zusätze

1. In Marx' These, »daß die ökonomischen Charaktermasken der Personen nur die Personifikationen der ökonomischen Verhältnisse sind, als deren Träger sie sich gegenübertreten« (MEW 23/100), wird unterschieden zwischen den Personen selbst und ihrem Verhalten in einer definierten Situation. Hier: dem Austausch, in dem sie »füreinander als Repräsentanten von Ware« (ebd.) gelten. Marx bezeichnet mit dem Terminus »Charaktermaske« den Sachverhalt, daß die Individuen in einer definierten Situation füreinander jeweils ganz bestimmte, gegenüber dem, was sie als konkrete Personen sind, reduzierte »Rollen« (vgl. MEW 23/125) spielen. Die damit von Marx angesetzte Trennung zwischen einer konkreten Person und ihrer »Charaktermaske« als Handelnde in einer bestimmten Situation hat gewisse Ähnlichkeit mit dem soziologischen Rollenbegriff. (Einen Überblick über die neuere Diskussion gibt Joas, 1973). Wichtig für Marx ist aber, daß die Handlungssituation nicht unmittelbar sozial ist, also auch die »Rollen« nicht ausschließlich sozial definiert sind (im Sinne z. B. von »wechselseitigen Verhaltenserwartungen« der beteiligten Personen, oder von internalisierten Normen usw.), sondern vermittelt über (gegenständliche) ökonomische Formen. Daß das Arbeitsprodukt Warenform nur aufgrund bestimmter gesellschaftlicher Verhältnisse hat, die Wertgegenständlichkeit z. B. also wieder rückführbar ist auf soziale Bedingungen, ist den handelnden Individuen keineswegs bewußt. Sie handeln deshalb als »Personifikation ökonomischer Kategorien« (MEW 23/16). Vgl. zum Begriff »Charaktermaske« MEW 23/91, 100, 163, 591.
2. Vgl. unten Teil E zu dem Zusammenhang von ökonomischen Verhältnissen und Rechtsverhältnissen, wie ihn Marx angesichts des Sachverhalts andeutet, daß der Austausch einen »gemeinsamen Willensakt« (MEW 23/99) der beteiligten Personen unterstellt.
3. Die »Verlegenheit«, in der die »Warenbesitzer wie Faust« denken: »Im Anfang war die Tat«, ist auch eine der Theorie. Zwar »ergab die Analyse der Ware«, daß

ein allgemeines Äquivalent notwendig ist, aber dessen Einsetzung läßt sich nicht unmittelbar auf bewußtes Handeln von Individuen zurückführen, sondern allenfalls – wie Marx es ausdrückt – auf den »Naturinstinkt der Warenbesitzer« (MEW 23/101).
4. Bisher unterstellt Marx das Geld nur in seiner Eigenschaft als »Erscheinungsform des Warenwerts« (MEW 23/104). Zu den Geldfunktionen vgl. das nächste Kapitel.

Fragen zur Diskussion

1. Warum müssen die Austauschenden sich wechselseitig als Privateigentümer anerkennen?
2. Wie macht sich im Austauschprozeß ein Gegensatz zwischen Gebrauchswert und Wert der Ware geltend? Inwiefern führt dieser Gegensatz zur »Verdopplung der Ware in Ware und Geld« (MEW 23/102)?
3. Welche Gründe führt Marx dafür an, daß schließlich den edlen Metallen die Rolle des allgemeinen Äquivalents zufällt?
4. Warum gibt es Marx zufolge eine »Magie des Geldes« (MEW 23/107)?

14. Kapitel: Das Geld oder die Warenzirkulation

Textgrundlage

Das Kapital, 1. Bd., 3. Kap., MEW 23/109–160

§ 1. Die Leistungsfähigkeit der Werttheorie hängt wesentlich daran, ob sich aus ihr eine adäquate Geldtheorie herleiten läßt.[1] In der bereits zitierten Passage über die Behandlung der Wertform in der klassischen politischen Ökonomie kommt zum Ausdruck, daß Marx gerade über die Wertform-Analyse einen notwendigen Zusammenhang zwischen Wert- und Geldtheorie herstellt, der wiederum Voraussetzung ist für ein adäquates Verständnis des Kapitals etc.: »Die Wertform des Arbeitsprodukts ist die abstrakteste, aber auch allgemeinste Form der bürgerlichen Produktionsweise, die hierdurch als eine besondere Art gesellschaftlicher Produktion und damit zugleich historisch charakterisiert wird. Versieht man sie daher für die ewige Naturform gesellschaftlicher Produktion, so übersieht man notwendig auch das Spezifische der Wertform, also der Warenform, weiter entwickelt der Geldform, Kapitalform usw. Man findet daher bei Ökonomen, welche über das Maß der Wertgröße durch Arbeitszeit durchaus übereinstimmen, die kunterbuntesten und widersprechendsten Vorstellungen von Geld, d. h. der fertigen Gestalt des allgemeinen Äquivalents.« (MEW 23/95) Diese »Kunterbuntheit« hat in der modernen Ökonomie keineswegs aufgehört, was von Marx her gesehen darauf hindeuten würde, daß es auch mit dem Verständnis des Werts nicht allzuweit her sein kann.[2]

Da es sich hier vor allem um eine Darstellung des Marxschen Ansatzes zu einer Theorie der bürgerlichen Gesellschaft handelt, brauchen speziellere Probleme der Geldlehre nicht zu interessieren. Allerdings ist es ohne adäquaten Begriff vom Geld unmöglich, die sozialen Bedingungen und »Folgen des Geldgebrauchs« (WG 40) zu erfassen, was wiederum zur Folge hat, daß auch kein adäquates Verständnis der modernen bürgerlichen Gesellschaft mehr möglich ist. Z. B. ist die Frage, wie sich überhaupt ein sozialer Zusammenhang zwischen Individuen in der bürgerlichen Gesellschaft herstellt, ohne Klärung dessen, was Geld ist, welche Funktionen es hat, welche Handlungsformen es voraussetzt und bedingt, überhaupt nicht zu beantworten.[3] Die wesentliche Konsequenz des Geldgebrauchs ist – nicht nur Marx zufolge – die »Verwandlung von Geld in Kapital«, und erst das Kapital ist das für die moderne bürgerliche Gesellschaft bestimmende Produktionsverhältnis, von dem aus deren soziale Gliederung begreifbar wird.

§ 2. Marx orientiert sich in der Darstellung der verschiedenen Geldfunktionen an der Frage, wie die »Daseinsweise« des Geldes »seinem Begriff adäquat« (MEW 23/156) wird. Adäquate Verwirklichung seines Begriffs kann das Geld nur sein als »die Ware, deren Naturalform zugleich unmittelbar gesellschaftliche Verwirklichungsform der menschlichen Arbeit in abstracto ist« (ebd.), wie die Analyse der Wertform bereits ergab. Marx zufolge gewinnt das Geld diese Daseinsweise nur als »Weltgeld«, das »als allgemeines Zahlungsmittel, allgemeines Kaufmittel und absolut gesellschaftliche Materiatur des Reichtums überhaupt (universal wealth)« (MEW 23/157) fungiert, wobei in der Rolle des Weltgeldes »stets die wirkliche Geldware, leibhaftes Gold und Silber, erheischt« (MEW 23/159) ist.[4]

Wenn in der letzten von Marx im Geld-Kapitel dargestellten Geldfunktion, dem Weltgeld, sich sowohl die vorher entwickelten Funktionen zusammenfassen, als auch das Geld erst eine seinem Begriff adäquate (empirische) Daseinsweise gewinnt, so sind die vorhergegangenen Geldfunktionen als »Vorstufen« aufzufassen (nicht im Sinne historischer, sondern begrifflicher Entwicklung), die gegenüber dem (bereits gewonnenen) Begriff unvollkommen bleiben, auch wenn damit empirische Geldfunktionen bereits erfaßt werden. Ein kurzer Gang durch jenes Kapitel mag dies verdeutlichen.

Im ersten Unterabschnitt rekapituliert Marx zunächst die aus der Wertform-Analyse bereits bekannte Funktion des Geldes als Maß der Werte, die darin besteht, »der Warenwelt das Material ihres Wertausdrucks zu liefern oder die Warenwerte als gleichnamige Größen, qualitativ gleiche und quantitativ vergleichbare, darzustellen.« (MEW 23/109) Als solche Größen haben die Waren einen Preis, aber der »Preis oder die Geldform der Waren ist wie ihre Wertform überhaupt, eine von ihrer handgreiflich reellen Körperform unterschiedne, also nur ideelle oder vorgestellte Form.«

(MEW 23/110) Auch die weiteren in diesem Unterabschnitt erläuterten Geldfunktionen, Maßstab der Preise (MEW 23/112 f.) und Rechengeld (MEW 23/115) zeichnen sich dadurch aus, daß zu ihrer Wahrnehmung »vorgestelltes Gold« (MEW 23/118) genügt. Zwar »funktioniert Gold nur als ideelles Wertmaß, weil es sich bereits im Austauschprozeß als Geldware umtreibt« (ebd.), aber dies ist eine Voraussetzung, die auf andern Geldfunktionen beruht.

Im nächsten Unterabschnitt »2. Zirkulationsmittel« wird ersichtlich, warum Marx das ganze Kapital »Das Geld *oder* die Warenzirkulation« nennt. Anknüpfend an die Widersprüche im Austauschprozeß, die zu einer »Verdopplung der Ware in Ware und Geld« führen, wird mit der »Metamorphose der Waren« gezeigt, wie diese Widersprüche eine »Bewegungsform« finden. Die widersprechenden Anforderungen des Austauschs[5] werden »gelöst«, indem durch die reelle Dazwischenkunft des Geldes der Austauschprozeß jeder Ware in zwei einander ergänzende Akte zerlegt wird. Die Ware, die der Warenbesitzer produziert hat, um sich durch ihren Austausch andere Ware, die seine Bedürfnisse befriedigt, anzueignen, wird 1. verkauft (gegen Geld getauscht); 2. kauft der Warenbesitzer das, was er braucht (tauscht Geld gegen Ware). Marx stellt diese Bewegung der Metamorphose (des Formwechsels) der Ware, die den *gesellschaftlichen* Stoffwechsel (im Unterschied zu dem zwischen Mensch und Natur) zum Inhalt hat, abgekürzt dar:

Ware – Geld – Ware (W – G – W)

und untersucht die beiden Akte W – G (MEW 23/120–124) und G – W (MEW 23/124 f.) in ihrer Verkettung. Verkauf eines Warenbesitzers, »Realisierung des Preises« (MEW 23/123), unterstellt Kauf von seiten eines Geldbesitzers und umgekehrt. »Die Gesamtmetamorphose einer Ware unterstellt, in ihrer einfachsten Form, vier Extreme und drei personae dramatis.« (MEW 23/125) Ihr Ablauf läßt sich wie folgt veranschaulichen (die drei Personen heißen A, B, C; der Stellenwechsel von Ware und Geld wird durch Pfeile ausgedrückt):

1. Verkauf: A B
$W \rightleftarrows G$

2. Kauf: A C
$G \rightleftarrows W$

Diese Gesamtmetamorphose ist ein »Kreislauf« (MEW 23/126), insofern Ausgangs- und Rückkehrpunkt die Warenform ist. Da jede Bewegung, die eine Ware durchmacht, zugleich eine entgegengesetzte Bewegung einer anderen Ware unterstellt, verschlingt sich der »Kreislauf, den die Metamorphosenreihe jeder Ware beschreibt, . . . unentwirrbar mit den Kreisläufen anderer Waren. Der Gesamtprozeß stellt sich dar als Warenzirkulation.« (MEW 23/126) Mit der Warenzirkulation hat sich schon »ein ganzer Kreis von den handelnden Personen unkontrollierbarer, gesellschaftlicher Naturzusammenhänge« (ebd.) etabliert, weil die Metamorphose jeder Ware, die deren Besitzer schließlich in den Genuß der von ihm gewünschten Gebrauchswerte versetzt, abhängig ist von ganz außer seiner Kontrolle liegenden Metamorphosen anderer Waren. Marx' Beispiel von Weber (A), Bauer (B), Schnapsbrenner (C) und Bibelproduzent (D) zeigt diesen Zusammenhang auf: A kann seine Ware Leinwand nur gegen die gewünschte Bibel tauschen, wenn B, C und D die entsprechenden komplementären Austauschakte vollziehen.

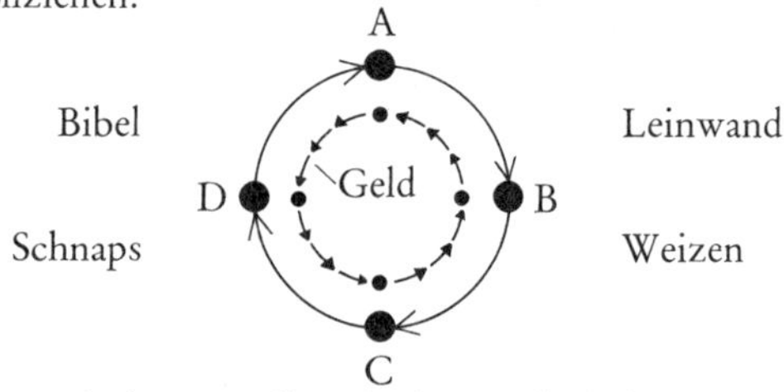

In der Warenzirkulation stellt sich die gesellschaftliche Bewegung der Individuen, in der sie ihren »Stoffwechsel« betätigen, zum ersten mal als ein »System allseitiger sachlicher Abhängigkeit« (MEW 23/122) dar, über das die einzelnen, formell unabhängigen Privatproduzenten keine Kontrolle haben.[6] Die Etablierung dieses Systems ist gebunden an eine spezifische Geldfunktion. »Als Vermittler der Warenzirkulation erhält das Geld die Funktion des Zirkulationsmittels« (MEW 23/128), wobei in der Metamorphose der einzelnen Ware »das Geld erst als der feste Wertkristall (erscheint), worin sich die Ware verwandelt, um hinterher als ihre bloße Äquivalentform zu zerrinnen.« (MEW 23/126)

Im Absatz über den »Umlauf des Geldes« zeigt Marx, daß das Geld sozusagen als »Motor« der Zirkulation erscheint. In seiner Funktion als »Kaufmittel« (MEW 23/129) vollzieht es eine einseitig gerichtete Bewegung (Umlauf), durch die die Metamorphose der Ware ein anderes Aussehen erhält: »In ihrer ersten Zirkulationshälfte wechselt die Ware den Platz mit dem Geld. Damit fällt zugleich ihre Gebrauchsgestalt aus der Zirkulation heraus, in die Konsumtion. Ihre Wertgestalt oder Geldlarve tritt an ihre Stelle. Die zweite Zirkulationshälfte durchläuft sie . . . in ihrer Goldhaut. Die Kontinuität der Bewegung fällt damit ganz auf die Seite des Geldes und . . . schließt als eigene Bewegung des Geldes stets denselben Prozeß ein, seinen Stellenwechsel mit stets andrer Ware. Das Resultat der Warenzirkulation, Ersatz von Ware durch andre Ware, erscheint daher nicht durch ihren eignen Formwechsel vermittelt, sondern durch die Funktion des Geldes als Zirkulationsmittel ... Obgleich daher die Geldbewegung nur Ausdruck der Warenzirkulation, erscheint umgekehrt die Warenzirkulation nur als Resultat der Geldbewegung.« (MEW 23/129f.)[7]

Im Absatz über »Die Münze. Das Wertzeichen« untersucht Marx, warum und wie das Geld in seiner Funktion als Zirkulationsmittel durch bloßes Zeichen seiner selbst ersetzt werden kann. Im Umlauf verschleißen die Münzen, die zunächst tatsächlich den im »Preis oder Geldnamen vorgestellte(n) Gewichtsteil Gold« (MEW 23/138) verkörpern. Die Funktion der Münzen wird »faktisch durchaus unabhängig von ihrem Gewicht, d. h. von allem Wert. Das Münzdasein des Goldes scheidet sich völlig von seiner Wertsubstanz.« (MEW 23/140) Das Papiergeld als »Goldzeichen oder Geldzeichen« (MEW 23/142) kann reelles Geld ersetzen, soweit dies als Münze oder Zirkulationsmittel fungiert, weil in der Zirkulation der Waren ihre Geldform »nur flüchtiges Moment« (MEW 23/143) in ihrer Metamorphose ist. »Daher genügt auch die bloß symbolische Existenz des Geldes in einem Prozeß, der es beständig aus einer Hand in die andre entfernt ... Verschwindend objektivierter Reflex der Warenpreise, funktioniert es nur noch als Zeichen seiner selbst und kann daher auch durch Zeichen ersetzt werden. Nur bedarf das Zeichen des Geldes seiner eignen objektiv gesellschaftlichen Gültigkeit und diese erhält das Papiersymbol durch den Zwangskurs« (ebd.), den der Staat ebenso fixiert, wie er die Münzprägung wahrnimmt.[8]

In den bisher betrachteten Geldfunktionen muß das Geld nicht unbedingt als wirkliches Geld (d. h. bei Marx: Gold) vorhanden sein. Anders mit den im Unterabschnitt »3. Geld« behandelten Geldfunktionen, die sich von den vorhergehenden unterscheiden, weil das Geld entweder »in seiner goldnen (resp. silbernen) Leiblichkeit erscheinen muß, daher als Geldware, also weder bloß ideell wie im Wertmaß, noch repräsentationsfähig, wie im Zirkulationsmittel« (ebd.), oder weil »seine Funktion, ob es selbe nun in eigner Person oder durch Stellvertreter vollziehe, es als alleinige Wertgestalt ... allen andren Waren als bloßen Gebrauchswerten gegenüber fixiert.« (MEW 23/144) In diesen Geldfunktionen stecken zugleich Übergangsformen zum Kapital, insofern die Verwandlung von Waren in die Geldform zum »Selbstzweck« (ebd.) wird, anstatt bloßes Mittel des gesellschaftlichen Stoffwechsel zu bleiben.

Diese Verkehrung von Zweck und Mittel geschieht zunächst in der Form der Schatzbildung. Abgesehen von historischen Gründen der Schatzbildung, die Marx anführt, gilt, daß Geld die »stets schlagfertige, absolut gesellschaftliche Form des Reichtums« (MEW 23/145) ist. Wer Geld hat, besitzt das allgemeine Äquivalent, die allgemeine Ware.[9] Während für den

Warenbesitzer »Produktion und Verkauf seiner eignen Ware Zeit kosten und von Zufällen abhängen« (ebd.), besitzt er im Geld das »gesellschaftliche Faustpfand« (ebd.), dem keine Ware – und auch sonst kaum etwas – widerstehen kann. »Das Geld ist aber selbst Ware, ein äußerlich Ding, das Privateigentum eines jeden werden kann. Die gesellschaftliche Macht wird so zur Privatmacht der Privatperson« (MEW 23/146)[10], je mehr diese Geld anhäuft. Den Voraussetzungen der einfachen Warenzirkulation gemäß wird ein Warenbesitzer nur Geldbesitzer, wenn er selbstproduzierte Ware verkauft. Der Schatzbildner muß also verkaufen, ohne zu kaufen. Um zu verkaufen, muß er produzieren. »Arbeitsamkeit, Sparsamkeit und Geiz bilden daher seine Kardinaltugenden, viel verkaufen, wenig kaufen, die Summe seiner politischen Ökonomie« (MEW 23/147). Seine Arbeit bleibt aber »Sisyphusarbeit«, denn der »Trieb der Schatzbildung ist von Natur maßlos. Qualitativ oder seiner Form nach ist das Geld schrankenlos, d. h. allgemeiner Repräsentant des stofflichen Reichtums, weil in jede Ware unmittelbar umsetzbar. Aber zugleich ist jede wirkliche Geldsumme quantitativ beschränkt, daher auch nur Aufmittel von beschränkter Wirkung« (ebd.). Angetrieben von diesem »Widerspruch zwischen der quantitativen Schranke und der qualitativen Schrankenlosigkeit des Geldes« (ebd.) jagt der Schatzbildner dem Geld als Selbstzweck nach und teilt daher mit dem Kapitalisten einen »absoluten Bereicherungstrieb« (MEW 23/168). Im Gegensatz zum Kapitalisten bleibt aber der Schatzbildner Randfigur im gesellschaftlichen Prozeß, denn seine Tätigkeit ist gesamtgesellschaftlich verallgemeinert unmöglich, weil sie dauernden Verkauf ohne nachfolgenden Kauf in gleichem Umfang unterstellt.[11] Die Schatzbildung impliziert also eine – nur temporär mögliche – Unterbrechung der Warenzirkulation, wie wir sie bisher als dauernde Abwechslung von Verkauf und Kauf und Umlauf des Geldes kennengelernt haben.

Eine Modifikation dieser Form der Warenzirkulation findet auch statt, wenn das Geld als Zahlungsmittel fungiert. Während bisher einer Bewegung der Waren in eine Richtung immer eine gleichzeitige Bewegung des Geldes in die andere Richtung entsprach, treten beide Bewegungen nun zeitlich auseinander. »Der eine Warenbesitzer verkauft vorhandne Ware, der andre kauft als bloßer Repräsentant von Geld oder als Repräsentant von künftigem Gelde. Der Verkäufer wird Gläubiger, der Käufer Schuldner. Da die Metamorphose der Ware oder die Entwicklung ihrer Wertform sich hier verändert, erhält auch das Geld eine andre Funktion. Es wird Zahlungsmittel.« (MEW 23/149) Ihre materielle Basis hat diese Geldfunktion in verschiedenen Produktions- und Zirkulationszeiten der Ware. Sie ist Marx zufolge der Anknüpfungspunkt für die Entwicklung von Kreditbeziehungen. Wichtig ist, daß in dieser Funktion das Geld den Zirkulationsprozeß der Waren nicht nur als »verschwindende Form« vermittelt. »Es schließt ihn selbständig ab, als absolutes Dasein des Tauschwerts oder allgemeine Ware« (MEW 23/150). Für den schuldigen Käufer, der zahlen muß, wird – genauso wie für den Schatzbildner – die »Wertgestalt der Ware, Geld, . . . zum Selbstzweck des Verkaufs«, aber anders als beim Schatzbildner aufgrund einer »den Verhältnissen des Zirkulationsprozesses selbst entspringende(n) gesellschaftliche(n) Notwendigkeit« (ebd.).

Es kann bei Verallgemeinerung der Funktion des Geldes als Zahlungsmittel natürlich sein, daß des einen Schuldner zugleich des andren Gläubiger ist usw. Dann können sich die Schuldforderungen wechselseitig ausgleichen, müssen dies aber nicht. Insofern schließt die »Funktion des Geldes als Zahlungsmittel . . . einen unvermittelten Widerspruch ein. Soweit sich die Zahlungen ausgleichen, funktioniert es nur ideell als Rechengeld oder Maß der Werte. Soweit wirkliche Zahlungen zu verrichten, tritt es nicht als Zirkulationsmittel auf, als nur verschwindende und vermittelnde Form des Stoffwechsels, sondern als die individuelle Inkarnation der gesellschaftlichen Arbeit, selbständiges Dasein des Tauschwerts, absolute Ware. Dieser Widerspruch eklatiert in dem Moment der Produktions- und Handelskrisen, der Geldkrise heißt.« (MEW 23/151f.)

Auf Marx' Theorie der Krise, in der »der Gegensatz zwischen der Ware und ihrer Wertgestalt, dem Geld, bis zum absoluten Widerspruch gesteigert« (MEW 23/152) wird, ist hier nicht einzugehen[12], genausowenig wie auf den Zusammenhang von Zahlungsmitteln und Kreditgeld oder auf die Bedeutung des Geldes als »allgemeine Ware der Kontrakte« (MEW 23/153) und die zum Abschluß des Geldkapitels dargestellte Funktion des Geldes als »Weltgeld« (MEW 23/156–160). Eingangs dieses Kapitels wurde bereits darauf hingewiesen, daß – Marx zufolge – erst in dieser Funktion des Geldes seine »Daseinsweise . . . seinem Begriff adäquat« (MEW 23/156) wird, indem ihre Wahrnehmung »stets die wirkliche Geldware, leibhaftes Gold und Silber, erheischt« (MEW 23/159). Marx gibt damit einen Punkt an, an dem seine Auffassung vom Geld der empirischen Überprüfung zugänglich ist. Auch die Weltwährungsverhältnisse sind aber inzwischen durch Ausweitung und neue Formen internationaler Kreditbeziehungen komplizierter geworden, so daß die empirische Evidenz der Marxschen These von der Übereinstimmung von Daseinsweise und Begriff nicht ohne weiteres der Zeitung entnommen werden kann.

Erläuterungen und Zusätze

1. »Marx faßt das Verständnis der Kategorie ›Geld‹ als Kriterium dafür auf, ob das Wesen des Werts tatsächlich begriffen ist.« (Wygodski, 1967, S. 54) »Die Werttheorie ist adäquat interpretiert, wenn die Ware so gefaßt wird, daß sie sich im Prozeß eines ›immanenten über-sich-Hinausgehens‹ als Geld setzt.« (Backhaus, 1969, S. 153)

2. Instruktiv ist in diesem Zusammenhang Clowers Demonstration, daß »the conception of money economy implicit in modern accounts of the general equilibrium theory of money and prices is formally equivalent to the classical conception of a barter economy.« (CLOWER, 1967, S. 211) Clowers Arbeiten sind vor dem Hintergrund der Keynesschen Forderung zu sehen, wonach Wert- und Geldtheorie integriert werden müssen (vgl. KEYNES, 1936, S. 247). Keynes' Forderung darf man allerdings nicht in dem Sinne beim Wort nehmen, daß er unter Werttheorie etwas der Marxschen Wertlehre auch nur entfernt Ähnliches verstanden hätte. Keynes denkt bei seiner Kritik an der orthodoxen »neoklassischen« Ökonomie seiner Zeit an eine Theorie, in der ein gleichgewichtiges System »relativer« Werte formuliert wird, an dem sich durch Einführung des Geldes (auf Basis der Quantitätstheorie) qualitativ nichts ändert, außer daß die »relativen« Werte in Geldpreise verwandelt sind. Selbst in dieser Form ist Keynes' Forderung weitgehend ignoriert worden, wohl nicht zuletzt deshalb, weil es Keynes nicht gelang, die werttheoretischen Implikationen seiner Auffassung von der Funktionsweise des kapitalistischen ökonomischen Systems offenzulegen.
3. Neuere Texte zur sog. Wirtschaftssoziologie zeigen, daß selbst die auf Untersuchung des Zusammenhangs von Wirtschaft und Gesellschaft spezialisierten Soziologen keine Neigung verspüren, sich dem »Geldrätsel« zu stellen (vgl. BURGHARDT, 1974; SMELSER, 1968); daß das Geld spezifische gesellschaftliche Funktionen hat, die seine Ignorierung in der Soziologie verbieten, scheint wenigstens gelegentlich auf bei PARSONS/SMELSER (1972). Anders noch Max Weber, der sich ausdrücklich die Aufgabe stellt, die sozialen Konsequenzen des Geldgebrauchs zu untersuchen (vgl. WG, 2. Kap., §§ 6ff.; und unten Teil D, II. Abschnitt) und neuerdings HEINEMANN (1969; dort insbesondere »Dogmenhistorischer Exkurs: Marx«, S. 68–74) und Luhmann, der ausgehend von einer Reinterpretation des Knappheitsaxioms Anforderungen an eine Geldtheorie formuliert (vgl. LUHMANN, 1972a, S. 199).
4. Marx hält gegen den empirischen Augenschein (auch schon zu seiner Zeit) daran fest, daß Geld Ware sein muß, die eigenen Wert hat, schon bevor sie in Zirkulation tritt (vgl. MEW 23/105, 107 usw.). Der empirische Augenschein lehrt hingegen, daß Geld zwar unter bestimmten Bedingungen gehandelt wird wie andere Ware (z. B. Devisenhandel), aber nicht Ware im strengen Sinne ist. Es scheint, als sei Geld bloßes Zeichen. Marx ist sich durchaus darüber klar, daß Geld »durch bloße Zeichen seiner selbst ersetzt werden kann«, hält aber daran fest, daß dies nur »in bestimmten Funktionen« (MEW 23/105) möglich sei. Dieser in gewissem Sinne kontrafaktische Geldbegriff soll seine Bewährung finden, indem schließlich im »Weltgeld« die Daseinsweise dem Begriff adäquat wird. Inzwischen haben sich aber auch im internationalen Geldwesen die Verhältnisse durch Leitwährungssystem usw. soweit modifiziert, daß die unmittelbare »Bewährung des Begriffs« nicht ohne weiteres möglich ist. Es hängt mit Marx' eigentümlicher Darstellungsweise seines Gegenstandes – auf die wir in der Einleitung hingewiesen haben – zusammen, daß sein Anspruch (beim Weltgeld wie überhaupt im Geld-Kapitel) nur sein kann: die Grundlage fürs Begreifen des modernen Geldwesens zu legen. Für empirische Untersuchungen (und eine empirische Über-

prüfung der Marxschen Geldtheorie) ist es unerläßlich, nicht nur diese Grundlage heranzuziehen, sondern auch – da das moderne Geld im wesentlichen Kreditgeld – Marx' Darstellung des Kredits, die er aber – gemäß dem »genetischen« Aufbau der Kritik der politischen Ökonomie – erst im Anschluß an die Lehre von Kapital und Profit entwirft (vgl. MEW 25, 5. Abs.).

5. Vgl. oben 6. Kapitel, § 2 und MEW 23/100f.
6. In der Darstellung der Sphäre der einfachen Zirkulation findet Marx die erste Ebene, auf der sich die bürgerliche Gesellschaft *als System* darstellen läßt. Wenn man geneigt ist, Marx wegen der Form dieser Systemdarstellung, in der handelnde Subjekte nur als die »Personifikationen ökonomischer Kategorien« (vgl. MEW 23/16 u. ö.) auftreten, einen »undurchschauten Objektivismus« (vgl. z. B. NEGT, 1968, S. 44) vorzuhalten, mag man die Marxsche Auffassung der einfachen Zirkulation als gesellschaftlichen Handlungszusammenhang einmal mit der Auffassung eines eingestandenermaßen subjektivistischen Theoretikers vergleichen. Für Wieser ist das »Geld eines der vollkommensten Hilfmittel, welche der menschliche Geist ausgebildet hat«, denn mit Hilfe des Geldes kann die »ganze Summe der Tauschgelegenheiten, die in einer großen Gemeinschaft gegeben sind, . . . ausgeschöpft werden, ohne daß mehr als je zwei Personen auf einmal miteinander zu tun hätten. Die Tauschgesellschaft paart sich ab, und daher kann sich ihr Verkehr über die ganze Welt erstrecken und kann Millionen von Menschen vereinigen, von denen jeder nur seine unmittelbaren Vormänner und Nachmänner zu kennen braucht.« (WIESER, 1924, S. 123) Demgegenüber bringt Marx gerade das Spannungsverhältnis von subjektiv intentionalem Handeln und gesellschaftlicher Objektivität deutlich zum Ausdruck: »Die Zirkulation ist die Bewegung, worin die allgemeine Entäußrung als allgemeine Aneignung und die allgemeine Aneignung als allgemeine Entäußrung erscheint. Sosehr nun das Ganze dieser Bewegung als gesellschaftlicher Prozeß erscheint, und sosehr die einzelnen Momente dieser Bewegung vom bewußten Willen und besondern Zwecken der Individuen ausgehn, sosehr erscheint die Totalität des Prozesses als ein objektiver Zusammenhang, der naturwüchsig entsteht; zwar aus dem Aufeinanderwirken der bewußten Individuen hervorgeht, aber weder in ihrem Bewußtsein liegt, noch als Ganzes unter sie subsumiert wird. Ihr eignes Aufeinanderstoßen produziert ihnen eine über ihnen stehende, *fremde* gesellschaftliche Macht; ihre Wechselwirkung als von ihnen unabhängigen Prozeß und Gewalt. Die Zirkulation, weil eine Totalität des gesellschaftlichen Prozesses, ist auch die erste Form, worin nicht nur wie etwa in einem Geldstück, oder im Tauschwert, das gesellschaftliche Verhältnis als etwas von den Individuen Unabhängiges erscheint, sondern das Ganze der gesellschaftlichen Bewegung selbst. Die gesellschaftliche Beziehung der Individuen aufeinander als verselbständigte Macht über den Individuen, werde sie nun vorgestellt als Naturmacht, Zufall oder in sonst beliebiger Form, ist notwendiges Resultat dessen, daß der Ausgangspunkt nicht das Freie gesellschaftliche Individuum ist. Die Zirkulation als erste Totalität unter den ökonomischen Kategorien gut, um dies zur Anschauung zu bringen.« (GR 111)
7. Auf Marx' Untersuchung der Frage, wieviel Geld die Zirkulation absorbiert, wird hier nicht eingegangen.

8. Das Papiergeld mit Zwangskurs ist nicht zu verwechseln mit dem modernen Zentralbankgeld, dessen Erklärung die Betrachtung von Kreditbeziehungen voraussetzt.
9. Zur Erinnerung: schon die einfache Äquivalentform einer Ware galt als die »Form ihrer unmittelbaren Austauschbarkeit mit anderer Ware« (MEW 23/70); der Kauf zeigte das Geld als »die absolut veräußerliche Ware« (MEW 23/124) usw.
10. »The power *of a man*, to take it universally, is his present means, to obtain some future apparent good« (Hobbes, 1962, I, 10). »Wealth, as Mr. Hobbes says, is power« (Smith, 1937, S. 31).
11. An den Produktionsquellen der edlen Metalle findet Marx zufolge zunächst Verkauf ohne Kauf statt. »Und spätere Verkäufe ohne nachfolgende Käufe vermitteln bloß die weitere Verteilung der edlen Metalle unter alle Warenbesitzer« (MEW 23/145).
12. Weil mit der »Metamorphose der Ware« die »widersprechenden und einander ausschließenden Beziehungen« (MEW 23/118), die der Austauschprozeß einschließt, keineswegs verschwunden sind, sondern nur eine »Bewegungsform« gefunden haben, ist die Trennung von Verkauf und Kauf zugleich »Keim der Krisen« (GR 112) des kapitalistischen Systems (vgl. MEW 23/127f.); ein »Keim«, der sein nächstes Entwicklungsstadium in der Funktion des Geldes als Zahlungsmittel hat (vgl. MEW 23/151f.). Vgl. Bader, Berger, Ganssmann, et al., 1975.

Fragen zur Diskussion

1. Warum muß in der Warenproduktion der gesellschaftliche Stoffwechsel durch Geld vermittelt werden?
2. Unter welchen Bedingungen ist Geld (bzw. die Geldware) durch »Wertzeichen« ersetzbar?
3. Unter welchen Bedingungen wird die Verwandlung der Ware in Geld, der Verkauf, zum »Selbstzweck«?
4. Inwiefern ist das Geld durch einen Widerspruch zwischen seiner Qualität und seiner Quantität gekennzeichnet?
5. Wieso entsteht mit der Warenzirkulation ein »System allseitiger sachlicher Abhängigkeit«?

III. Abschnitt: Das Kapital und sein Produktionsprozeß

Lernziele

Ware und Geld sind nun als spezifische gesellschaftliche Formen des Reichtums begreifbar, in denen sich die besonderen gesellschaftlichen Verhältnisse privat und arbeitsteilig produzierender Individuen ausdrücken als »gesellschaftliche Verhältnisse der Sachen« (MEW 23/87). Die Arbeitsprodukte nehmen jedoch erst allgemein Wertform an auf Basis der kapitalistischen Produktionsweise. Die Vorgänge der einfachen Zirkulation, der Stellenwechsel von Waren und Geld, bilden in noch näher zu erläuterndem Sinne die »Oberfläche« des kapitalistischen Produktionsprozesses. Bevor in dessen Untersuchung, Marx folgend, zu zeigen ist, »nicht nur wie das Kapital produziert, sondern auch wie man es selbst produziert, das Kapital« (MEW 23/189), müssen die noch der Zirkulationssphäre angehörigen Bedingungen der Verwandlung von Geld in Kapital bestimmt werden.[1]

15. Kapitel: Die Verwandlung von Geld in Kapital

Textgrundlage

Das Kapital, 1. Bd., 4. Kap., MEW 23/161–191

§ 1. Die »allgemeine Formel des Kapitals« lautet:

G – W – G' (MEW 23/170)

Zu dieser Formel gelangt Marx ausgehend von der Metamorphose der Ware (W – G – W), der Bewegung des Verkaufs, um zu kaufen, als Form des gesellschaftlichen Stoffwechsels, in der zwar Ausgangs- und Endform des Prozesses dieselbe, aber W, die Ware, verschiedenen Gebrauchswert hat. Endzweck des Kreislaufs ist daher »Konsumtion, Befriedigung von Bedürfnissen« (MEW 23/164). Diesem Kreislauf wird die Zirkulationsform des Geldes gegenübergestellt: »G – W – G, Verwandlung von Geld in Ware und Rückverwandlung von Ware in Geld, kaufen, um zu verkaufen. Geld, das in seiner Bewegung diese letztere Zirkulation beschreibt, verwandelt sich in Kapital, wird Kapital und ist schon seiner Bestimmung nach Kapital« (MEW 23/162). Ganz so einfach ist die Sache aber wohl nicht, denn zunächst erscheint dieser Kreislauf sinnlos: Anfangs- und Endpunkt haben nicht nur dieselbe Form, sondern als deren Träger fungiert auch kein qualitativ unterschiedener Gebrauchswert (wie in W – G – W), vielmehr steht an Anfang und Ende eine Geldsumme. Die Form des Kreislaufs selbst deutet zwar darauf hin, daß sein »treibendes Motiv und bestimmender Zweck ... der Tauschwert selbst« (MEW 23/164) ist. Aber das hilft noch nicht weiter. Solange die Geldsumme an Anfang und Ende dieselbe bleibt, erscheint das Kaufen, um zu verkaufen, als »eine ebenso zwecklose als abgeschmackte Operation« (MEW 23/165). Als die »gleichförmige gesellschaftliche Materiatur unterschiedsloser menschlicher Arbeit« (MEW 23/124) ist Geld nur quantitativer Differenzierung fähig. »Der Prozeß G – W – G schuldet seinen Inhalt daher keinem qualitativen Unterschied seiner Extreme, denn sie sind beide Geld, sondern nur ihrer quantitativen Verschiedenheit ... Die vollständige Form dieses Prozesses ist daher G – W – G', wo G' = G + ΔG, d. h. gleich der ursprünglich vorgeschossenen Geldsumme plus einem Inkrement.« Dieses Inkrement oder den Überschuß über den ursprünglichen Wert nennt Marx »Mehrwert (surplus value). Der ursprünglich vorgeschoßne Wert erhält sich daher nicht nur in der Zirkulation, sondern in ihr verändert er seine Wertgröße, setzt einen Mehrwert zu, oder verwertet sich. Und diese Bewegung verwandelt ihn in Kapital.« (MEW 23/165)

Bevor Marx die Bedingungen dieser Bewegung untersucht, zeigt er:

1. Daß diese Bewegung »endlos« (MEW 23/166) und »maßlos« (MEW 23/167) ist, weil – wie schon bei der Schatzbildung – der »Widerspruch zwischen der quantitativen Schranke und der qualitativen Schrankenlosigkeit des Geldes« (MEW 23/147) alle beliebigen Geldsummen zu beschränkten Ausdrücken des Tauschwerts macht, alle also »denselben Beruf haben, sich dem Reichtum schlechthin durch Größenausdehnung anzunähern« (MEW 23/166).

2. Daß der Geldbesitzer als »bewußter Träger dieser Bewegung« (MEW 23/167) Kapitalist wird: »Der objektive Inhalt jener Zirkulation – die Verwertung des Werts – ist sein subjektiver Zweck, und nur soweit wachsende Aneignung des abstrakten Reichtums das allein treibende Motiv seiner Operationen, funktioniert er als Kapitalist oder personifiziertes, mit Willen und Bewußtsein begabtes Kapital. Der Gebrauchswert ist also nie als unmittelbarer Zweck des Kapitalisten zu behandeln.« (MEW 23/167f.)

3. Daß in der Bewegung G – W – G' der Wert »ein automatisches Subjekt« (MEW 23/169) wird. Subjekt wird der Wert, weil er sich in dieser Bewegung nicht verliert, sondern »unter dem beständigen Wechsel der Formen von Geld und Ware seine Größe selbst verändert, sich als Mehrwert von sich selbst als ursprünglichem Wert abstößt, sich selbst verwertet.« (ebd.)

Damit hat die schon bei der Untersuchung der Wertformen von Marx nachgewiesene »Verkehrung von Subjekt und Objekt« eine entwickeltere Gestalt gewonnen. Wenn die Individuen nicht selbst die Subjekte ihres eigenen gesellschaftlichen Prozesses sein können, muß es sozusagen ein »Ersatzsubjekt« geben, das das Handeln der Individuen bestimmt und ihre gesellschaftlichen Betätigungen und Beziehungen reguliert. Marx hat die Form dieser Regulation im Wertgesetz als einem »Naturgesetz« (MEW 23/89) bereits angedeutet. Agens dieser Regulation ist das Kapital als der »prozessierende Wert« (MEW 23/170). Dessen Bewegung, »worin er Mehrwert zusetzt, ist seine eigne Bewegung, seine Verwertung, also Selbstverwertung. Er hat die okkulte Qualität erhalten, Wert zu setzen, weil er Wert ist.« (MEW 23/169)

§ 2. Solange man allerdings die Bedingungen dieser Bewegung noch nicht kennt, bleibt die Fähigkeit des Kapitals, Werte zu setzen, bloß weil es Wert ist, »okkulte Qualität« im schlechten Sinne. Die Bildung des Mehrwerts muß erklärt werden. Wenn Marx feststellt, daß G – W – G' die allgemeine Formel des Kapitals ist, »wie es unmittelbar in der Zirkulationssphäre erscheint« (MEW 23/170), so widerspricht doch diese Formel »allen früher entwickelten Gesetzen über die Natur der Ware, des Werts, des Geldes und der Zirkulation selbst.« (ebd.) Denn die einfache Warenzirkulation kennen wir bisher nur als Verkettung von Formwechseln der Waren, die den gesellschaftlichen Stoffwechsel vermitteln. »Dieser Formwechsel schließt keine Änderung der Wertgröße ein.« (MEW 23/172) Vielmehr ist der Austausch in »seiner reinen Gestalt ... ein Austausch von Äquivalenten, also kein Mittel, sich an Wert zu bereichern« (MEW 23/173). Keiner zieht »mehr Wert aus der Zirkulation heraus, als er in sie hineinwirft.« (MEW 23/174) Also kann auch keine Mehrwertbildung stattfinden. Um diese zu erklären, müßte man wohl annehmen, daß Nicht-Äquivalente getauscht werden. Aber auch eine derartige Annahme hilft nicht weiter. Sobald jeder seine Waren über ihrem Wert verkauft – was dem einen recht ist, ist dem andern schließlich billig – gewinnt jeder nur als Verkäufer, was er als Käufer wieder verliert. Außer einer Veränderung der »Geldnamen, d. h. der Preise der Waren« (MEW 23/175) bleibt alles beim alten. Kurz, Marx zeigt, »daß der Mehrwert nicht aus der Zirkulation entspringen kann« und vermutet, daß bei »seiner Bildung also etwas hinter ihrem Rücken vorgehen muß, das in ihr selbst unsichtbar ist.« (MEW 23/179) Aber außerhalb der Zirkulation kann der Mehrwert genausowenig entstehen. Hier »steht der Warenbesitzer nur noch in Beziehung zu seiner eignen Ware.« (ebd.) Deren Wert mag er zwar vergrößern, indem er mehr Arbeit in sie steckt. Aber damit findet nicht eigentlich Vermehrung des Werts, sondern dessen Bildung durch Arbeit statt. Die allgemeine Formel G – W – G', in der sich das Geld als Kapital darstellt, scheint – wie gehabt – unvereinbar mit den Gesetzen der Zirkulation zu sein. Dennoch hält Marx daran fest: »Die Verwandlung des Geldes in Kapital ist auf Grundlage dem Warentausch immanenter Gesetze zu entwickeln, so daß der Austausch von Äquivalenten als Ausgangspunkt gilt.« (MEW 23/180)[2]

§ 3. Zwar scheint unter den Bedingungen des Äquivalententauschs die Vermehrung einer vorgeschossenen Geldsumme und damit deren Verwandlung in Kapital undenkbar. Aber sie darf nicht daraus erklärt werden, daß jene Bedingungen außer Geltung gesetzt werden. Marx löst diese Antinomie mit einer theoriegeschichtlich zwar umwälzenden, aber im Grunde einfachen Überlegung, welche die Unterscheidung zwischen Gebrauchswert und Wert der Ware wieder aufnimmt. Wenn jene Wertveränderung nicht aus den Zirkulationsakten der Ware entspringen kann, dann muß sie sich »zutragen mit der Ware, die im ersten Akt G – W gekauft wird, aber nicht mit ihrem Wert, denn es werden Äquivalente ausgetauscht ... Die Veränderung kann also nur entspringen aus ihrem Gebrauchswert als solchem, d. h. aus ihrem Verbrauch. Um aus dem Verbrauch einer Ware Wert herauszuziehen, müßte unser Geldbesitzer so glücklich sein, innerhalb der Zirkulationssphäre, auf dem Markt, eine Ware zu entdecken, deren Gebrauchswert selbst die eigentümliche Beschaffenheit besäße, Quelle von Wert zu sein ... Und der Geldbesitzer findet auf dem Markt eine solche spezifische Ware vor – das Arbeitsvermögen oder die Arbeitskraft.« (MEW 23/181)

Unter Arbeitskraft versteht Marx dabei den »Inbegriff der physischen und geistigen Fähigkeiten, die in der Leiblichkeit, der lebendigen Persönlichkeit eines Menschen existieren und die er in Bewegung umsetzt, sooft er Gebrauchswerte irgendeiner Art produziert.« (ebd.) Wie kommt aber ein Mensch dazu, seine Arbeitskraft als Ware zu verkaufen? Marx nennt zwei Bedingungen: »Damit ihr Besitzer sie als Ware verkaufe, muß er über sie verfügen können, also freier Eigentümer seines Arbeitsvermögens, seiner Person sein.« (MEW 23/182) Käufer und Verkäufer müssen sich also – wie bei jedem Warentausch – wechselseitig als Privateigentümer anerkennen und sind als solche freie und »juristisch gleiche Personen« (ebd.). »Die zweite wesentliche Bedingung ... ist die, daß ihr Besitzer, statt Waren verkaufen zu können, worin sich seine Arbeit vergegenständlicht hat, vielmehr seine Arbeitskraft selbst ... als Ware feilbieten muß.« (MEW 23/183) Dieser Zwang resultiert daraus, daß der Verkäufer der Ware Arbeitskraft, der Arbeiter, keine Produktionsmittel besitzt, also getrennt ist von den Verwirklichungsbedingungen seiner Arbeit. Damit ist der Arbeiter »frei in dem Doppelsinn, daß er als freie Person über seine Arbeitskraft als seine Ware verfügt, daß er andererseits andre Waren nicht zu verkaufen hat, los und ledig, frei ist von allen zur Verwirklichung seiner Arbeitskraft nötigen Sachen.« (MEW 23/183) Solange der Geldbesitzer als Kapitalist in spe diesen in doppeltem Sinne freien Arbeiter als Verkäufer der Arbeitskraft auf dem Markt vorfindet, interessiert ihn zwar nicht, wie es zu gesellschaftlichen Verhältnissen kommt, in denen »auf der einen Seite Geld- oder Warenbesitzer und auf der andren Seite bloße Besitzer der eignen Arbeitskräfte« (ebd.) stehen. Dieser Gegensatz als Voraussetzung der Verwandlung von Geld in Kapital verweist aber wiederum darauf, daß das Kapital und seine Produktionsweise historisch besondere Form der gesellschaftlichen Produktion und spätes Resultat der geschichtlichen Entwicklung sind: »Es entsteht nur, wo der Besitzer von Produktions- und Lebensmitteln den freien Arbeiter als Verkäufer seiner Arbeitskraft auf dem Markt vorfindet, und diese eine historische Bedingung umschließt eine Weltgeschichte.« (MEW 23/184)[3]

Mit der Arbeitskraft entdeckt der Kapitalist zwar die Ware, deren Gebrauchswert die Eigenschaft hat, Quelle von Wert zu sein. Wie wird aber ihr Wert selbst bestimmt? Abgesehen von einer kleinen Modifikation genauso wie bei jeder anderen Ware: »durch die zur Produktion, also auch Reproduktion, dieses spezifischen Artikels notwendige Arbeitszeit. Soweit sie Wert, repräsentiert die Arbeitskraft selbst nur ein bestimmtes Quantum in ihr vergegenständlichter gesellschaftlicher Durchschnittsarbeit. Die Arbeitskraft existiert nur als Anlage des lebendigen Individuums . . . Die Existenz des Individuums gegeben, besteht die Produktion der Arbeitskraft in seiner eignen Reproduktion oder Erhaltung. Zu seiner Erhaltung bedarf das lebendige Individuum einer gewissen Summe von Lebensmitteln. Die zur Produktion der Arbeitskraft notwendige Arbeitszeit löst sich also auf in die zur Produktion dieser Lebensmittel notwendige Arbeitszeit, oder der Wert der Arbeitskraft ist der Wert der zur Erhaltung ihres Besitzers notwendigen Lebensmittel.« (MEW 23/184f.) Lebensmittel schließen ein Nahrung, Kleidung, Heizung, Wohnung, Bildungskosten usw. nicht nur für den Arbeiter selbst, sondern auch für seine »Ersatzmänner« (MEW 23/186), seine Kinder. Die Modifikation bei der Wertbestimmung der Ware Arbeitskraft im Gegensatz zu der anderer Waren kommt dadurch zustande, daß sie »ein historisches und moralisches Element« (MEW 23/185) enthält, weil das, was als notwendige Lebensmittel gilt, nicht unabhängig von sozialen Bedingungen (»Kulturstufe eines Landes«, »Gewohnheiten« usw.) sein kann. Der Wert der Ware Arbeitskraft ist also nicht zu verwechseln mit dem Wert einer Warenmasse, die gerade noch ein Minimum an physischer Existenz garantiert. Dieser Wert bildet allenfalls den unteren Grenzwert oder die »Minimalgrenze des Werts der Arbeitskraft« (MEW 23/187), dessen Maximalgrenze hier noch nicht bestimmbar ist. Marx geht jedenfalls davon aus, daß für »ein bestimmtes Land, zu einer bestimmten Periode . . . der Durchschnitts-Umkreis der notwendigen Lebensmittel gegeben« (MEW 23/185) und damit auch der Wert der Ware Arbeitskraft bestimmbar ist.

Der Geldbesitzer als Kapitalist in spe kauft also Arbeitskräfte, deren Gebrauchswert es ist, Quelle von Wert zu sein. Um sie zu gebrauchen, muß er sie mit ihren Verwirklichungsbedingungen, den Produktionsmitteln, vereinigen. Er kauft also Produktionsmittel. Damit hat er sein Geld in Waren von zweierlei Art verwandelt:

$$G - W \begin{cases} Ak & \text{(Arbeitskraft)} \\ \quad \ldots & \\ Pm & \text{(Produktionsmittel)} \end{cases}$$

Seine Transaktionen in der Zirkulationsphäre sind vorläufig abgeschlossen. Um zu sehen, »nicht nur wie das Kapital produziert, sondern auch, wie man es selbst produziert, das Kapital«, müssen wir daher diese »geräuschvolle, auf der Oberfläche hausende und aller Augen zugängliche Sphäre verlassen . . ., zusammen mit Geldbesitzer und Arbeitskraftbesitzer, um beiden nachzufolgen in die verborgene Stätte der Produktion.« (MEW 23/189)

Erläuterungen und Zusätze

1. Bisher wurden die einzelnen Schritte der Marxschen Darstellung relativ ausführlich nachvollzogen, weil die Analyse der Ware und die Entwicklung der Wertformen bis zur Geldform einerseits grundlegend für das Verständnis der Marxschen Theorie der bürgerlichen Gesellschaft sind, andererseits zu den schwierigsten Theoriestücken der Sozialwissenschaften überhaupt gehören. Im folgenden wird ein anderes Verfahren eingeschlagen, indem nur noch einige wesentliche Zusammenhänge skizziert werden, die das Verständnis der Marxschen Auffassung ermöglichen sollen, wonach es sich bei der bürgerlichen Gesellschaft um eine von Klassengegensätzen geprägte Gesellschaft handelt. Deren Einheit rekonstruiert Marx als in sich widersprüchlichen Prozeß, in dessen Verlauf die Klasse der Lohnarbeiter gezwungen ist, zum Zweck ihrer sozialen Emanzipation eine neue Form der gesellschaftlichen Produktion zu erkämpfen.
2. Marx' Kritik an den Theorien über die Bildung des Mehrwerts im Unterabschnitt »Widersprüche der allgemeinen Formel« (MEW 23/170–181) bleibt auch für die moderne bürgerliche Ökonomie relevant, insofern er die Bedingungen, unter denen die Bildung des Mehrwerts (resp. Profit) erklärt werden muß, auf – wie man heute sagen würde – »makroökonomischer« Ebene formuliert. Damit entfallen alle Erklärungsmuster, die aus der Perspektive des einzelnen Kapitalisten konzipiert sind (Veräußerungsprofit, Aufschlagstheorien usw.). Mangels geeigneter Erklärung wird in modernen ökonomischen Theorien der Profit (d. h. in diesen: Unternehmergewinn) oft zum Ausnahmephänomen gemacht, das bei vollkommener Konkurrenz wegfällt; oder er bleibt lediglich residual bestimmt (Restgröße des Ertrags nach Abzug aller Kosten). Die Schwierigkeiten tauchen aber regelmäßig bei der Erklärung des Zinses, den Marx als Abspaltungsprodukt vom Mehrwert begreift, wieder auf.
3. Im Kapitel »Die sogenannte ursprüngliche Akkumulation« am Ende des ersten Bandes des »Kapital« zeigt Marx für England, die »klassische Stätte« der kapitalistischen Produktionsweise, wie die Arbeiter frei in dem Doppelsinn werden, »daß weder sie selbst unmittelbar zu den Produktionsmitteln gehören, wie Sklaven, Leibeigne usw., noch auch die Produktionsmittel ihnen gehören, wie beim selbstwirtschaftenden Bauer usw., sie davon vielmehr frei, los und ledig sind. Mit dieser Polarisation des Warenmarktes sind die Grundbedingungen der kapitalistischen Produktion gegeben. Das Kapitalverhältnis setzt die Scheidung zwischen den Arbeitern und dem Eigentum an den Verwirklichungsbedingungen der Arbeit voraus. Sobald die kapitalistische Produktion einmal auf eignen Füßen steht, erhält sie nicht nur jene Scheidung, sondern reproduziert sie auf stets wachsender Stufenleiter. Der Prozeß, der das Kapitalverhältnis schafft, kann also nichts andres sein als der Scheidungsprozeß des Arbeiters vom Eigentum an seinen Arbeitsbedingungen, ein Prozeß, der einerseits die gesellschaftlichen Lebens- und Produktionsmittel in Kapital verwandelt, andrerseits die unmittelbaren Produzenten in Lohnarbeiter.« (MEW 23/742) Der historische Scheidungsprozeß von Produzent und Produktionsmittel, der sich, wie Marx zeigt, in den brutalsten Formen abge-

spielt hat, gehört zur »Vorgeschichte des Kapitals« (ebd.), seine Darstellung also nicht eigentlich in die Theorie der kapitalistischen Produktionsweise selbst. Marx nennt diesen Prozeß »*sogenannte* ursprüngliche Akkumulation«, weil es – entgegen vielen auch noch heute kursierenden Auffassungen – nicht Voraussetzung der kapitalistischen Produktionsweise ist, daß zusätzlicher Reichtum im Hinblick auf seine Verwandlung in Kapital vorweg akkumuliert wird; vielmehr genügt eine andere »Verteilung« des jeweils gegebenen Reichtums: die Trennung der Produzenten von den Produktionsmitteln.

Fragen zur Diskussion

1. Warum wird der Wert zum »automatischen Subjekt«? Ist mit dieser Formulierung mehr als eine Metapher gemeint?
2. Welches Grundgesetz gilt für die einfache Warenzirkulation?
3. Warum muß nach Marx die Bildung des Mehrwerts in Einklang mit diesem Gesetz erklärt werden?
4. Welchen Gebrauchswert hat die Ware Arbeitskraft?
5. Wie wird der Wert der Ware Arbeitskraft bestimmt?
6. Welche Bedingungen müssen erfüllt sein, damit die Ware Arbeitskraft käuflich auf dem Markt vorgefunden wird?

16. Kapitel: Die Produktion des Mehrwerts

Textgrundlage

Das Kapital, 1. Bd., 5. Kap., MEW 23/192–211

§ 1. Der Geldbesitzer, der Kapitalist werden will, hat die vielversprechende Ware Arbeitskraft auf dem Markt vorgefunden und sie – zusammen mit Produktionsmitteln – gekauft. Bisher hat Marx nur die Zirkulation der Waren untersucht. Wie sie hergestellt werden, interessierte zunächst nicht. Die allgemeine Formel des Kapitals verwies aber selbst auf die Produktionssphäre als ihre Bedingung. Denn mit der Arbeitskraft hat der Kapitalist eine Ware gekauft, deren Gebrauchswert die »Arbeit selbst«, deren Konsumtion zugleich die Produktion ist. In der Untersuchung des kapitalistischen Produktionsprozesses verfährt Marx zunächst ebenso wie bei der Analyse der Ware. Er unterscheidet zwischen Stoff und Form des Reichtums auch bei der Betrachtung seiner Produktion. Um die spezifische Form des kapitalistischen Produktionsprozesses herauszuarbeiten, ist es zunächst nötig, sich über den Arbeitsprozeß »unabhängig von jeder bestimmten gesellschaftlichen Form« (MEW 23/192) zu verständigen, denn die »Produktion von Gebrauchswerten oder Gütern ändert ihre allgemeine Natur nicht dadurch, daß sie für den Kapitalisten und unter seiner Kontrolle vorgeht« (ebd.). Zwar ist der »Gebrauchswert . . . überhaupt nicht das Ding qu'on aime pour lui-même in der Warenproduktion.« (MEW 23/201) Aber als »materielles Substrat, Träger des Tauschwerts« (ebd.) sind Gebrauchswerte nun einmal notwendig. Dasselbe gilt für die konkret nützliche Arbeit als Bildnerin des Gebrauchswerts: welche konkret nützliche Arbeit als Träger der wert- und mehrwertbildenden Potenz im kapitalistischen Produktionsprozeß angewandt wird, ist dem Kapitalisten gleichgültig, solange nur irgendeine bestimmte konkret nützliche Arbeit verausgabt wird, für deren Produkte ein zahlungsfähiges Bedürfnis besteht. Bei der Untersuchung des unmittelbaren Produktionsprozesses des Kapitals in seiner allgemeinen Form interessiert daher theoretisch der jeweils bestimmte konkrete Arbeitsprozeß und der bestimmte Gebrauchswert des Arbeitsprodukts nicht. Dennoch ist es notwendig, die einfachen Momente jedes einigermaßen entwickelten Arbeitsprozesses zu umreißen, um die »Funktionen der verschiednen Bestandteile des Kapitals in seinem eignen Verwertungsprozeß« (MEW 23/223) zu begreifen.

Die Analyse der »allgemeinen Natur des Arbeitsprozesses« (MEW 23/199) zeigt dessen grundlegende Faktoren: »die zweckmäßige Tätigkeit oder die Arbeit selbst, ihr Gegenstand und ihr Mittel« (MEW 23/193). Die konkret nützliche Arbeit wirkt auf Arbeitsgegenstände (Rohstoffe, Vorprodukte etc.) ein, die mit Hilfe besonderer, der Natur des jeweiligen Gegenstandes angemessener Arbeitsmittel (Werkzeuge, Maschinen, auch Gebäude usw.) bearbeitet werden. Schließlich »erlischt« der Arbeitsprozeß »im Produkt. Sein Produkt ist ein Gebrauchswert, ein durch Formveränderung menschlichen Bedürfnissen angeeigneter Naturstoff. Die Arbeit hat sich mit ihrem Gegenstand verbunden. Sie ist vergegenständlicht, und der Gegenstand ist verarbeitet. Was auf seiten des Arbeiters in der Form der Unruhe erschien, erscheint nun als ruhende Eigenschaft, in der Form des Seins, auf seiten des Produkts.« (MEW 23/195) Sobald der Arbeitsprozeß, der als solcher, Marx zufolge, »ewige Naturbedingung des menschlichen Lebens« (MEW 23/198) ist, nicht mehr Selbstbetätigung des Arbeiters, sondern Konsumtion seiner Arbeitskraft durch den Kapitalisten ist, zeigen sich »zwei eigentümliche Phänomene« (MEW 23/199): 1. »Der Arbeiter arbeitet unter der Kontrolle des Kapitalisten, dem seine Arbeit gehört.« (ebd.) 2. »Das Produkt ist Eigentum des Kapitalisten, nicht des unmittelbaren Produzenten, des Arbeiters.« (MEW 23/200) Daran ist nun nach Maßstäben der Warenproduktion nichts moralisch Verwerfliches, Ungerechtes.[1] Vom Standpunkt des Kapitalisten »ist der Arbeitsprozeß nur die Konsumtion der von ihm gekauften Arbeitskraft, die er jedoch nur konsumieren kann, indem er ihr Produktionsmittel zusetzt. Der Arbeitsprozeß ist ein Prozeß zwischen Dingen, die der Kapitalist gekauft hat, zwischen ihm gehörigen Dingen.« (ebd.)

§ 2. Das eine »Ding«, das er gekauft hat, hat die Eigenschaft, Quelle von

Wert zu sein. Wegen dieser Potenz hat der Kapitalist die Arbeitskraft gekauft, nicht nur weil ihre Betätigung in einem konkret nützlichen Produkt resultiert. Er benutzt die Ware Arbeitskraft dazu, wiederum Waren zu produzieren. »Wie die Ware selbst Einheit von Gebrauchswert und Wert, muß ihr Produktionsprozeß Einheit von Arbeitsprozeß und Wertbildungsprozeß sein.« (MEW 23/201) Wert wird gebildet in dem Maße, wie den Produktionsmitteln neue Arbeit zugesetzt und in der Herstellung des Produkts nicht mehr als gesellschaftlich notwendige Arbeitszeit gebraucht wird. Dem Kapitalisten nützt aber die Wertbildung als solche gar nichts. Er will »eine Ware produzieren, deren Wert höher als die Wertsumme der zu ihrer Produktion erheischten Waren, der Produktionsmittel und der Arbeitskraft« (MEW 23/201) ist. Sonst verwertet sich »sein gutes Geld« (ebd.) nicht. Es kann sich nur verwerten, der Wertbildungsprozeß also zugleich Verwertungsprozeß des Kapitals sein, wenn »die vergangne Arbeit, die in der Arbeitskraft steckt, und die lebendige Arbeit, die sie leisten kann, ihre täglichen Erhaltungskosten und ihre tägliche Verausgabung, . . . zwei ganz verschiedne Größen« (MEW 23/207f.) sind. Bedingung des Verwertungsprozesses des Kapitals ist also, daß der Wert der Ware Arbeitskraft kleiner ist als der durch ihren Gebrauch produzierte Neuwert. Dieser Neuwert – oder das »Wertprodukt« der neu geleisteten Arbeit – muß einerseits ausreichen, um dem Kapitalisten den Wert der Arbeitskraft, den er dem Arbeiter bezahlt, zu ersetzen. Andererseits muß das Wertprodukt noch einen Überschuß über den Wert der Arbeitskraft enthalten: den Mehrwert. Produziert wird dieser Mehrwert, indem der Kapitalist den Arbeiter über die Zeit hinaus arbeiten läßt, die zur Reproduktion des Werts der Arbeitskraft erforderlich ist. Sobald der Mehrwert produziert wird – und nur unter dieser Bedingung kauft der Kapitalist Arbeitskräfte – zerfällt also der Arbeitstag in zwei Teile, die notwendige Arbeitszeit (notwendig zur Reproduktion des Werts der Arbeitskraft) und die Mehrarbeitszeit, die sich im »Mehrprodukt« (MEW 23/243f.) vergegenständlicht.

§ 3. Damit sind nun zwar das Wertprodukt und seine Bestandteile bestimmt, aber noch nicht der Wert des Produkts (Marx nennt letzteres »Produkten-Wert« (MEW 23/214)). Der Kapitalist hat zur Produktion der Ware ja nicht nur die Ware Arbeitskraft gekauft, sondern auch Produktionsmittel (Arbeitsgegenstände und Arbeitsmittel), die im Produktionsprozeß der Ware verbraucht werden. Die Kosten der Produktionsmittel müssen dem Kapitalisten irgendwie ersetzt werden, wenn er nicht einen Teil seines Kapitals verlieren will, während der andere, in Arbeitskraft umgesetzte, sich verwertet. Tatsächlich »finden wir die Werte der verzehrten Produktionsmittel wieder als Bestandteile des Produkten-Werts« (MEW 23/214) der fertigen Ware. Marx zeigt nun, daß nicht nur die Schaffung von neuem Wert, sondern auch die Übertragung des Werts der Produktionsmittel auf das Produkt gebunden ist an die Verausgabung von Arbeit. Die Arbeit muß »in demselben Zeitpunkt ... in einer Eigenschaft Wert schaffen und in einer anderen Eigenschaft Wert erhalten oder übertragen.« (ebd.) Dieser Vorgang kann »offenbar nur aus der Doppelseitigkeit ... (der) Arbeit selbst erklärt werden« (ebd.): Als Verausgabung menschlicher Arbeit überhaupt schafft die Arbeit Neuwert, in ihrer konkret nützlichen Eigenschaft dagegen überträgt sie den Wert der vernutzten Produktionsmittel auf das Produkt; und zwar in dem Maße, in dem die Produktionsmittel (soweit sie nicht vollständig in einem einmaligen Produktionsprozeß verbraucht werden) im Arbeitsprozeß an eigenem Gebrauchswert verlieren. Die Faktoren des Arbeitsprozesses spielen also offenbar eine verschiedene Rolle in der Bildung des Produktenwerts und haben damit auch eine verschiedene Funktion im Verwertungsprozeß des Kapitals. »Produktionsmittel auf der einen Seite, Arbeitskraft auf der andren, sind nur die verschiednen Existenzformen, die der ursprüngliche Kapitalwert annahm bei Abstreifung seiner Geldform und seiner Verwandlung in die Faktoren des Arbeitsprozesses.« (MEW 23/223) Um ihre verschiedenen Funktionen im Verwertungsprozeß des Kapitals zu charakterisieren, nennt Marx den Teil des Kapitals, der sich in Produktionsmittel umsetzt und seine Wertgröße im Produktionsprozeß nicht verändert, *konstantes* Kapital. Den Teil des Kapitals, der sich in Arbeitskraft umsetzt, nennt er *variables* Kapital, weil er »sein eignes Äquivalent und einen Überschuß darüber, Mehrwert, der selbst wechseln, größer oder kleiner sein kann« (MEW 23/224), produziert. Der gesamte Produktenwert setzt sich zusammen aus den Teilen: konstantes Kapital (c) + variables Kapital (v) + Mehrwert (m); wobei c + v = Kapitalvorschuß (K), v + m = Wertprodukt. Durch die Produktion verwandelt sich also K = c + v in K' = c + v + m. Oder, gemäß der allgemeinen Formel des Kapitals: G – W – G', sieht die Sache jetzt folgendermaßen aus:

$$G - W \left\langle \begin{matrix} Ak \\ \\ Pm \end{matrix} \right. \quad \ldots \quad P \quad \ldots \quad W' \qquad (P = \text{Produktionsprozeß}).$$

Um W', den um den Mehrwert gegenüber dem Kapitalvorschuß gewachsenen Wert der kapitalistisch produzierten Ware, zu »realisieren«, d. h. in die allein adäquate Geldform zu verwandeln, muß die Ware erst verkauft werden. Diese Operation geht aber bei der Untersuchung des Produktionsprozesses noch nichts an.

§ 4. Die Untersuchung der Zirkulationsform des Geldes als Kapital hatte ergeben, daß die Bewegung des Kapitals, seine rastlose Selbstverwertung, end- und maßlos ist. Nun zeigt bereits ein erster Blick auf den Verwertungsprozeß des Kapitals und die verschiedenen Funktionen, die seine Bestandteile darin haben, daß die Proportionen, in denen die Teile des Produktenwerts zueinander stehen, Maßverhältnisse enthalten, mit deren Hilfe sich angeben läßt, in welchem Grad die Verwertung des Kapitals gelungen ist. Naheliegend ist, die Beziehung des Mehrwerts auf das vorgeschossene Kapital als Maß dieser Verwertung zu wählen:

$$\frac{m}{c + v} \quad (= \text{Profitrate})^{2}$$

Obwohl dies »Verhältnis des Mehrwerts nicht nur zum Kapitalteil, woraus er unmittelbar entspringt und dessen Wertveränderung er darstellt, sondern auch zum vorgeschoßnen Gesamtkapital seine große ökonomische Bedeutung« (MEW 23/229) hat, wählt Marx zunächst ein anderes Maß. Da der »Mehrwert bloß Folge der Wertveränderung ist, die mit v, dem in Arbeitskraft umgesetzten Kapitalteil vorgeht«, erfordert die reine Analyse des Verwertungsprozesses zunächst »von dem Teil des Produktenwerts, worin nur konstanter Kapitalwert wieder erscheint, ganz zu abstrahieren, also das konstante Kapital c = O zu setzen« (MEW 23/228). Es bleibt also die Beziehung:

$$\frac{m}{v} = \frac{\text{Mehrwert}}{\text{Wert der Arbeitskraft}} = \frac{\text{Mehrarbeitszeit}}{\text{notwendige Arbeitszeit}}$$

die Mehrwertrate, die »der exakte Ausdruck für den Exploitationsgrad der Arbeitskraft durch das Kapital oder des Arbeiters durch den Kapitalisten« (MEW 23/232) ist. Die Mehrwertrate zeigt zugleich die Ansatzpunkte für das Kapital zur Ausübung seines »Berufes«, »sich dem Reichtum schlechthin durch Größenausdehnung anzunähern« (MEW 23/166). Es sind im Prinzip drei derartige Ansatzpunkte unterscheidbar (was nicht heißt, daß nicht jedes Kapital alle Hebel zur »rastlosen Vermehrung« seines Werts gleichzeitig ansetzen könnte):

a) Das Kapital kann bei gegebener Mehrwertrate die Masse des produzierten Mehrwerts erhöhen, indem es die Anzahl der gleichzeitig beschäftigten Arbeiter erhöht.[3]

b) Das Kapital kann den durchschnittlichen Arbeitstag verlängern und dadurch bei gegebener notwendiger Arbeitszeit (oder auch nur unterproportional verlängerter notwendiger Arbeitszeit) die Mehrarbeit ausdehnen. Diese Form der Erhöhung der Mehrwertrate nennt Marx die Produktion des absoluten Mehrwerts.

c) Das Kapital kann bei gegebenem durchschnittlichem Arbeitstag die notwendige Arbeitszeit verkürzen und dadurch die Mehrarbeitszeit relativ ausdehnen. Diese Form der Erhöhung der Mehrwertrate nennt Marx die Produktion des relativen Mehrwerts.

ad a) Da die Masse des Mehrwerts = »dem Wert einer Arbeitskraft multipliziert mit dem Grad ihrer Exploitation und multipliziert mit der Anzahl der gleichzeitig exploitierten Arbeitskräfte« (MEW 23/322), leuchtet ein, daß bei konstantem Wert der Arbeitskraft und konstanter Mehrwertrate das Kapital seinem »Beruf« der Größenausdehnung nur nachkommen kann mit wachsender Arbeiterpopulation.[4]

ad b) Wieweit die Produktion des absoluten Mehrwerts den dem Kapital eigenen »Heißhunger nach Mehrarbeit« (MEW 23/249) befriedigen kann, muß durch eine Untersuchung der Grenzen des Arbeitstags geklärt werden.

ad c) Die Verkürzung der notwendigen Arbeitszeit impliziert eine Senkung des Werts der Arbeitskraft, der bestimmt ist durch den Wert der zur Reproduktion der Arbeitskraft erforderlichen Lebensmittel. Der Ansatzpunkt zur Produktion des relativen Mehrwerts liegt also beim Wert dieser notwendigen Lebensmittel, dessen Senkung durch Steigerung der Produktivkraft der Arbeit erfolgen muß.

Erläuterungen und Zusätze

1. Marx wehrt sich ausdrücklich gegen jegliches Moralisieren bei der Betrachtung der Exploitation des Arbeiters durch den Kapitalisten. Die Maßstäbe von Moral, Sitte und Recht müssen dem betrachteten Gesellschaftsystem selbst entnommen werden, und der Kapitalist verfährt durchaus »den ewigen Gesetzen des Warenaustausches gemäß . . . Der Umstand, daß die tägliche Erhaltung der Arbeitskraft nur einen halben Arbeitstag kostet, obgleich die Arbeitskraft einen ganzen Tag wirken . . . kann, . . . ist ein besondres Glück für den Käufer, aber durchaus kein Unrecht gegen den Verkäufer.« (MEW 23/208)
2. Die ökonomische Bedeutung der Profitrate resultiert *einerseits* daraus, daß sie – in welcher Form sie auch im einzelnen berechnet wird – für den Kapitalisten das unmittelbare Maß der Verwertung seines Kapitals und damit die Richtschnur seines Handelns darstellt. Wir haben gesehen, daß im Bewußtsein des Kapitalisten kein qualitativer Unterschied zwischen Arbeitskräften und Produktionsmittel bezüglich ihrer wertschaffenden Potenz besteht. »Der Arbeitsprozeß ist ein Prozeß zwischen Dingen, die der Kapitalist gekauft hat« (MEW 23/200). Diese Dinge haben Kosten verursacht und der Profit stellt sich für den Kapitalisten zunächst als einfacher Überschuß des Erlöses aus dem Verkauf der Waren über diese Kosten dar, zu denen er wiederum den Profit in Beziehung setzt: Profitrate = $m/c + v$. *Andererseits* resultiert die Bedeutung der Profitrate daraus, daß Marx im Gesetz ihres tendenziellen Falls (vgl. MEW 25/III. Abs.) das »in jeder Beziehung . . . wichtigste Gesetz der modernen politischen Ökonomie« (GR 634) findet, weil mit diesem Gesetz, seine Gültigkeit vorausgesetzt, der nur transitorische Charakter der kapitalistischen Produktionsweise nachgewiesen ist.

3. Von Faktoren wie Kompliziertheit und Intensität der Arbeit wird der Einfachheit halber hier und im folgenden abgesehen.
4. Dies gilt wohlgemerkt nur unter der Voraussetzung, daß das konstante Kapital = O. Läßt man diese Voraussetzung fallen, dann gilt der obige Satz nur mit der Einschränkung: ohne Fall der Profitrate.

Fragen zur Diskussion

1. Was unterscheidet Arbeits-, Wertbildungs- und Verwertungsprozeß?
2. Was ist konstantes, was variables Kapital? Welche verschiedene Rolle spielen sie in der Bildung des Produktenwerts?
3. Welcher Unterschied besteht zwischen Wertprodukt und Produktenwert?
4. Welche Beziehung ist in der Mehrwertrate ausgedrückt? Warum abstrahiert Marx in diesem ersten Maß für die Verwertung des Kapitals vom konstanten Kapital?

17. Kapitel: Absoluter und relativer Mehrwert

Textgrundlage

Das Kapitel, 1. Bd., 10. Kap., MEW 23/331–340 und 14. Kap., MEW 23/531–541

Die Tendenz zur maximalen Verwertung des Werts bedingt, daß das Kapital beständig Mittel und Wege sucht, um die Rate des Mehrwerts zu steigern. »Vorausgesetzt, die Arbeitskraft werde zu ihrem Wert bezahlt, stehn wir dann vor dieser Alternative: Die Produktivkraft der Arbeit und ihren Normalgrad von Intensität gegeben, ist die Rate des Mehrwerts nur erhöhbar durch absolute Verlängrung des Arbeitstags; andrerseits, bei gegebner Grenze des Arbeitstags, ist die Rate des Mehrwerts nur erhöhbar durch relativen Größenwechsel seiner Bestandteile, der notwendigen Arbeit und der Mehrarbeit, was seinerseits, soll der Lohn nicht unter den Wert der Arbeitskraft sinken, Wechsel in der Produktivität oder Intensität der Arbeit voraussetzt.« (MEW 23/534) Um zu bestimmen, wieweit diese beiden Wege zur Erhöhung der Mehrwertrate wirksam sein können, muß einerseits festgestellt werden, ob und gegebenenfalls welche Grenzen der Arbeitstag hat, andererseits unter welchen Bedingungen die Senkung des Werts der Arbeitskraft möglich ist.

§ 1. Zunächst ist der Arbeitstag eine variable Größe innerhalb der Zeitspanne eines natürlichen Tages von 24 Stunden. Eine Minimalgröße des Arbeitstags scheint unbestimmbar zu sein, es sei denn, man betrachtet die notwendige Arbeitszeit als »Minimalschranke«. Würden Dauer des Arbeitstags und Dauer der notwendigen Arbeitszeit zusammenfallen, dann hätte kein Kapitalist mehr ein Interesse am Kauf von Arbeitskräften, da die Bedingung dieses Kaufs die Erwartung des Kapitalisten ist, daß sich sein

Kapital verwertet, was wiederum voraussetzt, daß der Arbeiter Mehrarbeit leistet. Da die notwendige Arbeitszeit aber selbst eine elastische Größe ist, ist allgemein eine Minimalgröße des Arbeitstags nicht bestimmbar. Anders mit der Maximalschranke. Zu den Reproduktionsbedingungen der Arbeitskraft gehören nicht nur notwendige Lebensmittel, sondern auch Zeit, freie Zeit zum Schlafen, Essen usw. Der Arbeitstag kann also schon allein aufgrund einer »rein physischen Schranke« (MEW 23/246) nie volle 24 Stunden umfassen. Hinzu kommen – ähnlich wie bei der Bestimmung des Werts der Ware Arbeitskraft – historische und moralische Momente bei der Fixierung des durchschnittlichen gesellschaftlichen Arbeitstags, wobei das Kapital zunächst – wie Marx ausführlich zeigt – eine neue historische Epoche auch dadurch markiert, daß es radikal mit derartigen traditionellen Schranken aufräumt und den einzelnen Arbeitstag ebenso wie die Anzahl der Arbeitstage pro Jahr ungeheuer ausdehnt.[1] Diese Ausdehnung geht soweit, daß schließlich die Existenz der Arbeiterpopulation durch deren schnellen Verschleiß aufgrund übermäßiger Beanspruchung gefährdet ist (wobei unter die Bedingungen, die keine normale Reproduktion der Ware Arbeitskraft mehr zulassen, auch die Kinderarbeit fällt). Die Arbeiter werden also um ihrer eigenen Existenz willen gezwungen, sich gegen den »Heißhunger« des Kapitals nach Mehrarbeit zu wehren. Nach welchen Maßstäben soll aber der Arbeitstag festgesetzt werden? Marx zufolge ergibt sich »aus der Natur des Warenaustausches selbst keine Grenze des Arbeitstags, also keine Grenze der Mehrarbeit. Der Kapitalist behauptet sein Recht als Käufer, wenn er den Arbeitstag so lang als möglich . . . zu machen sucht. Andrerseits schließt die spezifische Natur der verkauften Ware eine Schranke ihres Konsums durch den Käufer ein, und der Arbeiter behauptet sein Recht als Verkäufer, wenn er den Arbeitstag auf eine bestimmte Normalgröße beschränken will. Es findet hier also eine Antinomie statt, Recht wider Recht, beide gleichmäßig durch das Gesetz des Warenaustausches besiegelt. Zwischen gleichen Rechten entscheidet die Gewalt. Und so stellt sich in der Geschichte der kapitalistischen Produktion die Normierung des Arbeitstags als Kampf um die Schranken des Arbeitstags dar – ein Kampf zwischen . . . der Klasse der Kapitalisten und . . . der Arbeiterklasse.« (MEW 23/249) Dieser Kampf – so zeigt Marx in einer historischen Skizze – führt dazu, daß eine »instinktiv aus den Produktionsverhältnissen selbst erwachsne Arbeiterbewegung« (MEW 23/319) schließlich »als Klasse ein Staatsgesetz« (MEW 23/320) erzwingt, das den Normalarbeitstag festlegt.[2]

Sofern die Produktion des absoluten Mehrwerts wesentlich mit der Ausdehnung des durchschnittlichen Arbeitstags koinzidiert, hängt ihre Möglichkeit also von der Stärke der Kapitalistenklasse einerseits, der Arbeiterklasse andererseits ab. Mit wachsender Stärke der Arbeiterklasse und ihrer Organisation machen sich weniger die rein physischen und mehr die »sozialen Schranken« (MEW 23/246) des Arbeitstags geltend. »Rein ökonomisch« gesehen heißt das, daß die Verlängerung des Arbeitstags kein unter allen Umständen wirksames Mittel zur Erhöhung der Mehrwertrate ist.

§ 2. Ein probaterer Weg zur Erhöhung der Mehrwertrate scheint demgegenüber die Produktion des relativen Mehrwerts zu sein. Deren verschiedene Methoden laufen darauf hinaus, bei einem Arbeitstag von gegebener Länge die notwendige Arbeitszeit zu verkürzen und dadurch die Mehrarbeitszeit auszudehnen. Die notwendige Arbeitszeit entspricht dem Wert der Arbeitskraft, dieser wiederum dem Wert der zu ihrer Reproduktion notwendigen Lebensmittel, ist also letztlich identisch mit dem Wert eines – zwar historisch in Zusammensetzung und Umfang variierenden, aber »für ein bestimmtes Land, zu einer bestimmten Periode« (MEW 23/185) gegebenen – Gebrauchswertquantums. Die notwendige Arbeitszeit kann also verkürzt werden, wenn der Wert dieses Gebrauchswertquantums gesenkt wird, und das geschieht, wie bei allen Waren, durch die Erhöhung der Produktivkraft der Arbeit. »Unter Erhöhung der Produktivkraft der Arbeit verstehn wir hier überhaupt eine Verändrung im Arbeitsprozeß, wodurch die zur Produktion einer Ware gesellschaftlich erheischte Arbeitszeit verkürzt wird, ein kleinres Quantum Arbeit also die Kraft erwirbt, ein größres Quantum Gebrauchswert zu produzieren.« (MEW 23/333) Der Ansatzpunkt zur Produktion des relativen Mehrwerts ist also die Senkung des den Wert der Arbeitskraft bestimmenden Werts der notwendigen Lebensmittel.

Setzt aber die Produktion des relativen Mehrwerts damit nicht ein sehr zielbewußtes Handeln eines bestimmten Teils der Kapitalistenklasse, der »Lohngüter« produzieren läßt, voraus? Und nicht nur zielbewußtes, sondern auch uneigennütziges Handeln, da doch alle Kapitalisten davon profitieren, wenn es einigen gelingt, die Produktivkraft der Arbeit in ihrem Produktionsprozeß zu steigern? Hat Marx bisher nicht umgekehrt unterstellt, daß die Kapitalisten kein Bewußtsein von der Natur der Wertschöpfung und der Mehrwertbildung haben? Marx stellt sich diese Probleme selbst und löst sie auf eine Weise, die nicht nur Licht wirft auf die Motive des Handelns, die der Kapitalist selbst in seinem Bewußtsein hat (also auf die spezifisch kapitalistische Ideologie), sondern auch auf den methodischen Sinn der Unterscheidung von »Wesen« und »Erscheinung«, die schon in der Analyse der Ware eine Rolle gespielt hat.

Nach der Darstellung des allgemeinen Mechanismus der Produktion des relativen Mehrwerts bemerkt Marx abschließend: »Die Gesamtsumme der notwendigen Lebensmittel besteht jedoch nur aus verschiednen Waren, lauter Produkten besondrer Industrien, und der Wert jeder solchen Ware bildet stets einen aliquoten Teil vom Wert der Arbeitskraft. Dieser Wert nimmt ab mit der zu seiner Reproduktion notwendigen Arbeitszeit, deren

Gesamtverkürzung gleich der Summe ihrer Verkürzungen in allen jenen besondren Produktionszweigen ist. Wir behandeln dies allgemeine Resultat hier so, als wäre es ... unmittelbarer Zweck in jedem einzelnen Fall.« (MEW 23/334 f.). Marx kann mit dieser »Fiktion« operieren, weil der allgemeine Mechanismus der Produktion des relativen Mehrwerts zu den »allgemeinen und notwendigen Tendenzen des Kapitals« gehört, und diese sind »zu unterscheiden von ihren Erscheinungsformen« (MEW 23/335). Die Erscheinungsform, d. h. die »Art und Weise, wie die immanenten Gesetze der kapitalistischen Produktion in der äußern Bewegung der Kapitale erscheinen, sich als Zwangsgesetze der Konkurrenz geltend machen und daher als treibende Motive dem individuellen Kapitalisten zum Bewußtsein kommen« (ebd.), sieht im Fall der Produktion des relativen Mehrwerts in etwa folgendermaßen aus: jeder einzelne Kapitalist ist bestrebt, durch Erhöhung der Produktivkraft der Arbeit die zur Produktion seiner Waren verausgabte Arbeit zu verringern, nicht etwa, weil er damit beiträgt zur Erhöhung der allgemeinen Mehrwertrate (diese ist vielmehr das »immanente Gesetz«), sondern weil er sich dadurch temporäre Konkurrenzvorteile verschafft, die Marx mit der Differenz von individuellem und gesellschaftlichem Wert einer Ware erklärt. Der individuelle Wert von Waren, die mit »Arbeit von ausnahmsweiser Produktivkraft« (MEW 23/337) hergestellt werden, ist niedriger als ihr durch die durchschnittlich gesellschaftlich notwendige Arbeitszeit bestimmter Wert. Beim Verkauf seiner Waren kann der Kapitalist aber den gültigen gesellschaftlichen Wert, oder, da er meist die Produktion ausdehnt und der Markt nicht genausoschnell wächst, geringfügig weniger realisieren. Die Differenz zwischen individuellem und realisiertem Wert streicht der Kapitalist als »Extramehrwert« (MEW 23/336) ein. »Es »existiert also für jeden einzelnen Kapitalisten das Motiv, die Ware durch erhöhte Produktivkraft der Arbeit zu verwohlfeilern.« (ebd.) Der »Extramehrwert« verschwindet aber, »sobald die neue Produktionsweise sich verallgemeinert und damit die Differenz zwischen dem individuellen Wert der wohlfeiler produzierten Waren und ihrem gesellschaftlichen Wert verschwindet. Dasselbe Gesetz der Wertbestimmung durch die Arbeitszeit, das dem Kapitalisten mit der neuen Methode in der Form fühlbar wird, daß er seine Ware unter ihrem gesellschaftlichen Wert verkaufen muß, treibt seine Mitbewerber als Zwangsgesetz der Konkurrenz zur Einführung der neuen Produktionsweise.« (MEW 23/337 f.) Das »immanente Gesetz«, die Tendenz zur Erhöhung der allgemeinen Mehrwertrate, setzt sich also durch, obwohl die einzelnen Kapitalisten nicht dieses Gesetz im Bewußtsein haben, sondern einen Konkurrenzvorteil gewinnen wollen. Da den einzelnen Kapitalisten der absolute Wert der Ware gleichgültig ist, sie vielmehr nur der »in ihr steckende und im Verkauf realisierbare Mehrwert« (MEW 23/338) oder Extramehrwert interessiert, setzt sich vermittelt über dies Motiv »der immanente Trieb und die beständige Tendenz des Kapitals (durch), die Produktivkraft der Arbeit zu steigern, um die Ware und durch die Verwohlfeilerung der Ware den Arbeiter selbst zu verwohlfeilern.« (ebd.)

Auf die einzelnen Methoden zur Produktion des relativen Mehrwerts ist hier nicht näher einzugehen. Sie lassen sich grob danach unterscheiden, ob die Steigerung der Produktivkraft erzielt wird durch veränderte Organisation der Arbeit (Kooperation und Teilung der Arbeit) oder durch technische Revolutionierung der Arbeitsmittel (Maschinerie). In der spezifisch kapitalistischen Produktionsweise der »großen Industrie« vereinigen sich all diese Methoden. Das Kapital bewerkstelligt so den Übergang von der *isolierten* Produktion, sei es die der ländlichen Bauernfamilie, sei es die des städtischen Handwerkers, zur *gesellschaftlich organisierten* Produktion, die alle Produktivkräfte, insbesondere auch die Wissenschaften, in ihren Dienst stellt.

Die Produktion des relativen Mehrwerts erscheint auf den ersten Blick als das adäquate Mittel zur Steigerung der Mehrwertrate, insofern Grenzen der Steigerung der Produktivkraft der Arbeit an sich nicht ausmachbar sind. Diese Steigerung ist zwar an bestimmte Voraussetzungen gebunden (insbesondere an technischen Fortschritt) und wirkt sich nicht unmittelbar auf die allgemeine Mehrwertrate aus, sondern nur, soweit sie den Wert der notwendigen Lebensmittel senkt, aber es lassen sich a priori keine Gründe angeben, warum die Steigerung der Produktivkraft der Arbeit nicht immer wieder gelingen sollte. Da aber Marx zufolge »der relative Mehrwert in direktem Verhältnis zur Entwicklung der Produktivkraft der Arbeit wächst, während der Wert der Waren in umgekehrtem Verhältnis zur selben Entwicklung fällt, da also derselbe identische Prozeß die Waren verwohlfeilert und den in ihnen enthaltnen Mehrwert steigert« (MEW 23/338f.), entfaltet sich in der beständigen Tendenz des Kapitals, die Produktivkraft der Arbeit zu steigern, der fundamentale Widerspruch zwischen Form (Wert) und Stoff (Gebrauchswert) des Reichtums in einer die kapitalistische Produktionsweise selbst bedrohenden Tendenz: »Das Kapital ist selbst der prozessierende Widerspruch dadurch, daß es die Arbeitszeit auf ein Minimum zu reduzieren stört (muß heißen: strebt! d. Verf.), während es andrerseits die Arbeitszeit als einziges Maß und Quelle des Reichtums setzt. Es vermindert die Arbeitszeit daher in der Form der notwendigen, um sie zu vermehren in der Form der überflüssigen; setzt daher die überflüssige in wachsendem Maß als Bedingung ... für die notwendige. Nach der einen Seite hin ruft es also alle Mächte der Wissenschaft und der Natur, wie der gesellschaftlichen Kombination und des gesellschaftlichen Verkehrs ins Leben, um die Schöpfung des Reichtums unabhängig (relativ) zu machen von der auf sie angewandten Arbeitszeit. Nach der andren Seite will es diese so geschaffnen riesigen Gesellschaftskräfte messen an der Arbeitszeit, und sie einbannen in die Grenzen, die erheischt sind, um den schon geschaffnen Wert als Wert zu erhalten. Die Produktivkräfte und gesellschaftlichen Beziehungen – beides verschiedne Seiten der Entwicklung des gesellschaftlichen Individuums – erscheinen dem Kapital nur als Mittel, und sind für es nur Mittel, um von seiner bornierten Grundlage aus zu produzieren. In fact aber sind sie die materiellen Bedingungen, um sie in die Luft zu sprengen.« (GR 593f.)[3] Die Produktion des relativen Mehrwerts ist also ebenso wie die Produktion des absoluten Mehrwerts kein unbeschränkt wirksames Mittel, das dem Kapital die Ausübung seines »Berufes«: »sich dem Reichtum schlechthin durch Größenausdehnung anzunähern« (MEW 23/166), unbegrenzt und unbefristet gestattet.

Erläuterungen und Zusätze

1. Wie sehr das Kapital mit traditionellen Beschränkungen der Arbeitszeit aufgeräumt hat, läßt sich durch folgendes Kuriosum illustrieren: im Bayrischen Bergbau waren im 16. Jahrhundert (in verschiedenen Fällen)

von 203 Tagen	123 Feiertage
von 161 Tagen	99 Feiertage
von 287 Tagen	193 Feiertage
von 366 Tagen	260 Feiertage
von 366 Tagen	263 Feiertage

   (Nach Sombart, 1921, S. 37). Man sieht, der Kapitalismus hat selbst vor der bayrischen Staatsgrenze nicht haltgemacht.
2. Marx' Darstellung des Kampfes um die gesetzliche Normierung des Arbeitstages hat erhebliche Bedeutung für ein Problem, das in der Geschichte der Arbeiterbewegung immer wieder eine Rolle spielt: die Frage nach dem Verhältnis von ökonomischem und politischem Kampf der Arbeiterklasse. Marx belegt hier historisch, daß die Arbeiterklasse sich nicht auf einen »rein ökonomischen« Kampf beschränken kann oder beschränkt hat, selbst wenn es um eine zunächst so »unpolitisch« anmutende Frage wie die des Normalarbeitstags geht, sondern gezwungen ist, Interventionen des Staates in den ökonomischen Prozeß in Form von gesetzlichen Regelungen herbeizuführen, selbst den bürgerlichen Staat in gewissen Grenzen als Instrument im Klassenkampf zu benutzen.
3. Marx zufolge impliziert der Grundwiderspruch zwischen gesellschaftlicher Form und Stoff des Reichtums den weiteren Widerspruch, daß die Steigerung der Produktivkraft der Arbeit nur gelingt, wenn zugleich im Produktionsprozeß immer mehr lebendige Arbeit durch tote, in Maschinerie vergegenständlichter Arbeit ersetzt wird. »Es liegt also in der Anwendung der Maschinerie zur Produktion von Mehrwert ein immanenter Widerspruch, indem sie von den beiden Faktoren des Mehrwerts, den ein Kapital von gegebner Größe liefert, den einen Faktor, die Rate des Mehrwerts, nur dadurch vergrößert, daß sie den andren Faktor, die Arbeiterzahl, verkleinert.« (MEW 23/429) Die Verminderung der Arbeiterzahl als Faktor in der Bildung des Mehrwerts kann aber nicht unbeschränkt durch erhöhte Mehr-

wertrate kompensiert werden: »Die absolute Schranke des durchschnittlichen Arbeitstags, der von Natur immer kleiner ist als 24 Stunden, bildet eine absolute Schranke für den Ersatz von vermindertem variablen Kapital durch gesteigerte Rate des Mehrwerts oder von verringerter exploitierter Arbeiteranzahl durch erhöhten Exploitationsgrad der Arbeitskraft.« (MEW 23/323) Im Gesetz des tendenziellen Falls der Durchschnittsprofitrate faßt Marx diese Widersprüche zusammen (vgl. MEW 25, III. Abschnitt).

Fragen zur Diskussion

1. Was versteht Marx unter der Produktion des absoluten Mehrwerts? Welche Schranken hat sie als Mittel zur Erhöhung der Mehrwertrate?
2. Wieso mißt Marx dem Kampf um den Normalarbeitstag so große historische Bedeutung bei?
3. Was versteht Marx unter der Produktion des relativen Mehrwerts?
4. Wie setzt sich die »immanente Tendenz« zur Produktion des relativen Mehrwerts als »äußeres Zwangsgesetz« durch?
5. Welcher Widerspruch resultiert aus der gegensätzlichen Bewegung von Gebrauchswert und Wert, die mit der Steigerung der Produktivkraft der Arbeit einhergeht?

IV. Abschnitt: Reproduktion und Klassenstruktur

Lernziele

Zum Abschluß unserer Einführung in die Marxsche Kritik der politischen Ökonomie sollen Sie andeutungsweise kennenlernen, wie sich Marx zufolge die kapitalistischen Produktionsverhältnisse reproduzieren und entwickeln und welche *sozialen* Bedingungen den Reproduktionsprozeß charakterisieren: der Akkumulationsprozeß des Kapitals beruht auf der Gliederung der bürgerlichen Gesellschaft in Klassen und mündet seinerseits in der Reproduktion des Gegensatzes von Lohnarbeit und Kapital.

18. Kapitel: Der Produktionsprozeß als Reproduktionsprozeß

Textgrundlage

Das Kapital, 1. Bd., 21. Kap. und 22. Kap., MEW 23/589–614

§ 1. Als das Agens der verschiedenen Formen der Produktion des Mehrwerts ist das Kapital nicht nur »Kommando über Arbeit«, sondern Marx zufolge wesentlich »Kommando über unbezahlte Arbeit« (MEW 23/556). Nicht die bezahlte, sondern die insgesamt geleistete Arbeit bestimmt den Wert des Produkts, und der Kapitalist bezahlt dem Arbeiter nicht seine Arbeit, sondern den Wert seiner Arbeitskraft.[1] »Das Geheimnis von der Selbstverwertung des Kapitals löst sich auf in seine Verfügung über ein bestimmtes Quantum unbezahlter fremder Arbeit.« (ebd.) Damit hat Marx zwar gezeigt, wie das Kapital produziert, aber nach Marx' Ankündigung zu Beginn seiner Untersuchung des unmitelbaren Produktionsprozesses geht es auch darum zu zeigen, »wie man es selbst produziert, das Kapital« (MEW 23/189). Anders gesagt: wenn das Kapital tatsächlich »prozessierender Wert«, »automatisches Subjekt«, seine Bewegung end- und maßlos sein soll, muß es durch diese Bewegung im Produktionsprozeß zugleich die Bedingungen seiner Selbsterhaltung schaffen. Diese Selbsterhaltung kann sich nicht darin erschöpfen, daß das Kapital dieselbe Bewegung einfach erneut durchläuft, in ihr muß es sich vielmehr vergrößern, akkumulieren.

Der Akkumulationsprozeß unterstellt Verwandlung von Mehrwert in Kapital, d. h. der Kapitalist muß es nach Abschluß des Produktionsprozesses fertigbringen, seine Waren »zu verkaufen, ihren Wert in Geld zu realisieren, dies Geld aufs neue in Kapital zu verwandeln und so stets von neuem.« (MEW 23/589) Den entscheidenden Schritt, die Verwandlung der Ware in Geld, hat Marx schon für die einfache Warenzirkulation als den »Salto mortale der Ware« (MEW 23/120) charakterisiert. Für den Kapitalisten ist er dies noch mehr als für den einfachen Warenbesitzer, denn erst mit dieser Rückverwandlung der Ware in Geld ist der Kreislauf des Kapitals abgeschlossen, hat es nicht nur seine – allein adäquate – Geldform wiedergefunden, sondern es hat sich auch gezeigt, ob der in der unmittelbaren Produktion geschaffene Mehrwert in Waren enthalten ist, nach denen eine zahlungsfähige gesellschaftliche Nachfrage besteht. Gelingt der »Salto mortale«, dann hat der Kapitalist die Ausgangsform des Kapitals wieder in der Hand und es hat sich zugleich vermehrt:

$$G - W \begin{cases} Ak \\ Pm \end{cases} \; \ldots \; P \; \ldots \; W' - G'$$

Marx folgend läßt sich in einer ersten Untersuchung des Akkumulationsprozesses abstrahieren[2] sowohl von den gesellschaftlichen Bedingungen, die in der Zirkulationssphäre als Bedingungen der Verwandlung der kapitalistisch produzierten Ware in Geld und dessen Rückverwandlung in Kapital gegeben sein müssen, als auch davon, daß dem industriellen Kapitalisten der Mehrwert normalerweise nicht allein zufällt.

§ 2. Der Kapitalist hat also Waren produzieren lassen, sie verkauft und hält jetzt eine gegenüber seinem ersten Auftritt um den Mehrwert vergrößerte Geldsumme in der Hand. Was er damit anfangen kann, demonstriert Marx durch die analytische Trennung von einfacher und erweiterter Reproduktion. Unterstellt, daß die Kapitalisten den gesamten Mehrwert konsumieren (also das Δ G für ihren privaten Konsum ausgeben), ihr ursprüngliches Kapital aber wieder in die Faktoren des Produktionsprozesses zurückverwandeln, findet *einfache Reproduktion* statt, d. h. die beständige Wiederholung des Produktionsprozesses ohne seine Ausdehnung. Marx zufolge »drückt diese bloße Wiederholung oder Kontinuität dem Prozeß gewisse neue Charaktere auf oder löst vielmehr die Scheincharaktere seines nur vereinzelten Vorgangs auf« (MEW 23/592):

a) Das variable Kapital, das ursprünglich als Vorschuß des Kapitalisten an den Arbeiter erschien, erweist sich als eigenes Produkt des Arbeiters: »Die Kapitalistenklasse gibt der Arbeiterklasse beständig in Geldform Anweisungen auf einen Teil des von der letzteren produzierten und von der erstren angeeigneten Produkts. Diese Anweisungen gibt der Arbeiter der Kapitalistenklasse ebenso beständig zurück und entzieht ihr damit den ihm selbst zufallenden Teil seines eignen Produkts.« (MEW 23/593)

b) Ebenso verschwindet Marx zufolge die Fiktion, als erhalte der Kapitalist sein gesamtes ursprünglich vorgeschossenes Kapital und konsumiere nur den Mehrwert. Nach Ablauf einiger Produktionsperioden, »wenn der Kapitalist das Äquivalent seines vorgeschoßnen Kapitals aufgezehrt hat, repräsentiert der Wert dieses Kapitals nur noch die Gesamtsumme des von ihm unentgeltlich angeeigneten Mehrwerts. Kein Wertatom seines alten Kapitals existiert fort.« (MEW 23/595)

c) Die ursprüngliche Voraussetzung der Verwandlung von Geld in Kapital, die Scheidung der Arbeitskraft von ihren Verwirklichungsbedingungen, die den Arbeiter zu ihrem Verkauf als Ware zwingt, wird zum beständigen Resultat der kapitalistischen Produktion, das der Arbeiter durch seine eigne Tätigkeit herbeiführt. Denn der »Arbeiter selbst produziert . . . beständig den objektiven Reichtum als Kapital, ihm fremde, ihn beherrschende und ausbeutende Macht, und der Kapitalist produziert ebenso beständig die Arbeitskraft als subjektive, von ihren eignen Vergegenständlichungs- und Verwirklichungsmitteln getrennte, abstrakte, in der bloßen Leiblichkeit des Arbeiters existierende Reichtumsquelle, kurz den Arbeiter als Lohnarbeiter.« (MEW 23/596)

Die Betrachtung des Reproduktionsprozesses in seiner einfachen Form, als bloße kontinuierliche Wiederholung des Produktionsprozesses auf gesellschaftlicher Stufenleiter, zeigt also, daß der kapitalistische Produktionsprozeß nicht nur in Waren und Mehrwert resultiert, sondern »er produziert und reproduziert das Kapitalverhältnis selbst, auf der einen Seite den Kapitalisten, auf der andren den Lohnarbeiter« (MEW 23/604), ein bestimmtes Produktionsverhältnis der Individuen, die sich mit der gesellschaftlichen Verallgemeinerung dieses Verhältnisses als Mitglieder von Klassen gegenübertreten.

§ 3. In der Untersuchung der *erweiterten Reproduktion* stellt Marx nicht nur dar, wie das Kapitalverhältnis als Verhältnis der beiden Grundklassen der bürgerlichen Gesellschaft durch deren eigene Aktion dauernd reproduziert wird, sondern auch welche Entwicklung dieses Verhältnis einschließt. Die Entwicklungstendenzen des Akkumulationsprozesses (z. B. Konzentration und Zentralisation des Kapitals, wachsende organische Zusammensetzung des Kapitals, Ausdehnung der industriellen Reservearmee usw.) sind hier nicht angemessen zu diskutieren. Wir wollen uns vielmehr auf ein Problem konzentrieren, das sich mit dem Stichwort »Umschlag des Aneignungsgesetzes« umreißen läßt.

Erweiterte Reproduktion heißt zunächst nichts weiter, als daß der einzelne Kapitalist, der hier für alle (industriellen) Kapitalisten steht, nicht den gesamten in einer Periode produzierten Mehrwert konsumiert, sondern mehr oder weniger davon in Kapital zurückverwandelt. »Rückverwandlung von Mehrwert in Kapital heißt Akkumulation des Kapitals.« (MEW 23/605) Die Bedingungen dieser Rückverwandlung sind nicht einfach damit gegeben, daß der einzelne Kapitalist einen Teil des in Geld verwandelten Mehrwerts festhält. Er muß das zusätzliche Geld wieder in die Momente des Produktionsprozesses verwandeln und deshalb zusätzliche Arbeitskräfte und Produktionsmittel auf dem Markt vorfinden. Über den Ersatz der verbrauchten Produktionsmittel hinaus müssen also schon in der abgelaufenen Produktionsperiode mehr Produktionsmittel hergestellt worden sein. Die Arbeiterpopulation muß sich ebenfalls vermehrt haben, wenn nicht andere, kompliziertere Bedingungen erfüllt sind.[4] Unterstellt, der zu akkumulierende Teil des Mehrwerts kann aus seiner Geldform wieder in die Elemente des Produktionsprozesses zurückverwandelt werden, dann fungiert er als zusätzliches Kapital neben dem ursprünglichen. Beide resultieren erneut in der Produktion von Mehrwert, von dem wiederum ein Teil in zusätzliches Kapital verwandelt wird usw. usf. Akkumulation bedeutet also »Reproduktion des Kapitals auf progressiver Stufenleiter. Der Kreislauf der einfachen Reproduktion verändert sich und verwandelt sich ... in eine Spirale.« (MEW 23/607) Der kapitalisierte Mehrwert, Resultat der unbezahlten Arbeit einer früheren Periode, dient immer wieder zur »Einsaugung« von unbezahlter Arbeit. »Eigentum an vergangner unbezahlter Arbeit erscheint jetzt als die einzige Bedingung für gegenwärtige Aneignung lebendiger Arbeit in stets wachsendem Umfang.« (MEW 23/609)

Es wurde bereits darauf hingewiesen, daß der Marxschen Darstellung zufolge die Formen und Gesetze der einfachen Zirkulation: Ware und Geld, der Austausch von Äquivalenten, die Aneignung von Wert nur durch eigne Arbeit – die »Oberfläche« des kapitalistischen Produktionsprozesses bilden. Die Betrachtung des Akkumulationsprozesses zeigt nun, warum und wie dies der Fall ist: Der Ankauf der Ware Arbeitskraft durch den Kapitalisten vollzieht sich immer nach den Gesetzen des Warenaustauschs (so die theoretisch notwendige Annahme, in der Wirklichkeit sieht das manchmal anders aus). Bei der Rückverwandlung des Mehrwerts in Kapital ist aber »der gegen Arbeitskraft ausgetauschte Kapitalteil selbst nur ein Teil des ohne Äquivalent angeeigneten fremden Arbeitsproduktes«, der noch dazu »von seinem Produzenten, dem Arbeiter, nicht nur ersetzt, sondern mit neuem Surplus ersetzt werden muß. Das Verhältnis des Austausches zwischen Kapitalisten und Arbeiter wird also nur ein dem Zirkulationsprozeß angehöriger Schein, bloße Form, die dem Inhalt selbst fremd ist und ihn nur mystifiziert.« (MEW 23/609) Die einfache Zirkulation bildet die »Oberfläche« des kapitalistischen Produktionsprozesses, weil deren *Formen* gewahrt werden, aber einen diesen Formen entgegengesetzten *Inhalt* verbergen: »Der beständige Kauf und Verkauf der Arbeitskraft ist die Form. Der Inhalt ist, daß der Kapitalist einen Teil der bereits vergegenständlichten fremden Arbeit, die er sich unaufhörlich ohne Äquivalent aneignet, stets wieder gegen größeres Quantum lebendiger fremder Arbeit umsetzt.« (ebd.) Damit schlägt Marx zufolge »das auf Warenproduktion und Warenzirkulation beruhende Gesetze der Aneignung ... durch seine eigne, innere, unvermeidliche Dialektik in sein direktes Gegenteil um.« (ebd.) Marx hatte vor der Untersuchung des Produktionsprozesses die Sphäre der Zirkulation noch als »wahres Eden der angebornen Menschenrechte« (MEW 23/189) bezeichnet: Freiheit und Gleichheit der Warenbesitzer im Äquivalententausch, Eigentum durch Arbeit waren die Bedingungen des Warenaustauschs. Dessen eigene Entfaltung mündet nun in der »Scheidung zwischen Eigentum und Arbeit« (MEW 23/610). Sobald die Lohnarbeit die Basis der Warenproduktion, produziert sie den gesellschaftlichen Reichtum sich gegenüber als Kapital.

§ 4. Das Verhältnis von einfacher Zirkulation, unmittelbarem Produktionsprozeß und Akkumulationsprozeß, in dem die eingangs gewonnenen Gesetze des Warentauschs inhaltlich relativiert werden, aber in ihrer Form unangetastet bleiben, kann als Paradigma für die Weise der Marxschen Ideologiekritik gelten. Marx hatte in seinen Bemerkungen (über den »Fetischcharakter der Ware«) die »Kategorien der bürgerlichen Ökonomie« (MEW 23/90) als »verrückte Formen« bezeichnet. Aber warum diese »verrückten Formen« zugleich »gesellschaftlich gültige, also objektive Gedankenformen für die Produktionsverhältnisse dieser historisch bestimmten gesellschaftlichen Produktionsweise, der Warenproduktion« (ebd.) sein können, wird erst jetzt deutlich: In den Formen des Warenaustausches hat ein Prozeß seine »Oberfläche«, der ganz anderen Gesetzen – denen der kapitalistischen Aneignung von unbezahlter Arbeit – unterliegt, als jene Formen sie nahelegen. Marx beansprucht aber nicht nur, diesen Widerspruch zu demonstrieren, der auch anderen Theoretikern der bürgerlichen Gesellschaft nicht fremd ist.[5] Er will zeigen, daß die kapitalistische Aneignungsweise, so sehr sie »den ursprünglichen Gesetzen der Warenproduktion ins Gesicht zu schlagen scheint, ... keineswegs aus der Verletzung, sondern im Gegenteil aus der Anwendung dieser Gesetze« (MEW 23/610) entspringt, weil die Warenproduktion sich »nach ihren eignen immanenten Gesetzen ... zur kapitalistischen Produktion fortbildet« (MEW 23/613). Mit Hilfe seiner Darstellungsweise, die – wie wir einleitend bemerkt haben – die Form einer begrifflichen Konstruktion hat, zeichnet Marx diese Fortbildung nach immanenten Gesetzlichkeiten nach, indem er aus der Ware Geld, aus dem Geld Kapital »werden« läßt. Nur indem es in der Darstellung gelingt, dieser »Entwicklung« des Werts von seinen einfachsten Formen zum Kapital den Charakter einer notwendigen Entwicklung zu geben, läßt sich auch der dem »Zirkulationsprozeß angehörige Schein« (MEW 23/609) eines Austauschs von Äquivalenten – nicht nur zwischen Warenbesitzern schlechthin, sondern zwischen Kapitalist und Lohnarbeiter – als »notwendiger Schein«[6], als objektive Grundlage ideologischer Bewußtseinsformen darstellen.

Erläuterungen und Zusätze

1. Daß die Form des Arbeitslohns diesen Zusammenhang verschleiert, wird im Kontext der verschiedenen Weisen der »Mystifikation« des Kapitalverhältnisses noch näher betrachtet.
2. Der Akkumulationsprozeß des Kapitals als gesellschaftlicher Reproduktionsprozeß wird von Marx in mehreren Stufen untersucht. Vgl. neben der im ersten Band des »Kapitals« enthaltenen Darstellung des Akkumulationsprozesses den 3. Abschnitt des zweiten und den 3. Abschnitt des dritten Bandes, weiter Marx' Untersuchung des Zusammenhangs der Akkumulation von Geldkapital und »wirklichem« Kapitel im 5. Abschnitt des dritten Bandes.
3. Daß der Arbeiter das Kapital, der Kapitalist den Lohnarbeiter produziert, aber beide vom Kapital beherrscht werden (vgl. MEW 23/596), zeigt, wie Marx das schon in der »Deutschen Ideologie« formulierte Postulat einlöst, daß die gesellschaftlichen Verhältnisse trotz ihrer Verselbständigung, ihrer Wirkung als »fremder Macht«, nichts anderes sein können als das Produkt des wechselseitigen Verhaltens der Individuen, deren »eigne Tat«. (Vgl. MEW 3/33; DI 1215)
4. Wenn das Kapital schneller wächst als die Arbeiterpopulation, muß entweder die gegebene Arbeiteranzahl mehr Arbeit liefern, oder die technischen Bedingungen des Produktionsprozesses müssen sich so verändern, daß durch Ersatz von lebendiger durch vergegenständlichte Arbeit (in Form von Produktionsmitteln, insbesondere Maschinerie) ein Kapital von gegebener Größe weniger Arbeitskräfte beschäftigt. Marx formuliert im »Gesetz des steigenden Wachstums des konstanten Kapitalteils im Verhältnis zum variablen« (MEW 23/651) eine derartige Entwicklungstendenz. Sie ermöglicht eine gegenüber dem Wachstum der Arbeiterpopulation schnellere Akkumulation des Kapitals, allerdings mit dem für das Kapital

schließlich widrigen Resultat des tendenziellen Falls der Profitrate, da (vgl. oben, 17. Kapitel, Anmerkung 4) verminderte Arbeiteranzahl nicht unbeschränkt durch gesteigerte Rate des Mehrwerts kompensierbar ist. Das »Gesetz des steigenden Wachstums des konstanten Kapitalteils im Verhältnis zum variablen« hat Marx zufolge nicht nur das (langfristige) Resultat eines Falls der Profitrate. Der Ersatz von lebendiger Arbeit durch vergegenständlichte geschieht nicht graduell und allmählich, sondern stoßweise. Er führt zur Bildung einer – wie Marx sagt – »industriellen Reservearmee«, die das in seinem Umfang an- und abschwellende Resultat der Freisetzung und Attraktion von Arbeitskräften ist. Die industrielle Reservearmee enthält für die in den Phasen des industiellen Zyklus wechselnden »Verwertungsbedürfnisse des Kapitals das stets bereite exploitable Menschenmaterial, unabhängig von den Schranken der wirklichen Bevölkerungszunahme.« (MEW 23/661)

5. Insbesondere in der »Kritischen Theorie« (Adorno, Horkheimer, Marcuse) gilt als wesentliches Kennzeichen von Ideologiekritik im Anschluß an Marx, daß in ihr die gesellschaftliche Wirklichkeit mit deren eigenem Begriff konfrontiert und dadurch kritisiert würde. So sei Ideologiekritik z. B. »Konfrontation von Geistigem mit seiner Verwirklichung» (Institut für Sozialforschung, 1956, S. 169). Derlei »kritische« Positionen geraten nur allzu leicht in die Nähe des von Marx kritisierten kleinbürgerlichen Sozialismus: »Was diese Sozialisten von den bürgerlichen Apologeten unterscheidet, ist auf der einen Seite das Gefühl der Widersprüche des Systems, anderseits der Utopismus, den notwendigen Unterschied zwischen der realen und idealen Gestalt der bürgerlichen Gesellschaft nicht zu begreifen, und daher das überflüssige Geschäft zu übernehmen, den idealen Ausdruck, das verklärte und von der Wirklichkeit selbst als solches aus sich geworfne reflektierte Lichtbild, selbst wieder verwirklichen zu wollen.« (GR 916)
6. Der Ausdruck »notwendiger Schein« kommt u. a. in einer Passage in den »Grundrissen« vor, in der Marx denselben Zusammenhang von einfacher Zirkulation und Kapital als gesellschaftlichem Produktionsverhältnis folgendermaßen bestimmt: »Dieser Austausch von Äquivalenten geht vor, ist nur die oberflächliche Schichte einer Produktion, die beruht auf der Aneignung fremder Arbeit *ohne Austausch*, aber unter dem *Schein des Austauschs*. Dieses System des Austauschs beruht auf dem *Kapital* als seiner Grundlage, und, wenn es getrennt von ihm betrachtet wird, wie es sich an der Oberfläche selbst zeigt, als *selbständiges* System, so ist dies bloßer *Schein*, aber ein *notwendiger Schein*.« (GR 409)

Fragen zur Diskussion

1. Was unterscheidet den Produktionsprozeß vom Reproduktionsprozeß?
2. Was unterscheidet einfache und erweiterte Reproduktion?
3. Welchen jenseits des einzelnen Kapitals gelegenen Bedingungen unterliegt der Reproduktionsprozeß?
4. Warum ist das Kapital ein gesellschaftliches Produktionsverhältnis?
5. Was versteht Marx unter dem »Umschlag« der Eigentumsgesetze der Warenproduktion?
6. Inwiefern ist der Äquivalententausch »notwendiger Schein«?

Textgrundlage
Das Kapital, 1. Bd., 17. Kap., MEW 23/557–564; 3. Bd., 48. Kap., MEW 25/822–839.

§ 1. Mit der Betrachtung des Produktionsprozesses als Reproduktionsprozeß kann Marx nicht nur die Akkumulation des Kapitals als einen ökonomischen Wachstumsprozeß darstellen, sondern auf dieser Grundlage läßt sich die bürgerliche Gesellschaft als soziales System, als Handlungszusammenhang von Individuen, respektive Klassen, begreifen.[1] Marx zufolge erscheint »als Resultat des Produktions- und Verwertungsprozesses . . . vor allem die Reproduktion und Neuproduktion des *Verhältnisses von Kapital und Arbeit selbst*, von *Kapitalist und Arbeiter*. Dies soziale Verhältnis, Produktionsverhältnis, erscheint in fact als ein noch wichtigeres Resultat des Prozesses als seine materiellen Resultate. Und zwar produziert innerhalb dieses Prozesses der Arbeiter sich selbst als Arbeitsvermögen und das ihm gegenüberstehende Kapital, wie andrerseits der Kapitalist sich produziert als Kapital und das ihm gegenüberstehende lebendige Arbeitsvermögen. Jedes reproduziert sich selbst, indem es sein Andres, seine Negation reproduziert.« (GR 362)

Mit der Betrachtung des Produktionsprozesses nicht nur als einmaligem Verlauf, sondern als Reproduktionsprozeß, als kontinuierliche und beständige Wiederholung der Produktion, gewinnt Marx die entscheidende Ebene zur Untermauerung seiner schon in den frühen Schriften (z. B. der »Deutschen Ideologie«) geäußerten Ansicht, daß es der »historische Beruf« der Arbeiterklasse sei, die kapitalistische Gesellschaftsformation durch eine soziale Revolution zu beseitigen und bewußt eine neue gesellschaftliche Organisation der Produktion an deren Stelle zu setzen. Denn die Auffassung des Kapitals als eines »bestimmten gesellschaftlichen Produktionsverhältnisses« läßt Marx zufolge sogleich den »historisch transitorischen Charakter dieses Verhältnisses« hervortreten, »dessen *allgemeine Erkenntnis* mit seiner Fortdauer unvereinbar (ist), und das selbst die Mittel seiner Abschaffung schafft.« (MEW 26.3/261, Herv. v. d. Verf.) Wenn dem so ist, stellt sich sofort die Frage nach den Bedingungen dieser Erkenntnis. Wie kommt sie zustande? Was verhindert, was fördert ihre Verallgemeinerung? Für diese Erkenntnis, so scheint es zunächst, ist im Grunde nichts weiter erforderlich, als – nach der Darstellung des unmittelbaren Produktionsprozesses – »die kapitalistische Produktion im ununterbrochnen Fluß ihrer Erneuerung (zu) betrachten, und statt des einzelnen Kapitalisten und des einzelnen Arbeiters, die Gesamtheit, die Kapitalistenklasse und ihr gegenüber die Arbeiterklasse ins Auge (zu) fassen.« (MEW 23/612)[2] Marx selbst betont aber sofort: »Damit . . . würden wir einen Maßstab anlegen, der der Warenproduktion total fremd ist.« (ebd.) Deren Beurteilung nach »ihren eignen ökonomischen Gesetzen« erfordert vielmehr »jeden Austauschakt für sich (zu) betrachten, außerhalb allen Zusammenhangs mit dem Austauschakt, der ihm vorherging, wie mit dem, der ihm nachfolgt. Und da Käufe und Verkäufe nur zwischen einzelnen Individuen abgeschlossen werden, so ist es unzulässig, Beziehungen zwischen ganzen Gesellschaftsklassen darin zu suchen.« (MEW 23/613) Es scheint, als würde Marx damit die von ihm selbst gewonnene Erkenntnis, daß das Kapital »wesentlich Kommando über unbezahlte Arbeit« (MEW 23/556) ist, seine Verallgemeinerung als Produktionsverhältnis also auf einem gesellschaftlichen Verhältnis von Klassen beruht, wieder zurücknehmen. Worauf er aber hinweisen will, ist die Divergenz zwischen Inhalt des Kapitalverhältnisses und der Form, in der sich seine Bewegung darstellt. Diese Form selbst – der der beständige Kauf und Verkauf der Arbeitskraft angehört – erschwert die Erkenntnis des Inhalts, daß der Kapitalist unbezahlte Arbeit aneignet. Allgemein faßt Marx diesen Aspekt der kapitalistischen Produktion, daß sie sich in Formen darstellt, die ihre wahre Natur verschleiern, unter dem Begriff der »Mystifikation« zusammen. Die Mystifikation der gesellschaftlichen Verhältnisse bildet das objektive Gegenstück zur Ideologie, als dem notwendig falschen Bewußtsein der Produktionsagenten. Die Untersuchung der Bedingungen der »allgemeinen Erkenntnis« des Kapitals als eines gesellschaftlichen Produktionsverhältnisses von Klassen erfordert also, zu unterscheiden zwischen mystifizierenden Formen, in denen sich der kapitalistische Produktionsprozeß selbst darstellt, und die die Erkenntis seiner wahren Natur zunächst verhindern, und den »Bildungsmomenten« dieser Erkenntnis. Diese kann als »allgemeine« nicht vom Himmel fallen, sondern der kapitalistische Produktionsprozeß muß neben seinen Mystifikationen auch die Momente zu deren Durchbrechung enthalten. Diese Momente sind zugleich Bedingungen des proletarischen Klassenbewußtseins, jenes »enormen Bewußtseins«, das als »Produkt der auf dem Kapital ruhenden Produktionsweise« zugleich »knell to its doom« (GR 366f.) ist.

Die Bedingungen der Entwicklung des proletarischen Klassenbewußtseins, die Marx im Wechselspiel von dessen Bildungsmomenten und Mystifikationen herauszuarbeiten sucht, können hier natürlich nur soweit behandelt werden, wie der Gang der Marxschen Untersuchung der kapitalistischen Produktionsweise verfolgt wurde.[3]

§ 2. Bereits die einfachsten Kategorien der kapitalistischen Produktionsweise, Ware und Geld, stellten sich Marx zufolge als »verrückte Formen« dar. Die Wertform-Analyse zeigte, daß sich mit der Warenform des Arbeitsprodukts gesellschaftliche Verhältnisse als Eigenschaften der Dinge darstellen, die die stofflichen Elemente des Reichtums ausmachen. Im Geld scheint ein gesellschaftliches Verhältnis bereits direkt mit einem Ding verwachsen zu sein, insofern alle Waren ihren Wert in ihm ausdrücken. Die Individuen sind unter Verhältnissen von Sachen subsumiert.

Die in Ware und Geld eingeschlossene Verkehrung gewinnt eine entwikkeltere Form im Kapital als dem »prozessierenden Wert«, »automatischen Subjekt« usw., dessen Existenzbedingung ist, daß die Arbeitskraft, das lebendige Arbeitsvermögen der Individuen, selbst zur Ware wird. Das Kapital erscheint als mysteriöses Subjekt, das die Form seiner Erscheinung in seiner Bewegung dauernd wechselt; mal ist es Geld, mal Waren, dann wieder Geld usw. Im unmittelbaren Produktionsprozeß, der unter Kontrolle des Kapitalisten als des »personifizierten Kapitals« steht, nimmt es die Gestalt der Faktoren des Arbeitsprozesses an: die lebendigen Individuen sind als Arbeitskräfte dem Kapital »einverleibt«, die Arbeitsmittel gelten nicht mehr als Mittel der Produzenten, sondern als Mittel des Kapitals zur »Einsaugung« fremder Arbeit. Die gesellschaftlichen Produktivkräfte der Arbeit, die in der Produktion des relativen Mehrwerts forciert entwickelt werden, stellen sich nicht als die Kräfte der gesellschaftlich produzierenden Individuen dar, sondern erscheinen als die des Kapitals, dessen Aktion erst die Arbeiter zur gesellschaftlich organisierten Produktion zwingt und zusammenbringt, und das darüberhinaus die Wissenschaft »als selbständige Produktionspotenz von der Arbeit trennt« (MEW 23/382) und in seinen Dienst stellt. Als Arbeiter ist das Individuum faktisch reduziert auf die Rolle des lebendigen Arbeitsvermögens, das eine Teilfunktion im Produktionsprozeß ausübt, eigentumslos und getrennt von den Verwirklichungsbedingungen seiner Arbeit bleibt. Sein Schicksal wird mit der Akkumulation des Kapitals gesellschaftlich verallgemeinert. Seine gesellschaftliche Funktion besteht darin, das stets vorhandene »wohlfeile« Material der Ausbeutung durch das Kapital darzustellen. »In der Tat gehört der Arbeiter dem Kapital, bevor er sich dem Kapitalisten verkauft.« (MEW 23/603) Aber: »Seine ökonomische Hörigkeit ist zugleich vermittelt und zugleich versteckt durch die periodische Erneurung seines Selbstverkaufs, den Wechsel seiner individuellen Lohnherrn und die Oszillation im Marktpreise der Arbeit.« (ebd.) Dieser Akt des Selbstverkaufs und seine Form, die eines Austauschs von Äquivalenten, ist Marx zufolge der Angelpunkt aller Mystifikationen, die die »allgemeine Erkenntnis« des Kapitals als eines gesellschaftlichen Produktionsverhältnisses von Klassen verhindern. Zwar wird durch den Produktionsprozeß »selbst und seine Wiederholung ... gesetzt, was an sich ist, daß der Arbeiter als Salär vom Kapitalisten nur einen Teil seiner eignen Arbeit erhält. Dies tritt dann auch in das Bewußtsein sowohl der Arbeiter wie der Kapitalisten.« (GR 491) Aber die Lohnform bildet das entscheidende Gegenstück zu den Bildungsmomenten des Klassenbewußtseins, die der unmittelbare Produktionsprozeß einschließt.

Während sich z. B. im Kampf um die Normierung des Arbeitstags die Tatsache, daß das Kapitalverhältnis auf der Aneignung unbezahlter Arbeit beruht, den Produktionsagenten selbst aufdrängt, wird durch die – wie Marx sagt – »Verwandlung von Wert resp. Preis der Arbeitskraft in Arbeitslohn« (MEW 23/557) dieser Zusammenhang wieder verschüttet. »Auf der Oberfläche der bürgerlichen Gesellschaft erscheint der Lohn des Arbeiters als Preis der Arbeit, ein bestimmtes Quantum Geld, das für ein bestimmtes Quantum Arbeit gezahlt wird. Man spricht hier vom Wert der Arbeit« (ebd.). Der Austausch zwischen Lohnarbeiter und Kapitalist erscheint als Austausch von Arbeit gegen Geld, wobei – streng nach den Gesetzen des Warenaustauschs – Äquivalente getauscht werden sollen. Obwohl die beständige Wiederholung von Kauf und Verkauf der Arbeitskraft das Abhängigkeitsverhältnis des Arbeiters fixiert, hat diese Transaktion – wie aller Warenaustausch – die Form eines Kontrakts zwischen gleichberechtigten und freien Warenbesitzern. Daß die darin enthaltene Gleichheit und Freiheit »Schein« ist, verbirgt sich hinter der Form des Lohns als »Wert der Arbeit«. Wenn das, was Kapitalist und Lohnarbeiter tauschen, nicht Arbeits*kraft* gegen Geld, sondern Arbeit gegen Geld ist, muß bei Austausch von Äquivalenten der »Wert der Arbeit« realisiert werden, und als solcher gilt der Lohn. »Wert der Arbeit« ist, wie Marx betont, ein »imaginärer Ausdruck« (MEW 23/559), »ebenso irrationell wie ein gelber Logarithmus« (MEW 25/826), weil die Arbeit zwar Wert *bildet,* aber keinen Wert *hat.* Gilt aber der Lohn als »Wert der Arbeit«, dann erscheint alle Arbeit als bezahlte Arbeit. »Die Form des Arbeitslohns löscht also jede Spur der Teilung des Arbeitstags in notwendige Arbeit und Mehrarbeit, in bezahlte und unbezahlte Arbeit aus.« (MEW 23/562) Die Herkunft des Mehrwerts kann Marx zufolge nicht mehr widerspruchsfrei erklärt werden, sobald der Lohn als Wert (bzw. Preis) der Arbeit gilt. Dann muß die Natur des Kapitals selbst, daß es »wesentlich Kommando über unbezahlte Arbeit« ist, unbegriffen bleiben. Dies gilt für den Arbeiter wie für den Kapitalisten und darüberhinaus auch für die Wissenschaft von der Ökonomie, in der Theorie der Produktionsfaktoren folgerichtiges Resultat der Anschauung vom Lohn als »Wert der Arbeit« ist. Woher soll der Mehrwert (bzw. Profit) kommen, wenn er nicht Resultat der Arbeit sein kann? Er kann dann nur noch Ausgeburt einer okkulten Qualität des Kapitals selber sein, wie die Grundrente schließlich dann aus dem Boden selbst entspringt. Wenn aufgrund der Lohnform alle Arbeit als bezahlte erscheint, und dies derart weitreichende Konsequenzen für die Auffassung des Kapitals hat, wird verständlich, warum Marx ihr »entscheidende Wichtigkeit« beimißt: »Auf dieser Erscheinungsform, die das wirkliche Verhältnis unsichtbar macht und grade sein Gegenteil zeigt, beruhn alle Rechtsvorstellungen des Arbeiters wie des Kapitalisten, alle Mystifikationen der kapitalistischen Produktionsweise, alle ihre Freiheitsillusionen, alle apologetischen Flausen der Vulgärökonomie.« (MEW 23/562)[4] Das richtige Wissen des Arbeiters, »daß, was er dem Kapitalisten tatsächlich gibt, seine Arbeit ist« (MEW 16/134) erschwert die allgemeine Erkenntnis der Natur des Kapitals, da der Arbeiter dies Wissen auch der Transaktion von Kauf und Verkauf der Ware Arbeitskraft unterschiebt. Umgekehrt schafft aber das Kapital »selbst die Mittel seiner Abschaffung«. Es organisiert den unmittelbaren Produktionsprozeß selbst als gesellschaftliche Betätigung von kombinierten Arbeitskräften, womit die Arbeiter die Basis für ihre kollektive Aktion als Klasse gewinnt. Der dauernden Revolutionierung der technischen Basis der Produktion durch Entwicklung aller gesellschaftlichen Produktivkräfte der Arbeit entspricht einerseits die »allseitige Beweglichkeit des Arbeiters« (MEW 23/511), in der er lernt, sich wechselnden Arbeitsfordernissen anzupassen. Andererseits steht die Entwicklung der Produktivkraft der Arbeit im Widerspruch zur kapitalistischen Form der Aneignung des Reichtums, indem die Reduktion der zur Produktion einer Ware gesellschaftlich notwendigen Arbeitszeit deren Wert senkt, die Form des Reichtums den wachsenden wirklichen, stofflichen Reichtum immer inadäquater ausdrückt. »In schneidenden Widersprüchen, Krisen, Krämpfen drückt sich die wachsende Unangemessenheit der produktiven Entwicklung der Gesellschaft zu ihren bisherigen Produktionsverhältnissen aus« (GR 635), die damit zugleich die Arbeiter zwingen, als »Klasse für sich selbst«[5], d. h. selbstbewußt als Klasse, gegen die ökonomische Herrschaft des Kapitals zu kämpfen. Marx zufolge kann es nicht darum gehen, daß die Arbeiterklasse diese Kämpfe willkürlich anzettelt; sie haben ihre objektive Grundlage in den Widersprüchen der kapitalistischen Produktionsweise selbst; die »Entwicklung der Widersprüche einer geschichtlichen Produktionsform ist jedoch der einzig geschichtliche Weg ihrer Auflösung und Neugestaltung.« (MEW 23/512)

Erläuterungen und Zusätze

1. »Betrachten wir die bürgerliche Gesellschaft im großen und ganzen, so erscheint immer als letztes Resultat des gesellschaftlichen Produktionsprozesses die Gesellschaft selbst, d. h. der Mensch selbst in seinen gesellschaftlichen Beziehungen. Alles, was feste Form hat, wie Produkt etc., erscheint nur als Moment, verschwindendes Moment in dieser Bewegung. Der unmittelbare Produktionspozeß selbst erscheint hier nur als Moment. Die Bedingungen und Vergegenständlichungen des Prozesses sind selbst gleichmäßig Momente desselben, und als die Subjekte desselben erscheinen nur die Individuen, aber die Individuen in Beziehungen aufeinander, die sie ebenso reproduzieren, wie neuproduzieren. Ihr eigner beständiger Bewegungsprozeß, in dem sie sich ebenso sehr erneuern, als die Welt des Reichtums, die sie schaffen.« (GR 600)
2. Kapitalisten und Lohnarbeiter bilden die Grundklassen der bürgerlichen Gesell-

schaft, so sehr auch diese Klassenstruktur einerseits durch traditionale Überhänge (Zwischenklassen kleiner Warenproduzenten, Handwerker, Bauern usw.), andererseits durch die Tatsache verwischt wird, daß der entwickelte kapitalistische Gesamtprozeß noch weitere ökonomische Verhältnisse und deren Träger einschließt. Probleme der Zuordnung entstehen auf seiten der Lohnarbeit bei all denjenigen Gruppen, die zwar ihre Arbeitskraft als Ware verkaufen, aber nicht am unmittelbaren Produktionsprozeß des Kapitals teilnehmen (z. B. Zirkulationsarbeiter, die kaufen und verkaufen, aber nicht produzieren). Auf seiten des Kapitals bilden sich verschiedene Fraktionen der Kapitalistenklasse, die sich nach der Form, in der sie am produzierten Mehrwert partizipieren, bestimmen (Kaufmanns-, Geldhandlungs-, Versicherungs-, zinstragendes Kapital). Ein weiteres Problem liegt in der Frage, ob die Grundeigentümer generell eine selbständige Klasse bilden, die aufgrund ihres Monopols an der Produktionsbedingung Boden einen Teil des kapitalistisch produzierten Mehrwerts als Rente aneignet. Schließlich stellt sich das Problem der theoretischen Behandlung der beim Staat Beschäftigten, die die verschiedensten Tätigkeiten ausüben und aus den Revenuen (Einkommen) der übrigen Klassen bezahlt werden. Das Verständnis des Zusammenhangs der verschiedenen Klassen und Klassenfraktionen in der entwickelten Sozialstruktur der bürgerlichen Gesellschaft setzt natürlich eine weit differenziertere Theorie ihrer ökonomischen Basis voraus als die wenigen hier dargebotenen Ansätze.

3. Marx' Darstellung des »Zirkulationsprozesses des Kapitals« und des »Gesamtprozesses der kapitalistischen Produktion« in den hier nicht behandelten weiteren Bänden des »Kapitals« enthält im Grunde einen Gang durch die verschiedenen Formen des Kapitals bis hin zu seinen Erscheinungsformen an der Oberfläche der bürgerlichen Gesellschaft, die jetzt nicht mehr bloß abstrakt, wie in der einfachen Zirkulation, betrachtet wird, sondern als eine Sphäre, in der sich die Personen als Träger der entwickelten Formen und Verhältnisse des Kapitals (z. B. industrielles, Handels-, Bankkapital usw.) bewegen. Diese Sphäre gilt Marx nur noch als solche des »Scheins« (vgl. MEW 25/7. Abs.). »Die fertige Gestalt der ökonomischen Verhältnisse, wie sie sich auf der Oberfläche zeigt, in ihrer realen Existenz und daher auch in den Vorstellungen, worin die Träger und Agenten dieser Verhältnisse sich über dieselben klarzuwerden suchen, sind sehr verschieden von, und in der Tat verkehrt, gegensätzlich zu ihrer innern, wesentlichen, aber verhüllten Kerngestalt und dem ihr entsprechenden Begriff.« (MEW 25/219)
4. Aus der wohl auf Horkheimer zurückgehenden These vom Zerfall der Zirkulationssphäre als Legitimationsbasis der bürgerlichen Gesellschaft (vgl Horkheimer, 1942) werden z. B. bei Habermas und Offe weitgehende Schlußfolgerungen gezogen, wonach der »klassische« Gegensatz von Lohnarbeit und Kapital m. o. w. stillgelegt sei. Die »Erosion jenes legitimatorischen Grundschemas des Äquivalentenaustauschs« (Offe, 1972, S. 46) soll gerade gesellschaftliche Gruppen jenseits des Industrieproletariats zu den Trägern von neuartigen, m. o. w. systembedrohenden Konfliktpotentialen werden lassen. »Wenn aber die Ideologie des gerechten Tauschs zerfällt« (Habermas, 1968, S. 76), käme dann nicht zu allererst wieder jene Klasse als Konfliktträger in betracht, für deren Wohlverhalten im kapitalistischen Sinn jene Ideologie von – wie Marx meinte – »entscheidender Wichtigkeit« ist?

5. »Die ökonomischen Verhältnisse haben zuerst die Masse der Bevölkerung in Arbeiter verwandelt. Die Herrschaft des Kapitals hat für diese Masse eine gemeinsame Situation, gemeinsame Interessen geschaffen. So ist diese Masse bereits eine Klasse gegenüber dem Kapital, aber noch nicht für sich selbst.« (MEW 4/180f.)

Fragen zur Diskussion

1. Auf welchen Bedingungen beruht Marx zufolge die Bildung von Klassen in der bürgerlichen Gesellschaft?
2. Halten Sie es für sinnvoll, zwischen Grund- und Zwischenklassen zu unterscheiden? Wie würden Sie z. B. Grundeigentümer und Kleinbürger in die Klassenstruktur der bürgerlichen Gesellschaft einordnen?
3. Welche Momente im Reproduktionsprozeß des Kapitals bewirken dessen »Mystifikation«?
4. Warum ist Marx zufolge »Wert der Arbeit« ein »imaginärer Ausdruck«?
5. Wie beurteilen Sie die These von der Stillegung des Klassenkonflikts zwischen Lohnarbeit und Kapital?

Teil D
Max Weber: Soziologische Grundbegriffe des Wirtschaftens

Einleitung

Mit der in diesem Teil beabsichtigten Erörterung von Webers Soziologie der Wirtschaft verbinden wir ein doppeltes Interesse: Einmal soll es darum gehen, Webers Auffassung des modernen Kapitalismus herauszuarbeiten, und mit der Verfolgung dieses Zieles wollen wir zugleich eine andere Frage verbinden: Ist die Handlungstheorie ein diesem Gegenstand adäquater Ansatz? Webers »Soziologische Grundkategorien des Wirtschaftens« (WG, I. Teil, 2. Kap.) sollen für diese doppelte Aufgabe die primäre (wenn auch nicht ausschließliche) Textgrundlage abgeben. Dabei ist auf den ersten Blick sowohl für, wie gegen unsere Textauswahl im Hinblick auf die von uns gestellten Aufgaben ein Argument anzuführen: Dafür spricht, daß in den »Soziologischen Grundkategorien des Wirtschaftens« der handlungstheoretische Ansatz in ausgeprägter Weise zur Anwendung kommt. Jedenfalls lassen sich die »Soziologischen Grundkategorien des Wirtschaftens« sinnvoll unter handlungstheoretischen Gesichtspunkten analysieren, was man keinesfalls von allen Texten Webers und insbesondere nicht von »Wirtschaft und Gesellschaft« insgesamt behaupten kann. Dagegen spricht, daß die »Soziologischen Grundkategorien des Wirtschaftens« noch gar keine Erklärung wirklicher sozialer Verhältnisse beinhalten sollen, und daß mithin der von uns erhobene Anspruch, an ihnen Webers Auffassung des modernen Kapitalismus herauszuarbeiten, verfehlt erscheinen muß. Desgleichen ist dadurch die andere Frage tangiert, inwieweit die Handlungstheorie ein dem Gegenstand des modernen Kapitalismus adäquater Ansatz ist. Im Hinblick auf diesen Einwand müssen wir auf die Bedeutung des zugrundegelegten Textes eingehen.

Weber verzichtet in den »Soziologischen Grundkategorien des Wirtschaftens« »bewußt auf wirkliche ›Erklärung‹« und beschränkt »sich (vorläufig) auf soziologische *Typisierung*« (WG 63). »Es sollen«, wie er eingangs hervorhebt, »lediglich einige weiterhin oft gebrauchte Begriffe definiert und gewisse allereinfachste soziologische Beziehungen innerhalb der Wirtschaft festgestellt werden« (WG 31). Nun ist jedoch – auch innerhalb des handlungstheoretischen Bezugsrahmens – die Begriffsbildung bzw. die soziologische Typisierung nicht einfach willkürlich, und in diesem

Sinne stellt Weber fest: »Die Art der Begriffsbestimmung ist . . . hier rein durch Zweckmäßigkeitsgründe bedingt.« (ebd.) Die Frage wäre dann: was sind für Weber »Zweckmäßigkeitsgründe« der Begriffsbildung?

Auch wenn in den »Grundkategorien des Wirtschaftens« universalhistorisch gültige Begriffe des Wirtschaftens formuliert werden sollen, besteht kein Zweifel daran, daß es Weber auf ein Instrumentarium ankommt, mit dem er die modernen Formen des Wirtschaftens, d. h. die des modernen Kapitalismus, in ihrer »Eigenart« erfassen kann. Gleich in Webers erster und grundlegender Begriffsbestimmung des Wirtschaftens heißt es: »Die Definition des ›Wirtschaftens‹ muß . . . so gestaltet werden, daß sie die moderne Erwerbswirtschaft mit umfaßt« (WG 31). Webers »Zweckmäßigkeitsgründe« wären also zu interpretieren als Anforderung an die Begriffsbildung, die so vorzunehmen sei, daß auch und gerade der moderne Kapitalismus in seiner Eigenart und in seinen bedeutsamen Erscheinungen zureichend erfaßt werden kann (vgl. RS 4f.). Webers Begriffsbestimmungen bzw. soziologische Typisierungen erfolgen nicht »ins Blaue hinein«, sondern sind immer schon Ausdruck des spezifischen Gegenstandes, auf dessen Erfassung es ihm ankommt. Anhand der »Grundkategorien des Wirtschaftens« läßt sich der in die Begriffsbestimmungen eingebrachte Gehalt an theoretischen Vorstellungen über den modernen Kapitalismus wieder herausarbeiten. Es wird allerdings darauf ankommen, Weber nicht Erklärungsansprüche zu unterstellen, die er im Rahmen der »Grundkategorien des Wirtschaftens« abweist. Z. B. beabsichtigt er nicht, eine Theorie der Entstehung der kapitalistischen Wirtschaft zu liefern, auch will Weber keine Wirtschaftstheorie betreiben (vgl. WG 31), insbesondere keine Preistheorie (vgl. WG 41, 63) und keine Geldtheorie (vgl. WG 40, 63). In diesen Einschränkungen steckt das weitergehende Problem einer generellen Abgrenzung von Wirtschaftstheorie und Wirtschaftssoziologie. Auf dieses Problem kommen wir im 21. Kapitel zurück.

Für unsere Absicht, die wesentlichen Bestandteile der Weberschen Bedeutungsanalyse des modernen Kapitalismus nachzuzeichnen, erweisen sich die »Grundkategorien des Wirtschaftens« auch deshalb als unverzichtbarer Ausgangspunkt, weil hier – und eigentlich nur hier – die für Webers Analyse zentrale Kategorie der formalen Rationalität und der Widerstreit von formaler und materialer Rationalität zureichend erfaßbar werden. Weber selbst konzentriert sich auf die Herausarbeitung dieses Widerstreits. »*Zweck* der Erörterung«, so Weber programmatisch, »ist . . . hier vor allem: Feststellung der optimalen Vorbedingungen *formaler* Rationalität der Wirtschaft und ihrer Beziehungen zu *materialen* ›Forderungen‹ gleichviel welcher Art.« (WG 65) Zwar deutet sich mit der bloßen Unterscheidung von formaler und materialer Rationalität kein der Soziologie spezifischer Ansatz der Untersuchung wirtschaftlicher Sachverhalte an, der sich von dem der Wirtschaftstheorie abhebt; aber der Widerstreit von formaler und materialer Rationalität bildet einen leitenden Gesichtspunkt von Webers soziologischer Analyse von Vergesellschaftungsformen im Kapitalismus. Wenn wir in unserer Weber-Interpretation die zunehmende Ausprägung der formalen Rationalität ins Zentrum stellen, so beabsichtigen wir damit einen Zugang zu Webers allgemeiner Rationalisierungsthese, in der sich seine Diagnose der »modernen Welt« auch über die »Sphäre« der Wirtschaft hinaus zusammenfaßt. So unbestreitbar in dieser Diagnose ein entscheidendes Moment der modernen Gesellschaftsentwicklung begriffen ist, so problematisch ist doch die darin enthaltene These, daß diese Entwicklung und der in ihr angelegte Widerstreit von formaler und materialer Rationalität zum unentrinnbaren »Schicksal« der Menschheit geworden sei.

I. Abschnitt: Wirtschaften

Lernziele

Zunächst (im 20. Kap.) geht es darum, Webers allgemeine Bestimmung des wirtschaftlichen Handelns als einer besonderen Art von Handeln kennenzulernen, für das die Konstellation: knappe Nutzleistungen im Verhältnis zum subjektiven Begehr, konstitutiv ist.

Wir haben uns dann (im 21. Kap.) die Verbindung bzw. Abgrenzung von Webers Ansatz einer Wirtschaftssoziologie in den »Grundkategorien« zur ökonomischen Theorie zu vergegenwärtigen. Dabei soll anhand einfachster Grundbestimmungen der subjektivistischen Werttheorie deutlich werden, daß diese selbst einen handlungstheoretischen Zugang zur Erklärung wirtschaftlicher Erscheinungen impliziert. Daran anschließend wäre die Problemsituation zu erfassen, die sich für die Abgrenzung von Wirtschaftstheorie und Wirtschaftssoziologie ergibt.

Schließlich sollen im (22. Kap.) die sogenannten typischen Maßregeln des Wirtschaftens vorgestellt werden. Innehalb dieser haben wir uns mit dem Tausch zu beschäftigen als einem der »reinsten Typen der Vergesellschaftung«. In der Analyse des isolierten Tausches und des Tausches bei Konkurrenz soll gefragt werden, was diese Vergesellschaftung bedeutet und inwieweit deren Resultate in der Perspektive des sinnhaften Handelns Einzelner zureichend erfaßt werden können.

20. Kapitel: Wirtschaftliches Handeln

Textgrundlage

WG, I. Teil, 2. Kap., §§ 1, 2

§ 1. Der allgemeinste Begriff der »Soziologischen Grundkategorien des Wirtschaftens« bezeichnet ein besonderes Handeln: das Wirtschaften. Wie sieht Webers Bestimmung des Wirtschaftens aus, d. h. welcher besondere Sinn charakterisiert dieses Handeln und erlaubt seine Unterscheidung von anderen Arten des Handelns? Entflechten wir die ineinander verwobenen Definitionen Webers (WG 31): »›Wirtschaften‹ soll eine *friedliche* Ausübung von Verfügungsgewalt heißen, welche *primär*« ihrem »gemeinten Sinne nach an der Fürsorge für einen Begehr nach Nutzleistungen orientiert ist«. »›Wirtschaftlich *orientiert*‹ soll ein Handeln insoweit heißen, als es seinem gemeinten Sinne nach an der Fürsorge für einen Begehr nach Nutzleistungen orientiert ist.«

Dem wirtschaftlich orientierten Handeln fehlt gegenüber dem Wirtschaften also das Merkmal der Friedlichkeit und/oder die *primäre* Orientierung am spezifisch wirtschaftlichen Sinn. Als dieser Sinn gilt die Intention »der Fürsorge für einen Begehr nach Nutzleistungen« (WG 31); oder anders: »der wirtschaftliche Sachverhalt« besteht in der »subjektiv erkannte(n) Notwendigkeit der wirtschaftlichen Vorsorge« (ebd.). Die subjektiv empfundene Notwendigkeit der Vorsorge führt zu einem Handeln, das die Deckung eines Begehrs nach Nutzleistung anzielt. Zur Präzisierung des dem Wirtschaften spezifischen Sinns – »dieser allein konstituiert die Einheit der betreffenden Vorgänge und macht sie allein verständlich« (ebd.) – wollen wir die beiden wesentlichen Bestandteile der Definition nacheinander besprechen:

Erstens werden wir unter dem Begriff der *Knappheit* zu klären haben, was wir unter dem »›wirtschaftlichen Sachverhalt‹ (die subjektiv erkannte Notwendigkeit der wirtschaftlichen Vorsorge)« zu verstehen haben.

Zweitens werden wir unter dem Begriff der Nutzleistung die spezifischen Gegenstände des wirtschaftlichen Handelns kennenlernen.

§ 2. Webers Bestimmung der Intention des Wirtschaftens: »Fürsorge für einen Begehr nach Nutzleistungen«, läßt sich durch die Einführung des Begriffs der »Knappheit« verdeutlichen.[1] Nur wenn die Deckung eines Begehrs gefährdet erscheint, weil etwa die verfügbare Menge von Nutzleistungen zu gering ist, wird fürsorgliches Handeln notwendig. Wo Überfluß herrscht, gibt es demzufolge keinen Anlaß zu wirtschaftlichem Handeln. Der »wirtschaftliche Sachverhalt« tritt also nur dann auf, wenn die begehrten Nutzleistungen *knapp* sind. Da in Webers allgemeiner Bestimmung des wirtschaftlichen Handelns nicht ausdrücklich von Knappheit als der Bedingung der »Vorsorge« die Rede ist, müssen wir nachweisen, daß die Konstellation: alternative Zwecke bei Knappheit der Mittel zu ihrer Verwirklichung, den spezifischen Sinn des Wirtschaftens konstituiert.

In den Bemerkungen zum § 1 bemüht Weber sich um eine Präzisierung seiner Definitionskriterien. In diesem Zusammenhang wird die Bedeutung der Knappheitskonstellation deutlicher. Zunächst wehrt sich Weber gegen die Auffassung, daß »*Wirtschaft* . . . begrifflich *nur* ›Mittel‹ sei« (WG 32).

Vielmehr ist es gerade ein besonderes Charakteristikum der Mittel, das wirtschaftliches Handeln erzwingt: »Wenn irgend etwas, dann bedeutet, praktisch angesehen, Wirtschaft vorsorgliche Wahl grade zwischen *Zwekken*, allerdings: *orientiert* an der Knappheit der Mittel, welche für diese mehreren Zwecke verfügbar oder beschaffbar erscheinen« (WG 32). In den folgenden Bemerkungen (WG 32f.) bemüht sich Weber um eine Unterscheidung von »Wirtschaft« und »Technik«. Diese Unterscheidung vermag er zunächst nur dadurch zu treffen, daß er die Berücksichtigung der Knappheit der Mittel zum Kriterium macht: erst das Reflektieren auf den »Seltenheits-Unterschied« von Gütern »im Verhältnis zum Gesamtbedarf« (WG 33) zeichnet die wirtschaftliche Orientierung gegen die technische aus.[2]

Webers Bestimmung des wirtschaftlichen Handelns liegt also die Konstellation: Knappheit der Mittel bei alternativen Zwecken, zugrunde. Knappheit läßt sich jedoch – wie er sehr wohl sieht – nicht als objektive (Natur-)Eigenschaft von Gegenständen konstatieren. Z. B. die Feststellung: Gold ist knapp, setzt immer handelnde, begehrende, bedürftige Subjekte voraus, in bezug auf deren Bedarf die verfügbare Menge Gold knapp erscheint. Dieser Bedarf kann darüberhinaus schwerlich eindeutig, etwa unabhängig von subjektiven Intentionen von Individuen, bestimmt werden. Insofern ist Weber konsequent, wenn er »Knappheit« rein aus der intentionalen Perspektive von Handelnden heraus bestimmt. Es kann ihm gar nicht darum gehen, »objektive« Kriterien für die Knappheit von Nutzleistungen anzuführen. Vielmehr kommt es Weber darauf an, daß, wo und wann immer die Individuen wirtschaftlich handeln, sie diese Knappheit *subjektiv* empfinden (vgl. WG 31). Die subjektive Einschätzung einer Situation als einer Konstellation von alternativen Zwecken bei Knappheit der Mittel löst also ein an der »Notwendigkeit der wirtschaftlichen Vorsorge« (ebd.) orientiertes Handeln aus und gibt diesem Handeln seinen spezifischen Sinn. Weber versucht so, das Wirtschaften von anderen Handlungsarten zu unterscheiden, ohne über dessen konkrete Zwecke etwas auszusagen. Immer dann, wenn einem Handelnden für beliebige Zwecke die Mittel knapp erscheinen, so daß er sich gezwungen sieht, z. B. die Mittel zu vermehren oder bei vorhandenen Mitteln zwischen alternativen Zwecken zu wählen usw., handelt er wirtschaftlich.

Weber versucht also eine Abgrenzung des wirtschaftlichen Handelns, ohne diesem Handeln spezifische Zwecke zuzuordnen. Er schließt die übliche Abgrenzung: bei allem Wirtschaften handele es sich letzten Endes um Konsumbedürfnisse und deren Befriedigung, als zu eng aus, da mit dieser noch sehr vagen Zweckbestimmung des Wirtschaftens gerade die Formen der »modernen Erwerbswirtschaft« nicht abgedeckt wären. Ihr Sinn erschöpft sich nicht in der Befriedigung von Konsumbedürfnissen, soll aber ebenfalls darin bestehen, »daß Nutzleistungen begehrt werden« (WG 31). Wenn alsodie Abgrenzung des Wirtschaftens von anderen Handlungsarten für Weber nicht auf spezifische Zwecksetzungen der Handelnden (z. B. materielle Produktion) gestützt werden kann, wäre zunächst zu fragen, ob die Gegenstände des Begehrs der Handelnden: die Nutzleistungen, irgendwelche spezifischen Eigenschaften haben, die eine eindeutigere Bestimmung des auf sie gerichteten Handelns, des Wirtschaftens, erlaubt.

§ 3. »Unter ›Nutzleistungen‹ sollen stets die von einem oder mehreren Wirtschaftenden als solche geschätzten konkreten *einzelnen* zum Gegenstand der Fürsorge werdenden (wirklichen oder vermeidlichen) Chancen gegenwärtiger oder künftiger Verwendungsmöglichkeiten gelten, an deren geschätzter Bedeutung als Mittel für Zwecke des (oder der) Wirtschaftenden sein (oder ihr) Wirtschaften orientiert wird.« (WG 34) Nutzleistungen sind die Gegenstände des Begehrs der Handelnden. Sie sind die für mögliche, nicht näher spezifizierte Zwecke als knapp erachteten Mittel, die wegen ihrer Knappheit »zum Gegenstand der Fürsorge« werden. Nicht nur »Sachgüter und Leistungen« (WG 34), sondern unter Umständen auch soziale Beziehungen (wie die von Weber angeführte »Kundentreue« (ebd.)) können unter die Kategorie der Nutzleistung fallen.[3] Der Begriff der Nutzleistungen enthält in seiner Fassung durch Weber außer einer vagen Konnotation mit dem Begriff »Nutzen« (begehrt wird, was irgendwie »nützlich« ist) kein die Definition des Wirtschaftens präzisierendes Element: Ist Wirtschaften ein an der Knappheit von Mitteln für alternative Zwecke sinnhaft orientiertes Handeln, so sind Nutzleistungen nichts anderes als jene knappen Mittel, deren Verwendungsmöglichkeiten bei alternativen Zwecken erwogen und zum Gegenstand der Fürsorge werden.

Webers Definition der Nutzleistung zeigt eine weitere Eigentümlichkeit: Der Begriff der Nutzleistung umfaßt nicht konkret gegebene Gegenstände, Leistungen oder Chancen, die in den Bereich der Vorsorge der Handelnden einrücken, sondern im Begriff der Nutzleistungen sind nur die subjektiv perspektierten *Verwendungsmöglichkeiten* von solchen Gegenständen, Leistungen oder Chancen gefaßt. Ein um der wirtschaftlichen Vorsorge gekauftes Pferd wird im strengen Sinne nicht als »Pferd« begehrt, sondern begehrenswert sind seine subjektiv geschätzten und geglaubten Verwendungsmöglichkeiten, z. B. als Zugkraft (vgl. WG 34). Damit drückt Weber noch einmal aus, daß es keine Eigenschaften der Dinge selbst sind, die ihren Charakter als Nutzleistungen ausmachen. Da die Dinge nicht an sich, sondern nur für Subjekte nützlich sind, darüber hinaus nicht als »Ganzes« Nutzen stiften, sondern nur in bestimmten Eigenschaften, geraten sie Weber zufolge nur noch als »Verwendungsmöglichkeiten« in die Perspektive der Handelnden. Weber versucht also die Schwierigkeiten, in die jede ökonomische Betrachtung gerät, wenn es darum geht, allgemein zu bestimmen, was Reichtum, Güter, Gebrauchswerte u. a. m. eigentlich sind, dadurch zu lösen, daß er seine Bestimmung von Nutzleistungen radikal subjektiviert, indem er von den Gegenständen des Wirtschaftens allenfalls noch in ihrer Beziehung auf Handlungsintentionen spricht. In der Definition der Nutzleistung gibt Weber gar nicht mehr an, *was* eigentlich möglicherweise verwendet wird, weil es für ihn kein außerhalb von individuellen Handlungshorizonten existierendes Kriterium dafür gibt, welchen äußerlich gegebenen Dingen, Leistungen oder Chancen Nutzleistungscharakter zukommt. Beliebige Objekte sind Nutzleistungen nur dann, wenn ihnen Verwendungsmöglichkeiten subjektiv unterstellt werden, und wenn subjektiv angenommen wird, daß sie knapp seien.[4] In dieser Begriffsbestimmung ist die in der Arbeit sich vollziehende Aneignung der Natur nicht mehr zentral: die Produktion wird nicht als grundlegendes Moment des Wirtschaftens betrachtet, sondern als Unterbestimmung »der Fürsorge für einen Begehr nach Nutzleistungen«.

§ 4. *Rationales* Wirtschaften soll nach Weber eine friedliche Ausübung von Verfügungsgewalt heißen, »welche zweckrational, also *planvoll*, wirtschaftlich orientiert ist« (WG 31). Die Spezifik des rationalen Wirtschaftens gegenüber dem bloßen Wirtschaften wird wiederholt bei Weber durch den Begriff »planvoll« charakterisiert (vgl. z. B. WG 35f.). Es kann nun bezweifelt werden, daß mit den Attributen »zweckrational« oder »planvoll« eine qualitative Besonderheit des rationalen Wirtschaftens gegenüber dem bloßen Wirtschaften ausgedrückt ist. Ein Handeln, das seinem Sinn nach an vorgestellter Knappheit orientiert ist, muß, wie rudimentär auch immer, planvoll sein. Der wirtschaftlich Handelnde sieht sich in eine Situation gestellt, in der er nicht alle seine Zwecke verwirklichen kann. Wegen der Knappheit der Mittel nicht nur für bestimmte einzelne, sondern für mehrere Zwecke ist deren Verwirklichung nur alternativ möglich. Der Handelnde plant also schon, indem er bestimmte Zwecke zur Verwirklichung auswählt, oder umgekehrt: ein in keiner Weise planvolles Handeln ist nicht mehr an der Knappheitsvorstellung orientiert.

Wirtschaften ist demnach für Weber immer schon rationales Wirtschaften. Die Hervorhebung des rationalen Wirtschaftens gegenüber dem bloßen Wirtschaften kann also lediglich graduelle Unterschiede in der planvollen Ausgestaltung des wirtschaftlichen Handelns bezeichnen. Das wirtschaftliche Handeln erweist sich bei Weber als Paradigma rationalen Handelns. Von daher läßt sich umgekehrt fragen, wo eigentlich der Unterschied zwischen rationalem und wirtschaftlichem Handeln liegt. Weber gibt ja als Abgrenzungskriterien zwischen wirtschaftlichem Handeln und anderen Handlungsarten für das erstere weder spezifische Zwecke noch spezifische Objekte an. Mit dieser Unschärfe in der Eingrenzung des wirtschaftlichen Handelns, die auch durch Webers Bezugnahme auf die abstrakte Zweck-Mittel-Relation und die an ihr anknüpfende Unterscheidung von »Wirtschaft« und »Technik« nicht eindeutig zu beheben ist (vgl. Zusatz 2), deutet sich eine Tendenz an, die in der Entwicklung der ökonomischen Theorie schließlich zu deren Formulierung als reiner, nicht-erfahrungswissenschaftlicher Lehre vom rationalen Handeln führte (vgl. GÄFGEN, 1963, 1. Kap.). Diese Entwicklung zu verfolgen, ist hier nicht unsere Aufgabe. Wie wir im nächsten Kapitel andeutungsweise sehen werden, hat sie jedoch eine ihrer Ursachen darin, daß die Lehre vom subjektiven Wert, vor deren Hintergrund Webers »Grundkategorien des Wirtschaftens« gesehen werden müssen, selbst handlungstheoretisch konzipiert ist.

Erläuterungen und Zusätze

1. Weber ist nicht der erste, dem »Knappheit« als theoretisches Abgrenzungskriterium von »Wirtschaft« und »wirtschaftlichem Reichtum« dient. Deutlich ausgeführt ist der Gedanke schon bei Menger, Jevons und Walras, den Begründern der auf der subjektiven Wertlehre fußenden Ökonomie. Deren Grundannahmen bestimmen auch heute noch die herrschende Lehrmeinung in der Volkswirtschafts- und Betriebwirtschaftslehre. Vgl. z. B. SCHNEIDER (1965, S. 13): »Wir müssen damit rechnen, daß das Leben der Menschen auf der Erde stets unter dem kalten Stern der Knappheit stehen wird. Es muß deshalb in jedem Augenblick darüber entschieden werden, welche Bedürfnisse und Wünsche in der kommenden Wirtschaftsperiode nach Art und Ausmaß befriedigt werden sollen. Diese fortgesetzt zu treffenden Entscheidungen über die Verwendung knapper Mittel machen den Sinn wirtschaftlichen Handelns aus.« Anders als bei Weber wird von Schneider (und vielen anderen) das Knappheitsphänomen naiv als eine objektive Naturgegebenheit vorgestellt. Kritisch hierzu LUHMANN (1972), der Knappheit als Ausdruck sozialer Beziehungen interpretiert.
2. Wenn Weber »Wirtschaften« über die Knappheit von Mitteln für mögliche Zwecke bestimmt, dann stellt sich die Frage, ob nicht eigentlich jedes zweckrationale Handeln im Sinne einer »ökonomischen« Anwendung der Mittel »Wirtschaften« ist. Weber hat diesen mehrfach erhobenen Einwand gegen das Knappheitskalkül, in dem nur noch von Mitteln und Zwecken, nicht aber mehr von Bedürfnissen gesprochen wird, gesehen und versucht, ihm durch die Abgrenzung von Wirtschaft und Technik zu begegnen. Wenn angesichts der Knappheit der Mittel Zweifel über Zwecke bestehen, die sich nur alternativ verwirklichen lassen, liegt für ihn eine wirtschaftliche Frage vor. Dagegen: »Immer bedeutet das Vorliegen einer ›technischen *Frage*‹: daß über die rationalsten *Mittel* Zweifel bestehen.« (WG 32) Die Auseinanderlegung eines Handlungsablaufs unter den Kategorien Zweck und Mittel ist jedoch nicht notwendig eindeutig.
   Das wird z. B. deutlich, wenn Weber behauptet, daß die Frage, ob – bei Verkehrswirtschaft – sich bestimmte »Aufwendungen in Geld, durch Absatz der Güter *bezahlt* machen«, »ein Problem der Vergleichung von *Zwecken* ist« (WG 33), und daß es sich demnach um eine wirtschaftliche Frage handelt. Ebensogut könnte man behaupten, daß es sich hierbei um eine technische Frage handelt, weil als Zweck in der Verkehrswirtschaft nicht die Herstellung dieses oder jenes Gutes an-

gesehen werden kann, sondern die Erzielung von Gewinn. Die Frage, welche Güter hergestellt werden sollen, ob sich deren Herstellung bezahlt macht, erscheint bezogen auf den gleichbleibenden Zweck: Erzielung von Gewinn, nicht mehr als eine wirtschaftliche, sondern als eine technische Frage. Die Unbestimmtheit in der Zumessung der Kategorien Zweck und Mittel ist eine Unbestimmtheit in der Abgrenzung zwischen »Wirtschaft« und »Technik«, und damit eine Unbestimmtheit in der Abgrenzung zwischen Wirtschaften und rationalem Handeln überhaupt.

3. Weber hebt hervor, »daß Wirtschaften an sich nicht schon soziales Handeln sein muß« (WG 31). Dabei ist jedoch Wirtschaften als nicht-soziales Handeln ein im wesentlichen nur konstruierter Grenzfall, eine »Robinsonade« (WL 41). Die Definition des Wirtschaftens selbst enthält schon mehrere Bestimmungsmomente, die den überwiegend sozialen Bezug dieser Handlungsart hervorheben: 1. Das Merkmal der Friedlichkeit, als ein Abgrenzungskriterium gegenüber dem wirtschaftlich orientierten Handeln, kann sich in jedem Fall nur auf soziales Handeln beziehen. 2. Der Begriff der »Verfügungsgewalt« kann selbst schon Ausdruck einer sozialen Bezugnahme sein, wenn nämlich die Verfügungsgewalt über Objekte seitens des Handelnden die Nicht-Verfügungsgewalt über diese Objekte seitens anderer Personen einschließt. 3. Die Orientierung an vorgestellter Knappheit ist dann schon eine Orientierung am Verhalten anderer und insofern soziales Handeln, wenn die Knappheitsvorstellung nicht allein aus dem eingeschätzten Verhältnis *eigenen* Begehrens zu vorhandenen Ressourcen entspringt.
Die Kritik am Knappheitsaxiom könnte wohl hier einsetzen, indem gezeigt würde, daß die Knappheitsvorstellung sinnvoll nur aus dem vorgestellten konkurrierenden Begehren anderer entspringen kann und sie in diesem Sinne immer schon die Orientierung eines sozialen Handelns darstellt. Darüberhinaus wäre zu zeigen, daß das Knappheitskalkül als Orientierung eines sozialen Handelns schon auf eine bestimmte soziale Wirklichkeit bezogen ist: auf die in der kapitalistischen Entwicklung voll entfaltete Konkurrenz. Das Knappheitskalkül gibt die allseitig objektive Konkurrenz als Vorstellungen der Subjekte wider und erscheint hier entweder als eine rein subjektive Vorstellung der Handelnden, die als faktisch sinn-stiftend nur konstatiert, aber nicht begründet zu werden braucht, oder als eine schlechthin und zeitlos objektive Eigenschaft der Welt (vgl. Zusatz 1). Es kann behauptet werden, daß im historisch unspezifischen Knappheitskalkül der ökonomischen Theorie die historisch besondere kapitalistische Konkurrenz zum Ausdruck kommt.

4. Ein Problem ist, ob Webers Begriff der Nutzleistung Geld einschließt. Dies wäre gegenüber der ökonomischen Theorie keineswegs selbstverständlich, denn unter einen »Güter«-Begriff, der anders als Webers Begriff der Nutzleistung an Bedürfnissen orientiert bleibt, so daß als Güter nur mittelbar oder unmittelbar Nutzen bringende Gegenstände gelten, ist Geld in seiner selbständigen Erscheinungsform schwerlich direkt subsumierbar. Weber scheint jedoch Geld als eine Nutzleistung zu begreifen, wenn er meint – worauf bereits verwiesen wurde –, daß seine Definition des Wirtschaftens »die moderne Erwerbswirtschaft mit umfaßt«, weil sie »zunächst nicht von ›Konsum-Bedürfnissen‹ und deren ›Befriedigung‹ . . ., sondern . . . von der – auch für das nackte Geldgewinnstreben zutreffenden – Tatsache: daß Nutzleistungen *begehrt* werden« (WG 31), ausgehe. Demgegenüber

ließe sich mit Webers eigener Definition der Nutzleistungen, in der er hervorgehoben von »konkreten *einzelnen*« Verwendungsmöglichkeiten spricht, einwenden, daß das Begehren von Geld auf keinen Fall notwendig unter dem Gesichtspunkt von »konkreten *einzelnen*« Verwendungsmöglichkeiten steht. Was das Geld von vornherein gegenüber allen anderen Gegenständen des Wirtschaftens auszeichnet, ist – wie wir noch mit Weber sehen werden – seine universelle Verwendbarkeit: die Chance, es zu einem beliebigen Zeitpunkt gegen beliebige Nutzleistungen auszutauschen.

Wir deuten das Problem nur an; der Stellenwert dieses Problems wird erst sichtbar in der Behandlung des »kapitalrechnungsmäßigen Erwerbens«, wenn es nämlich um die Frage geht, ob alles Wirtschaften tatsächlich durch einen einheitlichen intentionalen Bezug charakterisiert werden kann, oder ob es nicht vielmehr in zwei verschiedene Handlungstypen zerfällt: die Orientierung an der Bedarfsdekkung und die Orientierung am Geldgewinn.

Fragen zur Diskussion

1. Wie kennzeichnet Weber den spezifischen Sinn wirtschaftlichen Handelns und inwiefern erlaubt diese Sinnbestimmung eine Abgrenzung von Handeln überhaupt?
2. Bedeutet Friedlichkeit als Unterscheidungskriterium zwischen wirtschaftlichem und wirtschaftlich orientiertem Handeln auch Abwesenheit von Macht?
3. Kennen Sie Beispiele wirtschaftlich orientierten Handelns, die sich dadurch vom wirtschaftlichen Handeln unterscheiden, daß sie nicht *primär* am wirtschaftlichen Sachverhalt orientiert sind?
4. Diskutieren Sie vergleichend die beiden folgenden Definitionen im Hinblick auf die Knappheitsbestimmung und unter der Frage, inwieweit das von Weber hervorgehobene »nackte Geldgewinnstreben« (WG 31) im jeweiligen Begriff von Wirtschaft zu fassen ist:

   a) Weber (WG 199): »Von Wirtschaft wollen wenigstens wir hier vielmehr nur reden, wo einem Bedürfnis oder einem Komplex solcher, ein, im Vergleich dazu, nach der Schätzung des Handelnden, *knapper* Vorrat von Mitteln und möglichen Handlungen zu seiner Deckung gegenübersteht und dieser Sachverhalt Ursache eines spezifisch mit ihm rechnenden Verhaltens wird.«

   b) Wöhe (1973, S. 2): »Wirtschaft ist der Inbegriff aller planvollen menschlichen Tätigkeiten, die . . . mit dem Zweck erfolgen, die – an den Bedürfnissen der Menschen gemessen – bestehende Knappheit der Güter zu verringern.«
5. In welcher Weise werden die Gegenstände, auf die sich das wirtschaftliche Handeln richtet, in Webers verstehender Soziologie bestimmt?
6. Inwieweit ist Wirtschaften soziales Handeln?
7. Warum ist nach Webers Bestimmung Wirtschaften immer schon rationales Handeln?

21. Kapitel: Wirtschaftliches Handeln und die Theorie vom subjektiven Wert

§ 1. Weber war nicht nur Soziologe, sondern zugleich Nationalökonom. Obwohl er die beiden sozialwissenschaftlichen Disziplinen in Personalunion vertrat, ging er offensichtlich von der Möglichkeit ihrer Trennung aus, was er schon in der angesprochenen »Vorbemerkung« seiner »soziologischen Grundkategorien des Wirtschaftens« deutlich macht: »Nachstehend soll keinerlei ›Wirtschaftstheorie‹ getrieben ... werden.« (WG 31) Weiter betont Weber dort: »Der viel umstrittene Begriff ›Wert‹ konnte terminologisch ganz umgangen werden.« (ebd.) Obwohl Weber also offensichtlich eine Trennung von Wirtschaftstheorie und Soziologie unterstellt, nach deren unausgeführten Kriterien auch das »Wert«-Problem (zumindest: »terminologisch«) aus der Soziologie ausgeschlossen bleiben könne, wollen wir uns trotzdem im folgenden kurz mit der ökonomischen Lehre vom subjektiven Wert befassen. Unser Verfahren hat folgende Gründe: Der erste – und offenkundigste – ist der, daß Weber verschiedentlich auf die Grenznutzenlehre (die zu seiner Zeit noch herrschende Variante der subjektivistischen Wertlehre)[1] zu sprechen kommt, deren Kenntnis also voraussetzt. Ein zweiter Grund liegt darin – so wäre die These –, daß Webers Fassung des Begriffs des Wirtschaftens, dessen Komponenten wir im vorausgegangenen Kapitel diskutiert haben, nur vor dem Hintergrund der subjektivistischen Werttheorie verständlich ist. Jener Begriff des Wirtschaftens deckt sich sogar weitgehend mit der üblichen modernen Gegenstandsbestimmung der ökonomischen Theorie, deren Formulierung z. B. bei Robbins (1969, S. 16) lautet:

»Economics is the science which studies human behaviour as a relationship between ends and scarce means which have alternative uses.« Diese Gegenstandsbestimmung der ökonomischen Theorie ist erstens keineswegs unabhängig von deren werttheoretischer Grundlegung (§ 2) und erscheint zweitens jedenfalls keineswegs unmittelbar geeignet, eine Trennung zwischen Ökonomie und Soziologie, soweit letztere sich mit wirtschaftlichem Handeln befaßt, zu begründen (§ 3).

§ 2. An Robbins' Formulierung des Gegenstands der Ökonomie fällt zunächst die handlungstheoretische Perspektive auf, die die neoklassische Theorie[2] offenbar mit Webers Soziologie teilt: die Intention, menschliches Verhalten als eine Beziehung zwischen Zwecken und knappen Mitteln, die alternativen Verwendungen zugeführt werden können, zu untersuchen, ist derjenigen Webers zumindest nicht unähnlich, zumal Robbins (1969, S. 38) präzisiert: jene Beziehung sei eine »between ends conceived as the possible objectives of conduct ... and the technical and social environment«. Zwecke werden als Handlungsantriebe aufgefaßt. Diese Bestimmung des wirtschaftlichen Handelns (als des Gegenstands der ökonomischen Theorie) steht in engem Zusammenhang mit der Theorie des subjektiven Werts, die auf eben jenem Knappheitskonzept beruht, das auch Weber zur Bestimmung des wirtschaftlichen Handelns dient.

Der Ansatz der Theorie des subjektiven Werts läßt sich ausgehend vom sogenannten Wertparadoxon verdeutlichen, daß SMITH (1937, S. 28) mit Hilfe der Unterscheidung von Tauschwert und Gebrauchswert wie folgt beschrieb: »The word VALUE . . . has two different meanings, and sometimes expresses the utility of some particular object, and sometimes the power of purchasing other goods which the possession of that object conveys. The one may be called ›value in use‹; the other, ›value in exchange‹. The things which have the greatest value in use have frequently little or no value in exchange; and on the contrary, those which have the greatest value in exchange have frequently little or no value in use. Nothing is more useful than water: but it will purchase scarce any thing; scarce any thing can be had in exchange for it. A diamond, on the contrary, has scarce any value in use; but a very great quantity of other goods may frequently be had in exchange for it.«

Während die klassische politische Ökonomie und Marx das »Wertparadoxon« in der Weise auflösten, daß sie die Bestimmung des Tauschwerts durch Rückführung auf verausgabte Arbeit von der Frage einer quantitativen Bestimmtheit des Gebrauchswerts oder Nutzens (utility) abkoppelten, wird in den subjektivistischen Werttheorien an einem Zusammenhang von Nutzen und Tauschwert festgehalten. In Widerspruch zum Wertparadoxon geraten diese Lehren deshalb nicht, weil der Tauschwert nicht einfach als Resultat der subjektiven Nutzenschätzung von Gütern aufgefaßt wird, sondern einem zusätzlichen Einflußfaktor unterliegt: der Knappheit der Güter. Wie diese zunächst subjektiv individuelle Wertschätzung von Gütern im einzelnen aus den beiden Bestimmungsfaktoren: Nutzen und Knappheit, resultiert, wird in der Theorie des Grenznutzens dargestellt.

Deren Grundprinzip wird im sogenannten ersten Gossenschen Gesetz formuliert: »Die Größe eines und desselben Genusses nimmt, wenn wir mit der Bereitung des Genusses ununterbrochen fortfahren, fortwährend ab, bis zuletzt Sättigung eintritt.« (GOSSEN, zit. nach ARNDT, 1966, S. 11) Wichtig ist dabei die Behauptung, daß mit jeder weiteren Einheit eines Gutes, das konsumiert wird, eine abnehmende Nutzenzunahme verbunden ist. Den Nutzenzuwachs durch die zuletzt hinzutretende Einheit einer verfügbaren Gutsmenge, m. a. W. den Nutzenzuwachs durch die »Grenzeinheit«, bezeichnet man als Grenznutzen.

Steht für ein bestimmtes Bedürfnis nur ein begrenztes, also knappes Quantum eines Gutes zu seiner Befriedigung zur Verfügung, dann ist der Grad der Bedürfnisbefriedigung von diesem Quantum und mithin von jeder Einheit des verfügbaren Gutes abhängig. Nach der Grenznutzentheorie bestimmt sich dann der Wert jeder Einheit dieses Güterquantums nach dem Nutzen, das die letzte verfügbare Einheit noch gewährt, also nach dem Grenznutzen, denn dem Verlust einer beliebigen Einheit des Güterquantums entspräche ein Nutzenentgang in der Höhe des Grenznutzens.

Da angesichts der Knappheit der wirtschaftlichen Güter eine vollständige Befriedigung aller Bedürfnisse nicht möglich sein wird, kommt im wirtschaftlichen Handeln der Auswahl und Zusammenstellung der zu realisierenden Bedürfnisbefriedigungen besondere Bedeutung zu. Für dieses Problem bietet die Grenznutzentheorie im sogenannten zweiten *Gossen*schen Gesetz eine Lösung: Nehmen wir an, daß ein Gut bzw. Mittel zwei oder mehrere Bedürfnisse zu befriedigen vermag, daß aber nicht genug dieser Mittel zur Verfügung stehen, um diese Bedürfnisse vollständig zu befriedigen, dann wird – so Gossen – der Gesamtnutzen dann am größten, wenn die verfügbaren Mittel gerade so verteilt werden, daß der Grenznutzen, den das Mittel für die verschiedenen Bedürfnisse stiftet, jeweils gleich groß ist. Für eine Maximierung des Nutzens sind die Mittel also so auf die durch sie realisierbaren Ziele zu verteilen, daß für jede Bedürfnisart die jeweils letzten aufgewendeten Einheiten der verfügbaren Mittel gerade den gleichen Nutzen gewähren.

Die Wert-Bestimmung der Grenznutzentheorie können wir so zusammenfassen: Bei gegebener verfügbarer Gesamtmenge eines Gutes bestimmt der Grenznutzen den Wert aller einzelnen Gütereinheiten. D. h. je mehr von einem Gut angesichts gegebener Bedürfnisse verfügbar ist, um so mehr sinkt der Wert pro Gütereinheit; je knapper ein Gut ist, um so dringlicher ist das mit der letzten Einheit befriedigte Bedürfnis, um so höher der Grenznutzen dieser Einheit, um so höher der Wert aller verfügbaren Gütereinheiten. Gemäß der Grenznutzentheorie ist also der Wert eines Gutes die Resultante von Nutzen und Knappheit. Im Ansatz der subjektivistischen Wertlehre ist der handlungstheoretische Zugang zu Erscheinungen des wirtschaftlichen Sozial-»Bereichs« insofern grundlegend, als in der theoretischen Rekonstruktion der Erscheinungen auf die Perspektive der Individuen in ihrer Einstellung zu Gegenständen ihres Begehrs zurückgegangen wird. Diese Perspektive bleibt für den neoklassischen Ansatz auch bestehn, wo die Grenznutzentheorie zugunsten einer Wahlhandlungslehre verlassen wird.[3] Das theoretische Programm einer Rückführung wirtschaftlicher Erscheinungen auf Handlungsintentionen von Individuen gilt nicht nur für die hier angedeutete Bestimmmung des Werts, sondern soll darauf aufbauend auch für Erscheinungen wie Geld, Preise, Markt etc. durchgeführt werden. Theoriegeschichtlich ist die subjektivistische Werttheorie vor dem durch Weber für die Soziologie formulierten handlungstheoretischen Konzept entworfen worden; sie ist Vorläufer und mit wohl auch Vorlage für den von Weber auf den ganzen Bereich des Sozialen angewandten handlungstheoretischen Ansatz. Gerade auch angesichts dieser theoriegeschichtlichen Verbindung stellt sich die Frage: was unterscheidet eine so konzipierte Wirtschaftssoziologie von der Wirtschaftstheorie?

§ 3. Die Frage, was eigentlich Webers *soziologische* Betrachtung der Wirtschaft gegenüber der auf der subjektivistischen Wertlehre aufbauenden *ökonomischen* Theorie auszeichnet, läßt sich zumindest von deren Gegenstandsbestimmung her nicht beantworten. Beide Wissenschaften untersuchen Handlungen, die als wirtschaftliche gekennzeichnet werden, insofern sie Ausfluß der Knappheitskonstellation sind. Der Gegenstandsbereich der ökonomischen Theorie ist dabei insofern weiter als der der Soziologie, als letztere sich nur mit *sozialem* Handeln befaßt, also alle »Robinsonaden« vernachlässigt; umgekehrt bearbeitet die Soziologie einen weiteren Gegenstandsbereich als die ökonomische Theorie, insofern die Soziologie auch alles nichtwirtschaftliche soziale Handeln zum Gegenstand hat. In Webers Perspektive würden also beide Wissenschaften streng genommen auch einen sich überschneidenden Bereich behandeln: wirtschaftliches Handeln, das zugleich soziales Handeln ist.

Mit dieser sich überschneidenden Gegenstandbestimmung ist im Sinne Webers schon mehr festgelegt als nur ein gemeinsamer, äußerlich vorgestellter »Bereich« (etwa so, wie man sagen könnte: Biologie und Psychologie haben im »Menschen« einen ihnen gemeinsamen Gegenstand). Vielmehr ist für Weber durch die Gegenstandsbestimmung schon ein besonderer und beiden Wissenschaften gemeinsamer Zugang zu dem ihnen gemeinsamen Gegenstandsbereich vorgeschrieben: Sinnverstehen von Handlungen, wenn sich auch die reine ökonomische Theorie auf Konstruktionen unter einer Rationalitätsmaxime beschränkt.

Weber geht aber auch nicht davon aus, daß innerhalb dieses gemeinsamen Ansatzes unterschiedliche Erkenntnisgesichtspunkte: etwa die Erkenntnis individueller auf der einen, die Erkenntnis genereller Zusammenhänge auf der anderen Seite für Wirtschaftssoziologie und Wirtschaftstheorie charakteristisch wären. Vielmehr teilen beide im Gegensatz z. B. zur Geschichte den Status einer »generalisierenden Wissenschaft« (WG 9). Beide bedienen sich Weber zufolge der Bildung von Idealtypen als heuristischer Mittel, wenn auch in der Nationalökonomie selbst größtenteils ein anderes Verständnis über den erkenntnislogischen Charakter der eigenen Theorie bestand.[4] Dieses Verständnis, nach dem in der ökonomischen Theorie empirisch gültige Gesetze formuliert seien, hat nicht unwesentlich die Entwicklung der ökonomischen Theorie mitbestimmt. Gemäß diesem Verständnis entfällt der »unwirkliche« Charakter, der die idealtypische Begriffsbildung als Konstruktion rationalen Handelns für Weber auszeichnet, insoweit unterstellt wird, daß sich das empirisch wirtschaftliche Handeln in sehr viel größerem Maße an den Typus rationalen Handelns annähere als andere Handlungen. Pareto behauptet z. B., die Wirtschaftstheorie habe nur die sich in großer Zahl wiederholenden und u. a. deshalb »logischen« Handlungen, die auf Vorsorge zur Bedürfnisbefriedigung gerichtet sind, zum Gegenstand.[5] Mitunter wurde auch der empirisch-analytische Charakter der Gesetze der ökonomischen Theorie aus ihrer angeblich psychologischen Fundierung begründet. (Vgl. WL 384 ff.) Derartige Behauptungen, und damit der Anspruch einer empirisch-analytischen Wissenschaft, mußten in der Entwicklung der neoklassischen Ökonomie schrittweise zurückgenommen werden. Erkenntniskritische Überlegungen führten dazu, den idealtypischen Modellkonstruktionen zweckrationalen Handelns, die die neoklassische Theorie immer weiter verfeinerte, schließlich jegliche empirische Relevanz abzusprechen; selbst als heuristische Mittel haben derlei Idealtypen allenfalls noch umstrittene Bedeutung, und solange die ökonomische Theorie sich auf ihre Konstruktionen beschränkt, kann sie nicht den Status einer empirisch-analytischen, sondern nur den einer normativ-analytischen Wissenschaft beanspruchen. (Vgl. z. B. Gäfgen, 1963, und Albert, 1963) Von Seiten der Soziologie ist schon früh eine analoge Kritik an der ökonomischen Theorie vorgetragen worden[6]: die Wirtschaftstheorie habe sich von der empirischen Realität entfernt und habe sich auf Entscheidungslehre und Praxeologie reduziert. Demgegenüber habe – so die Konsequenz aus dieser Kritik – die Soziologie am empirischen Bezug festgehalten und habe nicht wie die Wirtschaftstheorie die Annahme rationalen Handelns zur Grundlage ihrer theoretischen Aussagen gemacht. Die in diesem Vorwurf zutage tretende Differenz zwischen Wirtschaftstheorie und Soziologie läßt sich begrenzt auch schon an Webers Soziologie gegenüber der seinerzeit bestehenden Grenznutzentheorie aufzeigen, denn obwohl Weber der Bildung von Idealtypen rationalen Handelns besondere Bedeutung beimißt, betont er doch, daß »dies Verfahren ... natürlich nicht als ein rationalistisches Vorurteil der Soziologie, sondern nur als methodisches Mittel verstanden und also nicht etwa zu dem Glauben an die tatsächliche Vorherrschaft des Rationalen über das Leben umgedeutet werden« (WG 3) dürfe. Im Gegensatz zu vielen Ökonomen hat er die Notwendigkeit der empirischen Bezugnahme stets bei der Bildung und Verwendung von Idealtypen hervorgehoben.[7] Aber so treffend diese tatsächliche Differenz zwischen Wirtschaftssoziologie und Wirtschaftstheorie auch sein mag, sie hilft in der anstehenden Frage, wie von Webers handlungstheoretischer Position aus eine Trennung beider Wissenschaften zu begründen sei, nicht weiter, weil von seinem erfahrungswissenschaftlichen Anspruch die Modellbildung wirtschaftlicher Zusammenhänge auf Basis der Annahme strikt rationalen Handelns nur als Fehlentwicklung, nicht aber als eine besondere Aufgabe der Wirtschaftstheorie gegenüber der Wirtschaftssoziologie angesehen werden kann.[8] Die Überschneidung der Gegenstandsbereiche beider Fächer, sowie der ihnen gemeinsame Anspruch generalisierende Wissenschaften zu sein, sowie der Sachverhalt, daß beide idealtypische Begriffe bilden, zwingen zu dem Schluß, daß Schwierigkeiten für Weber hinsichtlich der Abgrenzung beider Disziplinen bestehen. Die Unterscheidung kann Weber wesentlich nur als eine thematische, problemorientierte Arbeitsteilung innerhalb einer einheitlich handlungstheoretisch konzeptualisierten Sozialwissenschaft denken, eine Arbeitsteilung, in der die Wirtschaftstheorie das rein wirtschaftliche Handeln, und die Wirtschaftssoziologie die weiteren sozialen Zusammenhänge unter dem Gesichtspunkt ihrer ökonomischen Bedingtheit und ökonomischen Relevanz untersucht (vgl. WL 162). In diesem Verhältnis thematischer Arbeitsteilung ergänzt die Wirtschaftssoziologie die Nationalökonomie, weil in ihr gerade Beziehungen zum nicht-wirtschaftlichen Handeln untersucht werden, und die theoretische Nationalökonomie leistet eine »Vorarbeit« für die soziologische Betrachtung des Verhältnisses von wirtschaftlichem zum nicht-wirtschaftlichen Handeln.

Weber scheint sich nun in den »Grundkategorien des Wirtschaftens« tatsächlich in dieser Weise auf die Wirtschaftstheorie zu beziehen, wenn er z. B. wie selbstverständlich an die Theorie vom Grenznutzen anknüpft. Aber dieser Eindruck fruchtbarer Arbeitsteilung besteht nur auf den ersten Blick. Tatsächlich stützt Weber sich nur in relativ geringem Maße auf die Wirtschaftstheorie. Ausgesprochen und unausgesprochen rückt er von den theoretischen Konstruktionen der Neoklassik ab, ohne allerdings kritisch auf sie einzugehen. Abgesehen von ihrer inneren Konsistenz könnte er auch nur ihre empirische Relevanz in Frage stellen und eine Kritik in dieser Richtung deutet er an. Im Zusammenhang mit der Fragestellung, »ob *die* theoretischen Gebilde . . ., so wie sie sind, dem Zwecke entsprechen, dem sie dienen wollen, ob sie also sachlich *zweckmäßig* gebildet sind«, trifft Weber die Feststellung: »Die Frage, wie weit z. B. die heutige ›abstrakte Theorie‹ noch ausgesponnen werden soll, ist schließlich auch eine Frage der Ökonomie der wissenschaftlichen Arbeit, deren doch auch andere Probleme harren. Auch die ›Grenznutztheorie‹ untersteht dem ›Gesetz des Grenznutzens‹.« (WL 190) Trotz Webers kritischer Distanz zur ökonomischen Theorie seiner Zeit, unterstellt er doch gelegentlich eine funktionierende Arbeitsteilung und zwar dann, wenn er Probleme, die in *seinem* Untersuchungszusammenhang auftreten, in die Wirtschaftstheorie verweist. Er stellt sich allerdings dann nicht mehr die Frage, ob die von ihm konstatierte Unzulänglichkeit der Wirtschaftstheorie, wie sie sich ihm in der Grenznutzentheorie darstellt, von deren handlungstheoretischem Ansatz mitbedingt ist; dessen Relevanz scheint ihm auch für die Wirtschaftstheorie außer Frage zu stehen.

Angesichts der handlungstheoretischen Grundlagen der ökonomischen Theorie ist Webers Auffassung erstaunlich, letzterer die Lösung eben jener Probleme zuzutrauen, in deren Bearbeitung wir eine Grenze des handlungstheoretischen Ansatzes erblickten (vgl. Vergleichende Diskussion I). Das »sachliche wie methodische Grundproblem der Nationalökonomie« erblickt er selbst darin: »wie haben wir die Entstehung und den Fortbestand *nicht* auf kollektivem Wege zweckvoll geschaffener und doch – für unsere Auffassung – zweckvoll funktionierender Institutionen des Wirtschaftslebens zu erklären?« (WL 29) Weber zeigt gegenüber den Problemen, die er im handlungstheoretischen Ansatz seiner Soziologie nicht zu bewältigen vermag, eine Vermeidungsstrategie, indem er gerade diese Probleme in die Wirtschaftstheorie verweist, welche aber als Sozialwissenschaft selbst in gleicher Weise, also handlungstheoretisch, zu verfahren hat.[9]

Erläuterungen und Zusätze

1. MORGENSTERN (1931, S. 9f.) hat unter anderen den Vorschlag gemacht, nicht von einer subjektiven, sondern allenfalls von einer subjektivistischen Werttheorie oder ausführlicher: von einer Theorie des subjektiven Wertes zu sprechen, um deutlich zu machen, daß nicht die Theorie des Wertes subjektiv sei, sondern nur deren Wertbegriff einen Subjektbezug habe. Die Theorie des subjektiven Wertes und das Grenznutzentheorem sind von drei Forschern unabhängig voneinander aber relativ gleichzeitig entwickelt worden: Das waren der Österreicher MENGER (1871), der Engländer JEVONS (1871) und der in Lausanne wirkende Franzose WALRAS (1874–77). Erst nach diesen Veröffentlichungen ist man auf eine Schrift von GOSSEN (1854) aufmerksam geworden, die die wesentlichen Grundgedanken der Theorie des subjektiven Wertes schon enthält. Nach den Wirkungsorten der Begründer und den dort jeweils auf ihren Theorien aufbauenden Weiterentwicklungen unterscheidet man drei Schulen: Die sogenannte österreichische Schule, der neben Menger als bekannteste Vertreter noch Böhm-Bawerk und Wieser zuzurechnen sind; die Lausanner Schule mit Walras und Pareto als bedeutendsten Vertretern; und die angloamerikanische Schule, der als Hauptvertreter Jevons, Marshall und Clark zugerechnet werden.
2. Unter dem Begriff »Neoklassik« verstehen wir die durch die Wende zur subjektivistischen Werttheorie begründete bzw. eingeleitete Theorieentwicklung innerhalb der Nationalökonomie. Dabei erklärt sich die Bezeichnung »Neoklassik« aus der reklamierten Wiederaufnahme der Theorie-Tradition der klassischen Nationalökonomie. Den unterschiedlichen Ansatz der Werttheorie als Unterscheidungskriterium zwischen »Klassik« und »Neoklassik« heranzuziehen ist allerdings nicht unproblematisch, insoweit in der Theorieentwicklung, die von der subjektivistischen Werttheorie eingeleitet wurde, Positionen auszumachen sind, in denen der subjektivistische Wertansatz kaum oder keine Bedeutung hat.
3. Vgl. als Überblick LANGE (1969, Kap. 5 und 6)
4. Weber äußert sich in seinem Aufsatz, »Die Grenznutzlehre und das ›psychophy-

siche Grundgesetz‹«, zur methodologischen Bedeutung der innerhalb der Grenznutzenlehre formulierten Gesetze wie folgt: »Die Lehrsätze, welche die spezifisch ökonomische *Theorie* ausmachen, stellen nun, wie jedermann weiß . . ., nicht nur *nicht* ›das Ganze‹ unserer Wissenschaft dar, sondern sie sind nur ein – freilich ein oft unterschätztes – Mittel zur Analyse der kausalen Zusammenhänge der empirischen Wirklichkeit. Sobald wir diese Wirklichkeit selbst, in ihren kulturbedeutsamen Bestandteilen, erfassen und kausal erklären wollen, enthüllt sich die ökonomische Theorie alsbald als eine Summe ›idealtypischer‹ Begriffe. Das heißt: ihre Lehrsätze stellen eine Serie *gedanklich* konstruierter Vorgänge dar, welche sich in dieser ›idealen Reinheit‹ selten,oft gar nicht, in der jeweiligen historischen Wirklichkeit vorfinden, die aber andererseits, – da ja ihre Elemente der Erfahrung entnommen und nur gedanklich ins Rationale *gesteigert* sind, – sowohl als heuristisches Mittel zur Analyse, wie als konstruktives Mittel zur Darstellung der empirischen Mannigfaltigkeit brauchbar sind.« (WL 396f.)

5. Pareto unterscheidet zwischen »actions logiques« und »actions non-logiques« (Pareto, 1966, S. 41), die alle zusammen Gegenstand der Sozialwissenschaft sind, aber nur »les actions logiques, répétées, en grand nombre, qu'exécutent les hommes pour se procurer les choses qui satisfont leurs goûts« sind »l'object de l'économie politique« (S. 145).
6. Kritische Einwände gegendie ökonomische Theorie in der Richtung, daß ihr Vorgehen keine empirische, sondern eine rein »logische Analyse« beinhalte, formulierte z. B. schon Durkheim (1965, S. 122f.)
7. Das Problem der empirischen Relevanz der gebildeten bzw. der zu bildenden Idealtypen hat Weber immer im Auge behalten. So betont er, wie wir schon im 8. Kap. gesehen haben, daß die sinnhafte Deutung eines Handelns einer Überprüfung ihrer empirischen Gültigkeit, und der Idealtypus als Konstruktion sinnhaften Handelns einer Überprüfung seiner empirischen Brauchbarkeit bedarf. Die immer wieder auftretende »Zweckmäßigkeitsfrage« der Begriffsbildung weist in die gleiche Richtung: es geht Weber nicht nur um Begriffe, die sinnhaft konsistent gebildet sind, sondern um Begriffe, die den Zweck, empirisch wirkliches Handeln zu begreifen, erfüllen.
8. In Konsequenz zu der von der Soziologie vorgetragenen Kritik, nach der von einem erfahrungswissenschaftlichen Anspruch her die Neoklassik einer Fehlentwicklung unterliegt, erscheint bei Albert (1967) der Vorschlag einer »Soziologisierung der Nationalökonomie«.
9. Nach der zu der subjektivistischen Werttheorie analogen Bestimmung des Wirtschaftens bei Weber, die die konstitutiven Momente des subjektivistischen Wert-Begriffs schon bereithält, stellt sich die Frage, welchen Vorteil es hat, den Wert-Begriff selbst terminologisch zu vermeiden (vgl. WG 31). Da der Wert-Begriff wesentlich im Hinblick auf Geld- und Preistheorie Bedeutung hat, könnte man sagen, Weber braucht den Wert-Begriff nicht, weil er eine Geld- und Preistheorie nicht beabsichtigt. Da er nicht zureichend begründet, inwieweit Geld- und Preistheorie aus der Wirtschaftssoziologie herausfallen, könnte man die These auch umgekehrt formulieren: daß er nämlich mit der Umgehung des Wert-Begriffs auch alle Fragen einer Geld- und Preistheorie umgehen kann, bzw. daß er das Problem der Tragweite des handlungstheoretischen Ansatzes im subjetivistischen

Wert-Begriff nicht bis zu seinem Prüfstein, d. h. der Geld- und Preistheorie zu verfolgen braucht.

Fragen zur Diskussion

1. Wie wird das sogenannte »Wertparadoxon« bei Marx und wie in der Theorie des subjektiven Werts gelöst?
2. Was sind die Bestimmungsfaktoren des subjektiven Werts?
3. Inwiefern stellt die Theorie des subjektiven Werts einen handlungstheoretischen Ansatz in der Wirtschaftstheorie dar, wie ihn Weber in den »Soziologischen Grundbegriffen« vertritt?
4. Wie grenzt Weber seine Wirtschaftssoziologie gegen die Wirtschaftstheorie ab?

22. Kapitel: Tausch als Form der Vergesellschaftung

Textgrundlage
WG, I. Teil, 2. Kap., § 4

§ 1. Aufbauend auf der allgemeinen Bestimmung des Wirtschaftens unterscheidet Weber verschiedene typische Arten des wirtschaftlichen Handelns, deren Sinn aber jeweils auf dem subjektiv eingeschätzten Grundsachverhalt der Knappheit der Mittel im Verhältnis zu den durch sie erreichbaren Zwecken basiert. Weber bezeichnet sie als »typische Maßregel des *rationalen* Wirtschaftens« (WG 35).

Die *erste Maßregel* lautet: »planvolle Verteilung solcher Nutzleistungen, auf deren Verfügung der Wirtschaftende gleichviel aus welchem Grund zählen zu können glaubt, auf Gegenwart und Zukunft (Sparen)« (ebd.).

Die *zweite Maßregel* ist: »planvolle Verteilung verfügbarer Nutzleistungen auf mehrere Verwendungsmöglichkeiten in der Rangfolge der geschätzten Bedeutung dieser: nach dem Grenznutzen.« (WG 36) Darin eingeschlossen ist für Weber vor allem das Entscheidungsproblem der (privaten und öffentlichen) Haushalte über die Verwendung ihrer Einkommen, »heute meist in Form von *Geld*einkommensbewirtschaftung« (ebd.). Diese Entscheidung erfolgt – nach Weber – anhand von Grenznutzenschätzungen. Für ihn ist die Grenznutzenschätzung aber – wenn wir einmal von ihrer Praktikabilität absehen – allenfalls idealtypischer Orientierungsmaßstab der Haushaltsrechnung und nur dieser, denn: »Die Kapitalrechnung und Kalkulation des Marktunternehmers kennt, im Gegensatz zur Haushaltsrechnung, keine Orientierung am ›Grenznutzen‹« (WG 49). Weber sieht also im Grenznutzentheorem nur ein Erklärungsmodell, das auf den Bereich der Haushaltsnachfrage beschränkt ist.[1]

Die *dritte Maßregel* des rationalen Wirtschaftens umfaßt die »Produktion im weiteren Sinn, der die *Transport*leistungen einschließt« (WG 36). »Im Rationalitätsfall«, behauptet Weber, »erfolgt eine bestimmte Handlung dieser Art, sofern die Schätzung der Dringlichkeit des Begehrs dem erwarteten Ergebnis nach die Schätzung des Aufwands ... *übersteigt*« (WG 36).

Die *vierte Maßregel* des rationalen Wirtschaften ist: »planvoller Erwerb gesicherter Verfügungsgewalt oder Mitverfügungsgewalt über solche Nutzleistungen, welche a. selbst oder b. deren Beschaffungsmittel sich in fremder Verfügungsgewalt befinden oder welche c. fremder, die eigne Versorgung gefährdender Beschaffungskonkurrenz ausgesetzt sind, – durch Vergesellschaftung mit dem derzeitigen Inhaber der Verfügungsgewalt oder Beschaffungskonkurrenten.« (ebd.) Diese Vergesellschaftung kann nach Weber erfolgen entweder »durch Herstellung eines Verbandes« oder »durch *Tausch*« (ebd.). In dieser Maßregel sind die für Tauschvergesellschaftung notwendigen Voraussetzungen: Privateigentum (im Begriff der Verfügungsgewalt) und Arbeitsteilung (in der Aussage, daß sich Nutzleistungen oder deren Beschaffungsmittel in fremder Verfügungsgewalt befinden) schon mit angesprochen.

Die ersten drei von Weber genannten Maßregeln des rationalen Wirtschaftens sind auch als nicht-soziale Handlungen denkbar: die vierte Maßregel als eine Vergesellschaftung – das schließt soziales Handeln und das Bestehen sozialer Beziehungen ein[2] – verdient in besonderem Maße das Interesse einer Wirtschafts*soziologie*. Dabei hat der Tausch insofern Vorrang, als er die spezifische Form der Vergesellschaftung im Kapitalismus darstellt. Ohne daß dies an dieser Stelle von Weber angemerkt würde, sind hier nämlich die spezifischen Vergesellschaftungsformen der »Verkehrswirtschaft« (Tausch) und der »Planwirtschaft« (Herstellung eines Verbandes) benannt. (Vgl. WG 59) Inwieweit allerdings eine Wirtschafts*ordnung* durch Angabe und Bestimmung des ihr spezifischen *Handlungs*typus hinreichend erfaßt werden kann, ist damit noch nicht ausgemacht; dies zu untersuchen bleibt eine der Aufgaben unserer Analyse. Wenn auch Weber die beiden prinzipiellen Möglichkeiten der Vergesellschaftung, die der Verkehrswirtschaft und die der Planwirtschaft, in seine kategorialen Bestimmungen einbezieht, so liegt – schon aus historischen Gründen – das Schwergewicht seiner Untersuchung auf dem Gebiet der Verkehrswirtschaft. Wir wenden uns dementsprechend seiner Darstellung der Vergesellschaftung durch Tausch zu, der Form der Vergesellschaftung also, die für die Verkehrswirtschaft konstitutiv ist.

§ 2. Weber führt den Tausch in verschiedenen Formen ein (traditional, konventional, wirtschaftlich rational), von denen in unserer Absicht, Webers Auffassung des modernen Kapitalismus herauszuarbeiten, nur der »wirtschaftlich rational orientierte« Tausch interessiert. Diesen rationalen

Tausch zeichnet als soziale Beziehung eine spezifische Form aus: er ist »Vergesellschaftung« von (mindestens zwei) Individuen mit dem Zweck des Erwerbs »gesicherter Verfügungsgewalt oder Mitverfügungsgewalt über solche Nutzleistungen, welche ... sich in fremder Verfügungsgewalt befinden« (WG 36). Im Falle des Tauschs vollzieht sich dieser Erwerb dadurch, daß »Güter oder Chancen als gegenseitiger Entgelt hingegeben werden« (ebd.), nachdem »ein Interessenkompromiß der Tauschpartner« (ebd.) erreicht worden ist. Weber hebt mit der Charakterisierung des Tauschs als Vergesellschaftung hervor, daß es im Tausch (im reinen Falle) um rational motivierten »Interessen*ausgleich*« und um rational motivierte »Interessen*verbindung*« (WG 21) geht. Durch diese rationale Orientierung an Interessen der Tauschenden hebt sich der Tausch von anderen Formen sozialer Beziehung (gewaltsamer »Kampf«, »Vergemeinschaftung«) ab. Von anderen »Typen« der Vergesellschaftung (z. B. »Zweckverein«) unterscheidet sich der Tausch insbesondere dadurch, daß die Vergesellschaftung durch Tausch jedesmal »insofern spezifisch ephemer ist, als sie mit der Übergabe der Tauschgüter erlischt« (WG 382). Die Vergesellschaftung »mit dem derzeitigen Inhaber der Verfügungsgewalt« ist also im Fall des Tausches ein flüchtiger Vorgang, d. h. sie ist keine dauerhafte soziale Beziehung angebbarer Personen. Die Tauschpartner sind an Sachen interessiert, die sich im Besitz des andern befinden, dessen Person ist gleichgültig. Sobald die Verfügungsgewalt über die Nutzleistungen gewechselt hat, ist auch die Vergesellschaftung zwischen den Personen beendet.[3]

Mit der Charakterisierung des Tausches als Vergesellschaftung sind keineswegs alle Formen sozialer Beziehungen angeführt, die der gesamte Tauschvorgang einschließt. Bestimmt ist damit nur, daß das Resultat des Tausches, der Wechsel der Verfügungsgewalt über Nutzleistungen durch deren gegenseitige Hingabe, durch »formal freiwillige Vereinbarung« zwischen den Inhabern zustandekommt. Bevor es soweit kommt, findet Weber zufolge ein – mit friedlichen Mitteln ausgetragener – »Kampf« statt: »Der Tauschkampf der Interessenten, dessen Abschluß das Kompromiß bildet, richtet sich einerseits stets, als Preiskampf, gegen den als Tauschpartner in Betracht kommenden Tauschreflektanten (typisches Mittel: Feilschen), andrerseits gegebenenfalls, als Konkurrenzkampf, gegen wirkliche oder mögliche dritte (...) Tauschreflektanten, mit denen Beschaffungskonkurrenz besteht (typisches Mittel: Unter- und Überbieten).« (WG 36)

Wir wollen etwas ausführlicher auf die Implikationen der Vorstellung vom »Tauschkampf« eingehen: einerseits, weil Webers Definition in der dargebotenen Kürze kaum verständlich ist, andrerseits, weil Weber bei der Behandlung komplizierter ökonomischer Begriffe und Beziehungen immer wieder den »Kampf« anführt (vgl. z. B. WG 49 und 58). Webers Unterscheidung folgend können wir den »Preiskampf« am Typus des »isolierten

Tauschs« (vgl. WL 450f.), den »Konkurrenzkampf« am »Tausch bei Konkurrenz« untersuchen.

§ 3. Der Fall des isolierten Tausches betrifft zwei Subjekte, die jeweils über eine Menge eines Gutes verfügen und wechselseitig ihre – qualitativ verschiedenen – Güter begehren. Beim isolierten Tausch handelt es sich um die Grundform aller Tauschbeziehungen, insofern beide Individuen in ihrem Handeln lediglich aneinander und an ihrer individuellen Bedarfsdekkung orientiert sind. Dritte kommen also nicht in Betracht, und das heißt auch: keiner der beiden tauscht, um das eingetauschte Gut weiterzutauschen, und keiner kann sich an »effektiven Preisen« als von seinen subjektiven Schätzungen unabhängigen sozialen Daten orientieren. Vielmehr sollen sich gerade ausgehend vom isolierten Tausch komplizierte Marktphänomene, wie z. B. Tausch unter Konkurrenzbedingungen untersuchen lassen. Vergegenwärtigen wir uns die Bedingungen des isolierten Tausches an einem Beispiel:

Ein Weinbauer (A) besitzt Wein (Gut a) und will Getreide (Gut b) haben. Ein Getreidebauer (B) besitzt Getreide und will Wein haben. Für beide gelten jeweils subjektive Nutzenschätzungen, die es ihnen erlauben (so die Unterstellung), die Güter a und b in quantitativ bestimmte Relationen zu setzen.[4]

Weinbauer A möchte von seinem Weinvorrat 40 Liter abtauschen und hat die Vorstellung, diese 40 Liter seien ihm genausoviel »wert« wie 80 kg Getreide. Für Getreidebauer B gilt, daß er gerade 40 Liter Wein haben möchte; sie seien ihm genausoviel »wert« wie 100 kg Getreide. Die Voraussetzung des Tausches zwischen A und B ist nun, daß »*beide* Teile dabei Vorteil zu finden hoffen« (WG 37). D. h. A wird nur dann tauschen, wenn er für seine 40 Liter Wein *mehr* als 80 kg Getreide bekommt (sonst resultiert der Tausch für ihn in keinem »Vorteil«, da ihm 40 Liter Wein geradesoviel »wert« sind wie 80 kg Getreide, was bedeutet, daß es ihm egal ist, ob er soviel Wein oder soviel Getreide zu seiner Verfügung hat). B wird nur dann tauschen, wenn er die 40 Liter Wein für *weniger* als 100 kg Getreide bekommt. Beide wollen ihren »Vorteil« maximieren, d. h. A's Ziel im Tauschkampf ist, für seine 40 Liter Wein möglichst viel Getreide zu bekommen, B's Ziel ist umgekehrt, die 40 Liter Wein für möglichst wenig Getreide zu bekommen. Die aus den jeweiligen subjektiven Nutzenschätzungen in irgendeiner Form hergeleiteten »Höchstgebote« von Wein gegen Getreide und umgekehrt lassen sich, wenn wir das Getreide (Gut b) als »Preisgut«, den Wein (Gut a) als »Tauschgut« behandeln, umformen in Preisvorstellungen von A (p'(A)) und B (p'(B)), die für beide jeweils »Höchstgebotsziffern« darstellen, zusammen aber den Bereich definieren, innerhalb dessen A und B im Tauschkampf dann schließlich (nach dem »Feilschen«) einen Preis[5] festlegen (durch »Kompromiß«).

Wenn, wie im Beispiel, gilt:

$$p'(A) = a/b = 40/80 = 0{,}5$$
$$p'(B) = a/b = 40/100 = 0{,}4$$

muß der im »Preiskampf« festgelegte Preis p in dem Bereich

$$0{,}4 < p < 0{,}5$$

liegen, d. h. eine Einheit des Tauschguts wird mehr als 0,4 aber weniger als 0,5 Einheiten des Preisguts (Getreide) kosten.

Für den Tausch zwischen A und B gilt damit die Bedingung

$$p'(B) < p'(A).$$

Es findet also *kein* Tausch statt, wenn $p'(A) \leqslant p'(B)$, d. h. erstens bei übereinstimmenden subjektiven Vorstellungen vom relativen »Wert« der auszutauschenden Güter; zweitens wenn ein Tauschreflektant sein eigenes Gut relativ höher bewertet als das des anderen. Damit der Tausch zustande kommt, müssen die jeweils subjektiven Vorstellungen vom relativen »Wert« der Güter entgegengesetzt sein in dem Sinn, daß jeder sein Gut relativ niedriger bewertet als das des Tauschpartners. Je größer diese Divergenz der »subjektiven Wertschätzungen« ist, umso größer ist der Spielraum, der für das Feilschen, den Preiskampf, bleibt. Die genaue Preisfestlegung bleibt damit einem Kampf überlassen, dessen Resultat zu einem Preis führen wird, von dem man nur voraussagen kann, daß er in dem Intervall zwischen den »Höchstgebotsziffern« der beiden Tauschpartner liegen wird. Welcher der beiden Tauschreflektanten am Ende seinen »Vorteil« maximieren kann (im Sinne einer maximalen Unterschreitung der jeweils subjektiv definierten »Höchstgebotsziffer«), ist ohne die Heranziehung zusätzlicher Bedingungen prinzipiell offen. Die Bedingungen, die den Ausgang des Preiskampfs beeinflussen, sind rein subjektiver Natur: alle möglichen persönlichen Qualitäten können eine Rolle spielen. Weber geht auf dieses Problem nicht ein. Er konstatiert nur, daß der »an der persönlichen Versorgung des oder der Eintauschenden mit einem Gut« orientierte Tausch »in seinen Bedingungen weitgehend individuell bestimmt und in *diesem* Sinn irrational« ist: »Haushaltsüberschüsse z. B. werden in ihrer Wichtigkeit nach dem *individuellen* Grenznutzen der Einzelwirtschaft geschätzt und eventuell billig abgetauscht, zufällige Begehrungen des Augenblicks bestimmen den Grenznutzen der zum Eintausch begehrten Güter unter Umständen sehr hoch. Die durch den Grenznutzen bestimmten Tauschgrenzen sind also hochgradig schwankend.« (WG 37)[6] An sich gilt aber für den isolierten Tausch genauso wie für den Tausch auf dem Markt – so könnte man einen für den späteren Fall vorbehaltenen Gedanken Webers ergänzen –, daß der Tausch um so rationaler ist, je mehr die Tauschenden im Preiskampf von ihren eigenen »subjektiven Wertschätzungen« absehen. Rationalität – so können wir hier konstatieren – wird als Prädikat dem Handeln zugesprochen, das sich nicht nur von eigenen Interessen leiten läßt, sondern sich in der Verfolgung eigener Interessen am Verhalten anderer zu orientieren vermag. Die Handelnden müssen, um ihren Vorteil zu maximieren, soweit wie möglich die entgegengesetzte Bewertung des jeweils anderen antizipieren und versuchen, diese auszunutzen. Wenn und soweit die »subjektive Wertschätzung« nur die jeweilige eigene »Höchstgebotsziffer« bestimmt, von denen die Tauschenden sich im Preiskampf möglichst weit nach unten zu entfernen suchen, findet die eigentliche Preisfestsetzung zwar nicht gänzlich unabhängig von den subjektiven Nutzenschätzungen, d. h. nicht außerhalb des von ihnen eingegrenzten Intervalls statt, aber sie kann von subjektiven Nutzenschätzungen ausgehend allein nicht erklärt werden.

§ 4. Die Einstellung auf die Erwartung des »Tauschgegners« und damit das Absehen von der Orientierung an den *unmittelbaren* subjektiven Intentionen (Bedarfsdeckung und Nutzenschätzung) gerade als Mittel, um den eigenen »Vorteil« zu maximieren, zeichnet nun insbesondere den Tausch bei Konkurrenz aus. Die Heranziehung der Konkurrenz hat für die Lehre vom Tausch (und die darin implizierte Lehre von der Preisbildung) im wesentlichen die Funktion, die Verstetigung von Tauschgrenzen und die Vereinheitlichung von Preisen zu begründen. Der Konkurrenzkampf (als Teil des Tauschkampfs) bringt diese Verstetigung und Vereinheitlichung gerade in dem Maße hervor, als die individuellen Nutzleistungen voneinander abweichen. Diese Abweichung führt dahin, daß sich der Spielraum, der für das »Feilschen« bleibt, verengt, denn jeder Tauschkontrahent muß nun damit rechnen, da bei Ankündigung eines Angebots, das seinen eigenen Vorteil maximieren würde, ein Dritter auftritt und ein für den Tauschgegner günstigeres Angebot formuliert (weil die »Höchstgebotsziffer« des Dritten anders aussehen mag usw.). Der erste Anbieter ginge leer aus: kein Tausch – kein Vorteil. Wenn er diese Situation durch Orientierung an möglichen Konkurrenten antizipiert, kann Maximierung seines Vorteils nur noch heißen: seine eigene »Höchstgebotsziffer« (das hieß: die Tauschrelation, bei der er sich selbst gegenüber einem möglichen Tausch indifferent verhält) nur soweit zu unterschreiten, als es die Ausschaltung möglicher Konkurrenten gerade noch erlaubt. Es bleibt also ein Spielraum für die Preisfestsetzung, aber er verengt sich.[7] Und ist einmal ein Preis festgesetzt, so gilt er auf einem Markt auch einheitlich.

Diese Verstetigung und Vereinheitlichung von Tauschgrenzen meint Weber, wenn er sagt: »Ein *rationaler* Tauschkampf entwickelt sich nur bei marktgängigen ... Gütern.« (WG 37). Denn erst unter der Voraussetzung einheitlicher Marktpreise als Orientierungsmittel ist der Tauschkampf planvoll (damit ohne prinzipiell unkalkulierbare Risiken) durchführbar.

Dazu gehört aber als weitere Voraussetzung das Geld. Zwar gibt es auch bei »Naturaltausch« Konkurrenz und Märkte, aber erst beim Geldtausch »ist volle Orientierung des Handelns an ›Marktchancen‹ ... technisch möglich« (WGesch 4). Bevor wir also auf den Kampf aller gegen alle auf dem Markt und seine Konsequenzen eingehen, müssen wir – mit Weber – erst lernen, was Geld ist.

Erläuterungen und Zusätze

1. In der Auffassung, daß das Grenznutzentheorem wesentlich nur einen Erklärungsansatz für die Haushaltsnachfrage abgibt, ist Weber durchaus modern. Aus dieser Einschränkung folgt aber das Problem, daß es dann prinzipiell zwei Grundmotive des Wirtschaftens geben muß, die nicht mehr aufeinander reduzierbar sind: Nutzen- und Gewinnmaximierung. In diese Richtung weist Webers Bestimmung des Wirtschaftens, die er WG 199f. vorträgt. Die ältere Theorie vom subjektiven Wert operiert noch mit der Annahme der Reduzierbarkeit des Gewinnmotivs auf das Motiv der Nutzenmaximierung. Weber scheint dieser Annahme kritisch gegenüberzustehn, wie eine Bemerkung zum »Zurechnungsproblem« deutlich macht (vgl. WG 55). Zur Kritik an Lösungen des Zurechnungsproblems vgl. MAYER (1928).
2. Zu den Begriffen der »sozialen Beziehung« und der »Vergesellschaftung« vgl. WG Kap. 1, § 3 und § 9; sowie oben Kap. 7, § 6.
3. Daß die Vergesellschaftung durch Tausch »spezifisch ephemer« bleibt, gilt natürlich nur für den unmittelbaren Tauschakt. Wenn der Tausch z. B. Gegenstand eines späteren Rechtsstreits wird, weil etwa ein Tauschpartner gar nicht Eigentümer des Tauschgutes war, besteht die Vergesellschaftung weiter. Zu den sehr vielschichtigen sozialen Beziehungen, die sich an den Tauschakt knüpfen vgl. WL 461f.
4. Vgl. die Analyse des Tausches im Hinblick auf eine Theorie der Preisbildung bei BÖHM-BAWERK (1921, S. 266ff.), an der wir uns im folgenden grob orientieren. Mit eventuellen Einwänden gegen die Böhm-Bawerksche Version einer Preistheorie auf subjektivistischer Grundlage ist selbstverständlich noch nicht die »ganze Richtung« getroffen. Immerhin haben die älteren Theoretiker insbesondere der sogenannten österreichischen Schule den Vorzug vor modernen Versionen der Preistheorie, daß sie die subjektivistischen – und in diesem Sinne auch: handlungstheoretischen – Voraussetzungen noch ausdrücklich offenlegen und diskutieren. Die im Beispiel zur Bestimmung der Tauschgrenzen herangezogenen »Höchstgebotsziffern« sind – anders als bei BÖHM-BAWERK (1921, S. 270) – nicht identisch mit »subjektiven Wertschätzungen«. Folgt man Morgenstern, dann bietet Böhm-Bawerks Terminologie hier Anlaß zu Mißverständnissen, denn es kann allenfalls eine »Rückverbundenheit der Höchstgebotsziffern« zu den »Werten der Güter« bestehen. Offenbar besteht der Unterschied zwischen beiden Begriffen darin, daß die »Werte« selbst keinen eindeutigen quantitativen Ausdruck finden können: »Es gibt ... eindeutige Parallelen zwischen den mengenmäßigen Höchstgeboten einerseits und den qualitativen Skalenwertziffern, die den Gütern beigelegt werden, andrerseits. Auf diese Weise bildet sich die Skala der effektiven

Zahlungswilligkeiten des wirtschaftenden Individuums, die zwar von der Rangordnung seiner Bedürfnisse in ganz eindeutig angebbarer und abbildbarer Weise *abhängt*, aber sie *nicht* quantitativ *ausdrückt*.« (MORGENSTERN, 1931, S. 20f.)

5. Den Ausdruck »Preis« gebrauchen wir hier – im Anschluß an Böhm-Bawerk – nicht im Sinne der von Marx geteilten angelsächsischen ökonomischen Tradition, wonach der Preis immer der Geldausdruck des Werts ist. Wenn ohne Geld getauscht wird, fungiert natürlich jedes Gut eigentlich doppelt, je nach Standpunkt von A und B, für den einen als Preisgut, für den andern als Tauschgut (analog zu Äquivalentform und relativer Wertform). Die Festlegung auf ein Gut als Preisgut – die realistisch nur bei Geld möglich ist – hat hier die Funktion die Darstellung zu vereinfachen: nicht zuletzt deshalb, weil nur die Menge des Preisguts als variable Größe betrachtet (also Gegenstand des Feilschens) wird, die Menge des Tauschguts aber als konstante Größe gilt. Variieren beide Mengen, dann wird die Darstellung des Feilschens wesentlich komplizierter, zumal ja nach der subjektivistischen Wertlehre der Wert selbst Funktion des Wachstums der Gütermenge ist (vgl. das sog. erste Gossensche Gesetz).
6. Wir abstrahieren an dieser Stelle von den von Weber genannten weiteren möglichen Voraussetzungen des rationalen Tausches, daß nämlich »eine durch ökonomische Macht oder Not bedingte Zwangslage . . . vorliegt« (WG 37). Auf rein wirtschaftlichem Wege kann »ökonomische Macht« gerade Weber zufolge nur durch Tausch entstehen: »Denn der Tausch ist die spezifisch friedliche Form der Gewinnung ökonomischer Macht.« (WG 385) Im übrigen impliziert Webers Bemerkung, daß der an individuellen Nutzenschätzungen allein orientierte Tausch wegen der hochgradig schwankenden Tauschgrenzen »irrational« sei, eine Kritik an der Reichweite der subjektivistischen Wertlehre bezüglich der Erklärung von Preisen: *allein* aus voneinander unabhängigen subjektiven Nutzenschätzungen läßt sich kein Preis ableiten, wie es vom Ansatz her notwendig wäre. Zudem muß wohl jeder Soziologe die Annahme der Unabhängigkeit der Nutzenschätzungen voneinander ablehnen. Vgl. zu einer Kritik in dieser Richtung PARSONS und SMELSER (1972, S. 21f.).
7. Vgl. z. B. WIESER (1924, S. 131): »Auf welchen Punkt innerhalb des gegebenen Spielraumes sich der Preis stellen wird, hängt von Umständen ab, die zu unterscheiden die Wirtschaftstheorie als solche keine Mittel mehr hat und die daher von ihrem Standpunkt als zufällig bezeichnet werden müssen.« Man könnte sagen, daß von den Ökonomen her gesehen dieser Spielraum eine Spielwiese für Soziologen abgibt.

Fragen zur Diskussion

1. Inwiefern kommt dem Tausch innerhalb der von Weber aufgezählten Maßregeln des Wirtschaftens besondere Bedeutung zu?
2. Was heißt für Weber »Vergesellschaftung durch Tausch« und zu welchem Zweck erfolgt sie?
3. Welche zusätzliche Funktion hat der »Konkurrenzkampf« gegenüber dem »Preiskampf«?
4. Können Sie sich eine Etablierung größerer gesellschaftlicher Zusammenhänge als

die von »Tauschpaaren« auf Basis der »Vergesellschaftung durch Tausch« vorstellen?

5. Marx bezeichnet es als Voraussetzung des Austauschs, daß sich die »Warenhüter ... wechselseitig als Privateigentümer anerkennen« (MEW 23/99). Gibt es eine analoge Voraussetzung des Tausches bei Weber?

II. Abschnitt: Geld und die sozialen Konsequenzen des Geldgebrauchs

Lernziele

In diesem Abschnitt sollen Sie Webers Geldbegriff kennenlernen. Wir fragen danach, inwieweit die Institution selbst und inwieweit damit die sozialen Konsequenzen des Geldgebrauchs aus sinnhaftem Handeln zureichend erklärt werden können.

Wir beginnen (im 23. Kap.) mit der Erörterung von grundlegenden Bestimmungen und den Einschränkungen bzw. Problemabweisungen, die in Webers soziologischer Behandlung des Geldes vollzogen werden.

Wir haben uns dann (im 24. Kap.) damit zu beschäftigen, welche Konsequenzen sich aus dem Geldgebrauch für das Handeln ergeben. Insbesondere gilt es die Geldrechnung in ihrer für das soziale wirtschaftliche Handeln bedeutsamen Orientierungsfunktion zu erfassen. Mit dem »Markt« lernen wir in diesem Zusammenhang ein besonderes soziales Gebilde kennen, das sich aus der »Vergesellschaftung durch Tausch« konstituiert, und angesichts dessen das Tauschhandeln wesentlich »versachlicht« wird.

In der Analyse der für Webers Wirtschaftssoziologie zentralen Kategorie der formalen Rationalität (25. Kap.) sind die Thesen der Versachlichung und der Orientierungsfunktion durch Geldrechnung wieder aufzugreifen. Die Differenz von Natural- und Geldrechnung wirft Licht auf die Kategorie der formalen Rationalität. Abschließend diskutieren wir Webers grundlegende These vom prinzipiellen Auseinanderfallen von formaler und materialer Rationalität innerhalb der Wirtschaft.

23. Kapitel: Geld

Textgrundlage

WG, I. Teil, 2. Kap., §§ 6, 7, 32

§ 1. Webers Behandlung des Geldes erfolgt weitgehend unter der Fragestellung: was bedeutet bzw. was bedingt die Existenz des Geldes für die Handelnden? Es kommt für ihn »auf gewisse ganz elementare *soziologische* Folgen des Geldgebrauchs an« (WG 40). Unter dieser leitenden Fragestellung schränkt er die Behandlung der gesamten Geldproblematik bewußt sehr weitgehend ein. Diese Einschränkung bezieht sich auf die Abweisung zweier Problemkreise:

1. In der Absicht »die primären Konsequenzen *typischen* Geldgebrauches« (WG 41) herauszustellen, verzichtet er auf eine Analyse der sozialen Bedingungen des Geldgebrauchs. Er gibt weder eine historische Darstellung der Entstehung des Geldes[1] noch versucht er eine erschöpfende systematische Analyse der sozialen Voraussetzungen des Geldgebrauchs. Aus der Tatsache, daß Weber besonderes Gewicht auf die Konsequenzen des Geldgebrauchs legt, d. h. auf die Funktionen, die dem Geld für das Handeln zukommen, darf man jedoch nicht den Schluß ziehen, er glaube, »Geld« durch Angabe seiner Funktionen» erklärt« zu haben. Weder nimmt Weber an, daß das Geld aus den Funktionen, die es erfüllt, zu erklären sei, noch behauptet er, Geld sei um dieser Funktionen willen entstanden.[2] Ebensowenig kann man ihm die vergleichbare Erklärungsvariante unterstellen, Geld sei um seiner Funktion willen von den Handelnden zweckvoll geschaffen worden.[3]

2. Weber beabsichtigt keine »materiale Geldtheorie« (WG 40), d. h. er verzichtet (weitgehend) auf eine Untersuchung der Bestimmungsfaktoren der Wert*größe* des Geldes. Er betont, daß dies Aufgabe der Wirtschaftstheorie sei.

Unter diesen Einschränkungen unternimmt Weber »eine möglichst einfache terminologische Feststellung von Ausdrücken« (WG 40), von denen wir hier »Tauschmittel«, »Zahlungsmittel«, »chartal«, »Geld« (im § 2) und die Unterscheidung von »formaler« und »materialer Geltung« (im § 3) in ihren Bedeutungen nachzeichnen wollen, bevor wir (im § 4) nochmals auf den hier schon vorgestellten Erklärungsverzicht eingehen.

§ 2. Webers Definition des Geldes: »*Geld* soll ein chartales Zahlungsmittel heißen, welches Tauschmittel ist« (WG 39), enthält – wenn wir von weiteren Geldformen absehen – drei Komponenten, von denen sich zwei (Tauschmittel und Zahlungsmittel) auf Funktionen des Geldes, eine (chartal) auf die spezifische Formgebung des Geldes beziehen.

a) Die Funktion des Geldes als *Tauschmittel* stellt einen Zusammenhang her zwischen dem zunächst als »Naturaltausch« konzipierten Tausch und den entwickelteren Phänomenen der »Geldwirtschaft«. Die Definition zielt darauf ab, die beim einzelnen Wirtschaftenden gegebenen Bedingungen der Funktionsfähigkeit eines Tauschmittels zu bestimmen, und diese Bestimmung dann wiederum als Abgrenzungskriterium zwischen Tauschmittel und anderen Tauschobjekten zu verwenden: »*Tauschmittel* soll ein sachliches Tauschobjekt insoweit heißen, als dessen Annahme beim Tausch ... *primär* an der Chance für den Annehmenden orientiert ist, daß dauernd – das heißt: für die in Betracht gezogene Zukunft – die Chance bestehen werde, es gegen andre Güter in einem seinem Interesse entsprechenden Austauschverhältnis in Tausch zu geben« (WG 38f.). Die Definition ist gewonnen an der Perspektive des Einzelnen, der ein Tauschmittel benutzt.

Die Frage: was ist ein Tauschmittel, wird aufgelöst in die Frage: warum benutzt irgendein x-beliebiges Subjekt ein Tauschmittel? Webers Antwort gibt allerdings nur *eine* Bedingung an, unter der ein Tauschobjekt als Tauschmittel fungieren kann: jeder, der es im Tausch annimmt, muß erwarten können, daß beliebige andere genauso verfahren werden. Diese Definition des Tauschmittels ist ein Schulbeispiel für einen bestimmten Typus der »Erklärung« sozialer Phänomene über Erwartungen: wer ein Tauschmittel annimmt, handelt in der Erwartung, daß noch unbestimmte Dritte sowohl das Tauschmittel-Objekt als solches, als auch dasselbe in einem entsprechenden Austauschverhältnis akzeptieren werden. Fragt man nach dem Grund für diese Erwartung, erfährt man: alle anderen erwarten im gegebenen Fall dasselbe, insofern ist die Erwartung jedes Einzelnen berechtigt.

Nun mag ein derartiges Erklärungsmuster für die Betrachtung vieler sozialer Vorgänge, die sich durch eine bestimmte Regelhaftigkeit auszeichnen, zureichend sein. Bei der Untersuchung des Geldes stellt sich aber das Problem anders: der Tauschmittelannehmende erwartet nicht auf Grund der bloßen Tatsache, daß er eigene Güter abgetauscht hat, ein schon weitgehend bestimmtes Verhalten noch unbekannter anderer (nämlich einen Gütereintausch »in einem seinem Interesse entsprechenden Austauschverhältnis«), sondern seine Erwartungen sind geknüpft an ein spezifisches Objekt, das Tauschmittel, das er in Händen hält: diesem gegenüber sollen sich die anderen in einem zukünftigen Tausch in spezifischer Weise verhalten. Die Erwartungen bezüglich eines zukünftigen Tauschverhaltens anderer sind also vermittelt über ein bestimmtes »sachliches Tauschobjekt«. Diese Erwartungen begründen sich aber weder in der Perspektive der Einhaltung einer (vereinbarten oder vorgegebenen) Regel, der die noch unbekannten anderen folgen werden, noch notwendig in der Annahme, ein anderer werde das Tauschmittel als *sachliches* Objekt begehren auf Grund seiner Eigenschaften, Bedürfnisse zu befriedigen (wie beim direkten Tausch).[4]

Mit der Erwartungshaltung ist zwar *ein* Moment der Tauschmittelverwendung hervorgehoben, das aber offensichtlich selbst wieder Erklärungen erfordert, warum sich in diesem Fall einer sozialen Beziehung schon so weitgehende Erwartungen an ein bestimmtes sachliches Objekt knüpfen. Nun fällt natürlich die Frage nach der Art dieser sozialen Beziehungen unter die Frage nach den Voraussetzungen des Geldgebrauchs, die sich Weber hier[5] ausdrücklich nicht stellt.

b) Die Betrachtung des Geldes als *Zahlungsmittel* zielt auf den Tatbestand, daß bestimmte Leistungspflichten durch Hingabe von Geld prinzipiell abgegolten werden können (z. B. Steuerabgaben, Buß- oder Strafzahlungen etc. in Geld). Diese Zahlungsmittelfunktion deutet Weber nun nicht ausschließlich als eine des Geldes, sondern sie tritt für ihn historisch auch selbständig an typischen Objekten auf, »welche *nicht* die üblichen ›Tauschmittel‹ waren« (WG 41) und die in diesem Sinne noch nicht als Geld bezeichnet werden können.[6] Dementsprechend bildet Weber eine Definition, die sich auf Objekte bezieht, die also noch nicht zugleich Tauschmittel und damit schon Geld zu sein brauchen: »*Zahlungsmittel* soll ein typisches Objekt insoweit heißen, als für die Erfüllung bestimmter paktierter oder oktroyierter Leistungspflichten die Geltung seiner Hingabe als Erfüllung konventional oder rechtlich *garantiert* ist« (WG 39).

Die Definition enthält sowohl eine Funktionsbestimmung des Zahlungsmittels als auch eine Bestimmung der Geltungsgarantie dieser dem Zahlungsmittel typischen Funktion. Soweit man derartige typische Objekte betrachtet, die nur Zahlungsmittel sind (also nicht zugleich Tauschmittel und damit Geld), ist der ganze Vorgang der Verwendung von Zahlungsmitteln in eindeutig identifizierbaren Regelungszusammenhängen verständlich. Das Zahlungsmittel fungiert zwischen zwei Handelnden: dem Leistungspflichtigen und dem Leistungsempfangenden. Alle Verhältnisse bezüglich der Erfüllung der Leistungspflicht durch das Zahlungsmittel sind geregelt, und zwar zum Teil geregelt vorgegeben durch die konventionale oder rechtliche Geltungsgarantie typischer Objekte als Zahlungsmittel, zum anderen Teil werden sie beidseitig in der Paktierung oder einseitig in der Oktroyierung der Leistungspflicht von den Beteiligten selbst geregelt. Allerdings zeigt sich, daß Regelungen der direkt Beteiligten für die Gewährleistung der gesellschaftlich allgemeinen Funktion, die das Zahlungsmittel hat, nicht ausreichen, sondern daß über deren Vereinbarungen hinaus allgemeinere (konventionale oder rechtliche) Regelungen erforderlich sind. Wie man sieht, verlangt die Erklärung des Sachverhalts, warum ein beliebiges Objekt als Zahlungsmittel fungiert, den Rekurs auf einen gesellschaftlichen Kontext (in diesem Fall: rechtliche Konventionen), der die Perspektive des mit einem Zahlungsmittel Umgehenden übersteigt.

Die konventionale Geltungsgarantie der Zahlungsmittelfunktion des Geldes, die heute durch staatlichen Rechtszwang ergänzt oder ersetzt wird, erachtet Weber im Hinblick auf eine Gelderklärung nicht als »erschöpfend« (WG 98). Der Gebrauch des Geldes, sei es nun aktuell als Tauschmittel oder als Zahlungsmittel, vermag erschöpfend nicht durch konventionale Geltungsgarantien, z. B. durch rechtliche Festlegung von Seiten des Staates erklärt werden. Weber sieht darüberhinaus, daß auch bei der Betrachtung des Geldes als Zahlungsmittel nicht von der Tauschmittelfunktion abstrahiert werden kann, weil der Staat, wie andere Zahlungsmittelempfänger auch, nur solche Objekte als Zahlungsmittel akzeptiert, die zugleich als Tauschmittel fungieren. Weber betont (gegen Knapp): »Also ist die Zahlungsmittelqualität, so gewiß sie begrifflich zu sondern ist, doch nicht das Definitivum.« (WG 99)

c) Geld als allgemeines Mittel des Wirtschaftens bedarf einer besonderen Form, insofern wird »Geld« von Weber nicht nur durch die Tauschmittel- und Zahlungsmittelfunktion, sondern auch durch die *chartale* Formbestimmung definiert. D. h., daß die als Geld verwendeten Objekte eine ihnen besonders gegebene Form aufweisen (»Artefakte sind«) im Hinblick auf ihre Tausch- bzw. Zahlungsmittelfunktion (z. B. »gestückelt sind«) und daß sie »kraft der ihnen gegebenen *Form* ein konventionelles, rechtliches, paktiertes oder oktroyiertes Ausmaß formaler Geltung innerhalb eines personalen oder regionalen Bereichs haben« (WG 39). Die Schaffung und Gewährleistung der chartalen Form des Geldes ist zunehmend zu einer Funktion des Staates geworden und befindet sich im modernen Staat ausschließlich in seiner Hand.

§ 3. Weber unterscheidet bei der Bestimmung des Tauschmittels zwischen dessen formaler und materialer Geltung: »Die Chance der Annahme in einem abschätzbaren Tauschverhältnis zu anderen (spezifisch angebbaren) Gütern soll materiale Geltung des Tauschmittels im Verhältnis zu diesen heißen, *formale* Geltung die Verwendung an sich.« (WG 39) Diese Unterscheidung zwischen formaler und materialer Geltung gilt entsprechend auch fürs Geld (vgl. WG 41).

Während Weber mit dem Begriff der formalen Geltung den qualitativen Sachverhalt anzielt, daß je spezifische Objekte als Geld gelten, d. h. daß es z. B. Währungsgebiete gibt, bezieht sich »materiale Geltung« auf einen quantitativen Aspekt: daß Tauschmittel bzw. Geld in einem bestimmten, abschätzbaren Verhältnis mit anderen Gütern austauschbar sind, d. h. – in anderer Terminologie – eine bestimmte »Kaufkraft« haben. Nicht die Tatsache, daß es überhaupt Tauschverhältnisse zwischen Geld und Gütern gibt, sondern die einer bestimmten Tauschhöhe, ist im Begriff der materialen Geltung angezielt.

Die Unterscheidung zwischen formaler und materialer Geltung bezieht sich auf verschiedene Aspekte des Funktionierens von Objekten als Geld, die zwar sachlich zusammenhängen, aber analytisch sinnvoll getrennt werden können. Bei Weber hat die Unterscheidung Bedeutung im Hinblick auf Ansätze zur Gelderklärung, denn für die formale und materiale Geltung des Geldes sind offenbar verschiedene Faktoren bzw. gesellschaftliche Instanzen verantwortlich. Die formale Geltung eines Objektes als Geld ist für Weber per Konvention oder Rechtszwang begründbar (vgl. WG 41). Dagegen erachtet er die spezifisch materiale Geltung des Geldes für wesentlich »innerwirtschaftlich« begründet. Wenn auch Fragen einer materialen Geldtheorie in den »Grundkategorien des Wirtschaftens« nicht ausführlich diskutiert werden, so gibt Weber doch Hinweise zur Begründung der materialen Geltung des Geldes: »Die Tausch*chance* eines Geldes zu bestimmten anderen Gütern, beruhend auf seiner Schätzung im Verhältnis zu Marktgütern, soll *materiale* Geltung (...) heißen. ›Materiale‹ *Schätzung* gibt es als feststellbare Einzeltatsache prinzipiell 1. nur im Verhältnis zu bestimmten *Arten* von Gütern und 2. für jeden *Einzelnen*, als dessen Schätzung auf Grund des Grenznutzens des Geldes (je nach seinem Einkommen) für *ihn*.« (WG 99) Die »›materiale‹ Schätzung« meint nicht die erwartete Tauschhöhe zu beliebigen anderen Gütern, sondern den Vergleich der Grenznutzenschätzung des Geldes zu der anderer Güter.[7] Materiale Geltung ist in diesem Sinne nicht gleich materialer Schätzung des Geldes, aber sie soll auf dieser beruhen, d. h. die materiale Geltung des Geldes soll auf materiale Schätzungen, und das bedeutet: auf intentionales Handeln letztendlich zurückgeführt werden können. Gemäß Webers Absicht, keine Geldtheorie aufzustellen, diskutiert er diesen Erklärungssatz der materialen Geltung des Geldes und seine möglichen Schwierigkeiten jedoch nicht.[8]

§ 4. Die Differenz von formaler und materialer Geltung verweist auf unterschiedliche Aspekte zur Erklärung des Geldes: während die formale Geltung durch staatlichen Rechtszwang erklärt werden kann, beruht die materiale Geltung des Geldes auf »innerwirtschaftlichen« Gründen. Selbst wenn wir unterstellen, daß die Erklärung der spezifisch materialen Geltung eines Geldobjektes aus materialen Schätzungen von Einzelnen möglich ist, bliebe doch die Frage offen, warum überhaupt sachliche Objekte als Geld, warum also überhaupt Geld verwendet wird, – eine Frage, die sowohl von der nach der formalen Geltung, also nach dem Grund der Verwendung eines *spezifischen* Objektes als Geld, als auch von der nach der materialen Geltung getrennt ist. Dabei hätte gerade die Erörterung dieser Frage Bedeutung im Hinblick auf die von Weber angezielte Erklärung der sozialen Konsequenzen des Geldgebrauchs. Weber klammert aber die Frage nach den Voraussetzungen des Geldgebrauchs aus. Daß dadurch auch im Rahmen seiner bewußt eingeschränkten Erörterung der Geldproblematik Schwierigkeiten entstehen, zeigt sich an Webers eigenen Formulierungen: Entgegen seiner Bestimmung der materialen Geltung als der »Chance der Annahme (des Geldes – d. Verf.) in einem abschätzbaren Tauschverhältnis zu anderen (spezifisch angebbaren) Gütern« (WG 39), ist die Geldannahme im Tausch nicht notwendig daran orientiert, daß mit dem Geld *spezifisch angebbare* Güter zukünftig erworben werden sollen. Dennoch hegt der Geldannehmende – nach Weber – die Erwartung, das Geld »in einem seinem Interesse entsprechenden Austauschverhältnis in Tausch« (ebd.) geben zu können. Besonders deutlich wird diese Konstellation – eines noch unbestimmten zukünftigen Güterbegehrens verbunden mit einer schon ungefähr erwarteten Tauschrelation –, wenn Weber die »Stellung des Geldes als *Tauschmittel*« im Erwartungshorizont der Geldgebraucher dadurch charakterisiert, »daß es von unbestimmt vielen Anderen gegen bestimmte oder *unbestimmt gedachte Güter* (Herv. d. Verf.) künftig in einer (ungefähr geschätzten) Preis*relation* in Abtausch werde genommen werden« (WG 99). Wenn sich aber die materiale Geltung immer nur auf spezifisch angebbare Güter bezieht, dann erscheint die Geldannahme im Tausch, mit der noch kein bestimmter Gütertausch perspektiert sein muß, als widersprüchlicher Prozeß. Einerseits kann es für Weber offenbar keine *verallgemeinerte* (auf unbestimmte und unbestimmt viele Güter bezogene) materiale Geltungserwartung geben, andererseits müßten derartige Erwartungen dem Geldgebrauch zugrunde liegen. Eine Erklärung dieser Verallgemeinerung von Handlungsorientierungen wäre offenbar nur durch Rekurs auf die spezifisch sozialen Bedingungen des Geldgebrauchs möglich, deren Erschließung aus dem Handlungshorizont von Einzelnen problematisch ist. Webers Programm – die »möglichst einfache terminologische Feststellung von Ausdrücken« in bezug auf Geld und, daran anknüpfend, die Aufreihung von soziologischen Konsequenzen des Geldgebrauchs – läßt das Geld nur als Mittel für die Handelnden erscheinen und vermeidet den Blick auf Voraussetzungen, die mit dem Geldgebrauch zwar gegeben sind, aber nicht deswegen existieren, weil sie bewußt gewollt wären. Erst unter spezifischen sozialen Voraussetzungen werden überhaupt typische Objekte zu Geld als allgemeinem Mittel des Wirtschaftens. Ein Mittel, das aber – wie Weber selbst bemerkt – »*niemals* nur eine harmlose ›Anweisung‹ oder eine *bloß* nominale ›Rechnungseinheit‹ sein wird und kann, solange es eben: *Geld* ist« (WG 41). Dem Geld kommt eine Bedeutung zu, die über seine je intentionale Verwendung als Mittel hinausweist und die sich auch in Webers Darstellung der Konsequenzen des Geldgebrauchs in der Konstatierung nicht-intendierter Folgen geltend macht. Diese nicht-intendierten Folgen werden insbesondere – wie wir (im 25. Kap.) sehen werden – deutlich bei der Betrachtung der formalen Rationalität der Geldrechnung und ihres Widerstreits zu materialen Gesichtspunkten. In Webers Geld-Darstellung in den »Grundkategorien« wird jedoch nicht der Versuch unternommen, derlei nicht-intendierte Folgen aus den Voraussetzungen des Geldgebrauchs zu erklären.

Bei Hinzuziehung anderer Texte von Weber wird hingegen ein weitergehendes Problembewußtsein sichtbar. So formuliert er z. B. – wie wir gesehen haben – als »das sachliche wie methodische Grundproblem der Nationalökonomie . . .: Wie haben wir die Entstehung und den Fortbestand *nicht* auf kollektivem Wege zweckvoll geschaffener und doch – für unsere Auffassung – zweckvoll funktionierender Institutionen des Wirtschaftslebens zu erklären?« (WL 29) Das Geld, »das Abstrakteste und ›Unpersönlichste‹, was es im Menschenleben gibt« (RS 544), ist eine derartige Institution, deren »Entstehung« und »Fortbestand« zu erklären nicht nur der

Nationalökonomie, sondern auch einer handlungstheoretisch konzipierten Soziologie zum Grundproblem werden müßte, weil ihr Funktionieren nicht unmittelbar aus Intentionen von Handelnden erklärt werden kann, sondern aus Voraussetzungen, die sich schwerlich in zweckintendierte Handlungen auflösen lassen. Schon die Einreihung des Geldes in die »sozialen Institutionen« (WL 472) läßt eine Verdrängung auch nur der materialen Geldtheorie aus der Soziologie – wie mehrfach bei Weber ausgesprochen (vgl. WG 40 und 41) – problematisch erscheinen, gerade angesichts der inhaltlichen Bedeutung, die die Geldanalyse für das zentrale Thema der Weberschen Wirtschaftssoziologie hat: der Untersuchung der gesellschaftlichen Bedingungen formaler Rationalität des wirtschaftlichen Handelns und ihres Verhältnisses zur materialen Rationalität. Zwar erlaubt das Ziel seiner Analyse, die Untersuchung der Bildung einer tatsächlichen Austauschrelation zwischen Geld und Gütern unter quantitativem Aspekt außer acht zu lassen; aber die weitergehende Frage: welche gesellschaftlichen Verhältnisse drücken sich in der Preisbildung von Gütern überhaupt aus, ist für die Analyse der Konsequenzen des Geldgebrauchs, insbesondere aber für die im Zentrum des Weberschen Erkenntnisinteresses liegende Frage nach den Bedingungen der formalen Rationalität wirtschaftlichen Handelns, nicht abzuweisen.

Wenn Weber eine ausführliche Erörterung von Fragen der materialen Geltung des Geldes vermeidet, dann kann daran die Frage geknüpft werden, ob das »sachliche wie *methodische* Grundproblem« (Herv. d. Verf.), der Erklärung von Entstehung und Fortbestand der Geld-Institution, im gewählten methodischen Ansatz überhaupt gelöst werden kann. Heute, ein halbes Jahrhundert nach Weber, ist es weitgehend klar, daß mit der für Weber spezifischen Verbindung von Handlungstheorie und methodologischem Individualismus dem Geldproblem nicht beizukommen ist. Entsprechend hat auch die Nationalökonomie – soweit sie an diesem Ansatz festgehalten hat – ihre Erklärungsansprüche reduzieren müssen.

Erläuterungen und Zusätze

1. Einen Abriß der historischen Geldentwicklung gibt Weber in WGesch. (3. Kap., § 6).
2. Weber hat der »teleologischen« bzw. der (bei ihm synonymen) »funktionalen Betrachtung« – er spricht nicht von teleologischer oder funktionaler *Erklärung*, denn der Terminus »Erklären« ist bei ihm für die Darstellung kausaler Zusammenhänge reserviert – nur geringe Bedeutung für die Soziologie eingeräumt. Sie hat für ihn nur Bedeutung als »*Vor*fragestellung« (WG 8).
3. Beispiele derartiger vereinfachender Gelderklärungen finden sich besonders in der älteren Nationalökonomie. Sie liegen entweder in der Richtung, daß Geld nur als eine »harmlose ›Anweisung‹« (WG 41) aufgefaßt wird: »Es kann, um es kurz zu sagen, wenn man die innere Bedeutung der Sache in Betracht zieht, für die wirt-

schaftlichen Verhältnisse der Gesellschaft nichts Unwesentlicheres geben als das Geld« (MILL, 1910, S. 10), oder in der Richtung, daß Geld als zweckvoll geschaffene Institution angesehen wird: »Geld ist kein eigentlicher Handelsgegenstand; es ist vielmehr nur das Mittel, das *nach Übereinkunft der Menschen* zur Erleichterung des Umtausches einer Ware gegen eine andere dient.« (HUME, 1910, S. 70; Herv. d. Verf.) Obwohl es noch Anklänge einer derartigen konventionalistischen Theorie z. B. bei Mill und Marshall gibt (wegen ihrer technischen Eigenschaften werden Gold und Silber »chosen by *common consent* for use as money«, MARSHALL, 1966, S. 273 – Herv. d. Verf.; vgl. MILL, 1910, S. 5) kann zu Webers Zeit ernsthaft niemand mehr eine derartige Auffassung vertreten. Zwar klingt der Satz von Wieser: »Das Geld ist eines der vollkommensten Hilfsmittel, welches der menschliche Geist ausgebildet hat« (WIESER, 1924, S. 123), wie ein exemplarischer Beleg, aber Wieser erklärt kurz zuvor ausdrücklich: »Die naiven Erklärungen von früher, welche diese Bildung (Geld, Markt usw. – d. Verf.) als Einrichtungen des Staates ausgeben oder auf einen gesellschaftlichen Vertrag zurückführen, finden heute wenig Anhänger mehr« (S. 118; vgl. auch WIESER, 1927, S. 683). Die Ablehnung der konventionalistischen Geldtheorie gilt aber nicht erst für Wieser, sondern für die Vertreter der subjektivistischen Werttheorie insgesamt (vgl. z. B. schon MENGER, 1968, S. 251 und 253; einen Abriß der altehrwürdigen Geschichte konventionalistischer Geldtheorien gibt Menger dort S. 255ff.)

4. Vgl. MENGER (1968, S. 255f.): »Die Erklärung des eigentümlichen Vorgangs, daß eine Anzahl von Gütern, bei fortgeschrittener Kultur: Gold und Silber in gemünztem Zustande, von Jedermann im Austausch gegen alle andern Waren bereitwillig angenommen werden, und zwar auch von solchen Personen, welche keinen unmittelbaren Bedarf an diesen Gütern, oder denselben doch bereits in ausreichender Weise gedeckt haben, hat bereits die großen Denker des Altertums und bis auf unsere Tage eine lange Reihe der ausgezeichnetsten Forscher beschäftigt, wie kein anderes Problem unserer Wissenschaft. Daß ein Gut von seinem Besitzer gegen ein anderes ihm nützlicheres im Austausche hingegeben wird, ist eine Erscheinung, die auch dem gemeinsten Verstande einleuchtet; daß aber jedes wirtschaftende Subjekt eines Volkes begierig sein sollte, seine Waren gegen kleine Metall-Platten einzutauschen, von welchen der Regel nach doch nur Wenige in direkter Weise Gebrauch zu machen in der Lage sind, dies ist ein dem gewöhnlichen Laufe der Dinge so widersprechender Vorgang, daß es uns nicht Wunder nehmen darf, wenn er selbst einem so ausgezeichneten Denker wie Savigny (. . .), geradezu als ›geheimnisvoll‹ erscheint. Die Aufgabe, welche die Wissenschaft hier zu lösen hat, besteht in der Erklärung eines *allgemeinen* Handelns der Menschen, dessen Motiv nicht klar zu Tage liegen«.
5. Andere Voraussetzungen der Tauschmittel- bzw. Geldverwendung sind Weber durchaus nicht fremd. So enthält die allgemeine Bestimmung der Vergesellschaftung durch Tausch die Bedingungen: Privateigentum und Arbeitsteilung. Webers Definitionen des Geldes in den »Soziologischen Grundkategorien des Wirtschaftens« reflektieren diese Voraussetzungen jedoch nicht.
6. Von »Geld« spricht Weber erst, wenn alle Bestimmungsmomente: Tauschmittelfunktion, Zahlungsmittelfunktion und chartale Formbestimmtheit zusammenkommen. Oder er bezeichnet die bloßen Zahlungsmittel als »tauschloses Geld«:

»Geschichtlich ist von diesen beiden Funktionen diejenige des okroyierten Zahlungsmittels die ältere. In diesem Stadium ist das Geld *tauschloses Geld*; diese seine Eigenschaft wird dadurch ermöglicht, daß auch eine tauschlose Wirtschaft Leistungen von Wirtschaft zu Wirtschaft kennt, die nicht auf Tausch beruhen, aber doch Zahlungsmittel nötig machen« (WGesch. S. 209).

7. Die von Weber getroffene Unterscheidung von materialer Geltung und materialer Schätzung wird oft als objektiver und subjektiver Geldwert bezeichnet (vgl. z. B. WIESER, 1927, S. 695 ff.). Der objektive Geldwert bezieht sich auf die objektive Kaufkraftgeltung des Geldes, z. B.: für jeweils eine Einheit der Güter A, B, C usw. müssen beim Kauf a, b, c usw. Einheiten des Geldguts aufgewendet werden. Bei effektiven Preisen ist der objektive Geldwert für alle Geldgebraucher gleich. Der subjektive Geldwert bezieht sich demgegenüber auf subjektive Schätzungen von Geldeinheiten in bezug auf Güter, die am Markt angeboten werden: ein Einzelner schätzt »auf Grund des Grenznutzens des Geldes (je nach seinem Einkommen)« (WG 99) jeweils eine Einheit des Gutes A, B, C usw. z. B. so hoch ein wie a', b', c' usw. Einheiten des Geldguts. Diese Schätzung gilt nur für diesen Einzelnen. Sie hat nun insofern Bedeutung, als – bei vorausgesetzten Preisen (objektiver Geldwert) – der so schätzende Geldbesitzer von den Gütern A, B, C usw. nur die überhaupt kaufen wird, bei denen für ihn gilt $a < a'$, $b < b'$, $c < c'$ usw. Dabei ist zu beachten, daß schon für jede zweite Einheit der Güter A, B, C usw. eine andere (geringere) Nutzenschätzung als für die jeweils erste Einheit vorliegen und mithin der subjektive Wert des Geldes in bezug auf sie verändert sein wird. Abgesehen von »Mengenrabatten« gilt zwar: 2 Einheiten von A kosten 2a Einheiten Geldgut, aber für den Kauf von 2 Einheiten A müßte gelten $2a < a''$, wobei a'' der subjektive Geldwert bezogen auf 2 Einheiten des Guts A ist, und nach Gossen müßte zugleich gelten: $a'' < 2a'$. Abgesehen ist hier davon, daß sich auch mit einer Veränderung der verfügbaren Geldmenge die subjektive Wertschätzung jeder Einheit des Geldwerts verändert.

8. Wenn, wie bei Weber, behauptet wird, daß der objektive Geldwert durch die vielen subjektiven Wertschätzungen des Geldes erklärt werden kann, so gibt es zwei unmittelbar sichtbare Schwierigkeiten für diese beabsichtigte Erklärung: Die erste wäre, daß das, was erklärt werden soll, der objektive Geldwert, zunächst schon vorausgesetzt werden muß, weil ja nicht die subjektiven Wertschätzungen des Geldes selbst, sondern erst die sich daraus ergebenden Kaufentscheidungen den objektiven Geldwert bestimmen werden; für diese Kaufentscheidungen ist aber das Verhältnis von subjektiver Wertschätzung zum objektiven Geldwert in bezug auf Güter entscheidend. So schwerwiegend dieser Einwand auch scheint, er ist nicht ausschlaggebend, weil es gar nicht darum gehen kann, den objektiven Geldwert »von Anfang an« zu erklären, sondern nur die Veränderungen, die er zeigt, und dafür ist die eingebrachte Voraussetzung, daß ein bestimmter Geldwert schon existiert, kein prinzipieller Einwand. Prinzipieller wäre dagegen die andere Schwierigkeit: Wenn man zeigen kann, daß schon in die subjektive Wertschätzung des Geldes in bezug auf Güter die objektive Geltung mit eingeht, dann wäre die Erklärung des objektiven Geldwertes aus den subjektiven Schätzungen zirkulär.

Fragen zur Diskussion

1. Was ist unter einer konventionalistischen, was unter einer funktionalistischen Gelderklärung zu verstehen? Folgt Weber einem dieser Erklärungsmuster?
2. Wodurch unterscheiden sich Tauschmittel- und Zahlungsmittelfunktion des Geldes?
3. Welche Erklärungsansätze gibt Weber für das Funktionieren typischer Objekte als Tauschmittel (als Zahlungsmittel)?
4. Warum kann bei einem Versuch der Erklärung der Zahlungsmittelfunktion des Geldes nicht von seiner Tauschmittelfunktion abstrahiert werden? (vgl. WG 98 f.)
5. Was beinhaltet Webers Unterscheidung zwischen formaler und materialer Geltung des Geldes?
6. Sind mit den Fragen nach formaler und materialer Geltung des Geldes alle wesentlichen Probleme umrissen, denen sich eine Gelderklärung zu stellen hätte?

24. Kapitel: Konsequenzen des Geldgebrauchs und Markt

Textgrundlage

WG, I. Teil, 2. Kap., §§ 7, 8
WG, II. Teil, 6. Kap.

§ 1. Mit den »primären Konsequenzen *typischen* Geldgebrauchs« (WG 41) stellt Weber besondere Handlungsmöglichkeiten vor, die den Handelnden erst aufgrund der Institution des Geldes offenstehen. Dabei bezeichnet Webers Redeweise von »Konsequenzen« oder »Folgen« des Geldgebrauchs weder eine historische Abfolge in dem Sinne, daß einer entwickelten Geldform die als Konsequenzen benannten Erscheinungen historisch gefolgt seien, noch ein einfaches Bedingungsverhältnis von der Art, daß die Geldinstitution eine gegenüber den genannten Konsequenzen isolierbare Bedingung darstelle. Vielmehr ergibt sich die Kennzeichnung von Handlungsmöglichkeiten als *Konsequenzen* des Geldgebrauchs aus der Sichtweise eines einzelnen Handelnden. Die mit Geld gegebenen Handlungsmöglichkeiten sind daran gebunden, daß der Geldgebrauch allgemein geworden ist; da aber der verallgemeinerte Geldgebrauch selbst nur aus individuellen Handlungen, bei denen Geld verwendet wird, resultiert, zeigt sich, daß die Erklärung des Geldes nicht aus der Perspektive der Einzelnen, die bereits mit Geld umgehen, möglich ist. Zur Erklärung derartiger Handlungen ist der unterstellte verallgemeinerte Geldgebrauch so unabdingbar wie die Intention des Handelnden, das Geld in dieser oder jener Art zu verwenden. Damit schiebt sich in das verstehende Erklären dieser Handlungen die Institution »Geld«, als ein durch Verstehen nicht zu erklärendes Datum sozialer Wirklichkeit.

In der Aufzählung der Konsequenzen des Geldgebrauchs werden Voraussetzungen sichtbar, die deutlich machen, daß die Entstehung und damit die Verwendungsmöglichkeiten des Geldes im Zusammenhang einer gesellschaftlichen Entwicklung stehen, die eine Vielzahl von Momenten einschließt, z. B.: Entwicklung der Produktivität, zunehmende Arbeitsteilung, Ausweitung der Märkte, Entwicklung der Konkurrenz, Entstehung neuer Bedürfnisse, Verkehrsentwicklung etc. Insofern faßt sich im Geldgebrauch schon ein bestimmter Stand der gesellschaftlichen Entwicklung zusammen. So sind – um einige Beispiele zu nennen – für den »indirekten Tausch« schon relativ weitgehende Arbeitsteilung, damit entwickelter Markt und mit diesem wiederum Konkurrenzkampf Voraussetzungen; der indirekte Tausch mit der Möglichkeit örtlicher Trennung von Verkaufen und Kaufen zeigt eine Abhängigkeit vom Stande der Verkehrsentwicklung; und auch die »Erwerbsorientierung an allen jenen Chancen, welche durch jene zeitlich, örtlich, personal und sachlich vervielfältigte Tauschmöglichkeit . . . dargeboten werden« (WG 42), hat die Entwicklungsmomente: Arbeitsteilung, Konkurrenz, entwickelter Markt, ebenfalls zu Voraussetzungen. Die Konsequenzen des Geldgebrauchs beschreiben demnach Handlungsmöglichkeiten in einem entwickelten gesellschaftlichen System, aber nicht Handlungsmöglichkeiten, die das Geld als isoliert gedachtes Mittel eröffnet.

Ob nun Geld als Mittel der Bedarfsfürsorge über die Tauschmittelfunktion im indirekten Tausch, oder als Mittel einer einheitlichen »Bemessung gestundeter Leistungen« (WG 41), oder als Mittel der »Wertaufbewahrung« (vgl. WG 42), oder in anderer Weise als Mittel verwendet wird, jeweils sind die Konsequenzen des Geldgebrauchs Ausdruck eines gesellschaftlichen Systemzusammenhangs; es ist darum auch nur in diesem Systemzusammenhang intentional als Mittel für Zwecke verwendbar. Der den intentional auszuwählenden Möglichkeiten der Geldverwendung vorausgesetzte verallgemeinerte Geldgebrauch impliziert gesellschaftliche Bedingungen, die in den »Soziologischen Grundkategorien des Wirtschaftens« einfach unterstellt sind. Damit verzichtet Weber hier von vornherein auf jede Analyse, die über die Perspektive der Handelnden: was bieten sich für Handlungsmöglichkeiten angesichts des Geldes, hinausgeht. Die Entfaltung des Zusammenhangs von sozialen System-Voraussetzungen und je individuellem Handeln bleibt einseitig: erfaßt wird nur die subjektive Orientierung an System-Voraussetzungen, unerörtert bleibt, wie das Handeln selbst jene System-Voraussetzungen produziert, an denen es sich orientiert.

§ 2. Weber analysiert zwar nicht, wie Geld mit Notwendigkeit aus einem Systemzusammenhang hervorgeht, der auf der Vergesellschaftung durch Tausch als konstitutivem Moment beruht; aber auch in seiner Untersuchung wird dem Geld eine besondere Notwendigkeit zugesprochen, insofern nämlich Geldrechnung, auf der alle anderen Konsequenzen des Geldgebrauchs basieren, notwendiges Orientierungsmittel für das individuelle Handeln angesichts der unterstellten sozialen Voraussetzungen ist.

In den im § 1 vorgestellten Konsequenzen des Geldgebrauchs zeigen sich durchgängig zwei aufeinander bezogene, allgemeine Momente: Eine Ausweitung bzw. *Vervielfältigung* der Handlungsmöglichkeiten verbunden mit einer *Vereinheitlichung* der Orientierung für die Handelnden. Die Vervielfältigung der Handlungsmöglichkeiten ist z. B. gekennzeichnet durch »die außerordentliche Ausweitung der jeweils gegebenen Tauschmöglichkeiten« (WG 41); darin eingeschlossen die »Ausweitung der Bedarfsdekkung« (WG 42), sowie die Ausweitung der Erwerbsmöglichkeiten. Zur Vereinheitlichung der Orientierung gehören die einheitliche »Bemessung *gestundeter* Leistungen . . . in Geldbeträgen« (WG 41), sowie »die zunehmende Verwandlung ökonomischer Chancen in solche: über *Geld*beträge verfügen zu können« (WG 42); dann aber vor allem: die »Orientierung der Beschaffung von Nutzleistungen« (ebd.) und die »Erwerbsorientierung« (ebd.) am Geld bzw. an der Geldrechnung. Es kommt also in den Konsequenzen des Geldgebrauchs zum Ausdruck, daß die soziologisch bedeutsame Tatsache einer Vervielfältigung der Handlungsmöglichkeiten verbunden ist mit dem Geldwesen. Geld ist notwendiger Orientierungsmaßstab für die Handelnden angesichts komplexerer und durch die Existenz des Geldes selbst vervielfältigter Handlungsmöglichkeiten. Diese sind gekoppelt an jenen Tatbestand, den man als Ausweitung der Handlungskreise bezeichnen könnte: das eigene Handeln betrifft mehr und darunter auch unbekannte Handelnde, ebenso wie es umgekehrt von mehr und darunter auch wieder unbekannten Handelnden abhängig wird. Diese Ausweitung der Handlungskreise nimmt offensichtlich schon zu mit der Ausweitung der gesellschaftlichen Arbeitsteilung.

Inwieweit kann nun ein sinnhaft orientiertes Handeln, das seinem »gemeinten Sinn nach auf das Verhalten *anderer* bezogen . . . und daran in seinem Ablauf orientiert ist« (WG 1), überhaupt Schritt halten mit den faktischen Abhängigkeiten, die die vom Geld selbst abhängige Ausweitung der Handlungskreise durch gesellschaftliche Arbeitsteilung, indirekten Tausch und Markt bedeuten? Übersteigen nicht diese Abhängigkeiten die sinnhaften Orientierungsmöglichkeiten des einzelnen Handelnden? Insbesondere aber stellt sich die Frage: wie kann eine Orientierung des eigenen Handelns am Verhalten unbekannter anderer erfolgen? Diese Fragen verweisen auf die Orientierungsfunktion der *»Geldrechnung«* (WG 42) als des – wie Weber hervorhebt – innerhalb der Konsequenzen des Geldgebrauchs »prinzipiell wichtigsten Moments von allen«(ebd.). Im Zusammenhang der Vervielfältigung der Handlungsmöglichkeiten und damit verbunden der Ausweitung der Handlungskreise erweist sich die Geldrechnung als ein notwendiges Orientierungsmittel sinnhaften Handelns. Das bedeutet nicht und wird auch von Weber nicht behauptet, daß Geld aus Einsicht in diese Notwendigkeit zweckvoll geschaffen worden wäre. Aber in einer bestehenden Geldwirtschaft haben Geld bzw. die »Möglichkeit der *Abschätzung* aller für den Abtausch oder Eintausch in Betracht kommenden Güter und Leistungen in Geld: *Geldrechnung*« (ebd.) eben diese zweckvolle Orientierungsfunktion. Die zunächst rein subjektive Bewertung von Gütern wird in der Geldrechnung objektiviert, insofern alle Güter ihren Preis in Geld ausdrücken. Diese in der Geldrechnung ausgedrückte Bezugnahme auf gegebene Preise leistet eine gesellschaftliche Orientierung. Warum im verkehrswirtschaftlichen System aus dem Handeln selbst gegebene Preise als Daten resultieren, die für das Handeln eine Orientierung im gesellschaftlichen Geflecht von Abhängigkeiten bedeuten, ist zwar bei Weber nicht analysiert, daß dies aber faktisch geschieht, benennt er zweifelsfrei. Mit der Geldrechnung werden »Güter nicht nur nach ihrer derzeitigen, örtlichen und personalen, Nutzleistungsbedeutung geschätzt«, sondern die konstatierte Möglichkeit der Darstellung von Gütern und Leistungen in Geld ist Ausdruck für »alle künftigen Chancen der Verwertung und Bewertung, unter Umständen durch unbestimmt viele Dritte für deren Zwecke« (WG 42). Verdeutlichen läßt sich die individuelle Orientierung an gesellschaftlichen Daten auch am indirekten Tausch. Die Geldannahme im indirekten Tausch repräsentiert für den Annehmenden Tauschmöglichkeiten mit noch unbekannten Anderen. Aber Geld kann diese Tauschmöglichkeiten nur repräsentieren, wenn es in irgendeiner Weise schon die Tauschinteressen von anderen repräsentiert. Die Bewertung, die ein Gut im Verkaufen durch den angebotenen bzw. angenommenen Geldbetrag erfährt, bedeutet nicht nur eine individuelle Bewertung durch den Tauschpartner, sondern eine allgemeine und in diesem Sinne gesellschaftliche Bewertung, weil der Geldannehmende mit dem Geld über allgemeine oder gesellschaftliche Tauschmöglichkeiten verfügt.

Die Bedeutung der Geldrechnung für das soziale Handeln im verkehrswirtschaftlichen System wird gerade durch die handlungstheoretische Sichtweise besonders deutlich. Weber charakterisiert deshalb Geld im Hinblick auf die mit ihm gegebenen Rechnungsmöglichkeiten als »das formal rationalste Mittel der Orientierung wirtschaftlichen Handelns« (WG 45). Bevor wir (im 25. Kap.) hierauf eingehen, bleibt noch zu untersuchen, in welcher Weise die Orientierung individuellen Handelns von vorgegebenen gesellschaftlichen Daten abhängig wird. Wir wissen zwar schon, daß bei Geldrechnung alle Güter und Leistungen nach ihrer Geldabtauschchance bewertet werden, aber »die Form, in welcher dies bei typischer Geldrechnung geschieht . . .: die *Marktlage*« (WG 42), haben wir nun erst zu untersuchen.

§ 3. Die Geldrechnung hat – wie wir mit Weber gesehen haben – eine Orientierungsfunktion bezüglich des Verhaltens vieler und darunter auch unbekannter Anderer. Worauf beruht diese Orientierungsfunktion und welche Bedeutung hat sie für das Tauschhandeln der Einzelnen? Schon der isolierte Tausch zeigte (für den Rationalitätsfall) die Notwendigkeit der Orientierung am erwarteten Verhalten des anderen, denn das »Feilschen« schließt Antizipation der gegenseitigen Interessen ein. Das Resultat, die von den beiden Beteiligten ausgehandelte Tauschrelation, ist sehr weitgehend abhängig von der jeweils gelungenen Antizipation und ihrer Umsetzung zum eigenen Vorteil im Preiskampf. (Vgl. 22. Kap.) Während diese Orientierung am antizipierten Verhalten des Tauschpartners beim isolierten Tausch ganz davon abhängt, die Nutzenschätzungen des anderen aufgrund der Einschätzung seiner Bedürfnisse und seiner ökonomischen Lage zu kennen – eine Voraussetzung, die durchschnittlich nur sehr bedingt gegeben sein wird –, stellt sich die Orientierung am Verhalten der anderen im Tausch bei Konkurrenz spezifisch anders dar. Tausch bei Konkurrenz ist in der Regel für Weber gleich Tausch auf dem Markt, denn: »Von einem Markt soll gesprochen werden, sobald auch nur auf einer Seite eine Mehrheit von Tauschreflektanten um Tauschchancen konkurrieren.« (WG 382) Hier erfolgt die Orientierung – wie wir ebenfalls schon gesehen haben – an vielen anderen, wobei deren individuelle Nutzenschätzungen unmöglich aufgrund einer Kenntnis ihrer jeweiligen Bedürfnisskala und ihrer ökonomischen Lage antizipiert werden können, insbesondere dann nicht, wenn schon unbekannte Dritte als mögliche Konkurrenten in Rechnung gestellt werden müssen. Damit diese Orientierung dennoch möglich ist, müssen weitere Voraussetzungen gegeben sein.

Die einfachste Voraussetzung ist die »Marktgängigkeit« der auszutauschenden Güter. Unter Marktgängigkeit versteht Weber »das Maß von Regelmäßigkeit, mit welcher jeweils ein Objekt marktmäßiges Tauschobjekt zu werden pflegt« (WG 43). Beim Tausch mit marktgängigen Gütern bietet sich die Möglichkeit der Orientierung an den schon am Markt vorfindlichen Austauschrelationen; und diese Möglichkeit zur Orientierung wird mit zunehmender Marktgängigkeit zum Zwang, indem sich der Tauschpartner und die möglichen Tauschkonkurrenten ebenfalls an diesen vorfindlichen Tauschrelationen orientieren, die ihnen als mögliche Chancen, aber auch als Grenzen der Realisation eigenen Vorteils bei den durch die Marktgängigkeit ausgezeichneten Gütern erscheinen. Der Spielraum für ein feilschendes Aushandeln der Austauschrelation engt sich wesentlich ein, weil unabhängig von den möglicherweise sehr weitgehend auseinanderfallenden Nutzenschätzungen, die an und für sich einen breiten Spielraum individueller Preisbestimmung markieren, gesellschaftlich allgemeine Bedingungen zunehmend Bedeutung für das Tauschhandeln bekommen.

Die hier maßgebliche Orientierung erfolgt also weder an den eigenen Nutzenschätzungen, noch an den antizipierten Nutzenschätzungen des Tauschgegners (wie beim isolierten Tausch), noch an irgendwelchen Nutzenschätzungen von Dritten und mithin gar nicht mehr unmittelbar an Interessen von identifizierbaren Personen, sondern an schon intersubjektiven Resultaten von Tauschakten anderer, denen von vornherein als intersubjektiv gültigen Tauschrelationen ein objektiver Charakter zukommt, der sich in dem Maße befestigt, in dem nun weiteres Tauschhandeln sich daran ausrichtet. Die eigenen Nutzenschätzungen haben nur mehr die Bedeutung, als Maßstab dafür zu dienen, ob angesichts der am Markt gegebenen Tauschrelationen für entsprechende Güter ein Tausch mit Vorteil für den Einzelnen überhaupt möglich ist; anhand der eigenen Nutzenschätzungen im Vergleich zu den gegebenen Tauschrelationen wird also darüber entschieden, ob überhaupt getauscht werden soll, aber die eigenen Nutzenschätzungen haben keinen ablesbaren Einfluß mehr auf die jeweilige Tauschrelation.

Mit zunehmender Marktgängigkeit von Gütern bilden sich für diese feste Austauschrelationen, feste Preise, an die die Orientierung im Tausch gebunden ist. Es zeigt sich, daß der einzelne Tauschakt in seinem Inhalt und seiner Form nicht gleichgültig gegenüber dem Ausmaß ist, in dem gleichartige Tauschakte nebeneinander stattfinden, vorausgesetzt, daß die Handelnden Übersicht über das Marktgeschehen haben. Resultat dieser ersten Betrachtung des Markthandelns ist also die folgende Umkehrung: Während die subjektiven Nutzenschätzungen ursprünglich als prinzipielles Explanans der Preise (Tauschrelationen) gedacht waren, haben sie bei Verallgemeinerung des Austausches nur noch die Funktion, dem Einzelnen Kriterien für die Entscheidung an die Hand zu geben, ob und welche Gütermenge er bei einem bestimmten, für ihn gegebenen Marktpreis tauscht.[1] Die Nutzenschätzungen des Einzelnen haben als solche keinen – jedenfalls keinen erkennbaren – Einfluß mehr auf die gesellschaftlich gegebenen, intersubjektiv gültigen, insofern objektiven Tauschrelationen.

Erst Geldpreise geben den objektiven Tauschrelationen einen einheitlichen und selbständigen Ausdruck und ermöglichen damit eine strikte und allseitige Orientierung. Die Zahl der naturalen Tauschrelationen eines Tauschobjekts wird mit zunehmender Arbeitsteilung und damit Ausweitung des Güteraustausches unübersehbar, jede von ihnen wäre nur aufgrund einer weiteren naturalen Tauschrelation mit einer anderen vergleichbar. Weber unterscheidet deshalb auch zwischen »*naturalen* ›Tauschchancen‹« und der »*Marktlage* eines Tauschobjektes« (WG 43) und hält fest: »Von Marktlage wird zweckmäßigerweise (...) nur bei Geldtausch gesprochen, weil nur dann ein einheitlicher Zahlen*ausdruck* möglich ist.« (ebd.) Erst im Geldpreis faßt sich die Vielheit möglicher gesellschaftlicher

Tauschrelationen in einem Ausdruck zusammen und läßt nicht nur einzelne »Tauschchancen«, sondern die Lage eines Tauschobjektes auf dem Markt, eben die »Marktlage«, erkennen. Die zunehmend objektive Bestimmtheit des Tausches auf dem Markt wird in der Existenz effektiver Geldpreise auch äußerlich sichtbar.

Damit sind wir nun auch in der Lage, die eingangs gestellte Frage zu beantworten, worauf denn die Orientierungsfunktion des Geldes für den Einzelnen beruhe. Es ist eigentlich nicht so, daß Geldpreise unmittelbar über die Intentionen – auch unbekannter Anderer – informieren, sondern in den Preisen zeigt sich eine von den Intentionen der Einzelnen unabhängige gesellschaftliche Objektivität, an denen sich alle Einzelnen (in einer konsequenten Verfolgung ihrer Zwecke) orientieren müssen, und die kraft dieser ihrer Objektivität und ihrer Verbindlichkeit für alle Einzelnen Stabilität gewinnen können und in diesem Maße auch Information über Verhalten von auch unbekannten Anderen bedeuten. Nur weil sich alle an Preisen orientieren, weiß man etwas über das Verhalten der anderen, nicht aber dadurch, daß in den Preisen (von Monopolpreisen einmal abgesehen) Interessen von anderen rein zutage träten. Das Problem der »doppelten Kontingenz«[2] beim einfachen Tausch, d. h. der bei beiden Tauschkontrahenten gegebenen Handlungsspielräume, die in Richtung auf ein gemeinsames Resultat aufeinander bezogen werden müssen, löst sich hier in der doppelten Orientierung an einem für beide, unabhängig von ihren Nutzenschätzungen, geltenden und insofern objektiven Datum, dem der effektiven Preise. Die effektiven Preise bilden das entscheidende Charakteristikum für den Markt bzw. für das Tauschhandeln am Markt. Durch sie sind nicht nur einzelne Tauschhöhen festgelegt, sondern ein Preissystem für alle gängigen Güter am Markt, das zudem eine gewisse Stabilität aufweisen muß, um die ihm zufallende Orientierungsfunktion zu erfüllen. Neben dem anonymen Mechanismus des Marktes gibt es keine ausmachbare Instanz, die die Preise und deren intersubjektive Verbindlichkeit garantiert.

Dennoch bemüht sich Weber die Bildung effektiver Preise auf das Handeln Einzelner zurückzuführen. Den letzten Grund der intersubjektiven Gültigkeit und Verbindlichkeit von Preisen sieht er offenbar dadurch gegeben, daß Preise Resultate des Interessenkampfes zwischen Menschen sind. So nennt er als »materiale« Bedingung der Geldrechnung: »den Markt*kampf* (mindestens: relativ) autonomer Wirtschaften. Geldpreise sind Kampf- und Kompromißprodukte, also Erzeugnisse von Machtkonstellationen. ›Geld‹ ist keine harmlose ›Anweisung auf unbestimmte Nutzleistungen‹, welche man ohne grundsätzliche Ausschaltung des durch Kampf von Menschen mit Menschen geprägten Charakters der Preise beliebig umgestalten könnte, sondern primär: Kampfmittel und Kampfpreis, Rechnungsmittel aber nur in der Form des quantitativen Schätzungsausdrucks von Interessen*kampf*chancen.« (WG 58) Während der Kampfcharakter der Preisfindung im isolierten Tausch in Webers Darstellung offen zutage tritt, ist nicht unmittelbar einzusehen, inwieweit der Tausch auf dem Markt angesichts effektiver Preise durch Interessenkampf zwischen Menschen charakterisiert sein soll. Entweder die Preise sind effektiv, dann gibt es nicht mehr viel um Preise zu kämpfen, oder es wird um Tauschrelationen gekämpft, dann bestehen aber auch keine effektiven Preise. In dem Maße, in dem der Einzelne nicht mehr »price maker«, sondern am Markt nur noch »price taker« ist, verliert der Tausch eigentlich seinen unmittelbaren Kampfcharakter. Wenn Weber dennoch behauptet, Preise seien Kampfprodukte, dann wird daran deutlich, daß er nicht Gleichgewichtsbedingungen am Markt unterstellt, unter denen einmal gegebene Preise stabil bleiben, sondern daß er dauernde Störungen eines nur gedachten Gleichgewichts aufgrund von Datenänderungen in seine Betrachtung einbezieht. Die Preise haben dann keine dauerhafte Stabilität und nur mehr eine relative Orientierungsfunktion. Unterbieten bzw. Überbieten der gängigen Preise sind im Kampf um Marktanteile (Absatzchancen) und im Kampf um notwendige Beschaffungsmittel Ausprägungen des allgemeinen Marktkampfes, die ihrerseits wieder Rückwirkungen auf die Preise haben, d. h. Änderungen der gängigen, nur relativ stabilen Preise hervorrufen.

Das an Absatzchancen oder das an optimaler Bedürfnisbefriedigung orientierte Handeln hat nicht nur ausnahmsweise und in diesem Sinne zufällige, sondern systematisch an dieses Handeln gebundene, nicht-intendierte Folgen; der Markthandelnde nimmt in der Verfolgung seines eigenen Vorteils mehr oder weniger an einem Kampf teil, in dem sich Preise herausbilden und verändern, die er weder in Form noch Inhalt intendiert hat. Die Preise sind damit – unter der Bedingung »formaler Marktfreiheit« (WG 43) – nicht nur Voraussetzung des Tauschhandelns auf dem Markt, sondern auch dessen nicht-intendierte Folgen.

§ 4. Obwohl der Markt kein zielintendiertes soziales Gebilde darstellt, funktioniert er nach Webers Behauptung so, »als ob« ihm eine zweckgerichtete Ordnung zugrunde läge. Dem Markthandeln unterliegt »keine Orientierung an einer gesatzten Ordnung über die Art der Güterbedarfsdeckung der vorgestellten Beteiligten. Vielmehr ist das, mindestens relative Fehlen einer solchen (›gemeinwirtschaftlichen‹) Ordnung der Bedarfsdeckung der am Geldgebrauch Beteiligten ja gerade Voraussetzung des Geldgebrauchs. Dennoch ist nun dessen Gesamtresultat normalerweise in vieler Hinsicht so geartet, ›als ob‹ es durch Orientierung an einer Ordnung der Bedarfsdeckung aller Beteiligten erreicht worden sei ... Der ›Markt‹ ... zeigt also das oben mit ›als ob‹ eingeführte Merkmal.« (WL 453; vgl. auch WG 382) Der Markt stellt sich als quasi-automatischer, sich selbst regulierender Komplex von Handlungen dar, deren »Gesamtresultat« die Züge eines zweckintendierten Handlungserfolges trägt. Hier ist nun nicht nur behauptet, der Markt funktioniere in der Hinsicht zweckvoll, daß durch ihn bzw. durch die Preisbildung überhaupt eine Verteilung der knappen Güter gewährleistet sei, sondern das spezifisch sich ergebende »Gesamtresultat« dieser Verteilung scheint von Weber so beurteilt zu werden, als sei es Ergebnis von Handlungen, die an einer Ordnung der Bedarfsdeckung aller Beteiligten orientiert sind. Weber meint damit offenbar, daß die Marktpreisbildung ein »Gesamtresultat« der Verteilung der knappen Mittel derart zustande bringt, daß sie jeweils dorthin gelangen, wo der von ihnen gestiftete Nutzen relativ am größten ist. Nun kann gegen diese Behauptung eingewendet werden, daß die Feststellung der in bezug auf den Nutzen optimalen Verteilung der knappen Mittel auf die Marktbeteiligten selbst einen objektiven Maßstab voraussetzen würde, da ein direkter Nutzenvergleich zwischen den Beteiligten nicht möglich ist. Mithin wäre ein Vergleich selbst schon an Geld und Preise gebunden, müßte also gerade das voraussetzen, was durch den Vergleich überhaupt erst zu untersuchen wäre. Unter dieser Voraussetzung rein subjektiver Nutzenschätzungen scheint es überhaupt unmöglich, zu Aussagen über Optimierungsleistungen zu gelangen, die sich nicht mehr nur auf die Ebene des einzelnen Wirtschaftenden, sondern schon auf die des Systems, also auf Optimierungsleistungen des Markts beziehen. Eine derartig generelle Leugnung der Möglichkeit, zu vergleichenden Systemaussagen auf Grundlage subjektiver Nutzenschätzungen zu gelangen, könnte mit Bezug auf die Hypothese der Erreichung eines wirtschaftlichen Maximums in der Gleichgewichtsökonomie bestritten werden. Allerdings wird hierbei vollkommene Konkurrenz, vollständige Information und Handeln nach dem Rationalitätsprinzip unterstellt, so daß sich, solange sich der Datenkranz nicht ändert, das System im Gleichgewicht befindet.[3] Aber gerade damit sind Voraussetzungen unterstellt, die Weber nicht macht. Im Gegensatz zur Gleichgewichtsökonomie betrachtet er Datenänderungen als Ergebnis des auf dem Markt stattfindenden Marktkampfs. Zudem konstatiert er eine immanente Entwicklung des Marktsystems, die auf eine Aufhebung der freien Konkurrenz drängt, und hält damit jede Annahme über Konkurrenz-Gleichgewicht auf dem Markt für unrealistisch. So formuliert er, daß »der Zustand, den wir freie Konkurrenz nennen«, nach der »Sprengung der ständischen Monopole« nur »solange dauert, bis andere: kapitalistische Monopole, auf dem Markt durch die Macht des Besitzes errungen, an seine Stelle treten« (WG 384). Die Monopolisierung impliziert für Weber auch das Ende fester, gleicher und reeller Preise: »Der feste, d. h. der für alle Abnehmer gleiche Preis und die strikte Reellität sind . . . eine Voraussetzung und dann auch wieder Produkt eines bestimmten Stadiums kapitalistischer, nämlich der frühkapitalistischen Wirtschaft. Sie fehlen, wo dieses Stadium nicht mehr besteht.« (WG 383f.)

Bemerkenswert ist aber nun die weitere Feststellung Webers, daß diese Entwicklung nicht als zufällig, nicht als *gegen* die freie Konkurrenz und die durch sie ermöglichte »rationale Marktpreisbildung«, sondern als *durch* sie entstanden vorgestellt wird. »Die sakralen, ständischen und traditionellen Gebundenheiten sind die allmählich beseitigten Schranken der rationalen Marktpreisbildung, die rein ökonomisch bedingten Monopole sind umgekehrt deren letzte Konsequenz. Die ständischen Monopolisten behaupten ihre Machte gegen den Markt, schränken ihn ein, der rationale ökonomische Monopolist herrscht durch den Markt.« (WG 385) Wenn Weber so mit aller Deutlichkeit eine Eigenentwicklung des Marktsystems in Richtung auf Herausbildung kapitalistischer Monopole konstatiert, die jede statische Betrachtung, in der der Markt als Gleichgewichtssystem aufgefaßt wird, außer Kraft setzt, dann wird die Geltung von Aussagen zum *Marktsystem*, bei denen Gleichgewichtsbedingungen, wie etwa vollkommene Konkurrenz, unterstellt sind, zumindest fragwürdig.[4]

§ 5. Der Geldgebrauch bzw. das Markthandeln zeigte eine Dimension, die über den mit der materialen Geltung des Geldes formulierten Problemzusammenhang hinauswies. Weniger das Problem, wie sich einzelne Preise aus subjektiven Nutzenschätzungen begründen, als vielmehr das des Sachverhalts, daß ein System effektiver Preise entsteht, in dem sich alle Güter in Preisen darstellen, die den Marktbeteiligten zu Daten ihres Handelns werden, bezeichnet den für die Geld- bzw. Marktwirtschaft und das wirtschaftliche Handeln in ihr entscheidenden Aspekt. Die Geldpreise, obgleich Ergebnisse von Handlungen, haben am Markt für den Einzelnen wesentlich nur Bedeutung als Daten. Die Handelnden produzieren selbst also beständig für ihr eigenes Handeln unumstößliche Daten, denen sie ohnmächtig unterliegen. Weber diagnostiziert beim Markthandeln eine »absolute Versachlichung«, die »allen urwüchsigen Strukturformen menschlicher Beziehungen« fremd ist (WG 383). Ihm ist die Besonderheit einer sachlich vermittelten Interaktion, die in der Marktgemeinschaft im Hinblick auf Unpersönlichkeit und Sachzwang vorliegt, gegenwärtig. In diesem Sinne kennzeichnet er »die Marktgemeinschaft als . . . die unpersönlichste praktische Lebensbeziehung, in welche Menschen miteinander treten können« (WG 382). Weber sieht, daß die (faktische, nicht die formelle) Autonomie des Handelns eingeschränkt, indem eine Anpassung des Handelns an objektive Sozialdaten, die Preise, erzwungen wird. Z. B. im Vergleich zum isolierten Tausch ist damit der Handlungsspielraum für den Einzelnen wesentlich eingeengt. Webers idealtypische Konstruktion des Markts zeichnet eine Situation, »welche da, wo sie ›rein‹ zum Ausdruck kommt, dem in den Markt verflochtenen Individuum nur die Wahl läßt zwischen der Alternative: ›teleologische‹ Anpassung an den ›Markt‹ oder ökonomischer Untergang.« (WL 140) Webers Analyse konzentriert sich nun wesentlich auf den mit der Versachlichung verknüpften Aspekt der Berechenbarkeit des Handlungserfolgs, den Aspekt der formalen Rationalität des Handelns. Die formale Rationalität zeigt sich als Kehrseite der Versachlichung, denn in dem Maße, in dem beliebige andere sich an effektive Preise anpassen müssen, kann die Möglichkeit der Durchsetzung eigener Interessen exakt kalkuliert und eine Optimierung des eigenen Vorteils bei gegebenen Mitteln erreicht werden. Diese Berechenbarkeit und Optimierbarkeit des Handlungserfolgs, d. h. für Weber ein hoher Grad der formalen Rationalität des Handelns, ist gebunden an den Zwang zur Orientierung an objektiven Daten, an Marktpreisen. Dabei stellt sich nun die Frage: Ist die von Weber im Anschluß an seine Analyse von Geld und Markt konstatierte Rechenhaftigkeit, d. h. formale Rationalität des Handelns, notwendig an die Versachlichung und zwanghafte Anpassung gebunden? Ist die sich hier abzeichnende Antinomie von Effizienz und Autonomie des Handelns notwendig und unaufhebbar?

Erläuterungen und Zusätze

1. Bei Marshall (1966) z. B. ist die marginalistische Theorie von vornherein wesentlich auf diese Frage reduziert: welche Nachfrage ergibt sich bei einem gegebenen Marktpreis und bei gegebenen Einkommen?
2. Zum Problem der »doppelten Kontingenz«, das für soziales Handeln charakteristisch ist, vgl. insbesondere Parsons (1964, S. 10 und 94).
3. Walras z. B. glaubte, in dem auf freie Konkurrenz gegründeten Markt das »beste« Wirtschaftssystem wissenschaftlich nachweisen zu können. Vom »rein wissenschaftlichen Gesichtspunkt aus haben wir bisher die freie Konkurrenz nur als eine Thatsache oder selbst als eine Hypothese nehmen dürfen und genommen; denn es war von geringem Einfluß, ob wir sie wirklich gesehen hätten: es hätte zur Noth genügt, daß sie uns denkbar gewesen wäre. Unter diesen Voraussetzungen haben wir deren Natur, Ursachen und Folgen studiert. Es zeigt sich nunmehr, daß jene Folgen innerhalb gewisser Grenzen auf die Gewinnung eines *Maximums von Nützlichkeit* hinauslaufen. Hierdurch wird die freie Konkurrenz ein Grundsatz des *allgemeinen Besten* oder eine Regel . . . Somit führt uns die Schlußfolgerung der reinen Wissenschaft unmittelbar in den Schoß der angewandten Wissenschaft.« (Walras, 1881, S. 62; Herv. d. Verf.) Zur Kritik an der neoklassischen Axiomatik vgl. Kade (1962, S. 84ff. und 156ff.).
4. Daß diese immanente Marktentwicklung in Richtung auf eine »materiale Marktregulierung bei formaler Marktfreiheit« (WG 43), die Weber als »voluntaristisch« (ebd.) bezeichnet, selbst die formale Rationalität gefährdet, wird von ihm auch direkt ausgesprochen: »Das Höchstmaß von Rationalität als rechnerisches Orientierungsmittel des Wirtschaftens erlangt die Geldrechnung in der *Form* der Kapitalrechnung, und dann unter der *materialen* Voraussetzung weitestgehender Marktfreiheit im Sinn der Abwesenheit sowohl oktroyierter und ökonomisch irrationaler wie voluntaristischer und ökonomisch rationaler (d. h. an Marktchan-

cen orientierter) Monopole.« (WG 58) Wenn man die zuletzt genannte Bedingung formaler Rationalität mit der von Weber konstatierten immanent sich entfaltenden voluntaristischen Marktregulierung in Zusammenhang bringt, dann muß man zu der Schlußfolgerung kommen, daß Tendenzen bestehen, die die formale Rationalität, die vom Markt bei »freier Konkurrenz« überhaupt erst gewährleistet wird, wieder zurückdrängen, weil sich bestimmte interessenbezogene, material rationale Gesichtspunkte auf dem Markt durchsetzen.

Fragen zur Diskussion

1. Inwiefern kommt in der Darstellung der Konsequenzen des Geldgebrauchs der handlungstheoretische Zugang zur sozialen Institution des Geldes zum Ausdruck?
2. Welche Probleme sind in der handlungstheoretischen Perspektive der Betrachtung des Geldgebrauchs ausgeklammert?
3. Warum bedeuten die von Weber aufgezählten Konsequenzen des Geldgebrauchs eine Vervielfältigung der Handlungsmöglichkeiten und zugleich eine Vereinheitlichung der Orientierung des Handelns?
4. Worauf beruht die Orientierungsfunktion der Geldrechnung?
5. Welche Veränderungen resultieren aus der Marktgängigkeit von Gütern für das Tauschhandeln?
6. Ist der von Weber mehrfach hervorgehobene »Kampf des Menschen mit dem Menschen« ein spezifisches Charakteristikum der Marktvergesellschaftung?
7. Was bedeutet die von Weber diagnostizierte »absolute Versachlichung«, die für das Handeln am Markt charakteristisch sein soll?

25. Kapitel: Formale Rationalität der Geldrechnung

Textgrundlage

WG, I. Teil, 2. Kap., §§ 9, 10

§ 1. »Als *formale* Rationalität eines Wirtschaftens soll hier das Maß der ihm technisch möglichen und von ihm wirklich angewendeten *Rechnung* bezeichnet werden. Als *materiale* Rationalität soll dagegen bezeichnet werden der Grad, in welchem die jeweilige Versorgung von gegebenen Menschen*gruppen* (gleichviel wie abgegrenzter Art) mit Gütern durch die Art eines wirtschaftlich orientierten sozialen Handelns sich gestaltet unter dem Gesichtspunkt bestimmter *(wie immer gearteter) wertender Prostulate*, unter welchen sie betrachtet wurde, wird oder werden könnte.« (WG 44) Bemerkenswert ist, daß hier in den »Grundkategorien des Wirtschaftens« neue und bedeutsame Bestimmungen zur Rationalität des Handelns getroffen werden, die in Webers erstem Kapitel und dem dort mehrfach angesprochenen Problem der Rationalität des Handelns noch nicht einmal genannt werden. Dies ist um so erstaunlicher, als Weber die Bedeutung der Differenz von formaler und materialer Rationalität nicht nur in der Wirtschaftssoziologie, sondern z. B. auch in der Herrschaftssoziologie, Rechtssoziologie oder Religionssoziologie anspricht. Andrerseits findet sich aber eine ausführliche Behandlung und eine explizite Bestimmung der Kategorien der formalen und materialen Rationalität nur in den »Soziologischen Grundkategorien des Wirtschaftens«. Wir beschränken uns zunächst auf eine Analyse ihrer Bedeutung für die Wirtschaftssoziologie, zumal Weber ausdrücklich hervorhebt: »Die vorgeschlagene Art der Bezeichnung (. . .) möchte lediglich der größeren Eindeutigkeit in der sprachgebräuchlichen Verwendung des Wortes ›rational‹ auf diesesm Problemgebiet dienen.« (WG 44f.) Man könnte behaupten, Weber spart die Behandlung der formalen und materialen Rationalität in seiner Lehre von den Handlungstypen (WG 12f.) noch bewußt aus, weil formale und materiale Rationalität nicht in der Nachkonstruktion der Typik von Sinnzusammenhängen möglicher oder tatsächlicher Handelnder zu gewinnen sind. Während die in den »Grundbegriffen« angesprochenen Bestimmungen des zweckrationalen und des wertrationalen Handelns »Klassifikationen der Arten der Orientierung des Handelns« (WG 13) darstellen und in diesem Sinne allgemeine Handlungstypen sind, sollen durch die Begriffe formale und materiale Rationalität keine sinnhaften Handlungstypen bezeichnet werden. Es soll also kein formal rationales *im Gegensatz* zu einem material rationalen Handeln und umgekehrt geben, sondern mit formaler und materialer Rationalität sollen verschiedene Aspekte ein und desselben Handelns angesprochen werden.

Mit dem Begriff der formalen Rationalität wird von Weber der Aspekt der »Rechenhaftigkeit« eines wirtschaftlichen Handelns bestimmt, d. h. es wird gefragt, inwieweit »die jeder rationalen Wirtschaft wesentliche ›Vorsorge‹ sich in zahlenmäßigen, ›rechenhaften‹, Überlegungen ausdrücken kann und ausdrückt« (WG 45). Die von Wertmaßstäben abhängigen und insofern vielfältigen Beurteilungsmöglichkeiten eines wirtschaftlichen Handelns in bezug auf die Versorgung von Menschengruppen, die sich durch dieses Handeln ergibt, klassifiziert Weber unter dem Gesichtspunkt der materialen Rationalität. Von einem material rationalen Handeln kann also nur ausgehend von einem Wertmaßstab (z. B. dem der Gleichversorgung aller) gesprochen werden. Da es für Weber keine Aufgabe der Wissenschaft sein kann, Wertmaßstäbe aufzustellen bzw. »richtige« Werte auszuwählen, müssen die dem Forscher eigenen materialen Rationalitätsgesichtspunkte außerhalb seiner wissenschaftlichen Betrachtung bleiben.

Die formale Rationalität eines Wirtschaftens kann dagegen unabhängig von allen Wertmaßstäben festgestellt werden und ist in diesem Sinn eindeutig erfaßbar. Die formale Rationalität, als das Maß der technisch möglichen und tatsächlich angewendeten Rechnung auf dem Gebiet des Wirtschaftens, bezieht sich natürlich nicht auf die persönlichen Fähigkeiten der Handelnden, Rechenoperationen ausführen zu können. Die Fähigkeit der Handelnden, überhaupt rechnen zu können, wo man rechnen kann, ist vorausgesetzt. Es geht vielmehr um die objektive Möglichkeit der Rechenbarkeit wirtschaftlicher Vorsorge-Überlegungen. Wir werden zu untersuchen haben, inwieweit diese objektive Möglichkeit zu formaler Rationalität überhaupt auf Leistungen von Handelnden oder auf überindividuelle Faktoren zurückgeht, die dem einzelnen Handelnden vorgegeben sind. Im Grunde stellen wir damit die Frage, ob mit der Feststellung formaler Rationalität ein Prädikat von Handlungen oder von Systembedingungen ausgesprochen wird. Gleich wie die Antwort hierauf ausfällt: in jedem Fall ist formale Rationalität nicht nur ein lediglich zu analytischen Zwecken gebildeter Begriff, der bestimmte Züge des Handelns hervorhebt, vielmehr gewinnt formale Rationalität in der Verkehrswirtschaft und insbesondere im modernen Kapitalismus praktische Bedeutung. In gesteigertem Maße vollzieht sich das Wirtschaften in der Form zahlenmäßiger, rechenhafter Überlegungen. Ein historisch einmalig hoher Grad der formalen Rationalität kennzeichnet Weber zufolge die Kapitalrechnung, die auf der Geldrechnung aufbaut. Nicht zufällig wird daher auch der Begriff der formalen Rationalität erst im Zusammenhang mit Geld von Weber eingeführt. Die spezifische Bedeutung der Kategorie der formalen Rationalität läßt sich dementsprechend an der von Weber selbst ausgeführten Differenz von Natural- und Geldrechnung herausarbeiten.

§ 2. Weber – und wir mit ihm – gehen in der Betrachtung und im Vergleich von Naturalrechnung und Geldrechnung zunächst vom einzelnen Wirtschaftenden aus und fragen nach ihren jeweiligen Orientierungsleistungen. Dabei sind »sowohl die Naturalrechnung wie die Geldrechnung ... *rationale* Techniken« (WG 58). »Vom Standpunkt des ›Wirtschaftens‹ aus gesehen« so Weber »bedeuten ›technische‹ Fragen: daß die ›*Kosten*‹ erörtert werden: eine für die Wirtschaft stets grundlegend wichtige, aber: eine Frage, die *ihrem* Problemkreis stets in der Form angehört: wie stellt sich die Versorgung *anderer* (...) Bedürfnisse, wenn für *dies* Bedürfnis jetzt diese Mittel verwendet werden. (...) Denn die Frage: was, vergleichsweise, die Verwendung verschiedener Mittel für *einen* technischen Zweck ›kostet‹, ist letztlich verankert an der Verwendbarkeit von Mittel (darunter vor allem auch: von *Arbeits*kraft) für verschiedene *Zwecke*.« (WG 33) Die »mehrdeutige Verwendbarkeit der Beschaffungsmittel« (WG 47) und deren Knappheit bedingen überhaupt erst das Rechnungsproblem, weil mit jeder Entscheidung für einen Zweck bzw. über die dazu einzusetzenden Mittel (Art und Kombination der Beschaffungsmittel) die Verwirklichung anderer möglicher Zwecke ausgeschlossen wird. Aufgabe irgendwelcher wirtschaftlicher Rechen-Technik wäre dann: »rechnerische Feststellung des Optimums des Nutzens der Verwendung von Bedarfsdeckungsmitteln unter Vergleichung sehr heterogener möglicher Verwendungsarten« (WG 46).

Naturalrechnung und Geldrechnung sind, wie Weber ausführt, für diese Aufgabe nicht gleich geeignet. Er behauptet zwar nicht, daß die Naturalrechnung für diese Aufgabe völlig unbrauchbar sei, aber er stellt fest, daß im Rahmen der Naturalrechnung die »(formal exakte) *rechnungs*mäßige Lösung enge Schranken« (WG 46) habe, während die Geldrechnung »das Maximum dieser *formalen* Rechenhaftigkeit darstellt« (WG 45). In der Naturalrechnung sind nur Aufwendungen gleicher Art unmittelbar rechnerisch miteinander vergleichbar. Sobald aber z. B. entschieden werden soll, ob ein Gebrauchsgut unter Verwendung verschiedener verfügbarer Beschaffungsmittel selbst hergestellt oder durch Abtausch verfügbarer Güter erworben werden soll, muß eine Vergleichung und Abwägung des jeweiligen Aufwands erfolgen. Dies ist ein Problem, das eine genaue rechnerische Lösung aufgrund reiner Naturalschätzungen kaum gestattet. Derartige Probleme lassen sich hingegen – so Weber – auf Basis der Geldrechnung relativ einfach rechnerisch entscheiden, vorausgesetzt, daß für den Wirtschaftenden sein »Einkommen und Vermögen entweder in Geld oder in (prinzipiell) *jederzeit* durch Abtausch in Geld verwandelbaren, also im absoluten Höchstmaß marktgängigen, Gütern besteht« (WG 46). Das angesprochene Problem stellt sich bei Geldrechnung so: Die Entscheidung zwischen Eigenherstellung oder Eintausch eines Gutes reduziert sich auf einen Vergleich zwischen der Summe der in Geld bewerteten Aufwendungen und dem Preis, der für das Gut auf dem Markt zu entrichten wäre. Auch das grundlegende Optimierungs-Problem wäre bei Geldrechnung eher einer rechnerischen, also einer formal rationalen Lösung zugänglich. Die Entscheidung über mögliche alternative Wege in der Herstellung eines Guts (d. h. Entscheidung darüber, welche alternativen sachlichen Beschaffungsmittel in welcher Kombination mit Maß und Art von Arbeit zu verwenden seien) orientiert sich an der Minimierung der dafür jeweils aufzuwendenden Geldbeträge bzw. an den den erforderlichen Beschaffungsmitteln zurechenbaren Geldkosten. Die Entscheidung über Bedarfsdeckungszwecke selbst kann »bei Verfügung über Geldvermögen und Geldeinkommen relativ einfach – an der Hand der Dringlichkeitsskala der Bedürfnisse –« (WG 46) erfolgen, »relativ einfach« deshalb, weil im Falle des Kaufs eines Bedarfsguts eine Grenznutzenschätzung des mittelbar oder unmittelbar verfügbaren Geldes in bezug auf den Preis im Rahmen der Dringlichkeitsskala der Bedürfnisse möglich ist, und im Falle der eigenen Herstellung des Bedarfsguts alle verwendeten Mittel nicht je einzeln von dem Einzelnen in ihrer Nutzen- und Knappheitsbedeutung bewertet werden müssen, sondern in ihren addierbaren Preisen in die Entscheidung, die anhand der Dringlichkeitsskala der Bedürfnisse erfolgt, rechenbar eingehen.

Allgemein ergibt sich also die von Weber konstatierte Rationalitätsschranke der Naturalrechnung daraus, daß sich auf ihrer Grundlage qualitativ verschiedene Güter und Arbeiten nicht »eindeutig und ohne ganz subjektive Bewertung« (WG 54) vergleichen oder verrechnen lassen. Bei Naturalrechnung muß der Wirtschaftende alle Nutzleistungen selbst bewerten und diese Bewertung ist 1. starken Veränderungen in zeitlicher Dimension unterworfen, weil sie im Hinblick auf die sich verändernde Dringlichkeitsskala seiner Bedürfnisse vorgenommen wird, und 2. gänzlich subjektiv, weil sie als Leistung eines einzelnen (dazu noch isoliert vorgestellten) Subjekts zu begriffen ist. (Vgl. WG 37 über die spezifische Irrationalität des isolierten Tauschs, und oben 22. Kap.) Zu fragen ist, wie die »Geldrechnung« jenes offenkundige Rationalitätsdefizit der Naturalrechnung, die in Webers strenger Bestimmung die gesellschaftlichen Beziehungen einer arbeitsteilig differenzierten Wirtschaft gar nicht ermöglichen würde, überwinden kann, und wie diese Überwindung auf der Basis subjektiv gerichteter Theorie erklärbar ist. Naturalrechnung kann nur als Leistung handlungs- und rechnungsfähiger Individuen begriffen werden (und dies sind, worauf gerade die Handlungstheorie stets aufmerksam macht, nur *einzelne* Individuen): Der Naturalrechung ermangelt es – insofern sie sich auf rein subjektive Wertschätzungen stützt – an Objektivität im Sinne von intersubjektiver Verbindlichkeit. Dagegen sützt sich die von den Wirtschaftenden vollzogene »Geldrechnung« – wie wir gesehen haben – auf die Tatsache, daß deren eigenes Handeln auf dem Markt zur Bildung effektiver Preise führt. Geldrechnung ist also ohne die Voraussetzung eines sozialen Kontexts sehr spezifischer Natur gar nicht denkbar. Ohne den Markt und die aus dem Marktkampf resultierenden effektiven Preise als Orientierungsgrößen gäbe es weder Geld noch die Möglichkeit einer »objektiven« Schätzung von Gütern in der Geldrechnung. Soweit ist Weber zu folgen. Soweit er jedoch die Erklärung der Bildung von Geldpreisen auf dem Markt im Ausgang von einer subjektivistischen Wertlehre andeutet (oder einer auf dieser Basis verfahrenden ökonomischen Theorie überlassen will), verwikkelt er sich in einen Widerspruch: mit dem Nachweis der Schranken der Naturalrechnung zeigt er gegen seine eigenen Intentionen zugleich die Erklärungsschranken einer Theorie auf, die im Ausgang vom subjektiven wirtschaftlichen Handeln die Bildung »objektiver« Preise rekonstruieren will, in der die spezifisch subjektiven, unabhängigen Nutzenschätzungen zugleich als unvergleichbar gelten müssen, und in der das Geld lediglich mit theoretisch fragwürdigen Hilfskonstruktionen eingeführt werden kann (vgl. oben 23. Kap.). Wenn also, was Weber sehr richtig sieht, »Geldrechnung« jene Rationalitätsgrenzen der Naturalrechnung überwinden kann, diese Überwindung jedoch nicht als Leistung der mit Geld Rechnenden begriffen werden kann, wer »rechnet« dann und garantiert jene Eindeutigkeit und Objektivität, die Weber in der formalen Rationalität der Geldrechnung gewährleistet sieht? Jener »Rechner« (WALRAS, 1881, S. 9), der die effektiven Preise und die materiale Geltung des Geldes ermittelt, an denen die einzelnen Wirtschaftenden sich dann orientieren müssen, kennen wir schon: es ist der Markt. Die eindeutige Rechenbarkeit und Objektivität der Bewertung, welche die Überlegenheit der Geldrechnung gegenüber der Naturalrechnung ausmachen, ist also nicht Leistung der Rechnenden, sondern des Marktmechanismus, nicht Leistung von Handelnden, sondern eines Systems. Die effektiven Preise und die materiale Geltung des Geldes sind das nicht-intendierte, objektive Resultat, das aus dem intentionalen Handeln der vielen Einzelnen, aus ihren subjektiven Schätzungen sich ergibt; und die subjektiv gerichtete ökonomische Theorie reproduziert – im Widerspruch zu ihrem eigenen Erklärungsanspruch – nur jenen praktischen Umschlag in Objektivismus, der für das System des Markts charakteristisch ist (vgl. oben 24. Kap., § 3).

Mit der formalen Rationalität der Geldrechnung ist, ohne daß Weber sich hierüber klar würde, demnach immer schon ein Systemzusammenhang thematisiert, der jenseits des Horizonts der einzelnen Handelnden und ihrer Intentionen liegt; und die eigentümliche Objektivität, welche die formale Rationalität der Geldrechnung ausmacht, ist nicht Leistung der mit Geld rechnenden Wirtschaftssubjekte, sondern des Marktsystems und damit eigentlich nicht mehr Handlungsrationalität, sondern Systemrationalität.[1] Die Bewertungen, die bei Naturalrechnung der Einzelne selbständig vornimmt und mit denen er rechnet, werden bei Geldrechnung durch die effektiven Preise ersetzt, an die der Einzelne bei Strafe des Untergangs sich anzupassen gezwungen ist. Das – vor allem vom handlungstheoretischen Ausgangspunkt her – Erstaunliche ist nun, daß die formale Rationalität des Wirtschaftens Einzelner für Weber untrennbar gekoppelt erscheint an die postulierte formale Rationalität eines Systems, das nicht nur nicht planbar oder intentional lenkbar ist, sondern allen Einzelnen nur die Wahl läßt zwischen ohnmächtiger Anpassung an seine »objektiven« Daten oder ökonomischem Untergang; das also – mit Marx gesprochen – Eigenleben gewinnt und sie beherrscht, statt daß sie es beherrschen.

§ 3. Wir haben in § 2 zu zeigen versucht, daß hinsichtlich der »Feststellung der optimalen Vorbedingungen *formaler* Rationalität der Wirtschaft« (WG 65) genauer als bei Weber selber unterschieden werden muß, ob es sich um formale Rationalität von Handeln oder um die formale Rationalität »der Wirtschaft«, also eines Systems handelt. Wir haben gesehen, daß die formale Rationalität wirtschaftlichen Handelns bei »Geldrechnung« nicht eigentlich Leistung der Handelnden, sondern des »Markts« war. Die »glatte und restlose ›Anpassung‹ an die gegebene ›Situation‹«, an die »Marktlage« (WL 227), garantierte das Höchstmaß formaler Rationalität der mit Geld Rechnenden. Die formale Rationalität dieser »Marktrechnung« oder »Geldrechnung« zeigte sich als Voraussetzung der formalen Rationalität des Wirtschaftens der mit Geld »Rechnenden«. Nur vor dem Hintergrund einer derartigen Interpretation formaler Rationalität als Zwang zur Anpassung an nicht-intendierte soziale Systemdaten (Marktlage, effektive Preise, Wert des Geldes) wird Webers *zentrale These zum Verhältnis von formaler und materialer Rationalität* verständlich: »Formale und materiale (gleichviel an welchem Wertmaßstab orientierte) Rationalität« fallen nämlich nicht nur als theoretische Gesichtspunkte »unter allen Umständen *prinzipiell* auseinander« (WG 59), sondern – und darin liegt der Kern der Weberschen Aussage – in der gesellschaftlichen Realität. Das prinzipielle praktische Auseinanderfallen formaler und materialer Rationalität ist für Weber eine »grundlegende und letztlich unentrinnbare Irrationalität der Wirtschaft« (WG 60) überhaupt. Wir müssen fragen: Warum und inwiefern ist jenes Auseinanderfallen formaler und materialer Rationalität nicht nur ein friedliches, durch wissenschaftstheoretische Überlegungen gefordertes Nebeneinander verschiedener Gesichtspunkte, sondern eine praktische, die gesamte Entwicklung des Kapitalismus bestimmende Antinomie? Warum gilt jene Antinomie nicht nur für die auf der Geldrechnung basierende moderne kapitalistische Verkehrswirtschaft, sondern als *prinzipielle* Antinomie für *jede* Wirtschaft?

Zunächst scheint es so, als sei das Auseinanderfallen formaler und materialer Rationalität bloße Konsequenz der wissenschaftstheoretischen Forderung nach Wertfreiheit wissenschaftlicher Aussagen: Mit Hilfe dieser Unterscheidung läßt sich wirtschaftliches Handeln einerseits untersuchen nach der Bedeutsamkeit seiner Mittel, Ziele und Effekte bezüglich irgendwelcher Wohlfahrtskriterien (Bedürfnisbefriedigung, materiale Versorgung von Individuen und Gruppen usw.), deren Beurteilung selbst wieder von letzten und letztlich subjektiven Wertentscheidungen abhängig ist; andrerseits nach dem zunächst offenbar »objektiv« konstatierbaren Maß der Rechenhaftigkeit, dessen sich der wirtschaftlich Handelnde bedient. Um dies Maß der Rechenhaftigkeit zu konstatieren, bedarf es keines Eingehens auf die jeweils konkreten Zwecke des Wirtschaftenden. Über das Maß der formalen Rationalität des Wirtschaftens sind daher wertfreie, wissenschaftliche Aussagen möglich. Weber begründet das Auseinanderfallen von formaler und materialer Rationalität zunächst damit, daß »die formale Rationalität der Geldrechnung ... an sich *nichts aus*(sagt) über die Art der materialen Verteilung der Naturalgüter« (WG 59). Aufgabe der Wissenschaft wäre es demnach einerseits, Aussagen über die formale Rationalität von Handlungen und/oder Systemen zu machen, andrerseits darüberhinaus zu untersuchen, in welcher Weise die Verwirklichung »*materialer* ›Forderungen‹ gleichviel welcher Art« (WG 65) die formale Rationalität des Wirtschaftens oder der jeweiligen Wirtschaft beeinflußt (vgl. »Kosten« der Vollsozialisierung etc.). Nicht nur über materiale Forderungen, sondern auch über weitergehende »Beziehungen« (WG 65) zwischen formaler und materialer Rationalität wäre wissenschaftlich nichts auszumachen.

Nun ist jedoch offensichtlich, daß Webers These der »materialen Irrationalität« der Wirtschaft (vgl. WG 60, 78, 79 u. ö.) Aussagen über die Beziehung zwischen formaler und materialer Rationalität enthält. Von zwei Standpunkten aus wäre allgemein die formale Rationalität einer Wirtschaftsordnung der »materialen Irrationalität« zu zeihen: a) Vom Standpunkt der empirisch Handelnden aus, insofern diese selbst die Wirtschaft unter material rationalen Gesichtspunkten beurteilen (z. B. die WG 78 angesprochenen Arbeiter). Der wissenschaftliche Beobachter würde diese materialen Postulate dann nicht selbst formulieren (oder notwendigerweise teilen), sondern sie als empirisch konstatierbare fertig vorfinden; b) Vom Standpunkt des Wissenschaftlers selbst aus, insofern dieser das Auseinanderfallen von formaler und materialer Rationalität an einem übergreifenden Begriff von Vernunft mißt, in dem eine Einheit formaler und materialer Rationalität angezielt wird. Unsere These ist, daß Webers Kritik an den prinzipiellen Schranken der – eben nur formalen – Rationalität z. B. der Geldrechnung nicht nur (ob distanzierend oder sich identifizierend) empirisch konstatierbare material rationale Kritik aufgreift, sondern an einem derartig weiterreichenden Begriff von Vernunft orientiert ist. Es wäre zu fragen, ob er damit nicht jene aus seinen eigenen wissenschaftstheoretischen Schriften sich ergebenden Anforderungen sprengt, oder ob jene Aussage der Irrationalität der kapitalistischen Wirtschaft nicht als Werturteil, sondern als deskriptiver Ausdruck für jenes den Kapitalismus kennzeichnende Auseinanderfallen von formaler und materialer Rationalität interpretiert werden kann.

Warum fallen nun formale Rationalität der Geldrechnung und materiale Rationalität »praktisch« auseinander? Wir haben die formale Rationalität der Geldrechnung als Resultat eines Systemzusammenhangs interpretiert, den die einzelnen Handelnden zwar hervorbringen, der jedoch durch irgendwie geartete subjektive Intentionen weder erklärt noch durch diese gelenkt oder gesteuert werden könnte. Dies wird durch die zwangsweise Anpassung der einzelnen Individuen an jene eigentümliche »Objektivität« der »Marktrechnung«, ans System effektiver Preise deutlich zum Ausdruck gebracht. In jener »Entpersönlichung« oder »Versachlichung« liegt (unserer Interpretation nach) für Weber der Grund der Antinomie von formaler und materialer Rationalität: »In Verbindung mit der – im Fall voller Marktfreiheit – *absoluten Indifferenz* (Herv. d. Verf.) gerade der formal vollkommensten Rationalität der Kapitalrechnung *gegen alle, wie immer gearteten, materialen Postulate* (Herv. d. Verf.) begründen diese im Wesen der Geldrechnung liegenden Umstände (sc. Regelung der Güterversorgung nicht durch Begehr, sondern durch zahlungsfähige Nachfrage – d. Verf.) die prinzipielle *Schranke* ihrer Rationalität. Diese ist eben rein *formalen* Charakters« (WG 59). Formale Rationalität der Geldrechnung bedeutet, daß die »Versorgung von gegebenen Menschengruppen« *prinzipiell* nicht in wie auch immer gearteter Richtung wertend (material rational) gestaltet werden kann; sie ist vielmehr nicht-intendiertes Resultat des Systems der effektiven Preise. Bei Geldrechnung wird zwar der Marktmechanismus durch die formal rationale Orientierung an effektiven Preisen in Gang gehalten, aber die sich ergebenden Preise, die die Versorgung von Menschengruppen material bestimmen, können nicht zugleich intentional gelenkt, also planend verändert werden. (Zum Zusammenhang von Rationalität des Handelns und individueller Planung bei Weber vgl. oben 20. Kap., § 4) Indem die Handelnden in der Orientierung an Geldpreisen ihre eigenen Zwecke optimal verfolgen können, hat ihr Handeln objektive Funktionen, die nicht nur ihre eigene, sondern die Versorgung aller an der »Marktgemeinschaft« (WG 382) Beteiligten betreffen. In der prinzipiellen Unmöglichkeit einer irgendwie gearteten gesellschaftlichen Planung der Versorgung unter wertenden Gesichtspunkten ist die spezifisch materiale Irrationalität dieser Wirtschaftsordnung zu sehen.[2] Alle wie auch immer gearteten materialen Forderungen prallen an diesem sich selbstregulierenden Getriebe, das alle einzelnen Handelnden unterjocht, ab und werden mit seiner historischen Entwicklung wenn schon nicht desavouiert, so doch zumindest jeglicher geschichtlichen Verwirklichungsmöglichkeit beraubt.

Wir kennen nun Webers kritische Darstellung der Antinomie zwischen materialer Rationalität und formaler Rationalität der *Geldrechnung*. Weber zeigt jedoch jene Antinomie nicht nur für die moderne kapitalistische Verkehrswirtschaft auf, sondern postuliert sie als grundlegende und letztlich unentrinnbare Antinomie aller Wirtschaft überhaupt. Nur dadurch wird jene Antinomie generell *prinzipielle* Antinomie. Für ihn bedeutet die marktwirtschaftliche Organisation der Wirtschaft: Steigerung der formalen auf Kosten der Planbarkeit jeglicher materialen Rationalität; dagegen die planwirtschaftliche Organisation: Planbarkeit materialer auf Kosten der formalen Rationalität. Denn die Planwirtschaft muß »im Fall radikaler Durchführung, die Herabminderung der formalen, *rechnungsmäßigen* Rationalität in Kauf nehmen, wie sie (. . .) der Fortfall der Geld- und Kapitalrechnung unvermeidlich bedingt« (WG 60). Die These von der prinzipiellen Antinomie ist demnach an zwei Behauptungen gekoppelt, mit deren Kritik sie widerlegt wäre: 1. Der Markt als System »effektiver Preise«

zwingt nicht nur alle einzelnen Handelnden zu formaler Rationalität, sondern das Resultat des formal rationalen Wirtschaftens aller Einzelnen ist die formale Rationalität des Marktsystems. Obwohl Weber, wie wir gesehen haben (24. Kap.), weder explizit diese Auffassung vertritt, noch ökonomischer Gleichgewichts- und Wohlfahrtsapologetik aufsitzt, ist doch für ihn charakteristisch, daß er die nicht-intendierten Folgen des Markthandelns (wie Krisen etc.) nicht nur nicht analysiert, sondern kaum je als solche überhaupt benennt. 2. Die Beseitigung des Geldes als Orientierungsmittel bedingt notwendig eine Herabminderung der formalen Rationalität oder Rechenhaftigkeit des Wirtschaftens. Wir werden zu verfolgen haben, ob Webers Behauptung, das Geld sei »das ›vollkommenste‹ wirtschaftliche Rechnungsmittel, das heißt: das formal rationalste Mittel der Orientierung wirtschaftlichen Handelns« (WG 45), nicht damit zusammenhängt, daß er die sozialen Voraussetzungen des Geldgebrauchs, Verausgabung gesellschaftlicher Arbeit in der Form der Privatarbeit, unanalysiert läßt, und ob ihm nicht gerade dadurch der Blick verstellt wird für einen arbeitsteiligen gesellschaftlichen Produktionszusammenhang, in welchem die notwendige Gesellschaftlichkeit nicht erst ex post über den Markt, sondern ex ante über die Planung gesellschaftlicher Arbeit hergestellt wird. (Vgl. unten 29. Kap.) Zuvor müssen wir jedoch im III. Abschnitt das »Höchstmaß« der formalen Rationalität der »Geldrechnung in der *Form* der Kapitalrechnung« (WG 58) diskutieren, da diese Steigerung der formalen Rationalität des Wirtschaftens eine über das bisherige weit hinausgehende Steigerung der gesellschaftlichen Abhängigkeit der handelnden Individuen bedingt, in deren kritischer Thematisierung ein nicht unwesentliches Verdienst der Weberschen Soziologie zu sehen ist.

Erläuterungen und Zusätze

1. Man kann Weber so interpretieren, daß ihm gerade durch die Analyse der Geldrechnung die Unzulänglichkeit der Analyse der Wirtschaft mit Kategorien der Handlungsrationalität sich aufdrängte, und daß mit der bei ihm angelegten Unterscheidung von Zweckrationalität und formaler Rationalität (als Systembegriff) die spätere Unterscheidung von Handlungsrationalität und Systemrationalität, wenn auch ohne klares methodisches Bewußtsein, angezielt ist. Vgl. dazu LUHMANN (1973, Kap. 1 und 2).
2. Vgl. hierzu z. B. (RS 544): »Der Kosmos der modernen rationalen kapitalistischen Wirtschaft wurde ..., je mehr er seinen immanenten Eigengesetzlichkeiten folgte, desto unzugänglicher jeglicher denkbaren Beziehung zu einer religiösen Brüderlichkeitsethik. Und zwar nur immer mehr, je rationaler und damit unpersönlicher er wurde. Denn man konnte zwar die persönliche Beziehung zwischen Herren und Sklaven ethisch restlos regulieren, eben weil sie persönlich war. Nicht aber – wenigstens nicht im gleichen *Sinn* und mit dem gleichen *Erfolg* – die zwischen den wechselnden Inhabern von Pfandbriefen und den ihnen unbekannten und

ebenfalls wechselnden Schuldnern der Hypothekenbank, zwischen denen keinerlei persönliches Band bestand. Versuchte man es doch, so waren die Folgen . . .: *Hemmung* der formalen Rationalität«.

Fragen zur Diskussion

1. Bezieht sich Webers Prädikat der formalen Rationalität auf Handlungen oder auf Systembedingungen, die dem Handeln vorgegeben sind?
2. Worin liegen die Vorzüge der Geldrechnung gegenüber der Naturalrechnung?
3. Inwiefern kann man formulieren, daß Rechenleistungen, die bei Naturalrechnung der einzelne Handelnde vollzieht, bei Geldrechnung vom Markt vollzogen werden?
4. Wie kann Ihrer Meinung nach Webers These vom Auseinanderfallen von formaler und materialer Rationalität für das verkehrswirtschaftliche System interpretiert werden?

Hinweis zur Paginierung:
Um die Seitengleichheit mit der zweibändigen Ausgabe beizubehalten, werden die Seiten 251–260 in dieser Ausgabe übersprungen.

III. Abschnitt: Der moderne Kapitalismus

Lernziele
Thema dieses Abschnitts sind Grundzüge einer Theorie des modernen Kapitalismus bei Weber.

Es gilt zunächst (im 26. Kap.) den Handlungstypus des kapitalrechnungsmäßigen Erwerbens kennenzulernen und ihn von dem des Haushaltens abzugrenzen. Es sollen Schwierigkeiten dieser Abgrenzung diskutiert werden. Hier und im 27. Kap. wollen wir danach fragen, inwieweit in Webers Analyse des modernen Kapitalismus Strukturmerkmale eingehen, die selbst nicht mehr zureichend aus sinnhaftem Handeln erklärt werden können, und inwieweit damit ein – wenn auch vager – Begriff von »Kapitalismus als System« seiner Untersuchung des modernen Kapitalismus zugrundeliegt.

Wir haben uns (im 28. Kap.) deutlich zu machen, was die zum Höchstmaß gesteigerte formale Rationalität des modernen Kapitalismus bedeutet, und warum sich auch der Widerstreit von formaler und materialer Rationalität in modernen Kapitalismus zuspitzt.

Schließlich wollen wir (im 29. Kap.) die Begründung von Webers These diskutieren, daß im Gegensatz zur formalen Rationalität im modernen Kapitalismus eine mögliche sozialistische Wirtschaftsordnung notwendig mit einer Herabminderung der formalen Rationalität verbunden sei.

26. Kapitel: Haushalten und Erwerben

Textgrundlage
WG, I. Teil, 2. Kap., §§ 10, 11

§ 1. Für Weber wie für Marx bedeutet der Kapitalismus, diese spezifische, in der Neuzeit sich herausbildende Wirtschaftsorganisation, eine tiefgreifende, alle Lebensbereiche erfassende Veränderung und insofern einen besonderen Abschnitt innerhalb der Menschheitsgeschichte. Auch von Webers Standpunkt ist es gerechtfertigt, von einer besonderen, der »kapitalistischen Epoche« (WL 395) zu sprechen. Aber während Marx formulieren kann: »Das Kapital kündigt . . . von vornherein eine Epoche des gesellschaftlichen Produktionsprozesses an« (MEW 23/184), geht Weber von einem allgemeinen, historisch unspezifischen Kapitalbegriff aus – nach seinem Begriff »hat es ›Kapitalismus‹ und ›kapitalistische‹ Unternehmungen . . . in *allen* Kulturländern der Erde gegeben, soweit die ökonomischen Dokumente zurückreichen« (RS 6) –, um diesen dann so weiter zu präzisieren, daß dieser auch zur analytischen Erfassung des »modernen okzidentalen Kapitalismus« brauchbar ist.

Eine handlungstheoretische Analyse des »modernen okzidentalen Kapitalismus«, bzw. kürzer: des »modernen Kapitalismus«, hat auf bestimmte Handlungen zurückzugreifen. Offenbar gibt es aber nach Weber keine besondere Art des Handelns, die ausschließlich für den modernen Kapitalismus charakteristisch wäre. Verschiedene Arten des wirtschaftlichen Handelns bilden nicht unmittelbar verschiedene historische Wirtschaftsformen. Gleichwohl sucht Weber den Zugang zum Verständnis des modernen Kapitalismus in dem Typ wirtschaftlichen Handelns zu finden, der in der modernen Erwerbswirtschaft die zentrale Rolle spielt: dem Erwerben.

Weber gewinnt den Begriff des Erwerbens in Abgrenzung zum Begriff des Haushaltens. Der Gegensatz von Haushalten und Erwerben oder, bezogen auf die den Handlungstypen korrelierenden Wirtschaftstypen, von Bedarfsdeckungs- und Erwerbswirtschaft, besitzt für den Aufbau der »Soziologischen Grundkategorien des Wirtschaftens« entscheidende Bedeutung. Dieser Gegensatz bildet das oberste Klassifikationsprinzip, nach dem Weber wirtschaftliche Erscheinungen ordnet. Bei allen »menschlichen Leistungen wirtschaftlicher Art«, schreibt Weber (WG 62f.), muß gefragt werden: »handelt es sich um haushaltsmäßige oder um erwerbsmäßige Verwendung?« Die grundlegende Unterscheidung zwischen Haushalten und Erwerben, bzw. zwischen Bedarfsdeckungs- und Erwerbswirtschaft, trifft Weber schon auf der Grundlage der allgemeinen Definition des Wirtschaftens. Man könne immer »unter zwei verschiedenen Gesichtspunkten wirtschaften. Einmal zur Deckung eines gegebenen eigenen Bedarfs. ... Gegenüber der Wirtschaft zur Deckung des eigenen Bedarfs ist die zweite Art des Wirtschaftens Wirtschaft zum Erwerb: die Ausnutzung des spezifisch ökonomischen Sachverhalts: Knappheit begehrter Güter, zur Erzielung eigenen Gewinns an Verfügung über diese Güter.« (WG 199f.)

In den »Grundkategorien des Wirtschaftens« definiert Weber detaillierter: »Die kontinuierliche Verwendung und Beschaffung (sei es durch Produktion oder Tausch) von Gütern zum Zweck 1. der eignen Versorgung oder 2. zur Erzielung von selbst verwendeten anderen Gütern heißt *Haushalt.*« (WG 46) Alle Maßnahmen, die an konkreten eigenen Bedarfsdekkungszwecken orientierte Tätigkeiten der Verwendung und Beschaffung von Gütern darstellen, fallen für Weber unter die Sinnbestimmung »Haushalten«. Demgegenüber gibt Weber für die dazu alternative Art des Wirtschaftens, das Erwerben, keine präzis-allgemeine und eindeutige Sinnbestimmung. Er definiert: »*Erwerben* soll ein an den Chancen der (einmaligen oder regelmäßig wiederkehrenden: kontinuierlichen) Gewinnung von neuer Verfügungsgewalt über Güter orientiertes Verhalten ... heißen.« (WG 48) Mit der Wendung »Gewinnung von neuer Verfügungsgewalt über Güter« wird die Bedeutung von Tauschbeziehungen für das Erwerben angesprochen, die Weber auch schon im § 1 hervorhebt (vgl. WG 33). Neben der Bedeutung von Tauschbeziehungen für das Erwerben ist mit diesem für die Definition zentralen Ausdruck, »Gewinnung von neuer Verfügungsgewalt über Güter«, in keiner möglichen Lesart eine dem Erwerben spezifische Sinnbestimmung benannt, die eine eindeutige Unterscheidung von »Erwerbstausch« und »haushaltsmäßigem Tausch« (WG 48) gestattet. Liest man die Webersche Formulierung als Gewinnung von Verfügungsgewalt über qualitativ neue Güter (vgl. z. B. WG 53, Punkt 4), so ist sofort deutlich, daß sie für jeden Tausch, also auch für den haushaltsmäßigen Tausch gelten muß, denn jeder Tausch schließt mit einer Verfügungsgewalt über qualitativ neue Güter ab. Liest man dagegen die Formulierung als Gewinnung von quantitativ neuer, d. h. zusätzlicher Verfügungsgewalt über Güter, dann ist daraus ebenfalls kein Kriterium der Unterscheidung von Erwerbstausch und haushaltsmäßigem Tausch zu gewinnen, denn die rein quantitative Bestimmtheit kann sich bei Weber nur auf die subjektiven Nutzenschätzungen von Gütern beziehen, und ein wechselseitiger Nutzenzuwachs ist für Weber konstitutives Moment jedes ökonomischen Tausches, der nicht unter einer »Zwangslage« (WG 37) erfolgt. Also schließt auch der sogenannte haushaltsmäßige Tausch quantitativ neue bzw. zusätzliche Verfügungsgewalt, in der allein möglichen Bestimmtheit von zusätzlichem Nutzen, nicht aus. Die Schwierigkeit der Bestimmung eines auf Gewinn abzielenden Erwerbens ergibt sich für Weber offenbar daraus, daß er nicht vor dem Hintergrund einer Theorie der objektiven Äquivalenz von Werten operieren kann: erst dadurch würde eine präzise Unterscheidung zwischen einfachem Tausch (haushaltsmäßigem Tausch) und Gewinn (Erwerben) möglich.

Angesichts dieser Schwierigkeit macht Weber die Unterscheidung zwischen Haushalten und Erwerben an der je spezifischen Zirkulationsform, oder wie er formuliert, an deren »Schlußakt« fest: »Haushalten und Erwerben können im Handeln des Einzelnen derart ineinandergreifen (...), daß nur der Schlußakt (Absatz hier, Verzehr dort) den Ausschlag für den Sinn des Vorgangs gibt« (WG 47). Erst im Kontext der Zirkulationsform, die als Schlußakt entweder Absatz oder Verzehr aufweist, kann der einzelne Tauschakt als haushaltsmäßiger oder erwerbsmäßiger identifiziert werden. Dabei ist hervorzuheben, daß diese Unterscheidung erst mit dem Geldgebrauch möglich ist, denn »Absatz« heißt Tausch von Gütern gegen Geld. Die Schwierigkeit der Unterscheidung von Haushalten und Erwerben verlagert sich damit dahin, jenen »Schlußakt« als solchen zu identifizieren. Insoweit Geld zirkuliert, Güter gegen Geld und »erworbenes« Geld wieder gegen Güter getauscht werden, kann jener »Schlußakt« nur dann eindeutig als solcher identifiziert werden, wenn entweder von der Handlungskette, Verkaufen und Kaufen, abgesehen und nur noch der Einzelakt betrachtet, oder dieser Handlungskette ein bestimmter Sinn unterlegt wird: statt »verkaufen, um zu kaufen« (Haushalt) gilt für das Erwerben die Intention

»kaufen, um zu verkaufen«. Obwohl Weber der letztere Ausweg aus seiner Schwierigkeit durchaus offenstünde (von seinem Ansatz her), wählt er offenbar zunächst den ersteren. Anders wäre nämlich die Doppelbedeutung von Webers Begriff des Erwerbens, der nicht nur das auf »Gewinn« abzielende kapitalrechnungsmäßige Erwerben umfaßt, sondern auch den sogenannten Arbeitserwerb, d. h. den Tausch eigener Arbeitsleistungen gegen Geld, nicht zu erklären. Das Gemeinsame dieser an sich so verschiedenen Handlungen, die in ihrem letzten Sinn, in den ihnen zugrunde liegenden Motiven, gänzlich auseinanderfallen können, besteht eben darin, daß sie jeweils »Absatz« von Gütern oder Leistungen gegen Geld einschließen.

Von den beiden unter den allgemeinen Begriff des Erwerbens subsumierbaren Arten des Handelns, Arbeitserwerb und kapitalrechnungsmäßiger Erwerb, kommt der letzteren, dem kapitalrechnungsmäßigen Erwerben, die zentrale Bedeutung für dieAnalyse kapitalistischer Wirtschaftsorganisation zu. Weber spitzt deshalb auch die Unterscheidung von Haushalten und Erwerben auf den Gegensatz von Haushalten und kapitalrechnungsmäßigem Erwerben zu und konzentriert sich auf die begriffliche Analyse des kapitalrechnungsmäßigen Erwerbens, das er unter dem institutionellen, gleichwohl den Handlungsbezug noch sichtbar machenden Begriff »Unternehmen« faßt. »Der Gegensatz zu ›Unternehmen‹: einer Art der *wirtschaftlichen* Orientierung (am Gewinn) ist dagegen: ›Haushalt‹ (Orientierung an Bedarfsdeckung). Aber der Gegensatz von ›Unternehmen‹ und ›Haushalt‹ ist nicht erschöpfend. Denn es gibt *Erwerbs*handlungen, welche nicht unter die Kategorie des ›Unternehmens‹ fallen: aller nackte *Arbeits*erwerb, der Schriftsteller-, Künstler-, Beamten-Erwerb sind weder das eine, noch das andre.« (WG 63 f.)

§ 2. Kapitalrechnungsmäßiges Erwerben ist orientiert am Gewinn. Dem »rationalen wirtschaftlichen Erwerben« (WG 48) unterlegt Weber eine Zirkulationsform, in der Geldschätzungssummen bzw. unmittelbar Geld den Anfangs- und den Schlußpunkt bilden. Nur in dieser Zirkulationsform, als Ausdruck der Bewegung des Kaufens, um zu verkaufen, können die Begriffe »Kapital«, »Kapitalrechnung«, »Gewinn« und »Rentabilität« einen Sinn haben, denn jeweils sind Extreme dieser Zirkulationsform in den Bestimmungen als »Beginn« und »Abschluß« (bei Kapitalrechnung), als »Anfangs-« und »Abschlußbilanz« (bei Kapitalrechnung und Gewinn) bzw. als »Vor-« und »Nachkalkulation« (bei Rentabilität) angesprochen.

»*Kapital* heißt die zum Zwecke der Bilanzierung bei Kapitalrechnung festgestellte Geldschätzungssumme der für die Zwecke des Unternehmens verfügbaren Erwerbsmittel« (WG 48). »Der Kapitalbegriff«, so hebt Weber hervor, »ist hier streng privatwirtschaftlich und ›buchmäßig‹ gefaßt« (WG 50). Als Kapital gilt Weber die bei privaten Erwerbswirtschaften feststellbare Geldschätzungssumme von Gütern, Leistungen, Chancen sowie unmittelbar Geld, die dem Erwerbszweck zur Verfügung stehen. »*Kapitalrechnung* ist die Schätzung und Kontrolle von Erwerbschancen und -erfolgen durch Vergleichung des Geldschätzungsbetrages einerseits der sämtlichen Erwerbsgüter (in Natur oder Geld) bei Beginn und andererseits der (noch vorhandenen und neu beschafften) Erwerbsgüter bei Abschluß des einzelnen Erwerbsunternehmens oder, im Fall eines kontinuierlichen Erwerbsbetriebes: einer Rechnungsperiode, durch Anfangs- bzw. Abschluß-*Bilanz*.« (WG 48) Kapitalrechnung ist eine besondere Form der Geldrechnung, ohne die der Erwerbszweck, Gewinn bzw. Rentabilität, weder rational erstrebt noch das Ausmaß seiner Erfüllung kontrolliert werden kann. Ganz allgemein weist Weber auf die »außerordentliche Bedeutung optimaler *Berechenbarkeit* als Grundlage optimaler Kapitalrechnung« (WG 48f.) hin und führt im einzelnen aus: »Kapitalrechnung setzt bei *Markterwerb* voraus: 1. daß für die Güter, welche der Erwerbsbetrieb beschaft, hinlänglich breite und gesicherte, durch Kalkulation abschätzbare, Absatzchancen bestehen, also (normalerweise): Marktgängigkeit, 2. daß ebenso die Erwerbsmittel: sachliche Beschaffungsmittel und Arbeitsleistungen, hinlänglich sicher und mit durch Kalkulation errechenbaren ›Kosten‹ auf dem Markt zu erwerben sind, endlich: 3. daß auch die technischen und rechtlichen Bedingungen der mit den Beschaffungsmitteln bis zur Absatzreife vorzunehmenden Maßregeln (Transport, Umformung, Lagerung usw.) prinzipiell berechenbare (Geld-) Kosten entstehen lassen.« (WG 48)

»*Gewinn* bzw. *Verlust* (ist) der durch die Abschlußbilanz ermittelte Mehr- bzw. Minderbetrag der Schätzungssumme gegenüber derjenigen der Anfangsbilanz« (ebd.). Weber legt fest: »Von ›Gewinn‹ und ›Verlust‹ soll . . . nur in Kapitalrechnungs-Unternehmungen die Rede sein.« (WG 51) Charakteristischer als die Gewinn-Orientierung ist für das rationale kapitalrechnungsmäßige Erwerben die Rentabilitäts-Orientierung, weil in ihr der Grad – der auch auf Dauer – angezielten Kapitalverwertung zum Ausdruck kommt: »*Rentabilität* bedeutet (im Rationalitätsfall) 1. den, als möglich und durch die Maßregeln des Untenehmers zu erstrebend, durch Vorkalkulation errechneten –, 2. den laut Nachkalkulation tatsächlich erzielten und ohne Schädigung künftiger Rentabilitätschancen für den *Haushalt* des (oder der) Unternehmers verfügbaren Gewinn einer Periode, ausgedrückt üblicherweise im Quotienten- (heute: Prozent-) Verhältnis zum bilanzmäßigen Anfangskapital.« (WG 48) Orientierung an Rentabilität ist die charakteristische, erst auf Grundlage der besonderen Zirkulationsform mögliche Orientierung des kapitalrechnungsmäßigen Wirtschaftens: »Die Kapitalrechnung und Kalkulation des Marktunternehmers kennt, im Gegensatz zur Haushaltsrechnung, keine Orientierung am ›Grenznutzen‹, sondern an der *Rentabilität*.« (WG 49)

§ 3. Über die instrumentale Bestimmung des Gewinns hinaus (als Saldo von Anfangs- und Schlußbilanz) spricht Weber die für das kapitalrechnungsmäßige Erwerben wichtige Frage, wie Gewinn, also Rentabilität möglich ist, nur indirekt bei der »Bestimmung des Kapitalzins-Begriffs« (WG 51) an. Über die Klärung der einen Frage, wie Gewinn möglich ist, wollen wir versuchen, die andere Frage, wie Haushalten und Erwerben auseinanderzuhalten sind, weiter zu klären.

Eingangs dieses Kapitels hatten wir Weber Unterscheidung von Haushalten und Erwerben mittels der verschiedenen Zirkulationsformen bzw. über den je spezifischen Schlußakt (»Absatz hier, Verzehr dort«) zu identifizieren versucht. Es zeigt sich nun, daß auch diese Unterscheidung unzureichend ist, wenn – wie bei der Bestimmung von Zins und Kapitalzins – das Darleihen von Geld gegen einen Zuschlag bei der späterenRückzahlung für Weber sowohl ein Vorgang des Haushaltens bzw. der Vermögensverwaltung als auch ein Vorgang des Erwerbens bzw. der Kapitalrechnung sein kann. Nach dem bisher erzielten Ergebnis der Bestimmung des Erwerbens über den Schlußakt könnte man annehmen, daß ein Handeln mit dem Resultat des »Zinsgewinns« ebenso zum Erwerben zu rechnen ist wie Handlungen, die mit dem Resultat: Gewinn oder z. B. Lohn (weil auch Lohnarbeit Erwerben ist) abschließen. Dagegen hebt Weber hervor, daß es sich beim Darleihen von Geld oder Gütern unter der Vereinbarung vermehrter Rückerstattung durchaus »noch um Kategorien des Haushaltens und der Vermögensverwaltung, nicht aber um solche der Kapitalrechnung« (WG 51) handeln kann. Weber nennt als Beispiel: »Auch wer von einem ›Geldjuden‹ sich ein Notdarlehen für Eigenbedarfszwecke geben läßt, ›zahlt‹ im Sinn dieser Terminologie keinen ›Kapitalzins‹ *und der Darleihende empfängt keinen* (Her. d. Verf.), – sondern: Darlehnsentgelt. Der betriebsmäßig Darleihende rechnet *sich* von seinem *Geschäfts*kapital (bei rationaler Wirtschaft) ›Zins‹ an und hat mit ›Verlust‹ gewirtschaftet, wenn durch Ausfälle von Darlehens-Rückzahlungen dieser Rentabilitätsgrad nicht erreicht wird. *Dieser* Zins ist uns ›Kapitalzins‹, jener andre einfach: ›Zins‹. Kapitalzins im Sinn dieser Terminologie ist also stets Zins *vom* Kapital, nicht Zins *für* Kapital« (WG 51 f.). Nicht überall, wo Zins anfällt, handelt es sich demnach für Weber um Kapitalerwerb und um anfallenden Kapitalzins (z. B. Sparzinsen sind keine Kapitalzinsen). Nun soll hier die Sinnfälligkeit der Unterscheidung von Kapitalzins und Zins keinesfalls bestritten werden. Es geht nur darum, deutlich zu machen, welche Schwierigkeiten im handlungstheoretischen Konzept Webers dieser Unterscheidung entgegenstehen. Mit der Differenzierung von Kapitalzins und Zins ist »Kapital« nicht mehr nur einfach ein Geldbetrag bzw. ein geldwerter Einsatz, der in der Absicht vorgestreckt wird, daß ein vermehrter Betrag zurückfließen werde, denn dies gilt auch für den Haushalt, der ein Darlehen gewährt.

Die Zirkulationsform mit charakteristischem »Schlußakt« gibt kein Kriterium für die Unterscheidung beider ab. Wenn Weber dagegen dem »betriebsmäßig« (WG 51) Darleihenden die Erwirtschaftung von Kapitalzins zuerkennt, so kann sich das einmal auf das Merkmal der Kontinuität in der Erwirtschaftung von Zins beziehen, aber dem steht entgegen, daß es auch einmalige Erwerbsakte gibt (vgl. WG 48), die als einzelne Erwerbsakte auch identifizierbar sein müssen. Oder das »betriebsmäßige« Darleihen bezieht sich auf eine spezifische Orientierung im Handeln. Aber auch die mögliche Rentabilitätsorientierung gegenüber der Grenznutzenschätzung kann nicht den Ausschlag geben, denn grenznutzenorientiert wird nur die Entscheidung sein, welcher Teil des Vermögens eines Haushalts für den aktuellen Verzehr und welcher Teil für die Anlage bestimmt sein soll, während die Anlage selbst, also die Entscheidung über die Verwendung dieses Vermögensteils, rentabilitätsorientiert erfolgt, also danach, wo der höchste Zinssatz erwartet werden kann.

In der sinnhaften Perspektive von Handelnden sieht Weber zwar einen eindeutigen Zusammenhang zwischen Kapitalrechnung und Rentabilitätsorientierung, der aber an äußerlichen Merkmalen, wie dem des Kapitals als vorgeschossener Geldbetrag oder wie dem der Kontinuität bei der Erwirtschaftung von Zins, nicht eindeutig ablesbar ist. Durch »Kapital« wird aber ein besonderer Handlungszusammenhang ausgedrückt, der in der von Weber getroffenen Unterscheidung »Zins *vom* Kapital«, also Kapitalzins, gegenüber »Zins *für* Kapital«, also einfach: Zins, angesprochen ist. Die Besonderheit des kapitalrechnungsmäßigen Handelns gründet in der Möglichkeit der Erwirtschaftung von Kapitalzins und Gewinn. Die entscheidende Frage, deren Beantwortung auch eine eindeutige Unterscheidung von Vermögensanlage und kapitalrechnungsmäßigem Erwerben ergeben müßte, ist also die nach der Herkunft des Kapitalzinses bzw. des Gewinns.

Weber stellt sich das Problem wie folgt: »Die Erklärung jenes Grundphänomens kapitalistischer Wirtschaft . . .: daß für ›Leih*kapitalien*‹ – also *von* Unternehmern – dauernd Entgelt gezahlt *wird*, kann nur durch Beantwortung der Frage gelöst werden: warum die Unternehmer durchschnittlich dauernd hoffen dürfen, bei Zahlung dieses Entgelts an die Darleihenden dennoch Rentabilität zu erzielen, bzw. unter welchen allgemeinen Bedingungen es eben durchschnittlich zutrifft: daß der Eintausch von gegenwärtigen 100 gegen künftige 100 + x rational ist.« (WG 52). Und Weber antwortet auf dieses Problem: »Die ökonomische Theorie wird darauf mit der Grenznutzrelation künftiger im Verhältnis zu gegenwärtigen Gütern antworten wollen. Gut! Den Soziologen würde dann interessieren: in welchem *Handeln* von Menschen diese angebliche Relation derart zum Ausdruck kommt: daß sie die Konsequenzen dieser Differenzialschätzung in der Form eines ›Zinses‹ ihren Operationen zugrunde legen können. Denn wann und wo dies der Fall ist, das wäre nichts weniger als selbstverständlich. Tatsächlich geschieht es bekanntlich in den *Erwerbs*wirtschaften. Dafür aber ist primär die ökonomische *Machtlage* maßgebend zwischen einerseits den Erwerbsunternehmen und andrerseits den Haushaltungen, sowohl den die dargebotenen Güter konsumierenden, wie den gewisse Beschaffungsmittel (Arbeit vor allem) darbietenden. Nur dann werden Unternehmungen begründet und *dauernd* (kapitalistisch) betrieben, *wenn* das Minimum des ›Kapitalzins‹ erhofft wird. Die ökonomische *Theorie* – die höchst verschieden aussehen könnte – würde dann wohl sagen: daß jene Ausnutzung der Machtlage – eine Folge des Privateigentums an den Beschaffungsmitteln und Produkten – nur *dieser* Kategorie von Wirtschaftssubjekten ermögliche: so zu sagen ›zinsgemäß‹ zu wirtschaften.« (ebd.) Es wird deutlich, daß Weber die Zeitpräferenz, d. h. die »Grenznutzrelation künftiger im Verhältnis zu gegenwärtigen Gütern«, zur Erklärung des Gewinns nicht für ausreichend erachtet. Genau genommen argumentiert Weber, daß diese Grenznutzenrelation zur Erklärung der Möglichkeit des Gewinns nichts beiträgt, denn »diese angebliche Relation« verdeutlicht allenfalls, warum für den Gläubiger gegenwärtige 100 gleich viel wert sind wie zukünftige 100 + x, nicht aber warum dem Unternehmer als Schuldner gegenwärtige 100 mehr wert sein können als zukünftige 100 + x. Das gegenwärtige Ausleihen von 100 gegen künftige Rückzahlung von 100 + x weist zwar darauf hin, daß die Unternehmer Gewinn (über x hinaus) zwischenzeitlich erwirtschaften können und insofern gegenwärtige 100 höher bewerten als zukünftige 100 + x. Dies bedeutet aber in keiner Weise eine Erklärung für die Verwandlung von 100 in 100 + x + Gewinn. Deshalb verweist Weber auf die ökonomische Machtlage, auf einen Machtvorteil der Erwerbsunternehmen gegenüber den Haushalten, bedingt durch deren »Privateigentum an den Beschaffungsmitteln und Produkten«. Und zwar besteht Weber zufolge diese Machtunterlegenheit der Haushalte sowohl in ihrer Tauschbeziehung als Konsumenten wie auch in der als Darbietende von Beschaffungsmitteln (»Arbeit vor allem«). Aber auch die bloße Angabe von »ökonomischer Macht« (vgl. WG 123) bedeutet keine ausreichende Erklärung, solange nicht gezeigt ist, wie »Macht« sich im frei paktierten Tausch durchsetzt, daß durchschnittlich dauernd die eine Seite »gewinnt«.

Selbst wenn man jedoch die Erklärung durch Macht akzeptieren will, bleibt darin das Problem ungelöst, mit dem wir die Frage nach der Möglichkeit des Gewinns eingeleitet haben. Wir erwarteten durch die Erklärung des Gewinns eine eindeutige Abgrenzung des Zins' vom Kapitalzins und damit von vermögensanlegendem Haushalten und kapitalrechnungsmäßigem Erwerben. Nun ist aber Macht bedingt durch Privateigentum kein Spezifikum der Art von Handeln, bei dem Kapitalzins und Gewinn anfallen. Betrachtet man die auf dem Kapitalmarkt anlegenden Haushalte, so ist der Zins für Kapital, den die Unternehmer zahlen müssen, und der den darleihenden Haushalten zufließt, ebenso eine Folge der durch ihr Privateigentum bedingten Machtlage. Nur ihre Machtlage durch Privateigentum an Beschaffungsmitteln sichert den darleihenden Haushalten den Teil des Mehrbetrages, der ihnen als Zins zufließt. Die Machtlage ist mithin nicht die differentia specifica von Kapitalzins und Zins und demgemäß auch kein brauchbares Mittel zur Erklärung des Unterschieds zwischen kapitalrechnungsmäßigem Erwerben und Vermögensanlage.

Weber ist sich der Problematik dieser Abgrenzung und Erklärung durchaus bewußt. Deshalb verbindet er mit dem Versuch einer Antwort auf die Frage: *wie* Kapitalzins bzw. Gewinn entsteht, die Antwort auf eine andere Frage: *wo* Kapitalzins bzw. Gewinn entsteht. Denn »wo dies der Fall ist, das wäre nichts weniger als selbstverständlich. Tatsächlich geschieht es bekanntlich in den *Erwerbs*wirtschaften« (WG 52), die im folgenden Satz von Weber auch als »Erwerbsunternehmen« bezeichnet werden und die er von den »Haushaltungen« institutionell getrennt weiß. Im anschließenden Punkt des gleichen Paragraphen nimmt Weber das Abgrenzungsproblem wieder auf, aber nun schon im Blick auf den Erwerbsbetrieb als den Ort, wo Kapitalzins bzw. Gewinn anfällt: »Vermögensverwaltung und Erwerbsbetrieb können sich einander äußerlich bis zur Identität zu nähern scheinen. Die erstere ist in der Tat nur durch den konkreten letzten *Sinn* des Wirtschaftens von dem letzteren geschieden: Erhöhung und Nachhaltigkeit der Rentabilität und der Marktmachtstellung des Betriebes auf der einen Seite, – Sicherung und Erhöhung des Vermögens und Einkommens auf der anderen Seite.« (WG 52)

Die spezifische Sinnbestimmung der Abgrenzung zeigt aber hier nun deutlich ein neues Moment: die Bezugnahme auf den *Betrieb*. Was durch die Angabe der Zielbestimmung: Kapitalrentabilität, (bezüglich der Abgrenzung zwischen kapitalrechnungsmäßigem Erwerben und vermögensanlegendem Haushalten) nicht erreicht werden konnte, das wird nun präzisiert durch die Zielbestimmung: Rentabilität des Betriebes. Diese präzisierte Sinnbestimmung setzt eine tatsächliche institutionelle »Scheidung von Haushalt und Betrieb« (ebd.) schon voraus. Wenn sich Webers Sinnbestimmung des kapitalrechnungsmäßigen Erwerbens gegenüber dem vermögensanlegenden Haushalten auf die institutionalisierte Trennung des Erwerbsbetriebs vom Haushalt bezieht, wenn also das kapitalrechnungsmäßige Erwerben nur durch eine institutionelle Ortsangabe, den Betrieb, eindeutig festzumachen ist, dann dokumentiert sich daran zum wiederholten Mal, daß die handlungstheoretische Konzeptualisierung der sozialen Wirklichkeit auf Probleme stößt, die einen Wechsel der Sprachebene erzwingen, so daß in Sinnbestimmungen von Handlungen Ausdrücke eingehen, die nicht mehr auf der Ebene von Handlungen liegen, sondern auf der von sozialen Institutionen. Letztere können nicht mehr restlos in rein handlungstheoretische Ausdrücke transformiert werden.

Die an dieser Stelle zutage tretende Schranke der methodischen Reduktion (von Begriffen von Institutionen auf solche von Handeln)[1] weist über den abstrakt theoretischen Aspekt, daß die handlungstheoretische Redeweise hier nicht durchgehalten werden konnte, hinaus auf inhaltliche Aspekte des Erwerbens, die mit jenem theoretischen Mangel in Zusammenhang stehen. Die in die Bestimmung des Erwerbens eingehende Bezugnahme auf den institutionellen Ort, den Betrieb, trifft, ganz abgesehen davon, wie das Erwerbsbetriebshandeln funktioniert, insofern etwas richtiges, als das Erwerben mindestens in der modernen Loslösung des Betriebs vom Haushalt sehr weitgehend von Zusammenhängen bestimmt wird, die mit der Existenz des Erwerbsbetriebs für den in dessen Rahmen Handelnden sachlich gesetzt sind. Dieser Gedanke wird von Weber selbst zum Ausdruck gebracht, wenn er die moderne rationale Betriebsführung als von »*sachlichen* Interessen« bestimmt sieht, die »mit den *persönlichen* Interessen des oder der Inhaber der Verfügungsgewalt keineswegs identisch, oft entgegengesetzt« (WG 53) sind.

Wir haben inzwischen schon mehrfach Webers analytische Trennung von epochenübergreifendem Begriff des Erwerbens und spezifisch modernen Aspekten des Erwerbens (z. B. mit der Trennung von Haushalt und Betrieb) durchbrochen. Das ist infolge der Verschränkung unterschiedlicher Bezugnahmen bei Weber kaum zu vermeiden, vor allem deshalb, weil einerseits seinem allgemeinen bzw. idealtypischen Begriff des Erwerbens das moderne Erwerben am nächsten kommt, andererseits aber dem modernen Erwerben auch wieder Besonderheiten zugeschrieben werden, die es vom Erwerben in früheren Wirtschaftsperioden unterscheiden.

Erläuterungen und Zusätze

1. Zum Problem der Reduzierbarkeit von Begriffen von Institutionen auf solche von Handeln vgl. MANDELBAUM (1975), der die »Irreduzibilität gesellschaftlicher Begriffe« (S. 199) behauptet. Vgl. dazu auch DANTO (1974, insbes. S. 445 ff.) und oben: Vergleichende Diskussion I.

Fragen zur Diskussion

1. Wie unterscheidet Weber zwischen den Handlungstypen Haushalten und Erwerben?
2. Warum faßt Weber den »Arbeitserwerb« als einen besonderen Typus des Erwerbens und nicht des Haushaltens?
3. Was heißt: kapitalrechnungsmäßiges Erwerben ist orientiert am Gewinn?
4. Wie ist Gewinn bzw. Rentabilität für das Erwerben dauernd möglich?
5. Inwiefern kann Weber die handlungstheoretische Redeweise nicht durchhalten,

so daß in seine Bestimmung des kapitalrechnungsmäßigen Erwerbens Begriffe von Institutionen eingehen, die sich nicht restlos in Begriffe von Handlungen auflösen lassen?

27. Kapitel: Kapitalrechnungsmäßiges Erwerben und moderner Kapitalismus

Textgrundlage

WG, 1. Teil, 2. Kap., §§ 11–25, 22, 23, 30
RS, S. 1–16 (»Vorbemerkung«)
RS, S. 17–206 (»Die protestantische Ethik und der Geist des Kapitalismus«)

§ 1. Das kapitalrechnungsmäßige Erwerben gilt Weber einerseits als eine weitgehend historisch universelle Form des Wirtschaftens, als eine Form, die es in »*allen* Kulturländern der Erde« (RS 6) gegeben hat, andererseits ist das kapitalrechnungsmäßige Erwerben eine Kategorie, die fürs Verständnis des modernen okzidentalen Kapitalismus grundlegend ist. Für Weber ist das kapitalrechnungsmäßige Erwerben im modernen Kapitalismus durch eine nur ihm eigentümliche Verkehrung bestimmt, in der das Gewinnstreben nicht mehr Mittel zum Zweck der Bedarfsdeckung, sondern reiner »Selbstzweck« (RS 35) ist. Diese Verkehrung ist jedoch nach Weber weder notwendige Folge noch Moment des kapitalrechnungsmäßigen Erwerbens unabhängig von der Gesellschaftsform, in der es auftritt. Ein ganz unspezifisches Gewinnstreben muß noch keinen Gegensatz zum Motiv der Bedarfsdeckung bedeuten, vielmehr ließe sich der Gewinn als Einkommen eines »Unternehmers« (den es für Weber zu allen Zeiten gegeben hat) interpretieren, so wie der Lohn als Einkommen des Arbeitserwerbstätigen aufzufassen ist, wobei dann beide, Gewinn- und Lohneinkommen, der Bedarfsdeckung dienen. Soweit wäre auch der Gewinn nur Mittel zum Zweck der Bedarfsdeckung. Wenn aber der Gewinn im modernen Kapitalismus nicht mehr Mittel zum Zweck der Bedarfsdeckung ist, wenn vielmehr das »nackte Geldgewinnstreben« (WG 31) ein von aller Bedarfsdeckung unabhängiger Zweck geworden ist, dann muß diese Besonderheit des modernen Kapitalismus erklärt werden.[1]

Auch wenn Weber das kapitalrechnungsmäßige Erwerben als in verschiedenen Wirtschaftsepochen existenten Handlungstypus begreift, so weiß er doch und bringt es mit aller Deutlichkeit zum Ausdruck, daß der moderne okzidentale Kapitalismus ein historisch spezifisches »Wirtschaftssystem« (PE II 28) darstellt, das er durch besondere Strukturmerkmale gekennzeichnet sieht. Der moderne Kapitalismus als besonderes

Wirtschaftssystem wird bei Weber nicht mehr allein über Handlungssinn, sondern auch über seine, durch Strukturmerkmale ausgewiesene Wirtschaftsform bestimmt. Demgemäß darf das kapitalrechnungsmäßige Erwerben nicht mehr nur als epochenübergreifender Handlungstypus, sondern muß in seiner Eingebundenheit in das Wirtschaftssystem des modernen Kapitalismus betrachtet und analysiert werden. Diese Sichtweise brächte möglicherweise zum Ausdruck, daß die dem modernen Kapitalismus spezifische Verkehrung in dessen spezifischer Formbestimmtheit selbst begründet ist.

Dieser möglichen »Divergenz« von Handlungsanalyse und Systemanalyse wollen wir uns im folgenden zuwenden, indem wir uns zunächst kurz mit Webers Aufsatz »Die protestantische Ethik und der Geist des Kapitalismus« beschäftigen.

Der Protestantismusaufsatz ist immer wieder in der Richtung mißverstanden worden, als habe Weber damit eine »antimaterialistische« Analyse der Entstehung des modernen Kapitalismus geliefert, als habe er die Entstehung des modernen Kapitalismus als Wirtschaftsform allein aus religiös bedingten Sinnvorstellungen, aus einer religiös bedingten Geisteshaltung der Handelnden erklären wollen. Dagegen gewinnt die »Protestantische Ethik . . .« für uns gerade deshalb Bedeutung, weil hier die kapitalistische Wirtschaftsform bzw. das kapitalistische Wirtschaftssystem als ein – allerdings nicht analysierter – relativ selbständiger Faktor unterstellt ist. Unser Interesse richtet sich gerade auf die Charakterisierung des modernen Kapitalismus als Wirtschaftssystem. Diese eingeschränkte Perspektive, den modernen Kapitalismus als Wirtschaftssystem mit ihm eigenen Strukturmerkmalen zu analysieren, widerspricht dem Ansatz des Protestantismusaufsatzes nicht, der die Rolle religiös bedingter sinnhafter Einstellungen der Handelnden für die Herausbildung des modernen Kapitalismus analysiert.

§ 2. Bedingung der Entstehung des modernen Kapitalismus ist für Weber die Auflösung des »ökonomischen Traditionalismus«, den er folgendermaßen beschreibt: »der Mensch will ›von Natur‹ nicht Geld und mehr Geld verdienen, sondern einfach leben, so leben wie er zu leben gewohnt ist und soviel erwerben, wie dazu erforderlich ist.« (RS 44) Die Frage nach den Bedingungen der Auflösung des ökonomischen Traditionalismus weist schon in die Richtung, in der Weber gemäß seinem Forschungsinteresse Gründe der Entstehung des modernen Kapitalismus sucht und findet: in der Entstehung einer besonderen Wirtschaftsethik bzw. Wirtschaftsgesinnung. Dabei gilt für ihn: »Eine Wirtschaftsethik ist keine einfache ›Funktion‹ wirtschaftlicher Organisationsformen, ebensowenig wie sie umgekehrt diese eindeutig aus sich heraus prägt.« (RS 238) Und: »Zu den Determinanten der Wirtschaftsethik gehört als eine –wohlgemerkt: nur *eine* – auch die religiöse Bestimmtheit der Lebensführung.« (ebd.) Nur diese Determinante der Wirtschaftsethik, die religiöse Bestimmtheit der Lebensführung, untersucht Weber im Protestantismusaufsatz.

Dieses bewußt eingegrenzte Erkenntnisziel bestimmt seine Arbeit: er will zeigen, daß die moderne Wirtschaftsethik, also der »›Geist‹ des Kapitalismus«[2], nicht nur als ein »reines Anpassungsprodukt« (RS 55) an wirtschaftliche Organisationsformen entstanden ist, sondern daß dieser »›Geist‹ des Kapitalismus« seine Entstehung und sein Gepräge sehr wesentlich den religiösen Vorstellungen, wie sie vor allem vom asketischen Protestantismus hervorgebracht wurden, verdankt. Die Begrenzung dieses Erkenntnisziels ist immer wieder mißverstanden bzw. mehr oder weniger außer acht gelassen worden (vgl. FISCHOFF, 1972, S. 346ff.), so daß Weber in Erwiderung auf seine Kritiker sich mehrfach genötigt sieht, den begrenzten Anspruch seiner Untersuchung gegen weitergehende Interpretationen (seien diese nun kritisch oder zustimmend) abzugrenzen. So schreibt er, daß er »nachdrücklich die Möglichkeit der ›törichten‹ These ablehne, daß die Reformation *allein* den kapitalistischen Geist ›oder wohl gar‹ den Kapitalismus selbst (als Wirtschafts*system*) geschaffen habe, da ja wichtige *Formen* kapitalistischen Geschäftsbetriebes erheblich älter als sie seien« (PE II 28, vgl. auch RS 83). Mit dem Protestantismusaufsatz ist weder eine erschöpfende Ableitung der Wirtschaftsgesinnung des modernen Kapitalismus beansprucht noch überhaupt eine »Ableitung von Wirtschafts*formen* aus religiösen Motiven« (PE II 31). Weber betont, »daß es der Geist ›methodischer‹ *Lebensführung* ist, welcher aus der ›Askese‹ in ihrer protestantischen Umbildung ›abgeleitet‹ werden sollte und welcher zu den Wirtschaftsformen nur in einem allerdings kulturgeschichtlich m. E. sehr wichtigen ›Adäquanz‹-Verhältnis steht.« (ebd.)

Wir wollen auf die Hauptargumente des Protestantismusaufsatzes nicht näher eingehen, und zwar weniger deshalb, weil er im Gegensatz zu den »Grundkategorien des Wirtschaftens« schon so vielseitige Würdigung und Kritik erfahren hat[3], als vielmehr deshalb, weil in ihm eben nur die Analyse »der Bedingtheit der Entstehung einer ›Wirtschaftsgesinnung‹: des ›Ethos‹ einer Wirtschaftsform, durch bestimmte religiöse Glaubensinhalte« (RS 12) erfolgt, nicht aber die mögliche umgekehrte Bedingtheit der Wirtschaftsgesinnung durch diese Form selbst untersucht wird. Erst eine derartige Untersuchung vermöchte die Bedeutung des religiösen Einflusses zu klären, und zwar gerade dann, wenn der Einfluß von ökonomischer Form und religiösen Vorstellungen nicht konkurrierend, sondern ineinandergreifend vorgestellt wird.

Die Bedingtheit der Wirtschaftsgesinnung durch die kapitalistische Wirtschaftsform selbst kommt aber im Protestantismusaufsatz gar nicht in den Blick, weil dort der Kapitalismus nicht ausdrücklich als Wirtschaftsform behandelt wird, so daß Formunterschiede des modernen Kapitalismus gegenüber dem Kapitalismus, wie er von jeher bestanden hat, zunächst kaum sichtbar werden. Dadurch entsteht der Eindruck, Weber hege die Überzeugung, daß die durch religiöse Einstellungen mitbedingte Veränderung der Wirtschaftsgesinnung das schlechthin bedeutende besondere Merkmal des modernen Kapitalismus sei.

Weber arbeitet Strukturmerkmale des modernen Kapitalismus im wesentlichen erst in den späteren Schriften heraus, in »Wirtschaft und Gesellschaft« und auch in der »Vorbemerkung«. Vergleicht man nun »Die protestantische Ethik ...« mit diesen späteren Äußerungen zum Thema moderner Kapitalismus, so könnte man glauben, daß Weber zwei verschiedene oder gar gegensätzliche Bestimmungsweisen der Spezifik des modernen okzidentalen Kapitalismus anführt: eine Bestimmung des »Geistes« des modernen Kapitalismus und eine der »Form« des modernen Kapitalismus. Beide Bestimmungen lassen sich durch prägnante Formulierungen aus den entsprechenden Schriften illustrieren. So heißt es im Protestantismusaufsatz: »›Kapitalismus‹ hat es in China, Indien, Babylon, in der Antike und im Mittelalter gegeben. *Aber eben jenes eigentümliche Ethos fehlte ihm, wie wir sehen werden.«* (RS 34) In der später entstandenen »Vorbemerkung« heißt es: »Die kapitalistische Unternehmung und auch der kapitalistische Unternehmer ... sind uralt und waren höchst universell verbreitet. Nun hat aber der Okzident ein Maß von Bedeutung und, was dafür den Grund abgibt: Arten, Formen und Richtungen von Kapitalismus hervorgebracht, die anderwärts niemals bestanden haben.« (RS 6) An grundlegenden Formbesonderheiten nennt Weber dann im einzelnen: »die rational-kapitalitalistische Organisation von (formell) *freier Arbeit«* (RS 7), *»die Trennung von Haushalt und Betrieb«* (RS 8) und »die rationale *Buchführung«* (ebd.). Diese Besonderheiten sind aber keineswegs einfache Funktionen der besonderen modernen kapitalistischen Wirtschaftsgesinnung, sondern haben den Charakter von Strukturmerkmalen. Beide Bestimmungen sind zwar nicht einander ausschließende oder gegensätzliche, aber sie werden von Weber auch nicht ausdrücklich in ein Verhältnis gesetzt, und insofern kann er die Bedeutung des religiösen Einflusses auf die Wirtschaftsgesinnung und damit auf die Entwicklung zum modernen Kapitalismus schwerlich angeben.

Dabei ist das Problem des Zusammenhanges von kapitalistischer »Form« und kapitalistischem »Geist« schon im Protestantismusaufsatz an einer Stelle sehr deutlich und in bemerkenswerter Weise thematisiert: »Die ›kapitalistische‹ Form einer Wirtschaft und der Geist, in dem sie geführt wird, stehen zwar generell im Verhältnis ›adäquater‹ Beziehung, nicht aber in dem einer ›gesetzlichen‹ Abhängigkeit voneinander. Und wenn wir trotzdem für diejenige Gesinnung, welche *berufsmäßig* systematisch und rational legitimen Gewinn ... erstrebt, hier provisorisch den Ausdruck ›Geist des (modernen) *Kapitalismus*‹ gebrauchen, so geschieht dies aus dem historischen Grunde, weil jene Gesinnung in der *modernen* (Herv. d. Verf.) kapitalistischen Unternehmung ihre adäquateste Form, die kapitalistische Unternehmung andererseits in ihr die adäquateste geistige Triebkraft gefunden hat.« (RS 49) Weber hält offenbar selbst die Form gerade »der *modernen* kapitalistischen Unternehmung« für ein unverzichtbares Korrelat der Wirksamkeit der religiösen Einflußnahme auf die Wirtschaftsgesinnung, d. h. die protestantische Ethik hat sich auf die Wirtschaftsgesinnung nur deshalb so nachhaltig auswirken können, weil in der modernen kapitalistischen Unternehmung schon die adäquate Form dieser Gesinnung bereitstand. Bekräftigt wird die Bedeutung der modernen Form der kapitalistischen Unternehmung noch durch die Anmerkung, die Weber dem Ausdruck »Geist des (modernen) Kapitalismus« hinzufügt: »Natürlich des dem Okzident spezifischen *modernen* rationalen *Betriebs*, nicht des seit 3 Jahrtausenden in der Welt, von China, Indien, Babylon, Hellas, Rom, Florenz bis in die Gegenwart verbreiteten Kapitalismus der Wucherer, Kriegslieferanten, Amts- und Steuerpächter, großen Handelsunternehmer und Finanzmagnaten.« (ebd.)

Außerdem zeigt sich die Bedeutung der spezifischen Formbestimmtheit des modernen Kapitalismus auch in einem anderen Zusammenhang: Im zweiten Abschnitt des Protestantismusaufsatzes (RS 30ff.) umreißt Weber den historischen Begriff bzw. das »historische Individuum«: »Geist des Kapitalismus«. Diesen »Geist« charakterisiert wesentlich die Verkehrung von Mittel und Zweck beim Erwerben, die Weber mit folgenden Worten beschreibt: »Der Mensch ist auf das Erwerben als Zweck seines Lebens, nicht mehr das Erwerben auf den Menschen als Mittel zum Zweck der Befriedigung seiner materiellen Lebensbedürfnisse bezogen. Diese für das unbefangene Empfinden schlechthin sinnlose Umkehrung des, wie wir sagen würden, ›natürlichen‹ Sachverhalts ist nun ganz offenbar ebenso unbedingt ein Leitmotiv des Kapitalismus, wie sie dem von seinem Hauche nicht berührten Menschen fremd ist.« (RS 35f.) Weber vermag dann in seiner Untersuchung zu zeigen, wie diese »schlechthin sinnlose Umkehrung» in der vom asketischen Protestantismus bestimmten Lebensführung eine religiöse Gratifikation erfährt. Webers Argument ist nun im wesentlichen nur, daß die praktisch wirksam gewordene Ethik des asketischen Protestantismus den modernen Kapitalismus mit auf den Weg gebracht hat, aber nur im Sinne einer Förderung, wie Weber einschränkend formuliert: »aus ihrem eigenen religiösen Leben, aus ihrer religiös bedingten Familientradition, aus dem religiös beeinflußten Lebensstil ihrer Umwelt heraus erwuchs hier in den Menschen ein Habitus, der sie in ganz spezifischer Weise geeignet machte, den spezifischen Anforderungen des modernen Frühkapitalismus zu entsprechen.« (PE II 318) Das Maß der kausalen Wirksamkeit dieses

»Habitus«, der »methodischen Lebensführung«, für die Entwicklung des modernen Kapitalismus bleibt selbst unklar. Obwohl nur die vom asketischen Protestantismus bestimmte Lebensführung der Verkehrung, wie sie Weber beschreibt, einen Sinn gibt, kann er nicht behaupten, daß diese Verkehrung *allein* von dieser Ethik getragen werden könne. Andernfalls bliebe es unverständlich, warum diese Verkehrung fortlebt, obwohl die sie tragende Ethik geschwunden ist. »Der siegreiche Kapitalismus jedenfalls bedarf, seit er auf mechanischer Grundlage ruht, dieser Stütze nicht mehr.« (RS 204; vgl. auch S. 36f. u. S. 55f.) Der siegreiche Kapitalismus offenbart, so muß man folgern, daß er in seiner spezifischen Form selbst Träger dieser Verkehrung ist. Er selbst zeigt sich als ein »stahlhartes Gehäuse« (RS 203), der den »Geist«, der ihm einst einen Sinn gab, durchaus entbehren kann. Die spezifische Form des Kapitalismus erweist sich als selbständig und verselbständigt, wenn sie als sinnlose Form weiterexistiert und »heute den Lebensstil aller einzelnen, die in dieses Triebwerk hineingeboren werden – *nicht* nur der direkt ökonomisch Erwerbstätigen –, mit überwältigendem Zwange bestimmt und vielleicht bestimmen wird, bis der letzte Zentner fossilen Brennstoffs verglüht ist.« (ebd.)

Es ist deutlich, daß Weber auch in seiner ausdrücklich auf den »sinnhaften« Zusammenhang von protestantischer Ethik und »Geist« des Kapitalismus beschränkten Untersuchung nicht ohne die Heranziehung von Strukturmerkmalen – der spezifischen Formbestimmtheit des modernen Kapitalismus – auskommt, die – jedenfalls in diesem Zusammenhang – nicht als Resultate sinnhaften Handelns eingeführt werden. Um zu klären, inwieweit die Weber zufolge spezifischen Strukturmerkmale des modernen Kapitalismus einer handlungstheoretischen Analyse zugänglich sind, müssen wir sie (über den Zusammenhang des Protestantismusaufsatzes hinaus) zunächst zusammenstellen: Es handelt sich nun nicht mehr um einen epochenübergreifenden Handlungstypus des Erwerbens, sondern um die historische Einmaligkeit eines Wirtschaftssystems: der modernen kapitalistischen Erwerbswirtschaft.

§ 3. In »Wirtschaft und Gesellschaft« führt Weber zunächst das spezifisch moderne kapitalrechnungsmäßige Erwerben lediglich als »Rationalitätsfall«[4] einer von jeher bestehenden Handlungsart ein. Die Besonderheit des modernen kapitalrechnungsmäßigen Erwerbens wäre soweit sozusagen nur quantitativ zu bestimmen: gegenüber früheren Formen wäre ein durchschnittlich höherer »Grad der *Rationalität* des kapitalistischen Erwerbs« (RS 6) festzustellen. Wir wollen versuchen nachzuweisen, daß diese nur quantitative Differenz zur Charakterisierung des modernen kapitalrechnungsmäßigen Erwerbens nicht ausreicht, und behaupten, daß auch bei Weber eine qualitative Differenz unterstellt wird, zumindest aber sich als Problem in seinen Analysen geltend macht. Hierzu verweisen wir auf die bei Weber angelegte Unterscheidung zwischen »Kapitalismus als Einzelhandlung« und »Kapitalismus als System« und behaupten, daß Weber mit Hilfe dieser Unterscheidung den modernen Kapitalismus von allen früheren oder anderen Arten von Kapitalismus abgrenzt. »Kapitalismus in Einzelhandlungen« hat es von jeher gegeben: »die kapitalistische Unternehmung und auch der kapitalistische Unternehmer . . . sind uralt und waren höchst universell verbreitet.« (RS 6) »Kapitalismus als System« dagegen existiert in ausgebildeter Gestalt nur als der moderne okzidentale Kapitalismus. Weber bedient sich zwar dieser Unterscheidung nicht explizit als Grundlage seiner Analyse des modernen Kapitalismus, aber dennoch beinhaltet sie tatsächlich das allgemein gefaßte grundlegende Merkmal, das seine Analyse des modernenKapitalismus prägt. Dort nämlich, wo spezifisch moderne Phänomene angesprochen werden, wird die Handlungsanalyse zunehmend um Strukturbestimmungen erweitert. Daß Weber selbst die Unterscheidung von Kapitalismus als Einzelhandlung und als System nicht fremd ist, zeigt sich, wenn er mit aller Vorsicht formuliert, man könne »die Entwicklung zur zunehmenden Herrschaft des Kapitalismus über das gesamte Wirtschaftsleben in gewissem Sinne und cum grano salis annähernd gleichsetzen der *Entwicklung vom ökonomischen Gelegenheitsprofit zu einem ökonomischen System*« (PE II 322f.).

Welche möglichen Implikationen hat nun diese Unterscheidung für den handlungstheoretischen Ansatz? Zumindest *eine* mögliche Implikation wäre: In dem Maße, in dem sich der Kapitalismus zum System entwickelt, gewinnen zunehmend Strukturmerkmale des Systems für das Handeln selbst und für dessen verstehende Analyse Bedeutung, die aber nicht mehr in der sinnhaften Perspektive der Handelnden rekonstruiert werden können. Weber ist damit zunehmend genötigt, Strukturmerkmale des modernen Kapitalismus in seine handlungstheoretischen Begriffe einzubeziehen. Er wechselt aber nicht direkt in den Bezugrahmen einer Struktur- bzw. Systemanalyse, sondern bezieht Strukturmerkmale lediglich im Hinblick auf ihre Bedeutung für das Handeln in seine Darstellung ein. Aus der »Vorbemerkung« kennen wir schon die für Weber grundlegenden Merkmale des modernen Kapitalismus: rationale Buchführung, Trennung von Haushalt und Betrieb, freie Arbeit.[5]

1. Die *rationale Buchführung* ist der sichtbare Ausdruck und die Form der Kapital- bzw. Rentabilitätsrechnung. Sie ist erst dann möglich, wenn effektive Preise für Güter und Leistungen, auch Arbeitsleistungen (und insoweit ist freie Arbeit mit eine Bedingung der rationalen Buchführung) bestehen, und dadurch eine Rechnung mit Marktpreisen und eine Orientierung an Preischancen erfolgen kann. Mit der rationalen Buchführung ist ein besonderes Merkmal moderner kapitalistischer Verhältnisse auf der Ebene der Einzelbetriebe angesprochen, das aber über diese Ebene hinausweist,

weil eine allseitige umfassende Marktentwicklung vorausgesetzt ist.

2. Die *Trennung von Haushalt und Betrieb* bezieht Weber vor allem auf die Trennung des Erwerbsbetriebs vom Unternehmerhaushalt. »Aber nicht etwa die *räumliche* Sonderung des Haushalts von der Werkstatt und dem Laden ist hier das entscheidende Entwicklungsmoment. ... Sondern die ›buchmäßige‹ und *recht*liche Scheidung von ›Haus‹ und ›Betrieb‹ und die Entwicklung eines auf diese Trennung zugeschnittenen Rechts« (WG 229). Erst damit scheiden sich eindeutig Kapitalrechnung und Haushaltsrechnung und sind dann als »Erwerbsbetriebsrechnung und Haushaltsrechnung ebenso grundverschieden, wie Bedarfsdeckung und Erwerb, denen sie dienen« (WG 49).

Weber führt zur Erläuterung der Entstehung der Trennung von Haushalt und Betrieb an: »Der Kompagnon ist nicht mehr notwendig (oder doch nicht normalerweise) Hausgenosse. Damit mußte man zwangsläufig das Geschäftsvermögen vom Privatbesitz des einzelnen Teilhabers trennen.« (WG 229) Aber weder diese Erläuterung noch die Beschreibung des modernen Erwerbsbetriebs als vom Haushalt getrennter Institution gibt eine zureichende Bestimmung der Stellung des modernen Erwerbsbetriebs, denn der Heraussetzung des Betriebes aus dem Haushalt korrespondiert die Einbeziehung des Betriebes in das anonyme System des Marktes. Nur vor diesem Bezugswechsel – das Erwerbshandeln ist im modernen Erwerbsbetrieb auch nicht durch den letzten Sinn auf den Haushalt bezogen, sondern auf den Markt, von dem her bestimmt ist, was als Rentabilität und »Marktmachtstellung des Betriebes« (WG 52) gelten soll – kann Weber formulieren: »Diese Tendenz zur Scheidung von Haushalt und Betrieb ist nicht zufällig. Sie folgt eben daraus: daß das *Vermögen* und seine Schicksale vom Standpunkt des *Betriebs* aus und die jeweiligen Einkommensinteressen der Besitzer vom Standpunkt der Rentabilität aus *irrational* sind.« (WG 52) Nicht einfach die Trennung des Betriebes vom Unternehmerhaushalt ergibt einen eigenen »Standpunkt des Betriebs«, sondern der Bezug im System des Marktes prägt dem Betrieb einen von Vermögens- und Einkommensinteressen unterschiedenen »Standpunkt« auf.

3. Die *freie Arbeit,* »d. h. daß Personen vorhanden sind, die nicht nur rechtlich in der Lage, sondern auch wirtschaftlich genötigt sind, ihre Arbeitskraft frei auf dem Markt zu verkaufen« (WGesch 240), hält Weber für das zentrale Merkmal des modernen Kapitalismus. Nach der Aufzählung der Besonderheiten des modernen Kapitalismus in der »Vorbemerkung« schreibt er: »Ihre heutige Bedeutung aber haben alle diese Besonderheiten des abendländischen Kapitalismus letztlich erst durch den Zuammenhang mit der kapitalistischen Arbeitsorganisation erhalten. Auch das, was man die ›Kommerzialisierung‹ zu nennen pflegt: die Wertpapierentwicklung und die Rationalisierung der Spekulation: die Börse, steht damit im Zusam-

menhang. Denn ohne kapitalitisch-rationale Arbeitsorganisation wäre dies alles, auch die Entwicklung zur ›Kommerzialisierung‹, soweit überhaupt möglich, nicht entfernt von der gleichen Tragweite. Vor allem für die soziale Struktur und alle mit ihr zusammenhängenden spezifisch modern-okzidentalen Probleme. Eine exakte Kalkulation: – die Grundlage alles andern, – ist eben nur auf dem Boden freier Arbeit möglich. Und wie – und weil – keine rationale Arbeitsorganisation, so – und deshalb – hat die Welt außerhalb des modernen Okzidents auch keinen rationalen *Sozialismus* gekannt.« (RS 8f.)

Die freie Arbeit als allgemeines Merkmal kennzeichnet den modernen Kapitalismus schon als ein wirtschaftliches System, in dem auch die »Dekkung der *Alltagsbedürfnisse* auf kapitalistischem Wege« (WGesch 239) erfolgt; erst auf Basis der freien Arbeit läßt sich die Gesamtwirtschaftsstruktur als Polarität von Haushalten und Erwerbsbetrieben kennzeichnen: eine Polarität von einerseits den Erwerbsbetrieben mit *»Appropriation aller sachlichen Beschaffungsmittel* (Grund und Boden, Apparate, Maschinen, Werkzeuge u. s. w.) *als freies Eigentum«* (WGesch 239) und andererseits den Haushalten, »sowohl den die dargebotenen Güter konsumierenden, wie den gewisse Beschaffungsmittel (Arbeit vor allem) darbietenden« (WG 52). Weber weiß sehr wohl, daß der moderne Kapitalismus als Wirtschaftssystem nur auf Basis freier Arbeit möglich ist, aber sein Interesse richtet sich nicht auf eine Systemanalyse des modernen Kapitalismus, sondern primär darauf, welche Implikationen die Tatsache der Existenz freier Arbeit für die einzelnen Erwerbsbetriebe bzw. für das Handeln der einzelnen Wirtschaftssubjekte hat: Für die aller sachlichen Beschaffungsmittel ledigen Arbeiter bedeutet sie Zwang zum Verkauf der Arbeitskraft, d. h. Zwang, »sich *Anweisungen* zu fügen, um überhaupt Entgelt für die von ihnen angebotenen Nutzleistungen zu erhalten: seien es Anweisungen eines vermögenden Hausherrn, seien es die an einer Kapitalrechnung orientierten Anweisungen von Kapitalgüter-Besitzenden (. . .). Dies ist in der rein kapitalistischen Betriebswirtschaft das Schicksal der gesamten Arbeiterschaft. Entscheidender Antrieb für alles Wirtschaftshandeln ist unter verkehrswirtschaftlichen Bedingungen normalerweise . . . für die Nichtbesitzenden: a) der Zwang des Risikos völliger Unversorgheit für sich selbst *und* für diejenigen persönlichen ›Angehörigen‹ (. . .) deren Versorgung der Einzelne typisch übernimmt, b) – in verschiedenem Maß – auch innere Eingestelltheit auf die wirtschaftliche Erwerbsarbeit als Lebensform« (WG 59f.).

Für die einzelnen Erwerbsbetriebe, besonders für die Beschaffungsbetriebe, bedeutet die Tatsache des »völligen Fehlens der Appropriation sowohl von Arbeitsstellen und Erwerbschancen an Arbeiter wie umgekehrt der Arbeiter an Besitzer (freie Arbeit, Arbeitsmarktfreiheit und Freiheit des Arbeiter*auslese*)« (WG 94) eine entscheidende Voraussetzung, um »das

Höchstmaß von *formaler Rationalität* der Kapitalrechnung« (ebd.) zu erreichen. Weber bietet in diesem Zusammenhang einen vorzüglichen Katalog all der Gründe, die die Anwendung der freien gegenüber der unfreien Arbeit in bezug auf die formale Rationalität auszeichnen (vgl. WG 94f.). Auf diesen Punkt, das Ausmaß der formalen Rationalität, kommt es Weber hier, wie auch sonst immer wieder, entscheidend an. Deshalb beschreibt er das Merkmal der »freien Arbeit« auch als »die *rational-kapitalistische Organisation* (Herv. d. Verf.) von (formell) *freier Arbeit*« (RS 7), was gerade auf die Anwendung der freien Arbeit und ihrer Konsequenzen in der Fabrik abzielt. Dabei macht die Einschränkung auf *formell* freie Arbeit deutlich, daß 1. die Arbeiter sich zwar »formal freiwillig, tatsächlich durch die Hungerpeitsche gezwungen, anbieten« (WGesch 240) und daß 2. das Arbeitsverhältnis für den Arbeiter eine Unterordnung unter ein Herrschaftsverhältnis bedeutet. »Daß das Höchstmaß von *formaler* Rationalität der *Kapitalrechnung* nur bei Unterwerfung der Arbeiter unter die Herrschaft von Unternehmern möglich ist, ist eine weitere spezifische *materiale* Irrationalität der Wirtschaftsordnung.« (WG 78)

§ 4. Die Nachzeichnung der Besonderheiten des modernen Kapitalismus im Weberschen Sinne sollte deutlich machen, daß es sich bei diesen Besonderheiten um »Strukturmerkmale« eines Systems insofern handelt, als sie nicht mehr aus den sinnhaften Handlungsintentionen Einzelner erklärt werden können. Die rationale Buchführung verweist auf die Existenz effektiver Marktpreise; die Trennung von Haushalt und Betrieb erschöpft sich nicht in der Auseinanderlegung von Vermögen und Kapital, sondern bedeutet auch die Eingliederung des Erwerbsbetriebs in das System des Markts; die freie Arbeit ist dort, wo sie zu einer allgemeinen Erscheinung geworden ist, Ausdruck einer Systemstruktur, die durch die Polarität von Haushalten und Erwerbsbetrieben gekennzeichnet ist, die aber in ihrem Gehalt nicht in den ihr zugeordneten Handlungsarten, Haushalten und Erwerben, aufgeht.

Daß die Bedeutung dieser Strukturmerkmale nicht als in Handlungssinn aufgehend gedacht werden kann, heißt natürlich nicht, daß sie nicht in die Situationsbedeutungen, die Handlungen zugrunde liegen, eingehen. Die Handelnden orientieren sich an diesen Strukturmerkmalen, und insofern gehen sie in den Handlungssinn mit ein. Das Zustandekommen dieser Strukturen kann jedoch aus der Perspektive der Handelnden nicht gedeutet werden, vielmehr ist das Verstehen der Handlungen, die sinnhaft an den Strukturen orientiert sind, abhängig von einer Einbeziehung dieser Strukturen in die Handlungsanalyse. Es bleibt daher festzuhalten: in dem Maße, in dem sich der Kapitalismus zum System entwickelt, stößt die verstehende Analyse von Handlungen zunehmend auf Strukturen, die über den vermeinten Sinn der Handelnden hinausweisen. Da es sich bei diesen Strukturen durchaus um soziale Phänomene handelt, zeigt sich hier ein unterschiedlich weitreichender Zugriff der Weberschen Handlungstheorie auf soziale Phänomene: soweit ihr Gehalt im Handlungssinn von Handelnden aufgeht, sind sie auch aus Handlungssinn erklärbar, soweit soziale Phänomene nicht auf Handlungssinn rückführbar sind, können sie nur als Strukturen beschrieben werden, an denen sich die Handelnden orientieren.

Damit fallen aber nicht nur bestimmte soziale Phänomene jenseits der Erklärungsreichweite der Handlungstheorie, sondern auch die Interdependenz von Systemstruktur und Handeln wird nur noch in einer bestimmten Präformation wahrgenommen, die in der Fokussierung auf das sinnhafte Handeln angelegt ist: systemstrukturelle Phänomene erscheinen einfach als gegebene Daten für das Handeln, als Daten, die dem Handelnden gleichsam »gegenüber«stehen; das Handeln erscheint zwar als autonome Instanz, aber bestimmte Daten der Handlungssituation müssen als »äußere« Fakten hingenommen werden. In diesem Sinne formuliert auch Weber: »Streng rationales Handeln, – so kann man es auch ausdrücken, – wäre glatte und restlose ›Anpassung‹ an die gegebene ›Situation‹.« (WL 227) Zwar ist »Anpassung« ein Merkmal des Handelns, das mehr oder weniger mindestens für jedes äußere, mit Objekten der Außenwelt umgehende, Handeln zu konstatieren ist, aber es fragt sich, ob in dieser vom handlungstheoretischen Ansatz vorgegebenen allgemeinen Perspektive der Anpassung das besondere Problem des Verhältnisses von Handeln und *sozialen* Strukturen zureichend begriffen werden kann.

Wollte man mit den handlungstheoretischen Grundlagen der Weberschen Soziologie danach fragen, welche gesellschaftlichen Entwicklungen ihr zufolge möglich sind, um dadurch Handlungsspielräume und ihre Konsequenzen sichtbar zu machen, so zeichnet sich eine Grenze in ihrer Konzeptualisierung gesellschaftlichen Wandels ab. Soziale Strukturen lassen sich, soweit sie gewollte Folge von Handlungen sind, auch durch Handlungen ändern. Soweit es sich um nicht-intendierte Folgen handelt, die außerhalb der Verfügung des Zusammenhandelns von Individuen liegen, lassen sich soziale Strukturen noch in Handlungsbegriffen beschreiben (als »Objekte« eines sinnhaften Verhaltens), aber auf dem Boden einer auf die Sichtweise von Handelnden bezogenen Begriffsbildung läßt sich keine erklärende Theorie für das Zustandekommen des »Bruchs« zwischen Handlungen und sich verfestigenden Sozialstrukturen entwickeln. Damit wäre ein wichtiger Hinweis dafür gewonnen, warum Webers Analysen moderner gesellschaftlicher Verhältnisse, besonders seine Analyse des modernen Kapitalismus, im resignativen Gestus der »Unentrinnbarkeit« münden. Der moderne Kapitalismus ist nach Weber eine »Schicksalsmacht« geworden, mit der man sich – ob man es will oder nicht – abfinden muß. Der in Webers Analysen zutage tretende Zug des Unabänderlichen, der sich mit seiner Charakteristik des modernen Kapitalismus verbindet, hinge nach unserer These mit der besonderen Sichtweise der Handlungstheorie zusammen, die das Verhältnis von Handeln und Systemstruktur im modernen Kapitalismus nicht zureichend zu analysieren erlaubt.

Es muß darüber hinaus bezweifelt werden, daß die sozialstrukturellen Daten, die ja von Menschen selbst, wenn auch nicht bewußt, gemacht werden, den gleichen Status, die gleiche Bedeutung für das Handeln haben wie irgendwelche Naturdaten. Betrachtet man mit Weber das kapitalrechnungsmäßige Erwerben als historisch übergreifenden Typus eines sinnhaften Handens, läßt sich fragen: welche Rolle spielen systemstrukturelle Bedingungen wie z. B. entwickelter Markt, Polarität von Haushalten und Erwerbsbetrieben oder auch Geld für dieses Handeln? Versucht man diese Frage zu beantworten, so wird sofort deutlich, daß sie so nicht gestellt werden kann, weil soziale Strukturen im Gegensatz zu Naturdaten unabhängig von jedwedem Handeln gar nicht begriffen werden können. Nehmen wir die den modernen Kapitalismus charakterisierende sozialstrukturelle Polarität von Haushalten und Erwerbsbetrieben, bei der Markt und Geld schon mitgedacht werden müssen, so ist sofort deutlich, daß sie unabhängig vom Handeln, d. h. unabhängig vom Haushalten und Erwerben gar nicht thematisiert werden kann. Damit wird umgekehrt deutlich, daß Systemstrukturen weiter in das Handeln »hineinreichen«, als dies mit der Vorstellung der Anpassung des Handelns an Daten sichtbar wird. Soziale Daten sind nicht wie Naturdaten »neutral« gegenüber dem Handeln, sondern sie sind, als von Handeln produzierte Daten von vornherein auch wieder kompatibel mit bestimmtem Handeln. Der gedankliche Schritt vom »Kapitalismus als Einzelhandeln« zum »Kapitalismus als System« wäre nicht einfach als Zunahme »äußerer« Daten zu begreifen, an die sich das Handeln anzupassen hat, sondern als Herausbildung selbst durch das Handeln produzierter Strukturen, die das Einzelhandeln tendentiell in sich einbinden, dadurch daß es von den Strukturdaten her sachlich bestimmt wird.

Vor diesem Hintergrund gewinnt nun auch das kapitalrechnungsmäßige Erwerben eine neue Bedeutung, weil es zunehmend mit der Entwicklung zum modernen Kapitalismus durch solche Strukturdaten sachlich bestimmt wird. Unter der Hand wandeln sich dementsprechend auch bei Weber die Bedeutungen von »kapitalrechnungsmäßigem Erwerben« oder auch von »Kapital«. Es liegen nun tatsächlich Systemvorstellungen des modernen Kapitalismus zugrunde, wie sich z. B. an Webers Begründung der Entstehung von Kapitalzins bzw. Gewinn zeigt: im Ergebnis wird die Entstehung von Kapitalzins bzw. Gewinn institutionell, an den Erwerbsbetrieben, festgemacht, die den Haushalten gegenüberstehen. Die polare Struktur von Erwerbsbetrieben und Haushalten geht in die Bestimmungen von kapitalrechnungsmäßigem Erwerben, Gewinn, Kapitalzins und Kapital im modernen Kapitalismus ein. Weder ist jeder Einsatz von Geld oder geldwerten Gütern in der rentabilitätsorientierten Absicht: daß ein vermehrter Betrag zurückfließen werde, nun für Weber kapitalrechnungsmäßiges Erwerben, noch der Einsatz notwendig Kapital, noch der vermehrte Rückfluß notwendig Kapitalzins bzw. Gewinn. Erst vor dem als Datum eingehenden Systemhintergrund der Trennung von Erwerbsbetrieben und Haushalten erfolgt die Abgrenzung: nur bei den Erwerbsbetrieben kann von kapitalrechnungsmäßigem Erwerben, von einem Einsatz von Kapital und von einem Anfallen von Kapitalzins bzw. Gewinn gesprochen werden.

Die von Systemstrukturen erzwungene Anpassung des Handelns faßt Weber als dessen Versachlichung auf. Im Begriff der formalen Rationalität des Wirtschaftens wird dieser Aspekt der Versachlichung hervorgehoben, die ihren Gipfelpunkt im modernen kapitalrechnungsmäßigen Erwerben erreicht. Die zunächst analytische Trennung von formaler und materialer Rationalität erweist sich in Webers Betrachtung des modernen Kapitalismus als reales Auseinanderfallen von formaler und materialer Rationalität, dessen Konstatierung wiederum einen unreflektierten Systembezug voraussetzt: formale Rationalität ist zwar zunächst ein Prädikat von Einzelhandlungen, spiegelt aber schließlich strukturelle Merkmale des »Kapitalismus als System« wieder.

Erläuterungen und Zusätze

1. Die im nackten Geldgewinnstreben zu konstatierende Verkehrung von Mittel und Zweck zu erklären, wird dort überflüssig, wo diese Spezifik des modernen Kapitalismus in einem zeitlos gültigen Erwerbsprinzip dem Bedarfsdeckungsprinzip entgegengestellt wird. So z. B. bei Sombart (1921), für den es dann auch konsequent ist, wenn er formuliert: »Die Geschichte des modernen Kapitalismus schreiben heißt: nachzeichnen wie sich im Laufe der Jahrhunderte die Idee des kapitalistischen Wirtschaftssystems in Tatsächlichkeit verwandelt.« (S. 330) Für Weber dagegen stellt sich der moderne Kapitalismus nicht als Verwirklichung der Erwerbs*idee* dar; bei ihm sind »Haushalten« und »Erwerben« nicht von vornherein so definiert, daß der im modernen Kapitalismus zu konstatierende Gegensatz von Bedarfsdeckung und nacktem Geldgewinnstreben nur eine Konsequenz dieser Definitionsinhalte ist. Dementsprechend muß es Weber darauf ankommen zu zeigen, wodurch die dem modernen Kapitalismus spezifische Zweck-Mittel-Verkehrung begründet ist.
2. Der »›Geist‹ des Kapitalismus« ist durch schrankenloses Gewinnstreben allein nicht zu kennzeichnen, denn: »Den rücksichtslosen, an keine Norm innerlich sich bindenden Erwerb hat es zu allen Zeiten der Geschichte gegeben, wo und wie immer er tatsächlich überhaupt möglich war.« (RS 42f.) »In der verschieden starken Entwicklung irgendeines ›Triebes‹ nach dem Gelde also liegt der Unterschied nicht. Die auri sacra fames ist so alt wie die uns bekannte Geschichte der Menschheit; wir werden aber sehen, daß diejenigen, die ihr als *Trieb* sich vorbehaltlos hingaben ... *keineswegs* die Vertreter derjenigen Gesinnung waren, aus welcher der

spezifisch moderne kapitalistische ›Geist‹ als *Massenerscheinung* – und darauf kommt es an – hervorbrach.« (RS 42) Der schrankenlose Erwerb nicht mehr als Einzelerscheinung, sondern als Massenerscheinung ist ein Moment, das auf bestimmte Einstellungsveränderungen hinweist, die Weber unter dem Begriff »›Geist‹ des Kapitalismus« faßt: Wo dieser »Geist« von Weber konstatiert wird, gibt es nicht mehr die Divergenz von »Binnenmoral« und »Außenmoral« (vgl. RS 43), desgleichen auch nicht mehr eine ethische Indifferenz gegenüber dem auf Gewinn und schrankenlosem Gewinn abzielenden Erwerben, wie es Weber für die präkapitalistischen Epochen beschreibt: »Die absolute und bewußte Rücksichtslosigkeit des Gewinnstrebens stand oft ganz hart gerade neben strengster Traditionsgebundenheit. Und mit dem Zerbröckeln der Tradition und dem mehr oder minder durchgreifenden Eindringen des freien Erwerbes auch in das Innere der sozialen Verbände pflegte nicht eine ethische Bejahung und Prägung dieses Neuen zu erfolgen, sondern es pflegte nur faktisch *toleriert*, entweder als ethisch indifferent oder als zwar unfreundlich, aber leider unvermeidlich, behandelt zu werden. Dies war nicht nur die normale Stellungnahme aller ethischen Lehre, sondern – worauf es wesentlich mehr ankommt – auch des praktischen Verhaltens der Durchschnittsmenschen der präkapitalistischen Epoche« (ebd.). Der »›Geist‹ des Kapitalismus« bezeichnet eine Lebenshaltung, die weder dem Gewinnstreben mehr oder weniger indifferent gegenübersteht, noch eine, die es einfach als töricht ansieht, mögliche Erwerbschancen nicht auszunützen, sozusagen als einen Mangel an »Geschäftsklugheit« (RS 33), sondern der »›Geist›‹ des Kapitalismus« bedeutet eine Lebenseinstellung, die das Erwerben bzw. die Berufserfüllung zu einer ethischen Pflicht macht; sie hat »den Charakter einer *ethisch* gefärbten Maxime der Lebensführung« (ebd.). Und daraus ergibt sich das *»Irrationale* dieser Lebensführung, bei welcher der Mensch für sein Geschäft da ist, nicht umgekehrt« (RS 54).

3. Wir verweisen hier nur auf zwei Sammelbände: Winckelmann (1972) und Seyfarth, Sprondel (1973). Der erstgenannte Band enthält vorwiegend ältere Beiträge nebst den Repliken von Weber; der zweite vorwiegend neuere Aufsätze; beide Bände enthalten ausführliche Literaturhinweise.
4. Schon bei den grundlegenden Bestimmungen des Erwerbens bei Weber im § 11 wird mehrfach vom Rationalitätsfall ausgegangen z. B.: »Dem rationalen wirtschaftlichen Erwerben ist zugehörig eine besondere Form der Geldrechnung . . .« (WG 48); »Rentabilität bedeutet (im Rationalitätsfall) . . .« (ebd.); »Alle Einzelmaßnahmen rationaler Unternehmen werden durch Kalkulation . . . orientiert.« (ebd.)
5. Eine abweichende Aufzählung der »Voraussetzungen« des neuzeitlichen Kapitalismus gibt Weber z. B. in der Wirtschaftsgeschichte. Aufgeführt ist dort z. B. noch: *»Marktfreiheit*, d. h. Freiheit des Marktes von irrationalen Schranken des Verkehrs« (WGesch 239); *»Rationale*, d. h. im Höchstmaß berechenbare und daher mechanisierte *Technik«* (ebd.); *»Rationales*, d. h. berechenbares *Recht«* (WGesch 240). Auf die Bedeutung der Rechtsentwicklung für die Entstehung wie für das Funktionieren des modernen Kapitalismus können wir hier ebensowenig eingehen, wie auf andere Entstehungsfaktoren, die Weber für wichtig hält, z. B. die spezifisch abendländische Stadtentwicklung.

Fragen zur Diskussion

1. Inwieweit ist die Behauptung berechtigt, daß Webers Analyse des modernen Kapitalismus eine nicht explizierte Systemvorstellung zugrundeliegt?
2. Ist Webers Analyse »der Bedingtheit der Entstehung einer ›Wirtschaftsgesinnung‹ ... durch bestimmte religiöse Glaubensinhalte« (RS 12) unvereinbar mit einer »materialistischen« Analyse der Entstehung des modernen Kapitalismus?
3. Unterstellt Weber in seiner Untersuchung im Protestantismusaufsatz schon Strukturmerkmale des modernen Kapitalismus?
4. Sind mit den von Weber aufgeführten spezifischen Merkmalen des modernen Kapitalismus (rationale Buchführung, Trennung von Haushalt und Betrieb, freie Arbeit) Strukturen eines Systems angesprochen, die sich nicht mehr aus dem sinnhaften Handeln Einzelner erklären lassen?
5. Geht das moderne kapitalrechnungsmäßige Erwerben als Rationalitätsfall in einem historisch übergreifenden Handlungstypus des Erwerbens auf?
6. Inwieweit erscheint Ihnen die Kategorie der »Anpassung« geeignet, das Verhältnis des Handelns zu sozialen Strukturen zu charakterisieren?
7. Impliziert der handlungstheoretische Ansatz eine spezifische Sichtweise sozialer Wirklichkeit, die mit Webers Diagnose der »Unentrinnbarkeit« des Kapitalismus in Verbindung gebracht werden kann?

28. Kapitel: Moderner Kapitalismus und der Widerstreit von formaler und materialer Rationalität

Textgrundlage

WG, I. Teil, 2. Kap. §§ 9–13 und 30

§ 1. Weber behauptet: »Das Höchstmaß von Rationalität als rechnerisches Orientierungsmittel des Wirtschaftens erlangt die Geldrechnung in der *Form* der Kapitalrechnung« (WG 58). Die Fragen: wieso ist Kapitalrechnung eine besondere Form der Geldrechnung und wieso wird sie durch ein Höchstmaß an formaler Rationalität charakterisiert, werden wir zu beantworten haben. Wir knüpfen an unsere Diskussion der formalen Rationalität der Geldrechnung (im 25. Kap.) an. Wir waren dort von dem Problem ausgegangen, daß im Begriff der formalen Rationalität die Rechenhaftigkeit als ein bloßes Mittel des Wirtschaftens behandelt wird. Wir hatten dieses Problem nur durch Verweis auf die Geldrechnung klären können. Im Begriff der formalen Rationalität der Geldrechnung kam die selbständige – weil nicht sinnhaft intendierte – Bedeutung des Geldes zum Ausdruck. Das Geld als Mittel des Wirtschaftens schlechthin kann im Begriff der formalen Rationalität als spezifisches Orientierungsmittel gefaßt werden, ohne daß die Zwecke, für die es Mittel ist, überhaupt angesprochen werden. Allerdings war bisher in der Betrachtung der Geldrechnung und der sie auszeichnenden formalen Rationalität unterstellt, daß hinter der einheitlichen Orientierung am Geld eine Vielheit von Zwecken in Abhängigkeit von den jeweiligen Bedürfnissen steht. Anders nun bei der Kapitalrechnung: hier besteht nicht eine Vielheit von Zwecken, sondern ein homogenes Ziel: Rentabilität. Das Ziel kapitalistischer Erwerbsbetriebe ist also nicht nur in Geld ausdrückbar, sondern *ist* Geld und seine Vermehrung. Beim kapitalistischen Erwerben besteht zwischen dem Orientierungs*mittel*, der Kapitalrechnung, und der *Zweck*bestimmung, der Rentabilität, kein Unterschied hinsichtlich der Form. Damit zeigt sich im Gegensatz zu einem an der Geldrechnung orientierten aber auf Bedarfsdeckungszwecke gerichteten Wirtschaften beim kapitalrechnungsmäßigen Erwerben eine Homogenität von Mittel und Zweck. Die Kapitalrechnung ist nicht mehr Orientierungsmittel zur notwendigen Auswahl zwischen individuell gewollten Zwecken und damit nicht mehr neutral gegen Zwecke, sondern sie dient nur dem einen Zweck: Rentabilität. Kapitalrechnung ist nichts anderes als Rentabilitätsrechnung (vgl. Webers Definitionen dazu, WG 48); die Rechnung mit dem Orientierungsmittel Geld ist in der Form der Kapitalrechnung schon ein Rechnen mit dem Zweck.

Wenn Weber – woran noch einmal zu erinnern wäre – »als *formale* Rationalität eines Wirtschaftens... das Maß der ihm technisch möglichen und von ihm wirklich angewendeten *Rechnung* bezeichnet« (WG 44), dann wird nun deutlich, daß das kapitalrechnungsmäßige Erwerben das formal rationale Handeln par excellence ist, denn das kapitalrechnungsmäßige Erwerben vollzieht sich strikt in der Form von Rechnungen, d. h. alle konkreten Erwerbsakte und Erwerbsmittel werden im Rationalitätsfall genau kalkuliert und stellen sich »buchmäßig« in der Form von Rechnungen dar. Die ursprünglich von uns konstatierte Abstraktheit des Begriffs der formalen Rationalität fand dort ihre erste reale Entsprechung, wo ein wirtschaftliches »Gut« ins Spiel kam, das selbst so abstrakt ist, daß mit ihm ohne Bezugnahme auf Zwecke gerechnet werden kann (Geld, Geldrechnung), aber diese Abstraktheit des Geldes ist soweit noch nicht ausschließlich bestimmend für ein Handeln. Im kapitalrechnungsmäßigen Erwerben dagegen finden wir ein Handeln, das der Abstraktheit des Begriffs der formalen Rationalität entspricht. Der Begriff der formalen Rationalität verliert hier endgültig den Charakter einer gedanklichen Abstraktion; er wird, wie man mit Marx sagen könnte, »praktisch wahr« (GR 25). Nicht mehr der Begriff der formalen Rationalität in seiner Abstraktion ist hier problematisch und erklärungsbedürftig, sondern die abstrakten Verhältnisse selbst, die er bezeichnet, – Verhältnisse, in denen konkretes Handeln an die Form von Rechnungen gebunden ist und sich erst in Rechnungen rein darstellt.

Diese Tendenz zu einer sehr weitgehenden Annäherung der Wirklichkeit an derart abstrakte Begriffe bringt Weber selbst zum Ausdruck: »die historische Eigenart der kapitalistischen Epoche, und damit auch die Bedeutung der Grenznutzlehre (wie jeder ökonomischen Werttheorie) für das Verständnis dieser Epoche, beruht darauf, daß – während man nicht mit Unrecht die Wirtschaftsgeschichte mancher Epoche der Vergangenheit als ›Geschichte der *Un*wirtschaftlichkeit‹ bezeichnet hat – unter den heutigen Lebensbedingungen jene Annäherung der Wirklichkeit an die theoretischen Sätze eine *stetig zunehmende*, das Schicksal immer breiterer Schichten der Menschheit in sich verstrickende, gewesen ist und, soweit abzusehen, noch immer weiter sein wird.« (WL 395) Wenn auch in diesem Sinne das wirtschaftliche Handeln in immer rationaleren Bahnen verläuft, also eine »Annäherung der Wirklichkeit an die theoretischen Sätze« erfolgt, und dadurch die »Deutbarkeit« und »Berechenbarkeit« von Einzelhandlungen spezifisch gesteigert ist, so entzieht sich doch der Sachverhalt dieser allgemein konstatierten Annäherung selbst dieser – wie Weber hervorhebt – *»kulturhistorischen* Tatsache« (ebd.) der verstehenden Analyse individuellen Handelns.

Es ergibt sich die scheinbar paradoxe Konsequenz, daß gerade in dem Maße, in dem Handlungen immer rationaler, ihre Deutungen spezifisch evidenter, ihre Abläufe immer berechenbarer werden, die verstehende Analyse von Handlungen zur theoretischen Rekonstruktion der sozialen Wirklichkeit innerhalb der Wirtschaft nicht mehr ausreicht. Die formale Rationalität weist (wie wir schon im 25. Kap. gesehen haben) über das Handeln, für das sie Prädikat ist, hinaus; sie bezeichnet die durch Rechnen mit objektiven Größen bedingte Versachlichung des wirtschaftlichen Handelns, seine sachliche Bestimmtheit in einem Systemzusammenhang. In diesem Sinne verweist das an Handlungen konstatierte Prädikat auf einen unanalysierten Systemzusammenhang.

Dies kommt in der Darstellung bei Weber selbst zum Ausdruck, indem er das moderne kapitalrechnungsmäßige Erwerben wie einen »subjektlosen« Handlungstypus beschreibt, bei dem eigene Interessen bzw. eigene Zwecke der Handelnden wie irrationale Störfaktoren wirken, die die sachliche Bestimmtheit negieren, d. h. die formale Rationalität gefährden. So wenn – wie wir schon gesehen haben – Weber die »Tendenz zur Scheidung von Haushalt und Betrieb« daraus begründet, »daß das *Vermögen* und seine Schicksale vom Standpunkt des *Betriebs* aus und die jeweiligen Einkommensinteressen der Besitzer vom Standpunkt der Rentabilität aus *irrational* sind. So wenig wie die Rentabilitätsrechnung eines Betriebs etwas Eindeutiges über die Versorgungschancen der als Arbeiter oder als Verbraucher interessierten Menschen aussagt, ebensowenig liegen die Vermögens- und Einkommensinteressen eines mit der Verfügungsgewalt über den Betrieb ausgestatteten Einzelnen oder Verbandes notwendig in der Richtung des *nachhaltigen* Betriebsrentabilitätsoptimums und der Marktmachtlage.

(. . .) Die *sachlichen* Interessen einer modernen rationalen Betriebsführung sind mit den *persönlichen* Interessen des oder der Inhaber der Verfügungsgewalt keineswegs identisch, oft entgegengesetzt« (WG 52f.). Die Redeweise von »sachlichen Interessen« setzt »sachliche« oder »objektive Zwecke« voraus, die in subjektiven Intentionen nicht mehr aufgehen. Vielmehr sind die Handelnden im kapitalistischen Betrieb in einen objektiven Zusammenhang eingespannt, der ihre eigenen unmittelbaren Interessen als »›betriebsfremde(n)‹ Interessen« (WG 79) erscheinen läßt. »Betriebsfremd« sind auch die Interessen derjenigen, die die Verfügungsgewalt über den Erwerbsbetrieb haben. Ihre Vermögens-, Einkommens- und Rentenintessen können den Betriebszweck: »Dauer-Rentabilität« (ebd.) gefährden.

Mit dem Höchstmaß der formalen Rationalität beim modernen kapitalrechnungsmäßigen Erwerben ist auf der Ebene von Handeln ein sozialer Zusammenhang angesprochen, der zwar aus je sinnhaft strukturiertem individuellen Handeln vieler Einzelner oder Einzelbetriebe resultiert, aber nicht als dieser Systemzusammenhang intendiert ist und daher auch nicht aus der Perspektive sinnhaften Handelns erklärt werden kann. Das kapitalrechnungsmäßige Erwerben wird ganz durch die »Geldrechnung in der Form der Kapitalrechnung« geleitet, und diese Form selbst setzt den Zweck, Rentabilität, als sachliche Bestimmung für das Handeln voraus. Ein wichtiges subjektives Moment im Handlungskonzept, die Zwecksetzung, ist objektiviert, weil sie mit dieser Form selbst gegeben, von ihr selbst gesetzt ist. Das Handeln ist Betätigung dieser Form, die Handelnden sind ihre »rechnenden Agenten«. Das Orientierungsmittel, Kapitalrechnung, orientiert nicht mehr darüber, in welchem Ausmaß verschiedene, individuell gewollte Zwecke bei gegebenen Mitteln realisiert werden können (so die Geldrechnung), sondern nur über die Möglichkeit der Rentabilität und auf den Rentabilitäts-Zweck hin. Das kapitalrechnungsmäßige Erwerben ist in seiner modernen Form rein sachlich bestimmt und dadurch das Handeln mit dem Höchstmaß an formaler Rationalität.[1]

§ 2. In der Behandlung der Bedeutung materialer Rationalität insbesondere in ihrem Verhältnis zur formalen Rationalität knüpfen wir wiederum an unsere Diskussion im 25. Kapitel an. Der dort angesprochene, in seiner Funktionsweise nicht aus Intentionen erklärbare Marktmechanismus ist Bedingung und Konsequenz des rationalen kapitalrechnungsmäßigen Erwerbens. Das spezifische Verhältnis von formaler und materialer Rationalität, das sich uns am Marktmechanismus zeigte, bleibt nun auch bestimmend für den Widerstreit von formaler und materialer Rationalität im modernen Kapitalismus.

Webers Darstellung des kapitalrechnungsmäßigen Erwerbens unterstellt auf gesamtgesellschaftlicher Ebene eine weitgehende Polarität von Haushaltungen und Erwerbsbetrieben. Die Erwerbsbetriebe treten untereinander sowie zu den Haushalten über den Markt in Beziehung. Welche Instanz bestimmt hierbei nun die Richtung der Versorgung, d. h. wovon ist das Ergebnis der Versorgung von Menschengruppen abhängig, das unter Gesichtspunkten materialer Rationalität beurteilt wird? Erwerbsbetriebe und Haushalte sind in doppelter Weise aufeinander bezogen: 1. Die Erwerbsbetriebe sind in der Entscheidung der Richtung der Produktion darauf angewiesen, daß sich ihre »Aufwendungen in Geld durch Absatz der Güter *bezahlt* machen« (WG 33) und insofern erscheint der Konsument als »Lenker« der Produktion. 2. Die Haushalte sind in ihrer Versorgung abhängig von Einkommen, die sie für die Darbietung von Beschaffungsmitteln von den Erwerbsbetrieben erhalten.

ad 1. Weber schränkt in mehrfacher Hinsicht die Bedeutung von tatsächlichem Bedarf bzw. Begehr für die Richtungsbestimmung der Produktion ein. »Nicht ›Begehr‹ an sich, sondern: *kaufkräftiger* Begehr nach Nutzleistungen regelt durch Vermittlung der Kapitalrechnung *material* die erwerbsmäßige Güterbeschaffung. Es ist also die Grenznutzen-Konstellation bei der letzten jeweils nach der Art der Besitzverteilung noch für eine bestimmte Nutzleistung typisch kaufkräftigen und kaufgeneigten Einkommensschicht maßgebend für die Richtung der Güterbeschaffung. In Verbindung mit der – im Fall voller Marktfreiheit – absoluten Indifferenz gerade der formal vollkommensten Rationalität der Kapitalrechnung gegen alle, wie immer gearteten, *materialen* Postulate begründen diese im Wesen der Geldrechnung liegenden Umstände die prinzipielle *Schranke* ihrer Rationalität.« (WG 59, vgl. auch WG 50) Es wird deutlich, daß eine bestimmte Versorgung nicht Ziel eines Erwerbsbetriebs oder gar der Erwerbsbetriebe in ihrer Gesamtheit ist, sondern in der Produktion absatzfähiger Güter eine tatsächliche Versorgung zustandekommt, die allein unter der formal rationalen Maßgabe der Rentabilität für die einzelnen Erwerbsbetriebe und somit für diese unabhängig von jedem möglichen Maßstab materialer Rationalität erfolgt. Aber auch soweit der Konsument mit hinlänglicher Kaufkraft auf dem Markt erscheinen kann, sieht Weber seinen Einfluß auf die Richtungsbestimmung der Produktion weitgehend eingeschränkt: »Für die ökonomische Theorie ist der Grenz*konsument* der Lenker der Richtung der Produktion. Tatsächlich, nach der Machtlage, ist dies für die Gegenwart nur bedingt richtig, da weitgehend der ›Unternehmer‹ die Bedürfnisse des Konsumenten ›weckt‹ und ›dirigiert‹, – wenn dieser kaufen *kann*.« (WG 49)

ad 2. Die tatsächliche Versorgungslage der Konsumenten ist – so hebt Weber hervor – erst definitiv zu bestimmen, wenn die Einkommensverteilung mit in Rechnung gestellt wird. »Aber unter allen Umständen gilt: daß die formale Rationalität erst in Verbindung mit der Art der *Einkommens-*

verteilung etwas über die Art der materiellen Versorgung besagt.« (WG 59) Ohne daß Weber explizit auf die Art der Einkommensverteilung eingeht, ist doch deutlich, daß sie in der modernen kapitalistischen Verkehrswirtschaft nicht beliebig unter materialen Versorgungsgesichtspunkten geplant werden und so das Auseinanderfallen von formaler und materialer Rationalität (eben durch die Gestaltung der Einkommensverteilung)geheilt werden könnte. Denn die Einkommensverteilung ist auch für Weber eine Funktion der gesamtgesellschaftlichen Trennung und damit verbunden: der ökonomischen »Machtlage« zwischen einerseits den Erwerbsbetrieben und andererseits den Haushalten. Greifen wir unter den Einkommensarten, die die Haushalte für die Darbietung verschiedener Beschaffungsmittel erhalten, nur das Arbeitserwerbseinkommen heraus, das für das Beschaffungsmittel »Arbeit« gezahlt wird, dann ist nicht einzusehen, wie dieses Einkommen durch Umverteilung zu verändern ist. Denn das Beschaffungsmittel »Arbeit« bekommt ebenso seinen relativ festen Preis vom Markt zugerechnet, wie andere Beschaffungsmittel und Güter auch, so daß einer wirtschaftspolitischen Lenkung der Einkommensverteilung enge Grenzen gezogen sind, wenn nicht der Marktmechanismus selbst preisgegeben werden soll. Ebensowenig wie die Versorgungslage der Arbeiter-Haushalte in ihrer Rolle als Konsumenten unter Gesichtspunkten materialer Rationalität prinzipiell planend zu verändern ist, ebensowenig kann eine derartige Veränderung über ihre Rolle als Anbieter von Arbeit beliebig erfolgen. In beiden Fällen regelt sich der Preis (von Konsumgütern oder von Arbeit) durch Kampf und Kompromiß auf dem Markt. Die formale Rationalität der Erwerbsbetriebe ist überhaupt nur garantiert, sofern auch das Beschaffungsmittel »Arbeit« zu einem fest kalkulierbaren Preis auf dem Markt vorfindlich ist. Und das von Weber konstatierte Machtgefälle »zwischen einerseits den Erwerbsunternehmen und andererseits den Haushaltungen« (WG 52), das im Marktmachtkampf Bedeutung hat, ist nicht davon abhängig, ob die Haushalte als Konsumenten oder als Anbieter von Arbeit auftreten, denn der entscheidende Grund des Machtvorteils, die »Appropriation aller sachlichen Beschaffungsmittel« auf der Seite der Erwerbsunternehmen, ist in beiden Fällen gegeben.[2]

Formale und materiale Rationalität fallen eben »unter allen Umständen« (WG 59) bei Geld- und Kapitalrechnung auseinander, und dies trifft bei »freier Arbeit« gerade auch für die Versorgung der Arbeiter zu, die von Seiten der Erwerbsunternehmer nicht nach materialen Kriterien entlohnt werden.

Eine Unterscheidung von materialer und formaler Rationalität ist ursprünglich an einem Handeln, das unmittelbar tauschlose Eigenwirtschaft ist, kaum festzumachen. Aber auch für ein Wirtschaften mit Naturalrechnung und Naturaltausch hat die Differenz von formaler und materialer Rationalität noch keine entscheidende Bedeutung. Gewicht gewinnt die Unterscheidung von formaler und materialer Rationalität erst, wenn Wirtschaften an der Geldrechnung orientiert ist. Aber auch bei Geldrechnung bleiben formale und materiale Rationalität zwar verschiedene aber vereinbare Aspekte *eines* Handelns. Mit der Kapitalrechnung stellt sich nun die Differenz von formaler und materialer Rationalität äußerlich dar: Auf der einen Seite die Erwerbsbetriebe, deren Wirtschaften, abgekoppelt von der Inanspruchnahme des Rechnens für Bedarfsdeckungszwecke, rein formal rationalen Maßstäben folgt, während Gesichtspunkte materialer Rationalität nur noch von einer anderen Seite, von den Haushalten, an das Wirtschaften angelegt werden. Mit der Verallgemeinerung des modernen kapitalrechnungsmäßigen Erwerbens, das nur noch formal rational ausgerichtet ist, erreicht die Differenzierung von formaler und materialer Rationalität eine neue Stufe.

Die Differenzierung von formaler und materialer Rationalität ist nicht mehr nur eine analytische Unterscheidung, sondern sie ist eine Differenz, die die Wirklichkeit selbst durchherrscht.[3] Einerseits wird im kapitalrechnungsmäßigen Erwerben die formal rationale Rentabilitätsrechnung zum eigenen und alleinigen Maßstab des Handelns, andererseits erheben die dieser Vereinseitigung Unterworfenen materiale Rationalitätsansprüche. Für Weber ist somit das Auseinanderfallen von formaler und materialer Rationalität, »diese grundlegende und letztlich unentrinnbare Irrationalität der Wirtschaft ... eine der Quellen aller ›sozialen‹ Problematik« (WG 60). Wenn sich diese »soziale Problematik« in nicht zu vereinbarenden materialen Rationalitätsansprüchen von Menschengruppen darstellt, dann werden diese Ansprüche nicht einfach gegenüber den je einzelnen Erwerbsbetrieben erhoben, sondern gegen die Verteilungsstrukturen eines Systems, in dem eben die je einzelnen Erwerbsbetriebe unter einem Höchstmaß von formaler Rationalität wirtschaften. Einerseits läßt Weber die unter Gesichtspunkten materialer Rationalität erfolgende »Kritik des Wirtschafts*ergebnisses*« (WG 45) nicht mehr nur auf einzelne Handlungen bezogen sein, andererseits stellt er dieser Systemkritik die formale Rationalität gegenüber, wodurch letztere ebenfalls aufs System und nicht mehr nur auf Handlungen bezogen ist. Diese ausgeweitete Bedeutung der formalen Rationalität ist z. B. unterstellt, wenn Weber formuliert: »Vom Standpunkt der Beschaffung eines gewissen materiellen Versorgungs-*Minimums* einer Maximal-*Zahl* von Menschen als Rationalitätsmaßstab treffen allerdings, nach der Erfahrung der *letzten* Jahrzehnte, formale und materiale Rationalität in relativ hohem Maße zusammen« (WG 59). Die Übertragung der Bestimmung der formalen Rationalität von der Ebene der Einzelbetriebe auf die Ebene des ganzen verkehrswirtschaftlichen Systems ist darin angelegt – aber damit nicht begründet –, daß das verkehrswirtschaftliche Gesamtergebnis tatsächlich eine Funktion der Tätigkeit aller Erwerbsbetriebe im System des Markts ist. Da auf der Ebene des Systems bzw. des Markts keine sinnhaften Träger der Gesamtbewegung auszumachen sind, wird die formale Rationalität nicht mehr nur auf die einzelbetriebliche Rechenhaftigkeit bezogen, die den Betrieben durch die »Rechnung« des Marktmechanismus möglich bzw. aufgezwungen ist, sondern auch auf das Zustandekommen des wirtschaftlichen Gesamtergebnisses, das durch den Marktmechanismus herbeigeführt wird. Die ausgeweitete Bedeutung ist von vornherein im Begriff der formalen Rationalität angelegt, indem die an Handeln auszumachende formale Rationalität über dieses hinaus auf einen Systemzusammenhang verwies, für den jetzt auch insgesamt das Prädikat »formaler Rationalität« gelten soll. Daß die Bedeutung der formalen Rationalität sich auf das System der kapitalistischen Wirtschaft insgesamt bezieht, gewinnt besonderes Gewicht für Webers Auseinandersetzung mit dem Sozialismus.

Erläuterungen und Zusätze

1. Besonders Herbert Marcuse kommt das Verdienst zu, die Bedeutung des Begriffs der *formalen* Rationalität für Webers Analyse des modernen Kapitalismus herausgestellt zu haben. (Vgl. Marcuse, 1965, S. 161–180) Bei allen Verschiedenheiten, sowohl in methodischer wie inhaltlicher Hinsicht, die seine Analyse von der unsrigen trennen, zeigen sich doch auch mehrfache Übereinstimmungen. So sieht er z. B. die formale Rationalität als spezifisch kapitalistische Rationalität und analysiert als deren Grundmuster »die *Abstraktion*, die, theoretisch und praktisch ineins, Werk der wissenschaftlichen *und* der gesellschaftlichen Organisation, die Periode des Kapitalismus bestimmt: die *Reduktion von Qualität auf Quantität*« (S. 164). Auch er sieht, daß Weber über die Differenzierung von formaler und materialer Rationalität die zunehmende Versachlichung und Verdinglichung im modernen Kapitalismus zum Ausdruck bringt; er untersucht dann primär welche Herrschaftsverhältnisse die Rationalität bedingt und voraussetzt; Herrschaftsverhältnisse, von denen er meint, daß die formale Rationalität ihnen letztlich untergeordnet sei, die aber zugleich die Legitimation für diese Herrschaftsverhältnisse ausmache. (Vgl. dazu Habermas, 1968, S. 48–103).
   Marcuse diagnostiziert bei Weber eine »Idee der Vernunft« (S. 163) ohne anzugeben, was diese »Vernunft« in ihrem Kern ausmache, und behauptet, daß diese Vernunft »an entscheidender Stelle abdankt« (ebd.) bzw. schließlich doch ihrem »Ursprung verhaftet bleibe: die ›Vernunft‹ bliebt *bürgerliche* Vernunft – und sogar nur ein Teil von ihr, nämlich *kapitalistische* Vernunft« (S. 166). Solange eine derartige Ideologiekritik nicht hinreichend klar machen kann, worin denn der Gehalt eines emphatischen Vernunftbegriffs bei Weber liegt, und in welchem Verhältnis er zur Rationalisierung als einer empirischen Erscheinung steht, bleibt sie wenig aussagekräftig. Sie bleibt es vor allem auch deshalb, weil sich Marcuse weniger von der Diagnose der modernen gesellschaftlichen Verhältnisse von Weber unter-

scheidet als in der Stellung zu dieser Diagnose. Die pessimistische Kulturkritik Webers wird bei Marcuse zu einer »hoffenden«, die eine andere Vernunft als die formale und technische für möglich hält.

2. Unabhängig davon, daß eine Veränderung der Versorgung der Arbeiterhaushalte weder über ihre Rolle als Konsumenten noch über ihre Entlohnung nach material rationalen Gesichtspunkten direkt herbeigeführt werden könnte, macht es für Weber dennoch einen Unterschied, ob die Haushalte als Konsumenten oder als Anbieter von Arbeit auftreten: »Denn die Konsumenten als solche sind nach aller Erfahrung nur sehr beschränkt organisationsfähig. Leute, die ein bestimmtes Erwerbsinteresse haben, sind sehr leicht zusammenzuschließen« (SP 504). Die Organisationsfähigkeit der Arbeitserwerbstätigen egalisiert aber nur Bedingungen der Machtausübung gegenüber den Erwerbsunternehmen im Marktkampf; sie egalisiert das Machtgefälle nicht selbst.
3. Die Umwendung der Bedeutung der Dualität formaler und materialer Rationalität von einer abstrakten Unterscheidung, die an die Wirklichkeit angelegt wird, zu einer Differenz, die die Wirklichkeit selbst durchherrscht, dieser Wandel des empirischen Gehalts von Begriffen, kennzeichnet Webers Werk generell. Insbesonders seine These von der zunehmenden Rationalisierung der modernen Welt, die sich ja weder nur auf die wirtschaftliche Seite, auf den Kapitalismus, bezieht noch von der wirtschaftlichen Entwicklung allein bedingt sein soll, läßt sich u. E. vor diesem Hintergrund aufhellen. Dabei ist gerade die These von der zunehmenden Rationalisierung immer wieder kontrovers diskutiert worden. Die Arbeiten von LÖWITH (1960), der eine tendentiell geschichts-philosophische Interpretation vorträgt, und die von BENDIX (1972) bezeichnen nur die Spannweite dieser Kontroverse. Lediglich D. Henrich hat, bezogen auf die Methodologie, auf den sich wandelnden Gehalt von Grundbegriffen bei Weber hingewiesen. Er behauptet: »für mehrere . . . methodologische Grundbegriffe Webers läßt sich diese Umwendung ihres Sinnes von einer logischen zu einer ontischen Bedeutung nachweisen. Sie bedeutet jeweils eine Einschränkung des subjektivistischen Ausgangspunktes der Methodologie.« (HENRICH, 1965, S. 84)

Fragen zur Diskussion

1. Wieso erreicht die Geldrechnung in der Form der Kapitalrechnung ein Höchstmaß an formaler Rationalität?
2. Inwiefern kann man behaupten, daß mit der Abfolge: Naturalrechnung, Geldrechnung, Kapitalrechnung der Begriff der formalen Rationalität an empirischem Gehalt gewinnt?
3. Warum kann das kapitalrechnungsmäßige Erwerben als ein »subjektloser« Handlungstypus bezeichnet werden?
4. Inwieweit gilt für Weber der Konsument in der kapitalistischen Wirtschaft als Lenker der Produktion?
5. Inwiefern erreicht das schon für die Geldrechnung konstatierte Auseinanderfallen von formaler und materialer Rationalität mit der Kapitalrechnung eine neue Stufe?

29. Kapitel: Zur Rationalität des modernen Sozialismus

Textgrundlage
WG, I. Teil, 2. Kap., §§ 10, 12, 14
SP, S. 492–518 (»Der Sozialismus«)

Wir wollen die Begründung der These Webers, daß bei der Einführung einer modernen, vollsozialistischen Wirtschaftsordnung notwendigerweise mit einer Herabminderung der formalen Rationalität zu rechnen sei, diskutieren. Dazu ist es nötig, sich zunächst des Maßstabs der Weberschen Kritik zu versichern und seinen Begriff einer vollsozialistischen Wirtschaftsordnung zu präzisieren (§ 1). Wir werden dann die beiden wesentlichen sachlichen Argumente jener Begründung: die Überlegenheit der Geldrechnung gegenüber der Naturalrechnung und die Überlegenheit der marktwirtschaftlichen gegenüber der planwirtschaftlichen Allokation der Ressourcen einer ausführlichen Kritik unterziehen (§ 2). Schließlich werden wir kurz den Zusammenhang zwischen ökonomisch orientierten und herrschaftssoziologisch formulierten Einwänden gegen den Sozialismus als Gesellschaftsformation thematisieren (§ 3).

§ 1. Webers Annahme eines Gipfelpunkts der formalen Rationalität des Wirtschaftens im kapitalrechnungsmäßigen Erwerben entspricht nun notwendig die These, daß »eine an Bedarfsdeckung orientierte Planwirtschaft . . ., im Fall radikaler Durchführung, die Herabminderung der formalen, *rechnungsmäßigen* Rationalität in Kauf nehmen (muß – d. Verf.), wie sie . . . der Fortfall der Geld- und Kapitalrechnung unvermeidlich bedingt« (WG 60).[1] Diese These ist nicht nur vom Standpunkt eines wissenschaftlich unverbildeten Beobachters erstaunlich, sondern auch und gerade vom Standpunkt handlungstheoretisch orientierter Soziologie und Ökonomie aus, da doch zunächst ein Rationalitätsvorsprung der *Plan*wirtschaft zu vermuten wäre. Bevor wir daher in eine genaue Diskussion ihrer Begründung und möglicher Einwände eintreten, müssen wir sie in zweierlei Hinsicht präzisieren:

1. Inwiefern läßt sich nach Weber formulieren, ein Wirtschaften sei rationaler als ein anderes, oder eine Wirtschaftsordnung sei rationaler als eine andere? Zunächst wissen wir bereits, daß sich wertfreie, d. h. wissenschaftliche Aussagen nur über die formale Rationalität eines Handelns oder einer Ordnung, nicht jedoch über ihre materiale Rationalität machen lassen (vgl. WG 61, 44 f., vgl. oben: 25. Kap. und Mises, 1920/21, S. 120 f.). Sodann bezog sich formale Rationalität nur auf wirtschaftliches Handeln, und zwar auf »das Maß der ihm (dem Wirtschaften – d. Ver.) technisch möglichen und von ihm wirklich angewendeten *Rechnung*« (WG 44). Nun ist jedoch offensichtlich, daß im behaupteten Rationalitätsdefizit des Sozialismus

nicht mehr vom Handeln Einzelner oder einzelner Betriebe allein die Rede sein kann, daß vielmehr auch und wesentlich das gesamte ökonomische System oder die formale Rationalität einer Wirtschaftsordnung angesprochen ist. Wie schon oben anläßlich unserer Diskussion von Markt, Geldrechnung, Kapitalrechnung gezeigt wurde, daß formal rationales Wirtschaften »Orientierung« an Systemstrukturen voraussetzt und um so rationaler sich vollzieht, je mehr die Handelnden sich dem objektiven Zwang dieser Strukturen anpassen, so muß sich auch die »Besprechung der elementarsten technischen Problematik« (WG 61) des Sozialismus auf einen Zusammenhang zwischen formal rationalem Wirtschaften Einzelner oder einzelner Betriebe und formaler Rationalität der Planwirtschaft als Ganzer beziehen. Bei dem von Weber angezielten Systemvergleich muß sich demnach der angelegte »Rationalitätsmaßstab« (WG 59) sowohl auf »genaue rechnerische Feststellung des Optimums des Nutzens der Verwendung von Bedarfsdekkungsmitteln unter Vergleichung sehr heterogener möglicher Verwendungsarten« (WG 46) einzelner Betriebe wie der gesamten Gesellschaft beziehen. Da zwar sicher ein Zusammenhang zwischen dem Maß von Rechenhaftigkeit, die in einer Wirtschaftsordnung angewandt wird, und dem »Wirtschaftsergebnis« besteht, jedoch keineswegs notwendig ein linearer, geht es letztlich um die »optimale Nutzung gegebener Güterbeschaffungsmittel für einen Güter*bedarf*« (WG 57), um die »technisch optimale Verwertung von Produktionsmitteln« (ebd.) und die rationalste »Aufteilung von Arbeit und Beschaffungsmitteln« (ebd.) in der gesamten gesellschaftlichen Produktion. Wir vergleichen demnach – obwohl Weber diesbezüglich keineswegs zufällig gänzlich unklar bleibt – die formale Rationalität von Wirtschaftsordnungen unter folgenden Gesichtspunkten: a) der optimalen Allokation gegebener Ressourcen, und b) der Rate des technischen Fortschritts und der angewandten technisch optimalen Verbindung von Beschaffungsmitteln und Arbeit; oder zusammengefaßt: der Minimierung der gesellschaftlichen »Kosten« bei gegebenem Gesamtnutzen respektive der Maximierung des Gesamtnutzens bei gegebenen »Kosten«.[2]

2. Da sich bei Weber eine Vielzahl von Sozialismus-Begriffen findet (vgl. z. B. § 26 et pass.), müssen wir präzisieren, auf welche sozialistische Wirtschaftsordnung sich das behauptete Rationalistätsdefizit bezieht. Weber geht beim Versuch einer Klassifikation von Wirtschaftsordnungen von den beiden wesentlichen Vergesellschaftungsformen im Bereich der Wirtschaft, Verbandsbildung und Tausch, aus (vgl.: WG 36; oben: 22. Kap., § 1). Nach dem Modell dieser beiden Handlungstypen unterscheidet er zwischen verkehrswirtschaftlicher und planwirtschaftlicher Bedarfsdeckung: »›*Verkehrswirtschaftliche*‹ Bedarfsdeckung soll alle, rein durch *Interessenlage* ermöglichte, an Tauschchancen orientierte und nur durch Tausch verge-

sellschaftete wirtschaftliche Bedarfsdeckung heißen. ›*Planwirtschaftliche*‹ Bedarfsdeckung soll alle an *gesatzten*, paktierten oder oktoyierten, materialen Ordnungen systematisch orientierte Bedarfsdeckung innerhalb eines *Verbandes* heißen« (WG 59). Verkehrswirtschaftliche Bedarfsdeckung setzt im Rationalitätsfall Geldrechnung voraus, planwirtschaftliche Bedarfsdeckung ist »auf Naturalrechnung als letzte Grundlage der materialen Orientierung der Wirtschaft . . . angewiesen« (ebd.). Da jedoch planwirtschaftliche Bedarfsdeckung innerhalb der »Verkehrswirtschaft« und auch – wenn auch in engen Grenzen – verkehrswirtschaftliche Bedarfsdeckung innerhalb von »Planwirtschaft« möglich ist, muß Weber zur vollständigen Charakterisierung beider Wirtschaftsformationen auf die Differenzierung von »Wirtschaftsverband« und »Ordnungsverband« auf gesellschaftlicher Ebene rekurrieren. »In der Verkehrswirtschaft orientiert sich das Handeln der autokephalen Einzelwirtschaften (oder Wirtschaftsverbände – d. Verf.) autonom (d. h. genau gesprochen: formal-rechtlich heteronom, formalwirtschaftlich autonom – d. Verf.): beim Haushalten am Grenznutzen . . . beim Gelegenheitserwerben an den Marktchancen, in den Erwerbs*betrieben* an der Kapitalrechnung. In der Planwirtschaft wird alles wirtschaftliche Handeln – *soweit* sie durchgeführt ist – streng *haushaltsmäßig* und heteronom (sc. formal-rechtlich wie formal-wirtschaftlich – d. Verf.) . . . orientiert« (WG 59). Verkehrswirtschaft ist also für Weber eine durch den Staat als Ordnungsverband regulierte Wirtschaftsordnung, innerhalb deren die formal-rechtlich heteronomen, aber formal-wirtschaftlich autonomen, autokephalen Einzelwirtschaften oder Wirtschaftsverbände rein an durch Interessenlage ermöglichte, an Grenznutzen oder Tauschchancen orientierte und nur durch Tausch vergesellschaftete wirtschaftliche Bedarfsdeckung – unter Voraussetzung der Geldrechnung – betreiben. Sie wäre Oberbegriff der *kapitalistischen* Verkehrswirtschaft. Planwirtschaft als idealtypische Wirtschaftsordnung wäre ein autokephaler Wirtschaftsverband auf gesellschaftlicher Ebene, innerhalb dessen die (formal-)rechtlich wie formalwirtschaftlich heteronomen Einzelwirtschaften oder heterokephalen Wirtschaftsverbände auf der Basis der Naturalrechnung an planvoller Organisation der Bedarfsdeckung material orientiert wirtschaften. Über die materiale wirtschaftliche Autonomie oder Heteronomie der Wirtschaftenden in beiden Wirtschaftsordnungen ist noch zu handeln (vgl. § 3).

Webers Einwände beziehen sich nun auf eine moderne, d. h. auf entwikkelter Arbeitsteilung und maschineller Produktion beruhende vollsozialistische Planwirtschaft ohne Geldgebrauch und ohne Markt, d. h. ohne effektive Preise, in der Raum wäre nur »für a) eine Verteilung von Naturalgütern nach einem rationierten Bedarfs*plan*, – b) eine Herstellung dieser Naturalgüter nach einem Produktions*plan*« (WG 120). Wir wollen

Webers Einwände gegen diese idealtypische Wirtschaftsordnung diskutieren, zunächst ganz unabhängig davon, ob und wie sie irgendeine der wirklich vertretenen theoretischen Ordnungsvorstellungen oder gar einen existierenden Sozialismus treffen.

§ 2. Die beiden Argumentationsketten, mit deren Hilfe Weber seine These des Rationalitätsdefizits des Sozialismus begründen will, sind: die »Rationalitätsgrenze« (WG 55) der Naturalrechnung (bei Sozialismus als »Wirtschaft ohne Geldgebrauch«) und der Wegfall der Steuerung der Allokation der Ressourcen durch den Markt bei Planwirtschaft. Da beides zusammenhängt, werden wir zunächst jene Argumente in ihrem Zusammenhang darstellen, um erst dann zu zeigen, wie charakteristische Lücken und Widersprüche in Webers Auffassung des Kapitalismus die Erkenntnis der Möglichkeit formal rationalen Wirtschaftens im Sozialismus (und eigentlich auf gesellschaftlicher Ebene nur in diesem) verhindern.

Im Unterschied etwa zu Mises bestreitet Weber weder generell die Möglichkeit und in gewissen Grenzen sogar die Notwendigkeit von Naturalrechnung, noch auch die Möglichkeit ihrer »Rationalisierung« (WG 57). Er betont vielmehr, daß 1. bezogen auf Produktivitätsmessungen a) »ziffernmäßig der *technische* Erfolg eines bestimmten Produktionsprozesses ermittelt und mit technischen Prozessen anderer Art verglichen werden« (WG 54) kann, und b) die Abstimmung der zur Produktion bestimmten Güter erforderlichen Quanta Beschaffungsmittel und Arbeit innerhalb jedes Betriebs »naturalrechnungsmäßig festgestellt« (WG 55) wird und werden muß. Er betont weiterhin 2., daß innerhalb gewisser Grenzen auf Basis von Naturalgrößen »verfügbare naturale Beschaffungsmittel und Arbeit planvoll zur Güterherstellung oder Güterherbeischaffung verwendet werden aufgrund einer Rechnung, in welcher der so zu erzielende Zustand der Bedarfsdeckung mit dem ohne diese oder bei einer andern Art der Verwendung bestehenden verglichen und als haushaltsmäßig vorteilhafter geschätzt« (WG 54) werden kann. Diese »Abschätzung des Optimums der möglichen Bedarfsdeckung« erfolgt auf der Basis der »Dringlichkeitsskala der Bedürfnisse« (WG 46f.) mittels Grenznutzenschätzungen.

Die Schwierigkeiten und Grenzen exakter Rechnung – nicht »sehr grober Schätzungen« (WG 46, vgl. 55, 57) – beginnen bei der Berechnung der Produktivität (Fälle 1. a) und b)) »sobald Produktionsmittel verschiedener Art und mehrfacher Verwendbarkeit oder qualitativ verschiedene Endprodukte in Betracht kommen« (WG 54 und vgl. 55), ferner bei der Frage, »welche Bestandteile des naturalen Aufwandes (kapitalrechnerisch: der ›Kosten‹) zweckmäßigerweise *erspart* oder, und vor allem: anderweit rationaler verwendet werden könnten?« (WG 55) Weil daher auf der Basis der Naturalrechnung keine exakte Messung der Produktivität möglich sei, habe der Vollsozialismus bezogen auf die Entwicklung der Produktivkräfte oder die Rate des technischen Fortschritts notwendigerweise gegenüber dem Kapitalismus, dem die Geldrechnung jene Schranken überwinden helfe, enge Grenzen (vgl. WG 55f. und MISES, 1920/21, S. 102–104). Die Abschaffung der Geldrechnung (Fall 2) verhindere darüber hinaus eine objektive »Berücksichtigung der ›gesellschaftlichen Nützlichkeit‹, d. h. des (jetzigen *und künftigen) Konsumbedarfs«* (WG 55, vgl. 56), denn bei Nutzenberechnungen qualitativ verschiedener Güter kann »eine *ziffern*mäßige Vergleichung *eindeutig* und ohne ganz subjektive Bewertung« (WG 54, vgl. 46f.) nicht durchgeführt werden.

Der gemeinsame Nenner der differenziert vorgetragenen Einwände Webers gegen die formale Rationalität der Naturalrechnung besteht darin, daß sich verschiedene Gebrauchswerte oder verschiedene konkret nützliche Arbeiten auf ihrer Basis nicht »objektiv«, »ohne ganz subjektive Bewertung« vergleichen lassen, was für formal rationale »Dauerbewirtschaftung« (WG 55) unabdingbar sei: »Rechnen kann man nur mit Einheiten. Eine Einheit des subjektiven Gebrauchswerts der Güter kann es aber nicht geben« (MISES, 1920/21, S. 93). Bevor wir uns der Frage zuwenden, ob nicht neben Geld als Recheneinheit, welches jene für die Naturalrechnung schwierigen, »›objektiv‹ nicht zu erledigenden Probleme« (WG 55) offenbar nach Ansicht von Weber und Mises lösen kann, noch andere Einheiten existieren (etwa: »Verwendbarkeit der Arbeit für die Wertrechnung«, MISES, 1920/21, S. 106), wollen wir – kurz rekapitulierend – diskutieren, ob jene der Geldrechnung zugeschriebenen Leistungen auf der Basis subjektiv gerichteter Ökonomie oder Soziologie zureichend begriffen werden können. Wir haben gesehen, daß die Preisgebote der Wirtschaftssubjekte zunächst nur die Verlängerung der gänzlich heterogenen und subjektiv willkürlichen Nutzenschätzungen, wie sie beim geldlosen Tausch zu konstatieren sind, darstellen. Für die geforderte formale Rationalität der Geldrechnung jedoch waren vorausgesetzt: relativ feste, effektive Preise der Güter und eine relativ stabile materiale Geltung des Geldes. Wie aber kommt man über den subjektiven Wert als »Erklärungswerkzeug« (BÖHM-BAWERK, 1921, S. 161) oder »universelles Zwischenmotiv« oder »Kompaß« unserer »Wirtschaftshandlungen« (S. 205f.) zum objektiven Tauschwert als dem anerkannten »Erklärungsziel« (S. 161), oder: was »macht den Wert rechenbar?« (MISES, 1920/21, S. 97). Es läßt sich vermuten, daß die subjektiv gerichtete Theorie dabei in eine doppelte Schwierigkeit gerät: entweder – beim Versuch dieser Erklärung – in der Erklärung der Preise der Güter eine gegebene materiale Geltung des Geldes einfach unterstellen oder bei der Erklärung der materialen Geltung des Geldes einen bereits gegebenen Preis der Güter voraussetzen zu müssen (vgl. WIESER, 1927, S. 696 u. ö.); oder aber aufs Erklären überhaupt Verzicht zu leisten und Geld einfach als universell brauchbares Mittel zur Reduktion der

Komplexität, der chaotischen Mannigfaltigkeit der subjektiven Wertschätzungen, zu unterstellen. (Vgl. oben: 23. Kap. und 24. Kap., vgl. MISES 1920/21, S. 97f. über die »Schwäche« des menschlichen Geistes.). Nicht die Handelnden machen damit den Wert »rechenbar«, sondern: der Markt. Für die subjektiv gerichtete Theorie also – aber im Gegensatz zum eigenen theoretischen Erklärungsanspruch – erweist sich die Transformation der subjektiven Nutzenschätzungen in effektive Preise als ein intentional nicht erklärbarer, hinterm Rücken der Handelnden ablaufender und in diesem Sinne »objektiver«, »quasi-natürlicher« Prozeß.[3]

Wir haben gesehen, wie jene unterstellte formale Rationalität des Systems die Voraussetzung der formalen Rationalität des Wirtschaftens Einzelner oder einzelner Betriebe war (vgl. oben 25. und 28. Kap.): Geld ist jene optimale Recheneinheit nur unter der Voraussetzung effektiver Preise, die Rationalität der Geldrechnung ist eigentlich die »Rationalität des Markts«, an dem sich die Wirtschaftenden orientieren, ohne ihn beeinflussen zu können.[4] Der Kern der – kapitalistischen Erwerbswirtschaft unterstellten – formalen Rationalität besteht also (vgl. oben: 28. Kap.) gar nicht im formal rationalen, d. h. rechenhaften Wirtschaften, nicht in der Kalkulation der Wirtschaftssubjekte, sondern in der »Kalkulation des Marktmechanismus«, jenes »Als-ob-Gebildes«, das jedem Gut seinen »objektiven«, von der willkürlichen Bewertung der einzelnen Wirtschaftenden unabhängigen Preis zuteilt. Daß also im Sozialismus »goods could not be valued«, hat nicht nur (und eigentlich: nicht wesentlich) die Bedeutung, daß mit der Abschaffung des Geldes keine Recheneinheit mehr zur Verfügung stehe, die als einheitlicher Ausdruck natural verschiedener Güter oder Nutzleistungen fungieren kann. Vielmehr wären auch zu Rechnungszwecken den Geldpreisen analog zu bildende »Wert-Indices« (WG 55) eben deshalb subjektiv und willkürlich, weil ihnen nach Beseitigung des Markts die Weihe jener eigentümlichen »Objektivität« abgeht, die in der Abhängigkeit der Wirtschaftssubjekte von den Resultaten ihres eigenen Tuns zu sehen ist.[5]

Zu der Frage nach dem Funktionieren jenes Systems absolut freier Marktwirtschaft oder kapitalistischer Erwerbswirtschaft kennen wir bereits Webers Feststellung, daß es »*nicht* auf kollektivem Wege zweckvoll geschaffen« (WL 29, vgl. auch WL 452f. und oben: 23. und 24. Kap.) sei und dennoch zweckvoll funktionieren soll. Darüberhinaus hatten wir mit Weber bereits gesehen, daß in diesem »subjektlosen System« der »*kaufkräftige* Begehr nach Nutzleistungen . . . maßgebend für die Richtung der Güterbeschaffung« (WG 59) ist und daß Rationalitätsorientierung oder der »Profit als Wegweiser der Produktion« (SP 504) dient. Warum jedoch dadurch eine optimale Befriedigung des jetzigen und künftigen Konsumbedarfs und eine optimale Nutzung natürlicher und gesellschaftlicher Ressourcen garantiert sein soll, ist damit noch nicht beantwortet. Bei der Frage nach der formalen Rationalität eines Wirtschaftssystems können wir uns auch nicht mit den bisherigen Antworten zufrieden geben, daß in der kapitalistischen Erwerbswirtschaft alle einzelnen Handelnden von diesem System gezwungen werden, formal rational zu wirtschaften, denn es ist ja immerhin möglich (vgl. LUHMANN, 1971b, S. 91), daß aus dem – isoliert betrachtet – formal rationalen Wirtschaften der Privaten als Ergebnis eben dieser Art ihres Zusammenhandelns die formale Irrationalität des Ganzen oder des Wirtschaftssystems folgte.

Wir haben nun oben (Teil C) mit der Marxschen Kritik der Politischen Ökonomie eine Theorie kennengelernt, die genau dies behauptet; die jenen in der subjektiv gerichteten Ökonomie und Soziologie – trotz aller Versuche – erklärungsbedürftig gebliebenen Systemzusammenhang thematisiert und damit jene »Lücke« im Theorieaufbau schließt. Die Kritik der Politischen Ökonomie bietet nun nicht nur eine im Ansatz konsistente Erklärung der Möglichkeit der Geldrechnung, sondern zugleich auch ihrer »Grenzen« oder »Kosten« und als Folge jener Kapitalismusanalyse zugleich die Erkenntnis der Möglichkeit (und historisch: der Notwendigkeit) formal rationaler sozialistischer Planwirtschaft.

Wir haben gesehen (Teil C), daß auf die Frage nach dem »gemeinsamen Dritten« zweier qualitativ verschiedener Waren überhaupt nur zwei Antworten möglich sind: sie sind entweder auf der Basis subjektiver Nutzenschätzungen, oder aber durch Reduktion auf vergegenständlichte, gesellschaftlich-notwendige, *abstrakte* Arbeit vergleichbar. Subjektive und objektive Wertlehre stellen vom Ansatz hier zugleich exklusive und erschöpfende Alternativen dar (vgl. MISES, 1920/21, S. 109). Obwohl nun Weber »keinerlei ›Wirtschaftstheorie‹« (WG 31) betreiben will, so kann man doch davon ausgehen, daß seine Behauptungen eines Rationalitätsdefizits des Sozialismus die von Seiten der subjektiven Wertlehre gegen die von ihr sogenannte »Arbeitswerttheorie« vorgebrachten Einwände teilen würde: Jede objektive Werttheorie sei aus zwei prinzipiellen Gründen unhaltbar: 1. lasse sie »den Verbrauch an sachlichen Produktionsfaktoren ganz außer acht« (MISES, 1920/21, S. 106, vgl. auch MAYER, 1928, S. 1210); »irrig« sei daher »die Reduktion aller ›Mittel‹ auf ›letztlich Arbeitsmühe‹« (WG 33). Einmal von der sich selbst entlarvenden Mises'schen »Kritikmethode«[6] abgesehen, stellt sich das Problem der Bewertung der Produktionsmittel verschärft für jede konsequente subjektive Wertlehre bei Lösungsversuchen des Werts komplementärer Güter oder »der ›Güter‹ entfernterer Ordnungen« (BÖHM-BAWERK, 1921, S. 214). Nicht nur ist mit Weber die Praktikabilität jener Zurechnungskonstruktionen zu bezweifeln, sondern auch die theoretische Zulässigkeit jenes Vorgangs der »Wertableitung« (BÖHM-BAWERK, 1921, S. 222) auf der Basis subjektiver Nutzenschätzungen. 2. »Der zweite Mangel der Arbeitsrechnung ist die Nichtberücksichtigung der verschiedenen Qualität der Arbeit« (MISES, 1920/21, S. 107, vgl. 99, 100, 108). Von der unterstellten, angeblichen Nichtberücksichtigung der Notwendigkeit der Reduktion verschieden komplizierter Arbeiten abgesehen (vgl. 10. Kap.) stellt sich auch dieses Problem der Einheitlichkeit des Maßstabs verschärft gerade für jede konsistente subjektive Wertlehre: wie ist der Nutzenzuwachs für jeweils verschiedene »Wirte« oder für dieselben »Wirte« unter verschiedenen Umständen oder verschiedenen Zeiten quantifizierbar?

Wenn man sich nicht damit begnügen kann, entweder jene im Wert vollzogene Reduktion einfach unanalysiert hinzunehmen oder aber sie sogar im Widerspruch zu den eigenen theoretischen Voraussetzungen einzuführen, so bietet die objektive Werttheorie nicht nur eine zureichendere Erklärung der Möglichkeit des Geldes als »Recheneinheit« im Kapitalismus, sondern die Kritik der Politischen Ökonomie bietet zugleich mit der Angabe von Zeiteinheiten homogener Arbeit eine adäquate Grundlage formal rationaler Rechnung und Planung im Sozialismus auch und gerade nach Abschaffung des Geldes. Solange also das »Mittel zur rein rationalen Aufstellung eines ›Planes‹« (WG 56) der »alles entscheidende Punkt« sein soll, erweisen sich die Einwände Webers gegen die formale Rationalität des Sozialismus nicht nur als gegenstandslos, sondern geradezu als Bumerang, denn dort wird (cum grano salis) überhaupt zum ersten Mal auf gesellschaftlicher Stufenleiter formal rational gerechnet werden können.

Wir wissen jedoch bereits, daß der Kern der Überlegenheit der Geldrechnung in der »Marktrechnung« liegen soll. Gerade darin, daß Marx die Funktionsweise des Marktes nicht unanalysiert läßt, liegt nun die eigentliche Überlegenheit der Kritik der Politischen Ökonomie gegenüber der Weberschen Wirtschaftssoziologie: sie zeigt die »Kosten« der Marktrechnung.

Wir wir gesehen haben, stellt »Wert« als Regulator der gesellschaftlichen Produktion im Kapitalismus *vergegenständlichte*, abstrakte, *gesellschaftlich-notwendige* Arbeit dar. Dadurch war ein Doppeltes ausgedrückt: Arbeit wird nicht unmittelbar gesellschaftlich, sondern von isolierten Privaten verausgabt; sie bildet Wert jedoch nur in dem Maß, in dem sie gesellschaftlich notwendig ist sowohl im technologisch durchschnittlichen Quantum, als auch bezogen auf die Gesamtsumme der zahlungsfähigen Nachfrage der von ihr als je konkret-nützlicher in bestimmter Gebrauchsform produzierten Warenmasse. Anders ausgedrückt: Wert ist einerseits keine individuelle, sondern eine gesellschaftliche Größe, andrerseits nicht ausschließlich eine Bestimmung der Produktion, sondern ebensosehr der Realisation; beides jedoch keineswegs unmittelbar, sondern als ein sich hinter dem Rükken der Wirtschaftenden vollziehender Prozeß. Dies bedeutet, daß einerseits *für jeden einzelnen kapitalistischen Produzenten* der Wert *realiter gleichgültig* gegenüber dem Gebrauchswert ist, d. h. daß es gleichgültig ist, welche konkret-nützliche Arbeit zur Produktion welcher Ware verausgabt wird, da die Gebrauchswerte nur als Träger von Wert interessieren (dies wird von Weber durch Ausschließlichkeit der Rentabilitätsorientierung zum Ausdruck gebracht); dies bedeutet aber andrerseits, daß auf *gesellschaftlicher Ebene* der Wert ins Maß gesetzt werden muß und ex post »objektiv« ins Maß gesetzt wird zum Gebrauchswert. Marx zeigt, daß auf der Ebene des gesellschaftlichen Reproduktionsprozesses die reale Gleichgültigkeit des Wertes gegenüber dem Gebrauchswert *nachträglich kritisiert* wird, daß neben die Betrachtung des Wertersatzes die des Stoffersatzes treten muß. Es zeigt sich somit, daß jene von Weber diskutierten naturalen Planungsprobleme zwar für den Einzelbetrieb im Kapitalismus durch Geldrechnung zunächst und vorläufig »gelöst« werden, jedoch um den Preis ihrer unkontrollierbaren gesellschaftlichen Wiederkehr über die »Marktlage« (z. B. Krise) und die »effektiven Preise«, an denen die Einzelnen ihr Handeln orientieren müssen.[7]

Die »Marktrechnung« vollzieht jene notwendige Anpassung von Wert und Gebrauchswert, oder jene Verteilung der gesellschaftlichen Arbeit auf die einzelnen Produktionszweige, aber sie vollzieht sie gerade nicht »planend«, sondern nach der Art eines von den Handelnden nicht beeinflußbaren und doch durch sie erzeugten »objektiven«, quasi-natürlichen Vorgangs, nach der Wirkungsweise eines Naturgesetzes, »das auf der Bewußtlosigkeit der Beteiligten beruht« (MEW 23/89). Die Kosten dieser »Herrschaft der Dinge über den Menschen« (SP 502) sind in der Marxschen Kritik der Politischen Ökonomie ausführlich thematisiert: unterm Gesichtspunkt der formalen Rationalität der kapitalistischen Produktionsweise zum einen Überproduktionskrisen (oder Vergeudung gesellschaftlicher Arbeit in ungeheurem Ausmaß), zum andern auch und gerade in der »Nachhaltigkeitswirtschaft des Friedens« (WG 57) kaum wiedergutzumachender Raubbau an natürlichen und gesellschaftlichen Ressourcen.[8] Die planvolle Verteilung der gesellschaftlichen Arbeit auf die einzelnen Produktionszweige entsprechend den auf demokratischem Wege ermittelten gesellschaftlichen Bedürfnissen bewirkt, daß der gesellschaftliche Charakter der Arbeit sich nicht mehr ex post, vermittelt über die abstrakte Arbeit oder den Wert der ausgetauschten Waren erweist, sondern daß die »Naturalform der Arbeit . . . hier ihre unmittelbar gesellschaftliche Form« (MEW 23/91, vgl. 93 und MEW 32/552 f.) ist. Die Bedeutung der abstrakten Arbeit reduziert sich auf eine gesamtgesellschaftliche Planungsgröße, denn im Sozialismus bleibt »die Wertbestimmung vorherrschend *in dem Sinn* (Herv. d. Verf.), daß die Regelung der Arbeitszeit und die Verteilung der gesellschaftlichen Arbeit unter die verschiednen Produktionsgruppen, endlich die Buchführung hierüber, wesentlicher denn je wird« (MEW 25/859).

Wir haben nun nicht nur die ökonomischen Einwände Webers gegen die Möglichkeit formaler Rationalität des Sozialismus als Wirtschaftsform widerlegt, sondern zugleich durch Demonstration der »Kosten« der kapitalistischen Produktionsweise zumindest die *Möglichkeit* der Steigerung der formalen Rationalität des Wirtschaftens im Sozialismus nachgewiesen, was »die Frage nach den *sachlichen* Voraussetzungen der formalen Rationalität in der preislosen Kollektivwirtschaft« (MAYER, 1925, S. 1112) anlangt.[9]

§ 3. Wir haben im § 2 Webers Einwände hinsichtlich der »sachlichen« oder »elementarsten technischen« Voraussetzungen formaler Rationalität des Wirtschaftens im modernen Sozialismus kritisiert. Abschließend wollen wir den – Weber zufolge – charakteristischen Zusammenhang zwischen formaler Rationalität des Wirtschaftens und faktischer Reduktion individueller Handlungsfreiheit auf Anpassung an nicht planbare, soziale Systembedingungen zusammenfassen und Webers herrschaftssoziologische Einwände gegen den Sozialismus andeuten, die ihn dazu führen, einem auf den Zwang des Markts gegründeten System höhere formale Rationalität zuzusprechen.

Im Blick auf den Zusammenhang zwischen formaler und materialer Autonomie oder Heteronomie der einzelnen Handelnden läßt sich Webers Analyse der kapitalistischen Erwerbswirtschaft so resümieren: Zunächst scheint es, daß in ihr »alles *menschliche* Handeln inhaltlich autonom verläuft und nur an formalen Ordnungsbestimmungen (des bürgerlichen Rechtsstaats – d. Verf.) orientiert ist« (WG 38). Der durch diese Rechtsordnung garantierten formalen oder rechtlichen Autonomie des Einzelnen scheint generell deren materiale oder inhaltliche Autonomie, speziell deren wirtschaftliche Autonomie zu entsprechen. In der Diskussion zeigte sich jedoch, daß jene »Marktfreiheit« (WG 61 u. ö.) sich auf bloß formale Autonomie der Handelnden beschränkt. Sie beinhaltet, daß diese rechtlich frei über ihre Nutzleistungen, Beschaffungsmittel und Arbeit verfügen können. Dies zeigte Weber zunächst mit hinreichender Deutlichkeit für die von allen »sachlichen Beschaffungsmitteln« (WG 58) getrennten, »freien« Arbeiter: Die Vermögens-, insbesondere die Kapitalgüterbesitzdifferenzierung zwingt sie, »sich *Anweisungen* zu fügen, um überhaupt Entgelt für die von ihnen angebotenen Nutzleistungen zu erhalten« (WG 59, vgl. WG 60 u. ö., vgl. Kapitel 27); sie mündet in der »Unterwerfung der Arbeiter unter die Herrschaft von Unternehmern« (WG 78): in materialer Heteronomie. Wenn es nun zunächst noch so scheinen könnte, als seien wenigstens diese Unternehmer in ihrem Handeln inhaltlich autonom, so zeigte Webers weitere Untersuchung, daß auch deren Handeln im – hier allein interessierenden, die freie Konkurrenz voraussetzenden – vollen Rationalitätsfalle bei

Strafe des ökonomischen Untergangs in glatter und restloser Anpassung an die jeweils gegebene Marktlage besteht, also »inhaltlich« oder material fremdbestimmt, heteronom ist. Die Marktfreiheit erweist sich damit auch für Weber inhaltlich als »Zwang« der Konkurrenz (vgl. SP 501 f.). Dieser Zwang des Markts ist einerseits nicht identisch mit Zwang, der von Personen ausgeht und damit unmittelbares oder direktes Herrschaftsverhältnis wäre (vgl. WG 58 u. ö.), andererseits passen die Handelnden sich nicht einfach an »›blinde Naturgewalten‹« (WL 226), sondern an »blinde gesellschaftliche Gewalten« an, da der Marktzwang aus dem Zusammenprallen des formal autonomen Wirtschaftens der Einzelnen resultiert. Das Ergebnis von Webers Analyse war, daß nicht nur jeder »wissenschaftlich geschulte Sozialist«, sondern er selbst eigentlich zu sagen gezwungen wäre: »das liegt an dem System, an der Zwangslage, in die alle Beteiligten, der Unternehmer wie der Arbeiter, sich gestellt finden« (SP 502, vgl. 27. und 28. Kap.). In der modernen kapitalistischen Verkehrswirtschaft wird also im Falle optimaler formaler Rationalität die materiale Autonomie des Wirtschaftens erheblich herabgemindert. Weber könnte so – in bemerkenswerter Übereinstimmung mit Marx – die kapitalitische Wirtschaft als »auf sachlicher Abhängigkeit« gegründetes System »persönlicher Unabhängigkeit« (GR 75) bezeichnen. Jedenfalls ist er diesbezüglich von aller liberalen Apologetik des Kapitalismus weit entfernt.

Ebenso bemerkenswert ist jedoch, daß Weber den Sozialismus ökonomisch gar nicht in der Perspektive einer möglichen Herrschaft der Wirtschaftenden über ihre selbsterzeugten sozialen Verhältnisse thematisiert; oder anders: daß er kapitalistische und sozialistische Wirtschaftsordnung gar nicht dahingehend vergleicht, ob sie materiale oder inhaltliche Autonomie, wenn schon nicht der jeweils einzelnen Handelnden, so doch ihrer gesellschaftlichen Organisationen erlauben. Daß ihm damit mögliche *gesellschaftliche* Freiheit als Herrschaft der Menschen nicht nur über die natürlichen, sondern auch über die sozialen Bedingungen ihrer Existenz, aus dem Blick gerät, hat im wesentlichen die beiden folgenden Gründe:

1. Abgesehen davon, daß Weber von Arbeitszeiteinheiten als möglicher Grundlage exakter ökonomischer »Rechnung« abstrahiert (womit tatsächlich nur die Wahl zwischen Naturalrechnung und Geldrechnung bestünde), scheint ihm die für formal rationale wirtschaftliche Planung unabdingbare Objektivität der ökonomischen Rechengrößen nur hervorgehen zu können aus dem Kampf des Menschen mit dem Menschen auf dem Markt. Zumindest aber glaubt er, daß jene eigentümliche, aus dem Zusammenstoß der vielen Einzelnen resultierende Objektivität der Daten, die der Markt setzt (und die daraus entsteht, daß sich im Kampf aller gegen alle die jeweils subjektiven Wertschätzungen und Interessen aneinander abschleifen) jeder möglichen gesellschaftlichen Objektivität, die aus intersubjektiven Kom-

munikations- oder Planungsprozessen hervorgeht, überlegen sei. Dies hängt wohl damit zusammen, daß er

2. glaubt, man hätte nur die Wahl zwischen sachlichem Zwang des Markts und persönlichem Zwang oder persönlicher Abhängigkeit von jener »Diktatur des Beamten« (SP 508) und deren diktatorischer, subjektiver Willkür, die er bei einer Ersetzung der Leistungen des Markts durch Planung für unvermeidbar hält. Weil die monokratisch-bürokratische Organisation der Verwaltung gegenüber allen anderen Verwaltungsformen die »formal-technisch rationalste« (WG 128) sei, sei sie »für die Bedürfnisse der *Massen*verwaltung (personalen oder sachlichen) heute schlechthin unentrinnbar« (ebd.), und gerade der Sozialismus würde ihre Bedeutung nur ungeheuer steigern. Wenn eine demokratische Ermittlung der Planziele um den Preis einer ungeheuren Herabminderung der formalen Rationalität oder Effizienz in »Fabrik« wie »Staat« erkauft werden müßte (und sie daher unter diesem Gesichtspunkt für die Bedürfnisse der »Massenverwaltung« nicht in Frage kämen), wäre dies ein nicht unwesentliches Argument dafür, jenem bürokratischen Gehäuse sozialistischer Hörigkeit die dem Kapitalismus spezifische, auf sachliche Abhängigkeit gegründete persönliche Unabhängigkeit oder formale Autonomie der Handelnden vorzuziehen. Daß Weber über der Frage: »*wer* soll . . . kommandieren?« (SP 511) die gesellschaftstheoretische wie praktische Bedeutung der Möglichkeit einer Beherrschung der von den Handelnden selbst erzeugten gesellschaftlichen Verhältnisse durch dieselben, respektive ihre verantwortlichen Organe, verkennt, wäre dann sachlich legitimiert, wenn tatsächlich optimale formale Rationalität der Verwaltung gebunden wäre an Herrschaft der Bürokratie. Gelänge eine Kritik an dieser Annahme, so wäre damit Webers politische Soziologie und Sozialismuskritik im Kern getroffen. (Vgl. Teil F und Vergleichende Diskussion III).

Erläuterungen und Zusätze

1. Vgl. MAYER (1925, S. 1112): »Aber in der preislosen geschlossenen Wirtschaft fehlt eben mit dem Preise jenes Instrument der ›formalen Rationalisierung‹ der Produktion«. Während jedoch Mayer wie Weber nur von Minderung der formalen Rationalität im Sozialismus sprechen, ist für MISES (1920/21, S. 104) der Sozialismus mit »Aufhebung der Rationalität des Wirtschaftens« überhaupt identisch. Wir werden trotz teilweise erheblicher Differenzen zwischen den genannten Autoren deren Arbeiten zur Verdeutlichung und aus Gründen der Repräsentanz der behandelten Einwände heranziehen, da sie bezüglich der wesentlichen Argumente übereinstimmen.
2. Vgl. MAYER (1925, S. 1113): »Es handelt sich nun praktisch darum, aus der Unmasse von Teilkombinationen, welche nach dem Stande der technischen Erkenntnis, oft durch zahlreiche Umwandlungsprozesse (Zwischenprodukte) hindurch, für die Gewinnung der Endprodukte offen stehen . . . diejenige Gesamtkombina-

tion zu finden, welche aus den gegebenen Produktionsmittelmengen (worunter Mayer auch die Arbeitskraft rechnet – d. Verf.) den höchsterreichbaren Gesamtnutzen erzielt«. – Zur Verdeutlichung des angelegten Rationalitätsmaßstabs: gemeint sind nicht die Wachstums- oder Akkumulationsraten einer Wirtschaftsordnung, da das Ausmaß und die Art des Wachstums im Verhältnis zu Ausmaß und Art der Befriedigung von Bedürfnissen unter materialen Rationalitätsgesichtspunkten getroffene Entscheidungen voraussetzt (also, mit Weber, nicht Gegenstand der »Wirtschaftswissenschaft«, sondern der »Wirtschaftspolitik« wäre), selbst im Falle des Kapitalismus, wenn darüber gar nicht und von niemandem entschieden werden kann infolge von über Konkurrenz vermitteltem Zwang zur Akkumulation. Wenn daher Weber dem Kapitalismus »vom Standpunkt der Beschaffung eines gewissen materiellen Versorgungs-*Minimums* einer Maximal-*Zahl* von Menschen« (WG 59) konzediert, daß formale und materiale Rationalität in relativ hohem Maße zusammenfielen, so ist dieser Standpunkt nicht identisch mit dem von uns angelegten »Rationalitätsmaßstab«, weil ja gerade nicht die aufgewendeten Mittel (z. B. ungeheurer Raubbau an Arbeitskräften und Rohstoffen etc.) ins Verhältnis gesetzt werden zu einem bestimmten Wirtschaftsergebnis.

3. Webers Kritik an Naturalrechung und die darin implizierte, teils offene Kritik an der Grenznutzenlehre (vgl. WG 46f., 55, 57, u. ö.) ist zugleich Kritik der doch methodisch von ihm zu fordernden Wirtschaftstheorie auf handlungstheoretischer Basis (vgl. WL 395ff.).
4. Vgl. WG 45, 49, 53, 58; WL 227; vgl. Lange (1936/37, S. 58): »The prices are regarded by the individuals as constants independent of their behavior«.
5. Vgl. Mises (1920/21, S. 105): »Wo der freie Marktverkehr fehlt, gibt es keine Preisbildung; ohne Preisbildung gibt es keine Wirtschaftsrechnung«; vgl. Mayer (1925, S. 1112): ». . . die Preise . . . geben jedem Unternehmer die ziffernmäßigen Daten«; vgl. Lange (1936/37, S. 63): »But if there is no market . . . for capital goods . . . can their prices be determined objectively« und nicht nur »quite arbitrary«? Langes »Lösung« einer Preisbildung im Sozialismus »as if« es sich dabei um Marktpreise handele (vgl. S. 63–67, 123, 138, 142) ist die Folge jenes problematischen Versuchs einer Konstruktion sozialistischer Planwirtschaft auf der Basis entwickelter Grenznutzenanalyse.
6. Mises unterschlägt in seiner Kritik an Marx dessen Unterscheidung zwischen Faktoren des Arbeits- und Verwertungsprozesses. Nicht ein angebliches Außerachtlassen, sondern nur die Marxsche Lösung der Wertübertragung des Werts der Produktionsmittel durch die konkret-nützliche Eigenschaft der Arbeit könnte Mises wissenschaftlicherweise angreifen.
7. Weil bestimmte Varianten der subjektivistischen Wertlehre ihre allgemeinen Gesetzte der Produktion »unter der Annahme einer vollständigen, d. i. den gesamten Eigenbedarf ausschließlich durch Eigenproduktion deckenden Wirtschaft entwickelt, gleichgültig, ob das Subjekt der Wirtschaft eine physische Person oder die Gesellschaft als Ganzes« (Mayer (1925, S. 1120) ist, ist es nicht weiter erstaunlich, daß ihre Aussagen bezüglich Aufstellung von Produktionsplänen, Ausarbeitung optimaler produktiver Gesamtkombinationen (vgl. Mayer, 1925, S. 1110f. und Mayer, 1928, S. 1220, 1224) etc. nach Grenznutzenschätzungen gerade im

Sozialismus relevant werden können. Allerdings kann es sich dann nicht mehr um »subjektive Nutzenschätzungen« im Gegensatz zu »objektiven«, d. h. durch den Markt, nicht durch intersubjektive Kommunikationsprozesse festgesetzten Preisen handeln, sondern nur um »gesellschaftliche« Nutzenschätzungen. Handlungstheoretisch orientierte Ökonomie, die schon immer zur Planungs- und Entscheidungstheorie hin tendierte, fände dann und in dem Maße ihre Wahrheit, in dem die »sinnhafte Orientierung« (WL 453) der einzelnen Wirtschaftenden mit der gesellschaftlichen Orientierung übereinstimmt, in dem also der die bürgerliche Produktion bestimmende Gegensatz zwischen subjektiven Zwecken und spezifisch gesellschaftlicher »Objektivität« überwunden wird. Ihre Grenze hat sie gerade in der Erklärung jener eigentümlichen »Objektivität«, oder anders gesprochen darin, zu erklären, was den Wert eigentlich zum Wert macht. Ihre beliebten Robinsonaden sind – grob gesprochen – nichts anderes als spekulative Abstraktionen von den spezifisch gesellschaftlichen Bedingungen der Wertproduktion, oder methodisch supponierter Sozialismus in der Kapitalismusanalyse (vgl. MYRDAL, 1963, S. 139f. über »kommunistische Fiktion«).

8. Anläßlich seiner kursorischen Kritik des Marxismus im Sozialismus-Aufsatz kommt Weber hierauf zu sprechen: »Diese Privatwirtschaftsordnung hat die sozialistische Theorie mit dem Schlagworte von der ›Anarchie der Produktion‹ belegt, weil sie es darauf ankommen läßt, ob das Eigeninteresse der einzelnen Unternehmer an dem Absatze ihrer Produkte: das Interesse daran, Gewinn zu machen, so funktioniert, daß dadurch eine Versorgung derjenigen, die dieser Güter bedürfen, gewährleistet ist.« (SP 500) In der Diskussion verwickelt sich Weber in einen bemerkenswerten Widerspruch: Einerseits weiß Weber, daß nur bei freier Konkurrenz jene »Objektivität« der effektiven Preise besteht, die Voraussetzung formaler Rationalität ist, andrerseits aber ist das von Weber selbst zugestandene Ergebnis jener freien Konkurrenz, daß »immer wieder Zeiten der Überproduktion (kommen – d. Verf.) . . ., die abgelöst werden von Bankerotten, Zusammenbrüchen und sogenannten ›Depressionen‹« (SP 507). Wenn aber angeblich jene Krisengefahr vermindert ist, »seit die Unternehmer von rücksichtsloser Konkurrenz zur Kartellierung geschritten sind, seit sie also dazu übergegangen sind, durch Regulierung der Preise und des Absatzes die Konkurrenz weitgehend auszuschalten« (SP 508, vgl. auch 507, 510 und WG 57f.), so muß nach Webers ureigenster Überzeugung jene Monopolisierung zu einer zunehmenden Beeinträchtigung der formalen Rationalität führen. Der idealtypische Kapitalismus der freien Konkurrenz stellt also zwar die Einzelnen unter den Zwang formal rationalen Wirtschaftens, hat jedoch – gesellschaftlich betrachtet – die formale Irrationalität, Krise etc. dieser Wirtschaftsformation zur Folge. Der monopolistische Kapitalismus soll jene gesellschaftliche Irrationalität zumindest vermindern (die sachliche Richtigkeit des Arguments interessiert uns hier nicht), stellt aber die einzelnen Unternehmen nicht mehr unter die notwendigen Bedingungen formal rationalen Wirtschaftens.

9. Webers Einwände bezogen sich auf einen idealtypischen Vollsozialismus, oder – mit Marx gesprochen – auf die entwickelte kommunistische Gesellschaft. Sie können daher, obwohl als Waffe in der aktuellen politischen Auseinandersetzung gedacht, weder einen real existierenden Sozialismus noch marxistische Ordnungsvorstellungen bezüglich der Übergangsperiode oder der ersten Stufe des

Sozialismus treffen. Im Gegensatz zu Weber-Mises'schen Konstruktion vom »Konsumdiktat« (vgl. WG 53, 56, 119f. und MISES, 1920/21, S. 89ff.) wird bei Geldgebrauch in beiden in der Regel nicht nur von Freiheit der Konsumwahl, sondern auch von freier Wahl des Arbeitsplatzes ausgegangen (vgl. als Überblick: LANGE, 1936/37, S. 60–64 und S. 136–142). Die aus jener dadurch notwendig werdenden Kombination von Markt (für Konsumtionsmittel und Arbeitskraft) und Plan sich ergebenden Probleme und Schwierigkeiten können hier nicht diskutiert werden.

Fragen zur Diskussion

1. Wie kann Weber einen Vergleich bezüglich der formalen Rationalität nicht nur zwischen wirtschaftlichen Handlungen, sondern auch zwischen verschiedenen Wirtschaftsordnungen anzielen?
2. Wie ist für Weber eine sozialistische Wirtschaftsordnung bestimmt, auf die sich seine These von der unvermeidlich (gegenüber der Verkehrswirtschaft) herabgeminderten formalen Rationalität bezieht?
3. Inwiefern stößt – nach Weber – jede Naturalrechnung an eine »Rationalitätsgrenze«?
4. Welche Bedeutung hat der »Marktmechanismus« in Webers Argument der formal-rationalen Unterlegenheit des Sozialismus gegenüber dem Kapitalismus?
5. Inwieweit ist die dem »Marktmechanismus« zugeschriebene Leistung begründet und warum soll nur der Markt diese Leistung erbringen können?

Vergleichende Diskussion II: Gesellschaftliche Arbeit und wirtschaftliches Handeln

Die Schwierigkeiten einer vergleichenden Diskussion des Marxschen »Kapital« und der Weberschen »Soziologischen Grundkategorien des Wirtschaftens« sind offensichtlich. Während Marx als den »letzten Endzweck« seiner Kritik der politischen Ökonomie, die Enthüllung des »ökonomischen Bewegungsgesetzes der modernen Gesellschaft« (vgl. MEW 23/15f.), bezeichnet – also einen sehr weitreichenden Erklärungsanspruch reklamiert –, geht es Weber in dem herangezogenen Text zunächst nur um die Bereitstellung eines begrifflichen Instrumentariums für seine materialen (historisch vergleichend angelegten) Untersuchungen des Verhältnisses von Wirtschaft und Gesellschaft. Es erscheint auf den ersten Blick »unfair«, die Konfrontation von Marx' und Webers Auffassungen des modernen Kapitalismus zu unternehmen, wenn beide mit derart unterschiedlichen Erklärungsansprüchen operieren: Webers theoretische Zurückhaltung würde ihm zum Nachteil angerechnet, jedenfalls dann, wenn Marx seinen »Endzweck« auch nur halbwegs erreicht hat.

Das Problem einer Konfrontation stellt sich jedoch anders, wenn sich die Vermutung begründen läßt, daß Webers Zurückhaltung einen tiefer liegenden Grund hat: daß sie nämlich insofern Nebenprodukt des theoretischen Ansatzes ist, als dieser nicht gestattet, eine bestimmte Ebene der Erklärung sozialer Phänomene zu erreichen. Genauer – und bezogen auf den für uns hier allein maßgeblichen Gegenstand moderner Kapitalismus –: der handlungstheoretische Ansatz Webers findet die Grenze seiner Erklärungskraft an jenem Grundtypus der bürgerlichen Vergesellschaftung, demgemäß sich – mit Marx gesprochen – »die gesellschaftliche Beziehung der Personen ... gleichsam verkehrt darstellt, nämlich als gesellschaftliches Verhältnis der Sachen« (MEW 13/21). Die These, daß Webers handlungstheoretischer Ansatz gegenüber dieser Form der Vergesellschaftung versagt, die Marx als Spezifikum der Gesellschaften gilt, »in welchen kapitalistische Produktionsweise herrscht« (MEW 23/49), soll im folgenden nochmals diskutiert werden. In der zusammenfassenden Betrachtung der jeweils für Marx und Weber charakteristischen Strategie zur Erklärung des modernen Kapitalismus legen wir besonderes Gewicht auf die Herausarbeitung des je spezifischen Verhältnisses von intentionalem Handeln und systembedingten (ökonomischen) Strukturen. Marx und Weber stimmen zunächst in zwei wesentlichen Punkten überein: beiden gilt das (soziale) Handeln von Individuen als der »Stoff«, aus dem gesellschaftliche Verhältnisse (soziale Beziehungen und Gebilde) gewirkt sind; und beide thematisieren die sozialökonomischen Verhältnisse des modernen Kapitalismus unter dem Aspekt ihrer »Verselbständigung« gegen dieses Handeln. Grob gesprochen besteht also für Marx wie für Weber die Aufgabe einer Erklärung des modernen Kapitalismus darin, verselbständigte soziale Strukturen derart an intentionales Handeln zu binden, daß einerseits Ursache dieser Strukturen nichts anderes als eine bestimmte Art des Handelns ist, diese andrerseits aber nicht als Zweck, gewollte Folge u. ä. interpretiert werden können.

§ 1. Im »Kapital« präzisiert Marx den in der »Deutschen Ideologie« zunächst vage erfaßten Sachverhalt der Verselbständigung gesellschaftlicher Verhältnisse gegen die Individuen dahingehend, daß er ihn auf das (ökonomische) Verhältnis der Herrschaft der toten über die lebendige Arbeit zurückführt; er begreift dieses Verhältnis als eines der Verkehrung von Subjekt und Objekt, die gebunden ist an eine »Versachlichung«. Die für Marx dem Kapitalismus spezifische Versachlichung erschöpft sich jedoch weder in jener »absoluten Versachlichung«, die Weber für das Handeln auf dem Markt konstatiert, weil es »spezifisch sachlich, am Interesse an den Tauschgütern und nur an diesen, orientiert ist« (WG 383), noch in einer Versachlichung, Verdinglichung, »Objektivation« schlechthin, sondern sie geht zurück auf die besondere »Art der Gesellschaftlichkeit der Arbeit« in warenproduzierenden Gesellschaften. Daß die Arbeit als Privatarbeit verausgabt wird und nur »post festum« gesellschaftlich ist, erzwingt eine sachliche Darstellung des gesellschaftlichen Charakters der Arbeitsprodukte jenseits ihrer »hausbackenen Naturalform«: die »Warenform der Arbeitsprodukte oder die Wertform der Ware«. Daß die Arbeitsprodukte allgemein Warenform annehmen, hat weitreichende ›Konsequenzen‹: unbeabsichtigte, aber nichtsdestotrotz notwendige »Nebenfolgen« dieser spezifischen Art der Gesellschaftlichkeit der Arbeit sind die Wertformen Geld und Kapital. Beide Formen lassen sich in der Art begreifen, daß die zugrundeliegende gesellschaftliche Strukturbedingung (die Produktion für den Austausch, unabhängige Privatproduktion usw.) ihre Einführung (unabhängig vom Willen einzelner Individuen) erzwingt: der »gesellschaftliche Stoffwechsel« vollzieht sich nur mittels eines »Mediums«, in dem sich die Produkte unabhängig voneinander produzierender Privateigentümer als Produkte *gesellschaftlicher* Arbeit darstellen und in das sie sich verwandeln müssen (der »Salto mortale« der Ware). Dieses »Medium« kann nicht nach Lust und Laune erfunden werden; seine Formbestimmungen ergeben sich aus den Anforderungen der Warenproduktion: wenn der Tauschwert die an Arbeitsprodukte (Gebrauchswerte) gebundene Darstellung der spezifischen Art der Gesellschaftlichkeit der Arbeit, diese aber nichts weiter als ihr Charakter als allgemein menschliche Arbeit ist (abstrakte Arbeit), kann die gesellschaftlich gültige Darstellung des Werts (die allgemeine Wertform) wiederum selbst nur an ein spezifisches Arbeitsprodukt gebunden sein, das durch einen gesellschaftlichen Prozeß erst die Eigenschaft erwirbt, als allgemeines Äquivalent anerkannt zu werden und zu fungieren: das Geld. Geld ist Ware, aber *die allgemeine* Ware. Daß eine Ware diese Rolle übernimmt, ist naturwüchsiges Resultat des gesellschaftlichen Austauschprozesses, in dem sich dessen Strukturbedingungen geltend machen; die Verdopplung der Ware in Ware und Geld setzt jene Strukturbedingungen nicht außer Kraft, der Widerspruch: daß Produkte unabhängig voneinander vollzogener Privatarbeiten zugleich unmittelbar gesellschaftliche Arbeit darstellen sollen, gewinnt im Gegensatz von Ware und Geld lediglich eine »äußerliche«, d. h. handgreifliche, sichtbare Form. Die Ware, als Produkt der Privatarbeit, steht dem Geld, als der Inkarnation gesellschaftlicher Arbeit, gegenüber, muß sich, sofern jene Privatarbeit zugleich gesellschaftliche Arbeit sein (als »gesellschaftlich notwendige Arbeit« gelten) soll, in Geld verwandeln.

Ist das Geld als notwendiges Resultat des Austauschprozesses einmal gegeben, so eröffnen sich in zweifacher Hinsicht neue »Handlungsspielräume«: einmal in Richtung einer Verallgemeinerung seines Gebrauchs, einer Erweiterung der Geldfunktionen und einer dadurch bedingten Modifikation seiner Formen (die die theoretische Rückführung der Geldform als solcher auf jene – im Grunde einfache – gesellschaftliche Strukturbedingung: gesellschaftliche Produktion auf Basis voneinander unabhängiger Privatarbeiten, erschweren); zum andern in Richtung auf die »Verwandlung von Geld in Kapital«. Diese Verwandlung läßt sich zunächst wiederum als unbeabsichtigte und nichtsdestotrotz notwendige Folge des Geldgebrauchs charakterisieren, deren Verallgemeinerung – insofern sie auf bestimmten sozialstrukturellen Bedingungen beruht – das Kapitalverhältnis jedoch zur dominanten Struktur der bürgerlichen Gesellschaft werden läßt. Der das Geld charakterisierende Widerspruch von qualitativer Schrankenlosigkeit und quantitativer Beschränktheit setzt Handlungsabläufe in Gang, in denen die Verfügung über das Geld als der Inkarnation des gesellschaftlichen Reichtums zum Selbstzweck wird. Die Bewegung der rastlosen Vermehrung des Werts, in der dieser zum »automatischen Subjekt« wird, stellt Marx als einen strukturell präformierten Prozeß dar, den zwar handelnde Individuen ausführen, aber nur, indem sie die Funktion dieses Prozesses zu ihrem eigenen Zweck machen. Gesellschaftlich verallgemeinert ist die Bewegung des Werts als Kapital (und damit der Kapitalist) nur denkbar unter einer Bedingung: daß die Ware Arbeitskraft (und damit der im doppelten Sinne freie Arbeiter) in hinreichendem Maße käuflich vorgefunden wird. Ist diese – zunächst der kapitalistischen Produktionsweise historisch vorausgesetzte – Bedingung erfüllt, dann diktiert der kapitalistische Produktionsprozeß und sein Zweck, die Kapitalverwertung – selbst unbeabsichtigte Konsequenz des Geldgebrauchs – den Individuen bestimmte Handlungsformen, die wiederum zu strukturellen Bedingungen weiteren Handelns »gerinnen«: der gesellschaftliche Prozeß verläuft »naturwüchsig«, seine Formen hat niemand als solche »gewollt« (bewußt herbeigeführt); der Automatismus, der den Individuen nur noch strukturell prädeterminierte Handlungsspielräume beläßt, ihr Handeln auf »Anpassung« an vorgegebene Bedingungen reduziert, scheint undurchbrechbar.

Marx stellt jedoch die kapitalistische Produktionsweise von Anfang an als Resultat in sich widersprüchlicher Erfordernisse dar, deren gemeinsamer »Kern« sich in jenem »Grundwiderspruch« der auf dem Tauschwert beruhenden Produktion findet: daß die Produkte voneinander unabhängiger Privatproduzenten zugleich Produkte unmittelbar gesellschaftlicher Arbeit darstellen sollen (als wären sie Resultate auf gesellschaftlicher Stufenleiter geplanter Produktion). Diese widersprüchlichen Erfordernisse machen sich in einer Weise geltend, die die kapitalistische Produktionsweise zunehmend bedroht (wachsende Verwertungsschwierigkeiten des Kapitals, tendenzieller Fall der Profitrate, Proletarisierung immer weiterer Kreise der Bevölkerung, Krisen usw.). Während das Kapital als »automatisches Subjekt«, dem die Individuen, obwohl sie es selbst hervorbringen, unterworfen sind, als der »prozessierende Widerspruch«, seine eigene Selbstauflösung produziert, ist für Marx jedoch die wirkliche Bedingung der Überführung der kapitalistischen Produktionsweise in die sozialistische Produktion, in der die Individuen Subjekte ihres eigenen gesellschaftlichen Prozesses sind, die »bewußte Tat« der gesellschaftlichen Individuen. Die quasi-automatische Selbstauflösung der kapitalistischen Produktionsweise allein kann nicht gewährleisten, daß die sie charakterisierende Verkehrung von Subjekt und Objekt aufgehoben wird: die gesellschaftlichen Individuen müssen diese Verkehrung erkennen und bewußt beseitigen, um die naturwüchsig verlaufende »Vorgeschichte der Menschheit« abzuschließen.

Die durch die Verkehrung von Subjekt und Objekt geprägte »Anatomie der bürgerlichen Gesellschaft« ist – wie Marx mit der Kritik der politischen Ökonomie trotz einer über weite Strecken »objektivistisch« anmutenden Darstellung, in der die Dimension des subjektiv-intentionalen Handelns ausgeblendet scheint, zeigen kann – keineswegs handlungsunabhängig. Exemplarisch für die Art und Weise, in der Marx das Verhältnis von subjektiv-intentionalem und zugleich gesellschaftliche Objektivität begründendem Handeln ansetzt, ist die Lehre vom »Doppelcharakter der in den Waren dargestellten Arbeit«. Die warenproduzierende Arbeit ist als konkret nützliche einerseits zweckvolle Tätigkeit, die in einem bestimmten Gebrauchswert resultiert; als abstrakt menschliche ist sie andrerseits gesellschaftliche Arbeit; diese ihre Bestimmtheit liegt jedoch außerhalb des intentionalen Horizonts der Privatproduzenten. Zwar weiß jeder einzelne von ihnen, daß er seine subjektiven Zwecke nur erreichen kann, wenn er ein »absatzfähiges« Produkt, »Gebrauchswert für andre«, herstellt und austauscht. (Er handelt also – im Weberschen Sinne – sozial.) Aber die formell unabhängigen Privatproduzenten erfahren ihre damit gegebene gesellschaftliche Abhängigkeit nur am »Schicksal« ihrer Produkte, während die über die Bewegung der Waren erfolgende – und in diesem Sinne »sachlich« vermittelte – Regulation der gesellschaftlichen Produktion zugleich mit den entwickelten Wertformen von Geld, Kapital usw. weitere Versachlichungen und Verkehrungen gesellschaftlicher Verhältnisse bedingt und in Gang setzt. Die Wertformen sind allesamt Ausdruck der Tatsache, daß die Gesellschaftlichkeit der individuell verausgabten Arbeit nicht deren bewußt gewolltes Moment, sondern allenfalls – aus der Perspektive der Handelnden – als deren »ungewollter Nebenerfolg« (WG 21) gelten kann. Dieser »Nebenerfolg« bleibt jedoch nicht Nebensache, sondern erweist sich – will man Marx folgen – als strukturstiftendes Prinzip der kapitalistischen Produktionsweise, auf das auch noch die Herrschaft des Kapitals über die Lohnarbeit, der toten über die lebendige Arbeit, als die zugespitzteste Form der Verkehrung von Subjekt und Objekt zurückgeführt werden kann. Die spezifische Objektivität gesellschaftlicher Verhältnisse im Kapitalismus, deren reale Verdinglichung und Verkehrung, erweist sich so letztlich als

»ungewolltes« Resultat intentionaler Akte, in denen die Individuen als »vereinzelte Einzelne« ihre gesellschaftliche Bestimmtheit »vergessen«.

§ 2. Der handlungstheoretische Ansatz in seiner für Weber spezifischen Verbindung mit dem methodologischen Individualismus verspricht implizit eine Konstitutionstheorie der Gesellschaft: ausgehend vom sozialen Handeln von Individuen soll gezeigt werden, wie soziale Gebilde (gleich welcher Art) zustandekommen und wiederum auf dies Handeln zurückwirken. Mit dem Ausgang vom subjektiv intentionalen Handeln scheint der Punkt gefunden, an dem die Theorie sich aus dem Dilemma: Gesellschaft ist Produkt des Handelns von Individuen – individuelle Handlungen sind geprägt von der Gesellschaft, lösen läßt. Eine radikale Durchführung des Programms des methodologischen Individualismus würde nun implizieren, daß jener Ausgangspunkt, der die Erklärung sozialer Gebilde als Resultat aufeinander bezogenen, subjektiv intentionalen Handelns ermöglichen soll, nur mit Hilfe von Abstraktionsleistungen zu gewinnen wäre, durch die alle soziale Bestimmtheit der Handelnden zunächst eliminiert werden müßte. Ausgehend von derart a-sozialen Handelnden wäre dann durch die Einführung von Interaktionsprozessen der »Übergang« von Subjektivem zu Sozialem zu erklären. Weber teilt ein derartig radikales theoretisches Programm – mit guten Gründen – nicht; sein methodologischer Individualismus beschränkt sich – wie wir gesehen haben – darauf, alle sozialen Gebilde in und aus der Perspektive handelnder Subjekte zu thematisieren. Durch diese Einschränkung wird zwar nicht der Bereich möglicher Gegenstände, aber die Erklärungskraft der Weberschen Handlungstheorie begrenzt: die Behauptung, *daß* sich die soziale Welt aus subjektiv intentionalem Handeln aufbaut, wird nicht durchgängig abgestützt durch den Nachweis, *wie* sich die soziale Welt aus subjektiv intentionalem Handeln aufbaut. Dieser Nachweis fehlt, insoweit einerseits soziale Gebilde existieren, die nicht »auf kollektivem Wege zweckvoll« geschaffen werden, andrerseits sich darüberhinaus gerade in der »Wirtschaft« derartige Gebilde und Institutionen finden, die sich in spezifischer Weise gegen die handelnden Individuen »verselbständigt« haben.

In der Explikation seiner »Soziologischen Grundkategorien des Wirtschaftens« ist Weber – wie wir in Teil D gesehen haben – immer wieder gezwungen, typische »Maßregeln des rationalen Wirtschaftens« dadurch verständlich zu machen (und somit zu »erklären«), daß er in den Handlungshorizont (die »Situation«) der Wirtschaftenden soziale »Systembedingungen« eingehen läßt, die als solche nicht erklärt werden. Auf diese Weise verschieben sich Erklärungsziel und Erklärungsmittel der Weberschen Wirtschaftssoziologie: während es zunächst scheinbar darum ging, sozioökonomische Phänomene in ihrem »Zustandekommen und

Fortbestand« durch Rückgang auf intentionales Handeln zu erklären, rükken schließlich relevante ökonomisch-soziale Bedingungen wirtschaftlichen Handelns in der bürgerlichen Gesellschaft (daß es Waren, Geld, Kapital usw. gibt) als schlichte Gegebenheiten in den Handlungshorizont von Individuen. Nur soweit diese sozialen Gegebenheiten auch noch eine intentionale Dimension aufweisen, läßt sich diese durch Rückgang auf subjektiv-gemeinten Sinn aufschlüsseln. In der Frage nach ihren »Konsequenzen« vermag Weber zwar noch das Handeln der Wirtschaftenden *angesichts* dieser Bedingungen, aber nicht mehr diese Bedingungen selbst als *soziale* zu erklären. Für die handlungstheoretische Auslegung des Wirtschaftens unter spezifisch kapitalistischen Bedingungen verschwimmt so jene Differenz, die für die Begründung der Handlungstheorie selbst maßgeblich war: daß sich nämlich gesellschaftliche Phänomene aufgrund ihres Hervorgehens aus sinnhaftem Handeln von Gegebenheiten der »äußeren« Natur unterscheiden. Das soll nicht heißen, daß Weber jenen »groben Materialismus« teilt, den Marx denjenigen Ökonomen vorwirft, die »die gesellschaftlichen Produktionsverhältnisse der Menschen und die Bestimmungen, die die Sachen erhalten, als unter diese Verhältnisse subsumiert, als *natürliche Eigenschaften* der Dinge« (GR 579) betrachtet haben. Einem derartigen Materialismus gegenüber besteht der Vorteil des handlungstheoretischen Zugangs zu gesellschaftlichen Phänomenen gerade darin, daß diese unter dem Gesichtspunkt ihrer Bedeutung für die Handelnden thematisiert werden, also deren Perspektive darüber entscheidet, ob ein Ding eine Nutzleistung, ein anderes Geld, ein drittes Kapital ist usw. (vgl. z. B. Webers streng »buchmäßig« gefaßten Kapitalbegriff, WG 50). Der Vorwurf mangelnder Differenzierungsfähigkeit der Handlungstheorie trifft insoweit nicht, als die Handelnden selbst fähig und veranlaßt sind, zwischen sozialen und natürlichen Momenten der jeweiligen Handlungssituationen zu unterscheiden. Er trifft nicht auf der Ebene von Beschreibungen. Vielmehr soll der Vorwurf ein *Erklärungs*defizit markieren, das sich insbesondere in der Analyse spezifisch kapitalistischer Formen des Wirtschaftens geltend macht: insofern diese eine eigentümliche »Objektivität« kennzeichnet, an die sich die handelnden Subjekte nur noch anpassen können (oder müssen), haben gesellschaftliche Phänomene im intentionalen Horizont der Handelnden den gleichen Status wie Naturgegebenheiten; sie sind »Daten« der Handlungssituation. Den Charakter dieser Daten als *Resultate* sozialen Handelns, als lediglich »zweite Natur«, vermag die Theorie nur zu entschlüsseln und zu erklären, wenn ihr Bezugsrahmen nicht nur auf die Erfassung intentionaler Akte hin angelegt ist, sondern auch erlaubt, jene Beziehungen strukturtheoretisch zu verfolgen, die Weber unter dem Titel »ungewollter Nebenerfolge« des sozialen Handelns klassifiziert.

§ 3. Wir hatten eingangs auf zwei Punkte der Übereinstimmung zwischen Marx' und Webers Behandlung der sozioökonomischen Verhältnisse im modernen Kapitalismus verwiesen: für beide gilt soziales Handeln als Konstituens gesellschaftlicher Verhältnisse überhaupt und beide konstatieren eine »Verselbständigung« der für den Kapitalismus spezifischen gesellschaftlichen Verhältnisse gegen das (soziale) Handeln von Individuen. Die – recht kursorische – Rekapitulation beider Ansätze hat nun gezeigt, daß von einer derartigen Übereinstimmung tatsächlich nur unter Abstraktion von weitgehenden Differenzen im Zugang zur Analyse des modernen Kapitalismus die Rede sein kann. Während es Marx unternimmt, die Konstitution der versachlichten, verselbstandigten und verkehrten kapitalistischen Produktionsverhältnisse im Ausgang vom Begriff der gesellschaftlichen Arbeit zu rekonstruieren, hält Weber den mit einer derartigen Konstitutionstheorie verknüpften Anspruch nicht aufrecht. Er hätte sonst ausgehend vom wirtschaftlichen (sozialen) Handeln zu zeigen, wie die für den modernen Kapitalismus spezifischen sozioökonomischen Gebilde und Institutionen systematisch erzeugt werden. Sein strenges Festhalten an der handlungstheoretischen Perspektive in Verbindung mit dem methodologischen Individualismus impliziert eine Abkehr von diesem Erklärungsziel, insofern die Analyse von Handlungen angesichts jener sozioökonomischen Gebilde und Institutionen nicht gleichbedeutend ist mit deren Erklärung. Dem entspricht, daß für Weber selbst ein wesentlicher »*Zweck* der Erörterung« der soziologischen Grundkategorien des Wirtschaftens ist: »Feststellung der optimalen Vorbedingungen *formaler* Rationalität der Wirtschaft« (WG 65). Derart wird zwar die formale Rationaität wirtschaftlichen Handelns an das Bestehen jener »optimalen Vorbedingungen« gekoppelt, diese werden jedoch – als gesellschaftliche – eben nur »festgestellt«, nicht aber erklärt. Der von uns konstatierte erste Punkt der Übereinstimmung zwischen Marx und Weber, wonach für beide gleichermaßen gilt, daß alles Soziale letzten Endes nichts anderes sein könne als soziales Handeln von Individuen, führt also in der Durchführung der jeweiligen Theorie zu ganz unterschiedlichen Konsequenzen.

Wie kann aber Weber mit Marx in jenem zweiten Punkt übereinstimmen, in der schließlichen Diagnose, daß sich im modernen Kapitalismus die gesellschaftlichen Verhältnisse gegen die handelnden Individuen »verselbständigt« haben? Oder, wenn man den Marx eigenen Terminus der »Verselbständigung« nicht verwenden will, wie kommt Weber dazu, den modernen Kapitalismus als »jenen mächtigen Kosmos der modernen, an die technischen und ökonomischen Voraussetzungen mechanisch-maschineller Produktion gebundenen, Wirtschaftsordnung« zu beschreiben, »der heute den Lebenstil aller Einzelnen, die in dieses Triebwerk hineingeboren werden . . . mit überwältigendem Zwange bestimmt und vielleicht bestimmen wird, bis der letzte Zentner fossilen Brennstoffs verglüht ist« (RS 203)?

Einmal abgesehen davon, daß Marx die für den Kapitalismus spezifische Verkehrung von Subjekt und Objekt in der Perspektive ihrer ›objektiv möglichen‹ Aufhebung darstellt, während Webers Untersuchung des »modernen okzidentalen Kapitalismus« in einem resignativen Gestus endet, bleibt auch an diesem Punkt die Übereinstimmung zwischen Marx und Weber nur oberflächlich. Webers Hinweise zur Erklärung der spezifischen »Objektivität« gesellschaftlicher Verhältnisse im Kapitalismus, ihrer Übermacht gegen handelnde Subjekte, beantworten weder 1. das Problem, das sich stellt, wenn von den Handelnden als Bezugspunkt der Analyse ausgegangen wird: daß gerade im streng formal rationalen Handeln unter den Bedingungen der »Verkehrswirtschaft« die Dimension der Kontingenz, der Autonomie menschlichen Handelns (als von subjektiv-gemeintem Sinn geleitetes »Ergreifen« jeweils einer von vielen Handlungsmöglichkeiten) verloren geht; noch 2. das weitergehende, von Marx her formulierbare Problem, daß jene »Objektivität« nicht darin aufgeht, daß sich alle Einzelnen überindividuell gesetzten gesellschaftlichen Bedingungen unterwerfen müssen (z. B. »effektiven Preisen«), wenn sie ihre Zwecke optimal realisieren wollen.

Vielmehr bedeutet Webers Konzentration auf die Fragestellung, unter welchen gesellschaftlichen Bedingungen formale Rationalität des Wirtschaftens optimal möglich sei, daß er nur noch einen Restbestand der alten Frage der Politischen Ökonomie nach Natur und Ursachen des gesellschaftlichen Reichtums aufnimmt. Diese Restriktion hängt letztlich mit seinem methodologisch-individualistischen Ansatz zusammen. Aus der Perspektive handelnder Einzelner, in die sich die Theorie einstellt, kann zwar jegliches Phänomen thematisiert werden, aber eben nur in seiner Bedeutung für den Handelnden. Für die Untersuchung des Wirtschaftens ergab sich theoriegeschichtlich aus dieser Perspektive die Fragestellung des alten Utilitarismus[1]: wie ist optimale Verwirklichung der Interessen (Zwecke, Ziele, Intentionen) der Handelnden angesichts gegebener gesellschaftlicher Bedingungen möglich? Diese Fragestellung erwies sich – soviel hatte die Diskussion um die subjektivistische Wertlehre zu Webers Zeit schon ergeben – als noch zu umfassend, da über den Inhalt jener Interessen (auf *was* sie sich richten, *was* den Handelnden jeweils »nützlich« ist) schwerlich etwas Verallgemeinerbares auszumachen war.[2] Es blieb also die Frage: wie ist optimale Effizienz des Wirtschaftens der Einzelnen angesichts gesellschaftlicher Bedingungen (und unabhängig von der konkreten, je spezifisch subjektiven Zwecksetzung) möglich? Diese Zusammenhänge stellt nun Weber mit seiner Unterscheidung von formaler und materialer Rationalität in Rechnung: mit Hilfe dieser Unterscheidung läßt sich nämlich wirtschaftliches Handeln untersuchen einerseits nach der Bedeutsamkeit seiner Mittel und Effekte bezüglich irgendwelcher Wohlfahrtskriterien (materiale Versorgung von Individuen und Gruppen etc)., deren Beurteilung selbst wieder von »letzten« und letztlich subjektiven Wertentscheidungen oder -haltungen abhängig bleibt (es gibt keine allgemeingültigen Kriterien dafür, was einem beliebigen Individuum nützlich ist, seine Bedürfnisbefriedigung maximiert); andererseits nach dem zunächst offenbar ›objektiv‹ konstatierbaren Maß der Rechenhaftigkeit, dessen sich der wirtschaftlich Handelnde bedient. Um dies Maß der Rechenhaftigkeit zu konstatieren, bedarf es keines Eingehens auf die jeweils konkreten Zwecke des Wirtschaftenden, die vielmehr abhängig von dessen je subjektiv individuellen Präferenzen bleiben (über die demgemäß wissenschaftlich nicht geurteilt, die allenfalls beschrieben werden können). Die Kategorie der formalen Rationalität des Handelns soll also ein Effizienzkriterium abgeben, ohne daß über Handlungszwecke (deren Dasein als subjektiv intendierte nur konstatiert werden kann) geredet werden muß.

Effizienz setzt Kalkulation voraus, in der sowohl Zwecke verglichen als auch Mittel in ihrer Potenz zur Verwirklichung von Zwecken eingeschätzt werden. Die Kalkulation erfordert also »Kommensurabilität« von Zwekken und Mitteln. Soweit das Individuum isoliert, nicht sozial, handelt, bieten subjektive Nutzenschätzungen den Bezugspunkt für diese Kalkulation. Diese Nutzenschätzungen sind subjektiv im emphatischen Sinn: sie differieren von Individuum zu Individuum, sind intersubjektiv nicht verbindlich. Für das soziale (wirtschaftliche) Handeln bedeutet das: es gibt in Interaktionsprozessen (Tausch) zunächst keinen für die beteiligten *gemeinsamen* Bezugspunkt der Kalkulation. Soweit Tauschprozesse in ihrem Ablauf und Resultat rein von den subjektiven Nutzenschätzungen der direkt Beteiligten beeinflußt werden, ist ihr Ausgang schwerlich kalkulierbar. Die Effizienz des wirtschaftlichen Handelns wird unter diesen Bedingungen beeinträchtigt. Die Verallgemeinerung von Tauschprozessen und die Orientierung am potentiellen Tauschhandeln Dritter im aktuellen Tauschkampf führt nun (glücklicherweise) dazu, daß sich ein gemeinsamer Bezugsrahmen der Kalkulation herausbildet: effektive Preise (der »objektive Tauschwert«), an denen sich alle Markthandelnden (im Rationalitätsfall) orientieren, die sie andrerseits selbst im »Kampf des Menschen mit dem Menschen« auf dem Markt erst hervorbringen. Effektive Preise kann es nur unter der Voraussetzung des verallgemeinerten Geldgebrauchs geben. Die Möglichkeit optimaler Kalkulation für die Markthandelnden ist also daran gebunden, daß erstens alle Nutzleistungen in Geld »geschätzt« werden, und zweitens diese Schätzungen wiederum nicht subjektiv willkürlich erfolgen, sondern ein Höchstmaß intersubjektiver Verbindlichkeit erreichen (vgl. 25. Kap., § 2). Daß die zweite Bedingung erfüllt wird, sieht Weber offenbar dadurch gewährleistet, daß er immer wieder auf den »Kampf des Menschen mit dem Menschen« verweist (»Geldpreise sind

Kampf- und Kompromißprodukte«, WG 58). Die Preise sind also deshalb »objektiv« gültige (d. h. insbesondere: für den Einzelnen *gegebene*) Preise, weil sich im bellum omnium contra omnes auf dem Markt die subjektiven Güterwertschätzungen aneinander »abschleifen«. Damit ist jedoch nicht geklärt, wie die erste Bedingung des Bestehens effektiver Preise, als der Voraussetzung formaler Rationalität des Markthandelns, erfüllt wird: warum alle Nutzleistungen ihre Wertgröße sachlich, eben: in Geld, darstellen?

Weber beantwortet diese (und analoge) Fragen – wie wir wissen – nicht zureichend. Wir haben seine Argumentation nur nochmals ein Stück weit verfolgt, um – ohne noch auf seine Behandlung des Kapitals und der mit dem kapitalrechnungsmäßigen Erwerben gegebenen weiteren Steigerung formaler Rationalität einzugehen – zu verdeutlichen, wie Weber die dem Kapitalismus spezifische »Objektivität« gesellschaftlicher Verhältnisse auffaßt. Wie bereits bemerkt läßt sich diese Auffassung in zweifacher Hinsicht problematisieren (und wir können hierzu als Beispiel Webers Auffassung vom Zustandekommen effektiver Preise und deren soziale Implikationen heranziehen):

1. Wie reflektiert sich im handlungstheoretischen Ansatz Webers das Problem, daß die mit menschlichem Handeln gesetzte Dimension von »Freiheit« durch die realen gesellschaftlichen Verhältnisse desavouiert wird? Eine Antwort auf diese Frage läßt sich in der Richtung suchen, daß sich die Spannung zwischen dem Ausgang bei der Kontingenz allen menschlichen Handelns und der schließlichen Erkenntnis, wonach die gesellschaftlichen Verhältnisse im modernen Kapitalismus einen »überwältigenden Zwang« auf alle Individuen ausüben, in der von Weber konstatierten Antinomie von formaler und materialer Rationalität widerspiegelt. Der von Weber hergestellte Zusammenhang zwischen freier Konkurrenz auf dem Markt, effektiven Preisen und der erzwungenen »absoluten Versachlichung« (WG 383) des Markthandelns, die ihre Vollendung im kapitalrechnungsmäßigen Erwerben findet, betrifft lediglich die formale Rationalität des Wirtschaftens. Weder unterstellt Weber dem Kapitalismus als einem »ökonomischen System« (PE II 323) Neutralität gegenüber material rationalen Interessen, noch bestreitet er, daß – gerade im Verfolg material rationaler Interessen – die handelnden Individuen mit dem Sozialismus ein anderes »ökonomisches System« verwirklichen können. Allerdings können sie dies nicht, ohne Einbußen an formaler Rationalität des Wirtschaftens in Kauf nehmen zu müssen.

2. Mit Marx läßt sich fragen, ob mit der von Weber konstatierten »Objektivität« gesellschaftlicher Verhältnisse im Kapitalismus deren Verdinglichung und Verkehrung zureichend erfaßt wird. Offenbar wird Weber jene »Versachlichung«, die nicht in einer sachlichen Orientierung von Handeln-

den aufgeht und die Marx in den Wertformen von Ware, Geld und Kapital als *reale* Verdinglichung gesellschaftlicher Verhältnisse begreift, nicht zum Problem. Wenn z. B. die Existenz effektiver Preise daran gebunden ist, daß alle Nutzleistungen in Geld geschätzt werden, stellt sich für Weber nicht die Frage, warum die zunächst als subjektive konzipierten Wertschätzungen der Nutzleistungen sich schließlich im Geldpreis »objektiv«, an einer Sache, darstellen. Marx' Einwand gegen die politische Ökonomie, sie habe »niemals auch nur die Frage gestellt, warum dieser Inhalt jene Form annimmt« (MEW 23/95), gilt – modifiziert – auch noch gegen Weber: wie aus Subjektivem gesellschaftliche Objektivität – nicht nur im Sinne von intersubjektiver Geltung, die Weber für effektive Preise durchaus unterstellt, sondern von realer Verdinglichung – resultieren soll, wird Weber nicht zum Problem. Einerseits läßt sich Weber nicht über den Charakter einer Vergesellschaftungsform täuschen, die durch das Auseinandertreten von Handeln und sozialen Strukturen gekennzeichnet ist, andrerseits erreicht jedoch die Rede vom »übermächtigen Zwang«, den die kapitalistischen Produktions- und Verkehrsverhältnisse über die in ihr »Gehäuse« eingebundenen Individuen ausüben, nicht die Ebene einer Erklärung dieser Verhältnisse.

Erläuterungen und Zusätze

1. Die theoretische Perspektive des Utilitarismus wird von Hegel (1952, S. 399) wie folgt charakterisiert: »alles ist *nützlich* . . . Für den Menschen, als das dieser Beziehung *bewußte* Ding, ergibt sich daraus sein Wesen und seine Stellung. Er ist, wie er unmittelbar ist, als natürliches Bewußtsein *an sich gut*, als einzelnes *absolut*, und anderes ist *für ihn*; und zwar, da für ihn als das seiner bewußte Tier die Momente die Bedeutung der Allgemeinheit haben, ist *Alles* für sein Vergnügen und Ergötzlichkeit, und er geht, wie er aus Gottes Hand gekommen, in der Welt als einem für ihn gepflanzten Garten umher.« Hegel weist also deutlich darauf hin, daß in dieser Perspektive die Welt, in die sich der Einzelne gestellt findet, als eine gegebene gilt. Diese Eigentümlichkeit betont auch Marx in einer Charakterisierung der ökonomischen Wendung des Utilitarismus durch Bentham: »Nachdem die sentimentalen und moralischen Paraphrasen, die bei den Franzosen den ganzen Inhalt der Nützlichkeitstheorie bildeten, erschöpft waren, blieb für eine fernere Ausbildung dieser Theorie nur noch die Frage übrig, wie die Individuen und Verhältnisse zu benutzen, zu exploitieren seien. Die Antwort auf diese Frage war inzwischen in der Ökonomie schon gegeben worden; der einzig mögliche Fortschritt lag in dem Hereinnehmen des ökonomischen Inhalts. Bentham vollzog diesen Fortschritt. In der Ökonomie aber war es schon ausgesprochen, daß die hauptsächlichen Verhältnisse der Exploitation unabhängig von dem Willen der Einzelnen durch die Produktion im Ganzen und Großen bestimmt und von den einzelnen Individuen fertig vorgefunden werden. Es blieb also für die Nützlichkeitstheorie kein anderes Feld der Spekulation als die Stellung der Einzelnen zu diesen großen Verhältnissen, die Privat-Exploitation einer vorgefundenen Welt

durch die einzelnen Individuen.« (MEW 3/398f.) Um etwaigen Mißverständnissen vorzubeugen: wir verweisen hier auf den älteren Utilitarismus nicht, weil wir etwa der Auffassung wären, Weber sei ein heimlicher Anhänger der Nützlichkeitsdoktrin. Weber weist selbst zurecht das »ungeheure Mißverständnis« zurück, »als ob eine ›individualistische‹ *Methode* eine (in *irgendeinem* möglichen Sinn) individualistische *Wertung* bedeute« (WG 9). Was Weber jedoch mit dem Utilitarismus verbindet, ist die analoge theoretische Perspektive, in der ein Zugang zur sozialen Welt erschlossen werden soll.

2. Während z. B. noch *Menger* (1968, S. 1) unter Gütern »äussere Dinge« versteht, »welche ihrer Natur nach geeignet sind, jenen Zustand herbeizuführen, welchen wir die Befriedigung unserer Bedürfnisse nennen«, findet sich bei Weber (vgl. seine Definition der »Nutzleistungen«, WG 34) der »ehemals grob materielle *Gutsbegriff* ... aufgelöst in den Beziehungsbegriff der *Verwendungsmöglichkeit*« (Zeisl, 1931, S. 181). Die hier exemplarisch zum Ausdruck kommende Abkehr von jeglichem »Materialismus« begründet sich in methodologischen Grundentscheidungen allenfalls in dem Sinne, als der Verzicht auf das radikale Reduktionsprogramm des alten utilitaristischen – nicht nur methodologischen – Individualismus nicht einhergeht mit dem Verzicht auf dessen theoretische Perspektive. Die Wertschätzung des (bedürftigen) Individuums richtet sich eben nicht mehr primär auf »nützliche« Güter, sondern von vornherein ebensogut auf (immaterielle) »Rechte«, »Verhältnisse«, soziale Beziehungen (vgl. bei Weber: »Kundentreue«). Ob in der theoriegeschichtlichen Entwicklung der Neoklassik der alte utilitaristische Ausgangspunkt beim bedürftigen Einzelmenschen allerdings wegen der – im schlechten Sinne – anthropologischen Argumentationsbasis (vgl. Marx über Bentham, MEW 23/636f.) fallengelassen wurde oder wegen der Schwierigkeit, jene bedürftige Menschennatur mit der Tatsache des »nackten Geldgewinnstrebens« irgendwie in Einklang zu bringen, ist schwer auszumachen.

Teil E

Marx' Analyse der politischen Struktur der bürgerlichen Gesellschaft

I. Abschnitt: Methodische Einleitung

Lernziele:

In diesem Abschnitt wollen wir einerseits auf den wesentlichen Unterschied zwischen historischen und systematischen Analysen sozialer Phänomene allgemein, des bürgerlichen Rechts und Staates im besonderen aufmerksam machen. Wir wollen andererseits vorgreifend auf den spezifischen Unterschied der Marxschen Analyse des Staates gegenüber anderen Ansätzen hinweisen und den Zusammenhang thematisieren, in welchem die Marxschen Aussagen über bürgerliches Recht und bürgerlichen Staat im Rahmen seiner Theorie zu begreifen sind.

30. Kapitel:
Begriffliche Entwicklung der Struktur des bürgerlichen Staates und ihre Voraussetzungen

§ 1. Der Erkenntnisgegenstand des »Kapital« war die Struktur der kapitalistischen Produktionsweise. Dem Forscher tritt diese in der Erfahrung jedoch nie ›rein‹ oder als solche gegenüber, vielmehr »mehr oder weniger frei von mittelaltrigem Beisatz, mehr oder weniger durch die besondre geschichtliche Entwicklung jedes Landes modifiziert, mehr oder weniger entwickelt« (MEW 19/28). Aus der empirischen Mannigfaltigkeit der Erscheinungen des Kapitalismus muß durch wissenschaftliche Analyse erst das herausgearbeitet werden, was der kapitalistischen Produktion als solcher notwendig oder allgemein ist. Im »Kapital« handelt es sich »nicht um den höheren oder niedrigeren Entwicklungsgrad der gesellschaftlichen Antagonismen, welche aus den Naturgesetzen der kapitalistischen Produktion entspringen. Es handelt sich um diese Gesetze selbst, um diese mit eherner Notwendigkeit wirkenden und sich durchsetzenden Tendenzen« (MEW 23/12). Die allgemeine Untersuchung jener ökonomischen Struktur der bürgerlichen Gesellschaft ist zwar einerseits keineswegs überflüssiger Umweg, sondern notwendige Voraussetzung wissenschaftlicher Untersuchungen der historischen Entwicklung des Kapitalismus in bestimmten Ländern oder Perioden, sie ist jedoch andererseits keineswegs identisch mit der Geschichte der ökonomischen Entwicklung der bürgerlichen Gesellschaft. Die begriffliche Entwicklung dieser Struktur, die dialektische Form der Darstellung der politischen Ökonomie, setzt vielmehr die Gleichzeitigkeit der auseinander entfalteten Momente voraus.[1]

Gleichwohl handelt es sich weder um eine von den spezifischen Charakteristika der verschiedenen Produktionsweisen abstrahierende, übergeschichtliche Theorie der Produktion überhaupt, noch um eine Theorie, in welcher die spezifischen Bestimmungen einer bestimmten Produktionsweise als ewige oder natürliche ausgegeben werden. Als allgemeine Theorie der ökonomischen Struktur einer bestimmten Gesellschaftsformation, der kapitalistischen, muß das »Kapital« zwei Anforderungen genügen: 1. muß in ihm die differentia specifica der kapitalistischen Form der Produktion gegenüber anderen Formen der gesellschaftlichen Produktion zum Ausdruck kommen, und 2. müssen alle entwickelten Bestimmungen wirklich allgemeine oder notwendige Bestimmungen dieser Form der gesellschaftlichen Produktion sein.

§ 2. Wenn bei der Analyse der ökonomischen Struktur der bürgerlichen Gesellschaft von Unterschieden des Entwicklungsgrades des Kapitalismus ebenso abgesehen werden mußte wie von nationalen Besonderheiten, vom Einfluß von Recht, Staat, Moral etc. auf die ökonomische Entwicklung, so scheint es, als könne bei der Analyse der rechtlichen und politischen Struktur der bürgerlichen Gesellschaft ähnlich verfahren werden. Das jeweilige Recht und der jeweilige Staat wechseln nicht nur »mit der Landesgrenze« (MEW 19/28), sondern auch mit der historischen Entwicklung der verschiedenen bürgerlichen Staaten. Wenn die Wissenschaft vom Recht und Staat sich nicht in einer begrifflosen Nacherzählung der jeweils gegebenen Verhältnisse und der illusionären ›reinen‹ Deskription der tatsächlichen Entwicklung erschöpfen soll, besteht ihre erste Aufgabe darin, herauszufinden, was den verschiedenen Rechtsverhältnissen oder Staaten »trotz ihrer bunten Formverschiedenheit« gemeinsam ist (MEW 19/28). Das Resultat dieser Arbeit der empirischen Verallgemeinerung und der wissenschaftlichen Analyse wäre ein Begriff des bürgerlichen Rechts oder Staats im allgemeinen, eine Sammlung und Klassifikation von Merkmalen, die allem bürgerlichen Recht oder allen bürgerlichen Staaten gemeinsam sind. Mit diesem Begriff wäre also 1. von den unterschiedlichen historischen Erscheinungsformen des bürgerlichen Rechts und Staats abstrahiert. Sodann wäre aber auch 2. vom Einfluß der ökonomischen, kulturellen, religiösen Entwicklung auf die rechtliche und politische Entwicklung abgesehen. Was letzteres betrifft, so wissen wir, daß Marx nicht so verfährt. Er ist der Auffassung, daß sich nicht nur Ökonomie, Recht, Politik etc. gegenseitig beeinflussen (»Wechselwirkung«) – dieser Einfluß wäre in den dann völlig isoliert voneinander zu betreibenden gesellschaftswissenschaftlichen Spezialdisziplinen als Modifikation der tendenziell autonomen Entwicklung ihrer jeweiligen Gegenstandsbereiche zu behandeln –, sondern daß trotz dieser ›universellen Wechselwirkung‹ oder ›allseitigen Interdependenz‹ die ökonomische Entwicklung ›in letzter Instanz‹ der die Entwicklung aller übrigen Bereiche bestimmende Faktor ist: »Die spezifische ökonomische Form, in der unbezahlte Mehrarbeit aus den unmittelbaren Produzenten ausgepumpt wird, bestimmt das Herrschafts- und Knechtschaftsverhältnis, wie es unmittelbar aus der Produktion selbst hervorwächst und seinerseits bestimmend auf sie zurückwirkt. Hierauf aber gründet sich die ganze Gestaltung des ökonomischen, aus den Produktionsverhältnissen selbst hervorwachsenden Gemeinwesens und damit zugleich seine spezifische politische Gestalt. Es ist jedesmal das unmittelbare Verhältnis der Eigentümer der Produktionsbedingungen zu den unmittelbaren Produzenten . . . worin wir das innerste Geheimnis, die verborgne Grundlage der ganzen gesellschaftlichen Konstruktion und daher auch der politischen Form des Souveränitäts- und Abhängigkeitsverhältnisses, kurz, der jedesmaligen spezifischen Staatsform finden.« (MEW 25/799 f.)

Diese Abhängigkeit von ›Recht‹ und ›Staat‹ von der ›Ökonomie‹ (in Kürzeln gesprochen) läßt sich doppelt begreifen: zum einen als Abhängigkeit der realen historischen Entwicklung von Recht und Staat von der ökonomischen Entwicklung, zum anderen auf der Ebene der Struktur als Abhängigkeit der rechtlichen oder politischen von der ökonomischen Struktur. Letzteres bedeutet, daß nach Ansicht von Marx selbständige, der Untersuchung der ökonomischen Struktur der bürgerlichen Gesellschaft (in welcher vom Einfluß der rechtlichen und politischen Struktur abstrahiert worden war) vergleichbare Untersuchungen der rechtlichen und politischen Struktur der spezifischen Eigenart ihres Gegenstandes nicht gerecht werden[2].

Daraus folgt für die Analyse der rechtlichen und politischen Struktur der bürgerlichen Gesellschaft durch Marx zweierlei:

1. Als Analyse der *Struktur* ist sie *allgemeine* Theorie des bürgerlichen Rechts und Staats. Nicht nur die ökonomische Basis, sondern auch die rechtliche und politische Struktur kann »durch zahllos verschiedne empirische Umstände, Naturbedingungen, Racenverhältnisse, von außen wirkende geschichtliche Einflüsse usw., unendliche Variationen und Abstufungen in der Erscheinung zeigen . . ., die nur durch Analyse dieser empirisch gegebnen Umstände zu begreifen sind« (MEW 25/800). Von allen diesen Umständen ist zu abstrahieren, wenn das, was den bürgerlichen Staat oder das bürgerliche Recht allgemein charakterisiert, rein begriffen werden soll (Differenz zur Rechtsgeschichte und Geschichte der Staaten).

2. Als allgemeine Theorie des *bürgerlichen* Rechts und Staats kann sie ihren Gegenstand nicht rein rechtsimmanent oder rein politisch konstituieren. Sie ist Teil der allgemeinen Theorie der bürgerlichen Gesellschaft und hat daher die Analyse von deren ökonomischer Struktur (›Anatomie‹) zu

ihrer Voraussetzung. Marx ist der Auffassung, daß die »gemeinsamen wesentlichen Charaktere« der verschiedenen bürgerlichen Staaten daraus zu entwickeln sind, daß sie alle »auf dem Boden der modernen bürgerlichen Gesellschaft stehn« (MEW 19/28). Die Aufgabe besteht daher darin, auf der Ebene der Struktur oder in allgemeiner, notwendiger Form die rechtlichen und politischen Verhältnisse aus der ökonomischen Struktur der bürgerlichen Gesellschaft zu begründen.[3]

§ 3. Wir gehen davon aus, daß auch beim Versuch der Erkenntnis des bürgerlichen Rechts und Staats die begriffliche Entwicklung ihrer notwendigen Momente die Voraussetzung des Begreifens ihrer wirklichen historischen Erscheinungen bildet. Diese begriffliche Entwicklung der Notwendigkeit des bürgerlichen Rechts und Staats, welche allein zwischen Bestimmungen zu unterscheiden gestattet, die der bürgerlichen Gesellschaft notwendig oder allgemein zukommen, und solchen, die systematisch zufällig und damit allenfalls ›historisch‹ notwendig sind[4], hat nicht nur bestimmte historische Voraussetzungen, die innerhalb ihrer selbst nicht mehr begründet werden können (z. B. Staat gegen andere Staaten). Dies teilt sie mit der systematischen Darstellung der ökonomischen Struktur der bürgerlichen Gesellschaft. Sie hat vielmehr auch die systematische Analyse der ökonomischen Struktur dieser Gesellschaft zur Voraussetzung.

Die erste Aufgabe einer ›marxistischen Staatstheorie‹ ist daher die Begründung ihres Gegenstandes aus den grundlegenden ökonomischen Verhältnissen dieser Gesellschaft; in der Sprache des Rechtsformalismus ausgedrückt: die ›rechtstranszendente Konstitution‹ des Staats. Hierbei werden wir, der Natur unseres Gegenstandes entsprechend, in zwei Schritten verfahren: 1) Wir werden auf der Ebene der einfachen Zirkulation als der notwendigen Oberfläche der bürgerlichen Produktion die Konstitution des bürgerlichen Staats als ›Rechtsstaat‹ verfolgen (II. Abschnitt); 2) wir werden auf der Ebene des gesellschaftlichen Reproduktionsprozesses nach der Differenzierung der abstrakten Warenbesitzer in Grundklassen der bürgerlichen Produktion versuchen, eben diesen ›Rechtsstaat‹ als ›Mittel‹ zur Aufrechterhaltung der Klassenherrschaft der Bourgeoisie nachzuweisen (III. Abschnitt) und damit zugleich auch zwei scheinbar konträre theoretische Positionen vermitteln können. Schließlich werden wir im IV. Abschnitt den Versuch machen, über die verschiedenen politischen Formen der Klassenherrschaft der Bourgeoisie, ihre Bedingungen und Widersprüche, allgemeine Aussagen zu machen. Genauere Untersuchungen auf diesem Gebiet müssen hier ebenso ausgespart bleiben, wie Untersuchungen der notwendigen Funktionen des bürgerlichen Staats bei der Herstellung der allgemeinen *materiellen* (nicht rechtlichen) Rahmenbedingungen der gesellschaftlichen Produktion und ihrer historischen Entwicklung[5], Untersuchungen der ökonomischen Existenzweise des Staats, seines möglichen ›Funktionswandels‹, der Möglichkeiten und Grenzen der staatlichen Intervention in den ökonomischen Reproduktionsprozeß[6].

Erläuterungen und Zusätze

1. Zu den Problemen der ›dialektischen Form der Darstellung‹ vgl. BADER, BERGER, GANSSMANN u. a. (1975), Kap. I und die dort angeführte Literatur.
2. Georg Jellinek, einer der wichtigsten Vertreter der Staatsrechtslehre im deutschen Sprachraum (vgl. JELLINEK (1966)) hat im Gegensatz zu Kelsen (vgl. KELSEN (1966)) durchaus noch ein Bewußtsein jenes »objektiven Zusammenhangs aller sozialer Erscheinungen« (S. 9); dennoch zerfällt ihm aus methodologischen Gründen die »Staatslehre« in die soziale Staatslehre und in die Staatsrechtslehre als zwei miteinander unverbundene Teile (S. 11). Kelsen vollendet und verabsolutiert durch seine Kritik am angeblichen ›Methodensynkretismus‹ die rein rechtsformalistische Betrachtungsweise des Staats. Zur marxistischen Kritik an Kelsen vgl. PASCHUKANIS (1966), Kap. 3; KLENNER (1972) und CERRONIS (1974) Aufsätze: Marx und das moderne Recht (S. 19–106) und: Kelsen und Marx (S. 137–174).
3. Daß gegenüber diesem ›strengen‹ oder ›engen‹ Begriff von Recht und Staat als modernem Recht und bürgerlichem Staat auch ein weiterer formulierbar ist, soll hier nicht bestritten werden. Wir werden auf Probleme ihres Zusammenhangs im 32., 33. und 39. Kapitel kurz eingehen. Im Unterschied zu den an Engels und Lenin anschließenden Einführungen in die marxistisch-leninistische Theorie des Rechts und des Staats (vgl. hierzu das vom Institut für Staat und Recht der Akademie der Wissenschaften der UdSSR herausgegebene Lehrbuch: Marxistisch-leninistische allgemeine Theorie des Staates und des Rechts, Bd. I: Grundlegende Institute und Begriffe (1974)), in denen wesentliche Bestimmungsmomente aller Staaten überhaupt, wie ›öffentliche Gewalt‹, ›arbeitsteiliger Staatsapparat‹, ›Instrument der Klassenherrschaft‹ u. a. vorangestellt werden, um erst anschließend die historischen Besonderheiten der jeweiligen ›Staatstypen‹ zu untersuchen, konzentrieren wir uns aus folgenden Gründen auf die Analyse des bürgerlichen Staats:
   1) Daß die Analyse der Grundstrukturen der bürgerlichen Gesellschaft den Hauptgegenstand dieses Buchs ausmacht, ist keineswegs zufällig oder beliebig veränderbar. Der Marxschen Ansicht, daß die Analyse der ökonomischen Struktur der bürgerlichen Gesellschaft den »Schlüssel« (GR 26) auch zum Begreifen der vor- und nachbürgerlichen Produktionsverhältnisse bietet (und diese These dehnen wir auf die Analyse der rechtlichen und politischen Verhältnisse aus), liegt vielmehr die hier nicht näher zu begründende Vorstellung eines ›Scheitelpunkts‹ der geschichtlichen Entwicklung zugrunde, der eben mit der vollen Entfaltung der kapitalistischen Produktionsweise erreicht ist (vgl. zum Problem: »Epochen ökonomischer Gesellschaftsformation« (GR 375 ff.)).
   2) Alle allgemeinen Staatsdefinitionen sehen sich zwei Gefahren ausgesetzt: a) der Gefahr der Inhaltsleere gerade infolge ihrer Allgemeinheit, und b) der Gefahr der Übertragung von Begriffen und Bestimmungen, die der bürgerlichen Gesellschaft spezifisch sind, auf andere Gesellschaftsformationen einerseits oder der Pseudomorphose ihrer Begriffe andererseits. Letzteres ließe sich eindringlich demonstrieren an Zentralbegriffen wie ›Öffentlichkeit‹, ›Recht‹ und ›Staat‹.

3) Es ist nicht Aufgabe wissenschaftlicher Arbeiten, noch nicht als notwendig begründete und begrifflich präzisierte Merkmalsdefinitionen der Untersuchung voranzustellen.
Wir werden daher hier den Versuch machen, die wesentlichen Bestimmungen des bürgerlichen Staats aus der Analyse der ökonomischen Struktur der bürgerlichen Gesellschaft zu begründen und an den jeweiligen Punkten der begrifflichen Entwicklung auf Vergleichsmöglichkeiten mit vorbürgerlichen Staaten und mögliche allgemeine Charakteristika aller Staaten aufmerksam zu machen.
Einen Überblick über die historische Entwicklung vermittelt der II. Bd. des genannten Lehrbuchs: Historische Typen des Staates und des Rechts (1974). Vgl. das 10. Kapitel aus JELLINEK (1966) über »Die geschichtlichen Haupttypen des Staates«.

4. Vgl. zu dieser Unterscheidung BADER, BERGER, GANSSMANN u. a. (1975), Kap. I und unten Zusatz 7 zum 36. Kapitel.
5. Im Unterschied zu älteren und neueren Versuchen, den Staat überhaupt oder den bürgerlichen Staat über seine notwendigen Funktionen bei der Erstellung der allgemeinen Produktions- und Verkehrsbedingungen zu begründen (vgl. der Tendenz nach z. B. PROJEKT KLASSENANALYSE (1973)), gehen wir davon aus, daß in einer systematischen Begründung des bürgerlichen Staats zunächst die spezifische ›Rechtsförmigkeit‹ allen Staatshandelns begründet werden muß, in der sich nicht nur alle ›Eingriffsverwaltung‹, sondern alle notwendige ›Leistungsverwaltung‹ vollziehen muß. Unter ›Eingriffsverwaltung‹ werden in der Verwaltungslehre die staatlichen Funktionen zur »Aufrechterhaltung der öffentlichen Sicherheit und Ordnung« (FORSTHOFF (1973), S. 370) verstanden, unter ›Leistungsverwaltung‹ die zur ›Daseinsvorsorge‹. Zu Begriff, Gliederung und rechtlicher Würdigung der Verwaltungstätigkeiten: vgl. FORSTHOFF (1973). Nicht Leistungen bei der Erstellung der allgemeinen Rahmenbedingungen der gesellschaftlichen Produktion sind das dem bürgerlichen Staate Spezifische, sondern die besondere Form, in der diese Leistungen vollzogen werden. Zudem liegt die eigentliche theoretische Schwierigkeit bei der Begründung der Staatsfunktionen weniger in der Herleitung notwendig arbeitsteiliger Funktionen bei der Erstellung der allgemeinen Rahmenbedingungen der gesellschaftlichen Produktion ab einem bestimmten Entwicklungsgrad der gesellschaftlichen Potenzen der Arbeit einerseits, der Notwendigkeit ihrer partiellen Übernahme durch den Staat unter den Bedingungen kapitalistischer Warenproduktion andererseits, als vielmehr in der Erkenntnis ihres doppelten Charakters (zugleich gesellschaftlich notwendige und Herrschaftsfunktionen zu sein), der durch die Rechtsförmigkeit dieser Leistungen gerade verschleiert wird. Hierzu die notwendigen Voraussetzungen zu schaffen, ist *ein* Ziel dieses Begründungsversuchs. Jene ›Staatsableitungen‹ jedoch als allein ›materialistische‹ anzusehen, weil sie anscheinend der Sphäre der materiellen Produktion ›näher‹ stehen, hieße einem naiven Mißverständnis der Basis-Überbau-These aufzusitzen.
6. Im Unterschied zu Auffassungen, in denen die Notwendigkeit von Analysen struktureller Veränderungen des Kapitalismus auf der Grundlage der dieser Produktionsweise immanenten Entwicklungstendenzen bestritten wird (vgl. verschiedene Arbeiten des Projekts Klassenanalyse am Institut für Soziologie der FU

Berlin), betonen wir nachdrücklich die Bedeutung derartiger Analysen für die Untersuchung gegenwärtiger Verhältnisse und Entwicklungen in den kapitalistischen Ländern. Wir sind andererseits – wenn nicht methodisch, so doch zumindest was die notwendigen materialen Arbeiten anlangt – in teilweisem Gegensatz zu bestimmten Vertretern der Theorie des staatsmonopolistischen Kapitalismus der Ansicht, daß diese Analysen ohne eine vorausgehende, zureichende Erkenntnis der ›reinen‹, ›klassischen‹ Strukturen der bürgerlichen Produktion, des bürgerlichen Rechts und Staats und der aus dieser Analyse resultierenden notwendigen Entwicklungstendenzen nicht zureichend durchführbar sind. Die Auswirkungen z. B. der monopolistischen Beschränkungen der Konkurrenz auf das Verhältnis von Kapital und Staat; die arbeitsrechtlichen, sozialrechtlichen und ›sozialstaatlichen‹ Reaktionen auf den entwickelten Klassenkampf der Arbeiterklasse; die aus der Steigerung der Produktivkräfte resultierenden Anforderungen an staatliche Bildungs- und Wissenschaftspolitik; die Notwendigkeit und zugleich die Möglichkeiten und Grenzen staatlicher Konjunktur-, Struktur-, Währungspolitik etc. bedürfen eigener Untersuchungen.

Fragen zur Diskussion

1. Ist es Ihrer Ansicht nach notwendig, zwischen Untersuchungen der Geschichte des bürgerlichen Staats und Untersuchungen seiner inneren Struktur zu unterscheiden? Trifft Marx bezogen auf ökonomische Verhältnisse eine derartige Unterscheidung, und wenn, wie verhalten sich dann historische und systematische Untersuchung zueinander?
2. Worin ist Ihrer Ansicht nach die methodische Anweisung begründet, die Struktur der rechtlichen und staatlichen Verhältnisse aus der Struktur der ökonomischen Verhältnisse zu entwickeln?

II. Abschnitt: Einfache Zirkulation – Modernes Recht – Bürgerlicher Staat als Rechtsstaat

Lernziele:

In diesem Abschnitt thematisieren wir nach einer Vorverständigung anhand Marxscher Frühschriften den für die Begründung des bürgerlichen Staats als Rechtsstaat zentralen Zusammenhang von Austauschbeziehungen und Rechtsverhältnissen. Wir versuchen, den historisch spezifischen Charakter des modernen Rechts als gleiches und formales Recht zu begreifen, die strukturelle Notwendigkeit der staatlichen Garantie dieses Rechts zu begründen und den Zusammenhang zwischen Austauschbeziehungen und demokratischen Grundrechten zu diskutieren.

31. Kapitel: Trennung von bürgerlicher Gesellschaft und Staat

Textgrundlage:
Karl Marx: Zur Kritik des Hegelschen Staatsrechts (MEW 1/276–284); ders.: Zur Judenfrage (MEW 1/347–370).

§ 1. Obwohl es nicht unser Interesse ist, die Entwicklung der theoretischen Auffassungen von Marx über unseren Gegenstand zu verfolgen, erscheint es sinnvoll, sich anhand der frühen Schriften von Marx (bis 1844) über unseren Gegenstand vorweg zu verständigen. Wir verfolgen hiermit zwei Ziele: 1. Die von Marx in den Schriften »Zur Kritik des Hegelschen Staatsrechts« und »Zur Judenfrage« im Anschluß an die Hegelschen ›Grundlinien der Philosophie des Rechts‹ formulierte Trennung von bürgerlicher Gesellschaft und Staat ist auch für die spätere Marxsche Auffassung des modernen Staates fundamental, ist jedoch in den späteren Schriften nie mehr als solche Gegenstand der Untersuchung geworden. Sie soll daher kurz dargestellt werden. 2. Anhand der Marxschen Darstellung dieser Trennung in den frühen Schriften sollen für das Verständnis des bürgerlichen Staates wesentliche Fragen formuliert werden, die wir aus den späteren Marxschen Schriften zu beantworten versuchen müssen.

In »Zur Kritik des Hegelschen Staatsrechts«, seiner ersten wichtigen Arbeit zu Problemen des bürgerlichen Staats, bezeichnet Marx es als wesentlichste Erkenntnis Hegels, daß dieser »von der *Trennung* der *›bürgerlichen Gesellschaft‹* und des *›politischen Staates‹* als zweier fester Gegensätze, zweier wirklich verschiedner Sphären« (MEW 1/275) ausgeht. Jene Trennung existiere nicht bloß in der Vorstellung; »sie ist bloß die *Vorstellung einer wirklich vorhandenen Trennung«* (MEW 1/283): »Diese Trennung ist allerdings *wirklich* im *modernen* Staat vorhanden« (MEW 1/275) oder sie ist für die bürgerliche Gesellschaft *»allgemeines Gesetz«* (MEW 1/281). Ohne uns zunächst um den Zusammenhang zwischen bürgerlicher Gesellschaft und Staat zu kümmern (vgl. § 5), müssen wir herausarbeiten, worin Marx die Gründe dieser Trennung sieht und wie er sie damit zugleich als historisches Produkt begreift (§ 2), wie er den Gegensatz zwischen bürgerlicher Gesellschaft und Staat oder Privatsphäre und öffentlicher Sphäre darstellt und damit zugleich das Wesen des modernen Staates charakterisiert (§ 3), und wie er die Überwindung jener Trennung als Pespektive der Emanzipation skizziert (§ 4).

§ 2. Marx sieht im Anschluß an Hegel, daß jene Trennung keineswegs für alle Gesellschaftsformen charakteristisch ist. Er verdeutlicht dies durch einen Vergleich der ›modernen‹ mit der ›alten‹ Gesellschaft: »Im Mittelalter gab es Leibeigene, Feudalgut, Gewerbekorporation, Gelehrtenkorporation etc., d. h. im Mittelalter ist Eigentum, Handel, Sozietät, Mensch *politisch;*

der materielle Inhalt des Staates ist durch seine Form gesetzt; jede Privatsphäre hat einen politischen Charakter oder ist eine politische Sphäre, oder die Politik ist auch der Charakter der Privatsphären ... Im Mittelalter ist Volksleben und Staatsleben identisch« (MEW 1/233). Wenn »noch die Gliederung der bürgerlichen Gesellschaft politisch und der politische Staat die bürgerliche Gesellschaft« (MEW 1/286) ist, so ist klar, daß die Ausdrücke ›privat‹ und ›öffentlich‹ oder ›politisch‹ im modernen Sinn auf jene Gesellschaften nicht angewendet werden können. Dies wird an einer anderen Stelle von Marx ausgesprochen: »Die alte bürgerliche Gesellschaft hatte *unmittelbar* einen *politischen* Charakter, d. h. die Elemente des bürgerlichen Lebens, wie z. B. der Besitz oder die Familie oder die Art und Weise der Arbeit, waren in der Form der Grundherrlichkeit, des Standes und der Korporation zu Elementen des Staatslebens erhoben. Sie bestimmten in dieser Form das Verhältnis des einzelnen Individuums zum *Staatsganzen*, d. h. sein *politisches* Verhältnis ... so waren ... die Lebensfunktionen und Lebensbedingungen der bürgerlichen Gesellschaft politisch, wenn auch *politisch im Sinne der Feudalität* (Herv. v. Verf.)«. (MEW 1/367f., vgl. auch 276 u. ö.) Anders ausgedrückt heißt dies, daß in der feudalen Produktionsweise die die bürgerliche Produktionsweise bestimmende Trennung von privatem und öffentlichem Bereich nicht existiert und damit auch nicht der politische Staat »als Staat«: weder ist die materielle Produktion privat oder unabhängig von ›politischem‹ Zwang, noch sind die ›politischen‹ Verhältnisse des Feudalismus in ähnlicher Weise der Form nach »ideal unabhängig« von den Bedingungen des materiellen Lebens, wie dies für die bürgerliche Gesellschaft zu zeigen sein wird (vgl. hierzu: 33. und 34. Kapitel). Marx betont daher ausdrücklich, daß die Trennung der Gesellschaft in bürgerliche Gesellschaft und Staat Resultat einer historischen Entwicklung ist: »Die Abstraktion des *politischen Staats* ist ein modernes Produkt« (MEW 1/233).

Wenn somit der für das Verständnis des Staats zentrale Sachverhalt der Trennung von bürgerlicher Gesellschaft und Staat als spezifische Eigentümlichkeit der ›modernen Gesellschaft‹ im Unterschied zur vorbürgerlichen Gesellschaft allgemein thematisiert ist, ist nun nach dem Grund jener Trennung zu fragen. »Es versteht sich, daß da erst die politische Verfassung als solche ausgebildet ist, wo die Privatsphären eine selbständige Existenz erlangt haben. Wo Handel und Grundeigentum unfrei, noch nicht verselbständigt sind, ist es auch noch nicht die politische Verfassung ... Die Abstraktion des *Staats als solchen* gehört erst der modernen Zeit, weil die Abstraktion des Privatlebens erst der modernen Zeit gehört« (MEW 1/233). In allgemeiner Form und ohne sich noch näher mit diesem Problem zu befassen, gibt Marx die Entwicklung des modernen Privateigentums oder die Herausbildung und Verbreiterung des Privateigentums an den Produktionsmitteln und damit die Privatisierung der materiellen Produktion als Grund jener Trennung an. Nicht nur ist die »Vollendung des Idealismus des Staats . . . zugleich die Vollendung des Materialismus der bürgerlichen Gesellschaft« (MEW 1/369), sondern umgekehrt ist jener spezifische Materialismus der bürgerlichen Gesellschaft zugleich die Voraussetzung jenes Idealismus des bürgerlichen Staats. Eine genauere Analyse jener ›Abstraktion des Privatlebens‹ oder der »Atomistik« (MEW 1/283) der bürgerlichen Gesellschaft, aus der die Abstraktion des politischen Staats notwendig hervorgehe, verspricht Marx erst »in der Kritik von Hegels Darstellung der bürgerlichen Gesellschaft zu entwickeln« (MEW 1/284), vgl. 286 u. ö.). Zunächst begnügt er sich mit der Konstatierung dieses allgemeinen Zusammenhangs, um den Gegensatz zwischen bürgerlicher Gesellschaft und Staat und den Charakter des ›Staats als Staat‹ näher zu untersuchen.

§ 3. Wo die moderne Gesellschaft und damit der politische Staat ihre »wahre Ausbildung erreicht« haben, »führt der Mensch nicht nur im Gedanken, im Bewußtsein, sondern in der *Wirklichkeit*, im *Leben* ein doppeltes, ein himmlisches und ein irdisches Leben, das Leben im *politischen Gemeinwesen*, worin er sich als *Gemeinwesen* gilt, und das Leben in der *bürgerlichen Gesellschaft*, worin er als *Privatmensch* tätig ist, die andern Menschen als Mittel betrachtet, sich selbst zum Mittel herabwürdigt und zum Spielball fremder Mächte wird« (MEW 1/354f.). Jenen »Dualismus« (MEW 1/286, 360 u. ö.) oder die *»weltliche* Spaltung zwischen dem *politischen* Staat und der *bürgerlichen Gesellschaft«* (MEW 1/355) unterstellt, wollen wir uns der Charakterisierung der Seite der bürgerlichen Gesellschaft zuwenden.

Im Reiche der bürgerlichen Gesellschaft, der »Sphäre des Egoismus, des *bellum omnium contra omnes«* (MEW 1/356)[1] herrschen die besonderen Interessen über die allgemeinen. Die wesentliche Tätigkeit der bürgerlichen Gesellschaft oder des ›Privatstandes‹ habe »nicht die Bestimmung, das Allgemeine zum Zweck zu haben . . . Der Privatstand ist der Stand der bürgerlichen Gesellschaft *gegen* den Staat. Der Stand der bürgerlichen Gesellschaft ist *kein* politischer Stand« (MEW 1/280, vgl. 1/369 »Emanzipation von dem Schein selbst eines allgemeinen Inhalts«); die bürgerliche Gesellschaft ist, so Marx, vielmehr »das durchgeführte Prinzip des *Individualismus*; die individuelle Existenz ist der letzte Zweck; Tätigkeit, Arbeit, Inhalt etc. sind *nur* Mittel« (MEW 1/285). In ihrer wirklichen empirischen Existenz verhalten sich die Individuen bei der Produktion ihres materiellen Lebens nicht bewußt als Mitglieder des Gemeinwesens, sondern als isolierte Einzelne: »Das einzige Band, das sie zusammenhält, ist die Naturnotwendigkeit, das Bedürfnis und das Privatinteresse, die Konservation ihres Eigentums und ihrer egoistischen Person« (MEW 1/366)[2].

Das Prinzip des vollendeten politischen Staates dagegen ist die Herrschaft des Allgemeinen; und zwar eines Allgemeinen, das von Marx im Anschluß an Hegel als *abstrakt* oder *formell Allgemeines* bezeichnet wird: »In den modernen Staaten, wie in Hegels Rechtsphilosophie, ist die *bewußte*, die *wahre Wirklichkeit* der *allgemeinen Angelegenheit nur formell*, oder *nur das Formelle ist wirkliche allgemeine Angelegenheit*« (MEW 1/266). (Auf diese Differenz von bloß ›formeller‹ und ›wirklicher‹ Allgemeinheit werden wir später ausführlicher eingehen. Vgl. unten: 32., 33. und 39. Kapitel) Ohne im einzelnen auf die Ursachen der formalen Trennung der allgemeinen Angelegenheiten gegenüber den konkreten Individuen einzugehen, sieht Marx den allgemeinen Grund dafür, daß die »Form, welche die allgemeine Angelegenheit in einem Staat gewinnt, der nicht der Staat der allgemeinen Angelegenheit ist« eine »sich selbst widersprechende« oder eine *»Scheinform«* (MEW 1/267) sein muß, darin, daß im Staat jene Allgemeinheit nur *»über* den *besondern* Elementen« oder »im Gegensatz« zum materiellen Leben der Individuen sich konstituiere: »Alle Voraussetzungen dieses egoistischen Lebens bleiben *außerhalb* der Staatssphäre in der *bürgerlichen Gesellschaft* bestehen, aber als Eigenschaften der bürgerlichen Gesellschaft« (MEW 1/354). Daß die den bürgerlichen Staat charakterisierende »Form der Allgemeinheit« im Gegensatz zum »Allgemeinen als Inhalt« (MEW 1/267) steht und daher bloß formelle Allgemeinheit ist, welche die lebendigen Individuen in ihrer konkreten Existenz nicht tangiert, wird aus folgender Stelle aus »Zur Judenfrage« sehr deutlich: »Der Staat hebt den Unterschied der *Geburt*, des *Standes*, der *Bildung*, der *Beschäftigung* in seiner Weise auf, wenn er Geburt, Stand, Bildung, Beschäftigung (d. h. alle Eigenschaften des konkreten Individuums – d. Verf.) für *unpolitische* Unterschiede erklärt, wenn er ohne Rücksicht auf diese Unterschiede jedes Glied des Volkes zum *gleichmäßigen* Teilnehmer der Volkssouveränität ausruft, wenn er alle Elemente des wirklichen Volkslebens von dem Staatsgesichtspunkt aus behandelt. Nichtsdestoweniger läßt der Staat das Privateigentum, die Bildung, die Beschäftigung auf *ihre* Weise, d. h. als Privateigentum, als Bildung, als Beschäftigung *wirken* und ihr *besondres* Wesen geltend machen. Weit entfernt, diese *faktischen* Unterschiede aufzuheben, existiert er vielmehr nur unter ihrer Voraussetzung, empfindet er sich als *politischer Staat* und macht er seine *Allgemeinheit* geltend nur im Gegensatz zu diesen seinen Elementen« (MEW 1/354).[3]

Die Unterscheidung zwischen »Form der Allgemeinheit« und dem »Allgemeinen als Inhalt« ist die notwendige Voraussetzung zur Erkenntnis dessen, was von Marx in einer paradoxen Formulierung der »praktische Idealismus« des Staates genannt wird. Wie die faktischen Voraussetzungen der bürgerlichen Gesellschaft *außerhalb* der Staatssphäre als »unpolitische Unterschiede« bestehen bleiben, so wird dem notwendigen Scheine nach auch der Staat durch die modernen bürgerlichen Revolutionen *außerhalb* der bürgerlichen Gesellschaft konstituiert als »die Sphäre des Gemeinwesens, der *allgemeinen* Volksangelegenheit in *idealer Unabhängigkeit* (Herv. v. Verf.) von jenen *besondern* Elementen des bürgerlichen Lebens« (MEW 1/368). Es muß so scheinen, als ob »der Staat ... nicht in, sondern außerhalb der bürgerlichen Gesellschaft« (MEW 1/252) residiere und der Staat daher »als ein dem *Wesen* der bürgerlichen Gesellschaft Fremdes und Jenseitiges ... gegen die bürgerliche Gesellschaft geltend gemacht« (ebd.) werden könne. Jener Schein der idealen Unabhängigkeit des Staats gegenüber der bürgerlichen Gesellschaft als seiner Grundlage oder jener »Staatsidealismus« ist der notwendige Ausdruck des uns bereits bekannten »Dualismus« von bürgerlicher Gesellschaft und Staat.

Die Unterscheidung von Form der Allgemeinheit und Besonderheit des Inhalts gestattet uns nun, jenen Gegensatz zwischen bürgerlicher Gesellschaft und Staat und damit das Wesen des Staats näher zu charakterisieren. Wir hatten gesehen, daß Marx den ›Dualismus‹ nicht bloß als analytische Unterscheidung, sondern als Vorstellung eines verkehrten wirklichen Verhältnisses bezeichnete. Wir sehen nun, daß die Trennung der allgemeinen Angelegenheiten von den besonderen Interessen der konkreten Individuen, ›Stände‹ etc. nur die formelle Seite anlangt: die privaten Interessen können in der bürgerlichen Gesellschaft nicht als besondere private zugleich staatliche Interessen werden; sie müssen vielmehr eine »Transsubstantiation« durchmachen oder sich als allgemeine Interessen darstellen: »Dieser politische Akt ist eine völlige Transsubstantiation. In ihm muß sich die bürgerliche Gesellschaft völlig von sich als bürgerlicher Gesellschaft, als Privatstand lossagen, eine Partie seines Wesens geltend machen, die mit der wirklichen bürgerlichen Existenz seines Wesens (der Form oder dem notwendigen Scheine nach – d. Verf.) nicht nur keine Gemeinschaft hat, sondern ihr direkt gegenübersteht« (MEW 1/280f.). Durch den Sachverhalt, daß die allen Mitgliedern der bürgerlichen Gesellschaft gemeinsamen Interessen nur deren Existenz als abstrakte Individuen betreffen, ist noch nichts über die materielle oder inhaltliche Allgemeinheit dieser Interessen ausgemacht. In einer Gesellschaft der materialen Interessen- oder Klassenantagonismen gilt vielmehr die Regel, daß jene materialen Interessen nicht allgemeine, sondern besondere oder Klasseninteressen sind (vgl. unten: 35. Kapitel). Wichtig jedoch und für jede Analyse des bürgerlichen Staats unerläßlich ist, die Notwendigkeit jener Verwandlung sowie den spezifischen Charakter jener Allgemeinheit der staatlichen Angelegenheiten nicht zu vergessen. Die Analyse eben dieser spezifischen »politischen Form« (MEW 3/62) ist das *erste* Grundproblem der Untersuchung des bürgerlichen Staats.[4]

§ 4. Die klare Konstatierung der Trennung der bürgerlichen Gesellschaft und des politischen Staats sowie ihre nähere Charakterisierung gibt nun für Marx den Anlaß zu einer Kritik der modernen Gesellschaft, die – wenn auch noch in abstrakter und allgemeiner Form vorgetragen – wichtige Grundlagen der bürgerlichen Gesellschaft trifft. Marx unterscheidet zwischen ›politischer‹ und ›menschlicher‹ oder ›sozialer‹ (MEW 1/407ff.) Emanzipation. Der »Widerspruch«, der »in dem *Wesen* und der *Kategorie* der politischen Emanzipation« (MEW 1/361) liegt, besteht darin, daß die Individuen in der entwickelten bürgerlichen Gesellschaft politisch emanzipiert sind, ohne menschlich oder sozial emanzipiert zu sein.

»Die *politische* Emanzipation ist allerdings ein großer Fortschritt, sie ist zwar nicht die letzte Form der menschlichen Emanzipation überhaupt, aber sie ist die letzte Form der menschlichen Emanzipation *innerhalb* der bisherigen Weltordnung« (MEW 1/356). Dieser »Fortschritt der Geschichte« verwandelt »die *politischen Stände* in *soziale Stände* (als Vorbegriff für soziale Klassen – d. Verf.) . . ., so daß, wie die Christen gleich im Himmel, ungleich auf der Erde, so die einzelnen Volksglieder *gleich* in dem Himmel ihrer politischen Welt, ungleich in dem irdischen Dasein der *Sozietät* sind . . . Erst die französische Revolution vollendete die Verwandlung der *politischen* Stände in *soziale* oder machte die *Ständeunterschiede* der bürgerlichen Gesellschaft zu nur *sozialen* Unterschieden, zu Unterschieden des Privatlebens, welche in dem politischen Leben ohne Bedeutung sind« (MEW 1/283f.). Die prinzipiellen Schranken dieser politischen Emanzipation – auch wenn sie nach der Abschaffung des Zensuswahlrechts (vgl. MEW 1/345 u. ö.) vollständig durchgeführt ist – sieht Marx darin, daß sie zwar »das bürgerliche Leben in seine Bestandteile« auflöst, ohne jedoch »diese Bestandteile selbst zu *revolutionieren* und der Kritik zu unterwerfen. Sie verhält sich zur bürgerlichen Gesellschaft, zur Welt der Bedürfnisse, der Arbeit, der Privatinteressen, des Privatrechts, als zur *Grundlage ihres Bestehens,* als zu einer nicht weiter begründeten *Voraussetzung*, daher als zu ihrer *Naturbasis«* (MEW 1/369).

In der Terminologie der Feuerbachschen Religionskritik, aber mit anderer Stoßrichtung[5] formuliert Marx, daß in der modernen Gesellschaft »der wirkliche Mensch . . . erst in der Gestalt des *egoistischen* Individuums, der *wahre* Mensch erst in der Gestalt des *abstrakten citoyen* anerkannt« (MEW 1/370) sei. Die Kritik müsse sich daher gegen die Grundlagen der bürgerlichen Produktion selber richten: »Erst wenn der wirkliche individuelle Mensch den abstrakten Staatsbürger in sich zurücknimmt und als individueller Mensch in seinem empirischen Leben, in seiner individuellen Arbeit, in seinen individuellen Verhältnissen, *Gattungswesen* geworden ist, erst wenn der Mensch seine ›forces propres‹ als *gesellschaftliche* Kräfte erkannt und organisiert hat und daher die gesellschaftliche Kraft nicht mehr in der Gestalt der *politischen* Kraft von sich trennt, erst dann ist die menschliche Emanzipation vollbracht« (ebd.). Erst wenn »das allgemeine Interesse *wirklich* und nicht ... (bloß) in der *Abstraktion* zum besondren Interesse wird, was nur dadurch möglich ist, daß das *besondere* Interesse wirklich zum *allgemeinen* wird« (MEW 1/250), erst wenn also der gesellschaftliche Reproduktionsprozeß so verändert wird, daß nicht mehr das besondere Interesse im Gegensatz zu anderem besonderen Interesse, sondern das allgemeine Interesse sein leitendes Prinzip wird, erst wenn es sich nicht mehr nur um die »Form der Allgemeinheit«, sondern um das »Allgemeine als Inhalt« handelt, kann mit der Vollendung der Emanzipation auch die Trennung von bürgerlicher Gesellschaft und politischem Staat aufgehoben werden (vgl. hierzu: 38. und 39. Kapitel).

§ 5. Wir haben bisher versucht, die Trennung von bürgerlicher Gesellschaft und Staat sowie die frühe Marxsche Konzeption ihrer Aufhebung darzustellen. Wir müssen nun nach ihrer Verbindung, ihrem Zusammenhang in der bürgerlichen Produktionsweise fragen. Diese Frage wird uns über die frühen Schriften von Marx hinaus auf das *zweite Grundproblem* der Analyse des bürgerlichen Staates verweisen.

Marx bewegt sich in diesen frühen Schriften in einem eigentümlichen Widerspruch: Einerseits kann er bereits aus dem Modell der Feuerbachschen Religionskritik die methodischen Anweisungen entnehmen, um jenen »Dualismus« als notwendigen Schein zu kritisieren und die verselbständigten oder ›verhimmelten‹ politischen Verhältnisse aus den materiellen Verhältnissen der bürgerlichen Gesellschaft als der ›Grundlage ihres Bestehens‹ zu erklären. Andrerseits kann ihm diese Erklärung ohne deren Voraussetzung, die Analyse der bürgerlichen Produktion, noch nicht gelingen; seine Kritik der bürgerlichen Gesellschaft vollzieht daher noch an vielen Stellen das »überflüssige Geschäft«, diese mit ihrem eigenen verhimmelten Ausdruck zu konfrontieren und zu dessen Verwirklichung aufzurufen[6]. Wir wollen diesen Widerspruch hier nicht weiter verfolgen, vielmehr kurz jene methodischen Anweisungen aufgreifen, die die weitere theoretische Entwicklung von Marx andeuten. 1. Wenn Hegel das »Allgemeine des Staats dem besonderen Interesse und dem Bedürfnis der bürgerlichen Gesellschaft« gegenüberstellt und damit überall den »*Konflikt* der bürgerlichen Gesellschaft und des Staates« darstellt (MEW 1/277), so macht er doch andrerseits den Versuch, »innerhalb des Staats die Einheit« (ebd.) derselben auszudrücken. Ein wichtiger Punkt der Marxschen Kritik des Hegelschen Staatsrechts besteht nun in der Kritik an Hegels Versuch, das »an und für sich Allgemeine« des Staats (im Gegensatz zum ›abstrakten Not- und Verstandesstaat‹) in der bürgerlichen Gesellschaft nachträglich zu verankern (Vgl. am Beispiel der Stände: MEW 1/270–75, 295–300 u. ö.; am Beispiel der Staatsbürokratie MEW 1/247–50; am Beispiel der Abgeordneten: MEW 1/329). Marx weist demgegenüber die Besonderheit der materialen Interessen der Individuen oder gesellschaftlichen Gruppen der bürgerlichen Gesellschaft im Gegensatz zum »an und für sich seienden Allgemeinen« nach. Dieser Nachweis ist die Voraussetzung der späteren Erkenntnis, daß dem Inhalt nach die staatlichen Interessen in der Regel nichts anderes sind als die gemeinsamen Interessen der Individuen der herrschenden Klasse (vgl. MEW 3/62 u. ö.) und daß daher die inhaltliche »Selbständigkeit des Staats« (ebd.) gegenüber den materialen Klasseninteressen in der Regel eine illusorische Vorstellung ist. 2. Die »Form« (MEW 3/62 u. ö.) jedoch, die diese Interessen als staatliche Interessen annehmen müssen, ist die der Allgemeinheit. Es ist also nicht nur die Frage zu stellen: wem nützt das?, sondern zugleich die Frage: warum ist die herrschende Klasse in der bürgerlichen Gesellschaft gezwungen, ihre Interessen als die der Allgemeinheit darzustellen?, oder weitergehend: warum sind die tatsächlich allgemeinen Interesssen aller Mitglieder der bürgerlichen Gesellschaft formelle oder abstrakte Interessen? Stehen diese abstrakten Interessen selber im Widerspruch mit den konkreten materiellen Lebensbedingungen einer Klasse der bürgerlichen Gesellschaft? (Zur besonderen, widersprüchlichen Stellung des Proletariats vgl. unten: 35. Kapitel, § 3) Nützt daher, zunächst ganz unabhängig von den materiellen Klasseninteressen, die sich als staatliche Interessen darstellen, nicht schon diese Form der Allgemeinheit einer bestimmten Klasse? Warum ist diese Form gleichwohl in dieser Produktionsweise notwendig und warum ist daher die Trennung des Staats von der bürgerlichen Gesellschaft, was diese formelle Seite anlangt, nicht nur keine illusorische Vorstellung, sondern tatsächliches Verhältnis und Quelle wichtiger Legitimationsmöglichkeiten?

Zur Klärung der Fragen nach dem Zusammenhang von ökonomischer und politischer Struktur der bürgerlichen Gesellschaft, nach dem Zusammenhang des bürgerlichen Staats als »Rechtsstaat« und als »Klassenstaat«müssen wir uns den Arbeiten zuwenden, die die mehr oder weniger durchgeführte Analyse jener ökonomischen Struktur zu ihrer Voraussetzung haben. Wir müssen dabei auch das Problem, ob und wenn, wie der Staat gegenüber der bürgerlichen Gesellschaft ›selbständig‹ ist, einer weiteren Klärung zuführen, als dies in der bisherigen Vorverständigung über unseren Gegenstand möglich war.

Erläuterungen und Zusätze

1. Marx geht in seiner Charakteristik der ›bürgerlichen Gesellschaft‹, des ›natürlichen Zustands‹ bei Hobbes und Locke, im Prinzip noch nicht über Hegel hinaus (Vgl. hierzu §§ 182–208 und §§ 53–77 der Rechtsphilosophie. Zum Begriff ›bürgerliche Gesellschaft‹ vgl. MEW 3/36 und Teil A, 2. Kap.).
2. Der Zusammenhang von ›isolierten Einzelnen‹ und gesellschaftlichen Klassen ist in den frühen Schriften von Marx noch nicht entfaltet. Wir werden ihn erst unten im 32. und 35. Kapitel behandeln.

3. Die Trennung von bürgerlicher Gesellschaft und Staat erscheint notwendig als »Spaltung des Menschen in den *öffentlichen* und in den *Privatmenschen«* (MEW 1/356) oder als Trennung des Staatsbürgers vom Mitglied der bürgerlichen Gesellschaft. Der Mensch »muß also eine *wesentliche Diremption* mit sich selbst vornehmen ... (Um) als *wirklicher Staatsbürger* sich zu verhalten, politische Bedeutsamkeit und Wirksamkeit zu erhalten, muß er aus seiner bürgerlichen Wirklichkeit heraustreten, von ihr abstrahieren« (MEW 1/281), »denn als Staatsidealist ist er ein *ganz anderes,* von seiner Wirklichkeit *verschiedenes,* unterschiedenes, entgegengesetztes *Wesen«* (ebd.) Vgl. MEW 1/355 und 34. Kapitel über Bourgeois, Citoyen und L'homme; und 36. Kapitel, Zusatz 1.
4. Die Unterscheidung zwischen Form und Inhalt der Allgemeinheit ermöglicht es bereits dem jungen Marx, eine für den modernen Staat wesentliche Illusion zu entlarven, nämlich die Illusion, daß die Sache des Volks allgemeine Angelegenheit sei. »So weit ist es ... gekommen, daß der tautologische Satz: ›die allgemeine Angelegenheit ist die allgemeine Angelegenheit‹, nur als eine *Illusion des praktischen Bewußtseins* erscheinen kann« (MEW 1/265).
5. Interpreten, die Marx als ›Junghegelianer‹, ›Feuerbachianer‹ oder ›wahren Sozialisten‹ darzustellen versuchen (vgl. Löwith (1962), Sass (1969) u. a. jüngst auch von sogenannt ›marxistischer‹ Seite, Reichelt (1974, S. XI–LVIII)) vergessen den zentralen Unterschied zwischen objektivem Hegelschem Idealismus (von dem Marx ausging) und subjektiv-moralisierender Kritik der Junghegelianer, die Marx schon in den Jahren, in denen er angeblich Anhänger derartiger Anschauungen gewesen sein soll, einer ebenso beißenden Kritik unterzog wie Hegel selber (vgl. z. B. MEW Erg. Bd. 1/326ff.). Da auf diesen Zusammenhang hier nicht näher eingegangen werden kann, sei auf die brauchbaren Darstellungen von Cornu (1962–68), Cornu und Mönke (1961) verwiesen.
6. Vgl. z. B. MEW 1/257, 266, 306, 319ff. u. ö. Diese Anklänge an utopistische Gesellschaftskritik, »das Bestehende an der Idee zu messen«, an die ›kritische Kritik‹ und den Proudhonismus, die im Widerspruch zu den methodischen, von Hegel übernommenen Anweisungen stehen, »die eigentümliche Logik des eigentümlichen Gegenstandes zu fassen« (MEW 1/296), sind die Folge dessen, daß Marx noch nicht den Zusammenhang der ›materiellen Lebensverhältnisse‹ und der Denkformen untersucht hat (speziell den zwischen Warenform und Recht). Auch hier ist es die Aufgabe produktiver Kritik, zu begründen, warum Marx von seinen theoretischen und politischen Voraussetzungen aus in der Lage war, jene Position zu überwinden.

Fragen zur Diskussion

1. Warum kommt es Ihrer Ansicht nach zur Trennung von bürgerlicher Gesellschaft und Staat?
2. Wie begründet Marx den Gegensatz von bürgerlicher Gesellschaft und Staat?
3. Was versteht Marx unter ›formeller‹ oder ›abstrakter‹ Allgemeinheit? Was charakterisiert den Staat ›als Staat‹?
4. Wie begründet Marx die Notwendigkeit der Aufhebung der Trennung von bürgerlicher Gesellschaft und Staat? Was versteht er unter ›menschlicher Emanzipation‹?

32. Kapitel: Austauschprozeß – Rechtsverhältnisse

Textgrundlage:
Grundrisse der Kritik der Politischen Ökonomie (GR 151–162)

Lernziele:
In diesem Kapitel wollen wir einerseits den inneren, notwendigen Zusammenhang von Austauschbeziehungen und Rechtsverhältnissen begründen, andrerseits den spezifischen Charakter des modernen Rechts als gleichen oder abstrakten Rechts begreifen.

§ 1. Nach Marx besteht ein innerer oder notwendiger Zusammenhang zwischen Austauschbeziehungen und rechtlichen Beziehungen oder zwischen Warenform und Rechtsform. Die These wäre, daß das spezifische, die Marxsche Theorie von anderen Theorien über Recht und Staat unterscheidende Charakteristikum nicht in der Entlarvung des im Recht oder Staat sich ausdrückenden Klasseninhalts liege, sondern in der Beantwortung der Frage, warum jener »Inhalt eine solche Form annimmt« (PASCHUKANIS, 1966, S. 59). Anders ausgedrückt: warum die Verteidigung dieser abstrakten Rechtsform selber, »die Verteidigung der sogenannten abstrakten Grundlagen der Rechtsordnung die allgemeinste Form der Verteidigung bürgerlicher Klasseninteressen ist« (ebd. S. 10 u. ö.). Um den inneren Zusammenhang von ›*Republik* des Marktes‹ und ›*Despotie* der Fabrik‹ aufzudecken, müssen wir zunächst genauer begründen, warum die sozialen Beziehungen der Individuen in der bürgerlichen Gesellschaft überhaupt und notwendigerweise rechtliche und politische Formen annehmen. Im 3. Abschnitt werden wir dann zu klären versuchen, ob und wenn, warum diese Formen als solche bereits die materialen Interessen sozialer Klassen ausdrücken. Wir fragen also einerseits nach der »realen Basis aller Gleichheit und Freiheit«, nach ihrem spezifischen Charakter und andrerseits nach Möglichkeiten, diese wichtigen Legitimationsmöglichkeiten der Klassenherrschaft der Bourgeoisie nicht nur als notwendige *Form*, sondern zugleich *inhaltlich* als *Schein* zu begreifen.

Während Apologeten der ›bürgerlichen Demokratie‹ zu den Verhältnissen der einfachen Zirkulation flüchten, da in ihnen »alle immanenten Gegensätze der bürgerlichen Gesellschaft ausgelöscht erscheinen« (GR 152, vgl. 904, 907 u. ö.), versucht Marx umgekehrt, die reale Grundlage dieser Illusionen, die *rechtlichen* Beziehungen aus eben diesen Verhältnissen zu erklären. Zur Vermeidung von Mißverständnissen müssen wir vorweg unseren Ausgang von der einfachen Zirkulation kurz erläutern. In ihr »sind die Individuen . . . nur einfach bestimmt als Austauschende (oder: Warenbesitzer – d. Verf.). Es existiert absolut kein Unterschied zwischen ihnen, soweit die Formbestimmung in Betracht kommt« (ebd.). Die ökonomischen und die aus ihnen erwachsenden übrigen sozialen Beziehungen sind zunächst »einfach zu fassen, . . . ohne Bezug auf höher entwickelte Produktionsverhältnisse« (GR 901). Es interessiert noch nicht, wie die Subjekte des Austauschs Eigentümer von Ware werden. Ebensowenig interessiert der besondere oder spezifische Gebrauchswert der ausgetauschten Waren. Wenn jedoch diese aus den Verhältnissen der einfachen Zirkulation gewonnene Auffassung nicht nur »in ihrer historischen Bedeutung hervorgehoben wird, sondern als Widerlegung entgegenhalten wird den entwikkeltren ökonomischen Verhältnissen, in denen die Individuen nicht mehr bloß als Austauschende oder Käufer und Verkäufer, sondern in bestimmten Verhältnissen zueinander hervortreten . . .; so ist das dasselbe, als wollte behauptet werden, daß kein Unterschied, noch weniger Gegensatz und Widerspruch zwischen den Naturkörpern existiert, weil sie, z. B. in der Bestimmung der Schwere gefaßt, alle schwer und demnach gleich sind« (GR 158f.). Wenn hier zunächst die aus der gemeinsamen Eigenschaft aller Individuen der Grundklassen der bürgerlichen Gesellchaft als Warenbesitzer sich ergebenden Beziehungen entwickelt werden, muß man sich dessen bewußt bleiben, daß es sich nur um einen notwendigen *ersten* Schritt der Analyse dieser Beziehungen handeln kann. Es darf nicht »bei den einfachsten ökonomischen Verhältnissen« stehengeblieben werden, »die selbständig gefaßt reine Abstraktionen sind; die aber in der Wirklichkeit vielmehr durch die tiefsten Gegensätze vermittelt sind und nur eine Seite darstellen, worin deren Ausdruck verwischt ist« (GR 159f.).

§ 2. Zur Begründung der These des Zusammenhangs von Warenform der Arbeitsprodukte und Rechtsform der sozialen Beziehungen müssen wir uns kurz der Grundbedingungen der Verwandlung der Arbeitsprodukte in Waren erinnern: *1)* Privatheit der Produktion und *2)* gesellschaftliche Teilung der Arbeit.

Zu 1) Das Individuum »hat als unabhängiges Privatindividuum produziert . . . weder als Glied eines naturwüchsigen Gemeinwesens, noch als Individuum, das unmittelbar als gesellschaftliches an der Produktion teilnimmt« (GR 906). Dieser *»Privatcharakter* der Produktion des Tauschwerte produzierenden Individuums« (ebd.) ist, wie wir wissen, keineswegs ein natürlicher Sachverhalt, sondern ›historisches Produkt‹. Marx hat gezeigt, wie das Privat-Individuum, ganz entgegen dem Schein dieser voraussetzungslosen Natürlichkeit, »ganz durch die Gesellschaft bestimmt« (GR 159 u. ö.) ist.

Zu 2) Die zweite Bedingung war Produktion von »Gebrauchswert für andre« (MEW 23/100). Wenn nämlich das Individuum seine unmittelbaren Subsistenzmittel selbst produziert »hat seine Produktion keinen gesellschaftlichen Charakter und ist seine Arbeit keine gesellschaftliche« (GR 910). Gesellschaftliche Teilung der Arbeit unterstellt, sind die *Privat-*

individuen ›Atome‹ – oder völlig voneinander unabhängige sich selbst genügende ›Monaden‹ – daher nur in ihrer Einbildung, in ihrer empirischen Existenz jedoch bedürftige Individuen. Die Verschiedenheit dieser Bedürfnisse einerseits sowie andrerseits der Sachverhalt, daß sie die Mittel zu ihrer Befriedigung nicht selbst produzieren können, zwingt sie in den gesellschaftlichen Zusammenhang oder treibt sie ins »Tauschsystem« (GR 157).

Die Verwandlung der Arbeitsprodukte in Waren beinhaltete, wie wir sahen, ein doppeltes: 1) Die Verselbständigung und Versachlichung der sozialen Beziehungen gegenüber den Individuen (vgl. oben Kap. 13). »Die Individuen treten sich nur als Eigentümer von Tauschwerten gegenüber, als solche, die sich ein gegenständliches Dasein füreinander durch ihr Produkt, die Ware, gegeben haben. Ohne diese objektive Vermittlung haben sie keine Beziehung zueinander, vom Standpunkt des in der Zirkulation vor sich gehnden sozialen Stoffwechsels aus betrachtet. Sie existieren nur sachlich füreinander, was in der Geldbeziehung, wo ihr Gemeinwesen selbst als ein äußerliches und darum zufälliges Ding allen gegenüber erscheint, nur weiterentwickelt ist.« (GR 908f.) 2) Die Verkehrung des gesellschaftlichen Daseins der Individuen aus dem Zweck in ein bloßes Mittel: In der Tauschwertproduktion liegt, daß den Mitgliedern der bürgerlichen Gesellschaft ihr gesellschaftlicher Zusammenhang als ein Äußerlicher erscheint oder »als bloßes Mittel, ihre Individualität zu vergegenständlichen« (GR 909).

Marx resümiert diesen für das Begreifen der sozialen Beziehungen in der bürgerlichen Gesellschaft zentralen Sachverhalt prägnant: »Das Geld ist damit unmittelbar zugleich das *reale Gemeinwesen*, insofern es die allgemeine Substanz des Bestehns für alle ist, und zugleich das gemeinschaftliche Produkt aller. Im Geld ist aber, wie wir gesehn haben, das Gemeinwesen zugleich bloße Abstraktion, bloße äußerliche, zufällige Sache für den Einzelnen, und zugleich bloß Mittel seiner Befriedigung als eines isolierten Einzelnen« (GR 137).

§ 3. Unmittelbar gesellschaftlich verhalten sich die Warenproduzenten als solche demnach weder im gesellschaftlichen Produktionsprozeß, noch in der Konsumtion, sondern in der Zirkulation. Eben dieses Fehlen eines unmittelbar gesellschaftlichen Zusammenhangs der Privatproduzenten im gesellschaftlichen Produktionsprozeß macht nun einen darauf beruhenden und dennoch gerade davon abstrahierenden gesellschaftlichen Zusammenhang erforderlich. Die Vergesellschaftung der unabhängigen Privatproduzenten vollzieht sich in Akten des Austauschs. Der Austausch jedoch, so ist die These, erfordert notwendig rechtliche Beziehungen der Individuen.[1]

»Die Waren können nicht selbst zu Markte gehn und sich nicht selbst austauschen. Wir müssen uns also nach ihren Hütern umsehn, den Warenbesitzern« (MEW 23/99). Dieser Ansatzpunkt der Marxschen Analyse der sozialen Beziehungen der Individuen in der bürgerlichen Gesellschaft reflektiert den spezifischen Charakter dieser Beziehungen: Die Individuen treten sich gegenüber als Repräsentanten von Sachen, ihr gesellschaftlicher Zusammenhang ist kein direkter, sondern über Dinge vermittelter. »Um diese Dinge als Waren aufeinander zu beziehn, müssen die Warenhüter sich zueinander als Personen verhalten, deren Willen in jenen Dingen haust, so daß der eine nur mit dem Willen des andren, also jeder nur vermittelst eines, beiden gemeinsamen Willensakts sich die fremde Ware aneignet, indem er die eigne veräußert. Sie müssen sich daher wechselseitig als Privateigentümer anerkennen. Dies Rechtsverhältnis, dessen Form der Vertrag ist, ob nun legal entwickelt oder nicht, ist ein Willensverhältnis, worin sich das ökonomische Verhältnis widerspiegelt« (23/99).[2] Wenn die Personen füreinander nur existieren »als Repräsentanten von Ware und daher als Warenbesitzer« (23/100), sind für Marx auch die Qualifikationen der Rechtsperson aus denen der Warenbesitzer herzuleiten.

Als Warenhüter oder Warenbesitzer sind die Individuen nur »subjektivierte Tauschwerte, d. h. lebendige Äquivalente« (GR 912). Vom Standpunkt des in der Zirkulation vor sich gehenden ›sozialen Stoffwechsels‹ aus ist »das Individuum in diesem Verhältnis nur die Individuation von Geld« (GR 158). In dieser Eigenschaft als bloße Inkarnation des Tauschwerts ›wird‹ das Individuum zur *Rechtsperson.* Die Eigenschaften der Individuen als Rechtspersonen sind 1) streng zu unterscheiden von ihren Eigenschaften als konkrete, bedürftige Individuen; 2) scheint gerade ihre Eigenschaft als Rechtsperson die spezifisch gesellschaftliche Bestimmung der Individuen in der bürgerlichen Gesellschaft zu sein.

Zu 1) Zwar ist es die Verschiedenheit der Bedürfnisse und der produzierten Gebrauchswerte, welche die Individuen ins Tauschsystem treibt, und damit ihr spezielles gesellschaftliches Verhältnis begründet, aber es ist klar, daß diese natürlichen Unterschiede die Natur ihres gesellschaftlichen Verhältnisses als solches nichts angehen (vgl. GR 153, u. ö.). Wie in den Tauschwert als die gesellschaftliche Eigenschaft der Dinge kein Atom Gebrauchswert eingeht, so in die Eigenschaft der Individuen als Warenbesitzer oder Rechtspersonen kein Atom ihrer besonderen Eigenschaften als konkrete, bedürftige Individuen. Als Besitzer von Tauschwerten gehen sie ihre natürlichen Unterschiede nichts an, sie sind »nicht nur gleich: es findet nicht einmal eine Verschiedenheit zwischen ihnen statt« (GR 912, u. ö.). Direkt analog zum Verhältnis von Tauschwert und Gebrauchswert kann daher gesagt werden, daß ihre »stoffliche Verschiedenheit . . . ausgelöscht (ist) in dem idealen Dasein« (GR 913) der Individuen als Rechtssubjekte.[3] Wie im Geld »ein Gesellschaftsverhältnis, eine bestimmte Beziehung der Individuen aufeinander, als ein Metall, ein Stein, eine rein körperliche Sache außer ihnen erscheint« (GR 151), so erscheint in der Qualifikation der Individuen als Rechtspersonen eine bestimmte Eigenschaft – Ausdruck besonderer historischer Produktionsverhältnisse – als natürliche oder überhistorische Eigenschaft des zoologischen Individuums überhaupt. Jeder Mensch scheint von Natur aus abstrakte, formell freie und gleiche Rechtsperson zu sein.[4]

Zu 2) Wenn es richtig ist, daß auf der Ebene der einfachen Zirkulation die Privatproduzenten ohne objektive Vermittlung durch ihre Arbeitsprodukte als Waren keine soziale Beziehung zueinander haben, so ist jene reale gesellschaftliche Abstraktion der Grund, daß ihr rechtlicher Zusammenhang als ihr spezifisch gesellschaftlicher erscheint. Wie der Tauschwert mit anderem Tauschwert qualitativ gleich ist, so auch die Individuen in ihren sozialen Beziehungen als Rechtspersonen. Da in ihren rechtlichen Beziehungen von allen natürlichen Unterschieden abstrahiert ist, treten sich die Individuen gesellschaftlich gegenüber nicht als empirische Subjekte, sondern als Äquivalentenbesitzer. Die erste wesentliche Bestimmung des bürgerlichen Rechts ist folglich die, *abstraktes* oder *formales* Recht zu sein.

§ 4. Die näheren Bestimmungen der Rechtsperson als der Subjekts des Austauschprozesses ergeben sich unmittelbar aus dieser Analyse des Austauschprozesses. Bisher kennen wir die Rechtsperson als Warenbesitzer oder Privateigentümer, Personifikation des Tauschwerts. »Jedes der Subjekte ist ein Austauschender; d. h. jedes hat dieselbe gesellschaftliche Beziehung zu dem andren, die das andre zu ihm hat. Als Subjekte des Austauschs ist ihre Beziehung daher die der *Gleichheit*. Es ist unmöglich, irgendeinen Unterschied oder gar Gegensatz unter ihnen auszuspüren, nicht einmal eine Verschiedenheit« (GR 153). Ohne diese Gleichheit fände kein Äquivalentenaustausch statt; umgekehrt gelten eben im Äquivalententausch alle Arbeiten nur als abstrakt-menschliche und in dieser Beziehung gleiche Arbeit (vgl. MEW 20/97f., 580f.), und daher die Eigentümer dieser vergegenständlichten Arbeit als Gleiche. »Die Äquivalente sind die Vergegenständlichung des einen Subjekts für andre; d. h. sie selbst sind gleich viel wert und bewähren sich im Akt des Austauschs als Gleichgeltende« (GR 153).

Diese Gleichheit der Subjekte des Austauschs oder der Rechtspersonen ist eine rein rechtliche oder formale; sie darf daher nicht mit natürlicher und materialer oder sozialer Gleichheit verwechselt werden. Wir haben bereits oben gesehen, daß der Inhalt des Austauschakts, der besondere Gebrauchswert der Waren und das besondere Bedürfnis der Austauschsubjekte als konkreter Individuen nur als ›Motiv‹ zu behandeln ist, das sie in den gesellschaftlichen Zusammenhang treibt, nicht jedoch die spezifisch gesellschaftlichen Formen dieses Austauschs tangiert. »Die Verschiedenheit ihres Bedürfnisses und ihrer Produktion gibt nur den Anlaß zum Austausch und zu ihrer sozialen (d. h. genauer: rechtlichen – d. Verf.) Gleichsetzung in ihm; diese natürliche Verschiedenheit ist daher die Voraussetzung ihrer sozialen (rechtlichen – d. Verf). Gleichheit im Akt des Austauschs« (GR 154). Mit der Entwicklung der Austauschverhältnisse in gesellschaftlichem Maßstab tritt daher an die Stelle der gesellschaftlichen Privilegien die rechtliche Gleichheit oder Gleichberechtigung der Individuen als Rechtspersonen. Die zweite wesentliche Bestimmung des modernen Rechts ist daher die, *gleiches* Recht zu sein. (Vgl. schon MEW 3/309)[5]

Die Austauschenden müssen sich nicht nur als einander Gleiche anerkennen, sondern auch als *freie* Rechtspersonen, damit es überhaupt zum Austausch kommt: »Freiwillige Transaktion; Gewalt von keiner Seite« (GR 156) ist die Bedingung. »Obgleich das Individuum A Bedürfnis fühlt nach der Ware des Individuums B, bemächtigt es sich derselben nicht mit Gewalt, noch vice versa, sondern sie erkennen sich wechselseitig an als Eigentümer, als Personen, deren Willen ihre Waren durchdringt. Danach kommt hier zunächst das juristische Moment der Person herein und der Freiheit, soweit sie darin enthalten ist« (GR 155, vgl. 911 und MEW 23/99). Mit der Verbreiterung der Austauschverhältnisse verschwinden daher zunehmend direkte oder persönliche Herrschafts- und Knechtschaftsbeziehungen. Die Fähigkeit der Rechtsperson zur Selbstbestimmung oder die Rechtsfähigkeit des Subjekts ist notwendiger Ausdruck der Tauschbeziehungen. Sie wird in jedem Austauschakt, wenn nicht de jure so doch de facto, anerkannt. (Vgl. Paschukanis (1966), S. 10f.)

Diese Freiheit der Privateigentümer ist wesentlich Freiheit *von* persönlichem Zwang oder negative Freiheit (Freiheit des abstrakten Individuums gegen die Gesellschaft), nicht Freiheit des Individuums in der Gesellschaft und damit zugleich gesellschaftliche Freiheit als Herrschaft der Gesellschaft über die Bedingungen ihrer eigenen Wirklichkeit (vgl. MEW 3/74f., vgl. genauer: unten 39. Kapitel). Dies ist Ausdruck der Tatsache, daß die Individuen zwar nicht mehr unter ›naturwüchsige Gemeinwesen‹ oder persönliche Herrschafts- und Knechtschaftsbeziehungen subsumiert sind, aber auch noch nicht bewußt den materiellen gesellschaftlichen Reproduktionsprozeß regeln. Ihre Freiheit ist daher beschränkte rechtliche, nicht die verwirklichte gesellschaftliche Freiheit der Individuen.

Marx hat hiermit gezeigt, daß »Gleichheit und Freiheit . . . nicht nur respektiert (sind – d. Verf.) im Austausch, der auf Tauschwerten beruht, sondern der Austausch von Tauschwerten ist die produktive, reale Basis aller *Gleichheit* und *Freiheit*. Als reine Ideen sind sie bloß idealisierte Ausdrücke desselben; als entwickelt in juristischen, politischen, sozialen Beziehungen sind sie nur diese Basis in einer andren Potenz« (GR 156, vgl. auch 916, MEW 4/98ff. und 105, MEW 23/99 u. ö.). Dies darf nicht so mißverstanden werden, als seien diese juristischen, politischen etc. Beziehungen nicht notwendige oder für die Analyse der Struktur dieser Gesellschaftsformation zu vernachlässigende. (Wir haben vielmehr gesehen, daß diese ›Basis‹ ohne jene rechtliche Struktur gar nicht existieren kann.) Die Marxsche Analyse gestattet vielmehr 1. nicht nur den ökonomischen, sondern auch den rechtlichen Kategorien den Schein ihrer Ewigkeit zu nehmen (vgl. MEW 27/459 »genausowenig ewig wie die Beziehungen, die sie ausdrükken«, MEW 23/99f. u. ö.), und 2. Kritikern, welche die bürgerliche Gesellschaft *nur* vom Standpunkt des Rechts aus bekämpfen wollen, mit Bestimmtheit zu begegnen (vgl. GR 160, 916 u. ö., vgl. unten 35. Kapitel, Zusatz 5).

§ 5. Wir haben nun gesehen, daß der Austausch nur zustande kommt, wenn sich die Warenbesitzer gegenseitig als freie und gleiche Rechtspersonen anerkennen. Die Warenbesitzer haben als solche demnach bestimmte gemeinsame Interessen, die sich in dem ›gemeinsamen Willensakt‹ ausdrükken und zugleich dessen Charakter bestimmen.

Wir wissen bereits, daß das Motiv des Austauschs entweder Befriedigung von Bedürfnissen der jeweiligen Austauschsubjekte oder Vermehrung des Werts ist; also das »selbstsüchtige Interesse« oder »Einzelinteresse im Gegensatz zu dem des andren« (GR 156)[6]: »Jedes dient dem andren, um sich selbst zu dienen; jedes bedient sich des andren wechselseitig als seines Mittels. Es ist nun beides in dem Bewußtsein der beiden Individuen vorhanden: 1) daß jedes nur seinen Zweck erreicht, soweit es dem andren als Mittel dient; 2) daß jedes nur Mittel für das andre . . . wird als Selbstzweck . . .; 3) . . . daß diese Wechselseitigkeit ein notwendiges fact ist, vorausgesetzt als natürliche Bedingung des Austauschs, daß sie aber als solche jedem der beiden Subjekte des Austauschs gleichgültig ist, und ihm diese Wechselseitigkeit nur Interesse hat, soweit sie sein Interesse als das des andren ausschließend, ohne Beziehung darauf, befriedigt« (GR 155). Die gemeinschaftlichen Interessen der Austauschsubjekte beziehen sich offensichtlich nicht auf die Befriedigung der Bedürfnisse aller Individuen. (Vgl. hierzu unten 39. Kapitel) Was die Seite der Motive oder den materialen Inhalt der Interessen angeht, kann – auf der Ebene der einfachen Zirkulation – vielmehr gesagt werden, daß »das allgemeine Interesse . . . eben die Allgemeinheit der selbstsüchtigen Interessen «(GR 156) ist. (Vgl. MEW 3/394–99 u. ö.; MEW 23/190) Die Form aber, in der sich in der Wirklichkeit dieses gemeinsame Interesse bildet, ist der Kampf der gegensätzlichen privaten Interessen, die Konkurrenz (hier zunächst nur als Konkurrenz von Käufern und Verkäufern von noch nicht näher bestimmten Waren). Die Gemeinsamkeit der Interessen der Austauschsubjekte kann sich demnach nur beziehen auf die aus dem Austauschprozeß als solchem entspringenden formalen Bestimmungen. Solange und sofern sie überhaupt austauschen, müssen sie sich als freie und gleichberechtigte Warenbesitzer oder Eigentümer anerkennen. Die Gemeinsamkeit des jeden Austausch notwendig begleitenden ›Willensakts‹ besteht in nichts andrem als in der Anerkennung der Grundbedingung: Aneignung nicht durch Gewalt, sondern durch den Austausch.

Da uns hier bei der Betrachtung der einfachen Zirkulation die Differenzierung der Warenbesitzer in gesellschaftliche Klassen noch nicht interessiert, vielmehr nur vorausgesetzt ist, daß alle Individuen in der bürgerlichen Produktion sich als Austauschende verhalten, ist klar, daß das gemeinsame Interesse aller Individuen *als Warenbesitzer* eben in der Garantie dieser ihrer Eigenschaft als Eigentümer – generalisiert also des Rechtsinstituts ›Privateigentum‹ – besteht. Dies gilt auch für die Arbeiter als Eigentümer der spezifischen Ware Arbeitskraft. Die bestehenden Eigentumsverhältnisse können daher hier »als Resultat des allgemeinen Willens« (MEW 3/63) aller Warenbesitzer ausgesprochen werden.[7] Damit wissen wir nun auch genauer, was Marx in den frühen Schriften (vgl. oben 31. Kapitel § 3) unter ›formeller Allgemeinheit‹ versteht und warum derartige Verhältnisse notwendiger Ausdruck der auf dem Austausch beruhenden Produktion sind.

Bevor wir nun untersuchen, warum die materiellen Lebensbedingungen eine bestimmte Klasse der bürgerlichen Gesellschaft zwingen, gegen jene bloß formelle Allgemeinheit und gegen die auf dem Austausch beruhende Produktion überhaupt aufzustehen, müssen wir verfolgen, warum die rechtlichen Regelungen der ökonomischen Beziehungen der Individuen in der bürgerlichen Gesellschaft eine nicht-private, sondern öffentliche, staatliche Garantie erfordern; warum es also notwendig zu einer Trennung in bürgerliche Gesellschaft und Staat kommt.

Erläuterungen und Zusätze

1. In der Rechtsform wird den unabhängigen Privatproduzenten ihr gesellschaftlicher Zusammenhang in verkehrter Form bewußt. Sie ist die »Form des Zusammenhangs des Willens der einzelnen Individuen, die durch die wirkliche Vermittlung der Sachen gesellschaftlich aufeinander bezogen sind und damit die spezifische Form des Zusammenhangs der modernen Gesellschaft« (Cerroni (1974), S. 91). Die »juristische Weltanschauung« ist demnach die »klassische« (MEW 21/492) Weltanschauung von Gesellschaften, in denen der Austausch von Waren auf gesellschaftlichem Maßstab entwickelt ist. Die Gesellschafts*vertrags*theorien sind daher auch *die klassischen Sozialtheorien* der revolutionären Bourgeoisie. (Vgl. hierzu auch: Kelsen (1928), Kapitel 1 und 2)
2. Schon hier können wir zwei wesentliche Eigentümlichkeiten dieser Analyse der Rechtsverhältnisse festhalten: 1. Die Warenbesitzer *müssen* sich als Privateigentümer, als juristische Personen anerkennen, wenn es überhaupt zum Äquivalententausch kommen soll. Die Rechtsbeziehungen sind deshalb objektive oder gesellschaftlich notwendige Beziehungen in einer auf den Austausch gegründeten Produktionsweise. Das Recht ist daher nicht aus dem bloßen ›Willen‹ der herrschenden Klasse zu erklären, vielmehr ist zu begründen, warum überhaupt so ›gewollt‹ wird (vgl. Cerroni (1974), S. 11–13 u. ö.). Ebensowenig sind die rechtli-

chen Beziehungen identisch zu setzen mit dem Bewußtsein des rechtlichen Charakters dieser Beziehungen. Das Recht ist demnach auch nicht ›Ideologie‹, wie dies in mißverständlicher Interpretation der Basis-Überbau-These oft behauptet wird (vgl. Reich (1969), S. 11, 24, 29 u. ö.). Es sei denn alle sozialen Beziehungen würden, weil sie eben Verhältnisse und nicht Dinge und demnach nicht als solche ›greifbar‹, als ideologische Beziehungen betrachtet. Die *gesellschaftliche Objektivität* rechtlicher Regelungen (z. B. der aus der Funktion des Geldes als Zahlungsmittel entwickelbaren *Schuld*verhältnisse) kann wohl kaum ernstlich bestritten werden. 2. Wenn also kein Austausch stattfinden kann ohne implizite oder explizite rechtliche Regelung, so ist die eigentümliche Natur dieser Rechtsverhältnisse nicht aus ihnen selber zu begründen. Obwohl die Rechtverhältnisse Willensverhältnisse sind, ist weder der Charakter der Rechtsperson noch der Beziehung, die sie eingeht, aus dem Willen oder Bewußtsein der Individuen zu erklären (vgl. MEW 3/63f., 69 u. ö. über ›juristischen Idealismus‹).
Die ›Zwieschlächtigkeit‹ des modernen Rechts, einerseits tatsächliches soziales Verhältnis (›Faktum‹), andrerseits objektiviertes Rechtsnormensystem zu sein, ist durch rein rechtsimmanente Betrachtung der Rechtsverhältnisse nicht zu erfassen. Der juristische Idealismus in der Gestalt der reinen Rechtslehre ist damit nicht nur außerstande, eine sozialwissenschaftliche Begründung der Rechtsverhältnisse als solcher zu geben, sondern kann sich methodisch konsequent genausowenig um die Entstehung von Rechtsnormen, um den Zusammenhang von Rechtsnormen und Rechtsgeltung, um den Untergang von Rechtsnormen kümmern.

3. Wie mit der Verselbständigung des Tauschwerts im Geld dieser unabhängig wird von besonderen Gebrauchswerten als seinen ›Trägern‹, so verselbständigt sich die Rechtsperson gegenüber den konkreten Individuen: so ist z. B. das Rechtsinstitut Erbschaft »ein Geltendmachen der sozialen Bestimmung über die natürliche Lebensgrenze hinaus: eine Befestigung derselben gegen die zufällige Wirkung der Natur . . . Da das Individuum in diesem Verhältnis nur die Individuation von Geld ist, so ist es als solches ebenso unsterblich als das Geld, und seine Repräsentation durch Erben ist vielmehr die Durchführung dieser Bestimmung« (GR 158). Diese Verselbständigung wird besonders deutlich, wenn die nochmalige Differenzierung der Rechtsperson in ›physische‹ und ›juristische‹ Person (Gesellschaften, Körperschaften etc., vgl. hierzu kurz: Weber, WG 424ff.) betrachtet wird. Auch die ›physische Person‹ ist keineswegs zu verwechseln mit dem konkreten lebendigen Individuum. (Vgl. hierzu: Radbruch (1973), § 17)
4. Vgl. Naturrechtliche Begründung von Freiheit und Gleichheit z. B. bei Locke (1967) (Buch II, 2. Kap.) und Rousseau (1971) (I, 1–4. Kap.).
5. Dieser, im wesentlichen an Paschukanis angelehnten Bestimmung des Begriffs des bürgerlichen Rechts als Recht im eigentlichen oder strengen Sinne ist in dreifacher Hinsicht der Vorwurf des ›Reduktionismus‹ gemacht worden: a) der Vorwurf der »Reduktion . . . der juristischen Schicht auf das Ökonomische« (Poulantzas (1972), S. 181; vgl. auch Kelsen (1967), S. 75 u. ö.); b) der Vorwurf der Reduktion jeglichen Rechts auf bürgerliches Recht. Vgl. Stucka (1969), S. 60–62; Kelsen (1967), S. 90; Wyschinski (1953), S. 38–41; Klenner (1954), S. 8 u. ö.; Flechtheim (1963), S. 22–24; Rosenbaum (1971), S. 156–161; Reich (1972), S. 155–160; ders. (1971), S. 133–34; c) Der Vorwurf der Reduktion des bürgerlichen Rechts

aufs Zivilrecht (vgl. Literaturhinweise unter b), da die beiden letzten Vorwürfe bezüglich Reduktion des Rechtsbegriffs fast stets zusammen formuliert werden). Der erste Vorwurf beruht ganz offensichtlich auf einer Fehlinterpretation der Arbeit von Paschukanis selber. Die Bestimmungen von Abstraktheit, Gleichheit und Allgemeinheit als Momente eines zureichenden Rechtsbegriffs schließen zwar andere Begründungsversuche als den über die Austauschbeziehungen nicht aus (vgl. Versuche bei ROSENBAUM (1971), S. 157ff. und KLENNER (1954), S. 73f.). Diese blieben jedoch bisher sehr vage: nicht jeder »Abstraktions- und Gleichbehandlungsvorgang« (ROSENBAUM (1971), S. 159) ist ein rechtlicher und auch der bloße Verweis darauf, daß »diese Abstraktheit mit der Klassenstruktur, d. h. mit den Eigentumsverhältnissen zusammenhängt« (S. 161), trägt zur Begründung und begrifflichen Klärung der Rechtsform wenig bei. Wenn an der »Frage nach dem besonderen gesellschaftlichen Verhältnis, das die Existenz der Rechts*form* bedingt« (S. 148) als der gesellschaftswissenschaftlich zentralen festgehalten wird, scheint der von Paschukanis im Anschluß an Marx versuchte Begründungszusammenhang zumindest plausibler als die bisher vorliegenden Alternativen (vgl. auch 39. Kapitel über Recht ›als Recht‹ und ›Staat als Staat‹). Eine genauere Klärung des Zusammenhangs zwischen ›engem‹ und ›weitem‹ Rechtsbegriff und der Schwierigkeiten, die beide Bestimmungen mit sich bringen, kann hier nicht erfolgen. Der Vorwurf einer Reduktion des bürgerlichen Rechts überhaupt aufs Privatrecht schließlich geht wiederum auf ein Mißverständnis der Aussagen, zumindest jedoch der Intention von Paschukanis zurück. Zum einen formuliert Paschukanis selber einen rationellen, in seiner Tragweite bisher seitens der Marxisten überhaupt nicht erkannten Übergang vom privaten ins öffentliche Recht eben auf der Basis seiner Bestimmung des Rechts; zum andern erlaubt erst die Erkenntnis der prinzipiellen formellen Allgemeinheit des bürgerlichen Rechts die Analyse »herrschaftliche(r) Verhältnisse, die vom Recht, und zwar als Verhältnisse zwischen Ungleichen organisiert und betrachtet werden« (S. 159), also: die spezifisch moderne Form von »Strafrecht, Gewerberecht, Arbeitsrecht etc.« (ebd.)

6. Wenn wir hier formulieren, daß das ›Motiv‹ zum Austausch nicht nur in der Befriedigung von Bedürfnissen, sondern auch in der Verwertung des Werts bestehe, so ist damit die Ebene der einfachen Zirkulation noch nicht verlassen, da in der Zirkulationsform G-W-G die Möglichkeit des ›Gewinnstrebens‹ bereits angelegt ist. Der Gegensatz zwischen verschiedenen Privatinteressen ist als *Möglichkeit* bereits entwickelt (und dies ist die für unsere Begründung des Staats wichtige Feststellung). Er wird in relevantem gesellschaftlichem Maße zur *Wirklichkeit* erst nach Darstellung der Klassendifferenzierung, nach der Darstellung des Verhältnisses von Kapital und Lohnarbeit: wenn also innerhalb der ›begrifflichen Entwicklung‹ aus dem Gegensatz bloßer Privatinteressen der Gegensatz der großen gesellschaftlichen Klassen ›geworden‹ ist. (Vgl. hierzu auch 33. Kapitel, § 3)
7. Vorm genauen Studium der Politischen Ökonomie wird dies von Marx nur an wenigen Stellen gesehen (vgl. MEW 3/340: »Bourgeois, *überhaupt alle Mitglieder der bürgerlichen Gesellschaft«* (Herv. v. Verf.)), sonst tritt an die Stelle des »allgemeinen«, wenn auch formellen Interesses und Willens *aller* Warenbesitzer stets das »Durchschnittsinteresse« oder der »Durchschnittswille« der herrschenden Klasse. (Vgl. MEW 3/62, 69, 203, 227, 229, 311, 325, 339f., 342; MEW 4/337f. u. ö.). Dies

bedeutet, daß ein wichtiges Moment der ›Mystifikation‹ oder des durch die kapitalistische Produktionsweise stets erneut erzeugten verkehrten Bewußtseins auf Seiten der Arbeiter bis dahin von Marx nicht gebührend berücksichtigt ist. Dies gilt auch, wie wir sehen werden, für die Marxschen Schriften zur politischen Entwicklung Frankreichs (vgl. unten: Abschnitt IV). Wir werden diesen Zusammenhang ausführlicher im 35. Kapitel behandeln. Wenn wir von ›Motiv‹, ›Wille‹, ›Interesse‹, im nichtmetaphorischen Sinne (z. B. ›Zweck‹, ›Interesse‹ etc. ›des Kapitals‹) sprechen, so ist auf den damit implizierten Wechsel der Argumentationsebene aufmerksam zu machen: Der Bezugrahmen ist dann nicht mehr das System des objektiven gesellschaftlichen Seins (Resultat von Handlungszusammenhangen der Individuen), in welchem die Individuen nur als ›Charaktermasken‹ oder Träger sozialer ›Rollen‹ auftreten, sondern die handelnden Individuen selber in ihrer Bestimmung durch jene objektiven gesellschaftlichen Funktionszusammenhänge.

Fragen zur Diskussion

1. Ist es Ihrer Ansicht nach notwendig, daß sich die Austauschenden als Rechtspersonen verhalten?
2. Ist die ökonomische Struktur der bürgerlichen Gesellschaft realiter ohne rechtliche Regelung vorstellbar?
3. Was ist der Unterschied von konkretem, lebendigem Individuum und Rechtsperson?
4. Was ist der Unterschied von rechtlicher und gesellschaftlicher Gleichheit? Gibt es Ihrer Ansicht nach natürliche Gleichheit der Menschen?
5. Warum und inwiefern haben auch die Arbeiter ein Interesse an Freiheit, Gleichheit und Eigentum?

33. Kapitel: Bürgerlicher Staat als Rechtsstaat

Textgrundlage:

Eugen Paschukanis: Allgemeine Rechtslehre und Marxismus (1966), 5. Kap.: Recht und Staat (S. 114–131).

Lernziele:

Wir haben im letzten Kapitel den für die Marxsche politische Theorie zentralen Zusammenhang von »Warenform« und »Rechtsform« skizziert. Ausgehend von der notwendigen rechtlichen Regelung der ökonomischen Beziehungen in der bürgerlichen Gesellschaft wollen wir nun die strukturelle Notwendigkeit der staatlichen Garantie dieser ökonomischen und rechtlichen Verhältnisse begründen. Wir werden damit das historisch-spezifische Moment der Rechtsstaatlichkeit des bürgerlichen Staates zu umreißen versuchen und damit zugleich die Form kennenlernen, in der sich die staatlichen Funktionen in der bürgerlichen Gesellschaft vollziehen.

§ 1. Wir haben in § 5 des letzten Kapitels gesehen, daß die Warenbesitzer einander inhaltlich entgegengesetzte private Interessen haben. Diese Gegensätzlichkeit ihrer materialen Interessen ist von Hobbes in der berühmten Formel vom ›Kriege aller gegen alle‹ ausgedrückt worden, in dem sich die bürgerlichen Individuen im von Hobbes entworfenen ›natürlichen‹ oder ›vorstaatlichen‹ Zustand befinden. Wir haben weiter gesehen, daß das Zustandekommen des Austauschs den Verzicht auf gewaltsame Aneignung voraussetzt. Die Anerkennung des ›Rechtsfriedens‹, die mit dem Begriff des Tausches gesetzt ist, ist historisch das labile Resultat des Kampfes der gegensätzlichen privaten Interessen. Das Recht zeigt sich so einerseits als Ergebnis eines Konflikts, dessen Inhalt die ökonomisch oder material bestimmten Interessen der Warenbesitzer sind; es ist »aus der Gewalt hervorgegangen« (MEW 3/307). Insoweit kann man sagen, die ›Macht‹ sei die »Grundlage des Rechtes« (MEW 3/304, vgl. auch 311 u. ö.). Wenn so der ›Inhalt‹ der rechtlichen Regelungen die gegensätzlichen privaten Interessen sind, so ist damit andererseits doch noch nicht die rechtliche Form dieser Regelungen begriffen oder das, was gerade den Unterschied von Recht und Gewalt ausmacht. Es scheint vielmehr so, als sei diese Ausdruck eines freien Willens, autonomer Normsetzung, göttlicher Eingebung usw. Wir wissen jedoch bereits, daß die Warenbesitzer nicht nur gegensätzliche Interessen haben, sondern auch gemeinsame, wenn diese sich auch nur aus der »Allgemeinheit der selbstsüchtigen Interessen« ergeben. Diese gemeinsamen Interessen aller Warenbesitzer die in ihrer wechselseitigen Anerkennung als unverletzliche, freie und gleiche Eigentümer zum Ausdruck kommen, sind vorausgesetzt, wenn die rechtlichen Regelungen nicht bloß als Ausdruck von Gewalt und Macht, sondern als Ausdruck des gemeinsamen Willens aller Rechtsgenossen begriffen werden. Marx und Engels betonen nicht nur, daß dieser gemeiname Wille »durch ihre gemeinschaftlichen Interessen« (MEW 3/311 u. ö.) bedingt ist und keineswegs »von seiner realen Basis losgerissene(r)« Wille (MEW 3/62; vgl. MEW 25/352 u. ö.) ist, daß also die »idealistische Bestimmung des Willens« auf die wirklichen Interessen der Individuen zurückgeführt werden muß, sondern auch, daß die Rechtsverhältnisse ohne die Berücksichtigung dieser Willensverhältnisse nicht als Rechtsverhältnisse begreifbar sind.

Die stetige Wiederholung der materiellen Produktion für den Austausch als notwendige Lebensbedingung in der bürgerlichen Gesellschaft erzeugt einerseits mit der ständigen faktischen Reproduktion der rechtlichen Beziehungen der Austauschenden auch das Bewußtsein dieser Beziehungen als rechtliche, andrerseits ist deren ausschließlich traditionale oder gewohnheitsrechtliche Fassung mit den Verhältnissen entwickelter Warenzirkulation unvereinbar. Die Forderung aller Warenbesitzer nach Rechtssicherheit und Rechtsgleichheit (gegenüber der »persönlichen Willkür jedes

Einzelnen unter ihnen« (MEW 3/311)) sowie die zunehmende Kompliziertheit der Tauschbeziehungen und ihrer rechtlichen Regelungen verlangen vielmehr[2], daß die ›gemeinsamen‹ Interessen auch als allgemeine schriftlich fixiert werden. Ein wesentlicher Teil des geltenden Rechts muß schließlich in Gesetzesform gebracht werden. »Ausdruck dieses durch ihre gemeinschaftlichen Interessen bedingten Willens ist das Gesetz« (MEW 3/311, 316 u. ö.). »Gerade das Durchsetzen der voneinander unabhängigen Individuen und ihrer eignen Willen, das auf dieser Basis in ihrem Verhalten gegeneinander notwendig egoistisch ist, macht die Selbstverleugnung im Gesetz und Recht nötig, Selbstverleugnung im Ausnahmsfall, Selbstbehauptung ihrer Interessen im Durchschnittsfall« (MEW 311f., dort jedoch nur für Mitglieder der herrschenden Klasse formuliert, vgl. Zusatz 7 zum 32. Kapitel).[3]

§ 2. Die rechtlichen und gesetzlichen Regelungen sind also funktional bezogen auf die Interessen der Privateigentümer. Diese Interessen sind gegensätzlich: zum einen das Interesse jedes Warenbesitzers an der Befriedigung privater Bedürfnisse und Interessen, zum andern aber das – erzwungenermaßen (›Konkurrenz‹, ›Krieg‹) – ›gemeinsame‹ Interesse aller Warenbesitzer an der Sicherung oder Garantie ihrer Eigenschaften als Eigentümer und Austauschsubjekte, das aus der Allgemeinheit der egoistischen Interessen hervorgeht. Dieser Gegensatz läßt sich auch formulieren als Gegensatz zwischen *privaten* und *öffentlichen* oder formell-allgemeinen Interessen der Warenbesitzer[4]. Der einfache Grundgedanke der Entwicklung des bürgerlichen Staates als Rechtsstaat, den Marx mit den »neueren französischen, englischen und amerikanischen Schriftstellern« seiner Zeit teilt, ist der, »daß der Staat . . . um des Privateigentums willen existiere« (MEW 3/62, vgl. 340, 345 u. ö., MEW 4/338 u. ö.), genauer: zum Schutz des Eigentums und der Vertragsfreiheit[5]. Die Garantie der Eigenschaften der Warenbesitzer als Rechtsperson, ihre Sicherheit, Freiheit und Gleichheit, ihre Rechtsfähigkeit und ihr Rechtsschutz aber sind notwendigerweise öffentlich-rechtlicher Natur. Das Privatinteresse jedes einzelnen Privateigentümers ist der persönliche Vorteil und damit tendenziell die Verletzung von Eigentum, Freiheit und Gleichheit des Anderen. Das öffentliche Interesse aller Privateigentümer aber ist gerade die Garantie von Privateigentum, Freiheit und Gleichheit als Mittel, um umso ungestörter innerhalb dieses rechtlichen Rahmens ihrem privaten Vorteil (ius utendi et abutendi) nachgehen zu können. Die Garantie dieser Bedingungen kann ihrem Begriffe nach nicht privat sein, nicht der persönlichen Willkür oder dem privaten Interesse und Vorteil einzelner überlassen sein: »Auf dem Markt ist . . . ein jeder Erwerber und Veräußerer Rechtssubjekt par excellence. Überall, wo die Kategorien des Werts und Tauschwerts in Szene treten, ist der autonome Wille der Tauschenden unerläßliche Voraussetzung . . . Der Zwang als der auf Gewalt gestützte Befehl eines Menschen an einen anderen widerspricht der Grundvoraussetzung des Verkehrs zwischen Warenbesitzern ... Die Unterwerfung unter einen Menschen als solchen, als konkretes Individuum, bedeutet für die warenproduzierende Gesellschaft Unterwerfung unter eine Willkür, denn sie fällt für diese mit der Unterwerfung des einen Warenbesitzers unter den anderen zusammen. Darum kann auch der Zwang hier nicht in seiner unmaskierten Form als ein einfacher Zweckmäßigkeitsakt auftreten. Er muß vielmehr auftreten als ein von einer abstrakten Kollektivperson ausgehender Zwang, der nicht im Interesse des Individuums, von dem er ausgeht, ausgeübt wird – denn jeder Mensch ist in der warenproduzierenden Gesellschaft egoistisch –, sondern im Interesse aller am Rechtsverkehr Beteiligten.« (Paschukanis 1966, S. 123 f.) Die Garantie von Eigentum, Sicherheit, Freiheit und Gleichheit ist daher notwendig Aufgabe nicht privater Willkür, sondern *öffentlicher Gewalt*, ausgeübt – zunächst noch – von allen oder im Interesse aller Warenbesitzer. Die öffentliche Gewalt muß sich den privaten Interessen der bürgerlichen Welt gegenüber als getrennte oder unabhängige Sphäre ausbilden, als Gewalt, »die keinem im besonderen gehört, über *allen* steht und sich an *alle* richtet« (Paschukanis 1966, S. 126).[6]

Wir haben bisher in einem vorläufigen *ersten* Schritt die Notwendigkeit der öffentlichen Gewalt etwas vage über die Notwendigkeit nicht privater, sondern öffentlicher ›Garantie‹ von Privateigentum und ›liberté‹, égalité, sûreté‹ begründet. ›Garantie‹ kann sich hierbei nicht nur auf öffentliche Rechtsanwendung beziehen. Vielmehr folgt aus dem genannten Gegensatz von privater Willkür und formell-allgemeinen oder öffentlichen Interessen notwendig, daß alle drei Momente der öffentlichen Gewalt, also legislative, judikative und exekutive Gewalt[7] nicht in privatem, sondern in allgemeinem oder öffentlichem Interesse tätig werden. Wenn das Gesetz der Ausdruck der gemeinsamen »Interessen und Bedürfnisse gegen die Willkür des einzelnen Individuums« sein soll, dann kann es der Form nach auch nur von allen oder im Namen und im Interesse der Allgemeinheit erlassen werden. Wenn Herrschaft des Gesetzes im Gegensatz zu subjektiver rechtlicher und politischer Unterdrückung oder privater Willkür der Wahlspruch der bürgerlichen Gesellschaft sein muß, dann muß die Rechtssprechung und die Verwaltung durch alle oder im Namen und im Interesse der Allgemeinheit geschehen. Es ist schließlich bei voll entwickelter Warenproduktion, deren ›Oberfläche‹ die einfache Zirkulation darstellt, ganz unmöglich, daß Gesetzgebung, Rechtssprechung und Verwaltung von allen Rechtsgenossen gemeinsam durchgeführt werden können (etwa in gesetzgebenden und richtenden öffentlichen Versammlungen aller Privatleute); sie werden vielmehr notwendig zu besonderen arbeitsteiligen Funktionen bestimmter ›Organe‹ (›Parlamente‹, ›Gerichte‹, ›Polizei‹) und bestimmter Individuen als ›Träger‹ dieser Organfunktionen[8]. Diese Organe und Individuen handeln dann – dem Begriffe nach – nicht im eigenen privaten Interesse und auch nicht im Interesse besonderer Warenbesitzer, sondern der notwendigen Form nach als ›Vertreter‹, ›Diener‹, ›Repräsentanten‹ der Allgemeinheit, oder kurz und vertraut: ›im Namen des Volkes‹.

§ 3. Wir haben damit die wesentlichsten Prinzipien der formalen Rechtsstaatlichkeit aus den gemeinsamen Interessen der Warenbesitzer heraus zu entwickeln versucht: *Herrschaft des Gesetzes.* Jede Handlung der öffentlichen Gewalt oder des Staates muß auf Gesetze zurückführbar sein. Dieser »Vorrang des Gesetzes« oder die »Gesetzlichkeit des Staates« bezieht sich zunächst ausschließlich auf das formelle Verfahren der Gesetzgebung und Gesetzesanwendung. Weder ist hierin eine Bindung der Gesetzgebung an Verfassungsrechte enthalten noch Möglichkeiten des Rechtsschutzes gegen staatliche Handlungen. *Gesetzmäßigkeit von Rechtssprechung und Verwaltung.* Das Prinzip der formalen Rechtsstaatlichkeit verlangt die Beschränkung des Ermessensspielraums von Judikative und Exekutive und die Anwendung des Grundsatzes der Verhältnismäßigkeit von Mittel und Zweck. Dies sind wichtige *formale* Voraussetzungen dafür, daß die öffentliche Gewalt nicht mit der privaten Willkür einzelner Individuen zu deren persönlichem Vorteil zusammenfällt.

Mit der Entwicklung einer arbeitsteiligen öffentlichen Gewalt ist nun – schon auf der Ebene der einfachen Zirkulation – die *Möglichkeit* einer Verselbständigung dieses ›Apparats‹ gegenüber ›der Gesellschaft‹ gegeben[9]. Der Schutz der Warenbesitzer gegenüber öffentlichen Handlungen in privatem Interesse, gegenüber subjektiver Willkür einzelner Mitglieder des ›Staatsapparats‹ usw., oder – positiv gewendet – die Garantie dessen, daß die öffentliche Gewalt auch im ›öffentlichen‹ oder formell gemeinsamen Interesse aller Warenbesitzer ausgeübt werde, verlangt daher gegenüber den obigen formalen Prinzipien der ›Rechtsstaatlichkeit‹ weitergehende Regelungen. Die Möglichkeit (oder historisch: die Erfahrung – womit bereits Klassen unterstellt wären –) des Auseinanderfallens von Recht und Gesetz, der Unrechtmäßigkeit gesetzlicher Handlungen des ›Staates‹ erfordert: 1. Regelungen zur Beschränkung auch der gesetzlich ausgeübten staatlichen Gewalt: a) Verfassungsrechtliche Garantie der Grundrechte und damit die Unterscheidung von Verfassungsgesetz und einfachem Gesetz; b) Bindung der Gesetzgebung an die Verfassung; c) Rechtsschutz gegen staatliche Handlungen sowohl der Legislative wie der Exekutive (Verfassungs- und Verwaltungsgerichtsbarkeit) und Möglichkeiten der Berufung gegen richterliche Entscheidungen. 2. Damit aber das Gesetz oder die Verfassung Ausdruck des ›gemeinsamen‹ oder formell-allgemeinen Interesses und Willens aller Warenbesitzer sei, was bisher immer unterstellt war, ist vorausgesetzt, daß alle Warenbesitzer als Freie und Gleichberechtigte an der Bildung dieses gemeinsamen Willens beteiligt sind. Zwar ist es richtig, daß formal nicht die Rechtsstaatlichkeit als solche demokratische Regierungsformen verlangt, aber ohne verfassungsrechtliche Regelungen, daß »alle Gewalt vom Volke ausgeht«, also ohne die anerkannte Volkssouveränität, ist auch die formale Rechtsstaatlichkeit nicht garantiert. Wir müssen daher im 34. Kapitel, bevor wir uns im III. Abschnitt der Entlarvung des Scheins der einfachen Warenzirkulation zuwenden, den notwendigen Zusammenhang von Warenzirkulation und demokratischen Grundrechten und damit zugleich wesentliche Grundprinzipien bürgerlicher Verfassungen zu entwickeln versuchen.

§ 4. Wir haben bisher nur den einfachen Grundgedanken der Entwicklung des historisch-spezifischen Charakters des bürgerlichen Staats als Rechtsstaat skizziert. Die Marxsche Begründung unterscheidet sich von der klassischen bürgerlichen Theorie von Hobbes, Locke, Rousseau, Kant und Hegel wesentlich dadurch, daß erst Marx den inneren Zusammenhang des modernen Staats mit den »modernen, von den bürgerlichen Ökonomen als notwendige, ewige Gesetze proklamierten Produktionsverhältnissen« (MEW 4/338) auf den Begriff gebracht hat. Indem er die Prinzipien von Freiheit, Gleichheit und Eigentum aus der spezifischen Struktur einer besonderen historischen Produktionsweise herleitet, vermeidet er 1. deren Hypostasierung als ›natürliche‹ und ›vernünftige‹ Ideen und 2. die Hypostasierung der realen gesellschaftlichen Verhältnisse, die in jenen Ideen ausgedrückt sind, als ewige oder vernunftnotwendige.[10] Wir wollen nun diesen Grundgedanken gegenüber möglichen Mißverständnissen absichern und damit zugleich den Charakter dieser Begründung des bürgerlichen Staates verdeutlichen.

Die obige These, der historisch-spezifische Charakter des bürgerlichen Staats sei nur über dessen notwendige Funktion als Garant der rechtlichen Bedingungen der bürgerlichen Produktionsweise zu erkennen, kann in zweifacher Weise mißverstanden werden:

1. als stünde der konstatierte Charakter des Staats als Rechtsstaat im Widerspruch zum von Marx und Engels stets betonten Charakter des bürgerlichen Staats als Klassenstaat; als sei damit auch historisch eine Periode unterstellt, in welcher der Staat nur als Rechtsstaat – ohne zugleich Mittel der Klassenherrschaft zu sein – existiert habe.

2. als sei die Garantie von Eigentum und Vertragsfreiheit sowohl begrifflich wie historisch die einzige notwendige Funktion des bürgerlichen Staats.

Zu 1.: Die Marxsche Analyse der einfachen Warenzirkulation ist nicht zu verwechseln mit der Behauptung einer historischen Periode, in welcher die ökonomischen, rechtlichen und politischen Beziehungen einfacher Warenproduzenten in gesellschaftlichem Maßstab dominierend gewesen wären[11]. Vielmehr ist vollentwickelte kapitalistische Warenproduktion dieser Analyse vorausgesetzt; damit auch die reale Existenz der Grundklassen der bürgerlichen Gesellschaft. Dennoch ist es notwendig, bei der Analyse dieser realen Verhältnisse zunächst von der Klassenstruktur abzusehen, weil nur so der spezifisch kapitalistische Charakter oder die »vermittelte Form der Aneignung der Mehrarbeit« begriffen werden kann. Im Gegensatz zu allen vorbürgerlichen Formen der Ausbeutung sind die Mitglieder der ökonomisch exploitierten Klasse in der bürgerlichen Produktionsweise gerade als rechtlich und politisch Freie und Gleiche vorausgesetzt. Der bürgerliche Staat als Rechtsstaat steht keineswegs im Gegensatz zur Tatsache der rechtlich und politisch garantierten, in den ökonomischen Verhältnissen begründeten Ausbeutung; die Rechtsstaatlichkeit ist vielmehr die notwendige Form, in welcher (oder: unter deren Deckmantel) sich die Klassenherrschaft der Bourgeoisie über das Proletariat vollzieht. Um also den ›öffentlich-rechtlichen‹ Charakter der bürgerlichen Klassenherrschaft begreifen zu können, muß man zunächst den Charakter des bürgerlichen Staats als öffentlicher Gewalt begriffen haben (und nichts anderes ist in den §§ 2–3 versucht worden). Nicht daß durch einen arbeitsteiligen Apparat im Interesse einer herrschenden Klasse Gewalt über unterdrückte Klassen ausgeübt wird, ist das Spezifische des bürgerlichen Staats gegenüber anderen historischen ›Staatstypen‹, sondern daß diese Gewalt öffentliche Gewalt in dem Sinne ist, daß sie formal im Interesse aller als Freier und Gleicher ausgeübt werden kann (auch wenn nur unter bestimmten, im IV. Abschnitt näher zu diskutierenden Bedingungen).

Zu 2.: Die Begründung des historisch-spezifischen Charakters des bürgerlichen Staats als Rechtsstaat ist nicht zu verwechseln mit der liberalistischen Staatsideologie, derzufolge der bürgerliche Staat sich entweder auf ›Nachtwächter‹-Funktionen beschränken solle oder sogar in einer bestimmten historischen Epoche sich darauf beschränkt habe. Es läßt sich vielmehr begründen, daß die staatlichen Funktionen in der bürgerlichen Gesellschaft sich nicht auf die Garantie der rechtlichen Bedingungen beschränken können. Die These bedeutet nur, daß die Form, in der der Staat bei der Erstellung von über die rechtlichen Bedingungen hinausreichenden allgemeinen Rahmenbedingungen der gesellschaftlichen Produktion in der bürgerlichen Produktionsweise tätig werden muß, nicht begriffen werden kann, ohne daß zuvor der Charakter des Staats als Rechtsstaat begriffen wäre. Zudem sind staatliche Funktionen in der Erstellung der allgemeinen Rahmenbedingungen der gesellschaftlichen Produktion keineswegs nur dem bürgerlichen Staate eigen (z. B. Organisation der Bewässerungssysteme in altorientalischen Sklavenhalter-Staaten usw.), und es ist, von Art und Umfang dieser Tätigkeiten einmal abgesehen, die Unterschiede des Entwicklungsstandes der Produktivkräfte ausdrücken, wieder die rechtliche Form der staatlichen Tätigkeiten die differentia specifica zwischen bürgerlichen und vorbürgerlichen Staaten.[12]

Erläuterungen und Zusätze

1. Vgl. Hegel, 1970, § 81, Zusatz. Schon im Vertrag, so läßt sich hieran anschließend formulieren, ist die Grundlage des Eigentums nicht mehr ›nur Gewalt‹ oder bloß ›subjektiver Wille‹, sondern schon ›gemeinsamer Wille‹ der Vertragspartner und, da gilt: ›Gewalt von keiner Seite‹, auch formell freier Wille. Wir haben bereits oben angedeutet, daß die hier umrissene Zwieschlächtigkeit des Rechts von Theoretikern nicht begriffen werden kann, die – ausgehend vom behaupteten strengen ›Dualismus‹ von Sein und Sollen – jeden Versuch einer Vermittlung von ›soziologischer‹ und ›juristischer‹ Betrachtung des Rechts für ›Methodensynkretismus‹ halten. (Georg Jellinek, in dessen Begriff des Rechts durchaus noch beide Momente enthalten sind (vgl. 1966, S. 332ff. und 1905, S. 41ff.) behilft sich mit der Phrase von der ›normativen Kraft des Faktischen‹ (1966, S. 337ff.)). Es ist das Verdienst von Cerroni, zu verfolgen, wie sich jene doppelte Natur des Rechts, Faktum und Norm zu sein, auch in jenen Rechtstheorien geltend macht, welche aus methodischen Gründen eine der beiden Seiten ausklammern.
2. Dies ist eine strukturelle Notwendigkeit des betrachteten Systems. Weitergehende Gründe für ›Positivierung des Rechts‹ finden sich bei LUHMANN (1970b), S. 176ff.; und (1972b) Bd. I, S. 190ff.
3. Logisch wie historisch steht daher das Rechtsverhältnis vor der Rechtsnorm, das subjektive Recht vor dem objektiven Recht, das Recht (droit) vor dem Gesetz (loi). Es ist zu unterscheiden zwischen Genesis oder Konstitution der Rechtsverhältnisse aus den sozialökonomischen Beziehungen (Kelsen nennt dies ›rechtstranszendente‹ Betrachtung) und den rechtlichen Beziehungen innerhalb des bereits fertig konstituierten Rechtssystems. Was letzteres – *rein rechtsdogmatisch betrachtet* – anlangt, so ist klar, daß z. B. das objektive Recht das subjektive setzt, von subjektivem Recht eigentlich gar nicht mehr gesprochen werden kann (vgl. ›Reflexrecht‹); daß keine Differenz mehr gesehen werden kann und darf zwischen Recht und Gesetz. Wenn so die rechtsformalistischen Theorien den Unterschied zwischen Recht und Gesetz überhaupt preisgeben müssen, können die naturrechtlichen Theorien ihn nur machen um den Preis seiner empirisch-wissenschaftlichen Begründung. Als These soll hier formuliert werden, daß jede nicht-sozialwissenschaftliche Theorie des Rechts notwendigerweie zwischen Rechtsformalismus und Naturrecht und den verschiedenen Abstufungen zwischen diesen beiden aporetischen Extremen hin- und herschwanken muß.
4. In unserem Zusammenhang der Begründung des Staates als Rechtsstaat können wir nicht weiter auf Regelungen des Privatrechts eingehen. Zudem wären dazu selbstverständlich entwickeltere ökonomische Verhältnisse als die der einfachen Zirkulation schrittweise zu entfalten. Auf dieser Ebene können generell nur die einfachsten, grundlegenden Institute dargestellt werden. Einen brauchbaren Überblick über die Geschichte des Privatrechts vermittelt die Arbeit von WIEAKKER (1952). Vgl. auch die lange Zeit für *die* marxistische Rechtstheorie geltende Arbeit von RENNER (1965).

5. Vgl. zum folgenden: Hobbes' Leviathan (Zweiter Teil, Kap. 17) und Lockes' Zwei Abhandlungen über die Regierung (II. Buch, Kap. 7 und 9).
6. Erst jetzt haben wir mit der Begründung der Notwendigkeit einer ›öffentlichen Gewalt‹ das erste Moment der allgemeinen Bestimmungen aller Staaten in der marxistisch-leninistischen Staatstheorie eingeholt (vgl. oben Kap. 30, Zusatz 3) und können zugleich wichtige Differenzen zwischen bürgerlicher und vorbürgerlicher ›Öffentlichkeit‹ benennen: die bürgerliche Öffentlichkeit ist nicht wie alle vorbürgerlichen Formen von Öffentlichkeit mehr oder weniger exklusiv, beschränkt, sondern – der Tendenz nach – *allgemein;* in ihr bewegen sich die Individuen im Unterschied zu ihren vorbürgerlichen Vorformen unter Abstraktion von allen materialen Unterschieden als formell Freie und Gleiche: sie ist *abstrakt.* Diese Differenzen müssen bei Versuchen der Bestimmung *aller* historischen Staatsgewalt als ›öffentlicher Gewalt‹ nach Ansicht d. Verf. mehr oder weniger weitgehend verwischt werden. Wir haben zugleich die im 31. Kapitel nur angedeutete Trennung von bürgerlicher Gesellschaft und ›Staat‹ aus der spezifischen Natur eben dieser bürgerlichen Gesellschaft heraus zu begründen versucht. Wir wissen bereits, daß diese Trennung die *Form,* keineswegs den Inhalt der Herrschaft ausmacht. Es ist jedoch wichtig, diese notwendige Form der bürgerlichen Herrschaft auch dann nicht zu vergessen, wenn sich erweist, daß nicht nur ihr Inhalt durchaus mit dem ›Privatinteresse‹ bestimmter Mitglieder der herrschenden Klasse oder mit deren Klasseninteresse ›vereinbar‹ ist, sondern daß diese Form selber die rechtliche Garantie der auf dem Privateigentum an den Produktionsmitteln basierenden Klassenherrschaft ermöglicht.
7. Zum Unterschied zwischen funktioneller Gewaltenteilung und Organgewaltenteilung sowie zu Problemen einer präzisen logischen Abgrenzung: Vgl. Jellinek (1966), S. 496ff.; Kelsen (1966), § 32 und § 37; vgl. Artikel ›Gewaltenteilung‹ von Weber (1966), S. 497–502. Trotz aller logischen Abgrenzungsprobleme ist die – hier nicht näher zu begründende – Unterscheidung der drei Momente der öffentlichen Gewalt keineswegs hinfällig. Sie darf nur nicht mit dem der konstitutionellen Monarchie entspringenden Dogma der Gewaltentrennung verwechselt werden.
8. Auch für Max Weber (vgl. unten 40. Kapitel. § 3) beruht der Begriff des modernen Staates auf dem des politischen Verbandes und dessen konstitutiver Minimalbedingung: der Existenz eines Verwaltungsstabes.
Wir haben nun in unserer Untersuchung der bürgerlichen Gesellschaftsformation das zweite wesentliche Moment der allgemeinen Bestimmungen aller Staaten in der marxistisch-leninistischen Theorie des Staates eingeholt: die Notwendigkeit arbeitsteiliger, öffentlicher Funktionen oder eines Verwaltungsstabes. Wir müssen kurz die methodische Eigenart dieses Begründungsversuches verdeutlichen: 1) Wir begründen die Notwendigkeit arbeitsteiliger öffentlicher Funktionen nicht über die – ab einer bestimmten Entwicklungsstufe der gesellschaftlichen Produktivkraft der Arbeit – notwendige arbeitsteilige Erstellung der allgemeinen Rahmenbedingungen der gesellschaftlichen Produktion (oder kurz: nicht über die Notwendigkeit von ›Leistungsverwaltung‹), weil diese nur unter erst zu klärenden Bedingungen überhaupt zu ›öffentlichen‹ (im spezifisch modernen Sinne) oder ›staatlichen‹ im Unterschied zu ›gesellschaftlichen‹ Funktio-

nen werden. 2) Man kann zwischen ›öffentlichen‹ und ›staatlichen‹ arbeitsteiligen Funktionen unterscheiden. Wir hätten dann bisher nur versucht, die arbeitsteilige Durchführung bestimmter öffentlicher Funktionen zu begründen über den Sachverhalt der Komplexität der Warenzirkulation, der Sprengung bornierter lokaler Schranken und der Gegensätzlichkeit der privaten Interessen der Warenbesitzer. Da wir auf der Ebene der einfachen Zirkulation von der Existenz von Klassen abstrahieren, kennen wir z. B. im Falle des Rechtsbruchs erst die Anwendung von arbeitsteiliger öffentlicher Gewalt gegen Individuen, nicht jedoch gegen Klassen. Wenn wir (vgl. hierzu unten: 39. Kapitel) mit Marx und Engels erst dann von staatlicher Gewalt sprechen würden, wenn arbeitsteilig besonderte Repressionsgewalt *gegen Klassen* angewandt wird, hätten wir bisher zwar eine besondere, öffentliche Repressionsgewalt, jedoch noch keine ›staatliche‹ Gewalt und damit auch noch keinen ›Staatsapparat‹ entwickelt. Dies verweist uns 1. darauf, die Entwicklung der Momente des Begriffs des bürgerlichen Staats zu trennen von der Frage, von welchem Punkte dieser Entwicklung an es sich um den ›fertigen‹ bürgerlichen Staat als ›Staat‹ handelt. Daß dies auf der bisherigen Stufe der begrifflichen Entwicklung noch nicht möglich ist, daß wir also mit der Entwicklung des Moments der ›Rechtsstaatlichkeit‹ noch nicht den Charakter des bürgerlichen Staats als ›Staat‹ fertig begriffen haben, soll hiermit für den gesamten II. Abschnitt verdeutlicht werden. Es verweist uns 2. darauf, daß man – genauer als wir dies bisher und auch im folgenden im Anschluß an Marx und Engels tun – unterscheiden kann zwischen formaler Trennung von bürgerlicher Gesellschaft und Öffentlichkeit (einschließlich der ›öffentlichen‹ Gewalt), was bisher stets als Trennung von bürgerlicher Gesellschaft und ›Staat‹ bezeichnet wurde, und der Begründung des bürgerlichen Staats ›als Staat‹. (Zur doppelten Verwendung des Begriffs des Staats ›als Staat‹ vgl. unten 39. Kapitel.) Der Begründung des bürgerlichen Staats ›als Staat‹ im letzteren Sinne werden wir uns anläßlich der Begründung der ›Verselbständigung‹ der arbeitsteiligen öffentlichen Gewalt gegenüber ›der Gesellschaft‹ oder bestimmten gesellschaftlichen Klassen zuwenden (vgl. Zusatz 9 dieses Kapitels und 35. und 39. Kapitel).

9. Wir wissen bereits, daß die Möglichkeit oder Wirklichkeit einer Verselbständigung der arbeitsteiligen öffentlichen Gewalt unterschieden werden kann von der formalen Trennung von bürgerlicher Gesellschaft und ›Staat‹ im Sinne von öffentlicher Gewalt. Ihre gemeinsame Grundlage ist der Antagonismus der privaten Interessen in der bürgerlichen Gesellschaft. Die formale Trennung bezieht sich auf die notwendige Trennung der Sphären von Privatheit und Öffentlichkeit (einschließlich jenes Bereichs der öffentlichen Gewalt, der sich nach Begründung der ›Verselbständigung‹ als staatliche Gewalt herauskristallisiert). Die Möglichkeit oder Wirklichkeit der Verselbständigung der privaten Interessen der Mitglieder des – vorausgesetzten – arbeitsteiligen öffentlichen Apparats ist bezogen a) auf der Ebene der einfachen Zirkulation auf die gemeinsamen Interessen aller privaten Warenbesitzer: ›Verselbständigung des Staatsapparats gegenüber der Gesellschaft‹ bloßer Warenbesitzer; b) nach der Darstellung der grundlegenden Klassendifferenzierung auf die Verselbständigung des Staatsapparats gegenüber den Klasseninteressen der exploitierten Klassen (Staatsapparat als ›regierender Ausschuß der herrschenden Klasse(n)‹ – ›Gesellschaft‹ steht dann bei Marx und

Engels häufig synonym für unterdrückte Klassen) oder schließlich gegenüber den besonderen Interessen aller Klassen (vgl. unten 35.–37. Kapitel).

Die hier formulierte *Möglichkeit* der Verselbständigung der arbeitsteiligen öffentlichen Gewalt ist – und dies ist fürs Verständnis unseres Vorgehens wichtig – zu unterscheiden von der Wirklichkeit (oder Notwendigkeit) der Verselbständigung des Staatsapparats. Die Möglichkeit der Verselbständigung der öffentlichen Gewalt gegenüber den gemeinamen formalen Interessen aller Warenbesitzer auf der Ebene der einfachen Zirkulation ist begründet in der benannten Zwiespältigkeit der Interessen der ›öffentlichen Personen‹, in der Möglichkeit, die ihnen delegierte öffentliche Gewalt in ihrem privaten Interesse einzusetzen. Im Maße dieser Verselbständigung wird die ›öffentliche‹ Gewalt zur ›staatlichen‹ Gewalt. Der entscheidende Punkt im Prozeß dieser begrifflichen Entwicklung, an dem aus der bloßen Möglichkeit die Notwendigkeit der Verselbständigung werden muß, ist die Darstellung der Klassendifferenzierung der bürgerlichen Gesellschaft. Vgl. hierzu – im Zusammenhang der historischen Begründung des Staats – die Versuche von Engels (vgl. MEW 21/94 ff.) zwischen öffentlicher und staatlicher Gewalt zu unterscheiden.

Es ist schließlich naiven Illusionen bezüglich einer effektiven demokratischen Kontrolle von Exekutive und Legislative durch die Verfassungs- und Verwaltungsgerichtsbarkeit gegenüber zu betonen, daß sich die Gefahren der Verselbständigung der staatlichen Gewalt auf alle drei Momente, also auch auf die ›dritte‹ Gewalt, beziehen: quis custodiet custodes?

10. Dies zu ignorieren, bleibt Kelsen überlassen (vgl. 1967, S. 122–127), für den schließlich *jede* nichtrechtsformalistische Analyse zur naturrechtlichen Ideologie zerrinnt (vgl. S. 197, 114 f u. ö.). Der rationelle Kern der vertragstheoretischen Staatsbegründung besteht nach Ansicht der Verf. zum einen im Versuch einer systematischen, nicht bloß historisch-deskriptiven Begründung. (Die traditionellen Einwände gegen die naturrechtliche Begründung z. B. sind Hobbes und Locke durchaus bekannt. Sie wissen, daß es sich beim »Staatsvertrag« um ›Fiktion‹ oder ›Konstruktion‹, keineswegs um realhistorische Vorgänge handelt.) Zum andern in der Trennung von bürgerlicher Gesellschaft und ›Staat‹. Diese wird weder hinfällig durch die Erkenntnis des Staats als ›Instrument‹ der Klassenherrschaft (wie z. B. Cunow (1920); Reichelt (1974) u. a. meinen), noch durch die historische Zunahme von ›Leistungsverwaltung‹ gegenüber ›Eingriffsverwaltung‹ (wie z. B. Drath (1968); Ridder (1962); Hoffmann (1968, S. 5 f.) u. a. annehmen; auch Abendroth (1968), S. 121 f. ist geneigt, die Trennung von Gesellschaft und ›Staat‹ als Ausdruck ›liberalistischer Staatsauffassung‹ oder einer ›liberalistischen Phase des Kapitalismus‹ abzutun.) Vgl. zum Problem auch: Luhmann (1965), S. 29 f.
11. Vgl. z. B. Locke: Zwei Abhandlungen. Buch II, Kapitel 4: Die Sklaverei; vgl. Rousseau: Der Gesellschaftsvertrag, I. Buch, Kap. 9, Anm. 4.
12. Wir können hier auf die spezifische Differenz zwischen Rechtsunterworfenheit der Tätigkeit des bürgerlichen Staats zur ›Rechtsunterworfenheit‹ vorbürgerlicher Staaten, die sich z. B. in der Entwicklung des Verwaltungsrechts ausdrückt, nur hinweisen. Wir haben bereits im 30. Kapitel angedeutet, daß wir uns nicht weiter mit begrifflicher Bestimmung und historischer Entwicklung der staatli-

chen Funktionen bei der Garantie der nichtrechtlichen institutionellen und materiellen Rahmenbedingungen der kapitalistischen Produktionsweise befassen können (vgl. hierzu GR 422ff.). Hervorgehoben werden sollte nur, daß sich die Verwaltungstätigkeit des bürgerlichen Staates und damit die Staatsfunktionen von Anfang an historisch keinesfalls auf bloße ›Eingriffsverwaltung‹ reduzieren lassen. Wir haben auf der bisherigen Stufe der Entwicklung erst die Voraussetzung geschaffen, die rechtliche Natur dieser Eingriffe zu begreifen, deren Charakter als Repressionsinstrument gegen die Arbeiterklasse erst im III. Abschnitt dargestellt werden kann. Damit besteht bis jetzt noch nicht einmal die Möglichkeit, die »doppelte Natur« (vgl. MEW 25/397ff.) aller staatlichen Leistungen bei der Erstellung der allgemeinen Produktionsbedingungen (die im üblichen Terminus ›Leistungsverwaltung‹ genauso verschleiert ist wie das Moment der Klassenunterdrückung im Terminus ›Eingriffsverwaltung‹) zu begreifen: wie in betrieblichen Leistungsfunktionen im Kapitalismus aufgrund der Entwicklung der gesellschaftlichen Arbeitsteilung notwendige Funktionen mit Herrschaftsfunktionen verschmolzen sind, so auch in den Leistungen der staatlichen Verwaltung. (Vgl. unten: Kapitel 35.)

Fragen zur Diskussion

1. Warum ist die Gleichsetzung von Recht und Gewalt unzureichend?
2. Warum ist die Garantie der rechtlichen Regelungen der Warenzirkulation durch eine öffentliche Gewalt eine »strukturelle Notwendigkeit« dieses Gesellschaftssystems?
3. Ist ›öffentlich‹ identisch mit ›staatlich‹? Kennen Sie Formen nicht- oder vorstaatlicher Öffentlichkeit? Was ist überhaupt ›Öffentlichkeit‹?
4. Macht der Staat die Gesetze?
5. Wie kann ein Unterschied zwischen Recht und Gesetz begründet werden?
6. Kann eine Rückbindung der Gesetzgebung an die ›Verfassung‹ die ›Rechtsstaatlichkeit‹ garantieren? Wer bestimmt und ›hütet‹ die ›Verfassungshüter‹?

34. Kapitel: Grundrechte, Warenzirkulation und Demokratie

Lernziele:

Wir wollen nun verfolgen, wie sich die bereits bekannten gemeinsamen Interessen der Warenbesitzer in den Grundrechten, die in den bürgerlich-demokratischen Verfassungen garantiert sind, ausdrücken und den angedeuteten Zusammenhang zwischen Herrschaft des Gesetzes und Prinzip der Volkssouveränität untersuchen.

Textgrundlage:

›Bill of Rights‹ von Virginia vom 12. Juni 1776; ›Declaration des droits de l'homme et du citoyen‹ von 1789; nochmals: MEW 1/362–367.

§ 1. Wir haben im 33. Kapitel zu zeigen versucht, daß der bürgerliche Staat als Rechtsstaat nur da ist, um jedem Mitglied der bürgerlichen Gesellschaft »die Erhaltung seiner Person, seiner Rechte und seines Eigentums zu garantieren« (MEW 1/366). Wenn die Warenbesitzer »überhaupt nur insofern als Staatsbürger auftreten, als ihre Privatverhältnisse dies gebieten« (MEW 3/339), so werden sie »dem Staat nicht erlauben, sich in ihre Privatinteressen einzumischen, und ihm nur soviel Macht geben, als zu ihrer eignen Sicherheit und der Aufrechterhaltung der Konkurrenz nötig ist.« (ebd.) Sie sprechen ihre aus ihrer Stellung als Warenbesitzer in der bürgerlichen Gesellschaft hervorgehenden Interessen als *subjektive öffentliche Rechte* aus, die allen Mitgliedern der bürgerlichen Gesellschaft, d. h. auch jedem Einzelnen gegenüber der staatlichen Gewalt unveräußerlich zukommen. Dies wird in den ersten bürgerlichen Verfassungen deutlich formuliert: »Le but de toute association politique est la conservation des droits naturels et imprescriptibles de l'homme« (1789, Art. 2)[1]. Die Garantie dieser als ewig oder natürlich ausgesprochenen Menschenrechte nicht nur gegenüber Exekutive und Judikative, sondern auch gegenüber der Legislative, also gegenüber der gesamten staatlichen Gewalt ist der mehr oder weniger deutlich benannte Zweck ihrer verfassungsrechtlichen Fixierung: »Le pouvoir legislatif ne pourra faire aucunes lois qui portent atteinte et mettent obstacle à l'exercise de droits naturels et civils . . . garantis par la constitution« (1791, titre premier).

Die gemeinsamen Interessen aller Warenbesitzer zielen auf eine generelle Begrenzung der staatlichen Gewalt, auf Regelungen, die garantieren, daß diese Gewalt im öffentlichen Interesse ausgeübt wird und sich nicht ihnen gegenüber verselbständigt. Dies erfordert schließlich Rechte, die die Beteiligung aller an der staatlichen Willensbildung garantieren. Die »droits garantis par la constitution« formulieren somit einerseits den Rechtsanspruch der Privateigentümer auf Anerkennung einer vom staatlichen Imperium freien Sphäre, andrerseits den Rechtsanspruch auf freie öffentliche Willensbildung und Beteiligung aller an der staatlichen Willensbildung; und schließlich den Anspruch, daß die öffentliche Gewalt diese Rechte schütze. Die verfassungsmäßig garantierten Rechte lassen sich gliedern in *»droits de l'homme«* (§ 2), die den Mitgliedern der bürgerlichen Gesellschaft als solchen gegenüber der staatlichen Gewalt zukommen und in »droits du citoyen« (§ 3), die den Mitgliedern der bürgerlichen Gesellschaft als aktiven Staatsbürgern zukommen.[2]

Da in der bürgerlichen Produktionsweise »das *politische Gemeinwesen* . . . zum bloßen *Mittel* für die Erhaltung dieser . . . Menschenrechte« (MEW 1/366, vgl. 367 *»Mittel,* dessen Zweck das Leben der bürgerlichen Gesellschaft ist«) dient, müssen die Menschenrechte am Anfang der bürgerlichen Verfassungen stehen.

§ 2. »Les hommes naissent et demeurent libres et égaux en droits« (1789, Art. 1; vgl. ›Bill of Rights‹ von Virginia I u. a. m.). Den ›Menschen‹ als das

Subjekt der ihm zugeschriebenen Rechte haben wir bereits kennengelernt: die Austauschsubjekte müssen sich zueinander als freie und gleiche Rechtspersonen verhalten. Da ihnen die Austauschverhältnisse als ewige oder natürliche Produktionsverhältnisse erscheinen, wird ihnen auch die Eigenschaft, Rechtspersonen zu sein, zur natürlichen Eigenschaft des Gattungswesens ›Mensch‹, die allen Exemplaren dieser Gattung unabhängig von besonderen historischen Gesellschaftsformationen als solchen zukommt. Der ›Mensch‹ als »Mitglied der bürgerlichen Gesellschaft« (MEW 1/363) ist das »auf sein Privatinteresse und seine Privatwillkür zurückgezogene(s) . . . Individuum« (MEW 1/366) im Gegensatz zum citoyen als dem abstrakten Mitglied des ebenso abstrakten politischen Gemeinwesens.

Wie das Mitglied der bürgerlichen Gesellschaft als ›Mensch‹ schlechthin erscheint, so erscheinen auch die gegenüber der staatlichen Gewalt als unverletzlich und unveräußerlich formulierten Menschenrechte als ewige, natürliche, vernünftige, heilige Rechte aller Individuen der Gattung Mensch. »Ces droits sont l'égalité, la liberté, sûreté, la propriété« (1973, Art. 2; vgl. Virginia I; Massachusetts I; u. a.).

a) La *liberté* (in ihrer ›nichtpolitischen‹, persönlichen Bedeutung) »consiste à pouvoir faire tout ce, qui ne nuit pas à autrui« (1789, Art. 4; vgl. 1793, Art. 6; u. a.). Diese persönliche Freiheit »des Menschen als isolierter auf sich zurückgezogener Monade« (MEW 1/364) beinhaltet nach Marx das »Recht, innerhalb gewisser Bedingungen ungestört der Zufälligkeit sich erfreuen zu dürfen« (MEW 3/75). Die Sicherung dieser Freiheit der Person ist das erste wesentliche subjektive, öffentliche Recht. Soweit es sich also – was erst zu zeigen sein wird – bei der bürgerlichen Herrschaft um Klassenherschaft handelt, ist sie notwendig Herrschaft über formal Freie und Gleiche.

Die Garantie der persönlichen Freiheit impliziert das Recht der Freizügigkeit (1791, titre premier u. ö.), der Freiheit der Berufs-, Arbeitsplatz- und Ausbildungsstättenwahl (1793, Art. 17), der Unverletzlichkeit der Wohnung, der Religions- oder Gewissensfreiheit (1789, Art. 10; vgl. 1793, Art. 7; Pennsylvania, Art. 9; New Hampshire, Art. 5 und 6; Virginia XVI u. ö.; vgl. MEW 1/362 f.), des Brief-, Post- etc. Geheimnisses.

b) »La *propriété* étant un droit inviolable et sacré« (1789, Art. 17). Es sichert jedem Bürger zu »de jouir et disposer à son gré de ses biens, de ses revenus, du fruit de son travail et de son industrie« (1793, Art. 16).

Enteignungen sind nur möglich, wenn es die öffentliche, gesetzlich festgesellte Notwendigkeit erfordert »et sous la condition d'une juste et préalable indemnité« (1789, Art. 17; vgl. Massachussetts X; Vermont II; 1793, Art. 19 u. a.). Dies Recht des privaten Eigentums bezeichnet Marx kurz als »Recht des Eigennutzes« (MEW 1/365).

Die private, persönliche Freiheit und das Recht, willkürlich über das private Eigentum zu verfügen »bilden die (rechtliche – d. Verf.) Grundlage der bürgerlichen Gesellschaft« (MEW 1/365); sie sind subjektive Rechte der Warenbesitzer als Mitglieder der bürgerlichen Gesellschaft ›unabhängig vom Staat‹ und gegenüber der staatlichen Gewalt. Ihr Zweck war, wie wir gesehen haben, die rechtliche Anerkennung der sich frei von staatlichem Eingriff vollziehenden privaten Produktion und des privaten Lebens. Die staatliche Gewalt soll nun nur im Interesse dieser Freiheit und dieses Eigentums tätig werden, zu ihrer Sicherheit und ihrem Schutz. Daß auch die dem Staat im Interesse aller Warenbesitzer zugestandene Tätigkeit wirklich in deren allgemeinem Interesse sich vollziehe, dafür formulieren die Warenbesitzer subjektive Rechte, welche jedem Einzelnen von ihnen einen Rechtsanspruch auf staatliche Leistungen und ihnen allen Garantien gegenüber einer Verselbständigung der staatlichen Gewalt geben sollen.

c) »La sûreté consiste dans la protection, accordée par la société (d. h. hier: Staat – d. Verf.) à chacun de ses membres pour la conservation de sa personne, de ses droits et de ses propriétés« (1793, Art. 8; vgl. MEW 1/365 f.). Jeder ›Mensch‹ hat Anspruch auf diese Sicherheit und alle Mitglieder der bürgerlichen Gesellschaft fordern, daß die »Freiheit gegen die Unterdrückung derer in Schutz« genommen werde, welche regieren (ebd., Art. 9), daß »keiner angeklagt, in Haft genommen oder gehalten werden (darf), außer in den vom Gesetz bestimmten Fällen« (ebd., Art. 10, vgl. Massachussets XII und XIV u. ö.), daß von der Unschuld der Angeklagten bis zu ihrer rechtskräftigen Verurteilung auszugehen ist (1789, Art. 9; 1793, Art. 14 u. ö.), daß die Gesetze keine rückwirkende Kraft haben (1789, Art. 8; 1793, Art. 14 u. ö.), daß also die Gesetzmäßigkeit von Exekutive und Judikative gewährleistet sei. Die Gesetze selber aber müssen die Gleichheit aller ›Menschen‹ berücksichtigen.

d) »*L'égalité* consiste en ce, que la loi est la même pour tous, soit qu'elle protège, soit qu'elle punisse« (Franz. Verfassung von 1795, Art. 3; vgl. 1789, Art. 6; 1793, Art. 4, u. ö.). Die ›Herrschaft des Gesetzes‹ im gemeinsamen Interesse verlangt die Berücksichtigung des Gleichheitsgrundsatzes bei der Gesetzgebung und des Grundsatzes der Verhältnismäßigkeit.

Hinzu kommt das Recht auf »résistance à l'oppression« (1793, Art. 33 und 35; Virginia III; Maryland IV u. ö.). Wenn die Regierung die Rechte des Volkes verletzt, (auch die erst darzustellenden politischen Rechte, vgl. § 3), wenn die staatliche Gewalt nicht mehr im öffentlichen Interesse tätig ist, sondern »pour l'utilité particulière de ceux, auxquels elle est confiée« (1789, Art. 12), dann steht allen ›Menschen‹ das unveräußerliche Recht zu, dagegen Widerstand zu leisten.

§ 3. Wir haben bisher die *»droits de l'homme,* insofern sie unterschieden sind von den *droits du citoyen«* (MEW 1/362), behandelt. Sie sollen – grob gesprochen – zum einen eine staatsfreie Sphäre der bürgerlichen Gesellschaft garantieren, zum andern den Rechtsschutz aller Mitglieder der bürgerlichen Gesellschaft und die Rechtsstaatlichkeit der öffentlichen Gewalt. Der ›Mensch‹ war bisher vorausgesetzt als Mitglied der ›staatsfreien‹ bürgerlichen Gesellschaft oder als Objekt der staatlichen Gewalt, welcher im Interesse aller ›Menschen‹ unübersteigbare Schranken gesetzt werden sollten. Wir betrachten nun die Rechtsperson nicht mehr in bezug auf die bürgerliche Gesellschaft oder als bloßes Objekt zu begrenzender staatlicher Gewalt, sondern als Mitglied des politischen Gemeinwesens, als aktiven Staatsbürger oder citoyen. Der citoyen unterscheidet sich vom l'homme nicht dadurch, daß er ›abstraktes Wesen‹ ist; beide haben vielmehr zu ihrer Grundlage die abstrakte Person im Unterschied zum konkreten Individuum. Der Unterschied ist eher einer des ›Bezugsrahmens‹: Mensch ist der Warenhüter als Rechtsperson in seiner Eigenschaft als Mitglied der bürgerlichen Gesellschaft gegenüber der staatlichen Gewalt, citoyen ist derselbe Warenhüter als Rechtsperson in seiner Eigenschaft als Mitglied des bürgerlichen Staats, als an der staatlichen Willensbildung beteiligtes Subjekt. Den Inhalt der Staatsbürgerrechte oder der politischen Rechte bildet daher »die *Teilnahme* am *Gemeinwesen,* und zwar am *politischen* Gemeinwesen, am *Staatswesen«* (MEW 1/362). Wir haben im 33. Kapitel gesehen, daß die Warenbesitzer ihre gemeinsamen (formalen) Interessen im Gegensatz zu ihren privaten Interessen als Ausdruck ihres gemeinsamen Willens in Gesetzen fixieren. Sie begegnen sich in der Öffentlichkeit als Freie und Gleichberechtigte; ihrer Freiheit und Gleichheit – in ihrer nichtpolitischen Bedeutung – in der bürgerlichen Gesellschaft entspricht notwendig ihre politische Gleichheit und Freiheit als Staatsbürger. Wenn daher das Gesetz der Ausdruck des allgemeinen Willens aller Warenbesitzer sein soll (vgl. 1789, Art 6; 1793, Art. 4), so folgt daraus notwendig: »Tous les citoyens ont le droit de concourrir personellement ou par leurs représentants à sa formation« (1789, Art. 6), oder, knapp und revolutionär formuliert: »La souverainité réside dans le peuple« (1793, Art. 25; vgl. Virginia II u. ö.). Dieser notwendige Zusammenhang zwischen Herrschaft des allgemeinen Gesetzes, Garantie der Rechtsstaatlichkeit und Volkssouveränität ist in den frühen bürgerlichen Verfassungen recht deutlich ausgesprochen; am klarsten in der revolutionärsten von ihnen: »La garantie sociale consiste dans l'action de tous, pour assurer à chacun la jouissance et la conservation de ses droits; cette garantie repose sur la souverainité nationale« (1793, Art. 23). Wenn sich alle Warenbesitzer als Freie und Gleiche begegnen müssen und keine Herrschaft von Privaten über sich dulden können, so ist die Öffentlichkeit der Gewalt erst garantiert, wenn alle Gewalt vom Volke ausgeht und vom Volke kontrolliert wird. (Vgl. MEW 3/182) Dem Verhalten der Warenbesitzer zueinander entsprechen die demokratisch-politischen Grundrechte.

Sie beziehen sich zunächst auf den Bereich der vorstaatlichen öffentlichen Willensbildung, auf die Freiheit der öffentlichen Meinung. Die Staatsbürger können sich nicht mit dem Recht auf persönliche Religions- oder Gewissensfreiheit begnügen; sie fordern generelle Meinungsfreiheit, Redefreiheit, Pressefreiheit: »That the freedom of the press is one of the great bulwarks of liberty and can never be restrained but by despotic governments« (Virginia XII, vgl. Pennsylvania XII; 1791, Art. 11 u. ö.); sie fordern Versammlungsfreiheit und Freiheit zur Bildung politischer Vereinigungen (in Frankreich erst 1791, titre premier; 1793, Art. 7)[4]. Diese politischen Freiheiten sind Mittel zur öffentlichen demokratischen Willensbildung, in deren Zentrum die Beteiligung aller an der staatlichen Willensbildung steht. Diese vollzieht sich entweder durch direkte Teilnahme aller Rechtsgenossen oder vermittelt durch vom Volke gewählte repräsentative Versammlungen. Alle Staatsbürger haben entweder allgemeines, freies und gleiches Stimmrecht bei Verfassungs- oder Gesetzgebung durch das Volk, oder allgemeines, freies, gleiches und geheimes aktives Wahlrecht zu den verfassungs- oder gesetzgebenden Versammlungen. (Vgl. Virginia VI; Massachussetts IX; New Hampshire XII; 1789, Art. 6 u. ö.)[5]. Die bürgerlich-demokratischen Verfassungen rufen nun nicht nur »jedes Glied des Volkes zum *gleichmäßigen* Teilnehmer der Volkssouveränität« (MEW 1/354) aus, sie fordern auch das allgemeine, freie und gleiche passive Wahlrecht: »Tous les citoyens . . . sont également admissibles à toutes dignités, places et emplois publics . . .« (1789, Art. 6; vgl. 1793, Art. 5 u. ö.). Zum Zweck der Kontrolle der gewählten Vertreter fordern sie die Verantwortlichkeit aller öffentlichen Personen (Virginia II, Massachussetts V; 1789, Art. 15; 1793, Art. 24 u. ö.) sowie die zeitliche Limitierung aller Ämter, um zu garantieren, daß die öffentliche Gewalt nicht im privaten Interesse ihrer Verwalter ausgeübt werde (vgl. Virginia V; 1793, Art. 30).[6]

§ 4. Wir haben nun die wesentlichsten Menschen- und Bürgerrechte in bezug zu dem Verhalten der Warenbesitzer zu setzen versucht. Wir haben dabei die Mitglieder der bürgerlichen Gesellschaft stets in ihrer gemeinsamen Eigenschaft als bloße Besitzer von Ware irgendwelcher Art betrachtet und von allen weiteren Unterschieden abgesehen (vgl. 32. Kapitel, § 1). Auf dieser Stufe der Abstraktion war es uns möglich, die Grundlagen des bürgerlichen Staats als Rechtsstaat und der verfassungsmäßig garantierten Grundrechte zu begreifen. Wir haben gesehen, daß »die Sphäre der Zirkulation oder des Warenaustausches, innerhalb deren Schranken Kauf und Verkauf der Arbeitskraft sich bewegt . . . in der Tat ein wahres Eden der angebornen Menschenrechte« (MEW 23/189) ist: »Was allein hier herrscht, ist Freiheit, Gleichheit, Eigentum und Bentham« (ebd.). Den Verhältnissen der einfachen Zirkulation entsprachen die demokratischen Grundrechte der Staatsbürger. Formelle politische Freiheit und Gleichheit waren gefordert und die demokratische Form der politischen Herrschaft erwies sich als notwendiger Ausdruck der ökonomischen und rechtlichen Beziehungen der Warenbesitzer[7]. Die bürgerliche Herrschaft erscheint demnach rechtlich wie politisch legitimiert: als Herrschaft des Gesetzes und als Herrschaft der öffentlichen Gewalt im Namen und im Interesse Aller, kurz: als Herrschaft im Interesse der Beherrschten.

Zugleich scheint es so, als handele es sich nicht nur um die Herrschaft der ›formellen Allgemeinheit‹, sondern des materialen oder inhaltlichen Gemeinnutzes, der Allgemeinheit des Inhalts: Die einzige Macht, welche die Austauschsubjekte »zusammen und in ein Verhältnis bringt, ist die ihres Eigennutzes, ihres Sondervorteils, ihrer Privatinteressen. Und eben weil so jeder nur für sich und keiner für den andren kehrt, vollbringen alle, infolge einer prästabilierten Harmonie der Dinge, oder unter den Auspizien einer allpfiffigen Vorsehung, nur das Werk ihrer wechselseitigen Vorteils, des Gemeinnutzens, des Gesamtinteresses« (MEW 23/190, vgl. 505 u. ö.).

Aus dieser Sphäre der einfachen Zirkulation nun entlehnen die bürgerlichen Ideologen ihre harmonistischen Illusionen, »Anschauungen, Begriffe und Maßstab für . . . (ihr) Urteil über die Gesellschaft des Kapitals und der Lohnarbeit» (MEW 23/190f.) und deren politische Struktur, indem sie von den weiter entwickelten Verhältnissen der bürgerlichen Produktion, vom zentralen Klassengesetz dieser Gesellschaft abstrahieren, indem sie über dieser schönen Form vergessen, was sich in ihr und hinter ihrer Oberfläche vollzieht. Sie, und in ihrem Gefolge die bürgerlichen Verfassungen, behaupten die Herrschaft der »utilité commune« (1789, Art. 1)[8], ja nicht für eine abstrakte Stufe der Darstellung der Struktur der bürgerlichen Gesellschaft, sondern als Zweck oder Ziel der realen historischen Staaten mit kapitalistischer Produktionsweise. Wir haben bisher versucht, die reale Basis der Legitimationsideologen der bürgerlichen Herrschaft aus der Struktur der bürgerlichen Produktionsweise selber herzuleiten[9]. Wir müssen nun untersuchen, warum und unter welchen Bedingungen es sich bei der Herrschaft der öffentlichen Gewalt überhaupt um ein ›Mittel‹ zur Aufrechterhaltung der Klassenherrschaft der Bourgeoisie handelt. Wir werden damit zugleich erkennen, warum und worin die genannten bürgerlichen Anschauungen über Staat und Gesellschaft ideologischer Natur sind.

Erläuterungen und Zusätze:

1. Vgl. Präambel der Konstitution von Massachussetts: »The end of the institution, maintenance, and administration of government is to secure the existence of the body-politic, to protect it, and to furnish the individuals who compose it with the power of enjoying . . . their natural rights and the blessings of life«. Wir zitieren

die Verfassungen nach HARTUNG (1972) und JELLINEK (1904).
Wir versuchen, den formulierten Zusammenhang zwischen Warenzirkulation und Rechtsstaatlichkeit und Demokratie am Beispiel der frühen bürgerlichen Verfassungen zu verdeutlichen. Gegenüber möglichen Mißverständnissen dieses Verfahrens ist zu betonen, daß es auf dieser Ebene der Darstellung weder um eine Interpretation aller Verfassungsartikel, noch um eine Untersuchung der besonderen historischen Entstehungsbedingungen und Funktionen bestimmter Verfassungen oder um eine vergleichende Interpretation verschiedener Verfassungen gehen kann. Auch das jeweilige Verhältnis von »Verfassungsnorm und Verfassungswirklichkeit« bleibt damit notwendig außerhalb dieser Betrachtung. Einen immer noch brauchbaren Überblick zu den ›geistesgeschichtlichen Voraussetzungen‹ der frühen bürgerlichen Verfassungen vermittelt JELLINEK (1904), vgl. auch: KLENNER (1964). Aus folgenden Gründen ziehen wir für unsere Zwecke die frühen bürgerlichen Verfassungen heran: 1) in ihnen sind in ›klassisch reiner‹ Form die strukturellen Erfordernisse der sich entwickelnden bürgerlichen Gesellschaft – mit allen historisch notwendigen Illusionen, die den Verhältnissen der Warenzirkulation entspringen – ausgedrückt; 2) sie sind bis in die Formulierungen hinein zum Vorbild aller späteren bürgerlich-demokratischen Verfassungen geworden; 3) weil die Analyse gegenwärtiger Verfassungen bereits die Untersuchung der historisch notwendigen Modifikation der ›klassischen‹ oder ›reinen‹ Struktur (z. B. ›Sozialrecht‹, ›Sozialstaat‹ etc.) voraussetzen würde, für die wir hier erst die notwendigen Voraussetzungen entwickeln wollen. Auf der Ebene der einfachen Zirkulation muß konsequenterweise von der notwendigen, mehr oder weniger weitgehenden Einschränkung der demokratischen Rechte in der bürgerlichen Gesellschaft, welche sich als Konsequenz des erst darzustellenden Klassenantagonismus ergibt, abstrahiert werden (z. B. ›Zensuswahlrcht‹, ›Parlamentarismus‹, ›Parteiendemokratie‹ etc., vgl. unten Abschnitt IV). Dies mag als gewichtiger Einwand gegen die hier versuchte Darstellung formuliert werden. Unser methodisches Vorgehen ist jedoch die Voraussetzung, um jenen strukturellen Widerspruch zwischen Demokratie und Klassenherrschaft in der bürgerlichen Gesellschaft, den wir am Schluß des III. Abschnitts formulieren können, angemessen zu begründen, der dann seinerseits wieder ein wissenschaftliches Verständnis der Gründe jener Einschränkung der demokratischen Rechte ermöglicht.

2. Die hier vorgenommene – der Marxschen entsprechende – Aufgliederung der Grundrechte beschränkt die ›droits du citoyen‹ auf die politischen Rechte im weiteren und die Staatsbürgerrechte im engeren Sinne. Die Differenz zwischen politischen Freiheitsrechten im weiten und den politischen Rechten der Staatsbürger im engen juristischen Sinne als unterste Staatsorgane können wir nicht ausführen. Der Gliederungsversuch von HABERMAS (1962), S. 105, entspricht in etwa dem obigen. (Vgl. auch SCHMITT (1970), § 14 und LUHMANN (1965), S. 136ff.) JELLINEK (1905) macht den Versuch, von dem Status der Rechtsperson ausgehend, zu einer Gliederung der subjektiven öffentlichen Rechte zu kommen. Er unterscheidet generell zwischen ›negativem Status‹ (status libertatis), positivem Status (status civitatis) und aktivem Status (Status der aktiven Zivilität); faßt also den Status der Zivität weiter, indem er Staatsangehörigkeit und Rechtsschutzanspruch, die in obiger Gliederung vage unter ›Menschenrechten‹ klassifiziert sind, als Bürger-

rechte begreift. In den gängigen Lehrbüchern des Staats- oder Verfassungsrechts, die zumeist an bestimmte Verfassungstexte angelehnt sind, herrscht demgegenüber nur zu häufig Willkür und der Verzicht auf jegliche systematische Argumentation. Vgl. z. B. STEIN (1973).

3. Vgl. hierzu die Vorkehrungen gegenüber möglicher ›Verselbständigung‹ der staatlichen Gewalt gegenüber den gemeinsamen Interessen aller ›Menschen‹ in den Verfassungen der amerikanischen Bundesstaaten und der französischen von 1793: Verantwortlichkeit aller öffentlichen Personen (Virginia II; Massachussetts V; 1793, Art. 24); zeitliche Begrenzung der öffentlichen Ämter (Virginia V); Ablehnung stehender Heere in Friedenszeiten (Virginia XIII) u. a. Es läßt sich schon hier vermuten, daß sich bürgerliche Gesellschaften mit entwickeltem Klassengesetz zwischen Bourgeoisie und Proletariat mit derartigen Verfassungen nicht regieren lassen. Zu erwarten ist also entweder wachsender Widerspruch zwischen Verfassungsnorm und Verfassungswirklichkeit oder der mehr oder weniger mühsam versteckte Bruch dieser Verfassungen selber. Wir werden hierauf im IV. Abschnitt ebenso eingehen wie auf die konstatierbare Nähe dieser Verfassungen zu denen sozialistischer Demokratie (Vgl. 39. Kapitel).

4. Vgl. hierzu: HABERMAS (1962): Politische Funktionen der Öffentlichkeit (S. 76–111) – Nach Ansicht d. Verf. hat dies Buch von Habermas zwei wesentliche Mängel: 1. Die – explizite – Vermengung systematischer mit historischen Untersuchungen. Dies drückt sich aus in einer Konstruktion eines in dieser Form nicht existenten ›liberalen‹ Kapitalismus und dem aus dieser Konstruktion folgenden ›Strukturwandel‹, welcher in der Habermasschen Darstellung ebenfalls mehr philosophisches Konstrukt als empirisch belegter Vorgang bleibt. 2. Im für die gesamte ›kritische Theorie‹ typischen Versuch, aus der Konfrontation jener angeblich ›liberalen Öffentlichkeit‹ und ihrer philosophischen Theorien mit dem gegenwärtigen Kapitalismus eine Dimension der Kritik des Kapitalismus zu eröffnen und zur Verwirklichung dieser Ideen aufzurufen. – Wir können hier über die gemachten Andeutungen hinaus keinen präzisen Begriff von bürgerlicher Öffentlichkeit entwickeln.

5. Die Differenz zwischen ›begrifflichem‹ oder strukturellem Erfordernis der Warenzirkulation und ›historischer Realität‹ wird auch in den Verfassungen deutlich an der Aufrechterhaltung des Zensuswahlrechts, der Verweigerung aller Bürgerrechte für Frauen und Neger etc. Erst wenn auch historisch die politische Gleichheit und Freiheit *aller* Staatsbürger, das allgemeine, freie und gleiche Stimm- oder Wahlrecht durchgesetzt ist, handelt es sich nicht mehr direkt um unverhüllte, politische Herrschaft einer Klasse über andere. Unter welchen Bedingungen auch das allgemeine, freie und gleiche Stimm- oder Wahlrecht ein Mittel zur Aufrechterhaltung der Klassenherrschaft sein kann, müssen wir in Abschnitt IV untersuchen.

6. Vgl. weitere Kontrollmaßnahmen: das historisch umstrittene Recht der Steuerbewilligung (Virginia VI; Massachussetts XXIII; 1789, Art. 13 und 14; 1793, Art. 20) und das Budgetrecht. Wir müssen hier noch auf zwei wichtige Probleme aufmerksam machen: 1. Allen Verfassungen ist der Widerspruch zwischen droit und loi eigen, da in ihnen mehr oder weniger weitgehende Einschränkungen der verfassungsmäßig garantierten Grundrechte durch Gesetze vorgesehen sind (vgl.

z. B. die Marxsche Kritik der französischen Konstitution von 1848: MEW 7/494 ff.). So können auf mehr oder weniger ›verfassungsmäßigem Wege‹ die verfassungsmäßig garantierten Grundrechte auch außer Kraft gesetzt werden. 2. Es besteht ein Widerspruch zwischen verfassungsmäßig garantierten Rechten und dem Prinzip der Volkssouveränität. Einerseits macht das ›Volk‹ oder seine gewählten Repräsentanten nicht nur Gesetze, sondern die Verfassungen selber. Andererseits sollen aber diese Verfassungen jeglichem Zugriff der Gesetzgebung entzogen sein. Wir können hier auf Probleme der Unterscheidung von ›einfachen‹ Gesetzen und verfassungsändernden Gesetzen usw. nicht eingehen, müssen nur betonen, daß einerseits das aus dem Prinzip der Volkssouveränität notwendig folgende Recht auf verfassungsmäßige Änderung der Verfassung in demokratisch verfaßten Staaten garantiert sein muß; daß aber andrerseits durch die Erschwernis der Verfassungsänderung (qualifizierte Mehrheiten o. ä.) oder ihre Verhinderung einer – verfassungsrechtlich gesehen – kontinuierlichen Veränderung mehr oder weniger enge Grenzen gesetzt sind.

7. Ob die These, daß die Demokratie die adäquate oder durchschnittliche Form der Herrschaft in der bürgerlichen Gesellschaft sei (vgl. MEW 7/40, MEW 36/128 u. ö.), auch noch nach der Darstellung der grundlegenden Klassengegensätze gilt, kann erst im IV. Abschnitt diskutiert werden.
8. Vgl. 1789, Art. 12: »L'avantage de tous«; 1793, Art. 1: »Le but de la société est le bonheur commun«; Pennsylvania V: »The government is, or ought to be, instituted for the common benefit«. Daß die bürgerlichen Ideologen von den entwikkelten Klassengegensätzen dieser Gesellschaft abstrahieren, ist nun keineswegs – wie es scheinen könnte – zufällig: 1) ist es ihr ›Interesse‹, sich darüber blauen Dunst vorzumachen, und 2) ist ohne ›Erkenntnisinteresse‹ auch die verborgene Grundlage hinter dieser ›schönen Oberfläche‹ nicht zu erkennen.
9. Dies ist Spezifikum marxistischer Ideologiekritik. Wir haben versucht, die zentrale Frage zu beantworten: »Warum bleibt die Klassenherrschaft nicht das, was sie ist, d. h. die faktische Unterwerfung eines Teils der Bevölkerung unter den anderen? Warum nimmt sie die Form einer offiziellen staatlichen Herrschaft an, oder ... warum wird der Apparat des staatlichen Zwanges nicht als privater Apparat der herrschenden Klasse geschaffen, warum spaltet er sich von der letzteren ab und nimmt die Form eines unpersönlichen, von der Gesellschaft losgelösten Apparats der öffentlichen Macht an? Wir können uns nicht auf den Hinweis beschränken, daß es für die herrschende Klasse *vorteilhaft* ist, eine ideologische Nebelwand zu errichten und ihre Klassenherrschaft hinter dem Schirm des Staates zu verbergen. Denn obwohl eine solche Erklärung zweifellos richtig ist, erklärt sie uns doch nicht, wieso eine solche Ideologie entstehen konnte, und folglich auch nicht, warum die herrschende Klasse sich ihrer bedienen kann.« PASCHUKANIS (1966), S. 119f.

Fragen zur Diskussion

1. Warum werden Grundrechte auch gegenüber der Legislative verfassungsrechtlich fixiert? Gelingt dies widerspruchslos?
2. Was ist der Unterschied von droits de l'homme und droit du citoyen? Welches sind die Gesichtspunkte dieser Aufgliederung der Grundrechte?

3. Entspricht die Anerkennung einer ›staatsfreien Sphäre‹ der Struktur der bürgerlichen Gesellschaft überhaupt oder ist sie nur Ausdruck einer besonderen historischen Entwicklungsperiode der kapitalistischen Gesellschaft?
4. Worin besteht ihrer Ansicht nach der Zusammenhang zwischen Warenzirkulation und dem Prinzip der Volkssouveränität?
5. Handelt es sich Ihrer Ansicht nach bei der politischen Freiheit und Gleichheit in der bürgerlichen Gesellschaft um ›bloßen Schein‹? Bezieht sich der Marxsche Terminus ›illusorische Gemeinschaftlichkeit‹ auf die Form oder auf den Inhalt der bürgerlichen Herrschaft?
6. Bedeutet Ihrer Ansicht nach die Herleitung der Menschen- und Bürgerrechte aus der Struktur der bürgerlichen Produktion, daß eine sozialistische Gesellschaft auf diese Rechte verzichten kann?

III. Abschnitt: Bürgerlicher Rechtsstaat als Klassenstaat

Lernziele:
Ausgehend von der der kapitalistischen Produktionsweise immanenten, durch den Austausch vermittelten Form der Aneignung von Mehrarbeit durch die Privateigentümer der Produktionsbedingungen, müssen wir nun verfolgen, wie der bürgerliche Rechtsstaat als Garant der allgemeinsten rechtlichen Grundlagen der bürgerlichen Produktionsweise zum Mittel der Aufrechterhaltung der Klassenherrschaft der Bourgeoisie – und damit erst eigentlich zum ›Staat‹ – wird. Wir müssen die These begründen, daß die Form des Rechtsstaats nicht unvereinbar ist mit der Funktion des bürgerlichen Staats als Instrument der herrschenden Klasse, daß diese Bestimmungen vielmehr zwei Seiten derselben Medaille darstellen.

35. Kapitel: Bürgerlicher Staat als Klassenstaat

Textgrundlage:
Karl Marx: Das Kapital (MEW 23) S. 605–614 nochmals. Friedrich Engels: Ursprung der Familie, des Privateigentums und des Staates (MEW 21), S. 164–173.

§ 1. Wir haben bisher die Mitglieder der bürgerlichen Gesellschaft – unter Absehung aller weiteren, wesentlichen Unterschiede – in der ihnen allen notwendig zukommenden Eigenschaft betrachtet: als bloße Warenbesitzer. (Vgl. oben 32. Kapitel § 1) Die Analyse der besonderen Natur dieser von ihnen besessenen Waren oder der Inhalt des Verhältnisses der Warenbesitzer fiel außerhalb der ökonomischen Formbestimmungen der einfachen Zirkulation, aus denen wir die ihr zugehörigen rechtlichen und politischen Formen zu entwickeln versuchten. Wir haben bereits angedeutet, daß die einfache Zirkulation nur die notwendige Oberfläche der kapitalistischen Produktionsweise bildet, in welcher die ›tieferen Operationen‹, aus denen sie hervorgeht, ausgelöscht sind (vgl. GR 368, 409 u. ö.; MEW 29/317f.). Wir müssen nun – als Voraussetzung unserer weiteren Analyse des bürgerlichen Staats – kurz rekapitulieren, wie sich im Rahmen der Gesetze der Warenproduktion die Exploitation der Arbeiterklasse vollziehen kann und wie die Klassenstruktur der bürgelichen Gesellschaft in der ökonomischen Stellung der Produktionsagenten zu den objektiven Produktionsbedingungen begründet ist (vgl. oben Kapitel 18 und 19).

In der Sphäre der Zikulation traten sich die Austauschsubjekte als Besitzer von Waren mit unterschiedlichem Gebrauchswert gegenüber. Dieser Unterschied ging uns bisher nichts an. Genauere Analyse aber ergibt nun, daß das die kapitalistische Warenproduktion auszeichnende Austauschverhältnis nicht einfach das der Besitzer verschiedener Produktions- oder Konsumtionsmittel zueinander ist, sondern das Aufeinandertreffen gänzlich unterschiedlicher Warenbesitzer in der Zirkulation: der Kapitalisten und der Lohnarbeiter. Marx zeigt, wie unter Wahrung der Gesetze des Äquivalententauschs dem Kapitalisten die Verwertung des Werts gelingt. Er zeigt in seiner Analyse der Methoden der Mehrwertproduktion, wie sich das »Geheimnis von der Selbstverwertung des Kapitals« auflöst »in seine Verfügung über ein bestimmtes Quantum unbezahlter fremder Arbeit« (MEW 23/556). Er zeigt, wie der kapitalistische Produktionsprozeß durch seinen eigenen Vorgang die ihm vorausgesetzte Scheidung zwischen Arbeitskraft und objektiven Verwirklichungsbedingungen der Arbeit und damit die Klasse der Kapitalisten und der Lohnarbeiter ständig reproduziert. Dies Verhältnis von Kapitalistenklasse als den Eigentümern der Produktionsmittel und Arbeiterklasse als den Eigentümern von Arbeitskraft ist das grundlegende Klassenverhältnis in der bürgerlichen Gesellschaft. Die Stellung der unmittelbaren Produzenten zu den objektiven Produktionsbedingungen erweist sich zugleich als gemeinsame Grundlage aller Klassenbildung, deren spezifisch bürgerliche Form nun weiter zu interessieren hat.

§ 2. Die Marxsche Analyse des kapitalistischen *Produktionsprozesses* entlarvte den *»Schein*, den auf der Oberfläche das Verhältnis besaß, daß sie gleichberechtigte *Warenbesitzer* in der Zirkulation, auf dem Warenmarkt gegenübertreten, die wie alle andren *Warenbesitzer* nur durch den stofflichen Inhalt ihrer Waren, den besondern Gebrauchswert der Waren, die sie aneinander zu verkaufen haben, sich voneinander unterscheiden. Oder diese *ursprüngliche* Form des Verhältnisses bleibt nur noch als *Schein* des ihm zugrundeliegenden, des *kapitalistischen* Verhältnisses übrig.« (R 86). Der beständige Kauf und Verkauf von Arbeitskraft ist nur die *»vermittelnde Form«* der Unterjochung des Arbeiters unter das Kapital, »der lebendigen Arbeit als bloßen Mittels zur Erhaltung und Vermehrung der ihr gegenüber verselbständigten *gegenständlichen* Arbeit« (R 87). Es sieht nun so aus, als widerspreche dieser Inhalt des grundlegenden kapitalistischen

Verhältnisses seiner notwendigen Form, den ökonomischen Gesetzen der Warenzirkulation und dem sich daraus ableitenden Eigentumsrecht: zunächst erschien das Eigentumsrecht auf eigener Arbeit begründet, nun zeigt sich »Eigentum an vergangner unbezahlter Arbeit ... als die einzige Bedingung für gegenwärtige Aneignung lebendiger unbezahlter Arbeit in stets wachsendem Umfang« (MEW 23/609). Wir wissen jedoch bereits, daß die Gesetze der Warenzirkulation im wesentlichen nur zweierlei beinhalten: zum einen allgemein Aneignung durch den Austausch und nicht mit Gewalt, zum anderen den Austausch von Äquivalenten. Letzteres »bedingt Gleichheit nur für die Tauschwerte der gegeneinander weggegebenen Waren. Es bedingt sogar von vornherein Verschiedenheit ihrer Gebrauchswerte und hat absolut nichts zu schaffen mit ihrem Verbrauch (also auch nicht mit dem Gebrauch von Arbeitskraft in der Fabrik – d. Verf.), der erst nach geschloßnem und vollzognem Handel beginnt« (MEW 23/611). Tatsächlich verletzt also die kapitalistische Exploitation weder »das der Warenproduktion gemäße Eigentumsrecht« (MEW 23/163, vgl. oben Kap. 19), weder die formelle Freiheit und Gleichheit, noch den Austausch von Äquivalenten. Vielmehr »schlägt offenbar das auf Warenproduktion und Warenzirkulation beruhende Gesetz der Aneignung oder Gesetz des Privateigentums durch seine eigne, innere, unvermeidliche Dialektik in sein direktes Gegenteil um ... Das Verhältnis des Austausches zwischen Kapitalist und Arbeiter wird ... nur ein dem Zirkulationsprozeß angehöriger Schein, bloße Form, die dem Inhalt selbst fremd ist und ihn nur mystifiziert.« (MEW 23/609)

Diese Analyse des Umschlags des Aneignungsgesetzes ist für unsere Untersuchung des bürgerlichen Staats in zweifacher Hinsicht von besonderem Interesse: zum einen ist die Erkenntnis der ›vermittelten Form‹ der Knechtung der unmittelbaren Produzenten die unabdingbare Voraussetzung für das Begreifen der spezifischen Form der politischen Herrschaft der Klasse der Eigentümer der Produktionsbedingungen und infolgedessen der Aneigner fremder Arbeit. Zum anderen bietet die von Marx getroffene präzise Unterscheidung von Form und Inhalt des ›kapitalistischen Verhältnisses‹ die Möglichkeit, bei der Erkenntnis des bürgerlichen Staates weder seine Bestimmung als Rechtsstaat noch seine Bestimmung als Klassenstaat zu vernachlässigen. Letzteres ist besonders zu betonen gegenüber:

1. Anschauungen, in denen ob der spezifischen Form dieser Aneignung von Mehrarbeit der Inhalt oder die Tatsache, daß es sich hierbei um Exploitation handelt, vergessen wird. Es ist zwar richtig, daß die Herrschaft des Kapitals über die Arbeit ihrem Begriffe nach nicht möglich ist als direkte oder unmittelbare Unterdrückung, weil ihr der Arbeit als selbständiges Austauschsubjekt und darum rechtlich und – der Tendenz nach – politisch Freier und Gleicher vorausgesetzt ist. Aber ebenso richtig ist, daß die über

den Austausch oder den Kauf und Verkauf der Arbeitskraft vermittelte Aneignung von fremder Mehrarbeit durch diese vermittelte Form nicht in ihrem Inhalt – nackter ökonomischer Exploitation – tangiert wird: ». . . es ist eine Form, die sich nur der Form nach und von andern mehr direkten Formen der Knechtung der Arbeit und des *Eigentums an sie* auf Seiten der Besitzer der Produktionsbedingungen unterscheidet.« (R 87)

2. Anschauungen, in denen ob dieses Inhalts die spezifische Form dieser Aneignung von Mehrarbeit vergessen wird. Die Aneignung fremder Mehrarbeit ist – wie wir wissen – der gemeinsame Inhalt aller Klassengesellschaften. Was diese unterscheidet, ist die Form, in der diese Mehrarbeit angeeignet wird. Die Aneignung von Mehrarbeit über den Austausch ist die der kapitalistischen Produktionsweise »immanente *Form* der Vermittlung« (R 87), oder die differentia specifica der kapitalistischen Klassengesellschaft gegenüber Sklavenhaltergesellschaften, Feudalismus etc. Diese Form ist daher auch keineswegs bloßer ›Schein‹, ›Illusion‹ etc., sondern wirkliches gesellschaftliches Verhältnis. Die Marxschen Äußerungen von der ›bloßen‹ Form, vom ›Schein‹ und der ›trügerischen Vorspiegelung‹ oder ›Vertuschung‹ beziehen sich auf Anschauungen, in denen die bloß formelle Allgemeinheit, Freiheit und Gleichheit als inhaltliche Allgemeinheit, materiale Freiheit und soziale Gleichheit ausgegeben werden; sie können nicht so verstanden werden, als sei Marx der Auffassung gewesen, diese Form selber sei kein reales soziales Verhältnis. Der springende Punkt beim Verständnis der kapitalistischen Form der Exploitation ist ja gerade, daß sie nicht im Gegensatz zu formeller Freiheit und Gleichheit steht, sondern nur innerhalb dieser rechtlichen Bedingungen als kapitalistische überhaupt möglich ist.

3. Anschauungen, in denen – ohne zu berücksichtigen, daß nur unter den Bedingungen der allgemeinen Verwandlung der Arbeitskraft in eine Ware mit der Warenproduktion auch deren notwendige rechtliche Prinzipien, *formelle* Freiheit und Gleichheit, zu allgemeinen werden – zu ihrer ›Verwirklichung‹ aufgefordert wird. (Vgl. oben 32. Kapitel § 4).

§ 3. Das voll entwickelte System der kapitalistischen Warenproduktion basiert auf der allgemeinen Verwandlung der Arbeitskraft in eine Ware, auf der vollständigen Trennung der unmittelbaren Produzenten von den objektiven Produktionsbedingungen. Der kapitalistische Akkumulationsprozeß hebt jene Trennung nicht auf, sondern verschärft sie vielmehr (vgl. MEW 23/789ff.). Sein Resultat ist die ungeheure Konzentration von gesellschaftlichem Reichtum auf der Seite der Privateigentümer der Produktionsbedingungen, die stets erweiterte Reproduktion der formell und von den Verwirklichungsbedingungen ihrer Arbeit ›freien‹ Arbeiterklasse auf der anderen Seite, die Herrschaft der vergegenständlichten über die lebendige Arbeit. Die Arbeiter als die wirklichen Produzenten des gesellschaftlichen Reichtums sind damit sowohl von der Verfügung über seine Verwendung wie von seinem Genuß ausgeschlossen. Die Trennung der Produzenten von den Produktionsbedingungen aber ist durch das Institut des Privateigentums und die notwendigen Zusatzinstitute rechtlich garantiert. Indem das Rechtsinstitut des Privateigentums also in seiner Allgemeinheit auch das Privateigentum an den Produktionsmitteln und an Grund und Boden sichert, garantiert es der herrschenden Klasse zugleich die Bedingungen der ökonomischen Exploitation des Proletariats.

Das Ergebnis des unter den Bedingungen der formellen Freiheit und Gleichheit sich vollziehenden Verkaufs der Arbeitskraft als periodischem Prozeß ist auf Seiten des Arbeiters einerseits die materielle Unfreiheit oder der brutale ökonomische Zwang, seine Arbeitskraft verkaufen und sich damit in die ›Despotie des Kapitals‹ fügen zu müssen; andererseits eine kaum zu überbietende soziale Ungleichheit.[1] Seine ökonomische Stellung also bringt den Arbeiter in einen ständigen, latenten oder offenen Widerspruch zwischen seinen Eigenschaften als Warenbesitzer und abstrakte Rechtsperson einerseits und als konkretes, lebendiges, bedürftiges Individuum andererseits. (Vgl. hierzu oben: 32. und unten: 39. Kapitel). Als Verkäufer seiner Arbeitskraft als Ware ist es sein Interesse, frei und gleichberechtigt zu kontrahieren, nicht persönlich unterdrückt, zu Zwangsarbeit verpflichtet, versklavt zu werden etc. Solange daher die Arbeiter nicht gegen den Verkauf der Arbeitskraft als Ware überhaupt aufstehen, ist auch ihr Interesse die rechtliche Garantie von Vertragsfreiheit und Eigentum. Der ständige Verkauf der Arbeitskraft als Ware jedoch verewigt den materiellen Zwang, die soziale Ungleichheit und die Bedingungen der ökonomischen Exploitation. Die Bedingungen der materiellen Existenz der Arbeiter oder der ›Inhalt‹ des kapitalistischen Verhältnisses zwingen sie daher, gegen die bloß formelle Freiheit und Gleichheit einerseits, gegen das Privateigentum *an den Produktionsbedingungen* andererseits aufzustehen. Das formell-allgemeine Interesse aller Warenbesitzer an der Garantie der rechtlichen Bedingungen der Warenzirkulation erweist sich hiermit als inhaltlich besonderes, partikuläres Interesse der herrschenden Klasse an der Aufrechterhaltung der Exploitationsbedingungen.

Das ihrer objektiven Klassenlage entsprechende Interesse und Bewußtsein der Arbeiterklasse[2], das dem Inhalt des Kapitalverhältnisses entspringt, richtet sich daher auf die Aufhebung der Trennung der Produzenten von den Produktionsbedingungen (vgl. zum ersten Mal klar: MEW 4/475 ff.), auf die Aufhebung des Verkaufs der Arbeitskraft als Ware, schließlich auf die Aufhebung der Warenproduktion und der ihr entsprechenden rechtlichen und politischen Struktur überhaupt. Denn die Aufhebung der ›ungehörigen‹ Trennung der Produzenten von den Produktionsbedingungen ist infolge der durch den Kapitalismus ungeheuer entwickelten Produktivkräfte der gesellschaftlichen Arbeit nicht möglich durch Reappropriation der ›Beschaffungsmittel‹ seitens der einzelnen Arbeiter, etwa in Form ›einfacher Warenproduktion‹. Die Verausgabung von gesellschaftlicher Arbeit in der Form der Privatarbeit erweist sich vielmehr dem Entwicklungsstand der Vergesellschaftung der Produktion gegenüber überhaupt als unangemessen. Die entwickelten gesellschaftlichen Potenzen der Arbeit verlangen die Aufhebung dieser Trennung durch Herstellung des gesellschaftlichen Eigentums an den Produktionsbedingungen als Voraussetzung einer neuen Form gesellschaftlicher Arbeit, in der die Arbeit der Produzenten bewußt und geplant als gesellschaftliche verausgabt wird[3].

§ 4. Wir haben im 33. Kapitel gesehen, daß sich aus den ökonomischen und rechtlichen Beziehungen der privaten Austauschsubjekte die Notwendigkeit einer arbeitsteiligen öffentlichen Gewalt als Garant dieser Beziehungen entwickelte. Der Staat als Rechtsstaat erwies sich als funktionales Erfordernis in Gesellschaften mit entwickelter Warenzirkulation. Die öffentliche Gewalt konnte formal nicht im Interesse von bestimmten Privaten als Privaten, sondern nur im Namen der Allgemeinheit ausgeübt werden; ihr Zweck war die Sicherung von Freiheit, Gleichheit, Leben und Eigentum aller Warenbesitzer gegen die Übergriffe einzelner. Wir haben nun gesehen, daß die Garantie des Privateigentums die Trennung der unmittelbaren Produzenten von den objektiven Produktionsbedingungen beinhaltet; daß sie sich damit als rechtliche Garantie der Bedingungen der ökonomischen Exploitation der Arbeiterklasse durch die Bourgeoisie erweist[4]. Indem der bürgerliche Staat als Rechtsstaat also mit den Bedingungen der Warenzirkulation nicht nur allgemein ›Privateigentum‹, sondern speziell Privateigentum an den objektiven Produktionsbedingungen garantiert, ›wird‹ er zum ›Mittel‹ oder ›Instrument‹ der Aufrechterhaltung der Bedingungen der Klassenherrschaft der Bourgeoisie, welche sich eben in der Form des freien und gleichen Austauschs vollzieht[5]. »Die Staatsmacht war immer die Macht zur Behauptung der Ordnung, das heißt der bestehenden Gesellschaftsordnung und daher der Unterordnung und Exploitation der produzierenden Klasse durch die aneignende Klasse gewesen. Aber solange diese Ordnung als unbestreitbare und unumstrittene Notwendigkeit hingenommen wurde, konnte sich die Staatsmacht einen Anschein von Unparteilichkeit geben ... Mit dem Eintritt der Gesellschaft selbst in eine neue Phase, die Phase des Klassenkampfes, mußte sich der Charakter ihrer organisierten öffentlichen Gewalt, der Staatsmacht, ebenfalls verändern ... und mehr und mehr ihren Charakter als Werkzeug der Klassenherrschaft entwickeln, als die politische Maschine, die die Unterdrückung der Hervorbringer des Reichtums durch seine Aneigner, die ökonomische Herrschaft des Kapitals über die Arbeit mit Hilfe von Gewalt verewigt« (MEW 17/593)[6]. Gegenüber möglichen Mißverständnissen ist zu betonen, daß diese Funktion des bürgerlichen Staates als ›Mittel‹, ›Instrument‹, ›Werkzeug‹, ›Maschine‹ usw. zum »Zweck . . ., die Herrschaft des Kapitals, die Sklaverei der Arbeit zu verewigen« (MEW 7/33), eine *objektive* Funktion ist, die nicht aus Willen oder Bewußtsein von Handelnden heraus erklärt werden kann. Sie ist auch – gerade infolge der Trennung von bürgerlicher Gesellschaft und ›Staat‹ – nicht an personelle Identität von ökonomischer politischer Herrschaft gebunden in dem Sinne, daß z. B. nur Mitglieder der ökonomisch herrschenden Klasse Träger der Regierungsgewalt wären[7].

Mit diesem *zweiten*, wesentlichen Grundgedanken der Marxschen Analyse des bürgerlichen Staats ist »die wahre Bedeutung der Staatsmacht enthüllt«, ist »ihr Vorwand – die bewaffnete Gewalt zum Schutz des öffentlichen Wohls, die Verkörperung der allgemeinen Interessen der Gesellschaft zu sein, indem sie sich über die konkurrierenden privaten Interessen erhebe und sie in ihre jeweiligen Sphären verweise – widerlegt«, ist »ihr Geheimnis – nämlich ein Werkzeug des Klassendespotismus zu sein – bloßgelegt« (MEW 17/608)[8]. Der bürgerliche Staat erschien uns zunächst als Wahrer des – wenn auch nur formellen – allgemeinen Wohls, des gemeinsamen Nutzens usw. In dem Maße, in dem sich das gemeinsame Interesse aller Warenbesitzer am Rechtsinstitut ›Privateigentum‹ inhaltlich als das besondere Interesse der Kapitalistenklasse zeigt, welches der Arbeiterklasse als bloß formelles nur äußerlich sein kann, in dem Maße erweisen sich auch das ›öffentliche Wohl‹, der angebliche Zweck des bürgerlichen Staates und die formelle Freiheit und Gleichheit der Person als die öffentlich-rechtliche Form der Ausbeutung. Wir wissen bereits, daß es sich hierbei einerseits um eine in dieser Produktionsweise *notwendige* Form handelt, andrerseits aber um eine *bloße* Form, hinter der sich das besondere Interesse der herrschenden Klasse verbirgt.

Daß der Staat »der Staat der herrschenden Klasse ist und in allen Fällen wesentlich Maschine zur Niederhaltung der unterdrückten, ausgebeuteten Klasse bleibt« (MEW 21/170f.)[9], ist keineswegs das dem bürgerlichen Staate Spezifische. Diese Funktion haben vielmehr nach Ansicht von Marx und Engels *alle* historischen Staatstypen. Lenin formuliert diesen »Grundgedanke(n) des Marxismus über die historische Rolle und die Bedeutung des Staates« kurz folgendermaßen: »Der Staat ist das Produkt und die Äußerung der Unversöhnlichkeit der Klassengegensätze. Der Staat entsteht dort, dann und insofern, wo, wann und inwiefern die Klassengegensätze objektiv nicht versöhnt werden können« (Lenin (1960), S. 398f.)[10]. Der bürgerliche Staat unterscheidet sich von anderen Klassenstaaten insofern *nur* durch die Form, in der die Klassenherrschaft ökonomisch, rechtlich und politisch sich vollzieht, zumindest ihrem Begriffe nach: als Herrschaft über – allgemein und ohne Ausnahme – Freie und Gleiche. Notwendiger Ausdruck der über den Kauf und Verkauf der Arbeitskraft vermittelten

Form der Aneignung von Mehrarbeit ist die Tatsache, daß sich auch die rechtliche und politische Herrschaft nicht als unmittelbare, direkte oder persönliche Unterdrückung darstellen kann, sondern nur als vermittelte, indirekte oder unpersönliche. Formell handelt es sich dem Begriffe nach nicht um politische Herrschaft der Bourgeoisklasse, sondern um Herrschaft im Interesse aller Beherrschten. Inhaltlich handelt es sich – solange Freiheit und Gleichheit nur formell sind, das Privateigentum an den Produktionsmitteln garantiert ist, und die Arbeiter zum Verkauf der Arbeitskraft gezwungen sind – ganz unabhängig von ihren besonderen politischen Formen stets um Klassenherrschaft der Bourgeoisie.

Diese notwendige Form der politischen Herrschaft widerspricht nun jenem Inhalt. Wir haben gesehen, daß die demokratischen Grundrechte, die Volkssouveränität, politischer Ausdruck der Verhältnisse der Warenbesitzer sind. Wir haben gesehen, daß das Verhältnis von Lohnarbeit und Kapital Resultat der Entwicklung der Warenzirkulation ist. *›Demokratie‹ und ›Klassenherrschaft‹* erwiesen sich beide als für diese Produktionsweise notwendige Strukturen. Der für die politische Herrschaft der Bourgeoisie zentrale Widerspruch läßt sich in der kurzen Frage zusammenfassen: Wie kann »im Namen des Volks die Gesamtheit der Bourgeoisie herrschen«? (MEW 8/121) Am Leitfaden dieser Frage nach der Möglichkeit der politischen und darüber vermittelt auch der ökonomischen Herrschaft der Bourgeoisie müssen wir uns nun den besonderen politischen Formen der Klassenherrschaft der Bourgeoisie zuwenden. Wir müssen dabei zugleich teilweise die zur Herausarbeitung dieses grundlegenden Widerspruchs der bürgerlichen Klassenherrschaft vorgenommene Beschränkung auf reine Strukturanalyse aufgeben und die Bedingungen reflektieren, unter denen dieser Widerspruch in der historischen Entwicklung der bürgerlichen Gesellschaft in den einzelnen Perioden oder Ländern nur aufbrechen kann.

Erläuterungen und Zusätze

1. Marx und Engels haben ›Freiheit‹ und ›Gleichheit‹ durchaus nicht nur in jenem formellen Sinne verwendet. Vgl. z. B. GR 160: »Verwirklichung der *Gleichheit und Freiheit* (im formellen Sinne – d. Verf.), die sich ausweisen als Ungleichheit und Unfreiheit (im materialen Sinne – d. Verf.)«. Vgl. Anti-Dühring, Erster Abschnitt, X und Anhang (MEW 20/95–100 und 579–582).
2. Auf Probleme und Bedingungen der Herausbildung von Klasseninteressen aus den individuellen und durchschnittlichen Interessen der Mitglieder einer sozialen Klasse kann hier nicht eingegangen werden. Der Zusammenhang von objektiver Klassenlage, deren Erkenntnis Resultat der durchgeführten Analyse des sozialen Systems der bürgerlichen Produktion ist, welche die Lebensbedingungen, Erfahrungen usw. der einzelnen Klassenmitglieder bestimmt einerseits, und Klasseninteresse andererseits, das immer nur als Interesse von mehr oder weniger bewußt handelnden einzelnen Individuen der jeweiligen Klasse und ihrer organisatori-

schen Zusammenschlüsse existieren kann, ist jedenfalls komplizierter, als dies in gängigen Darstellungen nahegelegt wird.

3. Vgl. zum Gegensatz der Arbeiterklasse gegen das bloß abstrakte Recht: 39. Kapitel; zur neuen Form der gesellschaftlichen Arbeit: 38. Kapitel.
4. Wir müssen uns hier mit der Skizzierung dieses allgemeinsten Sachverhalts begnügen, ohne die notwendigen rechtlichen Zusatzinstitute zur Eigentumsgarantie zu diskutieren, die zur rechtlichen Sicherung der ökonomischen Herrschaft des Kapitals über die Arbeit (Arbeitsrecht (vgl. Sinzheimer, 1923, S. 844–72), Tarifvertragsrecht etc.) und der entwickelten Warenzirkulation (Handelsrecht, Wechselrecht etc.) erforderlich sind. (Vgl. Überblick bei Renner (1965), 2. und 3. Kapitel.)

   Wir haben nun gesehen, wie das Recht, das zunächst die allgemeinen Interessen aller Mitglieder der bürgerlichen Gesellschaft auszudrücken schien, über die abstrakte Garantie des *›Privateigentums überhaupt‹ auch das Privateigentum an den objektiven Produktionsbedingungen und damit die Klassenherrschaft garantiert.* Dabei ist zu betonen, daß jener begriffliche Funktionswandel, dem das Rechtsinstitut ›Privateigentum‹ dadurch unterliegt, daß es das Privateigentum an den objektiven Produktionsbedingungen garantiert, an ihm selbst nicht ablesbar ist – vielmehr in seiner Allgemeinheit gerade versteckt bleibt. Recht ›wird‹ damit innerhalb unserer begrifflichen Entfaltung inhaltlich zum ›Klassenrecht‹: Recht, das die Interessen der ökonomisch herrschenden Klasse(n) schützt. Die Rede vom ›Klassenrecht‹, besonders die von der ›Klassenjustiz‹ ist in dreifacher Weise mißverständlich: zum einen kann sie sich – dem Begriff nach – nicht auf die Form selber beziehen. Hierin besteht ja gerade die wesentliche Differenz zwischen (bürgerlichem) Recht und z. B. feudalen Privilegien. Zum zweiten ist damit seine objektive und strukturelle gesellschaftliche Funktion angesprochen, keineswegs unmittelbarer Zweck, Wille, Motiv oder Bewußtsein von Richtern etc. (Gefahr der verkürzten und so unzulässigen Personalisierung). Zum dritten muß betont werden, daß nicht alle Rechtsnormen in der bürgerlichen Gesellschaft die Interessen ausschließlich der herrschenden Klasse(n) beinhalten (vgl. etwa zur Warnung die grotesken Stellen über »Klassencharakter der Straßenverkehrsordnung« bei Klenner (1954), S. 38). Wir behandeln auch nicht die historisch notwendige Entwicklung ›sozialer‹ Dimensionen des bürgerlichen Rechts und Staats, wie sie z. B. vom ›juristischen Sozialismus‹ (vgl. Menger (1903) und ders. (1904), Radbruch (1973), § 18; ders. (1961), Renner (1965), S. 198ff.) in Richtung auf eine Überwindung des Kapitalismus ideologisiert werden.
5. Dieses ›Werden‹ des Rechtsstaats zum Klassenstaat ist zunächst rein begrifflich zu verstehen. Diese zweite notwendige Seite des bürgerlichen Staats kann zwar erst nach der Darstellung des ›Umschlags des Aneignungsgesetzes‹ entwickelt werden, ist aber realiter ebenso der Analyse vorausgesetzt wie die vollentwickelte kapitalistische Warenproduktion der Analyse der einfachen Zirkulation. Es handelt sich also zunächst nur um stufenweise Entfaltung der Struktur des bürgerlichen Staats. In dem Maß jedoch, in dem sich auch historisch ein Übergang von unentwickelter ›einfacher‹ Warenproduktion zur kapitalistischen Warenproduktion aufzeigen läßt, ist diese Aufeinanderfolge von ›Rechtsstaat‹ und ›Klassenstaat‹ auch historisch interpretierbar. Vgl. hierzu beispielhaft Marx' Analyse

der Entwicklung der amerikanischen Kolonien (MEW 17/624 u. ö.).

6. Vgl. MEW 17/336, 540 ff., 594 u. ö. Die wichtigsten Stellen von Marx und Engels zum Klassencharakter des Staats sind in Lenins »Staat und Revolution« zusammengetragen und interpretiert. Eines der theoriegeschichtlichen und politischen Verdienste Lenins besteht gerade in der energischen Betonung des Klassencharakters auch des bürgerlichen Staates in seinen verschiedensten Formen.
Das Moment der Rechtsstaatlichkeit des bürgerlichen Staats braucht dem Moment seines Klassencharakters nicht nur nicht zu widersprechen, sondern ist die Form, in der sich die Funktion des bürgerlichen Staats als Garant der Bedingungen der Klassenherrschaft der Bourgeoisie vollziehen. Dies soll im Titel dieses Abschnitts: Bürgerlicher *Rechts*staat als Klassenstaat, ausgedrückt sein. Die staatliche Gewalt (›Eingriffsverwaltung‹) richtet sich nun nicht mehr einfach gegen rechtsbrechende ›Personen‹, sondern – potentiell oder aktuell – gegen ökonomisch exploitierte und um ihre Emanzipation kämpfende Klassen.

7. In der gängigen Redeweise setzen ›Mittel‹, ›Instrument‹, ›Werkzeug‹ etc. ein Bewußtsein sowohl der Funktion wie der zu erreichenden Zwecke voraus. Die Betonung der Objektivität dieser Funktion des bürgerlichen Staates soll andeuten, daß ›Mittel‹ hier nur im übertragenen Sinne verstanden werden kann. Die Marxsche Theorie würde an diesem Punkte generell mißverstanden, würde der Zusammenhang von ökonomischer und politischer Macht etwa auf direkten Einfluß der herrschenden Klasse auf Regierung, Abgeordnete etc. (Korruption, Lobbyismus) reduziert. Auch die Gefahr einer Verkennung einer – in gewissen Grenzen – relativ eigenständigen politischen Entwicklung, die in der Redeweise von den ›Mitteln‹, die die ›Bourgeoisie‹ als imaginäres Subjekt einsetze, um bestimmte politische Zwecke durchzusetzen, steckt, kann hier nur erwähnt werden.

8. Daß die rechtlich gesicherte Klassenunterdrückung (›Eingriffsverwaltung‹) keineswegs die einzig notwendige Funktion des bürgerlichen Staats ist, haben wir bereits oben angedeutet (vgl. Kapitel 33, Zusatz 12). Wir haben nun die grundlegenden Voraussetzungen (aber auch: *nur* diese!) entwickelt, nicht nur die rechtliche Form, sondern auch das Moment der Klassenherrschaft in allen staatlichen Leistungen zur Erstellung der allgemeinen Rahmenbedingungen der gesellschaftlichen Produktion zu begreifen. Beides nun an den mit der Entwicklung der Produktivkraft notwendigen gesellschaftlichen Funktionen (Gesundheitswesen, Bildungswesen etc.) aufzuzeigen, die in Klassengesellschaften zu staatlichen Funktionen werden können, würde hier den Rahmen sprengen. Dies gilt ebenfalls für die staatlichen Tätitgkeiten in der Geld-, Kredit- und Währungspolitik, der Konjunkturpolitik, Einkommenspolitik etc., die – grob gesprochen – aufgrund der spezifisch kapitalistischen Produktionsverhältnisse notwendig sind. Auch die Finanzierung des umfangreichen staatlichen Apparats und der staatlichen Leistungen, die ›ökonomische Existenz des Staates‹ (Steuer, öffentlicher Kredit etc.), kann hier nicht behandelt werden.
Im 39. Kapitel werden wir jedoch anläßlich der Diskussion des ›Absterbens des Staates‹ die Wichtigkeit der Unterscheidung zwischen ›gesellschaftlichen‹ und ›staatlichen‹ Funktionen etwas genauer behandeln.

9. Die bei der Analyse der einfachen Zirkulation dargestellte *Möglichkeit* der Verselbständigung des arbeitsteiligen öffentlichen Apparats als Staatsapparat gegen

›die Gesellschaft‹ der noch nicht differenzierten Warenbesitzer wird nun nach der Darstellung der Klassengliederung zur Notwendigkeit oder *Wirklichkeit*. Wir versuchen mit dieser Begrifflichkeit im Gegensatz zu Marx und Engels, die an diesem Punkt terminologisch wie inhaltlich äußerst ungenau bleiben, zu unterscheiden zwischen der Verselbständigung des Staatsapparats als ›regierendem Ausschuß‹ der herrschenden Klasse(n) gegen die unterdrückten Klassen der bürgerlichen Gesellschaft und der Verselbständigung des Staatsappparats gegen alle gesellschaftlichen Klassen, auch gegen die herrschenden. Mit der Ausbildung eines arbeitsteiligen Staatsapparats (vgl. Kautsky (1918), S. 15: »Eine Klasse kann herrschen, aber nicht regieren«) besteht gegenüber der (im Zitat MEW 21/170f.) angesprochenen ›Regel‹ auch die Möglichkeit einer relativen Verselbständigung des Staates gegenüber den inhaltlichen oder materialen Interessen der herrschenden oder um die Herrschaft kämpfenden Klassen. Vgl. zu diesem Problem die Diskussion um das relative ›Gleichgewicht der Klassenkräfte‹ (statt zahlloser anderer Stellen: MEW 3/62, 178, 345 und MEW 21/167 u. ö.) bei Bauer (1924) und in seinem Versuch der Interpretation der österreichischen Revolution (1965). Vgl. unten 37. Kapitel.

10. Vgl. hierzu Engels: ›Ursprung der Familie . . .‹, MEW 21/164–173, und Lenins Arbeit: ›Staat und Revolution‹, 1. Kapitel: ›Klassengesellschaft und Staat‹, (1960), S. 197ff. Wir haben jetzt mit der Erkenntnis des bürgerlichen Staats als ›Instrument‹ der Klassenherrschaft auch das dritte und wesentlichste Bestimmungsmoment der allgemeinen Staatsdefinition der marxistisch-leninistischen Staatstheorie eingeholt (vgl. oben Kapitel 33, Zusätze 6 und 8). Wir haben bereits (im 33. Kapitel, Zuatz 8) angedeutet, daß erst auf der jetzt erreichten Stufe in gewissem Sinne vom ›fertigen‹ Staat als ›Staat‹ gesprochen werden kann, der nun kurz als arbeitsteilige, öffentliche Gewalt im Interesse der ökonomisch herrschenden Klasse(n) gegen die ökonomisch unterdrückten Klassen definiert werden könnte. Wir werden im 39. Kapitel auf diese drei Momente und ihr Verhältnis zueinander ausführlicher eingehen.

Fragen zur Diskussion

1. Handelt es sich beim freien und gleichen Austausch der Arbeitskraft um einen bloßen Schein? Widersprechen sich rechtliche Form und ökonomischer Inhalt des Kapitalverhältnisses?
2. Inwiefern hat auch der Arbeiter ein ›Interesse‹ an der Garantie von Freiheit, Gleichheit, Eigentum?
3. Inwiefern widerspricht das Interesse der Arbeiter diesen rechtlichen Regelungen?
4. Unter welchen Bedingungen ist es gerechtfertigt zu sagen, daß das gemeinsame Interesse aller Warenbesitzer sich inhaltlich als das besondere Interesse der Klasse der Besitzer der objektiven Produktionsbedingungen erweist?
5. Wird durch die Identität von ökonomischer und politischer Macht die These der Trennung von Staat und bürgerlicher Gesellschaft tangiert? Wenn ja, warum, wenn nein, warum nicht?
6. Sehen Sie einen Gegensatz zwischen ›Rechtsstaat‹ und ›Klassenstaat‹?
7. Warum bezeichnet Marx den Staat als ›illusorische Gemeinschaft‹?

IV. Abschnitt: Politische Formen der Klassenherrschaft der Bourgeoisie und politische Form der sozialen Emanzipation des Proletariats.

Lernziele:

Auf der Grundlage des dargestellten Widerspruchs zwischen Demokratie und Klassenherrschaft in der bürgerlichen Gesellschaft wollen wir untersuchen, unter welchen Bedingungen die Klassenherrschaft der Bourgeoisie in demokratischen Formen möglich ist; wir wollen verfolgen, wie jener Widerspruch im Klasseninteresse der Bourgeoisie durch den Übergang zu personalen Formen der Klassenherrschaft vorübergehend zurückgedrängt werden kann und wie er durch die politische Form der sozialen Emanzipation des Proletariats mit der Aufhebung der Klassenherrschaft insgesamt zum Verschwinden kommt.

Textgrundlage:

Karl Marx, Der 18. Brumaire des Louis Bonaparte, MEW 8, S. 120–158; ders, Der Bürgerkrieg in Frankreich, MEW 17, S. 335–345.

36. Kapitel: Bürgerliche Demokratie. Widerspruch zwischen demokratischer Form der Herrschaft und Klassenherrschaft der Bourgeoisie.

Wir wollen zunächst den aus der Strukturanalyse der bürgerlichen Gesellschaft entwickelten inneren Widerspruch der demokratischen Verfassung der bürgerlichen Herrschaft verfolgen und nach den Bedingungen fragen, unter denen die Herrschaft der Bourgeoisie überhaupt in demokratischen Formen möglich ist. Wir werden dabei einerseits sehen, welche Beschränkungen die Demokratie in der bürgerlichen Gesellschaft bei entwickeltem Klassengegensatz erfährt, und andrerseits, daß die demokratische Form nur eine der politischen Formen der Klassenherrschaft der Bourgeoisie darstellt.

§ 1. Das ›Volk‹, der ›Träger‹ des grundlegenden demokratischen Prinzips der Volkssouveränität, stellt sich uns nun nicht mehr in jener schönen Einheitlichkeit dar, die die Ebene der einfachen Zirkulation charakterisierte. Die gemeinsame Eigenschaft aller Mitglieder der bürgerlichen Gesellschaft, Warenbesitzer zu sein, erwies sich uns als bloße Form, unter der sich der fundamentale Gegensatz der Grundklassen der bürgerlichen Gesellschaft von Bourgeoisie und Proletariat, verbarg. Die allgemeinen, freien und gleichen Wahlen bringen daher nun – sofern die durch den Klassengegensatz gespaltenen Wähler Kandidaten wählen, die ihre Klasseninteressen vertreten – statt des *»eingebildeten* Volkes ... das *wirkliche* Volk ans Tageslicht,

d. h. Repräsentanten der verschiedenen Klassen, worin es zerfällt« (MEW 7/29).[1]

Unter der Voraussetzung des ›reinen‹ vollentwickelten Kapitalismus, die im ›Kapital‹ gemacht wird, müssen wir davon ausgehen, daß nur Bourgeoisie und Proletariat existieren und daß das Proletariat die überwiegende Mehrheit der Bevölkerung darstellt. *Unterstellt*, das Proletariat sei sich seines Klassengegensatzes gegen die Bourgeoisie völlig bewußt, sehen wir nun, daß die demokratische Herrschaftsform als Ausdruck der Beziehungen von freien und gleichen Warenbesitzern derart im Widerspruch steht mit der ökonomischen Klassenherrschaft der Bourgeoisie als Ausdruck eben dieser entwickelten Warenbeziehungen, daß die politische – und darüber vermittelt auch die ökonomische – Klassenherrschaft der Bourgeoisie gar nicht möglich wäre. Die Arbeiter würden ihre demokratischen politischen Rechte als ›Mittel‹ (vgl. MEW 4/373) benutzen, die Bedingungen der ökonomischen Klassenherrschaft der Bourgeoisie abzuschaffen.

Dieser Widerspruch zwischen demokratischen Formen und Klassenherrschaft der Bourgeoisie, nicht ein Widerspruch im Denken, sondern in der Struktur der bürgerlichen Gesellschaft selber, ist von Marx in abstrakter Weise schon sehr früh erkannt worden: Die Erkämpfung des allgemeinen Wahlrechts »ist also innerhalb des *abstrakten politischen Staats* die Forderung seiner *Auflösung*, aber ebenso der *Auflösung der bürgerlichen Gesellschaft*« (MEW 1/327). »Der Staat als Staat annuliert z. B. das *Privateigentum*, der Mensch erklärt auf *politische* Weise das Privateigentum für *aufgehoben*, sobald er den *Zensus* für aktive und passive Wählbarkeit aufhebt, wie dies in vielen nordamerikanischen Staaten geschehen ist. *Hamilton* interpretiert dies Faktum von politischem Standpunkte ganz richtig dahin: ›*Der große Haufen hat den Sieg über die Eigentümer und den Geldreichtum davongetragen*‹. Ist das Privateigentum nicht ideell aufgehoben, wenn der Nichtbesitzende zum Gesetzgeber des Besitzenden geworden ist?« (MEW 1/354)

In den späteren politischen Schriften wird jener reale Widerspruch zwischen ökonomischer und politischer Struktur der bürgerlichen Gesellschaft zum Angelpunkt, den Übergang aus der demokratischen Form der Klassenherrschaft der Bourgeoisie in ihre personalen (gewöhnlich: diktatorischen) Formen einerseits, in die politische Form der sozialen Emanzipation des Proletariats andrerseits zu begreifen: »Der »umfassende Widerspruch« der bürgerlich-demokratischen Verfassung »besteht darin: die Klassen, deren gesellschaftliche Sklaverei sie verewigen soll, Proletariat, Bauern, Kleinbürger, setzt sie durch das allgemeine Stimmrecht in den Besitz der politischen Macht. Und der Klasse, deren alte gesellschaftliche Macht sie sanktioniert, der Bourgeoisie, entzieht sie die politischen Garantien dieser Macht. Sie zwängt ihre politische Herrschaft in demokratische Bedingungen, die jeden Augenblick den feindlichen Klassen zum Sieg verhelfen und die Grundlagen der bürgerlichen Gesellschaft selbst in Frage stellen (können – d. Verf.). Von den einen verlangt sie, daß sie von der politischen Emanzipation nicht zur sozialen fort –, von den anderen, daß sie von der sozialen Restauration nicht zur politischen zurückgehen« (MEW 7/43, vgl. MEW 6/200; MEW 7/93, 520; MEW 8/40, 152 ff.; MEW 17/340, 390, 544; MEW 38/69).

§ 2. Damit sind wir zu einem anscheinend paradoxen Ergebnis gelangt: es sieht einerseits so aus, als sei die demokratische Herrschaftsform die dem Begriff der bürgerlichen Produktion entsprechende und darum auch historisch notwendige Form der Herrschaft; andrerseits, als sei gerade dadurch die politische Herrschaft der Bourgeoisie überhaupt – und darüber vermittelt auch die ökonomische Exploitation des Proletariats durch die Bourgeoisie – gar nicht möglich. Die Erfahrung zeigt jedoch nicht nur, daß die ökonomische Klassenherrschaft der Bourgeoisie tatsächlich möglich ist, sondern auch, daß die demokratische Form der Herrschaft der Bourgeoisie die historisch relevanteste politische Form ihrer Herrschaft ist. Stehen also die Resultate unserer theoretischen Überlegungen im Widerspruch mit der realen Geschichte der bürgerlichen Gesellschaft?

Wir haben bereits im 30. Kapitel auf den wesentlichen Unterschied zwischen Untersuchungen der ökonomischen, rechtlichen und politischen Struktur der bürgerlichen Gesellschaft einerseits und Untersuchungen ihrer Geschichte andrerseits aufmerksam gemacht. Bei der folgenden Diskussion der beiden Bedingungen, unter denen Klassenherrschaft der Bourgeoisie in demokratischen Formen möglich ist, müssen wir hierauf zurückgreifen. Bisher hatten wir unterstellt: 1. Das Proletariat ist sich seiner objektiven Klassenlage bewußt; und 2. das Proletariat bildet die überwiegende Mehrheit der Bevölkerung. Unter diesen beiden Voraussetzungen war Klassenherrschaft der Bourgeoisie in demokratischen Herrschaftsformen nicht möglich. Wenig Überlegung zeigt nun schon, daß diese Voraussetzungen keineswegs unmittelbar gegeben sind.

Zu 1. Solange die Arbeiterklasse sich ihres objektiven Gegensatzes gegen die Bourgeoisie nicht bewußt ist, ist offensichtlich auch bei überwiegender Mehrheit des Proletariats die Herrschaft der Bourgeoisie in demokratischen Formen möglich. (Dies ist die für die entwickelten kapitalistischen Staaten der Gegenwart typische Situation). Marx und Engels geben für diesen Sachverhalt im wesentlichen zwei Gründe an: *Zum einen* erzeugt die beständige Reproduktion des kapitalistischen Produktionsprozesses bei den Produktionsagenten stets erneut ein verkehrtes Bewußtsein der tatsächlichen Verhältnisse (vgl. besonders MEW 23/562–64). *Zum andern* aber resultiert dies verkehrte, der objektiven Klassenlage nicht entsprechende Bewußtsein aus Überlieferung von Bewußtseinsformen, die einer durch den Proletarisierungsprozeß überwundenen Stellung zu den Produktionsmitteln (Kleineigentum) entsprechen (Eigentumsillusionen, Aufstiegsillusionen etc.)[2]

Zu 2. Der Kapitalismus fällt nicht in jener ›reinen‹ Form vom Himmel, wie er als Resultat einer langen Entwicklung der Analyse im ›Kapital‹ vorausgesetzt ist. Das Kapitalverhältnis ist vielmehr Ergebnis der historischen Trennung der unmittelbaren Produzenten von den objektiven Produktionsbedingungen, und diese Trennung geschieht nicht auf einen Schlag, sondern als langwieriger geschichtlicher Prozeß der Auflösung des Kleineigentums (Kleinbauern, Kleinbürger) oder der ›Zwischenklassen‹. Solange daher die Arbeiterklasse noch die Minderheit der Bevölkerung bildet, ist die Klassenherrschaft der Bourgeoisie ebenfalls in demokratischen Formen möglich, solange sich die Zwischenklassen ihres Gegensatzes zur Bourgeoisie nicht bewußt sind. Eine »demokratische Staatsverfassung« würde nach Ansicht von Marx und Engels allenfalls in »altzivilisierten Ländern mit entwickelter Klassenbildung, mit modernen Produktionsbedingungen und mit einem geistigen Bewußtsein, worin alle überlieferten Ideen durch jahrhundertelange Arbeit aufgelöst sind« (MEW 8/122), »direkt oder indirekt die politische Herrschaft des Proletariats herstellen. Direkt in England, wo die Proletarier schon die Majorität des Volkes ausmachen. Indirekt in Frankreich und Deutschland, wo die Majorität des Volkes nicht nur aus Proletariern, sondern auch aus kleinen Bauern und Bürgern besteht, welche eben erst im Übergang ins Proletariat begriffen sind« (MEW 4/372f., vgl. 317 und 392; MEW 17/643).

Diese kurze Andeutung der beiden Bedingungen, unter denen die Klassenherrschaft der Bourgeoisie in demokratischen Formen historisch möglich ist, kann das adäquate Veständnis des aus der Analyse der Struktur der bürgerlichen Gesellschaft resultierenden Widerspruchs zwischen ›Demokratie‹ und ›Klassenherrschaft‹ erleichtern: Der Verweis auf diesen Widerspruch impliziert keineswegs eine direkte Aussage über die Geschichte der bürgerlichen Gesellschaft, muß sich vielmehr in den verschiedenen Entwicklungsperioden des Kapitalismus und den historisch spezifischen Bedingungen innerhalb eines kapitalistischen Landes je verschieden ausdrükken. Ob die Bourgeoisie von der ›sozialen‹ auch zur ›politischen Restauration‹ zurückgehen kann, oder ob das Proletariat und die verbündeten Zwischenklassen von der politischen auch zur sozialen Emanzipation voranzuschreiten in der Lage sind, darüber können konkrete Aussagen nur unter Berücksichtigung des Entwicklungsgrades des Kapitalistmus und des jeweils besonderen historischen Kräfteverhältnisses der kämpfenden Klassen in bestimmten Ländern gemacht werden. Wir werden uns jedoch in der folgenden Diskussion der politischen Formen der Klassenherrschaft der Bourgeoisie darauf beschränken müssen, die Bedingungen ihrer Möglichkeit sowie ihre angebbaren Auswirkungen abstrakt – wenn auch unter dem leitenden Gesichtspunkt ihres historischen Relevanz – zu bestimmen.[3]

§ 3. Wir haben nunmehr die notwendigen Voraussetzungen entwickelt, um jenen scheinbar bloß innertheoretischen Widerspruch zwischen Aussagen von Marx und Engels über die demokratische Republik als »konservative Lebensform« (MEW 8/122) oder adäquate, konsequente Form der Klassenherrschaft der Bourgeoisie einerseits, als »politische Umwälzungsform« (ebd.), »Durchgangsmoment«, »Zwischenreich« etc. andrerseits, als realen historischen Widerspruch aufzuzeigen. Er zeigt die *gegensätzlichen Funktionen demokratischer Herrschaftsform in der bürgerlichen Gesellschaft* an, in welchen verschiedene historische Situationen, verschiedenes politisches Kräfteverhältnis der Klassen usw. zum Ausdruck kommen.

Verkürzt zusammengefaßt ist die Demokratie als »normale politische Form der (bürgerlichen – d. Verf.) Gesellschaft« (MEW 17/594) nur unter folgenden Bedingungen möglich: Einerseits muß die Entwicklung des Kapitalismus die feudalen Produktionsverhältnisse unterminiert oder bereits aufgelöst haben. Im Gegensatz zum entwickelten Feudalismus hat die Bourgeoisie »keinen König, die wahre Form ihrer Herrschaft ist die Republik« (MEW 7/40). Andrerseits darf der politische Klassengegensatz zwischen Bourgeoisie und Proletariat noch nicht scharf fixiert und voll entwikkelt sein. »Solange die unterdrückte Klasse, . . . das Proletariat, noch nicht reif ist zu seiner Selbstbefreiung, solange wird sie, der Mehrzahl nach, die bestehende Gesellschaftsordnung als die einzig mögliche erkennen und politisch der Schwanz der Kapitalistenklasse, ihr äußerster linker Flügel sein« (MEW 21/168, vgl. MEW 17/593).[4]

Marx und Engels machen auf zwei, für das Verständnis der bürgerlichen Republik wesentliche Momente aufmerksam, die wir kurz benennen wollen:

1. Solange das Privateigentum an den Produktionsmitteln als Bedingung der ökonomischen Exploitation der Arbeiterklassen allgemein garantiert ist, ist auch die demokratische Republik eine politische Form der Klassenherrschaft der Bourgeoisie: *bürgerliche* Republik, was den Inhalt anbelangt. Ob diese Klassenherrschaft mehr in ›friedlichen‹, ›liberalen‹ oder in offen terroristischen Formen sich vollzieht, hängt ganz von den besonderen historischen Bedingungen ab. Stets jedoch ist ihr Zweck die Aufrechterhaltung der *»Ordnung* – das ist der Name für die ökonomischen und politischen Bedingungen ihrer (s. c. der Fraktion der herrschenden Klasse – d. Verf.) Klassenherrschaft und der Knechtung der Arbeit« (MEW 17/517 u. ö.).

2. Im Gegensatz zu den verschiedenen personalen Formen der Klassenherrschaft (z. B. absolute Monarchie, Bonapartismus, Faschismus, Militärdiktaturen) bezeichnet Marx die demokratische Form als »anonyme Form«

(MEW 8 und 17 pass.) der Herrschaft. In der bürgerlichen Republik kann sich die ökonomisch begründete Klassenherrschaft nicht mehr hinter personaler Herrschaft und politischer Ungleichheit verstecken. Darin liegt ein nicht zu vernachlässigendes Moment der Aufklärung der Arbeiter über ihre tatsächliche Stellung im Reproduktionsprozeß (vgl. MEW 7/18; MEW 8/140, 153 u. ö.). Weil jedoch in der bürgerlichen Republik nach der Beseitigung des Wahlzensus »der Reichtum seine Macht indirekt« (MEW 21/167) ausübt, weil man dann »offiziell nichts mehr von Besitzunterschieden« weiß (ebd.), ist die bürgerliche *Republik* jene »Form der Klassenherrschaft, die vorgibt, die Selbstherrschaft der Gesellschaft zu sein« (MEW 17/541). Die bürgerliche Republik erlaubt demnach nicht nur Aufklärung der Arbeiter über den ökonomisch begründeten Klassencharakter der bürgerlichen Gesellschaft, sondern in ihrer Form selber liegt zugleich ein Moment der Verschleierung oder Mystifikation des Klassencharakters des bürgerlichen Staats, das uns aus unserer bisherigen Analyse bereits bekannt ist. Ob allerdings der Reichtum in der Form der demokratischen Republik seine Macht zwar indirekt, »aber um so sichrer« ausüben kann (MEW 21/167), ob das allgemeine Wahlrecht das adäquate Mittel zur Aufrechterhaltung der Klassenherrschaft der Bourgeoisie darstellt, und die demokratische Republik daher wirklich die konservative Lebensform der bürgerlichen Gesellschaft darstellt, hängt von Bedingungen ab, deren näherer Betrachtung wir uns nun zuwenden müssen.

Erläuterungen und Zusätze

1. Wie der ›Wähler‹ nun nicht mehr einfach abstrakter Staatsbürger, sondern Mitglied einer Klasse im Gegensatz zu andern Klassen der bürgerlichen Gesellschaft ist, wie im Wahlvorgang nicht mehr – oder nicht mehr nur – das gemeinsame formale Interesse bestimmend ist, sondern das gegensätzliche, inhaltliche Klasseninteresse, so sind auch die gewählen Repräsentanten nur noch dem Scheine oder der Form nach Repräsentanten des ›Volkes‹, der ›Allgemeinheit‹ oder der Mehrheit; nur ›ihrem Gewissen verpflichtet‹ und unabhängig. Dem Inhalt nach sind sie ebenso wie die von ihnen gewählte Regierung neben ihren eigenen unmittelbaren Privatinteressen (Diätenerhöhungen, Abgeordnetenpension, ›Beraterverträge‹ etc.) den besonderen Interessen bestimmter Klassen verpflichtet. Das ›freie‹ Mandat ist also einerseits notwendiger Ausdruck des Scheins der einfachen Zirkulation, andrerseits – nicht nur rein terminologisch – ein Widerspruch in sich (vgl. z. B. JELLINEK (1966), S. 566–594 und KELSEN (1966), S. 312–316; SCHMITT (1970), S. 217ff.; vgl. S. 311 ff. über Parlament als ›Volksrepräsentant‹ versus ›Interessenausschuß‹. Schmitt jedoch macht keinen Unterschied zwischen begrifflicher und historischer Entwicklung und rutscht daher bezüglich seiner Stellungnahme zum ›Konkurrenzkapitalismus‹, ›Liberalismus‹ etc. notwendig in historische Apologetik ab.).
   Der Zusammenhang von Klassenfraktionen, Parteien, Verbänden, Abgeordneten und Regierung, Probleme der »Parteiendemokratie« etc. können hier nicht unter-

sucht werden. Wir müssen nur nochmals vor naiven Vorstellungen einer direkten oder unmittelbaren Umsetzung von ökonomischer in politische Macht als ›Regel‹ warnen, in welchen der Prozeß der Formulierung, Filterung und Umsetzung von Gruppen- und Klasseninteressen unterschlagen wird. Das Luhmannsche Lob jener »indirekte(n) Form der Interessendurchsetzung auf dem Umwege über die Politik« (LUHMANN, 1971b, S. 77) verweist uns – wie seine Beiträge zur politischen Soziologie generell – auf Mechanismen, die als Reaktionsbildungen auf den Widerspruch zwischen Demokratie und Klassenherrschaft in der bürgerlichen Gesellschaft zu entziffern sind. Deren wichtigster ist wohl die parlamentarische Beschränkung der Demokratie (vgl. 37. Kapitel, Zusatz 1 und 39. Kapitel; vgl. die faschistoide ›Parlamentarismus‹ – und ›Liberalismus‹–Kritik von SCHMITT (1970), § 24 und andere Arbeiten, die von konträrer Position und Stoßrichtung aus – und rein ›politologisch‹ – jene Schranken deutlich machen). Die Gefahr der Beschneidung demokratischer Kontrollmöglichkeiten durch die Entwicklung der ›Parteiendemokratie‹, die Gefahren einer Verselbständigung der Legislative gegenüber dem ›Volk‹ und einer Verselbständigung der Parteiführungen gegenüber ihren Mitgliedern völlig zu verkennen, ist eine der folgenreichen ›Naivitäten‹ KAUTSKYS (1922), S. 125ff.).

2. Ein wichtiger Mangel der Marxschen Schriften zur politischen Entwicklung Frankreichs ist nach Ansicht d. Verf. darin zu sehen, daß in ihnen verkehrtes Bewußtsein der Arbeiter nur auf diesen zweiten Grund zurückgeführt wird.
3. Wir können hier auch nicht den Versuch machen, die Prognosen von Marx/Engels über eine notwendige historische Entwicklung der Sozialstruktur, des politischen Kräfteverhältnisses der Klassen und der politischen Formen der Klassenherrschaft der Bourgeoisie ausführlich zu diskutieren. Die hiermit angesprochene Unterscheidung jedoch zwischen einer ›logisch‹ oder ›begrifflich‹ notwendigen historischen Entwicklung und einer ihr gegenüber relativ zufälligen realhistorischen Entwicklung ist sowohl grundlegend für das adäquate Verständnis der Marxschen Schriften zur Geschichte Frankreichs im 19. Jh., als auch für den Zusammenhang der Erkenntnis der realen Geschichte überhaupt, wie er nach Ansicht d. Verfasser auf der Basis der Marxschen Theorie zu denken ist. Sie soll daher kurz umrissen werden: 1. Das Begreifen der realen Geschichte als Weltgeschichte und nicht bloß als zielloses unverbundenes Neben- oder Nacheinander von Ereignissen, in welcher die handelnden Individuen wie der wissenschaftliche Forscher ertrinken, ist nur möglich auf der Grundlage einer Konzeption notwendiger historischer Entwicklung, die sich durch die ›Zufälligkeiten‹ der realhistorischen Entwicklung hindurch entfaltet und die allein die Richtung der wissenschaftlichen Geschichtsbetrachtung und nichtwillkürliche Kriterien der Auswahl des historischen Stoffes geben kann. Die im historischen Materialismus entwickelten Konzeption ist nicht zu verwechseln mit idealistisch-teleologischer Geschichtskonstruktion; sie erhebt vielmehr den Anspruch, ihre Entwicklungsgesetze auf empirisch überprüfbare, wissenschaftliche Weise zu gewinnen. Sie ist andrerseits Voraussetzung einer wissenschaftlichen Kritik an historischer Faktenhuberei, deren Verzicht aufs Begreifen schon von Hegel einer scharfen, treffenden Kritik unterzogen wurde. (Vgl. Ansätze marxistischer Kritik am Historismus bei BOLLHAGEN (1966) und MORFF (1970), S. 13–32; vgl. von anderer Seite: PILOT (1969)). 2. Die Konzeption einer

notwendigen historischen Entwicklung bleibt solange bloß subjektive Konstruktion, hypothetisches Entwicklungsmodell oder -muster, als sie nicht empirisch belegt ist. Davon abgesehen jedoch, daß auf jedes, wie auch immer zustandegekommenes ›Bewegungsgesetz der Geschichte‹ die »Probe« (MEW 8/562) gemacht werden muß, gilt für die Marxsche Konzeption derartiger notwendiger Entwicklungstendenzen, daß diese nicht willkürlich hypostasiert oder von außen an die Geschichte herangetragen sind, sondern als notwendiger Ausdruck der inneren Struktur der untersuchten realen Verhältnisse entfaltet werden sollen. Für die Logik der Entwicklung der kapitalistischen Gesellschaftsformation bedeutet dies, daß die notwendigen Entwicklungstendenzen des kapitalistischen Akkumulationsprozesses und ihre Auswirkungen auf die Veränderung der Sozialstruktur und der politischen Verhältnisse eben aus der Analyse der ökonomischen Struktur dieser Gesellschaft heraus begründet werden müssen. Für die notwendigen ökonomischen Entwicklungstendenzen der kapitalistischen Produktionsweise (vgl. Gesetze der wachsenden organischen Zusammensetzung, der Zentralisation, Expropriation, des tendenziellen Falls der Durchschnittsprofitrate) ist dies von Marx im ›Kapital‹ in Ansätzen geleistet worden. Implizit enthalten darin sind begründete Aussagen über die mit der Entwicklung des Kapitalismus notwendige Veränderung der Sozialstruktur der bürgerlichen Gesellschaft (Tendenz der zunehmenden Proletarisierung, der Auflösung der Zwischenklassen etc.). Trotz der erkannten Tatsache, daß sich das statistische Größenverhältnis der Klassen und seine Veränderung infolge der Entwicklung der Sozialstruktur keineswegs direkt im politischen Kräfteverhältnis der Klassen und seiner Veränderung ausgedrückt; daß wesentliche Faktoren, die das Bewußtsein der jeweiligen Klassen und seine Entwicklung, darüber vermittelt, das politische Kräfteverhältnis der Klassen bestimmen, überhaupt nicht unabhängig von jeweils spezifisch-historischen, ›begrifflich-zufälligen‹ Situationen diskutiert werden können (Verbrechen, Kriege, politische ›Dummheiten‹ der herrschenden Klassen etc.), trotz alledem waren Marx und Engels der Auffassung, daß auch Aussagen über eine notwendige Entwicklung der politischen Formen der Klassenherrschaft der Bourgeoisie möglich sind (vgl. Schluß dieses Zusatzes). 3. Sowohl die Analyse der Struktur der bürgerlichen Gesellschaft wie die ihrer notwendigen historischen Entwicklungstendenzen finden ihre ›Bewährung‹ nicht in sich; beide dienen vielmehr als Mittel zur Erkenntnis der realen Geschichte, und nur insofern sind ihre Aussagen überhaupt empirisch falsifizierbar und damit der Möglichkeit nach nichtmetaphysischer Natur. (Vgl. zum ganzen Zusammenhang: Bader, Berger, Ganssmann u. a. (1975), Kap. I) Ohne die strenge Unterscheidung von ›Logik der Geschichte‹ und realhistorischer Entwicklung können nach Ansicht der Verfasser die ›politischen Schriften‹ von Marx und Engels nicht adäquat begriffen werden. In einem Brief an Kugelmann macht Marx, Hegel folgend, auf jenen wesentlichen Unterschied aufmerksam: »Die Weltgeschichte wäre allerdings sehr bequem zu machen, wenn der Kampf nur unter der Bedingung unfehlbar günstiger Chancen aufgenommen würde. Sie wäre andrerseits sehr mystischer Natur, wenn ›Zufälligkeiten‹ keine Rolle spielten. Diese Zufälligkeiten fallen natürlich selbst in den allgemeinen Gang der Entwicklung und werden durch andre Zufälligkeiten wieder kompensiert. Aber Beschleunigung und Verzögerung sind sehr von solchen ›Zufälligkeiten‹ abhängig . . . Der Kampf der Arbeiterklasse mit der Kapitalistenklasse und ihrem Staat ist durch den Pariser Kampf (der Kommune – d. Verf.) in eine neue Phase getreten. *Wie die Sache auch unmittelbar verlaufe, ein neuer Ausgangspunkt von welthistorischer Wichtigkeit ist gewonnen«* (MEW 33/209, Herv. v. Verf.). Alle Aussagen über die ›Klassizität‹ der politischen Entwicklung Frankreichs (vgl. MEW 7/69, 511; MEW 8/561; MEW 36/160 u. ö.), alle Aussagen, in denen aktuelle Ereignisse als ›Zeichen der Zeit‹ interpretiert werden, die gesamte Interpretation der Tagesereignisse unterm Gesichtspunkt ihrer welthistorischen Wichtigkeit (worin Engels zurecht das Verdienst der Marxschen Arbeiten erblickt, vgl. MEW 17/615 u. ö.), sind unverständlich ohne eine zugrundeliegende Konzeption der notwendigen politischen Entwickung der bürgerlichen Gesellschaft, des proletarischen Klassenkampfs und des schließlichen Sieges des Proletariats. Der Zweck der Marxschen Schriften über die Entwicklung Frankreichs als Agitationsmaterialien besteht ja gerade jene »unbewußte Logik der französischen Geschichte« (MEW 37/120, vgl. 47) der Arbeiterklasse zum Bewußtsein zu bringen, um auf diese Weise dem Kampf des Proletariats gegen die bürgerliche Gesellschaft seine immanente Richtung zu weisen.

Wir wollen nun kurz jene am Beispiel Frankreichs formulierte ›klassische politische Entwicklung‹ der bürgerlichen Gesellschaft skizzieren, um einerseits hierdurch das Verständnis dieser Texte zu erleichtern, andrerseits aber vor vorschnellen Generalisierungen und einer weitgehenden Dogmatisierung der Marxschen Aussagen zu warnen. In bewußter Verkürzung und Zuspitzung ließen sich in jener notwendigen Entwicklung 3 Perioden unterscheiden: Eine Periode der Herausbildung der kapitalistischen Produktionsweise mit relativem Gleichgewicht der politischen Klassenkräfte »zwischen Grundadel und Bourgeoisie«, welches als »Grundbedingung der alten absoluten Monarchie« (MEW 18/257) angesehen werden kann. Eine Periode der relativ entwickelten bürgerlichen Gesellschaft, in der die Bourgeoisie den Grundadel politisch besiegt (Übergangsform: konstitutionelle Monarchie) und ökonomisch den Bedingungen der kapitalistischen Produktion assimiliert hat, in der andrerseits das Proletariat noch im Schlepptau bürgerlicher Politik oder dieser gegenüber politisch noch zu schwach ist. Ihr entspräche die demokratische Republik als ›konservative Lebensform‹. Schließlich eine Periode der entwickelten bürgerlichen Gesellschaft mit der politischen Alternative: demokratische Republik als politische Umwälzungsform in Richtung auf die soziale Emanzipation des Proletariats oder Rückfall in personale Form der Klassenherrschaft bei politischem »Gleichgewicht zwischen Bourgeoisie und Proletariat« als der »Grundbedingung des modernen Bonapartismus« (MEW 18/257 u. ö.). Eine derartige empirisch-historische Typologie der Staatsformen kann natürlich nach Ansicht von Marx und Engels zureichend nur begründet werden durch Vergleich der ökonomischen und politischen Entwicklung der wichtigsten kapitalistischen Länder. Sie darf – eingedenk der Marxschen Warnungen vor »oberflächlichen geschichtlichen Analogien« (MEW 8/560), vor politologischem Kretinismus der Betrachtung der Formen der Herrschaft und der politischen Entwicklung unabhängig von der jeweiligen sozialökonomischen Situation und ihrer Veränderung – keinesfalls als dogmatischer Hebel geschichtsphilosophischer Konstruktionen mißverstanden werden (vgl. hierzu MEW 19/111 f.). Dies ist besonders zu betonen gegenüber Interpretationen, in denen die Marxschen Aussagen von der personalen Form der Klassenherrschaft als der »schließlichen«, »letzten« etc. Form der Klassenherrschaft der Bourgeoisie in eine »geschichtsphilosophische Theorie des allgemeinen Entwicklungsganges . . ., der allen Völkern schicksalsmäßig vorgeschrieben ist, was immer die geschichtlichen Umstände sein mögen, in denen sie sich befinden« (MEW 19/111 in anderem Zusammenhang) umgelogen werden. Erstens sind diese Aussagen bei Marx fast stets unter Einschränkungen formuliert (vgl. z. B. MEW 17/610 »zumindestens auf dem europäischen Kontinent«), zweitens stehen sie im Widerspruch zu Aussagen, in denen von einer zunehmenden ›Linksverschiebung‹ innerhalb der demokratischen Republik ausgegangen wird, welche »immer die letzte Form der Bourgeoisieherrschaft (sei – d. Verf.): die, in der sie kaputtgeht« (MEW 36/128, vgl. 159f., 240, 252f., 348, 379). Anstatt diesen scheinbaren Gegensatz der Prognosen produktiv zu interpretieren als Ausdruck des uns bereits bekannten Widerspruchs zwischen demokratischer Form und Klassenherrschaft der Bourgeoisie, der mit der weitern Entwicklung der bürgerlichen Gesellschaft sich zunehmend verschärfen dürfte und über dessen ›Lösung‹ ohne Analyse der konkreten historischen Bedingungen keine begründeten Aussagen möglich sind, wird die ›Lösung‹ der politischen Reaktion zur unausweichlichen historischen Notwendigkeit stilisiert. Dieser Gefahr erliegen sowohl das Projekt Klassenanalyse (1972), S. 149–53 u. ö., als auch Schluchter (1972), S. 55ff. Lenin und im Anschluß an ihn die marxistisch-leninistische Theorie begnügen sich mit dem unverbundenen Nebeneinander »zweier Tendenzen« bei der Charakterisierung der »Entwicklung der modernen kapitalistischen Gesellschaft« (Marxistisch-leninistische allgemeine Theorie des Staates und des Rechts, Bd. II, 1974, S. 259): Imperialismus als ›politische Reaktion auf der ganzen Linie‹ versus ›Streben der Volksmassen nach Demokratie‹. Der Gefahr, Paradoxien als »Dialektik der Entwicklung« (S. 258) auszugeben, und es damit bewenden zu lassen, kann so nur schwer ausgewichen werden.

4. Wie alle Warenbesitzer ein Interesse daran haben, daß die staatliche Gewalt nicht im Interesse von besonderen Privaten tätig wird, so haben auch die Besitzer der objektiven Produktionsbedingungen ein Interesse daran, daß die staatliche Gewalt nicht im »Privatinteresse« einzelner Kapitalisten oder besonderer Fraktionen der Kapitalistenklasse zu deren ökonomischem Vorteil tätig werden kann (vgl. MEW 8/172). Auf die Frage, ob überhaupt und wenn warum auch die Bourgeoisie ein Interesse an ›Demokratie‹ hat, ist daher zunächst zu antworten, daß es ›die Bourgeoisie‹ als handlungsfähiges Subjekt nicht unmittelbar gibt. Vielmehr bestehen verschiedene Fraktionen der herrschenden Klasse mit zum Teil sehr divergierenden und einander widersprechenden Interessen, aus denen sich das »allgemeine Klasseninteresse« (MEW 8/177) der Bourgeoisie als Resultat eines Prozesses ökonomischer und politischer Auseinandersetzung erst herausbilden muß. Nach Ansicht von Marx und Engels ist es nur in der Form der parlamentarischen Republik möglich, daß sich die besonderen Interessen der verschiedenen Fraktionen der herrschenden Klasse gleichermaßen Einfluß auf die Regierungsgewalt verschaffen können (vgl. MEW 8/140, 172 u. ö.). (Auf eine genaue Bestimmung der Fraktionen der herrschenden Klasse, auf ihr relatives ökonomisches und politisches Kräfteverhältnis und dessen historische Veränderung kann hier nicht eingegangen

werden.) Es ist daher zwar richtig, daß die Bourgeoisie fast stets (wichtige Ausnahmen: ›Glorious Revolution‹, und Vereinigte Staaten von Amerika) durch die unterdrückten Klassen der Arbeiter und Kleineigentümer zu den bürgerlich-demokratischen Revolutionen gezwungen wurde (vgl. Große französische Revolution, 48iger Revolution, russische Februarrevolution, deutsche und österreichische Revolution 1918 u. a.), aber dies ist kein Argument gegen die Tatsache, daß auch die Bourgeoisie ein Interesse an diesen Revolutionen hatte. Allerdings hatte die Bourgeoisie stets ein Interesse zu verhindern, daß diese demokratischen Revolutionen, wie dies als Folge der Beteiligung der breiten Volksmassen fast stets der Fall war, über ihr der Bourgeoisie gemäßes ›Ziel‹ hinausschossen. Dies wird besonders deutlich auch an den Kämpfen um das allgemeine Wahlrecht. Den unmittelbaren Interessen der Bourgeoisie entspräche der moderne Repräsentativstaat mit Wahlzensus, denn das Zensuswahlrecht ist »die letzte *politische* Form, das Privateigentum anzuerkennen« (MEW 1/354, vgl. MEW 2/124; MEW 3/537; MEW 4/368; MEW 7/498, 503; MEW 21/167). Daß historisch das allgemeine Wahlrecht, welches dem Begriff der einfachen Zirkulation entspricht, nicht von der Bourgeoisie gegen den Adel, sondern vom Proletariat gegen die Bourgeoisie erkämpft werden mußte (vgl. England, Frankreich), verweist darauf, daß die Bourgeoisie sich jenes Widerspruchs zwischen allgemeinem Wahlrecht und Aufrechterhaltung der Bedingungen ihrer Klassenherrschaft bewußt geworden war oder ihn zumindest nach dem historischen Auftreten des Proletariats als Klasse zur Kenntnis nehmen mußte.

Fragen zur Diskussion

1. Worin besteht der Widerspruch zwischen demokratischer Form und Klassenherrschaft der Bourgeoisie?
2. Warum kann die bürgerliche Gesellschaft dennoch in demokratischen Herrschaftsformen regiert werden und unter welchen Bedingungen ist dies möglich?
3. Welche Bedeutung kommt Untersuchungen über Bedingungen der Entstehung von ›verkehrtem‹ Bewußtsein, die mit der kapitalistischen Reproduktion stets erneut erzeugt werden, für die gegenwärtige Entwicklung der Arbeiterbewegung zu?
4. Worin besteht der Unterschied von Untersuchungen der Struktur einer Gesellschaft und ihrer Geschichte? Worin besteht der Unterschied zwischen Untersuchungen von notwendigen historischen Entwicklungstendenzen einer Gesellschaftsformation und ihrer realhistorischen Entwicklung?
5. Welche Konsequenzen hat die Form der bürgerlichen Republik für die Entwicklung von proletarischem Klassenbewußtsein?
6. Hat auch die Bourgeoisie ein Interesse an der bürgerlichen Republik?
7. Was verstehen Sie unter Fraktionen der herrschenden Klasse?
8. Kann auch das Proletariat in der bürgerlichen Republik Einfluß nehmen auf die Regierungsgewalt?
9. Welche Konsequenzen für die Entwicklung von proletarischem Klassenbewußtsein hat die Form der bürgerlichen Republik?

37. Kapitel: Verselbständigung des Staatsapparats und personale Formen der Klassenherrschaft der Bourgeoisie

Lernziele:
In diesem Kapitel wollen wir uns mit dem Zurückdrängen des Widerspruchs zwischen ›Demokratie und Klassenherrschaft‹ im Interesse der Bourgeoisie befassen und verfolgen, wie sie durch den Klassenkampf des Proletariats gezwungen wird, zum Zwecke der Erhaltung ihrer gesellschaftlichen Macht die demokratischen Formen der Herrschaft preiszugeben. Wir wollen versuchen, die Ursachen dieser Verselbständigung des Staatsapparats gegenüber demokratischen Kontrollen und ihre allgemeinen Auswirkungen auf die Entwicklung des Klassenkampfs der Arbeiterklasse anzudeuten.

§ 1. Wir wollen zunächst die bereits angedeutete Funktion der demokratischen Herrschaftsform als politischer Umwälzungsform der bürgerlichen Gesellschaft näher betrachten, um die *zentrale* Alternative der politischen Entwicklung der bürgerlichen Gesellschaft begreifen zu können: Personale Formen der Klassenherrschaft der Bourgeoisie oder entwickelte Demokratie als Mittel der politischen und sozialen Emanzipation des Proletariats. Marx und Engels haben von Beginn ihrer politischen und theoretischen Arbeit an stets energisch »die Erkämpfung des allgemeinen Wahlrechts, der Demokratie, als eine der ersten und wichtigsten Aufgaben des streitbaren Proletariats proklamiert« (MEW 7/519); zum einen, weil sie sahen, daß die demokratische Republik »der Arbeiterklasse breite Möglichkeiten zur Agitation« (MEW 17/633) bietet und das Proletariat mit ihr (wenn schon nicht seine soziale Befreiung, so doch) das »Terrain für den Kampf um seine revolutionäre Emanzipation« (MEW 7/18) erobert. Zum anderen aber, weil sie erkannten, daß »die Arbeiterklasse nur zur Herrschaft kommen kann unter der Form der demokratischen Republik. Diese ist sogar die spezifische Form für die Diktatur des Proletariats, wie schon die große französische Revolution gezeigt hat« (MEW 22/235).

In dem Maße, in dem die Arbeiterklasse und die exploitierten Zwischenklassen beginnen, ihre demokratischen Rechte (vgl. 34. Kapitel) als »Mittel zur Durchsetzung« (MEW 4/373) ihrer – durch ihre Klassenlage bestimmten – inhaltlichen Klasseninteressen zu benutzen und dadurch die politische und soziale Herrschaft der Bourgeoisie zu gefährden, verwandeln sie diese »aus einem Mittel der Prellerei ... in ein Werkzeug der Befreiung« (MEW 7/519, vgl. MEW 1/268 f.). Sie finden, »daß die Staatseinrichtungen, in denen die Herrschaft der Bourgeoisie sich organisiert, noch weitere Handhaben bieten, vermittelst deren die Arbeiterklasse diese selben Staatseinrichtungen bekämpfen kann« (MEW 7/520). Die demokratische Republik ist demnach nach Ansicht von Marx und Engels die »einzige politische Form ..., in der der Kampf zwischen der Arbeiterklasse und der Kapitalistenklasse zunächst allgemeinen Charakter annehmen und danach durch den entscheidenden Sieg des Proletariats vollendet werden kann« (MEW 22/280).

Unter den – hier nicht näher auf ihre jeweiligen Ursachen zu analysierenden – Bedingungen einer zunehmenden Bewußtheit des Klassengegensatzes zwischen Bourgeoisie und Proletariat und der zunehmenden Verschärfung des Klassenkampfes von Seiten der Bourgeoisie und des Proletariats und der Zwischenklassen besteht die Funktion der demokratischen Republik darin, »den Klassenkampf zu entfesseln« (MEW 7/29) oder durch umfassende Möglichkeiten der Entfaltung des proletarischen Klassenkampfs »das *Treibhaus* der Revolution zu sein« (MEW 7/94). Fortdauer der Republik unter den je spezifischen historischen Bedingungen »aufsteigenden Linien« (MEW 8/135) des revolutionären Prozesses »bedeutet ... steigende Verschärfung des direkten, unverhüllten Klassenkampfs von Proletariat und Bourgeoisie bis zur Krisis« (MEW 36/54), der sozialistischen Revolution. Die demokratische Republik als *bürgerliche* Republik kann unter den genannten Bedingungen nur ein »krampfartiger, ein Ausnahmezustand« sein, »unmöglich als normale politische Form der (s.c. bürgerlichen – d. Verf.) Gesellschaft« (MEW 17/594); diese »krampfhafte Form des *anonymen* Klassendespotismus ... kann nur eine Durchgangsphase sein« (MEW 17/518) entweder voran zur ›sozialen‹ oder ›sozialistischen‹ Republik oder zurück zu personalen Formen der Klassenherrschaft (vgl. MEW 17/599).

§ 2. Wenn also das Proletariat beginnt, die in der bürgerlichen Republik trotz aller konstatierten Beschränkungen verfassungsmäßig garantierten demokratischen Rechte »ernst zu nehmen und davon Gebrauch zu machen, um die kapitalistische Herrschaft zu bekämpfen« (MEW 19/148), wenn in der Folge sich auch jeder Kampf der anderen ausgebeuteten Klassen gegen die Staatsgewalt in einen »Kampf gegen das Kapital verwandelt« (MEW 8/153), dann steht die Bourgeoisie vor der ›ungemütlichen‹ Alternative, die demokratische Herrschaftsform zu erhalten und dadurch ihre soziale Herrschaft zu verlieren, oder die soziale Klassenherrschaft zu erhalten und die demokratische Herrschaftsform preisgeben zu müssen. Ihre Entscheidung ist nach aller Erfahrung selten zweifelhaft: »Die Bourgeoisherrschaft als Ausfluß und Resultat des allgemeinen Stimmrechts, als ausgesprochener Akt des souveränen Volkswillens, das ist der Sinn der Bougeoiskonstitution. Aber von dem Augenblick an, wo der Inhalt dieses Stimmrechts, dieses souveränen Willens nicht mehr die Bourgeoisherrschaft ist, hat die Konstitution noch einen Sinn? Ist es nicht die Pflicht der Bourgeoisie, das Stimmrecht so zu regeln, daß es das Vernünftige will, ihre Herrschaft? ... Die Bourgeoisie, indem sie das allgemeine Wahlrecht, mit dem sie sich bisher drapiert hatte, aus dem sie ihre Allmacht saugte, verwirft, gesteht unverhohlen: ›*Unsere Diktatur hat bisher bestanden durch den Volkswillen, sie muß jetzt befestigt werden wider den Volkswillen*« (MEW 7/93). Wenn sich die arbeitenden Klassen vermittels des allgemeinen Stimmrechts gegen die Herrschaft der aneignenden Klasse aussprechen, antwortet die Bourgeoisie – sofern sie dazu überhaupt in der Lage ist – »mit der Ächtung des allgemeinen Wahlrechts« (MEW 8/158), mit der Abschaffung sämtlicher demokratischer Rechte und Freiheiten. Die Bourgeoisie begreift dann, »daß alle sogenannten bürgerlichen Freiheiten und Fortschrittsorgane ihre *Klassenherrschaft* zugleich an der gesellschaftlichen Grundlage und an der politischen Spitze« (MEW 8/153) angreifen und bedrohen. Die Versuche zur Erhaltung der gesellschaftlichen Macht der Bourgeoisie zwingen dazu, »einen ununterbrochenen Krieg gegen die öffentliche Meinung zu führen und die selbständigen Bewegungsorgane der Gesellschaft (z. B. Parteien der Arbeiterklasse, Gewerkschaften etc. – d. Verf.) mißtrauisch« zu verstümmeln oder zu lähmen, wo es ihr nicht gelingt, »sie gänzlich zu amputieren« (MEW 8/151). Die Bourgeoisie ist also »durch ihre Klassenstellung gezwungen, einerseits die Lebensbedingungen einer jeden, also auch ihrer eignen parlamentarischen Gewalt zu vernichten, andrerseits die ihr feindliche (zum Problem vgl. unten § 3 – d. Verf.) Exekutivgewalt unwiderstehlich zu machen«, »die Repression, also die Mittel und das Personal der Staatsgewalt, täglich zu vermehren.« (ebd.) Die ›Dialektik‹ derartiger historischer Situationen wird von Marx am Beispiel der französischen Februar-Revolution und ihres weiteren Verlaufs prägnant analysiert: »Indem also die Bourgeoisie, was sie früher als ›*liberal*‹ gefeiert, jetzt als ›*sozialistisch*‹ verketzert, gesteht sie ein, daß ihr eignes Interesse gebietet, sie der Gefahr des *Selbstregierens* zu überheben, daß, um die Ruhe im Lande herzustellen, vor allem ihr Bourgeoisparlament zur Ruhe gebracht, um ihre gesellschaftliche Macht unversehrt zu erhalten, ihre politische Macht gebrochen werden müsse; daß die Privatbourgeois nur fortfahren können, die andern Klassen zu exploitieren und sich ungetrübt des Eigentums, der Familie, der Religion und der Ordnung zu erfreuen, unter der Bedingung, daß ihre Klasse neben den andern Klassen zu gleicher politischer Nichtigkeit verdammt werde.« (MEW 8/154) Angesichts der »Gefahr des Zusammenbrechens der ganzen bürgerlichen Gesellschaft« (MEW 7/105) ist »die einzig mögliche Lösung (des Widerspruchs zwischen Demokratie und Klassenherrschaft – d. Verf.) im Sinne der Bourgeoisie . . . die Aufschiebung der Lösung. Sie kann die konstitutionelle Republik nur retten durch eine Verletzung der Konstitution, durch die Verlängerung der Gewalt« der Exekutive (ebd.), und vernichtet damit im Kampfe mit den anderen Klassen der Gesellschaft zugleich alle Bedingungen ihres parlamentarischen Regimes mit eigener Hand (vgl. MEW 8/148f.), um die direkte politische Herrschaft schließlich kampflos an den von ihr selbst aufgebauten Gewaltapparat abtreten zu müssen: »Alle Bedingungen des Despotismus werden unter diesem Regime geschaffen ..., aber ein Despotismus ohne Ruhe, ein Despotismus mit parlamentarischer Anarchie an der Spitze. Dann hat die Stunde für den coup d'état geschlagen ... der der *anonymen* Form der Klassenherrschaft ein Ende macht«. (MEW 17/518, vgl. 336f. und 609f.)[2]

§ 3. Wir wollen nun kurz auf drei zum Verständnis personaler Formen der Klassenherrschaft wichtige Probleme aufmerksam machen, die sich aus der Marxschen Analyse des Bonapartismus ergeben:

1. Mit der Beseitigung demokratischer Kontrollen sei die Regierungsgewalt »von der Gesellschaft selbst ... unabhängig geworden« (MEW 17/540, vgl. 542 u. ö.). Diese Unabhängigkeit kann sich unserer Ansicht nach nicht auf die formale Trennung von bürgerlicher Gesellschaft und Staat beziehen[3]. Sie bedeutet vielmehr eine partielle tatsächliche (und nicht nur scheinbare) Verselbständigung der Staatsgewalt gegenüber den Interessen der verschiedenen Klassen der bürgerlichen Gesellschaft (vgl. MEW 8/197, 199; MEW 17/542f. u. ö.). Diese ›Erhebung‹ über die Klassen (MEW 17/591) betrifft zum einen den politischen Entscheidungsprozeß als solchen: alle Klassen, auch die ökonomisch herrschende(n), sind als solche mehr oder weniger vom politischen Willensbildungs- und Entscheidungsprozeß ausgeschlossen. Zum andern betrifft sie nicht nur den formalen politischen Entscheidungsprozeß, sondern die tatsächlich betriebene Politik. Ermöglicht aber die faktische politische ›Verselbständigung der Exekutive‹ auch eine material ›klassenneutrale‹ Politik?

2. Die inhaltliche Verselbständigung der Politik der Exekutive kann nach Ansicht von Marx und Engels nicht schrankenlos sein. Sie ist nur partiell oder als ›Balanceakt‹ zwischen den verschiedenen Interessen der großen gesellschaftlichen Klassen möglich. Trotz der »auf den ersten Blick« (MEW 17/592) »scheinbaren Unabhängigkeit« schwebt demnach »die Staatsgewalt nicht in der Luft« (MEW 8/198). Auch die personalen Formen der Herrschaft sind daher nach ihrer sozialen Basis zu untersuchen (vgl. exemplarisch für den Bonapartismus: MEW 8/198–207), auch sie garantieren die Herrschaft über die hervorbringende Klasse, wenn auch nicht im Interesse der gesamten aneignenden Klasse, sondern (in der Regel) einzelner Fraktionen derselben und ihrer Koalitionen. Weder also ist die Verselbständigung der Staatsgewalt bloßer Schein; diese (z. B. in der Gestalt der stehenden Heere) bildet vielmehr die »ständige Gefahr der Regierungsusurpation durch die Klassenherrschaft – der regulären Klassenherrschaft oder der eines Abenteurers, der vorgibt, alle Klassen zu retten« (MEW 17/543f.); noch ist *auf die Dauer* soziale Unabhängigkeit oder Klassenneutralität diktatorischer Regierungen möglich.

3. Bot die Form der bürgerlich demokratischen Republik infolge der in ihr garantierten rechtlichen und politischen Gleichheit und Freiheit für die

Arbeiter die *Möglichkeit* der Erkenntnis der ökonomischen Fundierung der Klassenherrschaft der Bourgeoisie, so tritt dieser Inhalt beim Übergang aus der anaonymen Form in die personale Form kraß zutage: personale wie anonyme Form werden als bloß verschiedene Formen der Klassenherrschaft der Bourgeoisie erkennbar. Der Staatsstreich streift »der ganzen Staatsmaschine den Heiligenschein« (8/207) ab und bildet daher, *vorausgesetzt, das Proletariat erinnert sich* dieses Vorgangs und seiner Ursachen, auch einen wichtigen Stachel künftiger proletarischer Revolution (vgl. MEW 17/355 und MEW 8/196).

Zugleich aber liegt auch in der Niederlage des Proletariats die Gefahr der Demoralisierung, die dadurch, daß die »politische und darum revolutionäre Form des Klassenkampfes zum Schweigen« (MEW 17/594) gebracht wurde, daß die Organisationen der Arbeiterbewegung, die Arbeiterpresse etc. zerschlagen wurden und jeder Widerstand im Keime zu ersticken versucht wird, bedeutend gesteigert wird. Hinzu kommt, daß der »Schein einer eigenmächtig der bürgerlichen Gesellschaft gegenüberstehenden Staatsmacht« (MEW 7/18) mit der Fortdauer der personalen Herrschaft und schwindender Erinnerung auf Seiten des Proletariats entstehen kann und befestigt wird. Die personale Form wird so zum »Deckmantel der Klassenherrschaft« (MEW 17/341), hinter dem sich das Kapital wieder versteckt halten kann. Auch die Bourgeoisie erscheint wieder als politisch unterdrückte und für demokratische Veränderungen kämpfende Klasse, so daß durchaus die Gefahr besteht, daß beim Sturz der politischen Diktatur nicht von der politischen zur sozialen Emanzipation vorangeschritten wird und damit derselbe ›fehlerhafte Kreislauf‹ sich von neuem vollziehen kann.

Erläuterungen und Zusätze

1. Vgl. auch MEW 4/481. Wir haben in den letzten Kapiteln immer wieder betont, daß eine strenge Unterscheidung zwischen Form und Inhalt der Herrschaft Voraussetzung eines adäquaten Verständnisses der Marxschen politischen Schriften darstellt. Dies gilt auch und besonders für den Begriff der ›Demokratie‹. Die Demokratie ist zunächst ausschließlich eine Herrschafts*form*, hinter welcher sich durchaus unterschiedene sozialökonomische ›Inhalte‹ verbergen können, was schon durch die nähere Charakterisierung als *bürgerliche* und *proletarische* oder *sozialistische* Demokratie zum Ausdruck kommt. Daß diese Unterschiede der gesellschaftlichen Verhältnisse auch jene Herrschaftsform tangieren, daß ›Demokratie‹ in der bürgerlichen Gesellschaft je nach den besonderen Bedingungen nur unter mehr oder weniger weitgehenden Beschränkungen überhaupt möglich ist und darum Forderungen nach ›Demokratisierung‹ in der bürgerlichen Gesellschaft auch systemsprengenden Charakter haben können, kann diese Erkenntnis nicht umstürzen. Daß ›Demokratie‹ als politische Herrschaftsform nicht Endzweck des proletarischen Klassenkampfs, sondern dessen politisches Mittel ist, werden Marx und Engels in ihrer Polemik gegen die kleinbürgerlichen Demokra-

ten nicht müde zu betonen. Der Begriff der Demokratie »wechselt mit dem jedesmaligen Demos, und hilft uns daher keinen Schritt weiter. Was zu sagen war, ist nach meiner Ansicht dies: auch das Proletariat braucht zur Besitzergreifung der politischen Gewalt demokratische *Formen*, sie sind ihm aber, wie alle politischen Formen, nur Mittel.« (MEW 36/128, vgl. auch MEW 36/55f.)

2. Als Beispiel eines derartigen schrittweisen Abbaues der Demokratie kann neben der von Marx analysierten Entwicklung Frankreichs nach der Niederlage des Proletariats im Juni 1848 auch die Entwicklung der Weimarer Republik diskutiert werden, die von Thalheimer, Bauer, Trotzki und anderen nach jenem Vorbild analysiert wurde. Vgl. Thalheimer (1973), Trotzki (1971), Bauer (1936); die Diskussion in der Zeitschrift: Das Argument Nr. 30, 32, 41, 47, 58, 1964–1970; auch Gossweiler (1971). Als Überblick zu empfehlen ist die Arbeit von Bracher (1971). Die Marxschen Aussagen über das ›Kaisertum‹ als »die unvermeidliche politische Form« der Ordnung der Bourgeoisiegesellschaft, als »ihre vollendetste und ihre schließliche politische Form« (MEW 17/610, vgl. auch 338, 341, 541, 542, 554, 592, 594, 599, MEW 31/208 und 536) sind keine Prognosen, welche unvermeidliche historische Entwicklungen voraussagen. Ihr Grundgedanke ist der der »Galgenfrist« (MEW 17/594) für die gesellschaftliche Macht der Bourgeoisie unter bestimmten historischen Bedingungen. In diesem Sinne sieht Engels den »einzigen Weg . . . auf dem man den Arbeitern . . . *vielleicht* (Herv. v. Verf.) noch beikommen kann: Bruch der Verfassung, Diktatur, Rückkehr zum Absolutismus« (MEW 7/526). *Ob* die Bourgeoisie den Arbeitern so noch ›beikommen‹ kann, ist nicht durch abstraktes Räsonnieren oder Zitatewälzen zu entscheiden. Es muß auch betont werden, daß die Annahme, daß es der Bourgeoisie und ihren politischen Parteien nicht mehr gelingt, den Prozeß der Bewußtwerdung der Mehrheit der Ausgebeuteten über ihre objektive Stellung und ihr Klasseninteresse zu verhindern, daß die Legitimationsbasis der bürgerlichen Klassenherrschaft also zerbrochen ist, keineswegs der historisch ausschließliche Grund für jene Verselbständigung der Exekutivgewalt ist, wie wir dies in unseren modellartigen Überlegungen angenommen haben. Das Zerbrechen der Legitimationsbasis der bürgerlichen Klassenherrschaft drückt sich zumeist auch aus oder wird überlagert von heftigen Kämpfen der verschiedenen Fraktionen der herrschenden Klasse, von ›parlamentarischer Anarchie‹ (vgl. MEW 7/105; MEW 8/153, 167, 182–191; MEW 17/118 u. a.)

3. Es ist vielmehr für die verschiedenen personalen Formen der Herrschaft charakteristisch, daß jene formale Trennung entweder noch gar nicht voll entwickelt ist (z. B. in der absoluten Monarchie: regis voluntas suprema lex) oder zu Teilen schon wieder zurückgenommen ist, so daß durchaus die privaten Angelegenheiten der Regierenden zu Staatsangelegenheiten werden können. Auch Rechtsgleichheit und Vertragsfreiheit sind nicht mehr prinzipiell garantiert, nur das grundlegende Institut der Exploitation, das Privateigentum an den Produktionsmitteln bleibt allgemein unangetastet.
Weil Marx jene Unterscheidung von formaler Trennung von bürgerlicher Gesellschaft und Staat und inhaltlicher Verselbständigung der Staatsmacht gegenüber den Klasseninteressen der großen gesellschaftlichen Klassen zwar faktisch, aber nicht explizit macht (vgl. 33. Kapitel, Zusatz 9), gibt seine Redeweise zu vielen

Mißverständnissen Anlaß. Genau genommen kann sich die Staatsmacht nicht gegenüber ›der Gesellschaft‹ als apartem Subjekt (worunter sich in der bürgerlichen Gesellschaft die Klassengliederung mehr versteckt als daß sie offenbar wird) verselbständigen, sondern nur – in bestimmten Grenzen – gegenüber den inhaltlichen Interessen auch der ökonomisch herrschenden gesellschaftlichen Klasse. (Vgl. auch 35. Kapitel, Zusatz 9)

4. Marx' Redeweise von einem ›Zyklus‹ der politischen Formen läßt zwei mögliche Interpretationen zu: zum einen als notwendige historische Entwicklung der bürgerlichen Staatsformen von personalen (absolute Monarchie) über anonyme (konstitutionelle Monarchie und parlamentarische Demokratie) zu personalen Formen (Diktaturen in entwickelten kapitalistischen Ländern), zum andern als ›Abwechslung‹ personaler mit anonymen Formen. Beide Interpretationen sind Gefahren ausgesetzt: die erste z. B. Versuchen, personale Formen der Klassenherrschaft als adäquate politische Formen unter den Bedingungen des Monopolkapitals zu postulieren, wie dies z. B. von MANULISKI u. a. auf dem V. und VI. Weltkongreß der Kommunistischen Internationale mit den bekannten verheerenden Auswirkungen auf den Kampf gegen den Faschismus getan wurde. Die zweite z. B. Versuchen, bruchlos die Bewegung des industriellen Zyklus mit der der politischen Zyklen zu parallelisieren, wodurch einerseits die Determination der politischen Entwicklung durch andere als ökonomische Faktoren negiert wird und andrerseits ein Zusammenhang von ökonomischer und politischer Krise unterstellt wird, der in dieser Unmittelbarkeit keineswegs zu erwarten oder gar zu beobachten ist.

Fragen zur Diskussion

1. Worin bestehen die gegensätzlichen Funktionen der demokratischen Form der Herrschaft in der bürgerlichen Gesellschaft?
2. Ist ›Demokratie‹ ein formaler Begriff? Besteht ein Zusammenhang zwischen ›Demokratie‹ und ›Sozialismus‹, und wo liegen die Grenzen der ›Demokratisierung‹ in der bürgerlichen Gesellschaft?
3. Hat das klassenbewußte Proletariat ein Interesse an Erkämpfung und Verteidigung demokratischer Rechte?
4. Was verstehen Sie unter ›politischer‹ und was unter ›gesellschaftlicher‹ Macht der Bourgeoisie?
5. Führt der proletarische Klassenkampf zwangsweise zur ›Verselbständigung der Exekutivgewalt‹?
6. Setzt ›die Bourgeoisie‹ Diktatoren als ›Instrumente‹ oder ›Mittel‹ ihrer Politik ein? Gibt es der Bourgeoisie zunächst feindliche Bewegungen, die dennoch Funktionen bürgerlicher Politik übernehmen?
7. Gibt es eine ›Verselbständigung‹ der Exekutivgewalt gegenüber den ökonomisch herrschenden Klassen?

38. Kapitel
Proletarische Revolution und politische Form der sozialen Emanzipation

Lernziele:
In diesem Kapitel wollen wir die marxistische Begründung der Notwendigkeit der proletarischen Revolution, ihr Ziel: die soziale Emanzipation, und ihre politische Form: die revolutionäre Diktatur des Proletariats, *in ihren einfachsten Grundlagen* diskutieren.

§ 1. Wir haben im letzten Kapitel die Möglichkeit jener Zurückdrängung des Widerspruchs zwischen ›Demokratie‹ und Klassenherrschaft der ›Bourgeoisie‹ im Interesse der Bourgeoisie verfolgt, die in der Errichtung personaler Formen der Herrschaft liegt. Wir wollen nun – soweit dies überhaupt allgemein, ohne Berücksichtigung der unterschiedlichen historischen Bedingungen in den verschiedenen Perioden und Ländern möglich ist – die Möglichkeit seiner Lösung im Interesse der Arbeiterklasse (und damit zugleich seine definitive Aufhebung) diskutieren: die Errichtung der politischen Form der sozialen Emanzipation.

Worin liegt für Marx die Unvermeidlichkeit des Übergangs in eine höhere gesellschaftliche Form der Produktion und damit des Sieges des Proletariats in seinem Kampf gegen die bürgerliche Gesellschaft – trotz aller möglichen, z. T. katastrophalen historischen Rückschläge – begründet?[1] Marx' detaillierte Analyse der kapitalistischen Produktionsweise ergab, daß mit deren Entwicklung sowohl die objektiven wie die subjektiven Voraussetzungen des Sozialismus geschaffen werden. Notwendige Folge der Entwicklung der kapitalistischen Produktion ist die ungeheure Entwicklung der Produktivkräfte der Arbeit und die stets wachsende Unangemessenheit der gesellschaftlichen Verhältnisse der Privatproduktion. Dieser sich verschärfende Widerspruch eklatiert in ökonomischen Krisen, wachsender Labilität u. a. und zwingt auch innerhalb der Grenzen der Privatproduktion zu einer wachsenden Vergesellschaftung der Produktion[2]. Deren notwendige Folge ist die Erzeugung und stete Vermehrung der Klasse, die von ihrer Stellung im Produktionsprozeß her gezwungen ist, diese Produktionsweise zu revolutionieren, der ›Totengräber‹ der bürgerlichen Produktion zu sein, zunächst ganz unabhängig davon, »was dieser oder jener Proletarier oder selbst das ganze Proletariat als Ziel sich einstweilen *vorstellt.* Es handelt sich darum, *was* es *ist* und was es diesem *Sein* gemäß geschichtlich zu tun gezwungen sein wird« (MEW 2/38), also um den »geschichtlichen Beruf« (MEW 20/265) der Arbeiterklasse.[3] Zugleich aber wird im Verlauf dieser Entwicklung, trotz aller gegenläufigen Tendenzen, auf Seiten der Arbeiter auch ein wachsendes Bewußtsein ihrer objektiven Klassenlage (oder Klassenbewußtsein, vgl. MEW 22/232) geschaffen, das zu einer Verschärfung des proletarischen Klassenkampfes führt. Schließlich als Folge ökonomischer Krisen, politischer Brutalitäten der herrschenden Klassen, imperialistischer Kriege oder welcher aktueller Anlässe auch immer (›Bankettfragen‹ der Revolution) kommt es zum Ausbruch proletarischer Revolutionen.

Marx und Engels haben oft darauf aufmerksam gemacht, daß auf die Frage, ob sich die proletarische Revolution »auf friedlichem Wege« (MEW 4/372) oder mit gewaltsamen Mitteln vollziehen werde, ohne Berücksichtigung der besonderen politischen Institutionen, der Sitten und Traditionen der verschiedenen Völker (vgl. MEW 18/160), keine Antwort zu geben ist. Sie betonen, daß – neben vielen anderen Momenten (z. B. Entwicklungsstand der Militärtechnik: MEW 7/520f.; MEW 22/519; MEW 36/253 u. ö.) – besonders zwei Punkte zu beachten seien:

1. Ob und in welchem Grade bestehen demokratische oder diktatorische politische Verfassungen in den jeweiligen Ländern? »Man kann sich vorstellen, die alte Gesellschaft könne friedlich in die neue hineinwachsen in Ländern, wo die Volksvertretung alle Macht in sich konzentriert, wo man verfassungsmäßig tun kann, was man will, sobald man die Majorität des Volkes hinter sich hat, in demokratischen Republiken« (MEW 22/234).[4] Wenn das jedoch wahr sei, so müsse man auch anerkennen, daß in bürgerlichen Ländern mit stark eingeschränkt ›demokratischen‹ oder diktatorischen Verfassungen »der Hebel unserer Revolutionen die Gewalt sein muß; die Gewalt ist es, an die man eines Tages appellieren muß, um die Herrschaft der Arbeit zu errichten« (MEW 18/160)[5].

2. Auch in demokratischen Republiken muß die Arbeiterklasse mit der konterrevolutionären Gewalt der herrschenden Klassen rechnen: die Bourgeoisie »hat sich immer bereit gezeigt, das Urteil der Mehrheit anzunehmen, solange sie das Monopol bei den Wahlen besitzt. Doch seien Sie gewiß, sobald sie in Fragen, die sie für lebenswichtig hält, in der Minderheit sein wird, werden wir uns einem neuen Krieg der Sklavenhalter gegenübersehen« (MEW 17/643). Daher ist auch die Möglichkeit des ›demokratischen Weges zum Sozialismus‹ keineswegs mit bloßem Warten, ›bis die Minderheit zur Mehrheit wird‹ (parlamentarisch), zu verwechseln; es ist vielmehr zugleich wesentlich, mit allen, d. h. natürlich auch mit ›außerparlamentarischen‹ Mitteln, Vorsorge zur Verhinderung konterrevolutionärer Gewalt zu treffen.

Nicht nur zu Problemen des friedlichen oder gewaltsamen Verlaufs der proletarischen Revolutionen, so wichtig diese für die Taktik der Arbeiterparteien der verschiedenen Länder sind, sind allgemein keine bestimmten Aussagen möglich; dasselbe gilt auch für den weiteren Verlauf der proletarischen Revolution und für den Aufbau des Sozialismus, für besondere Regierungsformen der Arbeiterklasse (z. B. Koalitionsregierung verschiedener Arbeiterparteien versus Regierung der kommunistischen Arbeiterpartei etc.). Auch diese sind abhängig vom besonderen sozialökonomischen Entwicklungsstand der jeweiligen Länder, von internationalen Verhältnissen, von den jeweiligen politischen und kulturellen Traditionen usw. (z. B. Problem der Zwischenklassen: Alle historischen sozialistischen Revolutionen waren wesentlich Arbeiter- und *Bauern*revolutionen; vgl. schon MEW 18/633 u. ö.). Das *allgemeine* Ziel aller proletarischen Revolutionen, die diesen Namen verdienen, läßt sich dennoch in den knappen Worten von Marx zusammenfassen: »Die ökonomische Emanzipation der Arbeiterklasse durch die Eroberung der politischen Macht. Die Anwendung dieser politischen Macht für die Verwirklichung sozialer Ziele« (MEW 17/641). Wir wollen hier, der Gefahr verkehrter Generalisierung bewußt, anhand der Marxschen Analyse der ›Commune‹ die Versuche der proletarischen Revolution verfolgen, die »gesellschaftlichen und politischen Bedingungen der Klassenherrschaft (zu) beseitigen, auf denen das System der alten (d. h. bürgerlichen – d. Verf.) Welt beruht« (MEW 17/584, vgl. 507).

§ 2. Wir haben bereits angedeutet, daß das Ziel der proletarischen Revolutionen kein ›politisches‹, sondern ein ›soziales‹ ist. Bevor wir uns der Beseitigung der politischen Bedingungen der Klassenherrschaft der Bourgeoisie und der Errichtung der politischen Form der sozialen Emanzipation zuwenden (vgl. unten § 3 und 39. Kapitel), wollen wir daher die sozialen Ziele der Arbeiterklasse oder den ›Inhalt‹ der proletarischen Revolutionen wenigstens kurz skizzieren. Wir haben in § 1 gesehen, daß sich die Notwendigkeit der proletarischen Revolution aus dem wachsenden Widerspruch zwischen Entwicklung der gesellschaftlichen Produktivkräfte der Arbeit und den Bedingungen der Privatproduktion ergab. Die allgemeine Lösung dieses Widerspruchs kann nun »nur darin liegen, daß die gesellschaftliche Natur der modernen Produktivkräfte tatsächlich anerkannt, daß also die Produktions-, Aneignungs- und Austauschweise in Einklang gesetzt wird mit dem gesellschaftlichen Charakter der Produktionsmittel. Und dies kann nur dadurch geschehen, daß die Gesellschaft offen und ohne Umwege Besitz ergreift von den, jeder andern Leitung außer der ihrigen, entwachsenen Produktivkräften« (MEW 20/260). Diese »Aneignung der Produktionsmittel durch die Gesellschaft« (MEW 22/511), diese »Besitzergreifung sämtlicher Produktionsmittel, *namens der Gesellschaft* (Herv. v. Verf.), durch das zur politischen Alleinherrschaft emporgestiegene Proletariat« (MEW 18/649) auf dem Wege der »Enteignung der Enteigner« (MEW 17/342, vgl. MEW 23/791 u. ö.) hebt die, die Klassengesellschaften charakterisierende, ›ungehörige‹ Trennung der Produzenten von den objektiven Produktionsbedingungen (Erde, Arbeitsmittel, Arbeitsgegenstände) und damit die Grundlage der gesellschaftlichen Klassenbildung auf. Sie ist – im Maße ihrer Durchführung – die Voraussetzung dafür, an die Stelle der ›Anarchie‹ des gesellschaftlichen Reproduktionsprozesses im Kapitalismus und der darin enthaltenen notwendigen Vergeudung gesellschaftlicher Arbeit die bewußte gesellschaftliche Planung der Produktion zu setzen. Damit verändert sich zugleich der spezifische Charakter der gesellschaftlichen Arbeit selber. Im Maße dieser Entwicklung werden die verschiedenen konkret-nützlichen Arbeiten unmittelbar oder bewußt als Teile der gesellschaftlichen Gesamtarbeit verausgabt und müssen diesen ihren gesellschaftlichen Charakter nicht mehr hinter dem Rücken der Produzenten im Austausch (als abstrakt menschliche Arbeit) erhalten. Die gesellschaftliche Planung der Produktion ist zunehmend die Bedingung einer weiteren Entwicklung der Produktivkräfte, der vollen Entfaltung der gesellschaftlichen Potenzen der Arbeit zum Zwecke der umfassenden Befriedigung der »Bedürfnisse der Gesamtheit wie jedes einzelnen« (MEW 20/261), der Beseitigung des Mangels und der Notdurft für alle Gesellschaftsmitglieder.

Marx und Engels machen auf drei wesentliche Momente dieser Vergesellschaftung der Produktion aufmerksam:

1. Sie darf nicht verwechselt werden mit ›Verstaatlichung‹ der Produktion. Einerseits nicht mit Verstaatlichung der Produktionsmittel im Rahmen der kapitalistischen Produktionsweise: »Das Staatseigentum an den Produktivkräften ist nicht die Lösung des Konflikts, aber es birgt in sich das *formelle Mittel* (Herv. v. Verf.), die Handhabe der Lösung« (MEW 20/260). Andererseits ist aber auch die Forderung nach Vergesellschaftung der Produktion nicht in eins zu setzen mit ihrem ersten notwendigen Schritt: Der Verwandlung der Produktionsmittel in staatliches Eigentum im Sozialismus als der ersten Phase oder Etappe des Aufbaus der neuen Gesellschaft. Das siegreiche Proletariat verwandelt »die Produktionsmittel *zunächst* (Herv. v. Verf.) in Staatseigentum« (MEW 20/261) und der proletarische Staat wirkt als organisiertes Mittel der ökonomischen und sozialen Umwälzung. Das Proletariat jedoch handelt ›im Namen‹ oder als ›Repräsentant‹ der Gesellschaft, und mit der weiteren Entwicklung verändert der Staat seinen Charakter, der alte Gegensatz von Staat und Gesellschaft wird zunehmend überwunden und ›die Gesellschaft‹ wird tatsächliches und nicht mehr nur eingebildetes bewußtes Subjekt ihrer eigenen Entwicklung.

2. Sie ist keine über Nacht abzumachende Angelegenheit. Es ist vielmehr wichtig zu wissen, »daß die Ersetzung der ökonomischen Bedingungen der Sklaverei der Arbeit durch die Bedingungen der freien und assoziierten Arbeit nur das progressive Werk der Zeit sein kann (jene ökonomische Umgestaltung), daß sie nicht nur eine Veränderung der Verteilung erfordern,

sondern auch eine neue Organisation der Produktion . . ., daß das gegenwärtige ›spontane Wirken der Naturgesetze des Kapitals und des Grundeigentums‹ nur im Verlauf eines langen Entwicklungsprozesses neuer Bedingungen durch ›das spontane (eigentlich: das bewußte, vgl. 3. – d. Verf.) Wirken der Gesetze der gesellschaftlichen Ökonomie der freien und assoziierten Arbeit‹ ersetzt werden kann« (MEW 17/546, vgl. auch MEW 4/372, 481 u. ö.). Dies gilt allgemein trotz aller Unterschiede des Entwicklungsstandes der Produktivkräfte in den Ländern, in denen proletarische Revolutionen siegreich sind.

3. Sie ist nicht mehr ›naturwüchsig‹ möglich, sondern nur als bewußte Aktion der Produzenten. Zwar ist es richtig, daß sich alle »Elemente der neuen Gesellschaft . . . bereits im Schoß der zusammenbrechenden Bourgeoisgesellschaft entwickelt haben« (MEW 17/343), aber im Gegensatz zur Entfaltung der kapitalistischen Produktionsweise im Schoße des Feudalismus ist die Entwicklung der sozialistischen Form der Arbeit unmöglich ›nach Art eines Naturprozesses‹ (vgl. MEW 37/465), d. h. ohne klares Bewußtsein der Handelnden (vgl. MEW 20/260 f.).[6]

Die zunächst ökonomisch begründete ›Expropriation der Expropriateure‹ hat nicht nur ökonomische, sondern weitgehende soziale Folgen, die wir hier nur kurz andeuten wollen:

1. Das Proletariat vertritt keine ›Sonderinteressen‹ (vgl. MEW 3/73; MEW 17/545; MEW 18/634 u. ö.), es handelt vielmehr ›stellvertretend‹ für die ›Gesellschaft‹. Es verwendet daher seine Klassenherrschaft im Unterschied zu allen herrschenden Klassen der Vergangenheit nicht als Mittel zu ihrer eigenen Befestigung, sondern zur Aufhebung der ökonomischen und sozialen Grundlagen der Klassenherrschaft, also zur Aufhebung *der Klassengegensätze* und der Klassen überhaupt (vgl. MEW 20/261 f. u. ö.). Die erste Maßnahme hierzu ist die Verwandlung aller arbeitsfähigen Mitglieder der Gesellschaft in ›produktive‹ Arbeiter (MEW 17/342 u. ö.) oder die Realisierung der »Allgemeinheit der Arbeit« (MEW 23/552); solange die Arbeit selbst noch nicht »erstes Lebensbedürfnis« (MEW 19/21) ist, durch »Arbeitszwang« (MEW 4/481).

2. Mit der Überwindung der ökonomischen Grundlagen der Klassenbildung wird (nicht sofort, sondern in einem ebenfalls längeren Entwicklungsprozeß) auch die soziale und politische Ungleichheit beseitigt, sofern sie aus Klassenunterschieden entspringt (vgl. MEW 19/26, vgl. z. B. ›Emanzipation der Frau‹, ›Recht des Kindes‹, MEW 21/36 ff., MEW 23/513 u. ö.), die gesamten Lebensverhältnisse werden eine tiefgreifende Veränderung durchmachen (vgl. z. B. über Familienverhältnisse: MEW 21/76–84).

§ 3. Nachdem wir nun die sozialen Ziele des proletarischen Klassenkampfs und der proletarischen Revolution angedeutet haben, müssen wir die »politische Form, unter der die ökonomische Befreiung der Arbeit sich vollziehen« (MEW 17/342, vgl. 543, 555, 591) kann, diskutieren.

Wenn auch die Ziele der proletarischen Revolution nicht politische, sondern soziale sind, so ist diese doch nach Ansicht von Marx und Engels notwendigerweise eine politische Revolution. Ihr unabdingbares Mittel ist die »Eroberung der politischen Macht« (MEW 18/149 u. ö.), die Errichtung der »bewaffneten Macht der Produzenten«. Der »revolutionären Umwandlung« der kapitalistischen in die kommunistische Gesellschaft oder der Entwicklung des »Sozialismus« als ökonomischer Übergangsperiode »entspricht auch eine politische Übergangsperiode, deren Staat nichts andres sein kann als *die revolutionäre Diktatur des Proletariats*« (MEW 19/28)[7]. Im wesentlichen aus zwei Gründen ist das Proletariat gezwungen, ›gewaltsame‹ oder ›politische‹ Mittel anzuwenden, die in dem Maße verschwinden, in dem die Entwicklung zur kommunistischen Gesellschaft voranschreitet (vgl. MEW 18/636):

1. Zum Zwecke der »Niederhaltung seiner Gegner«: Das Proletariat gebraucht die Staatsgewalt, um »mit ihrer Hilfe den Widerstand der Kapitalistenklasse nieder(zu)stampfen« (MEW 19/344, vgl. 345, 7; MEW 17/546 u. ö.). »Solange die andren Klassen, speziell die kapitalistische noch existiert, solange das Proletariat mit ihr kämpft (denn mit seiner Regierungsmacht sind seine Feinde und ist die alte Organisation der Gesellschaft noch nicht verschwunden), muß es *gewaltsame* Mittel anwenden, daher Regierungsmittel; ist es selbst noch Klasse, und sind die ökonomischen Bedingungen, worauf der Klassenkampf beruht und die Existenz der Klassen, noch nicht verschwunden« (MEW 18/630). Damit ist einerseits klar, daß für Marx und Engels auch der Staat der Arbeiterklasse noch ›Klassenstaat‹ ist, wenn auch im Interesse der Beseitigung der ökonomischen und politischen Grundlagen der Klassenherrschaft; und andrerseits, »daß die *Klassenherrschaft* der Arbeiter über den mit ihnen kämpfenden Schichten der alten Welt nur so lang bestehn kann, als die ökonomische Grundlage der Klassenexistenz nicht vernichtet ist« (MEW 18/636, vgl. MEW 4/482).

2. Zum Zwecke der ökonomischen und sozialen Umgestaltung der Gesellschaft: Das Proletariat gebraucht die Staatsgewalt, damit es »diejenige ökonomische Revolution durchsetzen kann, ohne die der ganze Sieg enden müßte in einer neuen Niederlage« (MEW 19/345). Der proletarische Staat wird in enormem Ausmaße zur »ökonomischen Potenz« (MEW 23/799, vgl. MEW 37/493), zum Hebel, mit dessen Hilfe das Proletariat »die Gesellschaft neu organisieren muß« (MEW 19/344). Das Proletariat kann jedoch auch in diesem Kampf nur Zwangsmaßnahmen anwenden, »die seinen eignen Charakter als salariat (Lohnarbeiterschaft – d. Verf.), daher als Klasse aufheben; mit seinem völligen Sieg ist daher auch seine Herrschaft zu Ende, weil sein Klassencharakter« (MEW 18/634).

Die politische Form der sozialen Emanzipation, deren funktionale Notwendigkeit hiermit allgemein begründet ist, wird von Marx und Engels als ›revolutionäre Diktatur des Proletariats‹ bezeichnet. Dieser Terminus bezieht sich – trotz aller ›interessierten‹ Mißverständnisse – nicht auf eine besondere Staatsform. Wir sahen bereits oben, daß Marx und Engels auch die bürgerliche Demokratie als ›Diktatur‹ der Bourgeoisie bezeichnen, um damit deren sozialökonomischen Inhalt: die Klassenherrschaft der Bourgeoisie, zum Ausdruck zu bringen. Ebenso bezieht sich die Bezeichnung ›Diktatur‹ für die Regierung der Arbeiterklasse nicht auf die besondere politische Form oder Staatsform, sondern auf ihren sozialökonomischen Inhalt: die Klassenherrschaft des Proletariats. Die ›proletarische Diktatur‹ steht damit auch nicht etwa im Gegensatz zur ›sozialen Republik‹, zur ›Republik der Arbeit‹ (MEW 17/388, 344 u. ö.). Wir wissen vielmehr bereits (vgl. oben 37. Kapitel), daß nach Ansicht von Marx und Engels die demokratische Republik »die spezifische Form für die Diktatur des Proletariats« (MEW 22/235) ist.

§ 4. Es scheint nun zunächst so – und wir haben diesen Eindruck durch unsere Darstellung bewußt verstärkt – als hätten die veränderten sozialökonomischen Inhalte der proletarischen Revolution und des Staates der Arbeiterklasse keine weiteren Auswirkungen auf den ›Staat als Staat‹; als ergreife das Proletariat einfach die Staatsgewalt und setze sie im Interesse der Arbeiterklasse ein, verwandle damit die *bürgerliche* Demokratie in die *sozialistische* Demokratie. Diese Ansicht stünde jedoch in auffallendem Widerspruch zu vielen Äußerungen von Marx und Engels, die sich nicht nur auf einen, dem Wandel der sozialökonomischen Inhalte entsprechenden Funktionswandel dieser politischen Formen beziehen, sondern auf eine Veränderung dieser Formen selber: *»Das Proletariat ergreift die Staatsgewalt und verwandelt die Produktionsmittel zunächst in Staatseigentum.* Aber damit hebt es sich selbst als Proletariat, damit hebt es alle Klassenunterschiede und Klassengegensätze auf, und *damit auch den Staat als Staat* (Herv. v. Verf. – Engels läßt an dieser Stelle langwierige historische Prozesse sich wie im Zeitrafferverfahren abspielen) ... Der erste Akt, worin der Staat wirklich als Repräsentant der ganzen Gesellschaft auftritt – die Besitzergreifung der Produktionsmittel im Namen der Gesellschaft –, ist zugleich sein letzter selbständiger Akt als Staat. Das Eingreifen einer Staatsgewalt in gesellschaftliche Verhältnisse wird auf einem Gebiet nach dem andern überflüssig und schläft dann von selbst ein. An die Stelle der Regierung über Personen tritt die Verwaltung von Sachen und die Leitung von Produktionsprozessen. Der Staat wird nicht ›abgeschafft‹, *er stirbt ab*« (MEW 20/261 f.). Wir müssen also näher zusehen, wie die Vergesellschaftung der Produktionsmittel und die Beseitigung der Klassenunterschiede, die sozialen Ziele der proletarischen Revolutionen, die politischen Formen als solche tangieren. Wir müssen zu klären versuchen, was unter dem Ausdruck vom ›Absterben‹ des Staates zu verstehen ist.

Erläuterungen und Zusätze:

1. Der Charakter der ›historischen Notwendigkeit‹ (vgl. oben 36. Kapitel, Zusatz 3) des Übergangs zum Sozialismus im Weltmaßstab darf, wie der historischer Gesetze überhaupt, nicht mißverstanden werden: 1. gelten sie, wie die Naturgesetze, nur unter bestimmten Bedingungen; 2. enthalten sie in ihrer Formulierung bereits Gegentendenzen und sind deshalb nicht mit Konzeptionen ›linearen‹ Fortschritts (vgl. z. B. KAUTSKY (1918), S. 14, 27 et pass.; ders. (1922), S. 74, 79 et pass.) zu verwechseln, noch als zeitlich genau bestimmbare Prognosen zu begreifen. 3. sind sie nicht unabhängig von den Handlungen der Individuen und gesellschaftlichen Klassen, setzen sich vielmehr nur vermittelt über diese überhaupt durch.
2. Vgl. zu derartigen Formen der Vergesellschaftung im Rahmen der Privatproduktion (Aktiengesellschaften, Monopole u. a.): MEW 25/451–457; MEW 20/257–60 u. ö. Die detallierte Analyse dieses Widerspruchs, seiner Äußerungen und der in den systembedingten Grenzen sich bewegenden Anpassung des Kapitalismus, kann hier nicht diskutiert werden.
3. Der *wissenschaftliche* Sozialismus wäre an dieser Stelle ausführlicher gegen die verschiedensten Formen ›doktrinären‹ Sozialismus abzugrenzen. Diese Abgrenzung hätte sich – genauer als das hier möglich ist – zu richten gegen: 1. Positionen, in denen die fehlenden ›materiellen‹ Voraussetzungen proletarischer Revolutionen durch den bloßen revolutionären ›Willen‹ (Voluntarismus) oder die ›revolutionäre‹ Gewalttat (Putschismus, vgl. die Auseinandersetzungen von Marx und Engels mit Willich, Schapper, Bakunin u. a.) einerseits, durch erfundene ›Heilmittel‹ und ›Systeme‹ andrerseits (Utopismus, vgl. die vielfältigen Auseinandersetzungen von Marx und Engels mit den großen Utopisten, mit Proudhon u. a.) zu ersetzen versucht werden. 2. Positionen, die entweder über der »frisch-fromm-fröhlichen Sauerei des Hineinwachsens in den Sozialismus« die Notwendigkeit revolutionärer Aktionen der Volksmassen insgesamt vergessen (›Ökonomismus‹, ›Zusammenbruchstheorie‹ etc., vgl. die Engelssche Kritik am sozialdemokratischen Opportunismus im Briefwechsel der späten Jahre) oder infolge dogmatischer Mißverständnisse von ›Reife‹ der materiellen Bedingungen zur Ansicht gelangen, sozialistische Revolutionen könnten stets nur im entwickelsten kapitalistischen Land oder doch nur in hochentwickelten kapitalistischen Ländern erfolgreich durchgeführt werden.
4. Vgl. MEW 18/160: »daß es Länder gibt, ... wo die Arbeiter auf friedlichem Wege zu ihrem Ziel gelangen können«; »Ein Aufstand wäre dort eine Dummheit, wo man durch friedliche Agitation rascher und sicherer den Zweck erreicht.« (MEW 17/641 u. ö.) Trotz aller Warnungen vor übertriebenem ›Legalismus‹ und der entschiedenen Betonung des historischen ›Rechts auf Revolution‹ (vgl. z. B. MEW 36/238ff.) gilt demnach in demokratischen Republiken unter der Voraussetzung, daß in deren Verfassung als wichtiges Prinzip der Volkssouveränität das uneingeschränkte verfassungsmäßige Recht der Verfassungsänderung garantiert ist (vgl. oben 34. Kapitel, Zusatz 6), daß die proletarische Revolution – *rein formal betrachtet* – nicht nur nicht notwendigerweise gewaltsam zu sein braucht, sondern

gar keine Revolution im verfassungsrechtlichen Sinne darzustellen braucht. Auf diesen Punkt hat in extremer Überspitzung KELSEN (1923) aufmerksam gemacht. In der Regel wird die demokratische Verfassung nicht vom Proletariat (und wenn, dann im Sinne einer weiteren Demokratisierung), wohl aber von der reaktionären Bourgeoisie zum Zwecke der Verteidigung ihrer sozialen Macht gebrochen. Dies ist die Basis des inneren Zusammenhangs von ›Demokratie‹ und ›Sozialismus‹, auf den wir schon oben im 37. Kapitel aufmerksam gemacht haben. Marx und Engels betonen stets, daß nur das Proletariat und die kommunistische Partei konsequent demokratisch seien (vgl. MEW 4/312, 317, 342f., 372f., 378f., 397, 434; MEW 17/633 u. ö.). Im entwickelten Kapitalismus ist jede konsequente Demokratisierung zugleich eine Gefährdung der gesellschaftlichen Macht der Bourgeoisie.

5. Auch eine gewaltsame proletarische Revolution ist nicht mit einem putschistischen Staatsstreich zu verwechseln. Engels warnt vor dem »Fehler, sich die Revolution als ein über Nacht abzumachendes Ding vorzustellen« (MEW 36/55 f.), und betont ihren Charakter als Massenbewegung, als »notwendige Folge von Umständen . . ., welche von dem Willen und der Leitung einzelner Parteien und ganzer Klassen durchaus unabhängig sind« (MEW 4/372).
6. Der Sozialismus ist in diesem Sinne – und hierauf macht Engels in den emphatischen Formulierungen im ›Anti-Dühring‹ aufmerksam – die Einlösung des biblischen Anspruchs des Menschen als ›Herrscher‹, die Einlösung des Freiheitspostulats der idealistischen deutschen Philosophie als »Herrschaft über die Bedingungen der eigenen Wirklichkeit«, nicht mehr nur im Kopfe, sondern realiter, sowohl der natürlichen wie der gesellschaftlichen: »Damit erst scheidet der Mensch, in gewissem Sinn, endgültig aus dem Tierreich, tritt aus tierischen Daseinsbedingungen in wirklich menschliche. Der Umkreis der die Menschen umgebenden Lebensbedingungen, der die Menschen bis jetzt beherrschte, tritt jetzt unter die Herrschaft und Kontrolle der Menschen, die nun zum ersten Male bewußte, wirkliche Herren der Natur, weil und indem sie Herren ihrer eignen Vergesellschaftung werden. Die Gesetze ihres eignen gesellschaftlichen Tuns, die ihnen bisher als fremde, sie beherrschende Naturgesetze gegenüberstanden, werden dann von den Menschen mit voller Sachkenntnis angewandt und damit beherrscht. Die eigne Vergesellschaftung der Menschen, die ihnen bisher als von Natur und Geschichte oktroyiert gegenüberstand, wird jetzt ihre eigne freie Tat . . . Erst von da an werden die von ihnen in Bewegung gesetzten gesellschaftlichen Ursachen vorwiegend und in stets steigendem Maße auch die von ihnen gewollten Wirkungen haben. Es ist der Sprung der Menschheit aus dem Reiche der Notwendigkeit in das Reich der Freiheit« (MEW 20/264, vgl. auch MEW 25/828 u. ö.).
7. Hierin besteht die erste wesentliche Differenz zum Anarchismus (vgl. die Marxsche Kritik an Stirner, die Auseinandersetzungen von Marx und Engels mit Bakunin): die Anarchisten wollen den Staat ›vernichten‹, ohne noch die sozialen Bedingungen beseitigt zu haben, die ihn haben entstehen lassen. Sie raten dem Proletariat, überhaupt auf jede ›politische Bewegung‹ zu verzichten. Die Konsequenz dieser Position ist einerseits hilfloser Attentismus, andrerseits ohnmächtiger Putschismus als zwei Seiten derselben Medaille. Die zweite wesentliche Differenz besteht – trotz aller gegenteiligen Behauptungen in der Literatur – in den

Zielen selber: die anarchistischen Vorstellungen von Freiheit, Individualität etc. sind von den marxistischen fundamental verschieden. Dies wird besonders deutlich z. B. in Marx' Kritik an Stirner: ›Der Einzige und sein Eigentum‹ in der ›Deutschen Ideologie‹ (MEW 3).

Fragen zur Diskussion

1. Worin bestehen die objektiven und subjektiven Voraussetzungen proletarischer Revolutionen?
2. Ist ›proletarische Revolution‹ identisch mit ›gewaltsamer‹ Revolution? Ist sie notwendigerweise eine ›politische‹ Revolution?
3. Welche Möglichkeiten sehen Sie, in demokratischen Republiken auf die Verhinderung konterrevolutionärer Gewalt hinzuarbeiten?
4. Warum ist nach Ansicht von Marx und Engels die Entwicklung der sozialistischen Form der gesellschaftlichen Arbeit nur als bewußte Aktion der Produzenten möglich? Worin besteht der fundamentale Unterschied dieser Form der gesellschaftlichen Arbeit gegenüber allen historisch vorausgehenden?
5. Widersprechen sich ›revolutionäre Diktatur des Proletariats‹ und ›sozialistische Demokratie‹?

39. Kapitel: ›Absterben‹ von Staat und Recht

Wir diskutieren im folgenden den die marxistische Theorie des Staates überhaupt spezifisch charakterisierenden Gedanken, daß mit der Entwicklung der kommunistischen Gesellschaft der Staat als ›Staat‹ abstirbt. Wir werden damit zugleich zum Ausgangspunkt unserer Darstellung zurückkehren.

Zur Vermeidung von Mißverständnissen bei der Diskussion der These vom Absterben des Staates greifen wir auf unsere Differenzierung zwischen dem Sachverhalt der formalen Trennung von Staat und bürgerlicher Gesellschaft und der ›Verselbständigung‹ eines arbeitsteiligen ›Staatsapparats‹ zurück. Erstere war spezifisches Charakteristikum des bürgerlichen Staats, letztere wurde von Marx und Engels als allgemeines Merkmal aller Staaten überhaupt begriffen, als notwendiges Ergebnis der Spaltung der Gesellschaft in Klassen. Wir haben weiter gesehen, daß innerhalb des ›arbeitsteiligen Staatsapparats‹ nochmals zu unterscheiden ist zwischen ›Repressionsfunktionen‹ (›Gewaltmaschine‹) und Funktionen bei der Erstellung allgemeiner Produktions- und Verkehrsbedingungen, die unter bestimmten Bedingungen ebenfalls vom Staat durchgeführt werden. Bezieht sich nun die These vom Absterben des Staates auf die Aufhebung der formalen Trennung von bürgerlicher Gesellschaft und Staat? (§ 1) Bezieht sie sich auf die Aufhebung staatlicher Repressionsfunktionen oder auf die Aufhebung jeglicher Repressionsfunktionen überhaupt? (§ 2) Oder bezieht sie sich auf die Aufhebung aller arbeitsteiligen Funktionen bei der Erstellung allgemeiner Produktions- und Verkehrsbedingungen überhaupt? (§ 3)

§ 1. Wir hatten in den Kapiteln 31–33 gesehen, daß die formale Trennung von bürgerlicher Gesellschaft und Staat, von Sphäre der Privatheit und Gegensätzlichkeit der materiellen Interessen der Warenbesitzer einerseits und Sphäre der Öffentlichkeit oder Allgemeinheit der formalen Interessen derselben andererseits, aus den Grundbedingungen der Warenproduktion, Arbeitsteilung und Privateigentum an den Produktionsmitteln, zu entwickeln war. Mit der schrittweisen Entfaltung der gesellschaftlichen Planung der Produktion verhalten sich nunmehr die Produzenten nicht mehr als isolierte Privatleute mit gegensätzlichen materialen Interessen, sondern bewußt als Glieder des Gemeinwesens. Der Zweck der Produktion ist nicht mehr das isolierte Privatinteresse im Gegensatz zu anderen Privatinteressen, sondern bewußt die Befriedigung individueller und gesellschaftlicher Bedürfnisse. Produktion *und* Konsumtion werden damit von den Schranken der ›Privatheit‹ befreit. Im Maß dieser Entwicklung verliert damit die ›Öffentlichkeit‹ ihren für die kapitalitische Produktionsweise spezifischen Charakter der bloß formellen Allgemeinheit, indem die materialen oder inhaltlichen Interessen der Produzenten selber zu allgemeinen oder öffentlichen werden. Die durch die Aufhebung der ›Abstraktion des Privatlebens‹ (vgl. 31. Kapitel) erreichte Aufhebung der Trennung von Gesellschaft und Staat wird nun nicht erkauft durch Rückfall hinter die formale Allgemeinheit (welche die ›Identität von Volksleben und Staatsleben‹ in den vorbürgerlichen Produktionsweisen auszeichnet), sondern eingelöst durch die Weiterentwicklung von der bloß formellen Allgemeinheit der Interessen aller ›Rechtsgenossen‹ zur realen Allgemeinheit der Interessen aller ›Produktionsgenossen‹.[1]

§ 2. Bei der Diskussion der Frage, ob sich das Absterben des Staates auf die Aufhebung staatlicher Repressionsfunktionen oder die Aufhebung jeglicher Repressionsfunktionen überhaupt bezieht, müssen wir unterscheiden zwischen 1. der Gesellschaft der Übergangsperiode, in der noch Klassenunterschiede und Klassengegensätze bestehen, und 2. der entwickelten kommunistischen Gesellschaft.

Zu 1. Die Aufgabe des Proletariats in der Revolution erschöpft sich nun nicht in der bloßen Ergreifung der Staatsmacht. Marx und Engels betonen vielmehr mit großer Bestimmtheit: »Aber die Arbeiterklasse kann nicht die fertige Staatsmaschinerie einfach in Besitz nehmen und diese für ihre eignen Zwecke in Bewegung setzen« (MEW 17/336), denn »das politische Werkzeug ihrer Versklavung kann nicht als politisches Werkzeug ihrer Befreiung dienen« (MEW 17/592). Es kommt nach ihrer Ansicht für das Proletariat nicht darauf an, »die bürokratisch-militärische Maschinerie aus einer Hand in die andre zu übertragen, sondern sie zu zerbrechen« (vgl. MEW 33/205f. u. ö.). Die »erste Bedingung für die Erhaltung seiner politischen Macht« (MEW 17/591) sei die Auflösung der stehenden Heere, die Schaffung einer Armee des Proletariats. Dies ist der erste Schritt der »Rücknahme der Staatsgewalt durch die Volksmassen selbst, die an Stelle der organisierten Gewalt der Unterdrückung ihre eigne Gewalt schaffen . . ., (ihre eigne Gewalt den Unterdrückern entgegengesetzt und gegen sie organisiert)« (MEW 17/543).

Solange mit dem Bestehen von Klassengegensätzen oder Klassenunterschieden noch »eine *besondere* Repressionsgewalt« (MEW 20/262) nötig ist, werden die notwendigen ›Regierungsfunktionen‹ (vgl. zum spezifisch Marxschen Begriff der ›Regierung‹ unten) noch arbeitsteilig ausgeführt werden müssen. Die wesentliche Aufgabe des Proletariats besteht dann darin, Maßnahmen zu ergreifen, die verhindern, daß die Träger dieser Regierungsfunktionen sich »wie in der alten Regierungsmaschinerie, über die wirkliche Gesellschaft erheben« (MEW 17/596); Maßnahmen, die garantieren, daß diese Funktionen unter strenger, »wirklicher Verantwortlichkeit« und »wirklicher Kontrolle« (ebd.) ausgeführt werden (vgl. MEW 17/544, 340, 546, 549; ›kommunal‹ wird von Marx nicht im Gegensatz zu ›zentral‹ gebraucht, sondern im Sinne dieser echten Verantwortlichkeit gegen bloße »Scheinverantwortlichkeit«). Schon die Pariser Kommune wandte »gegen (die) in allen bisherigen Staaten unumgängliche Verwandlung des Staats und der Staatsorgane aus Dienern der Gesellschaft in Herren der Gesellschaft . . . zwei unfehlbare Mittel an« (MEW 17/624): a) Die Besetzung aller Stellen, »verwaltende, richtende, lehrende, durch Wahl nach allgemeinem Stimmrecht der Beteiligten, und zwar auf jederzeitigen Widerruf durch dieselben Beteiligten« (ebd., vgl. auch MEW 19/6), also die weitestgehende Einführung des allgemeinen Wahlrechts und des imperativen Mandats (vgl. auch MEW 17/340 und 544) nicht nur für Abgeordnete und Regierung, sondern den gesamten Verwaltungsapparat; b) die Bezahlung dieser Tätigkeiten nach Arbeiterlohn (MEW 17/624). Solange also überhaupt noch ›Regierung‹ im Sinne gewaltsamer Unterdrückung notwendig ist, handelt es sich bei der ›Regierung der Arbeiterklasse‹ um wirkliche »Selbstregierung der Produzenten« (MEW 17/339), um »Regierung des Volks durch das Volk« (MEW 17/347, vgl. 595; MEW 18/634 über »Selbstregierung der Gemeine«). Die Nähe jener unmittelbaren oder direkten Demokratie – was die Form der Regierung anlangt – zu den frühen bürgerlichen Vorbildern wird von Marx und Engels durchaus gesehen: »Es ist das gewöhnliche Schicksal neuer geschichtlicher Schöpfungen, für das Seitenstück älterer und selbst verlebter Formen des gesellschaftlichen Lebens versehn zu werden, denen sie einigermaßen ähnlich sehn« (MEW 17/340, vgl. mittelalterliche Kommunalverwaltung, Schweizer Demokratie,

»vollständige Selbstverwaltung nach amerikanischem Muster« (MEW 22/236; vgl. MEW 17/341, 520 und MEW 36/434 u. ö.)). Die »wirklich demokratischen Einrichtungen« (MEW 17/342), die »in Wahrheit demokratische« Staatsmacht (MEW 17/624) unterscheidet sich zunächst nur ihrem Inhalt oder ihrer sozialökonomischen Funktion nach von diesen Vorbildern.[2]

Zu 2. Während in Klassengesellschaften eine besondere staatliche Gewalt, »welche nicht mehr unmittelbar zusammenfällt mit der sich selbst als bewaffnete Macht organisierenden Bevölkerung« (MEW 21/165, vgl. 115) nötig geworden ist, also »eine selbsttätige bewaffnete Organisation der Bevölkerung unmöglich geworden (ist) seit der Spaltung in Klassen« (ebd.), verliert nach Ansicht von Marx und Engels mit dem Verschwinden der Klassenunterschiede »die öffentliche Gewalt den politischen Charakter« (MEW 4/482; vgl. MEW 18/308 u. ö.). Wenn die »Klassenherrschaft verschwunden« ist, gebe es »keinen Staat im jetzigen politischen Sinne« (MEW 18/634), denn »die politische Gewalt im eigentlichen Sinne ist die organisierte Gewalt einer Klasse zur Unterdrückung einer andern« (MEW 4/482). Nach der Beseitigung der Klassenunterschiede gibt es nach Ansicht von Marx und Engels »nichts mehr zu reprimieren, das eine *besondere* (Herv. v. Verf. – d. h. hier arbeitsteilige) Repressionsgewalt, einen Staat, nötig machte« (MEW 20/262); damit verschwindet auch der »politische Staat und mit ihm die politische Autorität« (MEW 18/308), weil ›staatliche‹ oder ›politische‹ Gewalt (beide Ausdrücke werden synonym verwendet) eben nur im Sinne der Gewalt zur Unterdrückung einer Klasse durch eine andere verstanden wird[3]. Wenn ein präziser Unterschied gemacht wird zwischen ›Regierung‹ (im Sinne der Gewaltandrohung oder -anwendung) und ›Verwaltung‹, wäre nicht eigentlich von einer »Verwandlung« der »Regierung über Personen« in »Verwaltung von Sachen und Leitung von Produktionsprozessen« (MEW 20/262, vgl. MEW 18/50) zu sprechen, sondern vom Absterben der ›Regierungsfunktionen‹ überhaupt[4].

§ 3. Bezieht sich nun die »Rücknahme der Staatsgewalt durch die Gesellschaft als ihre eigne lebendige Macht, an Stelle der Gewalt, die sich die Gesellschaft unterordnet und sie unterdrückt« (MEW 17/543), nicht nur auf das Absterben der besonderen Repressionsgewalt oder der Regierungsfunktionen überhaupt, sondern auch auf die Aufhebung aller arbeitsteiligen, in Klassengesellschaften mehr oder weniger vollständig vom Staat durchgeführten »gemeinsamen Angelegenheiten« (MEW 21/96)? Bedeutet die ›Verwandlung‹ der Regierung über Personen in Verwaltung von Sachen und Leitung von Produktionsprozessen zugleich die Aufhebung der arbeitsteiligen Erstellung der gesellschaftlich notwendigen allgemeinen Produktions- und Verkehrsbedingungen, der »lebenswichtigen und allgemeinen Bedürfnisse des Landes« (MEW 17/596)?

Zunächst antworten Marx und Engels auf die Frage nach der Umwandlung des Staatswesens in einer kommunistischen Gesellschaft durch eine charakteristische Veränderung der Fragestellung: »in andern Worten, welche gesellschaftlichen Funktionen bleiben dort übrig, die jetzigen Staatsfunktionen analog sind?« (MEW 19/28; vgl. MEW 18/635) Alle jene »berechtigten Funktionen« (MEW 17/340), die infolge der Verselbständigung des Staatsapparats gegenüber der Gesellschaft »durch den Staat vermittelt (wurden), eine politische Form« erhielten (MEW 3/62), werden aus ›staatlichen‹ wieder in ›gesellschaftliche‹ verwandelt. Dies ist nach Ansicht der Verf. folgendermaßen zu verstehen:

1. Sie verschwinden nicht. Die bedeutende Beschränkung der Verwaltungskosten (MEW 19/19), die Reduktion der Staatsfunktionen (vgl. MEW 17/545), die »wohlfeile Regierung« (MEW 17/341) beziehen sich auf die Reduktion oder das Absterben des Unterdrückungsapparats und mögliche Vereinfachung der Verwaltung. Die »tatsächliche Verwaltungsarbeit« (MEW 17/546) oder die gesellschaftlich notwendigen Funktionen bei der Erstellung der allgemeinen Produktions- und Verkehrsbedingungen werden sich vielmehr im Gefolge der Entwicklung der gesellschaftlichen Produktivkräfte der Arbeit enorm ausweiten. (Obwohl Marx und Engels auf dieses Problem nicht ausführlich eingehen, kann im Zusammenhang ihrer Theorie über diesen Punkt kaum Unklarheit bestehen).

2. Sie werden ein Zweig der gesellschaftlichen Arbeit wie andere Zweige auch und setzen spezifische Qualifikationen der in ihnen verausgabten konkret-nützlichen Arbeit voraus[5]. Ihre weitere Behandlung ist daher kein besonderes Problem mehr, vielmehr identisch mit Problemen der Aufhebung der Arbeitsteilung und Problemen der (betrieblichen oder gesellschaftlichen) Leitungstätigkeit überhaupt.

3. An Aufhebung jeglicher Arbeitsteilung überhaupt ist im Gefolge der Entwicklung der gesellschaftlichen Produktivkräfte gar nicht zu denken. Der Kern der (späten) Marxschen Aussagen hierzu besteht vielmehr in der Forderung nach Aufhebung der »*alten* Teilung der Arbeit« (MEW 23/512, Herv. v. Verf., vgl. MEW 18/634). Die verschiedenen gesellschaftlichen Funktionen, welche für das »total entwickelte Individuum ... einander ablösende Betätigungsweisen sind« (ebd., was nicht impliziert, daß ein Individuum *alle* verschiedenen Funktionen etwa auch wirklich ausüben könnte!), schließen notwendigerweise auch betriebliche und gesamtgesellschaftliche Planungs- und Leitungsfunktionen ein.

4. Wenn somit auch in entwickelten kommunistischen Gesellschaften Leitungsfunktionen notwendige Betätigungsweisen der gesellschaftlichen Arbeit sind, muß Vorsorge gegenüber möglicher »Verselbständigung« der ›Leiter‹ getroffen werden. Hierzu dienen die bereits bekannten Mittel der Wahl, jederzeitigen Abberufbarkeit und öffentlichen Kontrolle. Nach dem

Absterben der ›Regierungsfunktionen‹ verändert sich jedoch deren Charakter fundamental: »Der Charakter der Wahl hängt nicht von diesem Namen ab, sondern von der ökonomischen Grundlage, den ökonomischen Zusammenhängen der Wähler; und sobald die Funktionen aufgehört haben, politisch (d. h. eine Klasse unterdrückend – d. Verf.) zu sein, existiert 1. keine Regierungsfunktion; 2. die Verteilung der allgemeinen Funktionen ist Geschäftssache geworden, die keine Herrschaft (im Sinne von ›politischer‹ Autorität, vgl. MEW 18/307f. – d. Verf.) gibt; 3. die Wahl hat nichts von heutigem politischen Charakter« (MEW 18/635, vgl. MEW 17/340).

§ 4. Nachdem wir nun die Aufhebung der formalen Trennung von bürgerlicher Gesellschaft und Staat sowie die These vom Absterben des Staates überhaupt diskutiert haben (also sowohl des ›Staats als Staat‹ im strengen, modernen Sinne (vgl. Kapitel 33, Zusatz 8) wie des ›Staats als Staat‹ im weiten Sinne einer der ›Gesellschaft‹ gegenüber verselbständigten Macht), kommen wir auf den Zusammenhang von ›Warenzirkulation‹ und ›abstraktem‹ oder modernem Recht zurück, den wir im 32. Kapitel zu entwikkeln versucht haben. Anläßlich seiner Kritik der Lassalleschen Formel vom ›gerechten‹ oder ›unverkürzten Arbeitsertrag‹ in den ›Randglossen zum Programm der Deutschen Arbeiterpartei‹ geht Marx auf den Zusammenhang von Äquivalententausch und ›gleichem‹ Recht (egalitäre Gerechtigkeit) einerseits und auf die Überwindung dieses »engen bürgerlichen Rechtshorizonts« mit der Entwicklung der kommunistischen Gesellschaft durch Aufhebung der egalitären in ›qualitative‹ oder ›distributive Gerechtigkeit‹ andrerseits ein. Marx selber unterscheidet, wie wir bereits wissen, – im Gegensatz zu vielen seiner utopistischen Nachbeter – zwei Phasen der Entwicklung der ›kommunistischen Gesellschaft‹:

1. »eine kommunistische Gesellschaft, nicht wie sie sich auf ihrer eignen Grundlage *entwickelt* hat, sondern umgekehrt, wie sie eben aus der kapitalistischen Gesellschaft *hervorgeht*, also in jeder Beziehung, ökonomisch, sittlich, geistig, noch behaftet ist mit den Muttermalen der alten Gesellschaft, aus deren Schoß sie herkommt« (MEW 19/20), im Anschluß zur klaren terminologischen Unterscheidung ›sozialistische Gesellschaft‹ genannt. In ihr dominieren noch Austauschbeziehungen: »Es herrscht hier offenbar dasselbe Prinzip, das den Warenaustausch regelt, soweit der Austausch Gleichwertiger ist. *Inhalt und Form sind verändert* (Herv. d. Verf.), weil unter den veränderten Umständen niemand etwas geben kann außer seiner Arbeit und weil andrerseits nichts in das Eigentum der einzelnen übergehen kann außer individuellen Konsumtionsmitteln. Was aber die Verteilung der letzteren unter die einzelnen Produzenten betrifft, herrscht dasselbe Prinzip wie beim Austausch von Warenäquivalenten, es wird gleich viel Arbeit in einer Form gegen gleich viel Arbeit in einer andern ausgetauscht. Das *gleiche Recht* ist hier daher immer noch – dem Prinzip nach

– das *bürgerliche Recht* ... Trotz dieses Fortschritts ist dieses *gleiche Recht* stets noch mit einer bürgerlichen Schranke behaftet. Das Recht der Produzenten ist ihren Arbeitslieferungen *proportionell*; die Gleichheit besteht darin, daß an *gleichem Maßstab*, der Arbeit, gemessen wird ... Dies *gleiche* Recht ist ungleiches Recht für ungleiche Arbeit. Es erkennt keine Klassenunterschiede an, weil jeder nur Arbeiter ist wie der andre; aber es erkennt stillschweigend die ungleiche individuelle Begabung und daher Leistungsfähigkeit der Arbeiter als natürliche Privilegien an. *Es ist daher ein Recht der Ungleichheit, seinem Inhalt nach, wie alles Recht* ... Aber diese Mißstände sind unvermeidbar in der ersten Phase der kommunistischen Gesellschaft ... Das Recht kann nie höher sein als die ökonomische Gestaltung und dadurch bedingte Kulturentwicklung der Gesellschaft« (MEW 19/20f.). Wir müssen für unseren Zusammenhang besonders zwei Punkte hervorheben:

a) für Marx ist *alles* Recht *gleiches* Recht, ganz unabhängig von den jeweils besonderen Rechtsinhalten. Zugleich wird aber dadurch keineswegs der Rechtsbegriff zu einem überhistorischen; vielmehr besteht der Springpunkt der Marxschen Theorie hierbei gerade darin, die sozialökonomischen Voraussetzungen der *Rechtsform* überhaupt aufzuzeigen, die keineswegs naturnotwendige Bedingungen jeglicher gesellschaftlicher Produktion überhaupt sind: die Austauschbeziehungen[6].

b) Auch die ›proletarischen Gleichheitsforderungen‹, die über die bloße juristische Gleichheit hinausreichenden Forderungen nach sozialer, ökonomischer Gleichheit, nach Abschaffung der Klassen haben ihre Grenzen an der ›natürlichen Ungleichheit‹ der Individuen: »Jede Gleichheitsforderung, die darüber hinausgeht, verläuft notwendig ins Absurde« (MEW 20/99).

2. Innerhalb einer entwickelten kommunistischen Gesellschaft »tauschen die Produzenten ihre Produkte nicht aus; ebensowenig erscheint hier die auf Produkte verwandte Arbeit *als Wert* dieser Produkte, als eine von ihnen besessene sachliche Eigenschaft, da jetzt, im Gegensatz zur kapitalistischen Gesellschaft, die individuellen Arbeiten nicht mehr auf einem Umweg, sondern unmittelbar als Bestandteile der Gesamtarbeit existieren« (MEW 19/19f.). Erst nachdem »die *knechtende* (Herv. v. Verf.) Unterordnung der Individuen unter die Teilung der Arbeit, damit auch der Gegensatz geistiger und körperlicher Arbeit, verschwunden ist; nachdem die Arbeit nicht nur Mittel zum Leben, sondern selbst das erste Lebensbedürfnis geworden; nachdem mit der allseitigen Entwicklung der Individuen auch die Produktivkräfte gewachsen sind und alle Springquellen des genossenschaftlichen Reichtums voller fließen – erst dann kann der enge bürgerliche Rechtshorizont ganz überschritten werden und die Gesellschaft auf ihre Fahne schreiben: Jeder nach seinen Fähigkeiten, jedem nach seinen Bedürf-

nissen!« (MEW 19/21). Jene neue kommunistische Form der Arbeit hat also für Marx u. a. zwei wesentliche gesellschaftliche Folgen, die in unserem Zusammenhang wichtig sind:

a) Die ›Aufhebung‹ der egalitären in der distributiven Gerechtigkeit. Dies ist nicht zu verwechseln mit einem Rückfall hinters abstrakte Recht, hinter die bürgerlichen Menschenrechte der Gleichheit und Freiheit, zu Privilegien einzelner Individuen oder gar sozialer Klassen (in deren Beseitigung ja der wesentliche historische Fortschritt der Durchsetzung des ›gleichen‹ Rechts bestand). Das große Ziel: Jedem das Seine, setzt hier vielmehr die anerkannte Individualität *aller* Menschen voraus und zugleich die Anerkennung der Unterschiede der jeweiligen bedürftigen Individuen[7].

b) Die Aufhebung der ›abstrakten‹ Individualität und Freiheit (vgl. hierzu die ›überschwänglichen‹ Formulierungen MEW 3/67–69 und 74–77). Es handelt sich nicht bloß um Befreiung der »Gesellschaft«, sondern um Befreiung der Individuen von natürlicher und gesellschaftlicher Borniertheit, um die Aufhebung des alten Gegensatzes von Individuum und Gesellschaft überhaupt, um die Möglichkeit der Entwicklung einer »Totalität von Fähigkeiten in den Individuen« (MEW 3/68). »Erst in der Gemeinschaft mit Andern hat jedes Individuum die Mittel, seine Anlagen nach allen Seiten hin auszubilden; erst in der Gemeinschaft wird also die persönliche Freiheit möglich . . . In der wirklichen Gemeinschaft erlangen die Individuen in und durch ihre Assoziation zugleich ihre Freiheit« (MEW 3/74, vgl. 4/482 u. ö.).

Erläuterungen und Zusätze:

1. Dies bedeutet zugleich auch, daß nicht hinter den ›citoyen‹ und die ›Menschen- und Bürgerrechte‹ zurückgefallen werden darf, sondern diese ihres bloß formalen oder ›abstrakten‹ Charakters entkleidet werden müssen. Auf diesen Punkt hat – von anderen theoretischen Positionen ausgehend – besonders Ernst Bloch aufmerksam gemacht. Vgl. Bloch (1961), besonders S. 200ff., vgl. auch Polaks Umkehrung der sozialdemokratischen Losung nach 1945: »Keine Menschenrechte ohne Sozialismus« (1968), S. 126ff., durch die nicht nur das »sozialistische Erbe«, sondern zugleich auch die sozialistische Kritik an der Abstraktheit der Menschenrechte in der bürgerlichen Gesellschaft und ihren Verfassungen ausgedrückt werden soll. Vgl. hierzu auch Haney (1971), S. 209ff.
2. Hierauf hat wiederum Kelsen unter Mißachtung der völlig veränderten Funktion ((1923), § 8: Die politische Form der Diktatur des Proletariats: Demokratisch organisierte Staatsgewalt; die Pariser Kommune als Vorbild) aufmerksam gemacht. Wir gehen im folgenden auf dieses Buch und darin vorgetragene Einwände deshalb ein, weil es nach Ansicht d. Verf. die fundierteste und mit Einschränkung auch kenntnisreichste Kritik der Marxschen Vorstellungen vom Absterben des Staates von bürgerlicher Seite aus darstellt. Kelsen betont, formal völlig zurecht, den Charakter der Kommune als »repräsentativer Demokratie mit Elementen weitge-

hender Unmittelbarkeit« (S. 78): »Hört ein Vertretungskörper auf, ein Parlament zu sein, weil er sich auf das allgemeine Stimmrecht gründet, weil die Legislaturperiode nicht drei oder sechs Jahre, sondern kürzer währt? Hört er auf, ein Parlament zu sein, wenn ihm neben der Gesetzgebung auch Funktionen der Vollziehung . . . obliegen? Hörte die Kommune auf, eine Demokratie zu sein, weil sie das demokratische Prinzip der Wahl für die Berufung der Beamten akzeptierte?« (S. 74 f.) Er macht darauf aufmerksam, daß auch die Überwindung der Gewaltenteilung (vgl. schon MEW 1/325, MEW 17 pass.) nur die Verwirklichung demokratischer Prinzipien darstelle. Schließlich sieht er auch, daß eine »solidarische Gruppe« nicht demokratisch organisiert zu sein braucht (S. 67) und »überhaupt kein Staat« (ebd.) sei, da ›Demokratie‹ als eine Staatsform wie der Staat selber die »Sphäre des Politischen« oder der »Interessen- und Willensgegensätze« (ebd.) voraussetze. Seine Einwände gegen die Möglichkeit derartiger Solidarität werden wir erst im Zusatz 4 behandeln. Wichtig ist jedoch festzuhalten, daß auch nach Kelsen demokratische Regelungen (vgl. § 3 dieses Kapitels) in der Sphäre des ›Nichtpolitischen‹, keine ›staatlichen‹ oder im eigentlichen Sinne ›demokratischen‹ mehr darstellen.

Wir haben bereits im 34. Kapitel anhand der Verfassungen der amerikanischen Bundesstaaten einige Regelungen unmittelbarer Demokratie kennengelernt und bemerkt, daß schon Rousseau darauf aufmerksam gemacht hat, daß diese Formen bei entwickelten Klassengegensätzen und einer gewissen geographischen Ausdehnung des bürgerlichen Nationalstaats nicht aufrechterhalten werden können. Wir haben in den Kapiteln 35–37 angedeutet, daß mit der Entfaltung der Klassengegensätze in der bürgerlichen Gesellschaft die Formen der unmittelbaren Demokratie notwendig beseitigt werden mußten, um die gesellschaftliche Macht der Bourgeoisie aufrechterhalten zu können. Wir sehen nun, wie mit dem schrittweisen Verschwinden der Klassengegensätze und -unterschiede das Proletariat zu derartigen Regierungsformen zurückkehren kann, bis sie schließlich als solche überhaupt überflüssig werden (vgl. Zusatz 3). Wie Kautsky ((1922), S. 126 f.) schon die Beschneidung der Demokratie mit der Entwicklung bürokratischer Parteien in der bürgerlichen Gesellschaft verkannte, so verkennt er konsequent erst recht die Notwendigkeit des ›Zerbrechens‹ des bürgerlichen Staatsapparats und hält die von Marx und Engels am Beispiel der Pariser Commune diskutierten Forderungen »heute nicht bloß (für) unvernünftig, sondern auch (für) reaktionär« (ebd.).

3. Nun ist jedoch ›Gewalt einer Klasse zur Unterdrückung einer andern‹ keineswegs identisch mit möglicher Gewaltanwendung gegen Personen, die gegen gesellschaftlich anerkannte, ›vernünftige‹ Regeln oder ›Gesetze‹ (im nicht strengen juristischen Sinne) des Zusammenlebens auch nach Verschwinden von Klassenunterschieden verstoßen. Wenn diese nicht »unerzwungene und unbestrittene Achtung« (versus ›politische Autorität‹ des lumpigsten Polizeidieners) genießen, wird dann nicht auch in einer kommunistischen Gesellschaft Gewalt gegen Personen angewandt werden müssen? Dies ist der pseudoanthropologisch fundierte Haupteinwand Kelsens gegen die Möglichkeit solidarischer Gesellschaften und damit gegen das Absterben von ›Demokratie‹ und ›Staat‹ (vgl. Kelsen, 1923, S. 47, 49 u. ö.). Hierauf wären, genauer als wir dies hier können, 3 Einwände zu richten:

1. Das Hauptproblem besteht zunächst in der Abschaffung der Gewalt gegen Klassen! Wenn Marx und Engels staatliche oder politische Gewalt mit Anwendung von Gewalt gegen Klassen identifizieren, wird hierdurch der die Geschichte wesentlich charakterisierende Punkt hervorgehoben. Dies gerät bei Kelsen mehr und mehr in Vergessenheit. 2. Marx und Engels sind der Ansicht, daß im Zuge der Verwirklichung des Kommunismus ein weitgehender Abbau besonderer Organe zur Anwendung von Gewalt gegen Personen zu erwarten ist (zum Vergleich mit den Gentilgesellschaften: MEW 21/94 ff.) und daß eine radikale Veränderung des Charakters dieser Zwangsmaßnahmen erfolgen wird (z. B. Strafvollzug, Rechtssprechung u. ä.), soweit sie noch notwendig sind. 3. Wenn wir, bei völlig anderem Begriff von Freiheit, den Gegensatz zwischen ›Etatismus‹ und ›Kommunismus‹ (für Kelsen identisch mit Anarchismus) als Gegensatz zwischen »Zwangsunterworfenheit« und »Geltung durch den Willen der Normunterworfenen« (S. 16) charakterisieren und auch die Anwendung von Zwang gegen Personen staatlichen Zwang nennen, bleibt die Frage nach der Begründung der Notwendigkeit derartigen Zwangs nach Beseitigung der Klassenspaltung. Kelsen glaubt sich im Einklang mit aller wissenschaftlichen »Erfahrung« (S. 49) – er verlängert in der Tat nur die bisherigen Erfahrungen in Klassengesellschaften auf die klassenlose kommunistische Gesellschaft – wenn er die Möglichkeit einer derartigen solidarischen Ordnung als Utopie oder ›Wunder‹ bezeichnet und demgegenüber auf die »natürliche Ungleichheit der Menschen als letzte subjektive Quelle aller, nicht bloß der wirtschaftlichen Ausbeutung« (S. 49) rekurriert. (Vgl. auch Kelsen (1967), S. 76 und 85 f., vgl. Maihofer (1968), S. 43, der sich mit der bloß »antagonistischen Natur des Menschen« nicht zufrieden geben will und darum die »Unmenschlichkeit der Verhältnisse und des Verhaltens des Menschen in der ›Welt des Menschen‹« »aus der ›antagonistischen, antinomischen und paradoxen Struktur der Welt selbst‹« herleiten zu müssen glaubt). Demgegenüber ist daran festzuhalten, daß nicht nur die Menschen derartige ›Umstände‹ machen, sondern dann auch die Umstände die Menschen (die von Kelsen sogenannte ›bolschewistische‹ Theorie der ›Gewöhnung‹).

4. Engels spricht hier bewußt mit den Worten von Saint-Simon (vgl. die kurze Zusammenfassung bei Schluchter (1972), Kap. 1, S. 21 ff.). Dies ›rechtsförmige‹ Absterben von Recht und Staat ist mit dem scheinbar paradoxen Leninschen Satz angesprochen: »Wirklich vollständige Demokratie, die zur Gewohnheit wird und *deshalb* abstirbt . . . Vollständige Demokratie ist gleich keinerlei Demokratie. Das ist kein Paradoxon, sondern die Wahrheit« (Lenin (1955), S. 126 f.). Hierauf also ist bei Marx, Engels und Lenin das Absterben des ›Staats als Staat‹ bezogen. Das wesentlichste allgemeine Merkmal aller Staaten überhaupt ist demnach für sie die Anwendung von ›öffentlicher‹ Gewalt im Interesse der ökonomisch herrschenden Klasse(n) gegen die unterdrückte(n) Klasse(n). Sie schlagen daher vor, den Kommunismus nicht als ›Staatswesen‹ sondern als ›Gemeinwesen‹ (MEW 19/7) zu bezeichnen, um jenen Unterschied auch terminologisch deutlich zum Ausdruck zu bringen. Wenn demgegenüber rein formal jegliche ›Ordnung‹ als ›Zwangsordnung‹ und jegliche ›Zwangsordnung‹ als ›Rechtsordnung‹ oder ›Staatsordnung‹ bezeichnet wird (vgl. z. B. Radbruch (1973), S. 181 ff.), so ist neben der völligen Entleerung, die diese Begriffe dadurch erfahren, darauf aufmerksam zu machen,

daß es sich hier im wesentlichen nicht um einen Streit um Begriffe, sondern um die Unterschiede der Gegenstände handelt (vgl. MEW 18/635). Dies gilt auch gegenüber der – am Sachverhalt der Trennung von Politik und Verwaltung in der bürgerlichen Gesellschaft orientierten – Auffassung, daß die Festlegung der Ziele stets Aufgabe der ›Politik‹ und nur deren Ausführung Aufgabe der ›Verwaltung‹ sei.

5. Der von Kelsen (im Anschluß an Cunow (1920), S. 310ff.), behauptete »Widerspruch zwischen der politischen und der ökonomischen Theorie des Marxismus« (1923, § 10, S. 90ff.), der zum Anlaß genommen werden soll, »die Loslösung des Marxismus vom Sozialismus« voranzutreiben (S. 8u. ö.), beruht auf einem fundamentalen, seinerseits wieder ›interessierten‹ Mißverständnis: Durch die Vermengung der bei Marx und Engels präzise unterschiedenen Begriffe von ›politischer‹ Autorität oder Zwang mit ›Autorität‹ oder Herrschaft überhaupt, durch Ignorieren des Unterschieds von ›Regierungsfunktionen‹ und ›Verwaltungsfunktionen‹ im oben bestimmten Sinne, durch Auslegung von ›kommunal‹ im Sinne von ausschließlich ›dezentral‹ u. a. versuchen sie den Eindruck zu wecken, die ›politische Theorie‹ von Marx sei der Ruf: Zurück zu den Wäldern und Hütten. Daß mit derartigen ›Argumenten‹ lange unwidersprochen hausieren gegangen werden konnte, wirft ein Licht auf die ›wissenschaftliche‹ Auseinandersetzung mit dem Marxismus von bürgerlicher Seite. Das liebgewordene und durch diese ›Mißverständnisse‹ zu schützende Kind der Opportunisten in der deutschen Sozialdemokratie war der von Marx und Engels gegeißelte ›preussische Etatismus‹ oder ›Staatssozialismus‹.
6. Diese Eingrenzung des Begriffs des Rechts auf das ›gleiche‹, ›abstrakte‹, ›moderne‹ Recht reflektiert wieder den wesentlichen historischen Unterschied sozialer Regelungen überhaupt. Auch hier liegt in Auseinandersetzungen mit Rechtsbegriffen, die alle Normen, gesellschaftlichen Regelungen überhaupt als ›Recht‹ bezeichnen, der Springpunkt nicht in einem rein terminologischen Streit, sondern im Unterschied der Sache. Zumeist läßt sich nachweisen, daß mit der Ausweitung des modernen Rechtsbegriffes auch seine sozialökonomischen Voraussetzungen auf Gesellschaftformationen übertragen werden, denen diese Verhältnisse völlig wesensfremd sind.
7. Nicht bezüglich jener Ziele unterscheidet sich der wissenschaftliche Sozialismus vom großen Utopismus, dessen Studium von Engels (MEW 36/199) so nachdrücklich gefordert wird. Sie sind vielmehr bis in die Formulierung hinein von St. Simon und Fourier übernommen (vgl. zusammenfassend: Engels im ›Anti-Dühring‹, dritter Abschnitt: I. Geschichtliches (MEW 20/239–248). Nur in den Mitteln und Voraussetzungen zur Beseitigung des Mangels und der Notdurft (MEW 3/34f.) besteht der – allerdings nicht zu vernachlässigende – Unterschied.

Fragen zur Diskussion:

1. Worauf bezieht sich die doppelte Verwendungsweise des Terminus ›Staat als Staat‹? Wie verhalten sich die beiden damit benannten Momente des bürgerlichen Staates zueinander?
2. Warum kann nach Ansicht von Marx und Engels die Arbeiterklasse nicht einfach die fertige Staatsmaschine übernehmen?

3. Sind die Maßnahmen, die die Pariser Kommune zur Verhinderung der ›Verselbständigung‹ der Träger von Regierungsfunktionen durchführte, wirklich ›unfehlbar‹?
4. Worin besteht der Unterschied zwischen ›Regierung‹ und ›Verwaltung‹?
5. Was macht ›Gewalt‹ nach Ansicht von Marx und Engels zur ›politischen‹ oder ›staatlichen‹ Gewalt?
6. Was verstehen Sie unter Aufhebung der ›alten‹ Teilung der Arbeit?

Teil F

Max Webers soziologische Theorie der politischen Herrschaft

Einleitung

1. *Die Aktualität Max Webers.* In den Sozialwissenschaften ist die Annahme, daß der gegenwärtige Kapitalismus einen tiefgreifenden Wandlungsprozeß durchlaufen habe, weit verbreitet und fest eingebürgert. Mit dieser Annahme arbeiten nach theoretischem Ansatz, Fächerzugehörigkeit und Erkenntnisinteresse unterschiedlichste Untersuchungen, gleich ob sie sich gesamtgesellschaftlichen Analysen oder nur Analysen von Teilsektoren des gegenwärtigen Kapitalismus zuwenden. Als Dimensionen dieses Wandlungsprozesses werden genannt: die Organisierung der Märkte (Monopolisierung), die Institutionalisierung des technisch-wissenschaftlichen Fortschritts (die Entwicklung der Wissenschaft zur ersten Produktivkraft) und eine durchgängige staatliche Regulierung des Wirtschaftsablaufs (vgl. Habermas 1969, Offe 1972). Das Faktum dieses Wandels in den benannten Dimensionen ist unbestreitbar; in Frage steht aber, ob wir ihn als Entwicklung über den Kapitalismus hinaus zu einem ganz anderen Gesellschaftssystem hin interpretieren. Theorien, welche der gegenwärtigen Gesellschaft ihre Identität als kapitalistische mehr oder weniger absprechen, stützen ihre Hypothesen vorrangig auf den Sachverhalt der politischen »Mediatisierung« des gesellschaftlichen Lebensprozesses. Während in liberal-kapitalistischen Gesellschaften der »institutionelle Rahmen« der Gesellschaft unmittelbar ökonomisch und nur mittelbar politisch organisiert sei, habe die Dauerregulierung des Wirtschaftsprozesses durch staatliche Intervention im »Spätkapitalismus« zu einer Repolitisierung des institutionellen Rahmens geführt (Habermas 1969). Zum einen ist der Staat mit steigender Bedeutung seiner Steuern, seiner Eigenwirtschaftsbetriebe und seiner Aufträge an die private Wirtschaft zum größten Zahlungsempfänger und größten Zahlungsleister geworden (WG 97); zum anderen ist auch der Bereich der privaten Wirtschaft durch wachsende staatliche Intervention und Kontrolle charakterisiert. Ein derart durch den staatlichen Interventionismus geändertes gesellschaftliches Institutionensystem stellt die Gesellschaftstheorie nach herrschender Auffassung vor grundsätzlich neue Probleme. Für den Bereich der politischen Soziologie formuliert Lipset (1959) diesen Problemwandel so: »The problem has ceased to revolve

around the changes needed to modify or to destroy capitalism and its institutions. Rather, the central issue now is the social and political conditions of a bureaucratized society« (S. 89). Nun fällt zwar die Änderung einer Produktionsweise durch zunehmende Staatseingriffe nicht bruchlos mit der Bürokratisierung der Gesellschaft zusammen. Gleichwohl hat Weber für die Orientierung der leitenden Fragestellungen an den Problemen der Bürokratisierung die entscheidenden Stichworte und Konzepte geliefert. »Nieder mit Marx, hoch mit Weber« kommentiert MILIBAND (1972, S. 21) die angedeutete Entwicklung.

2. *Der Gegenstand.* Wir haben wiederholt die Intention von Webers Allgemeiner Soziologie (WG 212) hervorgehoben, eine systematische Theorie des sozialen Handelns aufzustellen; diese soll die Grundlage für die vergleichenden universal-historischen Studien abgeben, wie sie vor allem im 2. Teil von Webers Hauptwerk: Wirtschaft und Gesellschaft ausgebreitet sind. Erstes Erfordernis einer derartigen allgemeinen Theorie ist eine Kategorienlehre des sozialen Handelns. In ihr ist ein bestimmtes Konzept von Gesellschaft enthalten, das nicht nur die Untersuchung der bürgerlichen Gesellschaft anleiten soll, sondern generelle Geltung beansprucht. Die Grundbegriffe einer solchen Kategorienlehre haben wir bereits kennengelernt: »Handeln«, »soziales Handeln« und »Sinn«. Ebenso haben wir bereits einen bestimmten Typus sozialen Handelns analysiert; das wirtschaftliche Handeln.

Im Unterschied zum Wirtschaften ist nun »Herrschen« keine Handlungsweise, mit der sich ein bestimmter Bereich des gesellschaftlichen Lebensprozesses von anderen Bereichen abgrenzen läßt und durch deren Analyse eine soziologische Handlungstheorie sich den Zugang zur Analyse eines solchen Teilsystems eröffnet. Die Ausübung von Herrschaft ist an kein gesellschaftliches Teilsystem gebunden; sie kann vielmehr in allen Handlungstypen und sozialen Beziehungen vorkommen.

Weber hat in der Herrschaft ein »zentrales Phänomen alles Sozialen« (WG 539) erkannt. Herrschaft, so Weber, ist auch in der engeren, von Macht unterschiedenen Bedeutung, keinesfalls auf den Umkreis staatlichen Handelns beschränkt. Das »Bestehen von Herrschaft« spielt vielmehr »insbesondere gerade bei den ökonomisch relevantesten Gebilden der Vergangenheit und der Gegenwart: der Grundherrschaft einerseits, dem kapitalistischen Großbetrieb andererseits, die entscheidende Rolle« (WG 541). Jedoch sind wir an Webers Soziologie der Herrschaft im folgenden nur insoweit interessiert, als sie Elemente einer Theorie der politischen Herrschaft, genauer: des modernen Staats, der politischen Herrschaft in der bürgerlichen Gesellschaft also, enthält.

3. *Stoffauswahl und Einteilung.* Der Staat ist kein exklusiver Gegenstand einer bestimmten sozialwissenschaftlichen Disziplin[1]. Eine Staatssoziolo-

gie im eigentlichen Sinne hat sich als anerkannter Zweig der Soziologie nie etablieren können[2]. Die (falls noch existent) Allgemeine Staatslehre, die politische Wissenschaft, die politische Soziologie und die Organisationssoziologie, Nationalökonomie, Rechtswissenschaft und Geschichtswissenschaft beschäftigen sich überwiegend oder zumindest partiell mit dem Staat unter den verschiedensten Aspekten. Von diesen Fächern unterhält die engsten Bedingungen zu Webers Fragestellungen – neben der Organisationssoziologie – derzeit die politische Soziologie. In keiner Einführung, keinem Reader und keinem Standardwerk zu diesem Fach fehlt der obligate Hinweis auf Weber als jenen Klassiker, der Gegenstand und Problemstellung des Fachs begründet habe. So wenig wir mit der Zuwendung zu Webers soziologischer Theorie des Staats die gesamte Thematik einer »Allgemeinen Staatslehre« aufgreifen, so wenig sollen spezifizierte Materien der politischen Soziologie, z. B. Wahlverhalten, Parteiensoziologie und Elitenforschung zur Sprache kommen. Lediglich die hauptsächlichen Fragen, Themen oder Gebiete der politischen Soziologie bilden einen allgemeinen Orientierungspunkt für unsere Stoffauswahl. Als solche Hauptgebiete gelten: die Bestimmung des Begriffs der politischen Herrschaft, der Zusammenhang von Konsensus und Legitimität, das Bürokratieproblem, das Problem der »Beteiligung«, und das Verhältnis von ökonomischer Struktur und politischen Herrschaftsformen. Unsere Stoffauswahl korrespondiert mit diesen Gebieten. Wir beginnen mit der Klärung der wichtigsten Grundbegriffe, Staat und Herrschaft vor allem (*40. Kapitel*). Herrschaft enthält das Moment der Anerkennung seitens der ihr Unterworfenen. Der Frage nach den Geltungsgründen der Herrschaft, die seit Weber zum sozusagen eisernen Bestand der politischen Soziologie gehört, wenden wir uns im *41. Kapitel* zu. Im *42. Kapitel* besprechen wir den für die »moderne Gesellschaft« geläufigsten Herrschaftstypus: die legale Herrschaft mit bürokratischem Verwaltungsstab. Die Ausdehnung bürokratischer Herrschaft gibt den Bezugspunkt ab, unter dem Weber Möglichkeiten und Formen demokratischer Willensbildung diskutiert. Webers Demokratiebegriff und seine Begründung, moderne Gesellschaften demokratisch zu verwalten, diskutieren wir im *43. Kapitel*. Schließlich kennzeichnet es Webers Soziologie, nicht im Sozialismus, sondern in der universellen Bürokratisierung aller Lebensbereiche die Perspektive der kapitalistischen Gesellschaftsformation erblickt zu haben. Damit ändert sich auch die Bestimmung des gesellschaftlichen Charakters und der historischen Rolle des Kapitalismus. Die These der universellen Bürokratisierung als die den Kapitalismus kennzeichnende gesellschaftliche Entwicklung untersuchen wir im *44. Kapitel*.

Erläuterungen und Zusätze

1. Für die politische Soziologie vgl. LIPSET (1959) und BENDIX, LIPSET (1966). Einen Überblick über die neuere Entwicklung gibt: MITCHELL (1969).
   Eine soziologische Staatstheorie fällt nach Inhalt und Methode nicht mit jener Wissenschaft zusammen, die früher einmal die anerkannte Grundlage der Staatswissenschaften bildete: der Allgemeinen Staatslehre. Zu dieser, als Fach der Lehre und Forschung an deutschen Universitäten nur noch in Resten vorhandenen Disziplin vgl. die Standardwerke von JELLINEK (1966) und KELSEN (1966) sowie die jüngeren Arbeiten von KRÜGER (1966) und HERZOG (1971). Im Kern der klassischen Staatslehre stand die Frage nach der *besten Staatsform*. Die Soziologie, soweit sie sich mit dem Staat beschäftigt, als politische Soziologie und als Organisationssoziologie, wird heute den empirischen Staatswissenschaften zugerechnet. Einen ersten Überblick hierüber vermittelt der Artikel von MAIER (1966).
2. Idee und Begriff einer Staatssoziologie hat Hermann Heller in Auseinandersetzung mit der Allgemeinen Staatslehre und in Anknüpfung an Karl Marx und Max Weber entwickelt. In »Wirtschaft und Gesellschaft« hat der Herausgeber J. WINCKELMANN den Begriff Staatssoziologie als Titel für eine Kompilation aus verschiedenen Schriften Max Webers verwendet, was aber nicht als Realisierung einer Intention Webers interpretiert werden kann.

40. Kapitel: Grundbegriffe

Lernziele

In diesem Kapitel sollen vor allem die Begriffe Macht, Herrschaft, Gewalt und Staat präzisiert werden. Besonderes Gewicht legen wir auf die Unterscheidung von Herrschaft und Macht und auf die Herausarbeitung der – nach Weber – konstitutiven Merkmale des modernen Staats. Anhand der schrittweisen Analyse der Grundbegriffe der »Staatssoziologie« sollen die methodische Eigenart und Reichweite des handlungstheoretischen Ansatzes in der Analyse politischer Herrschaft deutlich werden.

Textgrundlage

WG Teil I, Kap. I, §§ 3–17
WG Teil I, Kap. III: Typen der Herrschaft
WG Teil II, Kap. IX, 1. Abschnitt, § 1: Macht und Herrschaft. Übergangsformen, S. 541–545
WG Teil II, Kap. VIII, § 1: Wesen und Rechtsmäßigkeit politischer Verbände, S. 514–516
WL S. 439/440
PS S. 493–499 (= WG 812–824).

§ 1. Sozialwissenschaftliche Analysen im Bereich der politischen Herrschaft leiden unter einer charakteristischen Unbestimmtheit ihrer Grundbegriffe, die auf eine eigentümliche Weise mit ihrem ehrwürdigen Alter und ihrer zentralen Bedeutung für solche Analysen konterkarieren. Was z. B. »Macht« und »Herrschaft« eigentlich sind und was sie voneinander unterscheidet, gewinnt selten eine begrifflich präzise und analytisch fruchtbare Fassung. »Herrschaft« verschmilzt im vorwissenschaftlichen und wissenschaftlichen Sprachgebrauch mit den angrenzenden Begriffen wie »Macht«, »Einfluß«, »Gewalt« zu einem nur schwer scheidbaren Konglomerat. Nicht besser steht es mit dem Staatsbegriff. Je mehr der Staat in den gesellschaftlichen Lebensprozeß eingreift, umso mehr scheint sich das Subjekt dieses Eingriffs der theoretischen Analyse zu entziehen. Neuere Versuche einer strengeren Ausarbeitung der genannten Grundbegriffe: Herrschaft (Macht) und Staat gehen – entweder in kritischer Abgrenzung oder positiver Aufnahme – wiederholt auf Webers kategoriale Festlegung zurück. Dementsprechend steht am Beginn unserer Einführung in die soziologische Theorie des Staats die Fassung, welche die Grundbegriffe der politischen Herrschaft in der Weberschen Soziologie erhalten haben[1].

§ 2. Im § 17 der »Soziologischen Grundbegriffe« führt Weber in lapidarer Kürze die Definition des Staats ein: »Staat soll ein politischer Anstaltsbetrieb heißen, wenn und insoweit sein Verwaltungsstab das Monopol legitimen physischen Zwangs für die Durchführung der Ordnungen in Anspruch nimmt.« Die wichtigsten Elemente der Definition sind:
a) Der Staat ist ein politischer Anstaltsbetrieb und
b) er nimmt erfolgreich das Monopol legitimen physischen Zwangs wahr.

Um das erste Element der Definition richtig zu verstehen, müssen wir wissen, was eine Anstalt ist, was eine politische Anstalt ist und was ein Betrieb ist (der politische, und der »Anstalts- und Betriebscharakter« des Staats). Um das zweite Element der Definition zu verstehen, müssen wir den Begriff der Legitimität klären und Zwang oder Gewalt von Macht und von Herrschaft unterscheiden lernen.

Anstalt ist für Weber ein Verband, sofern er bestimmte Merkmale erfüllt (§§ 13, 15). Unter Verband versteht Weber eine soziale Beziehung, die durch eine geltende Ordnung reguliert wird und deren Innehaltung garantiert ist durch einen Verwaltungsstab. Um den Staatsbegriff zu entwickeln, greift Weber demnach auf den Begriff der sozialen Beziehung zurück. Er bildet die Grundlage des Staatsbegriffs.

Den Begriff der sozialen Beziehung haben wir schon im Teil B dieses Buchs erörtert; wir können daher an die dort geführten Analysen einfach anknüpfen. Weil als Gegenstand der Soziologie nur das in Betracht kommt, was die Schwelle eines sinnhaft deutbaren Verhaltens zu Objekten im weitesten, Dinge, Ereignisse, Zustände, Personen und ihre Äusserungen umfassenden Sinn überschreitet, hatte Weber den Begriff der sozialen Beziehung über einen spezifischen, eben die Qualität »soziale Beziehung«

ausmachenden Sinngehalt menschlichen Sichverhaltens definiert. Das »Mindestmaß von Beziehung des beiderseitigen Handelns aufeinander«, das Weber als Begriffsmerkmal einer sozialen Beziehung ansieht (WG 13) besteht in einer sinnhaften, also nicht »mechanisch-instinktiven« (WG 7) Relation. Für eine am methodologischen Individualismus orientierte systematische Erfahrungswissenschaft sozialen Handelns existieren soziale Beziehungen nicht unabhängig von den Individuen. Ihre Existenz geht vielmehr restlos in der Chance auf, »daß in einer (sinnhaft) angebbaren Art sozial gehandelt wird, einerlei zunächst worauf diese Chance beruht« (WG 13). Immer wieder kommt Weber auf diesen Sachverhalt, der ja den Kernpunkt des Programms des methodologischen Individualismus bildet, zurück. »Die soziale Beziehung *besteht*« – heißt es programmatisch WG 13 – »auch wenn es sich um sogenannte ›soziale Gebilde‹, wie ›Staat‹, ›Kirche‹, ›Genossenschaft‹, ›Ehe‹ usw. handelt, ausschließlich und lediglich in der *Chance*, daß ein seinem Sinngehalt nach in angebbarer Art aufeinander eingestelltes Handeln stattfand, stattfindet oder stattfinden wird. Dies ist immer festzuhalten um eine ›substantielle‹ Auffassung dieser Begriffe zu vermeiden. Ein ›Staat‹ hört z. B. soziologisch zu ›existieren‹ dann auf, sobald die *Chance*, daß bestimmte Arten von sinnhaft orientiertem sozialen Handeln ablaufen, geschwunden ist. Diese Chance kann eine sehr große oder eine verschwindend geringe sein. In dem Sinn und Maße, als sie tatsächlich (schätzungsweise) bestand oder besteht, bestand oder besteht auch die betreffende soziale Beziehung. Ein anderer *klarer* Sinn ist mit der Aussage: daß z. B. ein bestimmter ›Staat‹ noch oder nicht mehr ›existiere‹, schlechthin nicht zu verbinden.« Die Identifikation der *Existenz* einer sozialen Beziehung mit einem Handeln hat neben der Abwehr substanzialistischer Vorstellungen die Funktion, soziale Beziehungen personenunabhängig zu definieren. Eine soziale Beziehung kann auch dann weiter existieren, wenn die Personen, die bisher an ihr teilnahmen, ausgewechselt werden (vgl. WG 26). Dagegen ist es nicht ohne weiteres einsichtig, warum Weber den Begriff der Chance benötigt, um anzugeben, worin die Existenz einer sozialen Beziehung besteht. Unter Chance versteht Weber die mehr oder minder große Wahrscheinlichkeit des Eintretens eines entsprechenden Handelns im Unterschied zu seinem wirklichen Vorkommen (vgl. WG 14). Innerhalb des handlungstheoretischen Ansatzes der Thematisierung sozialer Gebilde stellt dieser Begriff sich demnach zwangsläufig ein: wird z. B. die Existenz des Staats in das Handeln einzelner zurückgenommen, dann darf sie nicht an aktuelles Handeln gebunden werden. Denn sonst würde z. B. der Staat nach Büroschluß aufhören zu existieren. Ebenso verlangt die Existenz einer Freundschaft nicht, daß laufend freundschaftliche Akte ausgetauscht werden; es muß lediglich die Chance bestehen, daß solche Akte vorkommen.

Wenn die Existenz sozialer Beziehungen ganz und gar in der Chance besteht, daß in einer sinnhaft angebbaren Art sozial gehandelt wird, worauf beruht dann die Chance, daß bestimmte Handlungsabläufe sich nicht nur punktuell und zufällig, sondern mit Regelmäßigkeit einstellen? Die Betonung der Chance, daß bestimmte Handlungsabläufe auch wirklich eintreten, darf ja nicht als Annahme einer generellen Zufälligkeit oder Willkür menschlichen Handelns mißverstanden werden. Weber war weit davon entfernt, Regelmäßigkeiten und damit Voraussagbarkeit im Bereich des gesellschaftlichen Lebensprozesses zu leugnen. Vielmehr betont er, daß menschliches Handeln genauso wie alles andere Geschehen »sowohl Zusammenhänge wie Regelmäßigkeiten des Verlaufs« (WL 427 vgl. WG 14f., WL 322) zeigt. Gerade mit Hilfe des Begriffs der Chance läßt sich demonstrieren, daß in einem »sozialen System« nicht alle Handlungen gleich möglich sind. Vielmehr bilden sich bestimmte Handlungsstrukturen als dauerhafte heraus. An Gründen für die Entstehung solcher Regelmäßigkeiten nennt Weber Sitte, Interessenlagen und die Orientierung an Normen (WG Teil I, Kap. 1, §§ 4–7). Ein systematischer Grund für die Dreiteilung ist nicht leicht zu erkennen. Abstrahiert man einmal vom Fall der Sitte, bei der die Regelmäßigkeit der Einstellung sozialen Handelns auf langer Eingelebtheit beruht (WG 15), dann hat die Differenzierung zwischen Interesse und Norm die weitere Entwicklung der Handlungstheorie bestimmt[2]. Die Orientierung des Handelns an Ordnungen und Regeln im Sinne von Normen bildet *eine* der Determinanten für die empirische Regelmäßigkeit sozialer Beziehungen. Menschliches Zusammenleben, so Weber, verläuft nach Regeln, ist regelgeleitetes Handeln oder steht unter einer »Ordnung«. Eine terminologische Schwierigkeit kann daraus entstehen, daß im Bereich sinnhaft verständlichen Sich-Verhaltens der Begriff »Regel« (»Ordnung«) doppeldeutig wird. Er schwankt zwischen zwei Polen: der empirischen Regelmäßigkeit einerseits, der Norm andererseits (vgl. WL 328). Normen treten mit Geltungsansprüchen auf. Wenn man grob zwischen »Sein« und »Sollen« unterscheiden kann, dann fallen Normen nicht in den Bereich des Seins, sondern in den des Sollens.

Weber unterscheidet nun zwischen empirischem und normativem Gelten einer Ordnung. Für die Soziologie relevant ist allein deren empirisches Gelten. Eine Ordnung gilt unabhängig von einer Entscheidung über ihre normative Geltung dann empirisch, wenn eine Chance besteht, daß das Handeln tatsächlich an ihr orientiert wird (WG 16, vgl. WL 445 u. ö.)[3]. Webers Behandlung des Begriffs der Ordnung demonstriert exemplarisch das Verfahren des methodologischen Individualismus: wenn für die Soziologie die geltende Ordnung lediglich »jene Chance der Orientierung« an der »Vorstellung vom Gelten einer durchschnittlich so und so verstandenen Ordnung des Handelns« ist (WG 17), dann ist damit weder die Existenz von Ordnungen geleugnet noch gar eine solche Ordnung *kausal* auf individuelles Verhalten reduziert; eine solche Definition bezweckt vielmehr, den Begriff der Ordnung im handlungstheoretischen Bezugsrahmen zu reformulieren.

Weber nennt eine Ordnung dann *Konvention*, wenn ihre empirische Geltung durch den Mechanismus sozialer Mißbilligung, und dann *Recht*, wenn ihre empirische Geltung durch Existenz eines Zwangsapparates garantiert ist (vgl. WG 182). Geltende Ordnungen treten mit dem Anspruch der *Legitimität* ihrer Geltung auf. Auf diesen Begriff kommen wir im nächsten Kapitel zurück.

§ 3. In Webers Charakterisierung des Verbandes sind die folgenden Punkte wichtig:

a) Daß ein Leiter existiert, dessen »Handeln auf die Durchführung der Verbandsordnung eingestellt ist« (WG 26), ist das erforderliche Minimum, damit aus einer sozialen Beziehung ein Verband wird. Der die soziologische Staatstheorie interessierende Regelfall liegt natürlich im Vorhandensein eines die Innehaltung der Ordnungen des Verbandes garantierenden *Verwaltungsstabes*. Während z. B. der Hausverband in der Regel ohne einen Verwaltungsstab auskommt (der Hausvater herrscht ja ohne Verwaltungsstab – WG 29), benötigt der Staat einen Verwaltungsstab, dessen Handeln auf die Durchführung oder Erzwingung seiner Ordnungen gerichtet ist.

b) Genauer ausgedrückt haftet die Existenz des Verbandes und damit des Staats als eines Verbandes nicht eigentlich an Personen, sondern an dem »Bestehen der *Chance*, daß ein *Handeln* angebbarer Personen stattfindet, welches seinem Sinn nach die Ordnungen des Verbandes durchzuführen trachtet . . . in etwas anderem als der Chance des Ablaufs jenes . . . Handelns ›besteht‹, soziologisch angesehen, der Verband also für unsere Terminologie nicht« (WG 26).[4]

c) Mit der Verankerung des Staatsbegriffs im Verbandsbegriff befreit Weber das Nachdenken über den Staat von den Schranken »metaphysischer« Spekulation und macht ihn zum Gegenstand einer empirischen Disziplin. Zugleich liegt in der Betrachtung des Staats als Verband der Unterschied der soziologischen von einer juristischen Theorie staatlicher Phänomene[5]. Als Verband von Personen gelten für ihn zwar Normen, aber er geht nicht auf in den geltenden Ordnungen, die mittels seines Verwaltungsstabes durchgesetzt werden. – An einem Verband beteiligt sind nicht nur die Mitglieder seines Verwaltungsstabes, sondern alle Personen, für welche die Ordnungen eines Verbandes gelten. Allerdings ist bei weitem nicht alles Handeln der Mitglieder eines Verbandes auch schon Verbandshandeln. Das Handeln der Mitglieder des Verwaltungsstabes ist Verbandshandeln nur dann, wenn es auf die Durchführung der Ordnungen des Verbandes bezogen ist, das Handeln aller übrigen Mitglieder nur dann, wenn es von den Anordnungen des Verwaltungsstabes geleitet ist (vgl. WG 26).

Unsere Frage, was ein politischer Anstaltsbetrieb ist, hat uns zur Klärung des Verbandsbegriffs geführt. Auf ihm fußt der Staatsbegriff. In der Aussage: der Staat ist ein (politischer) Anstaltsbetrieb, steckt die fundamentalere Aussage: der Staat ist ein (politischer) Verband. Dieser besteht, soweit die Chance eines Verbands*handelns* besteht. Der Anstalts- und Betriebscharakter des Staats ist im Vergleich zu seinem Charakter, ein Verband, oder genauer: ein politischer Verband zu sein, von nachgeordneter Bedeutung. Zur Anstalt wird ein Verband dadurch, daß seine Ordnungen gesatzte, d. h. durch Menschen bewußt geschaffene Ordnungen sind: »Soweit ein Verband rational gesatzte Ordnungen hat, soll er Verein oder Anstalt heißen«. Während die gesatzten Ordnungen eines Vereins nur für die »kraft persönlichen Eintritts Beteiligten Geltung beanspruchen«, können die Ordnungen einer Anstalt »innerhalb eines angebbaren Wirkungsbereiches jedem nach bestimmten Merkmalen angebbaren Handeln (relativ) erfolgreich oktroyiert werden«. Daß eine Ordnung oktroyiert werden kann, heißt: sie erhebt den Anspruch »zu gelten für jeden, auf den bestimmte Merkmale . . . zutreffen, einerlei ob der Betreffende persönlich – wie beim Verein – beigetreten ist und vollends: ob er bei den Satzungen mitgewirkt hat« (WG 28). Gesatzte Ordnungen (im Unterschied zu traditionalen, offenbarten und naturrechtlichen Ordnungen) sind also immer entweder paktierte oder oktroyierte Ordnungen.

Betriebscharakter besitzt der Staat, soweit sein Handeln *kontinuierliches* Handeln ist. Eine bestimmte, allerdings auch relative Kontinuität ist für das Handeln insbesondere des modernen Staats wesentlich. Kontinuität staatlichen Handelns verlangt nicht, daß die Politik des Staats kontinuierlich, also von Änderungen der politischen Richtung relativ frei sei. Um ein soziales Gebilde als Staat ansprechen zu können, muß es ein gewisses Maß zeitlicher Erstrecktheit besitzen. Beide Merkmale, der rationale (d. h. hier: planvolle) Anstaltscharakter und der kontinuierliche Betriebscharakter sind Kennzeichen primär des modernen Staats (vgl. WG 30). In der bürokratischen Verwaltung moderner Staaten ist der Anstalts- und Betriebscharakter des Staats gleichsam »zu sich selbst« gekommen. (Die bürokratische Verwaltung als typische Herrschaftsform des modernen Staats behandeln wir im 42. Kapitel.)

Nunmehr haben wir noch zu klären, wodurch ein Verband zum *politischen* Verband wird. Die Klärung des Begriffs des Politischen führt über in die Diskussion der Begriffe: Gewalt, Herrschaft, Macht und der mit ihnen angesprochenen Phänomene.

Nach der im § 17 der »Soziologischen Grundbegriffe« gegebenen Definition ist ein politischer Verband ein Herrschaftsverband, soweit das spezifische Mittel, mit dem er seine Ordnungen durchsetzt, die Anwendung von

Gewalt (physischer Zwang) ist[6] und sich die Anwendung der Herrschaft sowie die Geltung der Ordnungen des Verbandes auf ein Gebiet bezieht. Die Definition des politischen Verbandes baut auf der des Herrschaftsverbandes auf; was unter Herrschaft zu verstehen sei, werden wir im nächsten Paragraphen erörtern. Abgesehen vom Merkmal der Herrschaft besteht das Wesen des Politischen in den zwei Momenten: daß sich der Herrschaftsanspruch auf ein Gebiet erstreckt und daß das spezifische Mittel, auf das er bei der Durchsetzung seiner Ordnungen zurückgreifen kann, die Gewalt ist. Herrschaft über ein Gebiet ist natürlich nicht alternativ zur Herrschaft über Menschen zu verstehen[7]. Herrschaft ist, wie wir sehen werden, immer an Beziehungen zwischen Individuen gebunden. Gemeint ist vielmehr, daß – wie im Zuge der Herausbildung des modernen Staats deutlich zutage tritt – die Ordnungen eines politischen Verbandes Gebietsgeltung beanspruchen, d. h. »außer den Genossen auch Ungenossen oktroyiert werden« können (WG 27). »Gewaltsame Behauptung der geordneten Herrschaft über ein Gebiet und die Menschen auf demselben«, kann Weber daher schreiben (WG 514), ist »das begriffliche Minimum« des politischen Verbandes (vgl. WG 540). Dieses Merkmal der Gebietsherrschaft ist nichts weniger als selbstverständlich, oder gar analytisch im Begriff des Staats enthalten, wie etwa im Begriff des Raumes die Vorstellung der Ausdehnung enthalten ist. Vielmehr ist die Herausbildung der Gebietsherrschaft ebenso wie der Wandel vom »Gelegenheitshandeln« zur »kontinuierlichen anstaltsmäßigen Vergesellschaftung« (WG 515) ein Produkt der geschichtlichen Entwicklung.

Unter Gewalt oder Gewaltsamkeit versteht Weber physischen Zwang, ausgeübt durch Einschränkung der Bewegungsfreiheit, körperliche Verletzung und physische Vernichtung. Den Gegensatz zur physischen Gewaltsamkeit bilden die »friedlichen Kampfmittel«. Mit friedlichen Kampfmitteln wird dieser Terminologie zufolge z. B. der Konkurrenzkampf ausgefochten (WG 20). Die Verfügungsgewalt über Waren, um die konkurriert wird, darf dann nicht mit physischer Gewaltsamkeit verwechselt werden (WG 32). Ihr Wesen ist nicht die Gewaltsamkeit, sondern die im Warenbesitz eingeschlossene Dispositionsbefugnis, ein Machtphänomen allemal, aber keine Ausübung von Gewalt.

Weder behauptet nun Weber, daß Anwendung von Gewalt das einzige Verwaltungsmittel des Staats ist, noch, daß Gewalt faktisch nicht auch durch andere als politische Personen und Verbände ausgeübt werden könnte. Entscheidend ist allein: Anwendung von Gewalt ist das für den politischen Verband *spezifische* Mittel der Ausübung von Herrschaft. Das für den politischen Verband spezifische *Mittel* seines Verbandshandelns in das Zentrum der Definition zu rücken, ist gegen Versuche gerichtet, politische Verbände durch Angabe ihrer spezifischen Verbands*zwecke* zu definieren.

Gegenüber Versuchen, die Staatsfunktionen aus dem Staatsbegriff abzuleiten, also unabhängig von historischen Umständen »dem« Staat bestimmte Funktionen mit Ausschließlichkeit als notwendige zuzuordnen, verhält Weber sich ausgesprochen skeptisch: »es gibt fast keine Aufgabe, die nicht ein politischer Verband hier und da in die Hand genommen hätte, andererseits auch keine, von der man sagen könnte, daß sie jederzeit, vollends: daß sie immer *ausschließlich* denjenigen Verbänden, die man als politische, heute: als Staaten, bezeichnet, oder welche geschichtlich die Vorfahren des modernen Staates waren, eigen gewesen wäre. Man kann vielmehr den modernen Staat soziologisch letztlich nur definieren aus einem spezifischen Mittel, das ihm, wie jedem politischen Verband, eignet: der physischen Gewaltsamkeit« (PS 494). (Zum Problem der Ableitung von Staatsfunktionen vgl. WG 514, 517). Daß ein Verband sich als politischer Verband durch ein ihm eigentümliches Mittel des Verbandshandelns konstituiert, schließt nicht aus, daß auch andere Personen und Instanzen Gewalt anwenden. Nur: allein die Anwendung von Gewalt durch einen politischen Verband gilt als »legitim«, d. h., er allein kann »innere Rechtfertigungsgründe« geltend machen, für die er, zumindest solange die Herrschaft besteht, mit der Zustimmung der Gewaltunterworfenen rechnen kann, während Gewaltanwendung durch andere gesellschaftlich nicht oder nur soweit anerkannt wird (sie gilt nicht als »rechtmäßig«), als sie staatlich legitimiert ist[8]. Weber verweist auf das Züchtigungsrecht des Hausvaters als Beispiel.

Was aber unterscheidet dann noch Staat und politischen Verband voneinander, wenn schon letzterer sich durch Gebietsherrschaft und Gewaltanwendung auszeichnet? Warum baut Weber den Staatsbegriff auf dem Begriff des politischen Verbandes auf? Wenn wir außer acht lassen, was den politischen Verband zu einer kontinuierlichen anstaltsmäßigen Vergesellschaftung mit rational gesatzten Ordnungen macht, dann liegt der Unterschied zwischen politischem Verband und Staat, genauer: *modernem* Staat, nur noch darin, daß letzterer alle Träger legitimer politischer Gewalt entmachtet hat und insofern mit dem *Monopol* legitimer Gewaltsamkeit auftritt. Auf diesem Weg der Aneignung des Gewaltmonopols wurde die alteuropäische, politisch verfaßte Gesellschaft aufgelöst und hat sich der Staat, wie Soziologen sagen würden, als gesellschaftliches »Subsystem« herausdifferenziert« (vgl. WG 514). Mit der Konzentration des Monopols der Gewalt im Staat konstituiert sich andererseits erst die Gesellschaft als von Gewalt (*nicht:* Macht oder Herrschaft) freie Sphäre der gesellschaftlichen Arbeit und des Warenverkehrs (vgl. WG 198, 388, 397, 418f., 423, 514, 516 u. oben Kap. 31–33 und Zusatz[9]).

Daß Weber die Entwicklung des modernen Staats als Prozeß der Enteignung aller anderen Träger politischer Gewalt analysiert, darf nicht in einen vorschnellen Gegensatz zur Grundlage der Marxschen Auffassung gebracht werden, wonach die Begründung der selbständigen Existenz des modernen Staats aus den Verhältnissen der Warenzirkulation zu geschehen habe. Entstehung des Markts und Entstehung des modernen Staats bilden vielmehr, wie Weber bekannt war, parallele Vorgänge. »Indem der Markt«, schreibt Weber, »mit seiner Erweiterung zunehmend . . . die monopolistischen Verbände (Weber meint die Zünfte) ökonomisch sprengt, entzieht er ihnen die Basis jener Interessengemeinschaft, auf welcher auch ihre legitime Gewaltsamkeit sich entfaltet hatte. Mit zunehmender Befriedung und Erweiterung des Markts parallel geht daher auch . . . jene Monopolisierung legitimer Gewaltsamkeit durch den politischen Verband, welche in dem modernen Begriff des Staats als der letzten Quelle jeglicher Legitimität physischer Gewalt . . . ihren Abschluß findet« (WG 519). Damit haben wir auch das zweite Element der Staatsdefinition: der Staat besitzt das Monopol legitimen physischen Zwangs, bis auf die Begriffe Herrschaft und Macht erläutert. Eine Klärung dieser Begriffe ist nun nötig, einmal um Gewalt von Macht und Herrschaft zu unterscheiden, sodann aber, um verständlich zu machen, was es heißt, daß ein politischer Verband »Herrschaftsverband« ist.

§ 4. Macht in »einem ganz allgemeinen Sinn« ist die generalisierte, d. h. an keine *bestimmten* Ursachen, Besitz oder Reichtum z. B. gebundene »Möglichkeit, den eigenen Willen dem Verhalten anderer aufzuzwingen« (WG 542). Macht scheint somit auf den ersten Blick ein unproblematischer Begriff zu sein. Jedoch hat Weber den Machtbegriff als Grundbegriff soziologischer Analyse verworfen. Er nennt ihn »soziologisch amorph« (WG 28): »alle denkbaren Qualitäten eines Menschen und alle denkbaren Konstellationen können jemand in die Lage versetzen, seinen Willen in einer gegebenen Situation durchzusetzen« (WG 29). Weber macht methodische Gründe geltend, den engeren Begriff der Herrschaft dem Machtbegriff für Zwecke soziologischer Analyse vorzuziehen. Die Extension und Variabilität sozialer Abläufe und Ereignisse, die alle unter den Machtbegriff fallen, verhindert, daß dieser eine wissenschaftlich brauchbare Kategorie abgibt. »Der soziologische Begriff der Herrschaft muß daher ein präziserer sein« (WG 29). Während Macht die generalisierte Fähigkeit (Chance) von Personen ist, sich in sozialen Beziehungen durchzusetzen, unabhängig davon, auf welchen Eigenschaften, Umständen etc. diese Chance gründet, soll unter Herrschaft nur die Chance verstanden werden, für einen Befehl Gehorsam zu finden. Im Zentrum des Herrschaftsbegriffs steht somit die Beziehung von Befehl und Gehorsam. Befehl ist eine Willensbekundung des oder der Herrschenden. Wer Befehle ausspricht, beansprucht Gehorsam. Herrschaft existiert dann, wenn die Chance besteht, daß Befehle auch befolgt werden. Nun können Befehle faktisch aus den verschiedensten Motiven befolgt werden (Angst, Schwäche etc.), vor allem aber, weil eine Interessenkonstellation zwischen Herrschenden und Beherrschten besteht, die es auch dem Beherrschten vorteilhaft, d. h. als in seinem eigenen Interesse liegend erscheinen läßt, zu gehorchen. Den Kern des Herrschaftsverhältnisses bildet aber gerade der Sachverhalt, daß es auf einer »*von allen Motiven und Interessen absehende(n) schlechthinige(n) Gehorsamspflicht*« (WG 542, Herv. d. Verf.) aufbaut. Im idealtypisch reinen Fall wird der Befehl befolgt, weil das Herrschaftsverhältnis als geltende Norm hingenommen wird: die von Interessen freie Anerkennung der Macht (vgl. WL 456).

Herrschaft ist demnach a) ein Verhältnis von Befehl und Gehorsam, das sich b) im reinen Typus auf die Anerkennung der Befehlsgewalt kraft geltender Normen gründet. Befehle werden befolgt, weil sie als »legitim« gelten. Herrschaft ist die legitime, im Schema von Befehl und Gehorsam ablaufende Machtausübung; sie ist ein »Sonderfall von Macht«. Das Unterscheidungskriterium beider liegt in der Legitimität der Machtausübung. Eine derart auf reiner Gehorsamspflicht gegenüber Befehlen beruhende Herrschaft wird seit Weber auch Herrschaft kraft Autorität oder »autoritäre Herrschaft« genannt. Deren Charakter kann man sich am besten verdeutlichen durch ihren extremen Gegensatz: eine »Herrschaft«, die rein auf Interessenkonstellation beruht. Den reinsten Typus einer solchen »Herrschaft« bildet die monopolistische Herrschaft z. B. von Konzernen auf Märkten. Es gibt, so Weber, »zwei polar entgegengesetzte Typen von Herrschaft . . . einerseits die Herrschaft kraft Interessenkonstellation (insbesondere kraft monopolistischer Lage), und andererseits die Herrschaft kraft Autorität (Befehlsgewalt und Gehorsamspflicht). Der reinste Typus der ersteren ist die monopolistische Herrschaft auf dem Markt, der letzteren die hausväterliche oder amtliche oder fürstliche Gewalt. Die erstere gründet sich im reinen Typus lediglich auf die Kraft irgendwie gesicherten Besitzes . . . geltend zu machenden Einflüsse auf das lediglich dem eigenen Interesse folgende formal ›freie‹ Handeln der Beherrschten, die letztere auf eine in Anspruch genommene, von allen Motiven und Interessen absehende schlechthinige Gehorsamspflicht« (WG 542).

Zur terminologischen Verdeutlichung reserviert Weber den Terminus: Herrschaft für den Typus der autoritären Herrschaft; bei der monopolistischen Herrschaft auf Märkten würde es sich dann um ökonomisch bedingte Macht handeln. Um vom Vorliegen einer Herrschaftsbeziehung zu reden, reicht also das »praktische Befolgtwerden des Befehls« nicht aus. Es muß vielmehr »der Sinn seines Hingenommenwerdens als einer geltenden Norm« (WG 544) hinzukommen. Und weil Herrschaft im Prinzip nicht *jede* Chance ist, daß bestimmte Personen und Gruppen sich in sozialen Beziehungen durchsetzen, sondern die kraft geltender Ordnung eingeräumten Chancen, nennt Weber einen Verband, »insoweit als seine Mitglieder als solche Kraft geltender Ordnung Herrschaftsbeziehungen unterworfen sind«, einen *Herrschaftsverband* (WG 29).

§ 5. Webers Unterscheidung von Macht und Herrschaft mit Hilfe des Legitimitätskriteriums hat die soziologische Theorie der politischen Herrschaft nachhaltig beeinflußt. Sie ist auch, soweit wir sehen, im wesentlichen nach wie vor in Geltung. Dagegen sind die Grundlagen, auf denen Webers Machtbegriff aufbaut, einer ernstzunehmenden Kritik unterzogen worden. Aus dieser Kritik heben wir zwei Argumente, die uns besonders wichtig erscheinen, hervor.

1. Weber hat, wie wir gesehen haben, die Macht als Fähigkeit, bestimmte Wirkungen bei anderen Personen zu erzielen, begriffen. Damit hat er die Machtbeziehung – wie alle von LUHMANN (1969a, 1975) sog. »klassischen Machttheorien« – als Kausalbeziehung gedeutet. Die Verwandtschaft, wenn nicht Identität beider Begriffe hat deutlich DAHL (1968) gesehen: »The closest equivalent to the power relation is the causal relation. For the assertion: C has power over R, one can substitute the assertion: C's behavior causes R's behavior« (S. 410). Damit teilt aber der Machtbegriff alle seit Hume diskutierten Schwierigkeiten der Kausalitätskategorie. RIKER (1964) nennt die extremen Varianten des für die Schwankungen des Machtbegriffs bedeutsamen Kausalitätsbegriffs: »recipe-causality« and »necessary–and–sufficient–condition–causality«:

»The difference between the two kinds of causality is, like the difference among definitions of power, a difference in orientation toward outcomes. In recipelike causality, the full explanation of the effect is not the problem. Rather the problem is to explain how the effect can be made to occur. If no manipulative technique is available, cause may be non-existent. By contrast, in the necessary and sufficient condition kind of causality, the center of attention is on the effect rather than on manipulative techniques. Here the full explanation of the outcome is at stake« (S. 347).

Während ein an der »recipe-causality« orientierter Machtbegriff, der in der Macht nur das die Wirkung auslösende Ereignis erblickt, nicht zur Erklärung taugt, verstrickt sich ein an der Kausalität der notwendigen und hinreichenden Bedingungen orientierter Machtbegriff in logische Schwierigkeiten; Ursache der Macht des Aktors A ist dann ja auch die Existenz des Aktors B. Wenn man wegen solcher Schwierigkeiten schon nicht der Empfehlung von RIKER folgt, in sozialwissenschaftlichen Analysen gänzlich auf die Kategorie der Macht zu verzichten, so geben doch die in der kausalen Auslegung der Macht liegenden Schwierigkeiten starke Motive ab, die Überlegungen über Macht vom Handlungsbezugsrahmen abzulösen.

2. Weber formuliert den Machtbegriff in Ausdrücken einer Beziehung zwischen Individuen[10]. Macht als spezifische Beziehung zwischen Individuen kommt in jener Formulierung des Machtbegriffs prägnant zum Ausdruck, die DAHL (1957) für die »intuitive idea of power« hält: »A has power

over B to the extent that he can get B to do something that B would not otherwise do« (S. 202f.). Zweierlei fällt an einer solchen Definition der Macht auf:

a) sie ist auf den Bereich direkt beobachtbaren Entscheidungshandelns bezogen;

b) die Anwendung des Machtbegriffs ist an Konfliktsituationen gebunden. Macht soll sich ja darin bewähren, den eigenen Willen dem Verhalten anderer aufzwingen zu können. Der eigentliche »Ort« der Anwendung des Machtbegriffs sind relativ kurzfristige Situationen mit direkter Konfrontation engagierter Akteure (NASCHOLD 1972, S. 156). Die Bindungen des Machtbegriffs an solche Situationen zeigt seine begrenzte Tauglichkeit für die Analyse von gesellschaftlichen Verhältnissen. Gegen die Orientierung des Machtbegriffs am Konfliktfall hat u. a. LUHMANN (1969b) eingewandt, daß »die vermutlich größere Macht in der Form von Kommunikationen geübt wird, die sich nicht auf Zwangsmöglichkeiten stützen, und im Konfliktsfalle nicht durchgesetzt werden können.« (S. 166). Problematischer ist die Bindung des Machtbegriffs an ein Handeln. Schon BACHRACH/BARATZ (1970) haben dargelegt, daß mit einem solchen Begriff die eigentliche Domäne der Macht, der Bereich der »non-decisions« nicht erfaßt werden könnte. Unter »non-decisions« verstehen sie alle Mittel, über die ein Sozialsystem verfügt, um zu verhindern, daß bestimmte soziale Forderungen überhaupt ein Stadium erreichen, in dem sie zum Gegenstand eines Entscheidungshandelns werden können. Die Konsequenzen aus der damit eingeleiteten Ablösung des Machtbegriffs vom Handeln hat GALTUNG (1975) gezogen. Galtung unterscheidet strikt zwischen personaler und struktureller Gewalt (power). Unter letzterer versteht er eine in die Struktur der Gesellschaft eingebaute Gewalt, die auch unabhängig von Personen existiert. Den strukturellen Begriff der Gewalt rechnet Galtung der marxistischen Tradition zu. Dabei ist er sich der Einwände gegen eine strikte Trennung beider durchaus bewußt. Personen handeln ja nicht nur auf der Grundlage individueller Überlegungen, sondern auch auf der Grundlage statusbedingter Rollenerwartungen; umgekehrt wäre eine gewalttätige Struktur eine bloße Abstraktion, sofern sie nicht durch aktives Handeln von Individuen aufrecht erhalten wird (S. 23). Dennoch besteht ein Unterschied zwischen »Gewalt, die die Menschen als direktes Resultat der Aktionen anderer trifft, und Gewalt, die sie indirekt trifft, weil repressive Strukturen . . . aufrecht erhalten werden« (S. 23f.). So ist z. B. »in einer Gesellschaft, in der die Lebenserwartung der Oberschicht doppelt so hoch ist wie die der Unterschicht, Gewalt manifest, auch wenn keine konkreten Akteure sichtbar sind, die direkt gegen andere vorgehen, wie etwa im Falle der Tötung eines Menschen durch einen anderen« (S. 13). Auf diese Grenze der Handlungstheorie, einerseits Strukturen generell als handlungserzeugte und insofern auch als beseitigbare zu denken, andererseits aber eine Differenz von Handlung und Struktur konstatieren zu müssen, sind wir schon wiederholt gestoßen[11].

Erläuterungen und Zusätze

1. Die Ungeklärtheit der Grundbegriffe Herrschaft (Macht) und Staat ist in letzter Zeit wiederholt bemerkt worden. Z. B. PARSONS (1967): »Power is one of the key concepts in the great Western tradition of thought about political phenomena. It is at the same time a concept on which, in spite of its long history, there is, on analytical levels, a notable lack of agreement both about its specific definition, and about many features of the conceptual context in which it should be placed« (S. 298). Ähnlich LUHMANN (1970a, S. 154): »Für Forschungen auf dem Gebiet staatlicher Politik und Verwaltung gibt es gegenwärtig keine unbestrittenen theoretischen Grundlagen ... Macht wird als Grundbegriff nur noch zögernd genannt, und dann nur für einen partiellen Aspekt des Ganzen. ›Staat‹ ist eine sehr unbestimmte, analytisch wenig brauchbare Kategorie geblieben mit der Gefahr, daß, ergänzend und verdichtend, Tradition und Vorurteil einfließen«.
2. Webers Differenzierung zwischen ›Interesse‹ und ›Norm‹ und die damit geleistete Herausarbeitung normativer Strukturen als Handlungskomponenten ist in der Perspektive einer generellen Handlungstheorie von gar nicht zu überschätzender Bedeutung. Ein nur unter dem Gesichtspunkt der Zweckrationalität aufgefaßtes Zweck-Mittel-Schema ist nicht geeignet, Webers Handlungstheorie voll auszuschöpfen. Auf der Seite der Zwecke müßte zumindest die Differenzierung zwischen subjektiven Interessen, die zweckrational verfolgt werden, und mit intersubjektiven Geltungsansprüchen auftretenden Normen zugelassen werden. Mit Bezug auf Weber vgl. PARSONS (1948, 287ff. S. 304): »This direct analysis of means-ends systems, however, is far from exhausting this aspect of Webers systematic thinking. Action is not oriented merely toward specific goals but also in special systems to an order which defines, within certain limits, the conditions under which goals may be persued. The systems of order which are of greatest significance in social life Weber found to be characterized by one peculiarly important feature: they are treated as ›legitimate‹.« Der genuin soziologische Zugang zur sozialen Wirklichkeit läßt sich über weite Strecken auf den Gesichtspunkt der Relevanz normativer Strukturen zurückführen. Obwohl deren zentrale Rolle für den Prozeß der Vergesellschaftung von Weber gesehen worden ist, hat er daran festgehalten, daß die »Interessen der Einzelnen ... künftig wie heute die Welt beherrschen werden« (WG 109). Für die auf Weber aufbauenden soziologischen Theorieansätze ist die Annahme eines abgehobenen normativen Systems konstitutiv. Das wirft sogleich neue Fragen auf: nach welcher Logik entstehen und verändern sich normative Strukturen? Auf die Rechtsordnungen beschränkt behandelt Weber diese Frage WG 441ff. (Rechtssoziologie § 3).
3. Zum Begriff der Maxime vgl. WL 323ff. Unter einer Maxime versteht man seit KANT einen Grundsatz, nachdem ein Subjekt *handelt*, im Unterschied zur Norm als einem Grundsatz, nach dem es handeln soll. Normen werden zu Maximen, wenn und insoweit ein Subjekt sich Normen aneignet.

4. Mit der Differenzierung zwischen Personen und ihren Handlungen trifft Weber eine ebenfalls für die soziologische Theoriebildung grundlegende Entscheidung: auf ihr aufbauend unterscheidet die soziologische Theorie zwischen Persönlichkeitssystem und den (verschiedenen) Handlungssystemen, in die die einzelne Persönlichkeit integriert ist, ohne voll in ihnen aufzugehen. So gehört z. B. ein Beamter dem Handlungssystem: bürokratische Organisation an, aber gleichwohl bildet seine Persönlichkeit insoweit für die bürokratische Organisation eine »Umwelt«, als er auch noch außerhalb seines Lebens in der bürokratischen Organisation etwas »ist«, z. B. eine Familie hat etc.
5. Zur Unterscheidung zwischen soziologischem und juristischem Staatsbegriff aus der Sicht der »reinen Rechtslehre« vgl. KELSEN (1928), bes. Kap. 8, § 27: Der Staat als Rechtsordnung in den Kategorien der verstehenden Soziologie.
6. Im Lichte späterer Diskussionen – der Dichotomisierung des handlungstheoretischen Ansatzes in eine Integrations- und eine Konflikttheorie – mag verwundern, warum Weber nicht Macht (oder Zwang) als die zur normativen Orientierung alternative Art der Institutionalisierung sozialer Beziehungen diskutiert. Eine solche Überlegung kann jedoch nur dann als kritischer Einwand gegen Weber vorgetragen werden, wenn man mit DAHRENDORF (1957) den Entwurf einer Konflikttheorie als »galileische Wende« der Handlungstheorie überschätzt (RITSERT 1968). Es gehört zu den Vorzügen der Weberschen Konzeption, eine einseitige Orientierung der Handlungstheorie an Konflikt oder Integration vermieden zu haben. Denn a) führt die Verfolgung von Interessen gerade nicht zwangsläufig zum Auseinanderbrechen der Gesellschaft, sondern zur Entstehung von – allerdings nicht paktierten – Ordnungen. Weber bezeichnet ja den Markt als den »wichtigsten Typus der gegenseitigen Beeinflussung des Handelns durch nackte Interessenlage« (WG 23); b) ist der gesellschaftlich relevante Ort des Zwangs nicht der Hobbessche Kampf Aller gegen Alle, sondern die Erzwingung einer Ordnung (des Rechts) durch einen eigens hierauf eingestellten Stab von Menschen. Im übrigen versteht Weber unter Zwang nicht nur die Androhung von physischer Gewaltsamkeit (WG 86), sondern auch – vielleicht überraschend – den »Zwang der Verhältnisse« (vgl. u. a. SP 501 f.). An ihm wird sich ein seine Interessen verfolgendes Individuum in jedem Falle orientieren.
7. In der Verfassungsgeschichte wird der Wandel vom mittelalterlichen zum neuzeitlichen Staat häufig als Wandel vom »Personen-Verbandstaat« zum »institutionellen Flächenstaat« beschrieben. Hierzu vgl. statt anderer HASSINGER (1964) S. 64ff. u. KRÜGER (1966) S. 859ff.
8. Wenn staatliche Herrschaft sich auf ihre Legitimität stützt, dann ist darin impliziert: sie bricht zusammen oder wird auf nackte Gewalt reduziert, wenn die Legitimitätsgrundlage wegfällt. Zu den Beziehungen zwischen »coercive and consensual aspect« im Macht- und Herrschaftsbegriff (PARSONS) vgl. das nächste Kapitel. Reiches Anschauungsmaterial für den Gewaltbegriff liefert die durch die Studentenbewegung angestoßene Diskussion. Statt vieler anderer Titel: WOLFF, MOORE, MARCUSE (1966).
9. Die Trennung von Staat und Gesellschaft ist von der bürgerlichen Gesellschaftstheorie schon früh als Signum des modernen bürgerlichen Staates angesehen worden. Als erster hat HEGEL in systematischer Form das Auseinandertreten von

Staat und Gesellschaft als den Prozeß begriffen, in dem sich die politisch konstituierte alteuropäische Gesellschaft auflöst (Näheres hierzu oben 31. Kapitel). Zu diesem Vorgang vgl. u. a. RIEDEL (1969) und als Zeugnis für viele RIEHL: »Jedes Zeitalter findet ein paar große Wahrheiten, ein paar allgemeine Sätze mit denen es sich seine Welt erobert. Ein solcher Satz ist für unsere Epoche in der folgenschweren Unterscheidung gefunden, daß die ›bürgerliche Gesellschaft‹ durchaus nicht gleichbedeutend sey mit der ›politischen Gesellschaft‹, daß der Begriff der Gesellschaft im engeren Sinn, so oft er in der Praxis hinüberleiten mag zum Begriff des Staats, doch theoretisch von demselben zu trennen sey. Die Emanzipierung der Gesellschaftsidee von dem Despotismus der Staatsidee ist das eigenste Besitztum der Gegenwart, die Quelle von tausenderlei Kampf und Qual, aber auch die Bürgschaft unserer politischen Zukunft« (1930, S. 4).

10. Daß Macht eine Relation zwischen Individuen ist, soll nicht heißen, daß soziale Beziehungen unvermeidbar Macht- oder Herrschafts-Beziehungen sind, sondern nur, daß sie nach Weber der »Ort« sind, an dem Macht und Herrschaft überhaupt auftreten können. Von der studentischen politischen Linken ist im Rückgriff auf Arbeiten von H. MARCUSE das Programm der Minimierung von Herrschaft vertreten worden (vgl. WG 124, 169, 541 u. ö.). Ob Verbandsbeziehungen als herrschaftsfreie überhaupt vorstellbar sind, lassen wir dahingestellt. Jedenfalls kann zwischen historisch überflüssiger und notwendiger Herrschaft unterschieden werden. Als Anhaltspunkt für eine Diskussion vgl. das Konzept der »Leitung« im Marxismus (39. Kapitel).

11. In den § 4f. fragten wir nicht: woraus entsteht Macht? Wie ist Macht verteilt? Was sind die Funktionen von Macht (z. B.: Gesamtgesellschaftliches Steuerungsmittel), sondern wir fragten ganz abstrakt: was ist Macht? Wodurch unterscheidet sie sich von Herrschaft? Mit dieser Ausrichtung unseres Interesses auf Begriffsklärungen soll nicht suggeriert werden, diese seien die in jeder Hinsicht wichtigsten Fragen bei machttheoretischen Untersuchungen. Sie sind nur die unverzichtbaren Präliminarien einer solchen. Neben der schon in (10) angesprochenen Frage: lassen sich soziale Beziehungen so einrichten, daß sie herrschaftsfrei sind oder Herrschaft zumindest auf ein unverzichtbares Minimum reduzieren, gilt als zweiter großer Fragenkomplex der Machttheorie die asymmetrische Verteilung von Macht in Klassengesellschaften. Letztere Frage wird in der Regel unter dem Titel: »Pluralismus oder Herrschaft des Kapitals« diskutiert. Vgl. zu diesem Thema den gleichnamigen Aufsatz von ADAM (1973); dort ist die wichtige Literatur verzeichnet.

Schließlich läßt sich Macht noch unter dem Aspekt ihrer Entstehung und Vermehrung thematisieren (welches sind die Quellen der Macht; kann das Machtpotential einer Gesellschaft gesteigert oder nur anders verteilt werden?) – Daß Besitz Macht verleiht, hat Weber durchaus reflektiert (z. B. WG 58, 123, 531ff., 542). Jedoch läßt sich die Trennung von Macht und Herrschaft und damit die Konzentration der Herrschaftssoziologie auf die in und durch Verwaltung ausgeübte Macht eventuell unter dem Aspekt problematisieren, daß damit ökonomische Macht aus dem Zentrum der soziologischen Analyse herausrückt.

Fragen zur Diskussion

1. Was unterscheidet soziales Handeln von einer sozialen Beziehung?
2. Können Sie Gründe angeben, warum Weber bei der Bestimmung soziologischer Grundbegriffe auf den Begriff der Chance zurückgreift?
3. Was verstehen sie unter »Ordnung einer sozialen Beziehung?«
4. Worin besteht der Unterschied zwischen empirischem und normativem Gelten einer Ordnung?
5. Was sind gesatzte Ordnungen?
6. Wodurch entsteht Macht?
7. Wodurch entsteht Herrschaft?
8. Sind die sozialen Beziehungen eines Verbandes als herrschaftsfreie überhaupt denkbar?
9. Worin besteht Ihrer Meinung nach das wesentliche Merkmal des modernen Staats?
10. Versuchen Sie anzugeben, worin die methodische Eigenart der Analyse sozialer Gebilde (z. B. des Staats) in der Soziologie Max Webers besteht.

41. Kapitel
Die Legitimitätsgründe der Herrschaft

Lernziele

Ziel des Kapitels ist zu zeigen,

- daß und wie zum Begriff der Herrschaft deren Anspruch auf Legitimität gehört;
- daß die verstehende Soziologie die Formen der Herrschaft nach den Gründen, die einen Anspruch auf Legitimität verleihen, klassifiziert. Die nach Legitimitätstypen eingeteilten Herrschaftsformen werden in den Grundzügen dargelegt.

Darüber hinaus gilt es, Ansätze einer Kritik an der »Legitimitätstheorie der Herrschaft« zu entwickeln.

Textgrundlage

WG Teil I, Kap. 1, §§ 5, 6, 7, S. 16–20.
WG Teil I, Kap. 3, §§ 1–3, 6–10, S. 122–126, S. 130–142.
WG Teil II, Kap. IX, Abschn. 1, § 3, S. 548–550.
WG Teil II, Kap. IX, Abschn. 3, S. 580–582.
WG Teil II, Kap. IX, Abschn. 5, § 1, S. 654–656.
WL S. 475–488.

§ 1. Wir haben im letzten Kapitel Herrschaft als einen »Sonderfall von Macht« von dem allgemeineren und umfassenderen, für Weber aber gerade deswegen »soziologisch amorphen« Machtphänomen unterschieden. Auch wissen wir bereits aus der Einleitung, daß Herrschaft keineswegs nur im politischen »Subsystem« der Gesellschaft vorkommt, sondern in allen gesellschaftlichen Funktionsbereichen auftauchen kann. Daß soziale Beziehungen durch Herrschaftsverhältnisse geprägt sind, gilt insbesondere für die ökonomisch relevanten sozialen Gebilde. So weiß sich Weber mit Marx darin einig, daß für den kapitalistischen Betrieb Herrschaftsbeziehungen im strengen Sinn des Worts charakteristisch sind.

Um Mißverständnisse zu vermeiden, erinnern wir daher nochmals daran, daß, obwohl Herrschaft ein breites, in allen gesellschaftlichen Funktionsbereichen auftretendes Phänomen ist, und demnach Webers Einteilung der Herrschaft nach Gründen ihrer Legitimität über die politische Sphäre hinaus Geltung beansprucht, wir an Webers Herrschaftssoziologie nur insoweit interessiert sind, als sie eine Theorie der *politischen* Herrschaft enthält.

Herrschaft, so haben wir gesehen, ist eine »legitime« Ordnung von Befehl und Gehorsam. Unter Legitimität versteht Weber keine dingliche Eigenschaft. Eine Herrschaftsbeziehung ist nicht legitim, wie ein Ding farbig ist; sie hat vielmehr den Status einer sinnhaften Intention. Einmal darf Legitimität der Herrschaft im kategorialen Bezugsrahmen der »subjektiven« Soziologie »auch nur als *Chance*, dafür in einem relevanten Maße gehalten und praktisch behandelt zu werden, angesehen werden« (WG 123). Sodann aber besteht Herrschaft nach der Seite des oder der Herren im *Anspruch* auf Legitimität, den sie erhebt. Einen Anspruch auf Legitimität erheben heißt, Geltungs- oder Rechtmäßigkeitsanspruch erheben. An der Stelle, an der Weber den Begriff der Legitimität erstmals benutzt, übersetzt er ihn mit dem »Prestige der Vorbildlichkeit oder Verbindlichkeit« (WG 16), das eine Ordnung besitzt. Nach der Seite der Beherrschten entspricht dem Legitimitätsanspruch der Legitimitäts*glaube:* die Anerkennung der Herrschaft im Bewußtsein der ihr Unterworfenen. Seit Weber gehört die theoretische und empirische Analyse des Zusammenhangs von Legitimität und Konsensus zum Kernbestand der Politischen Soziologie. In beiden Formulierungen: (a) Grundlage jeder Herrschaft ist ein »Glauben« zugunsten des oder der Herrschenden (vgl. WG 153); (b) jede Herrschaft ist bestrebt, sich als legitime darzustellen, kommt der gleiche Sachverhalt zum Ausdruck, daß Legitimität für die Existenz einer Herrschaftsbeziehung wesentlich ist. Legitimität ist somit weit mehr als ein beliebiges, austauschbares Einteilungskriterium von Herrschaftsformen. Sie ist von Weber als zentraler Gesichtspunkt der Herrschaftsanalyse in die Politische Soziologie eingeführt worden. Einmal ist die Struktur der Herrschaft von der Art der Legitimitätsbegründung bedingt; sodann hängt ihr Bestand weitgehend davon ab, ob ihr die Selbstrechtfertigung gelingt, ihr Legitimitätsanspruch also Anerkennung findet. Weber bestreitet nicht, daß die Formen der Herrschaft auch nach anderen Gesichtspunkten sich klassifizieren lassen (vgl. WG 29, 123, 549). Ebenso hebt er wiederholt hervor, daß faktisch die Fügsamkeit in Befehle aus den verschiedensten Motiven: aus Furcht, Schwäche, Zwang, Gewöhnung, Interesse, affektuellen und wertrationalen Motiven, also aus allen Gründen, die Individuen Macht über andere verleihen können, stattfindet. Jedoch können die eingeschliffenen Muster einer vorgegebenen Machtverteilung zerfallen. Vor allem aber ist Macht, solange sie bezweifelt wird, in ihrem Bestand gefährdet. Daher tendiert jedes soziale System dahin, die in ihm gegebene Machtverteilung aus einem Bestand faktischer Machtverhältnisse in einen, wie Weber sagt, Kosmos erworbener Rechte zu verwandeln (vgl. WG 679). Jede Herrschaft sucht den »Glauben an ihre ›Legitimität‹ zu erwecken und zu pflegen. Je nach *Art* der beanspruchten Legitimität aber ist auch der Typus des Gehorchens, des zu dessen Garantie bestimmten Verwaltungsstabes und der Charakter der Herrschaft grundverschieden. Damit aber auch ihre Wirkung. Mithin ist es zweckmäßig«, schließt Weber, »die Arten der Herrschaft je nach dem ihnen typischen *Legitimitätsanspruch* zu unterscheiden« (WG 122)[1].

§ 2. Nach Weber gibt es drei reine Typen legitimer Herrschaft:

1. legale Herrschaft
2. traditionale Herrschaft
3. charismatische Herrschaft.

Legale Herrschaft ist Herrschaft kraft *Satzung*. Ihr reinster Typus ist die bürokratische Herrschaft. Sie beruht auf »dem Glauben« (!) an »die Legitimität gesatzter Ordnungen und des Anweisungsrechts der durch sie zur Ausübung der Herrschaft Berufenen«. Traditionale Herrschaft ist Herrschaft kraft *Tradition*. Sie beruht auf dem »Alltagsglauben an die Heiligkeit der von jeher geltenden Traditionen und die Legitimität der durch sie zur Autorität Berufenen«. Charismatische Herrschaft ist Herrschaft kraft der individuellen Eigenschaften der Herren. Sie beruht auf »der außeralltäglichen Hingabe an die Heiligkeit oder die Heldenkraft oder die Vorbildlichkeit einer Person« (WG 124).

Jede Form der Herrschaft ist mit »einer verschiedenen soziologischen Struktur des Verwaltungsstabs und der Verwaltungsmittel verknüpft« (WL 475, vgl. WG 549). Die ›soziologische‹ Struktur der legalen Herrschaft mit bürokratischem Verwaltungsstab besprechen wir *im einzelnen* erst im nächsten Kapitel. Die Typen der traditionalen und charismatischen Herrschaft ziehen wir nur heran, weil ohne sie die geschichtliche Stellung und ›soziologische‹ Struktur der legalen Herrschaft unverständlich bleiben müssen.

ad 1) Legale Herrschaft. Die für die legale Herrschaft konstitutive Vorstellung ist: gehorcht wird dem Gesetz oder Reglement (Verwaltungsanordnung), in jedem Fall also einer formal abstrakten Norm (WL 476). Die Bindung an abstrakte Normen ist das alles entscheidende Charakteristikum der legalen Herrschaft[2]. In diesem Grundgedanken, daß das Prinzip der Herrschaftsausübung die abstrakte Regelhaftigkeit sei, sind die folgenden, analytisch unterscheidbaren Momente enthalten:

a) Der Idee nach wird der Gehorsam nicht der Person, sondern Regeln geleistet (vgl. WG 550). Ebenso gehorcht der Vorgesetzte, »indem er ... befiehlt, seinerseits der unpersönlichen Ordnung, ... an welcher er seine Anordnung orientiert« (WG 125). Die unpersönliche Ordnung, der gehorcht wird, ist im Normalfall ein *System* abstrakter, absichtsvoll gesatzter Regeln. Die Herrschaft von Menschen über Menschen verschwindet hinter der Herrschaft des Gesetzes[3]. b) Der typisch legale »Herr« ist der »Vorgesetzte«; die Mitglieder des Verwaltungsstabes sind »Beamte«; ihre Amtsführung erfolgt »nach generellen, mehr oder minder festen, und mehr oder minder erschöpfenden erlernbaren Regeln« (WG 552). Die der Herrschaft unterworfenen Verbandsmitglieder sind im Staat: Bürger. c) Durch »formal korrekt gewillkürte Satzung« (WL 475) kann *beliebiges* Recht geschaffen werden (vgl. WG 122, 125). Damit wird die juristische Geltung eines Gesetzes von seinem Inhalt unabhängig; sie ist allein an die Rechtsförmlichkeit seines Zustandekommens gebunden. Die Verbandsmitglieder glauben an die Legitimität der Herrschaft, weil sie an die Legalität des Verfahrens glauben. Gehorcht wird kraft Legalität (WG 124). Der Legitimitätsglaube schrumpft somit auf den Legalitätsglauben zusammen: »die Fügsamkeit gegenüber formal korrekt und in der üblichen Form zustandekommenden Satzungen« (WG 19)[4].

ad 2) Geltungsgrund der traditionalen Herrschaft ist die »Heiligkeit« altüberkommener, von je her bestehender Ordnungen. Einerseits wird nicht Satzungen, sondern Personen gehorcht (WG 130); Oboedienz wird dem Herrn, nicht der gesatzten Regel geschuldet[5]. Der Herrschende ist nicht Vorgesetzter, sondern persönlicher Herr, sein Verwaltungsstab besteht aus Dienern und die Mitglieder des Staatsverbandes sind die Untertanen. Andererseits beruht die persönliche Autorität des Herrn nicht auf seinen individuellen Qualitäten, sondern auf dem Ansehen des »Immer so Gewesenen« (vgl. WG 596). An diese Tradition ist der durch sie berufene »Herr« selbst gebunden. Daher teilt die traditionale Herrschaft mit der bürokratischen, daß beide »ihre innere Stütze letztlich in der Fügsamkeit der Gewaltunterworfenen gegenüber Normen« finden. Diese »sind aber bei der bürokratischen Herrschaft rational geschaffen, appellieren an den Sinn für abstrakte Legalität, ruhen auf technischer Einschulung«. Bei der traditionalen Herrschaft dagegen »ruhen sie auf der ›Tradition‹: dem Glauben an die Unverbrüchlichkeit des Immer so Gewesenen als solchen« (WG 580). Tradition zu überschreiten, wird für den Herrn selbst gefährlich (WG 130). Während nun der bürokratische Beamte bei seinen Entscheidungen an Regeln gebunden ist, enscheidet der »persönliche Herr« in einem durch Tradition bestimmten Spielraum regelfrei. »Soweit ... der Verwaltung und Streitschlichtung Prinzipien zugrunde gelegt werden, sind es solche der materialen, ethischen Billigkeit, Gerechtigkeit oder utilitaristischen

Zweckmäßigkeit, nicht solche formaler Art wie bei der legalen Herrschaft« (WL 478). Der für die traditionale Herrschaft so spezifischen Verquickung von Traditionsgebundenheit und Willkür fehlt vor allem die Berechenbarkeit der Ordnung, eine, wie Weber hinzufügt, für die Entstehung der kapitalistischen Produktionsweise unentbehrliche Voraussetzung, welche erst die rationalen Regeln der modernen bürokratischen Verwaltung ihr bieten.

Der durch Tradition berufene Herr herrscht entweder mit oder ohne Verwaltungsstab. Die Züge der traditionalen Herrschaft mit Verwaltungsstab entwirft Weber ganz eindeutig als Gegenbild zur bürokratischen Herrschaft. So fehlen dem Verwaltungsstab der traditionalen Herrschaft im reinen Typus die feste Kompetenz nach sachlicher Regel, die Amtshierarchie, die geregelte Anstellung durch freien Kontrakt und das geregelte Aufrücken, die Fachgeschultheit und (oft) das feste in Geld gezahlte Gehalt (WG 131). Keim und primärer Typ der traditionalen Herrschaft ist die Autorität des Hausvaters innerhalb einer häuslichen Gemeinschaft. Mit Entstehung eines Verwaltungsstabes geht die traditionale Herrschaft über in den *Patrimonialismus.* Dessen bedeutendste Form wiederum ist die ständische Herrschaft[6].

ad 3) Charismatische Herrschaft. Grundlage der charismatischen Herrschaft bilden die als übernatürlich (im Sinne von: nicht jedermann zugänglich) gedachten physischen und geistigen Qualitäten des Herrn (vgl. WG 654). Wie bei der traditionalen Herrschaft wird der Gehorsam der Person geschuldet. Während jedoch letztere immerhin an von alters her geltende normative Ordnungen gebunden ist, wird dem charismatischen Führer einzig kraft persönlichen Vertrauens an sein Charisma gehorcht. Unter Charisma versteht Weber eine als »außeralltäglich . . . geltende Qualität einer Persönlichkeit« (WG 140). Dieses muß sich situativ, d. h. in den Situationen, in die der Führer gerät, bewähren. Legitim ist die charismatische Herrschaft »nur soweit und lange, als das persönliche Charisma kraft Bewährung ›gilt‹, d. h. Anerkennung findet . . .« (WG 141). Bleibt die Bewährung aus, so schwindet die Chance des Herrn, daß seine Herrschaft auch weiterhin Anerkennung findet. Dementsprechend fehlt der Verwaltung »jede Orientierung an Regeln, sei es gesatzten, sei es traditionalen« (WL 482). Weber erblickt daher in der charismatischen Herrschaftsform den schärfsten Gegensatz zur bürokratischen. Charismatische Formen der Herrschaft können in allen Epochen auftreten[7]. In traditional gebundenen Epochen ist die charismatische Herrschaft *die* große revolutionäre Macht (vgl. WG 141f., 473).

Im Falle der charismatischen Herrschaft heißt der Herrschaftsverband: »Gemeinde«. Der Verwaltungsstab ist »weder nach ständischen noch nach Gesichtspunkten der Haus- oder persönlichen Abhängigkeit, sondern er ist seinerseits nach charismatischen Qualitäten ausgelesen: dem ›Propheten‹ entsprechen die ›Jünger‹, dem ›Kriegsfürsten‹ die ›Gefolgschaft‹, dem ›Führer‹ überhaupt: ›Vertrauensmänner‹. Es gibt keine ›Anstellung‹ oder ›Absetzung‹, keine ›Laufbahn‹ und kein ›Aufrücken‹.« (WG 141). Wegen dieser ihrer ganz auf die Qualität des Führers abgestellten sozialen Beziehungen und der gänzlichen Abwesenheit jeglicher Orientierung an Regeln, seien es rational geschaffene oder auf Tradition beruhende, eignet der charismatische Herrschaft eine hohe Instabilität, die aus der Identität von Legitimitätsgrund und konkreter Person, die die Herrschaft ausübt, herrührt. Durch diese Instabilität unterscheidet sich die charismatische Herrschaft von der traditionalen und der bürokratischen. In reiner Form existiert sie nur »in statu nascendi«. Jenen Prozeß nun, in dem die charismatische Herrschaft ihre ephemere Gestalt abzustreifen und ein stetiges Gebilde zu werden versucht, nennt Weber: Veralltäglichung des Charismas. Treibende Motive dieses Übergangs sind: materielle und ideelle Interessen von Gefolgschaft und Anhängerschaft des Herrn[8].

§ 3. Für die Existenz dauerhafter Herrschaftsbeziehungen ist, wie wir gesehen haben, der Dualismus von ›Macht und Anerkennung‹ konstitutiv. Herrschaft war uns die legitime, im Schema im Befehl und Gehorsam ablaufende Ausübung von Macht. Macht ist dann in Herrschaft transponiert, wenn die Chance, seinen Willen auch gegen Widerstrebende durchzusetzen, in einem sozialen System institutionalisiert, also normativ abgesichert ist. Maßgebend für die Klassifizierung einer Herrschaft ist: »daß ihr eigener Legitimitätsanspruch der Art nach in einem relevanten Maß ›gilt‹« (WG 123). Die Relevanz sowohl der Unterscheidung zwischen Macht – und Konsensusaspekt im Begriff der Herrschaft als auch die Analyse von Herrschaftsformen unter dem leitenden Gesichtspunkt der Gründe ihrer Legitimitätsgeltung sind in der akademischen Soziologie weithin anerkannt.

Nunmehr möchten wir Gesichtspunkte einer Kritik an der »Legitimitätstheorie der Herrschaft« skizzieren. Wir fragen *erstens* nach dem Prinzip, das der Gliederung von Herrschaftstypen zugrunde liegt; *zweitens* nach der Vollständigkeit und inneren Konsistenz der Klassifikation; *drittens* nach der Möglichkeit, Legitimität durch Rechtsförmlichkeit des Verfahrens zu erzeugen. Den von Weber selbst reflektierten Zusammenhang von rationaler Form der Herrschaftsausübung und kapitalistischer Produktionsweise behandeln wir im 44. Kapitel.[9]

ad 1) a) Bürokratische und traditionale Struktur der Herrschaft sind Alltagsgebilde. Sie existieren zum Zweck der Lösung von alltäglichen, d. h. Dauerproblemen. *Das* Dauerproblem, das sich den vergesellschafteten Individuen stellt, ist »die Deckung des stets wiederkehrenden, normalen Alltagsbedarfs.« Die z. B. des Hausvaters Herrschaftsgewalt hat daher »ihre urwüchsige Stätte in der *Wirtschaft.*«. Ebenso ist die bürokratische Struktur ein »auf Befriedigung berechenbarer Dauerbedürfnisse« zugeschnittenes Dauergebilde. Weber nennt sie daher, das »ins Rationale transportierte Gegenbild« der traditionalen Herrschaft (WG 654). Beiden Strukturtypen ist die charismatische Herrschaft als spezifisch *außeralltägliche* Herrschaftsform schroff entgegengesetzt (WG 141, vgl. 142). Traditionale und bürokratische Herrschaft sind »unspezifische *Alltags*formen der Herrschaft – die (genuin) charismatische ist spezifisch das Gegenteil« (WG 141).

b) Mit a) hängt zusammen: die drei reinen Typen legitimer Herrschaft lassen sich unter dem Gesichtsunkt der Rationalisierung der Herrschaft ordnen. Die charismatische Herrschaft ist »spezifisch irrational im Sinne der Regelfremdheit« (WG 141). Sie besitzt einen rein persönlichen Charakter. Dagegen bildet die bürokratische Struktur das gerade Gegenteil der charismatischen. Sie ist »spezifisch rational im Sinne der Bindung an diskursiv analysierbare Regeln« (WG 141). Weber hat den Prozeß zunehmender Ersetzung persönlicher Herrschaft durch die Herrschaft von Regeln auch als Prozeß der Versachlichung und Entindividualisierung beschrieben. Das Schicksal des Charisma ist es, »durchweg mit dem Einströmen in die Dauergebilde des Gemeinschaftshandelns zurückzuebben zugunsten der Mächte entweder der Tradition oder der rationalen Vergesellschaftung. Sein Schwinden bedeutet, im Ganzen betrachtet, eine Zurückdrängung der Tragweite individuellen Handelns« (WG 681).

Wenn sich im Umkreis der charismatischen Herrschaft überhaupt Regeln herausbilden, so sind sie an den Träger des Chairsmas geknüpft. Anders bei der traditionalen Herrschaft: die Legitimität des Herrn leitet sich bereits aus der Legitimität von Regeln ab. Während jedoch im patrimonialen und ständischen Herrschaftsverhältnis persönliche Beziehungen zwischen Herren und Verwaltungsstab »nach Art der Vasallen- oder Jüngertreue« (WG 553) bestehen, treten im Falle der bürokratischen Herrschaft die Personen hinter den Regeln zurück. Ihre Tätigkeit ist nur noch die Personifikation von Regeln. Das persönliche Verhalten aller dieser Herrschaftsform Unterworfenen besitzt den Charakter des Dienstes an einem unpersönlichen, sachlichen Zweck (vgl. WG 709). Auf »Rationalisierung« als den leitenden Gesichtspunkt von Webers soziologischen Analysen kommen wir nochmals im 44. Kapitel zurück.

ad 2) a) Weber führt mit § 7, Kap. 1, unter den Gründen, die einer normativen Ordnung legitime Geltung verschaffen können, den »wertrationalen Glauben« an die »Geltung des absolut gültig Erschlossenen« auf. Zur Erläuterung verweist er auf das »Naturrecht« als den »reinsten Typus« eines solch wertrationalen Glaubens (vgl. WG 501). Unter Naturrecht verstehen wir mit Weber den Inbegriff der »unabhängig von allem positiven Recht und ihm gegenüber präeminent geltenden Normen, welche ihre Dignität nicht von willkürlicher Satzung zu Lehen tragen, sondern umgekehrt deren Verpflichtungsgewalt erst legitimieren« (WG 497). Dessen »logisch erschlossene Sätze« sind von den offenbarten (= charismatischen) wie vom gesatzten und traditionalen Recht zu unterscheiden (WG 19). Mit den Andeutungen über das Naturrecht als Geltungsgrund legitimer Ordnungen ist die geläufige Dreiteilung der Herrschaftstypen eigentlich durchbrochen, da es sich bei ihm weder um charismatische Offenbarung neuen Rechts, noch um traditionales oder positiv gesatztes Recht handelt. In der Systematik der Herrschaftstypologie (WG Teil I, Kap. 3) expliziert Weber die Möglichkeit einer naturrechtlichen Geltungsbegründung nicht weiter. Wir haben nach den Gründen hierfür zu fragen. Zwei Argumentationslinien lassen sich skizzieren. Weber kann darauf verweisen, daß das Naturrecht unbestreitbar in »tiefen Mißkredit geraten« ist. Es »hat jedenfalls die Tragfähigkeit als Fundament eines Rechts verloren. Verglichen mit dem handfesten Glauben an die positive religiöse Offenbartheit einer Rechtsnorm oder an die unverbrüchliche Heiligkeit einer uralten Tradition sind auch die überzeugendsten, durch Abstraktion gewonnenen Normen für diese Leistung zu subtil geartet. Der Rechtspositivismus ist infolgedessen in vorläufig unaufhaltsamem Vordringen« (WG 502). Jedoch ist der Verweis auf das Vordringen des »Rechtspositivismus« so lange unbefriedigend, als nicht der Grund für diesen Vorgang angegeben wird. Auf der Linie der Weberschen Soziologie dürfte die folgende Antwort liegen: das Naturrecht ist nicht eigentlich wegen seiner »Subtilität« desavouiert. Vielmehr ist hierfür die Entwicklung, welche die Wissenschaften seit der Neuzeit genommen haben, verantwortlich zu machen[10]. Durch sie ist insgesamt die Wahrheitsfähigkeit von Werten und Zwecken bestritten worden. David Hume hat als erster klar zwischen präskriptiven Urteilen (Werturteilen) und deskriptiven Urteilen (Aussagen und Gesetzen) unterschieden. Seit Hume gelten nur noch deskriptive Sätze, aus denen präskriptive sich nicht ableiten lassen, als wahrheitsfähig. Allein die deskriptiven Sätze sind sprachliche Gebilde, die wahr oder falsch sein können. Dagegen sind Wunschvorstellungen (»das soll sein«) und Befehle weder wahr noch falsch. Das läßt sich in jedem Taschenbuch über formale Logik nachlesen. Mit dem Zerfall der Wahrheitsfähigkeit von Werten zerfällt auch das Naturrecht als Grundlage einer Einigung der vergesellschafteten Individuen über die Organisationsformen der politischen Herrschaft[11].

b) Webers Klassifizierung von Herrschaftstypen nach Gründen ihrer Geltung ist nicht nur unvollständig, sie ist auch inkonsistent. In Webers Herrschaftssoziologie sind alle Formen normativer Herrschaft dadurch ausgezeichnet, daß die Normen, auf die Herrschaft sich gründet, einer rationalen Diskussion sich entziehen; nicht nur, daß sie ihre normative Kraft aus anderen Quellen als solchen Diskussionen gewinnen – ein genereller

Begründungszwang würde gerade ihre normative Kraft gefährden. Dies gilt auch und gerade für die abstrakten Regeln der legalen Herrschaft. Weber führt die Legitimität bürokratischer Herrschaft auf Legalität, die pure Übereinstimmung des Herrschaftsvollzugs mit Gesetzen und Anordnungen, zurück. Nun gibt es aber Stellen, an denen Weber sieht, daß der Legalitätsglaube als »heute geläufigste Legitimitätsform« seinerseits erklärungsbedürftig ist (WG 19). Es ist nämlich ohne Rückführung der Legalität auf eine Art höherstufiger Legitimität nicht einzusehen, warum Menschen sich in Ordnungen fügen, nur weil sie »formal korrekt und in der üblichen Form« zustande gekommen sind. Gouldner (1954) hat in Berufung auf Parsons gemeint, Weber »habe zwei unterschiedliche Autoritätstypen miteinander vermischt: a) Autorität, die sich auf das Innehaben eines legal bestimmten *Amtes* stützt und b) Autorität, die auf *Sachverständigkeit* beruht« (S. 431). U. E. handelt es sich aber weniger darum, daß Weber zwei Herrschaftstypen, autoritäre und »vernünftige« Herrschaft miteinander vermengt habe, als darum, daß an den Randzonen der Analyse der autoritären Herrschaft die Alternative einer Herrschaft, die auf vernünftiger Zustimmung basiert, erkennbar wird. Die Ausarbeitung eines solchen Herrschaftsbegriffes hätte u. E. Webers Typenlehre der Herrschaft gesprengt.

ad 3) Kann ein Verfahren als solches Legitimität erzeugen? Es bedarf zusätzlicher Annahmen, um die Erzeugung von Legitimität aus Legalität plausibel zu machen. Legalität kann den Beteiligten als legitim gelten entweder kraft Vereinbarung der Interessenten oder kraft »Oktrois« der Satzungen durch eine bereits als legitim geltende Herrschaft (WG 19). Das führt Weber im § 13 weiter aus. Oktroyiert ist ihm zufolge »jede nicht durch persönliche freie Vereinbarung aller Beteiligten zustandegekommene Ordnung« (WG 24), also auch jene Ordnungen, die durch Mehrheitsbeschlüsse zustande kommen. In dieser Perspektive ist eine Verfassung nichts als die Einräumung einer Chance für die Regierung, Fügsamkeit für die von ihr oktroyierten Ordnungen zu erhalten. Aber, warum hat die Verfassung diese mystische Kraft, solche Chancen der Regierung zuzuspielen? Gerade wenn die »soziologische Frage« lediglich die ist: »Wann, für welche Gegenstände und innerhalb welcher Grenzen und . . . unter welchen besonderen Voraussetzungen . . . fügen sich dem Leiter die Verbandsbeteiligten und steht ihm der Verwaltungsstab und das Verbandshandeln zu Gebote, wenn er ›Anordnungen trifft‹, insbesondere Ordnungen oktroyiert« (WG 27), dann ist in dieser Wendung zugestanden, daß der Anerkennung legaler Herrschaft Grenzen gesetzt sind; nicht alle Schritte der Verwaltung werden motivlos akzeptiert, nur weil sie sich im Rahmen geltender Gesetze und Anordnungen bewegen. Vielmehr ist die Fügsamkeit gegenüber oktroyierten Ordnungen an Voraussetzungen geknüpft. Eine solche von Weber selbst benannte Voraussetzung ist z. B. die Zustimmung von Wahlkörperschaften, allgemeiner: daß die Aufstellung von Satzungen innerhalb eines parlamentarischen Systems geschieht (vgl. WG 158ff.). Damit ist weder gesagt, daß das parlamentarische System die einzig denkbare politische Ordnungsform ist, welche die Wirksamkeit des Legalitätsglaubens erklären könnte; noch gar daß es diejenige Ordnung ist, in der Herrschaft minimiert und ein Höchstmaß individueller Entfaltungschancen garantiert ist, sondern nur, daß es eines grundsätzlicheren »Glaubens« (z. B. Parlamentarismus als »Ideologie«) bedarf, damit der Legalitätsglaube als Legitimitätsquelle auch wirklich fungieren kann[12, 13].

Erläuterungen und Zusätze

1. Marx hat einerseits den Herrschaftsbegriff nirgends systematisch expliziert; andererseits kennzeichnet er das kapitalistische Produktionsverhältnis ausdrücklich als Herrschaftsverhältnis. Auch das Moment des Befehls in der Herrschaft hat Marx gesehen. Das Kapital bezeichnet er geradezu als »Kommando über die Arbeit« (MEW 23/325, MEW 25/888 u. ö.). Ausgeübt wird dieses Kommando durch den Kapitalisten als »personifiziertes Kapital«, oder als Rollenträger. (Rolle und Personifikation sind zwar keine deckungsgleichen Begriffe. Aber mit ihnen ist, wenn auch von verschiedenen theoretischen Ausgangspunkten, das gleiche Phänomen angesprochen: die Unterordnung der Individuen unter verselbständigte Beziehungen). Der Grund der Befehlsgewalt liegt im Kapital als Produktionsverhältnis beschlossen. Auch dem würde Weber zustimmen, daß der Grund der faktischen Fügsamkeit der Arbeiter unter die Befehle des Kapitals im Zwang der Verhältnisse liegt, die durch die Expropriation der Arbeiter von den sachlichen Beschaffungsmitteln ihrer Arbeit und deren Apropriation an Besitzer (WG 74) charakterisiert sind. Nur, würde er hinzufügen, können solche Herrschaftsverhältnisse ihre Stabilität steigern, wenn sie mit der »Aura« der Legitimität auftreten. Marx seinerseits hat diese »Aura« aus dem Institut des formell freien, zwischen rechtlich gleichen Personen abgeschlossenen Arbeitsvertrages abgeleitet (vgl. oben 35. Kapitel).
2. Über den Zusammenhang von Legitimität und Legalität hat es im Zeichen des heraufkommenden Faschismus eine wichtige Diskussion gegeben. Vgl. Schmitt (1932) und die gleichnamige Arbeit von Kirchheimer (1967).
3. Weber weiß sehr wohl, daß im Typus der legalen Herrschaft die Herrschaft von Menschen über Menschen keineswegs in die Herrschaft des Gesetzes aufgelöst ist. Die Stabilität legaler Herrschaft ist weitgehend davon abhängig, daß die Vorstellung: gehorcht werde der unpersönlichen Ordnung abstrakter Regeln, in Kraft ist. Jedoch liegt die formale Rationalität abstrakter Rechtsregeln quer zur »materialen« Rationalität. Einmal können durch abstrakte, alle Verbandsmitglieder bindende Gesetze partikulare, nur bestimmten Gruppen dienliche Interessen durchgesetzt werden. Sodann aber sind an der formalen Rationalität abstrakter Regeln in erster Linie die besitzenden Klassen interessiert. »Die einer formalen Rechtsgleichheit entsprechende allgemeine ›Ermächtigung‹, daß jedermann ohne Ansehen der Person beispielsweise eine Aktiengesellschaft gründen

. . . dürfe, bedeutet natürlich in Wahrheit die Schaffung einer Art von faktischer ›Autonomie‹ der besitzenden Klassen als solcher, die ja allein davon Gebrauch machen können« (WG 419). Darauf kommen wir im nächsten Kapitel zurück.

4. Den Gesichtspunkt der Beliebigkeit der Rechtsinhalte beim Typus der legalen Herrschaft hat u. a. LUHMANN (1970a, S. 167) betont: »Das Recht einer Gesellschaft ist positiviert, wenn die Legitimität reiner Legalität Anerkennung findet, wenn also Recht deswegen beachtet wird, weil es nach bestimmten Regeln durch zuständige Entscheidung gesetzt ist. Damit wird in einer zentralen Frage menschlichen Zusammenlebens Beliebigkeit Institution«. In der damit gegebenen »Pauschalakzeptierung« des gesetzmäßigen Regierungshandelns durch die Verbandsmitglieder hat LUHMANN unter systemtheoretischen Prämissen den entscheidenden Machtvorteil der legalen Herrschaftsform gesehen.
5. Über den personalen Charakter der Herrschaft in vorbürgerlichen Gesellschaften äußert sich MARX z. B. GR 75, 81 und MEW 25/839. Die Bedeutung der Tradition bringt Marx in Zusammenhang mit dem Entwicklungsstand der Produktivkräfte: »Es ist indes klar, daß . . . in unterentwickelten Zuständen . . . die Tradition eine übermächtige Rolle spielen muß« (MEW 25/801, vgl. den Fortgang des Textes ebd.).
6. Man muß beachten, daß Weber den Feudalismus nicht einfach unter ständisch-patrimonialer Herrschaft einreiht, sondern als eine Struktur des Herrschaftsverbands interpretiert, welche vom Patrimonialismus ebenso wie vom genuinen Charismatismus verschieden ist (WG 148).
7. Weber behandelt die plebiszitäre Demokratie als eine Art charismatischer Herrschaft. Damit hat er ausdrücken wollen, daß die Wahl zu einer »äußerlichen Form« absinkt, in der sich die Zustimmung zum »Führer« vollzieht. Webers Demokratietheorie behandeln wir im 43. Kapitel.
8. Insoweit Weber die Veralltäglichung des Charismas aus Veralltäglichungs*interessen* erklärt (WG 144), läge hier ein eindeutiger Fall motivationaler Erklärungen vor. Diese Motive sind jedoch *typische* Motive, nicht Motive von einzelnen. Und die Motive motivieren nicht aufgrund individueller Bedürfnislagen, sondern aufgrund gesellschaftlicher Problemlagen. Z. B. spricht Weber von dem treibenden Motiv der objektiven Notwendigkeit der Anpassung der Ordnungen und des Verwaltungsstabes an die normalen Alltagserfordernisse einer Verwaltung (vgl. WG 147). Man sieht: Weber übersetzt die Ursachen für gesellschaftlichen Wandel in einen handlungstheoretischen Bezugsrahmen.
9. Der naheliegende Kritik-Ansatz, Weber habe es versäumt, die legale Herrschaft als typische Form bürgerlicher Herrschaft aus den Verhältnissen der ihr zugehörigen Basis »abzuleiten«, würde es sich dem Gehalt der Weberschen Soziologie gegenüber zu leicht machen. Weber hat den Zusammenhang zwischen legaler Herrschaft und kapitalistischer Produktionsweise durchaus gesehen. Er bringt ebenso die Vertragsfreiheit und Gleichheit der Vertragsschliessenden in Verbindung mit der Ausdehnung des Markts, als er auch den Zusammenhang von Klassenlage und nach formalem Recht arbeitender bürokratischer Herrschaft sieht. Vgl. hierzu Kapitel 44.
10. Vgl. hierzu L. STRAUSS (1956).
11. Zu den Gründen, die Weber veranlaßt haben, die auf ein Normensystem wertra-

tionaler Art gegründete Herrschaftsform in seine Typologie nicht mit aufzunehmen, vgl. MOMMSEN (1959). Demokratische Legitimität, die Ableitung der Legitimität aus der Zustimmung des als souverän gedachten Volkes, behandelt Weber lediglich als »herrschaftsfremde Umdeutung« des Charismas (WG 156, 665–667). Daran ist soviel richtig, daß in der vernünftigen Übereinkunft Aller autoritäre Herrschaft tatsächlich in vernünftige aufgelöst wäre.

12. Daß »ein Verfahren ... stets nur indirekt, durch Verweisung auf Instanzen, die ihrerseits anerkannt sein müssen«, legitimieren kann, hat HABERMAS in einer Auseinandersetzung mit LUHMANN hervorgehoben (1971, S. 244). LUHMANN hat ebenfalls die zentrale Schwäche von Webers Begriff der rationalen Legitimität aufgrund des Glaubens an die Legalität gesatzter Ordnungen gesehen: er »läßt nicht ausreichend erkennen, wie solche Legitimität der Legalität soziologisch möglich ist« (LUHMANN 1969, S. 28). »Obwohl dieser Begriff im Zentrum des Weberschen Lebenswerkes steht«, fügt Luhmann in der Anmerkung hinzu, »ist er soziologisch der schwächste und läßt weniger noch als die Begriffe der traditionalen und der charismatischen Legitimität erkennen, wie solch ein Glauben zustandekommen kann. Ganz allgemein ist anzumerken, daß Weber seinen Begriff der Legitimität im Hinblick auf die gesellschaftsstrukturellen Bedingungen, die das ermöglichen, nicht hinreichend ausgearbeitet hat« (a.a.O. S. 28). Luhmann meint, die Schwäche der Weberschen Soziologie mit soziologischen Mitteln, nämlich durch Analyse der Verfahren, die Legitimität erzeugen, beheben zu können. Solche Verfahren sind im bürgerlichen Herrschaftssystem politische Wahl, parlamentarische Gesetzgebung und Rechtsfindung vor Gericht. Ihre Funktion ist nicht, Wahrheit und Gerechtigkeit zu verbreiten, sondern die Entscheidungen treffenden Instanzen mit Legitimität zu versehen. – Eine hierzu alternative Position hat HABERMAS (1973) eingenommen. Der Geltungsanspruch von Normen beruht auf der »Unterstellung, daß er diskursiv eingelöst, also in einem argumentativ erzielten Konsensus der Beteiligten begründet werden könnte« (S. 144). Wenn es zutrifft, daß Normen des Zusammenlebens wahrheitsfähig sind, dann »lassen sich rechtfertigungsfähige Normen von solchen Normen unterscheiden, die Gewaltverhältnisse stabilisieren. Soweit Normen verallgemeinerungsfähige Interessen ausdrücken, beruhen sie auf einem vernünftigen Konsensus ... Sofern Normen nicht verallgemeinerungsfähige Interessen regeln, beruhen sie auf Gewalt; wir sprechen dann von normativer Macht« (a.a.O. S. 153). Webers drei Geltungsgründe legitimer Herrschaft wären in dieser Perspektive allesamt solche, die normative Macht (= Herrschaft) ermöglichen, indem sie Legitimationen für solche Normen beschaffen, die einer Überprüfung in rationalen Diskussionen *nicht* standhalten. Die Schwäche der zuletzt skizzierten Position (Habermas) besteht darin, daß ›Vernunft‹ letzten Endes etwas ist, das die argumentierenden Subjekte dem Geschichtsverlauf entgegenhalten. Es ist nicht einzusehen, wie Vernunft in der Geschichte eigentlich befördert werden solle. Der Aufdeckung der im Geschichtsverlauf selbst arbeitenden Vernunft, besser: der durch den Geschichtsverlauf selbst bewirkten Beseitigung der »privaten« Form der Produktion ohne Rekurs auf das, was »immer schon« als »vernünftig« gelten soll, dient die Kritik der Politischen Ökonomie. –

13. GOULDNER (1954) hat Zweideutigkeiten und Unklarheiten in Webers Texten

zum Anlaß genommen, von zwei Bürokratietypen zu sprechen, die Weber beschrieben habe: der repräsentativen und der disziplinären Bürokratie. Erstere beruhe auf vereinbarten und sachlich gerechtfertigten Regeln, letztere auf imponierten Regeln und auf Gehorsam um seiner selbst willen. Andrerseits sieht aber auch und gerade Gouldner (a.a.O. S. 434), daß die »Rolle der Einwilligung und des demokratischen Prozesses« in Webers Herrschaftstheorie »verwischt« ist und daß in Webers Klassifizierung der Herrschaftstypen die demokratische Form »wie durch begriffliche Magie« ganz verschwunden ist.

Fragen zur Diskussion

1. Was heißt: eine Herrschaft ist legitim?
2. Können Sie begründen, warum Legitimität den Bestand einer Herrschaft sichern soll? Ist Gewalt nicht viel wichtiger für die Aufrechterhaltung von Herrschaftsbeziehungen?
3. Kann jede Herrschaft nur eine Legitimitätsquelle für sich in Anspruch nehmen?
4. Ist Ihnen die Einteilung der Herrschaftstypen nach den Legitimitätsgründen plausibel? Gibt es andere mögliche Einteilungen?
5. Reicht Ihrer Meinung nach die Berufung auf Legalität für die Legitimität der politischen Herrschaft in kapitalistischen Staaten aus?
   Diskutieren Sie diese Frage anhand aktueller politischer Reformvorhaben!
6. Weber hat die Rationalisierung der Herrschaftsbeziehungen als Prozeß der Entpersönlichung und Versachlichung beschrieben. Unterscheidet er sich in diesem Punkt von Marx?

42. Kapitel: Die bürokratische Form der politischen Herrschaft.

Lernziele

In diesem Kapitel sollen Sie mit der für die legale Herrschaft typischen »soziologischen Struktur« des Verwaltungsstabes vertraut werden. Gleichzeitig sollen Sie zu einer Kritik an Webers Bürokratie-Modell befähigt werden. Dies soll vor allem dadurch geschehen, daß wir nach den Voraussetzungen für die Gültigkeit von Webers fundamentaler These fragen: Bürokratie ist die rationalste Form der Herrschaftsausübung.

Textgrundlage

WG Teil I, Kap. 3, §§ 3–7a, § 15, S. 125–135, S. 58–165.
WG Teil II, Kap. IX, Abschn. 2, S. 551–579.
WG Teil II, Kap. IX, Abschn. 8, § 3, S. 825–837.

§ 1. Wir haben den soziologischen Begriff der Herrschaft geklärt und gesehen, wie die auf Weber fußende soziologische Theorie die Formen der Herrschaft je nach dem ihnen typischen Legitimitätsanspruch unterscheidet. Nun bedarf jede politische Herrschaft eines *Verwaltungsstabes*, d. h.

eines »eigens auf die Durchführung ihrer generellen Anordnungen und konkreten Befehle eingestellten Handels angebbarer zuverlässig gehorchender Menschen« (WG 122, vgl. WG Teil I, Kap. 1, § 12, 16, 17). Die ›soziologische‹ Struktur des Verwaltungsstabes[1] wechselt mit dem Herrschaftstypus, dem er zugeordnet ist (vgl. WL 475). Im folgenden haben wir nunmehr Webers Analyse der herrschaftlichen Struktur des bürokratischen als des für die legale Herrschaft typischen Verwaltungsstabes zu betrachten[2].

Die Beschäftigung mit dem Phänomen bürokratischer Herrschaft und eine aus Erfahrung im Umgang mit Bürokratien erwachsende Kritik ihrer sozialen Implikationen und Folgen sind so alt wie das Phänomen selbst[3]. Gleichwohl ist sich die Soziologie von Profession darin einig, daß erst seit Weber von einer Bürokratietheorie im eigentlichen Sinne gesprochen werden könne. Daran ist soviel richtig, daß erst seit Weber das Phänomen bürokratischer Herrschaft in den Mittelpunkt sozialwissenschaftlichen Interesses gerückt ist und ebenfalls erst seit Weber von einer relativ eigenständigen Theorie der Bürokratie gesprochen werden kann. Seitdem knüpfen nahezu alle einschlägigen Arbeiten entweder affirmativ oder kritisch an das von Weber entwickelte Modell bürokratischer Herrschaft an. Obwohl an der bürokratischen Verwaltung moderner Staaten abgelesen, beansprucht es universelle Geltung für alle modernen Herrschaftsverbände (Industriebetriebe, Parteiorganisationen etc.). Schluchter (1972, S. 18) spricht von einer geradezu »zwangshaften Orientierung« der Organisationssoziologie am Werk Max Webers; »die Häufigkeit der Bezugnahme auf Max Weber ... ist ... zwangsläufige Folge der Rolle, die Max Webers Idealtypus der Bürokratie in der Entwicklung der Organisationssoziologie gespielt hat« (Mayntz 1968, S. 14). Wir sind aber an Webers Bürokratiemodell nicht nur wegen seines Einflusses auf die Organisationssoziologie interessiert; vielmehr ist die theoretische Erfassung des bürokratischen Phänomens auch »objektiv« erforderlich. Bereits ein oberflächlicher Blick lehrt, daß die soziale Existenz der Mitglieder industriell entwickelter Gesellschaften trotz unterschiedlicher ökonomischer Struktur durchgängig vom Funktionieren bürokratischer Organisationen faktisch abhängig ist. »Die Bedeutung bürokratischer Organisationen in einer ... zunehmend von Großorganisationen als wesentlichen Strukturelementen und Aktionszentren bestimmten Gesellschaft«, schreibt z. B. Mayntz (1968) »ist offensichtlich. Wieviel Zeit der Einzelne auch immer in solchen Organisationen verbringen mag, ihre Eigenart und ihre Funktionen sind schicksalhaft für ihn, auch dann, wenn er mehr als Klient, Konsument, Bürger usw., mit ihnen in Kontakt kommt als unmittelbar als Mitglied in ihnen handelt« (S. 13)[4]. Webers Entwurf eines Bürokratie-Modells reflektiert nur den objektiven Funktionszuwachs bürokratischer Organisationen in den fortgeschrittenen kapitalistischen Industriegesellschaften. Damit ist aber über die praktische Irreversibilität des Prozesses und die theoretische Richtigkeit des Modells noch nichts gesagt[5].

§ 2. Im folgenden heben wir die Grundzüge des von Weber entwickelten Bürokratie-Modells hervor. Die Einzelheiten können in den §§ 3–7 WG (Teil I, Kap. 3 und im Teil II, Kap. IX, 2. Abschnitt) nachgelesen werden. Die »bürokratische Struktur«[6] zeichnet sich aus durch:

1. Regelgebundenheit der Amtsführung
2. Feste Kompetenzverteilung
3. das Prinzip der Amtshierarchie
4. Aktenmäßigkeit der Verwaltung
5. Trennung des Verwaltungsstabs von den Verwaltungsmitteln.

Bezüglich der »inneren und äußeren Stellung des Beamten« (WG 552) führt die bürokratische Struktur zu folgenden Konsequenzen:

1. Unpersönlichkeit der Amtsführung
2. Fachqualifikation des Beamten
3. Kontraktliche Anstellung und Laufbahnprinzip.

Die angegebene Gliederung hält sich nicht streng an den übrigens nicht immer eindeutigen Text; insoweit stellt sie bereits eine Interpretation dar. Dadurch sollen die idealtypischen Züge des Weberschen Bürokratiebegriffs klarer hervortreten[8], ohne daß damit Anspruch auf ein vollständiges Verzeichnis aller distinkten Merkmale bürokratischer Organisationen erhoben ist. Wir geben kurze Erläuterungen zu den einzelnen Punkten.

Regelgebundenheit. Das bürokratische Handeln ist unter allgemeine Regeln (Gesetze und Verwaltungsreglements) subsumiert. Im Idealfall ist das Handeln des Verwaltungsstabs durch abstrakte Regeln nahezu vollständig festgelegt; die Spielräume persönlichen Beliebens sind auf ein Minimum eingeengt (»völlige Entpersönlichung der Amtsführung«, WG 576). Der Verwaltungsvollzug besteht in der Anwendung abstrakter Regeln auf den Einzelfall. Anwendung abstrakter Regeln auf die zu bearbeitende Verwaltungsmaterie (z. B. Zuteilung von Wohngeld etc.) ist »der äußerste Gegensatz« zu einer Regelung durch »individuelle Privilegien und Gnadenverleihungen« (WG 552). Die Anwendung von Regeln verleiht der Verwaltung Einheitlichkeit und Bestand auch dann, wenn die Personen, die den Verwaltungsstab bilden, wechseln. Auf dieser vollständigen und lückenlosen Regelbestimmtheit des Verhaltens, derart, daß alle Verwaltungsvollzüge eindeutig vorher bestimmt sind durch diese Regeln und diese sich ohne Rest im Handeln niederschlagen, beruht die für den Kapitalismus so wesentliche Kalkulierbarkeit der staatlichen Ordnungen. Wer die Regeln kennt, weiß und kann vorher sagen, was die Verwaltung »tut«. – Auf die dysfunktionalen Folgen einer lückenlosen Normierung des Verwaltungshandelns (die Regeln werden so umfangreich wie die Situationen, die sie normieren; mangelnde Angepaßtheit an unvorhersehbare Aufgaben; Verkehrung der Regeln aus Mitteln, Organisationsziele zu erreichen, in Ziele selbst) kommen wir in § 4 zurück.

Kompetenzverteilung. Es steht zu jedem Zeitpunkt eindeutig fest, welche Behörde für welche Aufgaben zuständig ist. Ebenso sind die Zuständigkeiten innerhalb der Behörden nach generellen Regeln geordnet; die Kompetenzverteilung bedingt klar umgrenzte Arbeitsteilungen zwischen den Inhabern der verschiedenen Positionen. Die Kompetenz selbst leitet sich nicht aus Personen ab, vielmehr sind Personen kompetent, weil sie Inhaber von Positionen sind. Dadurch entsteht die Möglichkeit, zwischen Herrschaftspositionen und ihren Inhabern zu unterscheiden (vgl. WG 125, 551).

»Es besteht das Prinzip der *Amtshierarchie* und des Instanzenzuges, d. h. ein fest geordnetes System von Über- und Unterordnung der Behörden unter Beaufsichtigung der Unteren durch die Oberen – ein System, welches zugleich den Beherrschten die festgeregelte Möglichkeit bietet, von einer anteren Behörde an die Oberinstanz zu appellieren« (WG 551).

Zur Amtshierarchie gehört demnach die gestufte Befehlsgewalt und Gehorsamspflicht. »Bei »voller Entwicklung des Typus ist diese Amtshierarchie monokratisch geordnet« (ebd). In ihrer reinsten Ausprägung ist die bürokratische Herrschaft immer monokratische Herrschaft. Unter Monokratie versteht Weber den Gegensatz zur »Kollegialität«. Eine Herrschaft ist monokratisch, wenn sie an *eine* Person gebunden ist; d. h., es muß nicht »eine Mehrheit von Einzelnen« zusammenwirken, sondern es bedarf nur eines Einzelnen, damit »eine bindende Verfügung zustandekommt« (WG 159 vgl. 548). Zwar leistet die Kollegialität »größere Gründlichkeit der Erwägungen«; jedoch bedeutet sie »fast unvermeidlich eine Hemmung präziser und eindeutiger, vor allem schneller Entschließungen« (WG 162f.). In der Einführung der Kollegialität erblickt Weber eine Schwächung oder Beschränkung bürokratischer Herrschaft. Kollegiale Behörden sind nach Weber »in schneller Abnahme« begriffen. »Das Interesse an schneller, eindeutiger, daher von Meinungskompromissen und Meinungsumschlägen der Mehrheit freier Verwaltung ist dafür entscheidend« (WG 128).

»Es gilt das Prinzip der *Aktenmäßigkeit* der Verwaltung . . . mindestens die Vorerörterungen und Anträge und die abschließenden Entscheidungen, Verfügungen und Anordnungen sind schriftlich fixiert« (WG 126). Die moderne Amtsführung beruht ganz und gar auf Schriftstücken. Damit sinken alle aus anderen Quellen stammenden Informationen tendenziell zur Bedeutungslosigkeit ab. »Nicht, was er vom Hörensagen kennt, kraft eigener Vermutung oder selbständiger Erkundigung weiß, ist für das Handeln des Beamten von Bedeutung, sondern allein das, was in Schriftform vorliegt« (Offe 1974, S. 333).

»Es gilt (im Rationalitätsfall) das Prinzip der vollen Trennung des Verwaltungsstabs von den Verwaltungs- und Beschaffungsmitteln (Herv. d. Verf.). Die Beamten sind nicht im Eigenbesitz der sachlichen Verwaltungs- und Beschaffungsmittel, sondern erhalten diese in Natural- oder Geldform geliefert und sind rechenschaftspflichtig« (WG 126). In dieser Trennung der Verwaltungsmittel von den Beamten erblickt Weber einen unverzichtbaren Bestandteil bürokratischer Organisation. Was die Trennung des Beamten von den Verwaltungsmitteln jedoch mit Rationalität zu tun haben soll, ist unmittelbar nicht einsichtig. Rationalität der Verwaltung heißt ja:

1. lückenlose Bindung der Verwaltung an Rechtsregeln – 2. Herrschaft kraft Wissen (WG 129). Eine mögliche Erklärung für die von Weber hergestellte Verbindung von Rationalität und Trennung der Beamten von den Verwaltungsmitteln liegt darin, daß Weber eine Aufhebung dieser Trennung sich nur in der Form eines Rückgangs auf vorkapitalistische Formen des Privateigentums der Arbeiter an ihren Produktionsmitteln und, analog hierzu, der staatlichen Beamten an den Verwaltungsmitteln, denken kann, nicht aber in der Form einer gemeinschaftlichen Verwaltung der Produktionsmittel durch die assoziierten Individuen. Auch im Sozialismus, so Weber, würde ja die genannte Trennung bestehen bleiben.

Unpersönlichkeit der Amtsführung heißt: »sine ira et studio, ohne Haß und Leidenschaft . . . ohne Ansehen der Person, formal gleich für jedermann, d. h. jeden in gleicher faktischer Lage befindlichen Interessenten, waltet der ideale Beamte seines Amtes« (WG 129). Nicht nur, daß der ideale Beamte seines Amtes ohne Ansehen der Person waltet, er selbst schuldet seinerseits Gehorsam auch nur Regeln und nicht Personen. – Mit dieser Unpersönlichkeit ist nur ein idealtypischer Grundzug bürokratischer Verwaltung genannt, aber nicht behauptet, in ihr gäbe es faktisch keine oder auch nur weniger Korruption als in anderen Organisationsformen.

Fachqualifikation. Die Anwendung von Regeln verlangt den fachgeschulten, regelkundigen Beamten. »Die bürokratische Verwaltung bedeutet: *Herrschaft kraft Wissen* (Herv. d. Verf.): dies ist ihr spezifisch rationaler Grundcharakter« (WG 129). Die sozialen Folgen der notwendigen Fachqualifikaion hat Weber in organisationsinterner und gesamtgesellschaftlicher Perspektive thematisiert. Organisationsintern führt die Monopolisierung des Fachwissens zur Verselbständigung des Verwaltungsstabs gegenüber dem fachunkundigen Herrn; gesamtgesellschaftlich führt das in der Fachqualifikation inkorporierte überlegene Wissen des Beamten zur Beherrschung aller Verbandsmitglieder durch die Bürokratie. Zugleich bedingt die Herrschaft der Bürokratie und ihr Bedarf an fachlich qualifiziertem Personal eine zunehmende Ersetzung des, in Webers Sprache, »Kulturmenschen« durch den »Fachmenschen«. Letztere werden durch ein in seinen Funktionen gewandeltes Bildungssystem bereitgestellt. Weber hat den Funktionswandel des Bildungssystems an dem Prozeß der zunehmenden Rationalisierung aller Sektoren des gesellschaftlichen Lebensprozesses festgemacht. Die Erziehungsanstalten geraten unter den »beherrschenden Einfluß des Bedürfnisses nach jener Art von ›Bildung‹, welche das für den modernen Bürokratismus zunehmend unentbehrliche Fachprüfungswesen züchet: der Fachschulung« (WG 576, vgl. 833).

Kontraktliche Anstellung heißt:

a) die Anstellung ist formal »frei«; geschieht also in der Rechtsform des Arbeitsvertrages;

b) der Beamte wird von einer übergeordneten Instanz ernannt, nicht gewählt (WG 554). Das Prinzip der Ernennung des Beamten und das *Laufbahnprinzip* gehören zusammen. »Der Beamte ist entsprechend der hierarchischen Ordnung der Behörden, auf eine ›Laufbahn‹ von den unteren, minder wichtigen und minderbezahlten Stellen zu den oberen eingestellt« (WG 556). Besonders das zuletzt genannte Merkmal zeigt: obwohl Weber wiederholt die universelle Geltung des von ihm entwickelten Bürokratiebegriffs für alle Teilsysteme der Gesellschaft behauptet, ist sein Bürokratiebegriff gleichwohl an der Praxis staatlicher Verwaltung orientiert.

Läßt sich unter den aufgeführten Eigenschaften der bürokratischen Herrschaft eine Grundeigenschaft herausheben? Die gesuchte Grundeigenschaft, die aus dem Bürokratiebegriff mehr als eine beliebig verlängerbare Liste von Eigenschaften macht und einen systematischen Zusammenhang zwischen den aufgeführten Eigenschaften herstellt, ist das für die bürokratische Herrschaft charakteristische Prinzip der »abstrakten Regelhaftigkeit der Herrschaftsausübung« (WG 567). Daß für das Handeln des Verwaltungsstabes die »Unterwerfung unter rational gesatzte Normen (Gesetze, Verordnungen, Reglements)« (RS 272) charakteristisch ist, heißt: die Regeln, nach denen die Beamten arbeiten, sind ihnen als Handlungsprämissen vorgegeben und stehen nicht zur Disposition. Zum Kern der bürokratischen Herrschaft gehört somit die strenge Trennung zwischen Regelgebung und Vollzug nach Regeln, die Trennung also von Politik und Verwaltung (vgl. PS 308ff.).

§ 3. Die zentrale These der Weberschen Bürokratietheorie lautet: »Die rein bürokratische, also die: bürokratisch-monokratische aktenmäßige Verwaltung« ist allen anderen Organisationsformen technisch überlegen; sie ist »nach allen Erfahrungen die an Präzision, Stetigkeit, Disziplin, Straffheit und Verläßlichkeit, also: Berechenbarkeit für den Herrn wie für die Interessenten, Intensität und Extensität der Leistung, formal universeller Anwendbarkeit auf alle Aufgaben, rein *technisch* im Höchstmaß der Leistung vervollkommenbare, in all diesen Bedeutungen: formal *rationalste* Form der Herrschaftsausübung« (WG 128). Weber gewinnt die These der

Leistungsüberlegenheit der bürokratisch-monokratischen Verwaltung durch einen doppelten Vergleich:

a) den universal-historischen Vergleich mit vorbürokratischen, traditionalen Formen der Herrschaft;

b) den Vergleich mit der »Honoratioren-Verwaltung« einerseits, demokratischen Organisationsformen andererseits (WG 562, vgl. 171). Die technische Überlegenheit der bürokratischen Organisation gegenüber allen anderen Organisationsformen steht für ihn »felsenfest, so gut wie die technische Überlegenheit der Arbeitsmaschinen gegenüber der Handarbeit« (SP 413, vgl. WG 561). Aber, ist die bürokratische Verwaltung tatsächlich »nach allen Erfahrungen« leistungsfähiger und technisch überlegen? Kann ihr Effizienzvorteil wirklich universell behauptet werden oder ist er nicht vielmehr an bestimmte Voraussetzungen geknüpft? Wird ihr Rationlitätsvorsprung, was die Bindung an abstrakte Regeln betrifft, nicht durch Rationalitätsdefizite in anderer Hinsicht zunichte gemacht? Und, gibt es eine für die formal-rationale Verwaltung charakteristische Verknüpfung mit materiellen Interessen? Einer Kritik des Modells der bürokratischen Herrschaft anhand der Diskussion dieser Fragen wenden wir uns im nächsten Paragraphen zu.

§ 4. Weber zufolge ist die bürokratisch-monokratische Verwaltung – also die nach berechenbaren Regeln arbeitende und in ein fest geordnetes System von Über- und Unterordnung der Behörden eingefügte Verwaltung durch Einzelbeamte statt durch Kollegien – grundsätzlich die »beste Strategie und das beste Mittel zur Übersetzung beliebiger Organisationsziele in den Alltag« (Schluchter 1972, S. 138). Gegen die These der eindeutigen Überlegenheit der bürokratischen Organisationen gegenüber allen anderen Organisationen sind in der neueren organisationssoziologischen Literatur eine Reihe von Argumenten entwickelt worden. Einmal vermißt man bei Weber die Untersuchung von Dysfunktionalitäten, von Konflikten zwischen strukturellen Merkmalen, die ein bürokratisches System ausmachen (z. B. zwischen Fachwissen und Rang in der Amtshierarchie) und von nicht-intendierten Folgen. Sodann wird eingewandt, daß Weber über der Beschäftigung mit der Bürokratie als formaler Organisation die informellen Beziehungen (z. B. Freundschaftsbeziehungen), die in formalen Organisationen entstehen und dort wichtige Funktionen erfüllen, unzureichend berücksichtigt habe. Die formale Organisation ist ja nur *ein* Aspekt der Sozialstruktur bürokratischer Systeme (Barnard 1938, Selznick 1948 u. a.).

Wir beschränken unser Referat auf die erste Linie der Kritik (die Untersuchung von Dysfunktionalitäten) und skizzieren zunächst *stichwortartig* deren – in Bezug auf Webers zentrale These – wichtigste Ergebnisse. –

a) Nach Merton (1968) führt die von Weber beschriebene Organisationsstruktur zur Ritualisierung des Verhaltens der Organisationsmitglieder. Darunter versteht MERTON die Verkehrung abstrakter Regelungen aus Mitteln der Zielverwirklichung zum Organisationszweck. Gerade der Nachdruck, der auf die Einhaltung der Regel gelegt wird, »führt zu einer Verschiebung der Gefühle von den Zielen der Organisation weg auf die Details des von den Normen geforderten Verhaltens. Die Befolgung der Regeln, ursprünglich ein Mittel, wird zum Selbstzweck. Es kommt zu dem wohlbekannten Prozeß der Verschiebung von Zielen, wodurch ein ›instrumenteller Wert zum Endwert‹ wird« (268f.). Wichtig ist, daß die Unangemessenheit der Orientierungen auf *strukturelle* Ursachen zurückgeführt wird. MERTON rekapituliert den Zusammenhang beider so: 1. »Eine effektive Bürokratie erfordert Verläßlichkeit in der Reaktion und strikte Befolgung des Reglements. 2. Solche Treue den Regeln gegenüber führt zu ihrer Umformung in absolute Werte; sie werden nicht mehr bezogen auf vorgegebene Zielsetzungen. 3. Dies stört eine rasche Anpassung unter besonderen Bedingungen, die z. Zt. der Formulierung der allgemeinen Regeln nicht klar vorausgehen werden. 4. So erzeugen gerade jene Elemente, die im allgemeinen zur Effektivität führen, in spezifischen Fällen Ineffektivität« (a.a.O. S. 269).

b) LITWAK (1968) hat die Gültigkeit von Webers Behauptung überlegener Effizienz bürokratischer Organisationen von der Art der Aufgaben, die ihnen gestellt werden, abhängig gemacht. »Webers theoretisches Modell geht davon aus, daß die Organisation es mit gleichförmigen Situationen zu tun hat« (S. 118). Bürokratische Organisationen des Weberschen Typs sind nur für die Bearbeitung von Standardproblemen geeignet; für die Bewältigung rasch wechselnder Problemstellungen und unvorhersehbarer Ereignisse sind sie kaum adäquat. Generelle Regeln werden »komplex bis zur Unbrauchbarkeit, wenn die Organisation mit ungleichförmigen Situationen zu tun hat« (S. 119). Damit ist die Paradoxie der Beherrschung individuell mannigfaltiger Situationen durch generelle Regeln angesprochen: um für alle denkbaren Fälle gerüstet zu sein, müßten die Regelungen bis ins Einzelne gehen. Damit werden sie so komplex wie die Situationen, die mittels ihrer beherrscht werden sollen. »Im Dienst nach Vorschrift« machen die Verbandsmitglieder sich diese Paradoxie der bürokratischen Struktur nur zu eigen.

c) In einer empirischen Studie über bürokratische Organisationen kommt CROZIER (1968) zu Folgerungen, die Webers zentraler These direkt zuwiderlaufen. CROZIER beschreibt das bürokratische Modell als eine Reihe relativ stabiler »circuli vitiosi . . . die von Zentralisierung und Unpersönlichkeit herrühren« (S. 283). Hauptcharakteristikum bürokratischer Systeme ist ihre Rigidität; solche Systeme sind unfähig, ihre eigenen Fehler zu korrigieren. »Die Rigidität bei der Aufgabendefinition, Aufgabenanordnung und im Netz der zwischenmenschlichen Beziehungen bedingt eine mangelhafte Kommunikation mit der Umwelt ebenso wie unter den verschiedenen Gruppen selber. Die sich ergebenden Schwierigkeiten führen nicht zu einer Anpassung des Organisationsmodells, sondern werden von einzelnen und Gruppen dazu benutzt, ihre Positionen im Machtkampf innerhalb der Organisation zu verbessern«. Die Ergebnisse von CROZIERS Studie hat SCHLUCHTER (1972) so zusammengefaßt: »Die Formalisierung der Autoritätsbeziehung mindert unter bestimmten Bedingungen rationales und effizientes Zusammenhandeln in einer Organisation« (S. 133). Einmal mindert der »starre Kompetenzrahmen und die Formalisierung der Befehls- und Kommunikationswege« (S. 138) die Flexibilität und Anpassungsfähigkeit des Systems. Sodann aber verhindern gruppenspezifische Interessen die Verwirklichung der Organisationsziele. Unter bestimmten Bedingungen transformieren sich bürokratische Organisationen in ein »Interessen- und Machtgefüge konkurrierender Systeme«, denen die Bewältigung der von ihnen selbst produzierten internen Probleme wichtiger ist als die Verwirklichung der Organisationsziele selbst. – Ein System unpersönlicher Regeln, die alle Funktionen jedes Einzelnen innerhalb der Organisation beherrschen und die Zentralisierung der Entscheidungen (Amtshierarchie) waren schon bei Weber Konstruktionselemente des *Idealtypus* bürokratischer Verwaltungen. Das Neue bei CROZIER aber ist, daß er eben diese Grundzüge benutzt, um den Nachweis zu erbringen, daß bürokratische Organisationen die angestrebte Verwaltungseffizienz gar nicht erreichen können.

Alle bisher referierten Einwände und Kritiken, sofern sie auf die Negation von Webers zentraler These der Leistungsüberlegenheit bürokratischer Systeme zielen, ließen sich im wesentlichen noch dadurch entkräften, daß Weber der bürokratischen Verwaltung ja gar nicht *absolute* Effizienz und Rationalität zuspricht, sondern ihr nur einen Rationalitäts*vorsprung* gegenüber allen anderen Organisationsformen in der Regulierung von *Alltagsaufgaben* einräumt. Insofern können die vorgetragenen Einwände als Ergänzungen, Verbesserungen, Spezifizierung der Anwendungsbedingungen ihren Platz noch innerhalb von Webers Modell finden. Eine tiefer ansetzende Kritik an Webers Analyse des Verwaltungsvollzuges moderner bürgerlicher Staaten, die den Funktionswandel staatlicher Verwaltung im Übergang des Gesellschaftssystems zum »Spätkapitalismus« berücksichtigen will, hat OFFE (1974) vorgetragen. Offe knüpft zunächst an das bekannte Argument an, daß das Handeln der Verwaltungsstäbe in »entwikkelten kapitalistischen Wohlfahrtsstaaten« unter dem Gesichtspunkt der unverfälschten Anwendung abstrakter Regeln nicht zureichend erfaßt werden kann. In Webers Modell würden der bürokratischen Verwaltung ihre eigenen Prämissen – die Regeln, nach denen sie verwaltet – nicht zum

»Thema«. Die Rationalität der bürokratischen Verwaltung besteht in der Subsumtion bürokratischen Handelns unter allgemeine Regeln; »dieser Rationalitätstypus unverfälschter Normanwendung kommt durch die vollkommene Disjunktion zwischen den Handlungsprämissen einerseits und dem Apparat, der sie vollzieht, andererseits, zustande« (S. 334). Eine in diesem Sinne rationale Verwaltung muß jedoch nicht in dem Sinne rational sein, daß sie »den funktionalen Erfordernissen und Bedürfnissen einer Gesellschaft, insofern sie durch staatliche Verwaltung erfüllt werden müssen, Genüge tut.« (ebd.) Offe hält nun Weber vor, daß er beide Rationalitätskriterien (Rationalität als unverfälschte Normanwendung und als Funktionsadäquanz) nicht ausreichend unterschieden habe. Rationalität im Sinne der Subsumtion bürokratischen Handelns unter allgemeine Regeln und die Rationalität des politisch administrativen Systems im Sinne der Angepaßtheit an funktionale Erforderisse der gesellschaftlichen Umwelt stimmen nicht ohne weiteres überein. »Bürokratische Rationalität verbürgt nicht, sondern konterkariert unter Bedingungen wie denen des entwickelten kapitalistischen Wohlfahrtsstaates politische Systemrationalität ... Kongruent sind beide Rationalitätskriterien nur unter gesellschaftlichen Bedingungen, unter denen die im höchsten Maße unverfälschte Anwendung abstrakter Regeln ausreicht, zugleich die an das Subsystem der staatlichen Verwaltung gerichteten gesellschaftlichen Forderungen zu erfüllen« (S. 334 f.). Die geschilderte Trennung von Politik und Verwaltung trifft nun, so Offe, für die Ordnungsaufgaben, die eine sozialstaatliche Verwaltungspolitik zu bewältigen hat, nicht mehr zu. Genau umgekehrt wie in Webers Modell, wo Entscheidungen der Behörde durch Regeln als Prämissen eindeutig festgelegt sind, beschaffen sich jetzt die Behörden die Ressourcen, zu denen auch Rechtsregeln gehören, die für die Erreichung ganz bestimmter und konkreter, von der Verwaltung projektierter Ergebnisse erforderlich sind. Damit werden die Rechtsnormen, bisher unangetastete Voraussetzung für das Verwaltungshandeln, unter dem Gesichtspunkt ihrer Eignung für konkrete Aufgaben disponibel. Die Konjunkturabhängigkeit des Steuerrechts ist für das auf den Kopf gestellte Verhältnis von Regel und Verwaltungsvollzug nur ein drastisches Beispiel.

Wir können an dieser Stelle den neuen Problemen, die auf die »sozialstaatliche Verwaltungspolitik« zukommen, nicht nachgehen. Für unsere Zwecke ist die Frage wichtiger, ob Webers Bürokratiemodell durch den vermuteten neuen Typus staatlichen Handelns völlig aus dem Sattel geworfen ist. Zunächst einmal ließe sich die Frage stellen, wie neu eigentlich der neue Typus staatlichen Handelns tatsächlich ist; Weber selbst war er nicht fremd: in die Schilderung des bürokratischen Modells schließt Weber die Tendenzen ein, die – in seiner Sprache – in Richtung einer Aufhebung der Trennung von formaler und materialer Rationalität der bürokratischen

Verwaltung wirken. Thema der »Rechtssoziologie« ist ja gerade die Auflösung des Rechtsformalismus (vgl. WG 130). Sodann bleiben weite Bereiche traditioneller Verwaltungstätigkeit bestehen. Und schließlich ist die Gesetzmäßigkeit der Verwaltungsvollzüge in einem formalen Sinne auch dort nicht aufgehoben, wo die Verwaltung ihrerseits sich die für sie erforderlichen Regeln erst beschaffen muß. Webers prinzipielle, universalhistorisch gemeinte Alternative: entweder persönliche Herrrschaft, sei es, daß sie auf außergewöhnlichen persönlichen Qualitäten des Führers oder auf geltenden Traditionen beruht, oder Herrschaft des Gesetzes, ist mit der Konstatierung eines Typus staatlichen Handelns, für den die angenommene Trennung von Politik und Verwaltung nicht mehr gelten soll, noch nicht prinzipiell bestritten.

§ 5. Webers These des Rationalitätsvorsprungs der bürokratischen Verwaltung kann man dadurch in Frage stellen, daß man die sachlichen, sozialen und historischen Voraussetzungen präzisiert, unter denen sie Gültigkeit beansprucht (§ 4). Ein anderer, von Weber selbst beschrittener Weg, bürokratische Herrschaft zu kritisieren, ist, nach der Verbindung abstrakter Regelhaftigkeit der Amtsführung mit materiellen Interessen zu fragen. Die bürokratische Verwaltung arbeitet zwar »ohne Ansehen der Person«, wenn das heißt, ohne Ansehen der Einzelpersonen; aber sie arbeitet durchaus nicht »ohne Ansehen« sozialer Klassen. Entscheidend ist dabei, daß die Ungleichheit der Amtsführung gegenüber sozialen Klassen nicht erst dadurch zustande kommt, daß es bestimmten Gruppen gelingt, auf die Akte bürokratischer Verwaltung Einfluß zu nehmen oder sie als ganze in die Hand zu bekommen. Entscheidend ist vielmehr, daß *in* der Abstraktion von materialen Prinzipien der »ethischen Billigkeit, Gerechtigkeit oder utilitarischen Zweckmäßigkeit« (WG 130) die Beförderung bestimmter materieller Interessen beschlossen liegt. Eine solche Argumentation würde zwar nicht die These der Leistungsüberlegenheit der bürokratischen Verwaltung erschüttern können, sondern die Kritik an ihr so führen, daß die sozialen Implikationen und Folgen bürokratischer Verwaltung reflektiert werden. Als Einwand gegen die Webersche Soziologie insgesamt läßt sich eine solche Argumentation nur bedingt gebrauchen, da Weber selbst den Sachverhalt der Selektion bestimmter Interessen durch die formale Rationalität der Amtsführung hervorgehoben hat. An einer formalen Rechtsordnung, so Weber, sind vor allem die »Marktmacht-Interessenten« interessiert. »In ihrem Interesse vornehmlich liegt insbesondere die Schaffung von ›Ermächtigungsrechtssätzen‹, welche Schemata von gültigen Vereinbarungen schaffen, die bei formaler Freiheit der Benutzung durch alle doch tatsächlich nur den Besitzenden zugänglich sind und also im Erfolg *deren und nur deren* (Herv. d. Verf.) Autonomie und Machtstellung stützen« (WG 439). Dagegen ist »den besitzlosen Massen mit einer formalen ›Rechtsgleichheit‹ und einer ›kalkulierbaren‹ Rechtsfindung und Verwaltung, wie sie die ›bürgerlichen‹ Interessen fordern, nicht gedient. Für sie haben naturgemäß Recht und Verwaltung im Dienst des Ausgleichs der ökonomischen und sozialen Lebenschancen gegenüber den Besitzenden zu stehen, und diese Funktion können sie allerdings nur dann versehen, wenn sie weitgehend einen unformalen, weil inhaltlich ›ethischen‹ . . . Charakter annehmen« (WG 565). Zum Nachweis des »Klassencharakters« der bürokratischen Verwaltung bedarf es also keiner eigens zu diesem Zweck aufgebauten Einflußtheoreme; vielmehr läßt sich dieser Charakter bereits auf der Ebene der Struktur festmachen. Bis zu diesem Punkt würde die Webersche Soziologie mit einer gerade im Horizont der marxistischen Theorie führbaren Kritik an einer bestimmte Klasseninteressen bevorzugenden bürokratischen Verwaltung konform gehen. Eine andere Frage ist, ob eine Kritik an der »Bürgerlichkeit« der bürokratischen Verwaltung noch eine Stufe prinzipieller geführt werden kann; so nämlich, daß die Existenz bürokratischer Verwaltung auf den Kapitalismus als letzte Ursache zurückgeführt wird und demnach mit dem Verschwinden des Kapitalismus auch der Boden für das Entstehen des bürokratischen Phänomens verschwinden würde. Weber hat die Letztursachlichkeit des Kapitalismus für das Entstehen bürokratischer Verwaltung bestritten. Zwar entsteht bürokratische Herrschaft zusammen mit dem Kapitalismus, aber sie vergeht nicht mit ihm. Wir kommen auf diese Frage der Abkünftigkeit des bürokratischen Phänomens aus der kapitalistischen Produktionsweise im letzten Kapitel nochmals zurück.

Erläuterungen und Zusätze

1. In der Soziologie wird gewöhnlich zwischen Bürokratie als Struktur und Bürokratisierung als Prozeß unterschieden. Auf Bürokratisierung als Prozeß gehen wir im 44. Kap. näher ein.
2. An die Eigenschaft des Verwaltungsstabs, *Mittel* der Herrschaft zu sein (vgl. u. a. WG 822f.) können sich zwei mögliche Entwicklungen anknüpfen:
   a) der Verwaltungsstab ist bereit, »für jeden zu arbeiten, der sich der Herrschaft über ihn einmal zu bemächtigen gewußt hat« (WG 570);
   b) die Verkehrung des Mittels zum Zweck oder die Verselbständigung des Verwaltungsstabs sowohl gegenüber dem Herrn wie den Beherrschten; sie ist z. B. von Engels wiederholt als Argument im Rahmen einer »Staatsableitung« benutzt worden. Da in diesem Abschnitt nur die »rein herrschaftliche Struktur des Verwaltungsstabes . . . idealtypisch analysiert werden soll« (WG 126) gehen wir auf die unter (a) und (b) genannten Entwicklungsmöglichkeiten nicht näher ein.
3. Eine frühe Arbeit über das Phänomen bürokratischer Herrschaft bildet der Aufsatz Mohls (1846). Die bekanntesten Stellen über bürokratische Herrschaft aus Marx Werk finden sich: MEW 1/242ff., MEW 17/538ff., 591ff. Marx/Engels limitieren den Bürokratiebegriff auf die staatliche Verwaltung. Die Bürokratie entsteht mit der Trennung von Staat und Gesellschaft. In ihr werden die gemeinsamen Interessen der Individuen ihrer Selbsttätigkeit entrissen und als allgemeines Inter-

esse, getrennt von den besonderen Interessen, im Staat als einer der Gesellschaft entfremdeten Instanz organisiert. Die Grundzüge der in Webers Bürokratiemodell zusammengefaßten bürokratischen Struktur: Formalismus der bürokratischen Herrschaft, Zentralisierung der Entscheidungsgewalt, hierarchischer Aufbau der Behörden, feste Anstellung der Beamten etc. sind Marx und Engels bekannt. Ebenso können die wesentlichen Merkmale der bürokratischen Struktur in der von Marx kritisierten Hegelschen Rechtsphilosophie aufgefunden werden. Vgl. HEGEL (1970) bes. §§ 287–297.

4. Daß sich die gesellschaftliche Entwicklung durch die zunehmende Rolle, die formalen Organisationen zukommt, beschreiben läßt, soll als Faktum nicht bestritten werden. Anders steht es aber mit den Interpretationen, die sich auf dieses Faktum stützen, seien es nun Modernisierungstheoreme oder Konvergenztheorien. Mit der Behauptung eines objektiven Funktionszuwachses formaler Organisationen pflichten wir weder dem einen noch dem anderen Theorem bei. Weber selbst hat in der Tat eine solche Konvergenztheorie bezüglich der Identität bürokratischer Herrschaft im Kapitalismus und Sozialismus vertreten (vgl. WG 129). Auf den Zusammenhang von kapitalistischer Produktionsweise und bürokratischer Herrschaft und den möglichen Funktionswandel der letzteren in einer sozialistischen Gesellschaftsformation kommen wir im 44. Kapitel zu sprechen.
5. Einen ersten Überblick über die Thematik der Bürokratieforschung bietet der schmale Band von BLAU (1956, 17. Auflage 1968). Wichtige *Sammelbände* zum Thema sind: MERTON, GRAY, HOCKEY (eds.) (1952), MAYNTZ (1968). SCHLUCHTER (1972) versucht, aus Schriften von Marx, Engels und Lenin eine marxistische Theorie bürokratischer Herrschaft herauszulesen und vergleicht sie anschließend (Kap. 3) mit dem Ansatz Max Webers. Für die Organisationssoziologie vgl. die Arbeiten von MAYNTZ (1963), LUHMANN (1964), ETZIONI (1967).
6. Um Mißverständnissen, die zu einer fehlerhaften Kritik am handlungstheoretischen Ansatz führen können, den Weg zu verlegen, sei nachdrücklich daran erinnert, daß die Rede von Strukturen keineswegs jenseits der Möglichkeit der Handlungstheorie liegt. Unter Struktur kann sie z. B. in Anklang an systemtheoretische Vorstellungen einfach die Elemente eines Systems (Handlungen) und die Art und Weise wie sie zusammenhängen, oder das Wertesystem einer Gesellschaft verstehen.
7. »Es gibt, so groß die Vielzahl struktureller Formen großer und zweckgerichteter Sozialgebilde auch sein mag, letztlich nur eine kleine Zahl von organisatorischen Grundmodellen, wobei der Gegensatz zwischen dem genossenschaftlich-demokratischen und dem hierarchisch-monokratischen besonders augenfällig ist. Das hierarchisch-monokratische Modell wurde als Bürokratie historische Wirklichkeit« (MAYNTZ 1968, S. 13).
8. Webers Bürokratiebegriff ist seinem logischen Charakter nach keine *Beschreibung* der Organisationswirklichkeit, sondern eine idealtypische Konstruktion. »Das reale Handeln verläuft nur in seltenen Fällen . . . so, wie im Idealtypus konstruiert« (WG 4). Den logischen Charakter des Idealtypus: Bürokratie kann man sich am einfachsten durch einen Vergleich mit den idealtypischen Konstruktionen der ökonomischen Theorie verdeutlichen. Deren Annahmen z. B. über das ökonomisch-rationale Verhalten von Unternehmungen wollen ebenfalls nicht faktisches Verhalten beschreiben. Vielmehr stellen sie dar, »wie ein bestimmt geartetes

menschliches Handeln ablaufen *würde, wenn* es streng zweckrational, durch Irrtum und Affekt ungestört, und *wenn* es ferner ganz eindeutig nur an einem Zweck (Wirtschaft) orientiert wäre« (WG 4). Ebenso geben die einzelnen Merkmale des Weberschen Bürokratiebegriffs Antwort auf die Frage, »wie der Herrschaftsstaat im Falle legaler Herrschaft beschaffen sein müsse, um die wirksamste Herrschaftsausübung zu gewährleisten« (MAYNTZ 1968, S. 28). Allerdings ist der logische Status des Weberschen Bürokratiemodells umstritten. Die Auslegungen schwanken zwischen reinem Idealtypus und empirischer Generalisierung. BLAU (1962) bezeichnet ihn als Mischung von »conceptual scheme« und »set of hypotheses« (S. 27); vgl. HEMPEL (1965), JANOSKA-BENDL (1965).

9. N. LUHMANN hat die organisationssoziologische Kritik an Weber ins Grundsätzliche gewendet. Luhmann stellt die maßgebenden Prämissen des Weberschen Modells heraus: 1. das Zweck-Mittel Schema und 2. der Gedanke der »Befehlsautorität« (LUHMANN 1964, S. 132). Beide Prämissen sind über die Vorstellung der Herrschaft als generalisiertem Mittel der Willensübertragung verknüpft. »Sicher ist eines«, resümiert Luhmann, »daß die Begriffe Zweck und Mittel und die Begriffe Befehl und Gehorsam ihre axiomatische Stellung als definierende Grundbegriffe verloren haben (S. 133)«. Das soll nicht heißen, daß ihre Bedeutung theoretisch geleugnet würde; die »Bedenken richten sich vielmehr gegen die Überschätzung der Zweck/Mittel-Orientierung als Strukturgesetz sozialer Systeme« (S. 134) und dagegen, daß der Befehl als »Strukturkategorie viel zu einfach (ist), um den komplexen Voraussetzungen der Erhaltung und Rationalisierung eines sozialen Systems genügen zu können.« (S. 146). Sowohl in dem Begriffspaar: Zweck-Mittel wie in dem Paar: Befehl-Gehorsam erblickt LUHMANN die Vorstellung »einfacher, linearer Kausalität von der Art: A bewirkt B. Sie reichen als Denkmittel zur Erfassung hochkomplexer Vorgänge wie der Bedingungen faktischen menschlichen Verhaltens in großen Organisationen nicht aus« (S. 147). Die Unzulänglichkeit einfacher Kausalbeziehungen zur Erfassung komplexer Systeme motiviert dazu, die am Kausalbegriff orientierte klassische Organisationslehre Webers in eine »komplexer angelegte funktionale Theorie umweltoffener Systeme« (S. 158) zu überführen.

Fragen zur Diskussion:

1. Bedarf jede Herrschaft eines Verwaltungsstabs? (vgl. WG 29, 123)
2. Ist die legale Herrschaft mit bürokratischem Verwaltungsstab die einzige Form legaler Herrschaft? (vgl. WG 126, WL 477)
3. Was verstehen Sie unter »soziologischer Struktur« des Verwaltungsstabs?
4. Was kennzeichnet die ›soziologische‹ Struktur des bürokratischen Verwaltungsstabs?
5. Welche Einwände gibt es gegen Webers These der eindeutigen Leistungsüberlegenheit bürokratischer Verwaltungen?
6. Sind nach Ihrer Auffassung kollegiale Organe weniger effizient als eine monokratische Verwaltung?
7. Diskutieren Sie die These: Weber analysiert die bürokratische Struktur nur »organisationsintern« und abstrahiert von dem Verhältnis des Herrn und seines Verwaltungsstabs zu den Beherrschten.

43. Kapitel: Bürokratische Herrschaft und demokratische Regierungsform

Lernziele

In diesem Kapitel sollen Sie die verschiedenen Bedeutungen des Demokratiebegriffes kennenlernen und mit den organisatorischen Möglichkeiten und sozialen Implikationen, eine Minimierung der Herrschaft zu erreichen, vertraut werden. Sodann soll gezeigt werden, daß und wie Weber nicht unter Berufung auf »demokratische Grundwerte«, sondern in Bezug auf die Existenz bürokratischer Herrschaft Möglichkeit und Funktionen bestimmter Formen demokratischer Willensbildung (parlamentarisches Regierungssystem und Wahl) erörtert. Nicht nur die Mängel von Webers Demokratietheorie (Reduktion des Demokratiebegriffs auf ein Ausleseverfahren der Führer), sondern auch ihre im Vergleich zu apologetischer Schriftstellerei unleugbar vorhandenen Vorteile (Nüchternheitspathos, Realitätsnähe) sollen dabei zur Sprache kommen.

Textgrundlage

WG Teil I, Kap. 3, §§ 14–17, 19–22.
WG Teil II, Kap. IX, Abschnitt 1, § 2.
WG Teil II, Kap. IX, Abschnitt 8, §§ 3, 5, u. 6.

§ 1. Wir haben im letzten Kapitel die Grundzüge der bürokratischen Struktur skizziert und Webers These diskutiert, daß im Blick auf die »Präzision des Funktionierens« (WG 166) die bürokratisch-monokratische Verwaltung allen anderen Organisationsformen der politischen Herrschaft eindeutig überlegen sei. Die Diskussion dieser These haben wir nicht auf eine Überprüfung ihrer organisationsinternen Stimmigkeit beschränkt, sondern haben ihre gesamtgesellschaftlichen Implikationen in die Erörterungen miteinbezogen (42. Kap., § 5). An dieses Vorgehen können wir in diesem Kapitel anknüpfen. Wir verständigen uns zunächst über den Inhalt des Demokratiebegriffs und fragen

a) nach der Organisationsform von politischen Verbänden, in denen Herrschaft soweit wie möglich abgebaut ist;

b) nach den sozialen Voraussetzungen der Verwirklichung solcher Organisationsformen. Sodann müssen wir zeigen, wie die Existenz bürokratischer Herrschaft den neuen Bezugsrahmen für die Funktionsbestimmung demokratischer Formen der Willensbildung (parlamentarisches Regierungssystem und plebiszitäre Führerdemokratie) abgibt[1].

Der Demokratiebegriff besitzt eine große Variationsbreite (vgl. SP 494f.). Gleichwohl lassen sich zwei Kernbestandteile des Begriffs identifizieren:

1. »Herrschaftsminimierung«
2. »Gleichheit« der Beherrschten (vgl. WG 546).

ad 1) Demokratie im Wortsinne heißt: Herrschaft des Volkes. In der Idee der Volksherrschaft (Selbstbestimmung) liegt einerseits eine Kritik an Zuständen beschlossen, in denen offensichtlich immer andere als das Volk geherrscht haben. Andererseits ist die Verwirklichung dieser Idee mit einer Schwierigkeit behaftet: wie kann das Volk sich selbst regieren? Offensichtlich ist eine »direkte« Herrschaft, d. h. eine Herrschaft ohne Vermittlung eines gesonderten Verbandes, der die Herrschaft ausübt, ab einer bestimmten Größe der Vergesellschaftung nur schwer vorstellbar. Dieser Schwierigkeit kann theoretisch dadurch begegnet werden, daß unter Volksherrschaft eine Herrschaft entsprechend dem Willen der Masse des Volkes verstanden wird[2]. Wenn schon nicht das Volk direkt herrscht, soll doch die Ausübung der Herrschaft an die Zustimmung der Beherrschten gebunden werden (Identität von Volkswille und Regierungswille). Einerseits scheint eine unmittelbare Identität von Herrschenden und Beherrschten in sozialen Gebilden ausgeschlossen. Die Herrschaftsfunktionen werden von einem von den Beherrschten unterscheidbaren Personenkreis ausgeübt. Andererseits gehört zum Kernbestand des Demokratiebegriffs gerade die »Identität« der Herrschaft mit den Beherrschten. Die aufbrechende Antinomie wird in der Demokratietheorie überbrückt mit dem Konzept der Herrschaftsminimierung durch »Beteiligung« (Partizipation)[3]. Wenn Demokratie auch nicht die direkte Volksherrschaft im Wortsinne zum Inhalt haben kann, dann doch die möglichst direkte Herrschaft durch »Zunahme des aktiven Anteils der Beherrschten an der Herrschaft innerhalb des betreffenden Sozialgebildes« (WG 568). Demokratisierung im Sinne der Herrschaftsminimierung durch Beteiligung ist keineswegs auf das politische System beschränkt, sondern bezeichnet eine universale, d. h. für alle gesellschaftlichen Lebensbereiche denkbare Organisationsform sozialer Beziehungen. Allerdings hat Weber selbst den Gedanken, »durch noch so ausgetüftelte Formen der Demokratie die Herrschaft des Menschen über den Menschen zu beseitigen« (Brief an MICHELS, zitiert nach MOMMSEN 1959, S. 392) als »Utopie« attackiert. Das Konzept der Herrschaftsminimierung durch Beteiligung hat er allenfalls in kleinen Verbänden für realisierbar gehalten. Darauf kommen wir im nächsten Paragraphen zurück.

ad 2) Der unverzichtbare Kern des im Demokratiebegriff enthaltenen Gleichheitspostulats ist die »Rechtsgleichheit der Beherrschten« (WG 568). Diese Rechtsgleichheit besagt an sich nur, daß »keine formelle Ungleichheit der politischen Rechte zwischen den einzelnen Klassen der Bevölkerung besteht« (SP 493). Über den Umfang der politischen Rechte ist damit noch nichts gesagt. Der Minimalbestand in »modernen Gesellschaften« ist das an die Stelle des ständisch gegliederten Wahlrechts getretene allgemeine Wahlrecht. »Das gleiche Wahlrecht bedeutet zunächst schlechterdings nichts anderes als: daß an diesem Punkt des sozialen Lebens der Einzelne einmal *nicht*, wie sonst überall, nach seiner Besonderung in beruflichen und familienhaften Stellungen und nach den Verschiedenheiten seiner materiallen oder sozialen Lage in Betracht kommt, sondern eben nur: als Staatsbürger« (PS 254; vgl. oben Kap. 33 u. 34). Weber grenzt politische Gleichheit pointiert gegen den Gedanken einer natürlichen oder sozialen Gleichheit der Menschen ab: das allgemeine Wahlrecht hat mit »einer Theorie von irgendeiner natürlichen Gleichheit der Menschen . . . nicht das Geringste zu schaffen. Seinem Sinne nach ist es . . . ein gewisses Gegengewicht gegen die in keinerlei natürlichen Unterschieden begründeten sozialen Ungleichheiten« (ebd., vgl. 176f.). Gleichwohl weiß Weber, daß mit demokratischen Forderungen auch der Gedanke der Einebnung von durch ständische Privilegierung geschaffenen sozialen Ungleichheiten und die Beseitigung der aus der Verschiedenheit der »Klassenlage«[4] resultierenden Ungleichheit der »Lebenschancen« verknüpft ist (vgl. WG 129f., 567ff.).

§ 2. a) Politische Verbände sind nach Weber unvermeidlich Herrschaftsverbände (vgl. oben Kap. 40 dieses Teils und WG 29). Insofern ist die restlose Abschaffung der Herrschaft von Menschen über Menschen eine widersprüchliche Forderung. Zur Führung einer Verwaltung müssen immer »irgendwelche Befehlsgewalten in irgendjemandes Hand gelegt sein« (WG 546). Weil politische Verbände u. a. durch die Existenz einer Verbandsordnung, eines Leiters (gleich ob Einzelpersonen oder Kollegium) und eines Verwaltungsstabs gekennzeichnet sind, und daher ein Minimum maßgeblicher Befehlsgewalt, also Herrschaft, dem Leiter und seinem Verwaltungsstab eingeräumt werden muß (vgl. WG 124), kann nur die Reduzierung der Herrschaft auf dieses Minimum, nicht ihre Abschaffung, Gegenstand organisatorischer Regelungen werden. Jenen Organisationstypus von Verwaltungen, in denen die mit »Vollzugsfunktionen verbundenen Herrschaftsgewalten« (WG 169) auf ein Minimum reduziert sind, nennt Weber »unmittelbare Demokratie« (WG 170). Herrschaft enthält sie »nur im Keime« (WG 548). Ihr fundamentales Organisationsprinzip ist die »effektive Genossenversammlung« (WG 170); d. h., der Verwaltungsstab fungiert nur »nach Maßgabe des Willens, im ›Dienst‹ und kraft Vollmacht der Verbandsgenossen« (WG 169). Die »üblichen technischen Mittel«, den gewünschten Effekt der Herrschaftsminimierung durch Bindung des Verwaltungsstabs an die Genossenversammlung zu erreichen sind laut Weber: Kurze Amtsfristen, jederzeitiges Abberufungsrecht, Turnus- oder Losprinzip bei der Besetzung der Ämter, streng imperatives Mandat, Beschränkung auf Routineaufgaben und Nebenberufscharakter des Amtes (WG 169). Eine Erörterung der Wirksamkeit dieser Mittel ersparen wir uns an dieser Stelle. Auch übergehen wir ihre geschichtliche und politiktheoretische Einordnung, so wichtig und bedeutsam beides gerade auch im Blick auf aktuelle Diskussionen wäre. Wir streifen nur zwei Punkte:

1. Ob Wahl *sämtlicher* Mitglieder des Verwaltungsstabs für eine effektive Kontrolle erforderlich ist, kann bezweifelt werden. Wahl sämtlicher »Beamten« und Wahl allein des »Führers« sind die Extreme, zwischen denen eine Kontrolle angesiedelt sein wird, die sowohl wirksam als auch realisierbar erscheint. Wahl aller Beamten als »unfehlbares Mittel«, die Verwandlung der Staatsorgane »aus Dienern der Gesellschaft in Herren der Gesellschaft« zu verhindern, empfehlen auch Marx und Engels (vgl. oben 39. Kap.).

2. Weber unterscheidet streng zwischen der in Rätedemokratien (u. a.) geltenden »gebundenen Repräsentation« (= imperativen Mandat) und der für parlamentarische Systeme typischen »freien Repräsentation« (vgl. oben Kapitel 36, Zusatz 1). Bei letzterer ist der Repräsentant an »keine Instruktion gebunden, sondern Eigenherr über sein Verhalten«. Dieser »sinngemäße Inhalt der Wahl« führt bezeichnenderweise dazu, daß der Repräsentant »der von den Wählern erkorene Herr derselben, nicht: ihr ›Diener‹ ist« (WG 172).

b) Weber zufolge ist das System der unmittelbaren Demokratie schon aus *technischen* Gründen nur in »kleinen Verbänden« oder in »einem Kleinstaat« möglich (vgl. WG 169f., PS 277 u. ö.). Als Beispiel für kleine politische Verbände erwähnt Weber kommunale Verbände oder die Schweizer Kantone[5]. Den Gegensatz zu den Kleinstaaten bilden der »Massenstaat« oder die »Massendemokratien«. Die Kleinheit der Verbände, in denen allein unmittelbare Demokratie möglich sein soll, besteht in lokaler und persönlicher Hinsicht: sowohl von der örtlichen Erstreckung wie von der Anzahl der Verbandsmitglieder her sind einer »effektiven« Genossenversammlung Grenzen gesetzt. Weitere Voraussetzungen für die Durchführung demokratischer Verwaltung sind u. a. die geringe soziale Differenzierung der Verbandsmitglieder sowie »relativ einfache und stabile Aufgaben« (WG 546). Geringe soziale Differenzierung ist hauptsächlich deswegen erforderlich, weil ansonsten die Besitzenden aufgrund ihrer »Abkömmlichkeit« die »Verwaltungsfunktionen in die Hände bekommen« (WG 546); ferner aber, weil eine unmittelbar demokratische Verwaltung auf der »Voraussetzung prinzipiell gleicher Qualifikationen aller zur Führung der gemeinsamen Geschäfte beruht« (WG 546), eine Differenzierung der sozialen Lage aber eine Differenzierung in der Eignung befördert.

Webers Argumente betreffend die technischen und sozialen Voraussetzungen der Einführung einer unmittelbar demokratischen Verwaltung leuchten ein, wenn man als unverzichtbaren Kern der unmittelbaren Demokratie die Versammlung aller Genossen als Entscheidungsinstanz ansieht. Technische oder ›funktionale‹ Argumente (Größe der Versammlung, Komplexität der zur Entscheidung stehenden Fragen) sprechen eindeutig gegen die Verwaltung von »Großflächenstaaten« durch die Versammlung aller Genossen. Anders steht es jedoch bereits bei dem aus dem Erfordernis geringer sozialer Differenzierung abgeleiteten Argument gegen die Einführung unmittelbarer Demokratie: große Verbände besitzen keineswegs zwangsläufig auch eine große soziale Differenzierung. Vor allem ist Webers These kritisierbar, die Bürokratisierung sei der »unentrinnbare Schatten der Massendemokratie« (WG 130) derart, daß große politische Verbände nur die Wahl hätten zwischen einer reinen oder einer durch Parlamente kontrollierten Beamtenherrschaft. Die Rätedemokratie als Alternative, die ebenfalls wie das parlamentarische System ein Repräsentativsystem ist, jedoch im Unterschied zu letzterer mit »gebundener«, nicht »freier« Repräsentation, erwähnt Weber nur en passant. Die gebundene Repräsentation (das imperative Mandat also) bilde in ihr ein »Surrogat« (WG 172) für die in »Massenverbänden unmögliche unmittelbare Demokratie.«

§ 3. Wir wir gesehen haben, bildet die Theorie der bürokratischen Herrschaft das Zentrum der Weberschen »Staatssoziologie«. Die Unvermeidlichkeit einer »rationalen, arbeitsteiligen, fachgemäßen bürokratischen Organisation aller menschlichen Herrschaftsverbände« (WG 834) bildet zugleich den Bezugspunkt, auf den hin Weber die Möglichkeiten demokratischer Formen der Willensbildung diskutiert. Mit der Wahl der bürokratischen Struktur als Bezugspunkt einer Demokratie-Theorie[6] ist zugleich ein negatives Urteil über die normative Begründung demokratischer Formen der Willensbildung aus sog. »demokratischen Grundwerten« gefällt. Die klassische oder naturrrechtliche Demokratie-Theorie hat in der Demokratie die Verwirklichung der Selbstbestimmung (Selbstherrschaft) des Volkes erblickt. Dies sollte der Theorie zufolge dadurch geschehen, daß gewählte Vertreter in freier Diskussion den vernünftigen Volkswillen in allen politischen Fragen zur Geltung bringen. Diese »naturrechtliche« Begründung der Demokratie hielt Weber für »altes Eisen, das keine tragfähige Basis für eine moderne Staatslehre mehr abgeben könne« (MOMMSEN 1959, S. 390). Nicht, daß Weber die in den bürgerlichen Revolutionen des 18. Jahrhunderts formulierten Menschen- und Bürgerrechte umstandslos preisgegeben hätte: er ist jedoch der Auffassung, daß die Möglichkeiten der demokratischen Willensbildung von sozialen Gegebenheiten und Prozessen – wie der Existenz von Großflächenstaaten und dem fortschreitenden Bürokratisierungsprozeß – und nicht von Idealen abhängen. Weber sieht sehr genau, daß kontrafaktische demokratische Ideale wie die Selbstherrschaft des Volkes angesichts der bestehenden Verhältnisse leicht in Ideologie umschlagen, die die Funktion besitzt, die Zustimmung der Beherrschten zur Herrschaft zu erzeugen. Daher zieht er es vor, die »klassische« demokratische Lehre durch eine Konstruktion zu ersetzen, die den Vorteil besitzt, faktische Abläufe der politischen Willensbildung in »Massendemokratien« besser erklären zu können.

Im Ausgang von der Theorie bürokratischer Herrschaft als neuem Bezugsrahmen für die Analyse und Funktionsbestimmung demokratischer Willensbildungsprozesse lassen sich die Grundlinien der Weberschen Demokratietheorie leicht nachzeichnen. Die Einzelheiten können in den für dieses Kapitel angegebenen Texten (bes. WG Teil II, Kap. IX, Abschnitt 8, § 5) nachgelesen werden. Wir geben hier nur knappe Andeutungen[7].

a) Weber erblickt im Parlament eine die Verwaltung kontrollierende und zugleich als Auslesestätte für politische Führer fungierende Körperschaft. In beiden Funktionen: als »Sozialisationsinstanz« der Führer und als Kontrollorgan der Beamtenherrschaft übernimmt das Parlament Aufgaben der Eindämmung der Bürokratie. Weber denkt das Parlament als eine zweckhaft eingerichtete Organisation, deren Ziel es ist, die bei Lage der Dinge optimale Auslesestätte für Führer zu gewährleisten (WG 856) und, mittels des Enquetenrechts, die Bürokratie wirksam zu kontrollieren. In dieser Funktionsbestimmung folgt Weber einem klassischen liberalen Denkmuster, eine Chance für die Freiheit des Individuums nur in dem Maße gegeben zu sehen, als jeder sozialen Macht eine Gegenmacht entgegengestellt wird. »Angesichts der Grundtatsachen des unaufhaltsamen Vormarsches der Bürokratisierung kann die Frage nach den künftigen politischen Organisationsformen überhaupt nur so gestellt werden: . . . wie kann . . . irgendwelche Gewähr dafür geboten werden, daß Mächte vorhanden sind, welche die ungeheure Übermacht dieser an Bedeutung stets wachsenden Schicht in Schranken halten und sie wirksam kontrollieren? Wie wird Demokratie auch nur in diesem beschränkten Sinn überhaupt möglich sein?« (WG 836). Eine ausufernde Bürokratie kann nur dadurch in Schranken gehalten werden, daß einmal eine Kontrollinstanz als Gegengewicht geschaffen wird, zum anderen aber an der Spitze der Verwaltung »nichtbürokratische Elemente« (vgl. WG 127) stehen, die die Befehlsgewalt über den bürokratischen Apparat besitzen. Beide Aufgaben kann Weber zufolge optimal nur das parlamentarische System (worunter im engeren Sinn ein System verstanden wird, in dem die Verwaltungsleiter aus der Mitte des Parlaments entnommen werden, vgl. WG 851) leisten. Allerdings diskutiert Weber den Funktionsvorteil des Parlamentarismus nur im Vergleich zu bürokratischen Systemen ohne Parlamentskontrolle einerseits und zu Präsidialsystemen (Hauptbeispiel die USA) andererseits. Um ein Überwuchern aller sozialen Beziehungen mit bürokratischen Organisationsformen zu verhindern, bedarf es natürlich auch organisatorischer Vorkehrungen; auf dem Gebiet des staatlich politischen Betriebes vor allem: der strikten Trennung von Politik und Verwaltung. Aber diese organisatorischen Vorkehrungen dienen nur dazu, charismatischen Personen die Chance zur Leitung der Politik offenzuhalten. Auf ihrem Wirken beruhen Webers Hoffnungen, jene drohende Gefahr der Einrichtung eines lückenlosen »Gehäuses der

Hörigkeit« nocht entgehen zu können. Auch hierin – der Gegenüberstellung von Apparat und Person – bleibt Weber ebenso wie bei dem Postulat einer Trennung von Politik und Verwaltung in dem liberalen Denkmuster befangen, daß die eigentlichen Gegengewichte zur Herrschaft der Bürokratie nicht geänderte Organisationsstrukturen – da es auf der Ebene der Organisation keine Alternative zur Bürokratie gibt –, sondern große Individuen, seien es leitende Politiker oder kapitalistische Unternehmer (vgl. WG 129) bilden sollen.

b) In Massendemokratien mit allgemeinem Wahlrecht verwandelt sich zwangsläufig der Charakter der Wahl: sie nimmt den Charakter einer »bloßen Form« (WG 667) an – bei Verlust ihrer ursprünglichen Bedeutung, daß die Legitimität der Herrschaft auf der Zustimmung der Beherrschten beruhen müsse (demokratische Legitimität, WG 156) – und wird ihrem Sinn nach zu einer plebiszitären Führerbestellung durch das Volk. Was das Verhältnis des Volks zu seinen Repräsentanten betrifft, so läßt sich nur bei »rücksichtsloser Durchführung der Prinzipien der unmittelbaren Demokratie verhindern, daß aus dem Abgeordneten als »Diener« seiner Wähler der »gekürte Herr« wird (WG 666, vgl. 172). Gegenüber dem Volk rücken die »Repräsentanten« in die Position des »Herren« ein; dagegen bilden sie im Verhältnis zum Führer dessen Gefolgschaft. Aber nicht nur, daß sich das Parlament gegenüber dem »Volk« verselbständigt; auch das Verhältnis von Parlament und aus diesem hervorgehender Spitze der Exekutive verkehrt sich: »Die ganze breite Masse der Deputierten fungiert nur als Gefolgschaft für den oder die wenigen ›leader‹, welche das Kabinett bilden und gehorcht ihnen blind solange sie Erfolg haben« (WG 853, vgl. WG 856 u. PS 532 u. ö.). Als Gründe für diesen »cäsaristischen Einschlag in Massenstaaten« (WG 853) führt Weber an:

1. »das Prinzip der kleinen Zahl, d. h. die überlegene Manövrierfähigkeit kleiner führender Gruppen« (ebd.) und 2. den Sachverhalt, daß sich gerade bei steigender Komplexität der Gesellschaft niemand über alle Fragen eine relevante Meinung bilden könne. Daher liegen in Massenstaaten die Entscheidungskompetenzen nicht bei der »effektiven Genossenversammlung« und auch nicht bei dem Parlament als Vertretungskörperschaft, sondern die Befugnis zur Entscheidung konzentriert sich im politischen Führer, der auf dem »Wahlschlachtfeld« um eben diese Befugnis zur Entscheidung nachsucht (vgl. PS 518). Wahlen haben lediglich noch die Funktion, zwischen konkurrierenden Führungsgarnituren eine Auswahl zu treffen; die politische Beteiligung der Masse schrumpft auf periodische Akklamation der Führer zusammen. Die »Bedeutung der aktiven *Massendemokratisierung* ist, daß der politische Führer . . . das Vertrauen und den Glauben der Massen an sich und also seine Macht mit massendemagogischen Mitteln gewinnt. Dem Wesen der Sache nach bedeutet dies eine *cäsaristische* Führer-

auslese. Und in der Tat neigt jede Demokratie dazu.« (WG 862). Der skizzierte Funktionswandel der Wahl und die Ausbildung der plebiszitären Führerdemokratie ist schließlich unabhängig davon, ob das Volk die Verwaltungsleiter direkt bestellt (Präsidialsystem nach amerikanischem Vorbild), oder ob parlamentarische Instanzen dazwischen geschaltet sind[8].

Erläuterungen und Zusätze

1. Das Thema Bürokratie und Demokratie ist in der organisationssoziologischen Literatur bezeichnenderweise stiefmütterlich behandelt worden. Nach Mayntz (1968) existiert kein Beitrag, der »die verschiedenen Aspekte des Themas Bürokratie und Demokratie zusammenfaßt und dabei die gesamtgesellschaftliche mit der organisationsinternen Perspektive kombiniert. Das Fehlen eines solchen Beitrags, in dem nach den Möglichkeiten, gesellschaftlichen und organisatorischen Voraussetzungen und den Konsequenzen einer Abwandlung bürokratischer Strukturen in demokratische Richtung gefragt wird, bildet nach Ansicht von Mayntz eine »empfindliche Lücke« (S. 23). – Demokratische Strukturen bewirken nicht nur »unter Umständen sehr fühlbare Durchbrechungen und Hemmungen der bürokratischen Organisation« (WG 572). Sofern unter Demokratisierung die zumindest relative Einebnung ökonomischer und sozialer Unterschiede verstanden wird, befördert sie den Prozeß der Bürokratisierung. Die abstrakte Regelhaftigkeit der Herrschaftsausübung als »charakteristisches Prinzip der Bürokratie« folgt, so Weber, schon aus dem »Verlangen nach ›Rechtsgleichheit‹ im persönlichen und sachlichen Sinn, also: aus der Perhorreszierung des ›Privilegs‹ . . .« (vgl. insgesamt WG 567–572).
2. Zur Formel: Demokratie ist »Herrschaft durch das Volk und für das Volk« vgl. auch Marx unter Berufung auf Lincoln (MEW 17/347).
3. Zum Begriff der »Beteiligung« vgl. Habermas (1961). Reiches Material über Möglichkeiten und Formen der Demokratisierung im Sinne von Beteiligung bietet die inzwischen durch das Hochschulrahmengesetz beendete Demokratisierungsdebatte an den Hochschulen und der Streit um die von den Gewerkschaften erstrebte Mitbestimmung der Arbeitnehmer in den Aufsichtsräten von Unternehmungen.
4. Zu Webers Klassenbegriff vgl. WG 177f. – Im Kern der Kritik der sozialistischen Theorie an der bürgerlichen Demokratie steht die Aufdeckung der für diese fundamentalen Differenz zwischen politischer und sozialer Gleichheit. Vgl. hierzu oben 35. Kapitel.
5. Über den Zusammenhang von Regierungsform und Staatsgröße handelt bereits Rousseau (1971) bes. 3. Buch, Kap. 1.
6. Als brauchbare Einführung in das Gebiet der Demokratietheorie empfehlen wir: Narr, Naschold (1971). Zu dem von Weber erstmals umfassend analysierten Funktionswandel demokratischer Institutionen vgl. Leibholz (1967) und Agnoli (1968).
7. Eine ausführlichere Analyse von Webers Begriff der plebiszitären Führerdemokratie findet sich in dem Aufsatz von Mommsen (1963).
8. Webers Demokratietheorie ist von Schumpeter aufgegriffen und in Richtung ei-

ner Reduktion des Demokratiebegriffes zu einem bloßen Verfahren fortgebildet worden. (1950, bes. S. 397ff.). Nicht dadurch ist ein politisches System demokratisch, daß es eine Herrschaft durch und für das Volk darstellt; der »modus procedendi« allein ermöglicht eine Entscheidung darüber, ob eine Regierungsform demokratisch genannt werden darf: »die demokratische Methode ist diejenige Ordnung der Institutionen zur Erreichung politischer Entscheidungen, bei welcher einzelne die Entscheidungsbefugnis vermittels eines Konkurrenzkampfes um die Stimmen des Volkes erwerben« (a.a.O. 428). Über SCHUMPETER hat Webers Theorie Eingang in die moderne Forschungsrichtung der New Political Economy of Democracy gefunden. Vgl. vor allem DOWNS (1957, deutsch 1968), der das demokratische Moment der Regierungssysteme der ›westlichen‹ Demokratien unfreiwillig auf den Begriff gebracht hat: eine Regierung ist dann demokratisch, wenn sie in periodischen Zeitabständen durch allgemeine Wahlen bestellt wird, bei denen zwei oder mehrere Parteien um die Stimmen aller Erwachsenen konkurrieren (vgl. S. 33). Die Regierung ist eine Partei, die mit anderen Parteien um die Beherrschung des Staatsapparates in Wettbewerb steht. Das Ziel der Partei ist nicht die Maximierung der Wohlfahrt, sondern die Maximierung der Stimmen (S. 50). Die skizzierte Rückbildung der Demokratietheorie ist von HABERMAS (1973) so zusammengefaßt worden: »Demokratie wird nicht länger durch den Inhalt einer Lebensform bestimmt, welche die verallgemeinerungsfähigen Interessen aller einzelnen zur Geltung bringt; sie gilt nur noch als Methode der Auswahl von Führern und Führungsgarnituren« (S. 169).

Fragen zur Diskussion:

1. Welche Mittel gibt es für eine effektive Kontrolle des Verwaltungsstabs durch die »Genossenversammlung«?
2. Wodurch unterscheiden sich freie und gebundene Repräsentation?
3. Warum bilden demokratische und bürokratische Organisationsstrukturen einen Gegensatz?
4. Die Momente der Gleichheit und Beteiligung machen den Kern des Demokratiebegriffs aus. Können Sie begründen, warum Gleichheit für demokratische Organisationen konstitutiv sein soll?
5. Läßt sich Herrschaft von Menschen über Menschen restlos beseitigen? Könnten Ihrer Meinung nach die für Organisationen notwendigen Vollzugsfunktionen noch als Herrschaft angesprochen werden?
6. Entspricht Webers Hypothese, daß in »Massendemokratien« Wahlen den Charakter von Führerakklamationen angenommen haben, Ihren Beobachtungen?

44. Kapitel: Bürokratische Herrschaft und kapitalistische Produktionsweise

Lernziele

In diesem Kapitel sollen die Beziehungen zwischen bürokratischer Herrschaft und kapitalistischer Produktionsweise untersucht werden. Zunächst wird an den Sachverhalt erinnert, daß die bürokratische Form der politischen Herrschaft den Zwekken der kapitalistischen Produktion »dienlich« ist (§ 1). Sodann soll deutlich werden, daß

a) die bürokratische Herrschaft funktionales Erfordernis der kapitalistischen Produktion ist (§ 2), und daß
b) strukturelle Gleichheiten zwischen beiden bestehen (§ 3).

Abschließend (§ 4) soll Webers Annahme diskutiert werden, daß die bürokratische Herrschaft in ihrer modernen Form zwar einerseits ein Entwicklungsprodukt und keine »natürliche« Ausstattung von Gesellschaften ist, andererseits aber, einmal entstanden, eine extreme Stabilität besitzt, ihr Absterben also relativ unwahrscheinlich ist.

Textgrundlage

WG Teil II, Kap. IX, 2. Abschnitt, bes. S. 556ff.
WG Teil II, Kap. IX, 8. Abschnitt, § 3, S. 825–837 (vgl. PS S. 308–323).
RS S. 2–16.

§ 1. In den Mittelpunkt der Untersuchungen dieses Teils haben wir die bürokratische Struktur der politischen Herrschaft gestellt. »Vorbürokratische Strukturprinzipien« (WG 580) interessierten uns nur als Folie für eine schärfere Fassung des bürokratischen Strukturprinzips. Dessen Geltung ist keineswegs, wie wir schon betonten, auf politische Herrschaftsverbände beschränkt; vielmehr lassen sich auch andere Verbände, z. B. Krankenhäuser, Fabriken, Heere, Parteien etc. bürokratisch organisieren. Allerdings galt unser Interesse in erster Linie dem politischen Herrschaftsverband in seiner modernen Form, dem »modernen« Staat. In der Absicht einer Diskussion von Webers soziologischer Theorie des modernen Staats gingen wir aus von dem Begriff der Herrschaft in der präzisierten Fassung, die ihm Max Weber gegeben hat. Seine Analyse führte uns auf den Begriff der Legitimität. »Unsere heutigen Verbände«, vor allem die politischen, so Weber (RS 267) haben den Legitimitäts-»Typus ›legaler‹ Herrschaften. D. h. die Legitimität zu befehlen ruht für den Inhaber der Befehlsgewalt auf rational gesatzter . . . Regel«. Mit ›bürokratischer Struktur‹ bezeichnet Weber jenen Organisationstypus von Herrschaftsverbänden, für den die Bindung des Verbandshandelns an Regeln konstitutiv ist. Diese Regeln werden vollzogen oder angewandt von einem Korpus fachlich geschulter, spezialisierter, hierarchisch gegliederter Berufsbeamter mit genau abgegrenzten und zugeteilten Kompetenzen. Hinzu kommt die Zweck-Mittel-Orientierung als Strukturprinzip bürokratischer Systeme. Versteht man mit Weber unter Organisationen »im gewöhnlichen Sinn« eine »Ordnung von Menschen und Dingen nach dem Prinzip von Zweck und Mittel« (WG 659), dann sind bürokratische Organisationen solche, in denen alle Beziehungen streng nach dem Zweck-Mittel-Schema ausgerichtet sind. Eine derartige Organisation nach dem Zweck-Mittel-Schema verlangt gleichzeitig, daß eine strikte Trennung zwischen Mittel und Zweck besteht. Dementsprechend bezeichnet Weber die bürokratische Organisation als »Präzisionsinstrument« (WG 571); dessen Eigenschaft ist es, von den verschiedensten »Herren« für die verschiedensten Zwecke, politische, ökonomische etc. eingesetzt werden zu können.

In diesem letzten Kapitel fragen wir nach den Beziehungen zwischen einer als Präzisionsinstrument charakterisierten bürokratischen Struktur und der kapitalistischen Produktionsweise. Auf Beziehungen zwischen beiden sind wir im Verlauf unserer Untersuchungen wiederholt gestoßen. Wir haben gesehen, daß die bürokratische Form der politischen Herrschaft und die kapitalistische Organisation des gesellschaftlichen Reproduktionsprozesses derart miteinander verbunden sind, daß an einer Organisation der Herrschaft nach bürokratischen Prinzipien in erster Linie die Klasse der Kapitalisten interessiert ist. Dahingegen ist Weber zufolge den »besitzlosen Massen mit einer formalen Rechtsgleichheit und einer ›kalkulierbaren‹ Rechtsfindung und Verwaltung, wie sie die ›bürgerlichen‹ Interessen fordern, nicht gedient« (WG 565).[1] Aufbauend auf dieser Einsicht können wir uns nunmehr die Gründe für die klassenspezifische Verteilung des Interesses an bürokratischen Formen der politischen Herrschaft verdeutlichen. Die nach Klassenlage unterschiedliche Interessiertheit an Institutionalisierungen bürokratischen Verhaltens läßt sich bereits mit dem formalen Charakter bürokratischer Organisationen begründen. Der Formalismus des Rechts, nach dem bürokratische Verwaltungen arbeiten, besagt zwar: a) Das Recht differenziert nicht nach Gruppen oder Personen. Soweit also die Privilegienstruktur des ständischen Rechts abgebaut ist, soweit können sich im Recht keine sozialen Unterschiede abbilden. b) Der abstrakte Rechtsformalismus bildet den extremen Gegensatz zum »Bedürfnis nach Erfüllung materialer Postulate durch das Recht« (WG 469). Das formale Recht befördert keine materialen Zwecke, sondern liefert nur die Spielregeln für die Individuen und Gruppen überlassene Verfolgung solcher Zwecke. Das Recht ist, so Weber, ein Mittel des »befriedeten Interessenkampfes« (WG 470, 512). Jedoch darf bei dieser Kennzeichnung des Formalismus der abstrakten Rechtsregeln nicht aus dem Auge verloren werden, daß sie anhand des bürgerlichen Privatrechts (vgl. Kap. 32 und 33) gewonnen ist und im strengen Sinn auch nur für dieses Rechtsgebiet zutrifft. Sodann aber: Im Zentrum der modernen Rechtsvorstellung liegt der Gedanke der Ersetzung der auf individuellen Qualitäten von Personen beruhenden Sonderrechte durch die Herrschaft abstrakt geltender Normen. Diese Normen beanspruchen Geltung »ohne Ansehen der Person«. Unterschiede der Personen, seien es angeborene oder erworbene (Bildung und Besitz vor allem) sind der Idee nach ohne Einfluß auf die Anwendung des Rechts. Abstrahiert wird jedoch nicht eigentlich von Personen, sondern von den unterschiedlichen individuellen Qualitäten von Personen und vor allem von *Besitzunterschieden*. Von Unterschieden des Besitzes zu abstrahieren heißt gerade, daß vom Besitz selbst nicht abstrahiert wird. Als Warenbesitzer sind die Rechtspersonen im formalen Recht vielmehr vorausgesetzt. Der selektive, Interessen unterschiedlich befördernde Charakter des formalen Rechts und der an seinen Normen orientierten bürokratischen Verwaltung kommt nun gerade dadurch zustande, daß die formale Gleichheit hergestellt wird, ohne die fortbestehende, aus der unterschiedlichen Klassenlage entspringende materiale Ungleichheit zu berühren. Gerade indem das Recht von Unterschieden der Besitzverteilung abstrahiert, wirkt es als zusätzliche Garantie dieser Unterschiede (vgl. WG 34). Rechtsgleichheit verbindet sich so mit unbegrenzter Ungleichheit der Vermögenslagen. Weber hat die Eigentümlichkeit des Rechtsformalismus, daß die formale Gleichheit in der sie kennzeichnenden Verknüpfung mit materialer Ungleichheit die Funktion einer Stabilisierung der letzteren übernimmt und auf diesem Wege ein sich nach Klassenlage differenzierendes Interesse an dieser Rechtsordnung begründet, am Beispiel des Arbeitsvertrags verdeutlicht: »das formale Recht eines Arbeiters, einen Arbeitsvertrag jeden beliebigen Inhalts mit jedem beliebigen Unternehmer einzugehen, bedeutet für den Arbeitssuchenden praktisch nicht die mindeste Freiheit in der eigenen Gestaltung der Arbeitsbedingungen und garantiert ihm an sich auch keinerlei Einfluß darauf. Sondern mindestens zunächst folgt daraus lediglich die Möglichkeit, für den auf dem Markt Mächtigeren, in diesem Fall normalerweise den Unternehmer, diese Bedingungen nach seinem Ermessen festzusetzen, sie dem Arbeitssuchenden zur Annahme oder Ablehnung anzubieten, und – bei der durchschnittlich stärkeren ökonomischen Dringlichkeit seines Arbeitsangebots für den Arbeitssuchenden – diesem zu oktroyieren. Das Resultat der Vertragsfreiheit ist also in erster Linie: die Eröffnung der Chance, durch kluge Verwendung von Güterbesitz auf dem Markt diesen ungehindert durch Rechtsschranken als Mittel der Erlangung von Macht über andere zu nutzen« (WG 439).

§ 2. Bürokratische Herrschaft und kapitalistische Produktöionsweise sind nicht nur durch das Interesse an bürokratischer Verwaltung zusammengeschlossen. In dem für die bürokratische Herrschaft »entscheidenden Merkmal«, daß »Amtspflicht« und »Herrenrecht« durch »rational gesatzte Normen« bestimmt sind (RS 272) ist noch ein weiteres Moment enthalten, das eine bürokratische Verwaltung zum funktionalen Erfordernis der kapitalistischen Produktion macht: die Berechenbarkeit oder Kalkulierbarkeit der nach abstrakten Regeln arbeitenden Bürokratie. Obwohl Kapitalismus und Bürokratie »aus verschiedenen geschichtlichen Wurzeln gewachsen sind«, fordert der »Kapitalismus in seinem heutigen Entwicklungsstadium« die Bürokratie (WG 129). Der Grund hierfür liegt darin, daß der kapitalistische Produktionsprozeß sich durch den »Bedarf nach stetiger, straffer, intensiver und kalkulierbarer Verwaltung« (WG 129) kennzeichnen läßt. Wir haben in Teil D gesehen, daß nach Weber formale Rationalität für den modernen Kapitalismus konstitutiv ist. Vormoderne Herrschaftsformen sind mit den funktionalen Erfordernissen der kapitalistischen Produktion inkompatibel, weil die »sichere Kalkulierbarkeit der Belastung« (WG 138) durch staatliche Maßnahmen fehlt (vgl. WG 139). Im Blick auf die Bedürfnisse der kapitalistischen Produktionsweise sieht Weber den Hauptmangel vorbürgerlicher Herrschaftsformen darin, daß dort die »für die Entwicklung des Kapitalismus unentbehrliche *Berechenbarkeit* des Funktionierens der staatlichen Ordnung, welche die rationalen Regeln der modernen bürokratischen Verwaltung ... darbieten« (WG 643), fehlt. Der auf der Kalkulation beruhende kapitalistische Betrieb »braucht für seine Existenz eine Justiz und Verwaltung, deren Funktionieren wenigstens im Prinzip ebenso an festen generellen Normen rational kalkuliert werden kann, wie man die voraussichtliche Leistung einer Maschine kalkuliert« (WG 826). Die Parallelität, die Weber zwischen der leblosen Maschine und der Bürokratie als »lebender Maschine« (WG 835) sieht, hat ihren Grund darin, daß der ›output‹ beider, abstrakt formuliert, die Verringerung von Zufälligkeiten, das Abarbeiten von »Kontingenzen« oder die Ausdehnung einer Sphäre von Sicherheit, in der sich stabile Erwartungen über längere Zeiträume erstrekken können, ist. Insofern ist die bürokratische Herrschaft bereits durch die Art und Weise, wie Verwaltungsakte zustande kommen und unter Abstraktion von deren Inhalten, den Erfordernissen der kapitalistischen Produktion funktional adäquat.

§ 3. Wie wir gesehen haben, wirkt die Abstraktheit der Regeln, nach denen die bürokratische Verwaltung arbeitet, interessenselektiv und garantiert Berechenbarkeit. Jedoch sind Kapitalismus und bürokratische Struktur nicht nur »funktional« zusammengeschlossen; vielmehr besteht eine »soziologische Verwandtschaft« (WL 477) beider auf der Ebene der ›Struktur‹. »Fabrik« und »Staat« sind für Weber »im Grundwesen ganz gleichartig« (WG 825).

Weber begründet die strukturelle Gleichheit beider in erster Linie mit der Trennung des Arbeiters, Angestellten und Beamten von den Produktions- und Verwaltungsmitteln, die im staatlichen Bereich ebenso ausgebildet sei wie im Bereich der privaten Wirtschaft. »Die rechtliche Trennung des Beamten von den Verwaltungsmitteln ... ist in der Sphäre der politischen ... Verbände genau so durchgeführt wie die Trennung des Arbeiters von den Produktionsmitteln in der kapitalistischen Wirtschaft, sie ist deren völlige Parallele« (RS 268, vgl. u. a. WG 126, 566, SP 498ff., 825). Diese Trennung des ›Arbeiters‹ (im weiten, Angestellte und Beamte einschließenden) Sinne von den ›Produktionsmitteln‹ (im weiten, auch die staatlichen Verwaltungsmittel umfassenden Sinn), die im modernen Staat wie im kapitalistischen Betrieb in gleicher Weise ausgebildet ist, kennzeichnet – darauf haben wir schon im 42. Kapitel verwiesen – die bürokratische Struktur insgesamt. Weber erblickt in dieser Trennung einen Rationalitätsfortschritt; warum, macht er nicht hinreichend klar. Daß die mit der Konzentration der Produktionsmittel einhergehende »kombinierte Produktionsweise« und die Produktion auf großer Stufenleiter ebenso wie die Zentralisation der Herrengewalt im staatlichen Bereich gegenüber der isolierten Produktion und der Zersplitterung des mittelaltrigen Staatswesens auch als Rationalitätsfortschritt bezeichnet werden kann, mag noch unmittelbar einsichtig sein. Zwar sieht Weber, daß historisch die Vergesellschaftung der Produktion und die Ausbildung der modernen staatlichen Zentralgewalt an den Prozeß der Trennung des Arbeiters (Beamten) von den Produktionsmitteln (Verwaltungsmitteln) gebunden ist, aber er reflektiert nicht in zureichender Weise, daß diese Trennung keineswegs eine unabdingbare Voraussetzung vergesellschafteter Produktion und staatlicher Einheit bildet, also Formen der Vergesellschaftung möglich sind, in denen »die Trennung« aufgehoben ist, ohne deswegen eine Rückkehr zu vorkapitalistischen Formen des Eigentums der einzelnen Arbeiter an ihren Produktionsmitteln darzustellen. Weber weiß sehr wohl, daß die privatkapitalistischen Großbetriebe ihr wesentliches Merkmal in der Konzentration der sachlichen Betriebsmittel in der Hand des Herrn finden. Aber weil er diese für die kapitalistische Organisation der Wirtschaft typische Entwicklung als Ausprägung einer allgemeineren, auch das Heereswesen, Staat, Wissenschaft und Erziehung etc. umfassenden Entwicklung bürokratischer Organisationsformen interpretiert, und weil er in der Herausbildung solcher durch die Trennung von Betriebsmitteln und Personen definierten bürokratischen Strukturen eine unumkehrbare Entwicklung erblickt, muß er zu der Folgerung gelangen – und nur auf dem Hintergrund solcher Annahmen wird diese Folgerung verständlich – daß die Trennung des ›Arbeiters von den Produktionsmitteln‹ nicht als in dieser oder jener Hinsicht, sondern als schlechthin rational anzusehen ist.

§ 4. Weber zufolge ist die bürokratische Herrschaft keine naturgegebene Organisationsform der staatlichen Sphäre oder anderer Bereiche des gesellschaftlichen Reproduktionsprozesses, sondern ein »relativ spätes Entwicklungsprodukt« (WG 567). Die sozialen und ökonomischen Voraussetzungen ihrer Entstehung sind:

1. Entwicklung der Geldwirtschaft; »ein gewisser Grad geldwirtschaftlicher Entwicklung ist normale Voraussetzung, wenn nicht für die Schaffung, dann für den unveränderten Fortbestand bürokratischer Verwaltungen« (WG 566).

2. Quantitative Ausdehnung der Verwaltungsaufgaben in einem Um-

fang, die einen modernen Großstaat ohne bürokratische Verwaltung gar nicht denkbar erscheinen lassen; (vgl. WG 560: der »moderne Großstaat ist . . . technisch auf eine bürokratische Basis schlechthin angewiesen«).

3. Die qualitative Erweiterung des Aufgabenkreises der Verwaltung. Vor allem die »durch steigende Kompliziertheit der Kultur bedingten wachsenden Ansprüche an die Verwaltung« (WG 560) sind es, die in Richtung einer Bürokratisierung der Verwaltung drängen.

4. Die technische Überlegenheit der bürokratischen Organisation über jede andere Organisationsform sozialer Beziehungen (WG 561 f.). In dieser ihrer Überlegenheit erblickt Weber den entscheidenden Grund für das Vordringen bürokratischer Organisationen.

5. Konzentration der sachlichen Betriebsmittel in der Hand des Herrn, also Enteignung aller »ursprünglichen Besitzer« sei es des sich selbst versorgenden und ausrüstenden Ritters im feudalen Heereswesen, sei es des mit einem Verwaltungsgebiet belehnten Beamten oder sei es des zünftigen Handwerkers.

6. Die Nivellierung der ökonomischen und sozialen Unterschiede der Beherrschten.

Die Frage der technischen Überlegenheit der bürokratischen Organisation haben wir im 3. Kapitel behandelt; auf eine ausführlichere Diskussion aller anderen Voraussetzungen verzichten wir an dieser Stelle, so wichtig sie sowohl in theoretischer Hinsicht (denkt man z. B. nur an den von Weber konstatierten Zusammenhang zwischen Geldwirtschaft und bürokratischer Herrschaft) als in methodischer Hinsicht auch wäre: so handelt es sich bei der ersten Voraussetzung offensichtlich nicht um eine Ursache der Bürokratisierung im Sinne einer notwendigen und hinreichenden Bedingung, da ja bürokratische Großorganisationen auch auf naturalwirtschaftlichem Boden vorkommen können (Beispiel: Ägypten). Bei (2) und (3) handelt es sich um »klassische Argumente« des funktionalistischen Typs für eine Bürokratisierung (Bürokratie als funktionales Erfordernis). Unter (4) wird die Durchsetzung bürokratischer Organisationsformen mit deren spezifischem »output« oder Leistungen begründet; die Trennung von sachlichem Apparat und Personal (5) ist erst recht keine Ursache der Bürokratisierung, sondern eine parallele Erscheinung oder ein Definitionselement; bei (6) schließlich handelt es sich um eine Ursache lediglich im Sinne der Beseitigung eines Hemmnisses. Auch diese, gerade im Blick auf den logischen Status der Handlungstheorie bedeutsamen Fragen und Probleme behandeln wir nicht weiter; wir haben abschließend nurmehr auf Webers Annahme der Unentrinnbarkeit bürokratischer Herrschaft einzugehen.

Weber sieht die moderne kapitalistische Gesellschaft in einem Prozeß unaufhaltsamer Bürokratisierung begriffen (WG 570, 578, 834 ff., RS 3 ff., PS 274 ff.). In das Gehäuse einer fachgeschulten Beamtenorganisation ist die gesamte Existenz des Mitglieds moderner Gesellschaften unentrinnbar gebannt (RS 3). Der bürokratische Apparat, wo er einmal besteht, ist »objektiv unentbehrlich« und als Herrschaftsform praktisch »unzerbrechlich« (WG 570). Zwar ist die bürokratische Herrschaft eine historische Errungenschaft; andererseits läßt sie sich, wenn sie sich einmal durchgesetzt hat, nur schwerlich wieder beseitigen. Dabei ist die »Grundtatsache des unaufhaltsamen Vormarsches der Bürokratisierung« keineswegs auf das *staatliche* Beamtentum beschränkt, vielmehr läßt sich dieser Vorgang in allen Bereichen der kapitalistischen Gesellschaftsformation beobachten. Die Pointe dieser Annahme eines eindeutig gerichteten, nicht oder sehr schwer umkehrbaren, historischen Entwicklungsprozesses wird ersichtlich, wenn man sie mit der von Marx aus den Entwicklungsgesetzen der kapitalistischen Produktion abgeleiteten Annahme vergleicht, daß diese Produktionsweise historisch beschränkt und der Übergang in eine »höhere Form der Produktion« unvermeidlich sei. »Die Diktatur des Beamten, nicht die des Arbeiters –« so Weber sarkastisch, »ist es, die – vorläufig jedenfalls – im Vormarsch begriffen ist« (SP 508).

Bezüglich des Sinns des Bürokratisierungsprozesses lassen sich u. E. zwei Komponenten unterscheiden, wovon die eine insofern unproblematisch ist, als sie nur einen Vorgang in Ausdrücken beschreibt, die unabhängig vom gewählten Theorieansatz auf breite Zustimmung stoßen dürften, wohingegen die andere Komponente im Zusammenhang mit jener »geheimen Geschichtsphilosophie« zu sehen ist, aus deren »Blickwinkel Weber die gesamtgesellschaftliche Entwicklung interpretiert« (Habermas 1965, S. 77). Bürokratisierung bedeutet zunächst nur: daß der »Fachbeamte« im Sprachgebrauch Webers zum Träger der wichtigsten Alltagsfunktionen wird und daß dementsprechend an die Stelle der Selbstverwaltung durch Honoratioren die in diesem Sinne bürokratische Verwaltung tritt (vgl. WG 835). In dieser Ersetzung des Dilettanten durch den Fachmann und der Honoratiorenverwaltung durch den »bezahlten Berufsbeamten« in allen wichtigen Bereichen der Gesellschaft erblicken wir die »unproblematische« oder weniger problematische Komponente des Bürokratiebegriffs. In Übereinstimmung mit ihr hält Weber die Sachkunde, welche die Leitung der Produktion verlangt, für die eigentlich kritische Frage einer sozialistischen Umwälzung. – Die kritische Komponente des Bürokratiebegriffs ist in der Formel vom »Gehäuse der Hörigkeit« zusammengefaßt, in das sich zu fügen die Individuen ohnmächtig gezwungen sind[2]. Mit dieser Formel expliziert Weber den sozialstrukturellen Sachverhalt des Auseinandertretens von Individuum und »Apparat«, der »Verkehrung« als Herrschaft eigentümlich subjektlos fungierender Organisationsformen über Individuen, Prozesse der »Entpersönlichung« und »Versachlichung«, oder in welchen Worten auch immer jener Grundtatbestand bezeichnet werden mag, der seit dem Aufkommen des Kapitalismus die sozialen Beziehungen der Individuen geprägt hat. Das Kritische oder Fragwürdige dieser Komponente liegt eigentlich auch nicht in ihrem abstrakten Inhalt, sondern darin, daß Webers Soziologie zwar ein tiefes Verständnis dieser Struktur dokumentiert, aber die angebotenen Erklärungen der Bürokratisierungstendenz doch eigentümlich unbefriedigend bleiben.

In der Begründung dieser Annahme einer historischen Tendenz zur universalen Bürokratisierung aller gesellschaftlichen Lebensbereiche lassen sich im wesentlichen drei Argumente unterscheiden:

a) die Komplexität moderner Gesellschaften macht bürokratische Organisationen unentbehrlich. Die Versorgung großer Menschenmassen mit dem zur Reproduktion ihres Lebens erforderlichen individuellen und kollektiven Gütern verlangt unabdingbar eine von »Fachbeamten« getragene Verwaltung. Aber, folgt aus dem Sachverhalt, daß »alle kontinuierliche Arbeit durch Beamte in Bureaus« geleistet wird, daß man nur die Wahl hat zwischen »Bürokratisierung« und »Dilettantisierung der Verwaltung«? (WG 128). Zwar mag in der Perspektive der Ersetzung der Honoratiorenverwaltung durch ein fachlich gebildetes Berufsbeamtentum der Prozeß zunehmender Bürokratisierung irreversibel sein. Jedoch liegt die über die Frage der Unausweichlichkeit der Bürokratisierung entscheidende Alternative gar nicht in der Rückkehr zu einer Verwaltung durch Dilettanten, sondern, in Webers eigener Terminologie, in Prozessen der Demokratisierung, also in gemeinsamer Beratung und Beschlußfassung der Beteiligten über Angelegenheiten, in die sie direkt involviert sind. Dilettantismus ist mit dieser Organisationsform nicht notwendig verbunden. Die kontinuierliche Arbeit durch Beamte in Bureaus würde durch Demokratisierung ja nicht einfach abgeschafft, sondern in einen gewandelten sozialen Bezugsrahmen eingebettet.

b) Die Ausbreitung der bürokratischen Struktur ist eine Folge der mit der Konzentration der sachlichen Betriebsmittel in der Hand des Herren gegebene Trennung des Arbeiters, Angestellten, Beamten von diesen Mitteln. Weber zufolge wäre es ein schwerer Irrtum, sie für etwas »nur der Wirtschaft, und vollends der *privaten* Wirtschaft Eigentümliches« (SP 499) zu halten. Die Trennung des »Arbeiters« von den »Arbeitsmitteln« ist eine Struktur, die sich in allen Zweigen der gesellschaftlichen Arbeit durchgesetzt hat. Das gilt auch und gerade für die staatliche Sphäre. »Der moderne Staat entsteht, indem der Fürst . . . besoldete Beamte anstellt und damit die ›Trennung der Beamten von den Betriebsmitteln‹ vollzieht« (ebd.). Weber sieht richtig, daß eine Rückkehr zu vorkapitalistischen Formen des Privateigentums der »unmittelbaren Produzenten« an den sachlichen Bedingungen ihrer Arbeit schon durch den Stand der Technik ausgeschlossen ist (vgl. SP 499f.); jedoch basiert seine Annahme, daß die Trennung des »Verwaltungsstabs« von den sachlichen Betriebsmitteln »in jedem Falle«, also auch im Falle einer sozialistischen Planwirtschaft, weiter bestehen wird, darauf, daß er die Trennung des Arbeiters von den Produktionsmitteln nur in der Perspektive der Enteignung des »unmittelbaren Produzenten« von seinen Produktionsmitteln thematisiert und nicht in der weitergehenden Perspektive der Enteignung des Herren, in dessen Hand sich die Produktionsmittel konzentrieren (vgl. SP 499, WG 824f., 834f.). In letzterer Hinsicht hat Weber nur die Auswechselung der Personen, die die Herrenrolle wahrnehmen, im Blick, aber nicht die Beseitigung dieser Rolle durch Beseitigung der gesellschaftlichen Voraussetzungen, auf deren Boden sie immer wieder sich bilden kann.

In der am Verhältnis des Kapitalismus zu vorkapitalistischen Zuständen ausgerichteten Alternative: entweder sind die einzelnen Mitglieder des Verwaltungsstabs im Eigenbesitz der für die Durchführung der Verwaltungsaufgaben erforderlichen sachlichen Betriebsmittel, oder sie sind es nicht, hat ein auf Gemeineigentum aufbauendes Organisationsmuster sozialer Beziehungen keinen rechten Platz. In der Verstaatlichung sieht Weber keine über den Kapitalismus hinausführende Form der gesellschaftlichen Produktion, sondern die Aufrechterhaltung und Fortsetzung der durch den Kapitalismus herbeigeführten »Trennung«. (Zur Differenzierung zwischen Verstaatlichung und Vergesellschaftung bei Marx vgl. oben Kapitel 39). Insofern gerät ihm der Prozeß fortschreitender Enteignung noch über eigene Verwaltungsstäbe verfügenden Herren und die Zusammenfassung aller Beschaffungsmittel in der staatlichen Bürokratie zum Angstbild eines stählernen Gehäuses, dem der enteignete Einzelne ohnmächtig ausgeliefert ist.

Die Annahme der Unausweichlichkeit der Bürokratisierung – auch im Sozialismus bleibt ja Weber zufolge die Trennung des Arbeiters von den Produktionsmitteln aufrecht erhalten – liefert Weber das zentrale Argument gegen die Möglichkeit sozialistischer Demokratie (vgl. HEYMANN 1973, S. 103). Gegenüber der von Weber aufgestellten Zukunftperspektive wäre geltend zu machen, daß mit der durch das Gemeineigentum an den Produktionsmitteln (generell: den Verwaltungsmitteln) eingeräumten *Möglichkeit* der Verfügung über die eigenen Lebensbedingungen auch der Sinn »bürokratischer« Strukturen einem Wandel unterliegt, der sie nicht mehr als »stählernes Gehäuse«, in das der Einzelne eingeschlossen ist, erscheinen läßt, sondern als rationelle Form der Produktion und Verteilung von Gütern individuellen und kollektiven Bedarfs.

c) Die Bürokratisierung breitet sich unaufhaltsam aus, weil sie Teil eines welthistorischen Rationalisierungsprozesses ist. Träger dieses Rationalisierungsprozesses sind nach Weber der moderne Kapitalismus, die bürokratische Verwaltung und der wissenschaftlich-technische Fortschritt. In allen dreien formt sich Rationalität als übergreifende Struktur ›gleich-ursprünglich‹ aus. Im Vorwort zu den beiden ersten, von ihm herausgegebenen Bänden des »Grundrisses der Sozialökonomik« gibt Weber den systematischen Charakter des Werks so an: »Es wurde von der Anschauung ausgegangen, daß die Entfaltung der Wirtschaft vor allem als eine besondere Teilerscheinung der allgemeinen Rationalisierung des Lebens untersucht werden müsse.« Ebenso ist die Entfaltung der bürokratischen Struktur eine Teilerscheinung dieser allgemeinen Rationalisierung oder der geschichtliche *Träger* der modernen rationalen Lebensordnung. Diese Rationalisierung aller Lebensbereiche ist ein ursprüngliches, nicht weiter reduzierbares Ganzes. Wissenschaftlich-technischer Fortschritt, die moderne gewerbliche Produktion und die bürokratische Organisation sind Teile und Stufen jenes Rationalisierungsprozesses, dem wir »seit Jahrtausenden unterliegen« (WL 593). Wenn in irgendeinem Gedanken die Einheit des Werks Max Webers sich festmachen läßt, dann liegt sie in der Idee der fortschreitenden Rationalisierung, welche die aus der alteuropäischen Tradition stammenden Gesellschaften ergriffen hat[3]. Die Idee der Rationalisierung ist die große Leitlinie des ganzen Systems (vgl. FREYER 1930). Der Übergang zum Kapitalismus, die Entstehung des modernen Staats und die Entfaltung der neuzeitlichen Wissenschaft und Technik bezeichnen eine welthistorische Stufe dieses Rationalisierungsprozesses.

Eine Kritik an diesem Gedanken kann nun nicht so verlaufen, daß der »Vormarsch des Rationalismus« (WG 579) schlicht in Abrede gestellt wird. Vielmehr wird die Kritik so vorgehen müssen, daß 1) auf innere Unklarheiten des Konzepts abgehoben wird, und daß 2) nach den gesellschaftlichen Voraussetzungen gefragt wird, die der Rationalisierung zugrunde liegen.

ad 1) Bezogen auf die bürokratische Struktur hat Rationalität, wie gezeigt, in erster Linie den Sinn: Regelhaftigkeit der Verwaltungsakte. Daneben bezieht sich aber der Begriff auch auf die Zweckrationalität des Verwaltungsaufbaus und das Fachwissen der Beamten. Den Kern des Rationalitätsbegriffs wird man jedoch in der formalen Rationalität oder Rechenhaftigkeit erblicken müssen. Unter Rationalisierung versteht Weber dementsprechend die Verwissenschaftlichung oder genauer: die steigende Berechenbarkeit des gesellschaftlichen Lebensprozesses. »Die zunehmende Intellektualisierung und Rationalisierung bedeutet . . ., daß es . . . prinzipiell keine geheimnisvollen, unberechenbaren Mächte gebe . . . daß man vielmehr alle Dinge – im Prinzip – durch *Berechnen* beherrschen könne. Das bedeutet aber: die Entzauberung der Welt« (WL 594). Alles Handeln vollzieht sich zunehmend in der Form von Rechnungen – es rechnet und wird selbst berechenbar. Bezogen auf vorausliegende Gesellschaftsformen begreift Weber diesen Vorgang der Rationalisierung als »Entzauberung der Welt«. Abgesehen davon, daß nicht eindeutig festgelegt wird, ob von

Handlungsrationalität« oder »Systemrationalität« die Rede ist, laufen im Rationalitätskonzept, wie man sieht, verschiedene Elemente zusammen (Zweckrationalität, Regelhaftigkeit, Mathematisierung), deren innere Einheit Weber nicht hinreichend offenlegt.

ad 2) Der Gedanke, daß der Rationalisierungsprozeß den Kern und »die wesentlichste Triebkraft« (WG 196) der sozialen Evolution zumindest ab einer bestimmten Schwelle, die mit dem Auftreten des Kapitalismus, des modernen Staats und der neuzeitlichen Wissenschaft bezeichnet ist, ausmacht, könnte durch den Nachweis sozialer Voraussetzungen, auf denen er selbst aufruht, erschüttert werden. Für ein solches Verfahren liefert Webers Werk selbst Anhaltspunkte. Einerseits faßt Weber den modernen Kapitalismus als Ausprägung des Rationalismus der okzidentalen Kultur (vgl. RS 2ff.); andererseits gibt es Stellen, an denen Weber die sozialen Voraussetzungen des okzidentalen Rationalismus reflektiert und erkenntlich wird, daß der Inhalt des Rationalitätsbegriffs durch gesellschaftliche Bedingungen, von denen er abgezogen ist, geprägt wird (vgl. oben Kapitel 28). Einerseits begreift Weber die Bürokratisierung wiederholt als Emanation des Rationalisierungsprozesses, andererseits aber ist, wie schon LANDSHUT (1969) gemeint hat, der Kapitalismus das verschwiegene Original, an dem Weber den Begriff der Rationalität gewonnen hat.

Wenn dies stimmt, ließe sich der Rationalitätsbegriff als »abgeleitetes« oder »uneigentliches« Wissen um tieferliegende Veränderungen der Sozialstruktur interpretieren. Diese sozialstrukturellen Voraussetzungen oder Bedingungen sind im Bereich des Wirtschaftens: a) das »innere Verhältnis« von Lohnarbeit und Kapital oder, in Webers Ausdrucksweise: die rational-kapitalistische Organisation von formell freier Arbeit und b) das äußere Verhältnis der Konkurrenz der Kapitalisten untereinander (WG 58 u. ö.). Rational ist das gewinnberechnende Verhalten des Unternehmers in der Konkurrenz; ein solches Verhalten ist dann erst möglich, wenn alle zur Produktion benötigten »Faktorleistungen« in Geld berechenbar sind, also auch die Arbeitskraft zur Ware geworden ist. –

§ 5. Offene Fragen. Am Beginn unserer Beschäftigung mit der Soziologie Max Webers stand der Begriff des sozialen Handelns und der ihm zugeordnete methodische Grundbegriff des Verstehens. Die verstehende Soziologie schließt, so zeigt sich jetzt, mit der Behauptung einer unaufhaltsamen Bürokratisierung, die, als Teil eines welthistorischen Rationalisierungsprozesses, unabhängig vom sinnhaften Handeln der Individuen sich mit der Gewalt eines Naturereignisses durchsetzt. Damit ist nicht nur die Frage nach dem Verhältnis des Handelns Einzelner zu den objektiven Zusammenhängen, in die es verflochten ist, aufgeworfen; das infragestehende Verhältnis impliziert auch das methodologische Problem, wie ein handlungstheoretischer Bezugsrahmen sich mit quasigeschichtsphilosophischen

Annahmen über einen welthistorischen Rationalisierungsprozeß und dessen Beschreibung in Ausdrücken der Verkehrung von Individuum und Gesellschaft verträgt. Weber versucht gar nicht erst die motivationale Erklärung jenes Prozesses der Ablösung und Verselbständigung des gesellschaftlichen Zusammenhangs vom Handeln, den er in Ausdrücken des Selbstverständnisses der Beteiligten beschreibt. Der zentrale Erklärungsversuch Webers besteht in der Zuordnung der Bürokratisierung zu einem Rationalisierungsprozeß, der seinerseits ›Schicksal‹ ist. Auch und gerade wenn man diesen Erklärungsversuch akzeptiert, bleibt doch die Frage offen, wie auf dem Boden einer den Sinn von Handlungen auslegenden Soziologie die Gesetzmäßigkeit einer historischen Entwicklung erklärt werden könne, wenn doch offensichtlich ist, daß diese Entwicklung nicht als gewollte Folge des sozialen Handelns angesehen werden kann.

Erläuterungen und Zusätze

1. Daß den »besitzlosen Massen« mit einer formalen Rechtsgleichheit nicht gedient sei, heißt Weber zufolge keinesfalls, daß ihnen der Übergang von einer patrimonalen, allenfalls durch Tradition gebundenen Willkürherrschaft zur legalen Herrschaft gleichgültig wäre, und sie keinerlei Interesse an einer geregelten, präzise arbeitenden Verwaltung hätten. Die Differenzierung des Interesses an Bürokratie besteht nicht in Bezug auf die Überwindung vergangener Herrschaftsformen, sondern in Bezug auf erst noch zu verwirklichende Formen politischer Herrschaft, deren Zweck in der Aufhebung der in der Klassenlage verwurzelten sozialen Ungleichheit liegt.
2. Seit Weber gehören Ausführungen über die »Ohnmacht des Individuums« und eine als »stählernes Gehäuse« erfahrene soziale Wirklichkeit zum sozusagen »eisernen Bestand« der Kultur- und Gesellschaftskritik. Das Thema ist auch von ›der kritischen Theorie« (HORKHEIMER, ADORNO, MARCUSE) aufgegriffen worden. Vgl. statt anderer Titel: MARCUSE (1967).
3. Zur fundamentalen Rolle des Rationalitätsbegriffs in der Soziologie Max Webers vgl. LÖWITH (1960), ABRAMOWSKI (1966). Die Idee der Rationalisierung steht im schroffen Gegensatz zu dem methodologischen Postulat der Beliebigkeit der Gesichtspunkte, unter denen die soziale Wirklichkeit erforscht werden kann. Vgl. hierzu LANDSHUT (1969), S. 34 ff. –
   Den Rationalitätsbegriff zum Leitfaden einer Interpretation der sozialen Entwicklung zu nehmen, ist in der bürgerlichen Geschichtsphilosophie und Gesellschaftstheorie des 20. Jahrhunderts weit verbreitet. Vgl. HUSSERL (1954), HEIDEGGER (1963), ADORNO/HORKHEIMER (1947) und HORKHEIMER (1967).

Fragen zur Diskussion

1. Welche Beziehungen bestehen in Webers Soziologie zwischen kapitalistischer Produktion und bürokratischer Herrschaft?
2. Hindert eine nach abstrakten Regeln verfahrende bürokratische Verwaltung ihrer

Auffassung nach die besitzlosen Klassen an der Verfolgung ihrer materiellen Interessen?
3. Wie begründet Weber seine Annahme der Unaufhaltsamkeit der Bürokratisierung? Kennen Sie Gegenargumente?

Vergleichende Diskussion III: ›Gehäuse der Hörigkeit‹ oder ›sozialistische Demokratie‹?

§ 1. Wir haben nunmehr die Marxsche und Webersche Analyse der kapitalistischen Wirtschaft und des bürgerlichen Staats soweit verfolgt, daß wir versuchen können, die darin enthaltenen gegensätzlichen Aussagen über die weitere gesellschaftliche Entwicklung zu verfolgen und nach deren innerem Zusammenhang mit den divergierenden gesellschaftstheoretischen Grundlagen von Marx und Weber zu fragen. Wir haben dargestellt, wie Marx die Herrschaft der versachlichten gesellschaftlichen Verhältnisse über die Menschen aus der historisch-spezifischen, gesellschaftlichen Form des Handelns der Individuen im Kapitalismus zu erklären versucht und wie gerade jener Zusammenhang in die Begründung seines gesellschaftstheoretischen Ansatzes eingeht (vgl. Kap 5, 6 und 9). Die Analyse der ökonomischen Bewegungsgesetze dieser Produktionsweise führt Marx zur Erkenntnis ihrer historischen Beschränktheit: die durch den Kapitalismus entwickelten gesellschaftlichen Produktivkräfte drängen zur Vergesellschaftung auch der Produktionsmittel und damit über den Kapitalismus hinaus zum Sozialismus und Kommunismus, die auf dem Gemeineigentum an den objektiven Produktionsbedingungen gegründet sind. Wissenschaftliche Analyse der weiteren gesellschaftlichen Entwicklung und die Perspektiven individueller und gesellschaftlicher Emanzipation stehen in der Marxschen Theorie nicht notwendig gegeneinander: sie konvergieren im Ziel der freien Assoziation allseitig entwickelter Individuen. Max Weber sieht dagegen die weitere Entwicklung der wichtigsten gesellschaftlichen Bereiche Wirtschaft, Recht und Staat und darüberhinaus der ganzen okzidentalen Kultur durch einen eigentümlichen Widerspruch charakterisiert: Einerseits wächst mit der zunehmenden formalen Rationalität die Effizienz menschlichen Handelns und die Berechenbarkeit und Entzauberung der Welt, andrerseits erweist sich eben diese Zunahme formaler Rationalität, die wissenschaftliche Erkenntnis überall konstatiert, als Abbau individueller Freiheit, da im Verlauf dieser Entwicklung die Gesellschaft mit schicksalhafter Unentrinnbarkeit in ein »stahlhartes Gehäuse der Hörigkeit« (RS 203)[1] sich verwandelt, welches »heute den Lebensstil aller einzelnen, die in dieses Triebwerk hineingeboren werden ... mit überwältigendem

Zwange bestimmt«. Wissenschaftliche Erkenntnis dieser Entwicklung und die unter Gesichtspunkten materialer Rationalität zu fordernde individuelle Emanzipation fallen prinzipiell auseinander. Will man sich nicht mit Phrasen über den Optimismus des einen, den Pessimismus des andren oder mit wissenschaftspluralistischem Gerede über die Wahrheit beider begnügen (womit der Wahrheitsanspruch beider Theorien negiert wäre); will man nicht einfach vorschnell den einen als Theoretiker der aufsteigenden Klasse des Proletariats, den andern als Theoretiker der untergehenden Bourgeoisie klassifizieren; will man schließlich nicht einfach von Webers Position aus die Marxsche Theorie – entgegen ihrem expliziten Anspruch – als Utopismus abfertigen, dann müssen jene divergierenden Positionen in ihren Begründungen miteinander verglichen werden.

Wir haben zu zeigen versucht, daß Marx und Weber hinsichtlich der Begründung jener Herrschaft der gesellschaftlichen Verhältnisse über die Menschen in zwei wichtigen Punkten übereinstimmen: 1. Es handelt sich um kein ›natürliches‹ oder ›göttliches‹ Schicksal, sondern um ein spezifisch gesellschaftliches Phänomen. 2. Es besteht – zumindest hinsichtlich der Entstehung – ein spezifischer Zusammenhang zwischen ›gesellschaftlicher Hörigkeit‹ und modernem Kapitalismus. Wenn somit auch für Weber die Herrschaft der gesellschaftlichen Objektivität über die sie doch hervorbringenden Individuen soziale Gründe hat und mit dem modernen Kapitalismus verflochten ist, so unterscheidet er sich von Marx wesentlich darin, daß er jene Verselbständigung der gesellschaftlichen Verhältnisse gegen die Handelnden zwar als Produkt einer historischen Entwicklung begreift, sie jedoch für irreversibel hält. Jene Unumkehrbarkeit liegt offenbar darin begründet, daß Weber im modernen Kapitalismus nicht eigentlich den Grund für die *Existenz* jener Abhängigkeit der Handelnden von ihren selbsterzeugten gesellschaftlichen Verhältnissen, sondern eher den Grund für ihre *historische Herausbildung* und Befestigung sieht (vgl. RS 36f., 46 u. ö.). Rationalisierung wird vielmehr von Weber als universaler historischer Prozeß begriffen, der sich in der formalen Rationalisierung der Wirtschaft im modernen Kapitalismus (und der ihr spezifischen ›Verkehrung von Zweck und Mittel‹), in der formalen Rationalisierung des modernen Rechts und der Verwaltung (und der ihr spezifischen Herrschaft bürokratischer Großorganisationen oder ›Apparate‹ über die einzelnen Individuen) und in der formalen Rationalisierung der modernen Wissenschaft nur manifestiert (vgl. 44. Kap.). Der moderne Kapitalismus verhilft jenem Rationalisierungsprozeß nur zu seinem endgültigen historischen Durchbruch. Die spezifische Antinomie zwischen formaler und materialer Rationalität ist für Weber in allen genannten Bereichen nicht beschränkt auf den Kapitalismus, sondern *prinzipiell*; sie gälte daher genauso oder erst recht für den modernen Sozialismus. Wenn es demgegenüber gelänge, die Behauptung von einer prinzipiellen Antinomie zwischen formaler und materialer Rationalität und damit den unauflöslichen Zusammenhang von überlegener Effizienz und je spezifischer Abhängigkeit der Handelnden in den genannten Bereichen zu widerlegen, wäre weiter zu fragen, ob – und wenn wie – für Weber die spezifisch gesellschaftlichen Bestimmungen des modernen Kapitalismus einfach als Bestimmungen formaler Rationalität überhaupt erscheinen. Warum ist der moderne Kapitalismus für Weber der Gipfelpunkt der formalen Rationalität des Wirtschaftens und die monokratisch-bürokratische Verwaltung der Gipfelpunkt der formalen Rationalität der Verwaltung? Warum verbindet sich also das Optimum formaler Rationalität mit ohnmächtiger Abhängigkeit der handelnden Individuen vom Zwang des Markts und von bürokratischen Apparaten? Wir versuchen zunächst am Leitfaden der bereits bekannten Argumente Webers gegen den Sozialismus jenen Fragen nachzugehen, um unseren Zugang zum Verständnis und zur Kritik der Rationalisierungsthese Webers nochmals zu verdeutlichen.

§ 2. Wir haben bisher die wirtschaftssoziologischen und herrschaftssoziologischen Argumente Webers gegen den Sozialismus diskutiert (vgl. 29., 43. und 44. Kap.): Vollsozialisierung führe – ökonomisch betrachtet – zu einer Herabminderung der formalen Rationalität des Wirtschaftens und die Ersetzung des Markts durch den Plan führe nicht zur gewünschten Befreiung von sachlicher und persönlicher Abhängigkeit, sondern notwendig zu einer unerträglichen Diktatur der Bürokratie.

Die beiden wesentlichen ökonomischen Einwände gegen optimale formale Rationalität im Sozialismus waren das Verschwinden der Geldrechnung und das Verschwinden ›objektiver‹, durch den Marktmechanismus festgesetzter ›effektiver Preise‹. Wir haben zu zeigen versucht, daß die Schranken der Naturalrechnung nicht nur durch ›exakte‹ Geldrechnung, sondern ebenso durch ›exakte‹ Ökonomie der Arbeitszeit überwunden werden können und daß Weber die Möglichkeit jener ›exakten‹ Rechnung mit Geld nur dadurch gewinnt, daß er implizit die Erklärungsbasis subjektivistischer Theorien verläßt. Wir haben weiter gesehen, daß Weber die Rationalität der marktwirtschaftlichen Allokation der Resourcen postuliert, aber nicht ausreichend begründet. Methodisch wäre der – von Weber vermiedene – Schluß von (im Modell unterstellbarer) formaler Rationalität der wirtschaftlichen Handlungen aller Einzelnen auf die formale Rationalität des kapitalistischen Wirtschaftssystem unzulässig; sachlich hat jene angebliche Rationalität des Markts in den ökonomischen Krisen ihre praktische und in der Marxschen Kritik der Politischen Ökonomie ihre wissenschaftliche Kritik längst erfahren. Der Preis dieser ›Rationalität des Markts‹ – und in der Erkenntnis dieses Zusammemhangs liegt der kritische Gehalt von Webers wirtschaftssoziologischer Darstellung des modernen Kapitalismus gegenüber aller Apologetik – ist die totale materiale Heteronomie aller

Wirtschaftenden, die formale »persönliche Unabhängigkeit auf sachliche Abhängigkeit begründet« (GR 75), und eine auf die Spitze getriebene Verkehrung von Zweck und Mittel (vgl. Kap. 27–29). Mit unseren Einwänden gegen Webers These notwendiger Herabminderung der formalen Rationalität des Wirtschaftens im Sozialismus haben wir zugleich Einwände gegen die Behauptung formuliert, in *jeder* Wirtschaftsordnung bestehe eine prinzipielle Antinomie zwischen formaler und materialer Rationalität[2]. Der Grund dafür, daß Weber den Sozialismus ökonomisch gar nicht in der Perspektive einer möglichen Herrschaft der Menschen über ihre selbstgeschaffenen sozialökonomischen Verhältnisse thematisiert, lag nun nicht nur (und nicht eigentlich) in der behaupteten Herabminderung der formalen Rationalität des Wirtschaftens, sondern darin, daß ›der Sache‹ jene gesellschaftliche Macht zu rauben bedeutet, ›sie Personen über Personen zu geben‹ (vgl. GR 75)[3]. Bei entwickelter industrieller Produktion führe dies unausweichlich zu ungeheurer Bürokratisierung der Verwaltung. Jener zu erwartenden persönlichen Diktatur der Beamten gegenüber sei der sachliche, von einem anonymen Markt ausgehende Zwang gerade in der Perspektive menschlicher Emanzipation allemal vorzuziehen.

Für Weber lag – wie wir gesehen haben (vgl. 42. Kap.) – ein entscheidender Grund für das unaufhaltsame Vordringen bürokratischer Herrschaft in der technischen Überlegenheit der bürokratisch-monokratischen Organisation gegenüber allen anderen Organisationsformen. Jene technische Überlegenheit der Bürokratie aber ist – wie schon das Optimum formaler Rationalität des Wirtschaftens im modernen Kapitalismus – wieder untrennbar verbunden mit unaufhebbarer Abhängigkeit der Handelnden von ihren selbstgeschaffenen gesellschaftlichen Verhältnissen, hier: der Unterjochung aller Einzelnen unter bürokratische Großorganisationen. Dieser Widerspruch gilt nach Weber wiederum nicht nur für die kapitalistische, sondern ebenso für die sozialistische Gesellschaft: »Die Frage wäre, ob . . . (eine sozialistische Ordnung – d. Verf.) in der *Lage* wäre, ähnliche Bedingungen für eine *rationale*, und das hieße *gerade* für sie: straff bürokratische Verwaltung nach noch festeren formalen *Regeln* zu schaffen, wie die kapitalistische Ordnung. Wenn nicht, – so läge hier wiederum eine jener großen Irrationalitäten: Antinomie der formalen und materialen Rationalität, vor, deren die Soziologie so viele zu konstatieren hat« (WG 129, vgl. 157f., 166f. u. ö.). Zwar hätte also der Sozialismus in dieser Hinsicht – im Unterschied zum Bereich des Wirtschaftens – keine Herabminderung der formalen Rationalität der Verwaltung zur notwendigen Folge, aber dies wäre unter Gesichtspunkten materialer Rationalität oder individueller Emanzipation umso schlimmer, denn die Steigerung der formalen Rationalität der Verwaltung würde zugleich Zunahme der Bürokratisierung bedeuten, und damit jene ohnmächtige Abhängigkeit der Handelnden von selbstgeschaffenen gesellschaftlichen Strukturen verstärken, welche die Sozialisten ja gerade bekämpfen wollen. Im Zentrum der Auseinandersetzung mit jener organisationssoziologischen Sozialismuskritik Webers muß daher einerseits die Diskussion der Argumente stehen, die die Überlegenheit der bürokratischen Organisation der Herrschaft beweisen sollen. Nur so könnte es auch für diesen Bereich gelingen, die behauptete prinzipielle Antinomie zwischen formaler und materialer Rationalität aufzubrechen. Andererseits müssen jene spezifisch sozialen Voraussetzungen der Trennung der Arbeiter wie der Beamten von den Produktions- und Verwaltungsmitteln diskutiert werden, deren Verkennung als technische Erfordernisse in der Weberschen Theorie den eigentlichen Grund abgibt für die These zunehmender Hörigkeit in ›Fabrik‹ wie ›Staat‹.

Wir haben (im 42. Kap.) Webers These diskutiert, daß »die bürokratisch-monokratische aktenmäßige Verwaltung ... nach allen Erfahrungen die an Präzision, Stetigkeit, Disziplin, Straffheit und Verläßlichkeit, also: Berechenbarkeit für den Herrn wie für die Interessenten, Intensität und Extensität der Leistung, formal universeller Anwendbarkeit auf alle Aufgaben, rein *technisch* zum Höchstmaß der Leistung vervollkommenbare, in all diesen Bedeutungen: formal *rationalste*, Form der Herrschaftsausübung« (WG 128) sei. Unser Überblick über die organisationssoziologische Kritik an der behaupteten Überlegenheit bürokratisch-monokratischer Organisationen hat Argumente vermittelt, die dazu zwingen, jenes generelle Urteil Webers zu revidieren. Es wurde gezeigt, daß Weber in der Struktur formaler bürokratischer Organisationen angelegte Widersprüche und ›nichtintendierte‹, dysfunktionale Folgen nicht berücksichtigt: Die strenge Gebundenheit der Amtsführung an feste, allgemeine, formale Regeln bei starrer Kompetenzverteilung und monokratischer Amtshierarchie bedingt wohl Präzision, Stetigkeit, Disziplin, Straffheit, Verläßlichkeit und unpersönliche Amtsführung, aber auch Ritualisierung und Stereotypisierung des Verhaltens der Mitglieder bürokratischer Organisationen (Merton), mangelnde Anpassungsfähigkeit an sich verändernde Situationen, unterentwickelte Lernfähigkeit und Innovationsfeindlichkeit (Crozier), weshalb die Brauchbarkeit bürokratischer Organisationsformen vom möglichen Grad der Formalisierung (Mayntz, 1963, S. 86ff.) und von stabilen internen und externen Rahmenbedingungen (Litwak) abhängig ist. Sodann kann bezweifelt werden, daß die Erklärung der Subsumtion individuellen Verwaltungshandelns unter allgemeine Regeln überhaupt, speziell für besondere Situationen oder Perioden Gültigkeit beanspruchen könne (Offe). Schließlich sieht Weber offenbar nicht den »Zerfall der Einheit von Amts- und Sachautorität ... als strukturelles Problem bürokratischer Organisationen« (Schluchter, 1972, S. 149), da er keinen Unterschied macht zwischen Amts- und Sachautorität. Vielleicht kann man die organisationssoziologischen Einwände gegen Webers These dahingehend zusammenfassen, daß 1. die Behauptung von der technischen Überlegenheit bezogen auf ›alle Aufgaben‹ widerlegt ist und überhaupt die formal universale Anwendbarkeit bürokratischer Organisationsformen zu bezweifeln ist, 2. die Behauptung, daß in monokratisch-bürokratischen Organisationen Herrschaft nur ›kraft Wissens‹ ausgeübt werde, mit guten Gründen bestritten werden muß, und 3. die Behauptung überlegener Intensität und Extensität der Leistung gegenüber anderen Organisationsformen in dieser Allgemeinheit nicht haltbar ist. Wir haben gesehen (vgl. 42. Kap.), daß Weber selber jene Überlegenheit nur gegenüber ›dilettantischer‹ Honoratiorenverwaltung, nicht aber gegenüber demokratisierten ›fachmännischen‹ Verwaltungsformen begründet. Daß Fachwissen »durch die moderne Technik und Ökonomik der Güterbeschaffung« in der Verwaltung völlig unentbehrlich ist (WG 128 u. ö.), kann sinnvollerweise nicht bestritten werden. Sowenig aber ›Fachverwaltung‹ – trotz wiederholter Weberscher Behauptungen (WG 128 u. ö., SP 498) – mit bürokratischer Verwaltung identisch sein muß, sowenig führt auch ›Industrialisierung‹ notwendigerweise zu ›Bürokratisierung‹. Man hat demnach nicht nur die Wahl zwischen Bürokratisierung und Dilettantisierung der Verwaltung, sondern zwischen Bürokratisierung und Demokratisierung, und diese Wahl wird nicht vorab durch formal rationale Überlegenheit bürokratischer Organisationen illusorisch. Für die Entscheidung dieser Frage jedoch – so ist im Gegensatz zu Weber die These – ist es keineswegs einerlei, sondern entscheidend, »ob . . . (die Güterbeschaffung – d. Verf.) kapitalistisch oder . . . sozialistisch organisiert ist« (WG 128). Wenn diese kurze Erinnerung an die organisationssoziologischen Einwände gegen Webers Behauptung genereller Überlegenheit der bürokratisch-monokratischen Organisationsform dazu beitragen kann, Webers Hauptargument für die Schicksalshaftigkeit der Bürokratisierung in jeder modernen ›Massengesellschaft‹ zu erschüttern, dann werden die sozialökonomischen Gründe und Bedingungen der Bürokratisierung als solche erkennbar. Sie liegen in der Trennung der ›Arbeiter, Angestellten und Beamten von den Produktions- und Verwaltungsmitteln‹. In dieser Trennung sieht Weber die prinzipielle Antinomie zwischen formaler und materialer Rationalität in ›Fabrik‹ wie ›Staat‹ letztlich begründet. Sie bedingt die Unumkehrbarkeit der Entwicklung bürokratischer Großorganisationen oder Herrschaftsapparate, in die sich die Individuen entweder nur ohnmächtig einfügen, oder gegen die sie nur durch Schaffung ebenso bürokratischer Gegenapparate – also letztlich überhaupt nicht – sich zur Wehr setzen können. Diese Trennung ist für Weber »durch die Natur der heutigen Technik« (SP 499) oder »rein technisch« (ebd.) bedingt. Weil Weber jene Trennung für technisch bedingt und damit für irreversibel hält, weil er nicht genau genug zwischen technisch bedingter und sozialökonomisch bedingter Trennung der Produzenten von den objektiven Produktionsbedingungen unterscheidet, erscheinen ihm sozialökonomisch bedingte Herrschafts- und Abhängigkeitsverhältnisse als technische Bedingungen optimaler formaler Rationalität. Wir haben demgegenüber zu zeigen versucht (44. Kap., §§ 3 und 4), daß Webers Behauptung, jene Trennung sei Vorbedingung optimaler formaler Rationalität, zwar im Vergleich zwischen industriellem Kapitalismus und modernem bürgerlichem Staat und isolierter Produktion und vorbürgerlicher Zersplitterung der Verwaltung einsichtig ist, nicht jedoch gegenüber sozialistischen Formen des Gemeineigentums an Produktions- und Verwaltungsmitteln, in denen – nach Marx – jene die Klassengesellschaften charakterisierende Trennung der unmittelbaren Produzenten von den objektiven Produktionsbedingungen aufgehoben ist, ohne daß dies eine Rückkehr zu vorkapitalistischen Formen des Eigentums »eines einzelnen oder mehrerer einzelner Arbeiter« (SP 499) an ihren Produktionsmitteln bedeuten würde (vgl. 38. Kap.). Wir haben gesehen, daß für Marx die Verselbständigung arbeitsteilig durchgeführter Leitungsfunktionen (ob ›betrieblich‹ oder ›staatlich‹) und damit die Genesis einer betrieblichen oder staatlichen Bürokratie im strengen Sinne mit der Genesis fundamentaler gesellschaftlicher Klassengegensätze verknüpft ist (vgl. 33. und 35. Kap.). Demzufolge sieht Marx in der Aufhebung jener sozialen Trennung (als Grundlage der Aufhebung der Klassendifferenzierung) auch die Voraussetzung dafür, jene für bürokratische Verwaltung in ›Fabrik‹ wie ›Staat‹ charakteristische Verselbständigung, jene Verwandlung aus dem ›Diener‹ in den ›Herren‹ rückgängig zu machen (vgl. 39. Kap. §§ 2 und 3: Differenz zwischen ›staatlichen‹ und ›gesellschaftlichen‹ Funktionen). Verselbständigung bürokratischer Verwaltung erscheint dann nicht mehr als Ausdruck der Entwicklung moderner Technik oder zunehmender Vergesellschaftung der Produktion, sondern als Auswirkung des Widerspruchs zwischen Vergesellschaftung der Produktion und privater Aneignung der objektiven Produktionsbedingungen. Die Frage: privates oder gesellschaftliches Eigentum an den Produktionsbedingungen? steht nicht mehr hinter der Frage: wer kontrolliert die Bürokratie?, weil der Grund jener Bürokratisierung gerade im Privateigentum an den Produktionsbedingungen angelegt ist.

Warum – so wäre zu fragen – teilt Weber jene Marxsche Konzeption nicht, oder genauer, warum entwickelt er nicht selbst eine Konzeption, in der die *technisch* bedingte Trennung des einzelnen Arbeiters von den Produktionsmitteln in einer sozial-ökonomischen Organisation *gesellschaftlichen* Eigentums aufgehoben wird und damit ein wesentlicher Grund für jene Verselbständigung des Verwaltungsapparats gegen die Mitglieder des Gemeinwesens beseitigt wäre? Mit Weber wäre folgendermaßen zu antworten: Wenn auch für Marx das wesentliche Folgeproblem von ›Verstaatlichung‹ oder ›Vergesellschaftung‹ das der ›Leitung‹ oder ›Verfügung‹ ist, ist die Frage ›staatlichen‹ oder ›gesellschaftlichen Eigentums‹ *dann* sekundär gegenüber dem Zentralproblem: *»Wer ...* soll kommandieren?« (SP 511), *wenn* keine wirkungsvolle formale wie materiale Kontrolle des ›Kommandos‹ durch die ›Kommandierten‹ bestünde. Gegenüber naiven Illusionen über die Möglichkeit einer angeblichen Reduktion auf ausschließliche ›Verwaltung von Sachen‹ bliebe daran festzuhalten, daß diese Verwaltung als Leitung von Produktions- und Verwaltungsprozessen immer zugleich Herrschaft über Personen beinhaltet. Wir haben gesehen (im 39. Kap.), daß betriebliche und gesellschaftliche Leitungsfunktionen auch im entwickelten Kommunismus unabdingbar sind. Webers Skepsis markiert demnach in der Tat einen in der Marxschen Theorie und für die reale Entwicklung des Sozialismus wesentlichen Punkt: Gelingt – angesichts bestehender fachspezifischer Überlegenheit der Leiter – eine zureichende materiale Kontrolle, die verhindert, daß sich deren ›Sachautorität‹ in nicht legitimierte ›Amtsautorität‹ oder persönliche Herrschaft verwandelt?[4]

Marx und Engels schlagen als Mittel zur Kontrolle der ›Leiter‹ die in der politischen Sphäre entwickelten Methoden der unmittelbaren Demokratie vor: Wahl aller Leiter nach allgemeinem Stimmrecht, Sicherung voller Verantwortlichkeit durch imperative Mandate, Bezahlung nach Arbeiterlohn (vgl. 39. Kap. § 2). Wir können die Weberschen Bedenken gegen die Wirksamkeit jener Methoden wie gegenüber allen Konzeptionen zur Minimierung von nichtlegitimierter Herrschaft zunächst unabhängig diskutieren von der marxistischen These, daß alle Regierungsfunktionen absterben und damit auch jene Kontrollmethoden ihren Charakter verändern: die Methoden der unmittelbaren Demokratie seien aus technischen (lokale und personale Kleinheit der Verbände) und sozialen (relativ einfache und stabile Aufgaben) Gründen für moderne ›Massengesellschaften‹ unanwendbar oder völlig untauglich (vgl. 43. Kap. § 2). Wir haben versucht, jene Einwände nicht einfach zu ignorieren (sie treffen vielmehr Kernprobleme sozialistischer Demokratie!), aber auch zu zeigen, daß diese Einwände nicht gleichermaßen gelten gegen ein rätedemokratisches Repräsentativsystem als ›Surrogat‹ einer aus technischen Gründen für alle gesellschaftlichen Leitungsfunktionen in der Tat unmöglichen direkten oder unmittelbaren Demokratie. Schließlich haben wir eingewandt, daß ›große soziale Differenzierung‹ (zumal Klassendifferenzierung) keineswegs notwendig allen industriell entwickelten Gesellschaften unabhängig von deren besonderer ökonomischer Struktur zukommt. Marx und Engels haben vielmehr ihre These vom Absterben aller Regierungsfunktionen (vgl. 39. Kap. §§ 2 und 3) gerade mit dem Verschwinden jener Klassendifferenzierung zu begründen versucht.

Sobald aber mit der Aufhebung der Klassen auch keine politische Herrschaft im strengen Sinn (vgl. 39. Kap. § 3) ausgeübt würde, verlören jene Kontrollmethoden ebenso ihren politischen Charakter wie die Ausübung betrieblicher oder gesellschaftlicher Leitungsfunktionen keine politische Herrschaft im Sinne von Klassenherrschaft zu begründen vermöchte. Daß diese Entwicklung sich nicht im Selbstlauf vollzieht, daß vielmehr mit der Ausübung von Leitungstätigkeiten über längere Zeiten hinweg auch die Möglichkeit der Befestigung nicht legitimierter sozialer Herrschaft verbunden ist, auf diese Gefahr wird man gerade durch die Weberschen Argumente mit hinreichender Deutlichkeit verwiesen.

Neben diesen von uns problematisierten wirtschafts- und herrschaftssoziologischen Einwänden greift Weber in seiner Auseinandersetzung mit dem Sozialismus auf das – aus der Tradition des utilitaristischen Individualismus stammende und inzwischen in platteste Apologetik abgesackte – Argument zurück, daß die Interessengegensätze zwischen »Verbandsleitung« (WG 119) und Verbandsmitgliedern (bei diktatorischer und autokratischer Verwaltung) oder zwischen den verschiedenen Verbandsmitgliedern (bei demokratischer Verwaltung) ›nach aller Erfahrung‹ prinzipiell unausrottbar und antagonistisch seien. Die ›Triebfedern‹ alles Wirtschaftens sind die »›Interessen‹ der Einzelnen«, die »künftig wie heute die Welt beherrschen werden« (WG 109). Nicht nur in der Verkehrswirtschaft, sondern auch in einer sozialistisch organisierten Wirtschaft »stände dies Interesse des *Einzelnen* – eventuell: die gleichartigen, aber gegen andere antagonistischen Interessen *vieler* Einzelner hinter allem Handeln. Die Interessenkonstellationen wären abgeändert, die Mittel der Interessenwahrnehmung andere, aber jenes Moment würde ganz ebenso zutreffen. So sicher es ist, daß rein ideologisch an *fremden* Interessen orientiertes wirtschaftliches Handeln vorkommt, so sicher ist auch: daß die Masse der Menschen nicht so handelt und nach aller Erfahrung nicht so handeln kann und also: wird« (WG 119). Dieser nur anthropologisch begründbare, und nicht nur gesellschaftlich tiefsitzende Gegensatz zwischen ›eigenen‹ und ›fremden‹ Interessen läßt für Weber, zumindest in seiner Auseinandersetzung mit dem Sozialismus, gemeinschaftliche, gesellschaftliche Interessen nicht nur als ideologieverdächtig, sondern eigentlich als per se ideologische, »vorgetäuschte« (WG 61) erscheinen. Weber ist darum geneigt, die Marxsche Konzeption des entwickelten gesellschaftlichen Individuums, das seine ›eigenen‹ Interessen nicht im Gegensatz gegen ›fremde‹ Interessen anderer ›Einzelner‹, sondern solidarisch vertritt, als idealistischen Altruismus (vgl. WG 60 u. ö.) oder Utopismus zu denunzieren: sie stehe – so sehr sie vielleicht unter Gesichtspunkten materialer Rationalität zu wünschen sei – jedenfalls im Gegensatz zu aller Erfahrung. Von Marx her wäre Weber zu fragen, ob er nicht, soweit er einer derartigen Konzeption eines nicht sozial begründeten Eigennutzes und Interessenantagonismus folgt, die ›Natur‹

des Menschen in Klassengesellschaften zur ›Natur des Menschen überhaupt‹ macht.[5]

§ 3. Wir haben mit den beiden sozialwissenschaftlichen Hauptargumenten Webers gegen den modernen Sozialismus: der prinzipiellen Antinomie zwischen formaler und materialer Rationalität im Bereich von Wirtschaft wie Verwaltung, zugleich die für ihn untrennbare Verbindung zwischen geschichtlicher Entwicklung im Zeichen zunehmender formaler Rationalität und zunehmender Abhängigkeit der sozial handelnden Individuen von ihren selbsterzeugten gesellschaftlichen Verhältnissen und Strukturen zu kritisieren versucht. Wir wollen nun abschließend den schon mehrfach angedeuteten Zusammenhang zwischen handlungstheoretischem Ansatz der Weberschen Soziologie und der Diagnose jener schicksalhaften Entwicklung gesellschaftlicher Verhältnisse umreißen, denen die Handelnden, die sie doch hervorbringen, ohnmächtig ausgeliefert bleiben.

Webers verstehende Soziologie reflektierte mit ihrer Unterscheidung von Verhalten und menschlichem Handeln das mit diesem – wie begrenzt auch immer – sich entwickelnde Moment von Freiheit. Ihr Kerngedanke war, nicht nur das Handeln von Individuen, sondern alle ›sozialen Gebilde‹ im Ausgang vom subjektiv gemeinten Sinn zu thematisieren und in diesem Bezugsrahmen zu erklären (vgl. Teil B). Wir haben zu zeigen versucht, daß das mit ihrer individualistischen Methode verbundene Programm einer universellen Reduktion sozialer Phänomene auf verstehbares Handeln undurchführbar ist in all jenen Fällen, in denen in die Situationsdeutungen der Handelnden sozialstrukturelle Voraussetzungen einfließen, die sich nicht in Handlungsbegriffe übersetzen lassen (vgl. Teil D über Tausch, Geld, Markt, Kapital, vgl. Teil F über Bürokratie). Die Grenzen dieser Methode liegen in der Erklärung des Phänomens der ›nichtintendierten Handlungsfolgen‹ und des Phänomens ›verdinglichter‹ gesellschaftlicher Beziehungen: Soziale Gebilde wie Geld, Markt, Bürokratie lassen sich zwar im handlungstheoretischen Bezugsrahmen thematisieren, jedoch nicht ursächlich erklären in dem Sinne, daß sie als gewollte Folgen von Handlungen anzusehen wären. Insofern ließe sich fragen, ob dem handlungstheoretischen Ansatz nicht eine Tendenz innewohnt, derartige soziale Gebilde als Gegebene hinzunehmen, da er als solcher noch keine Antwort auf die Frage nach ihrem Zustandekommen und ihrem Fortbestand bietet.

Der Historische Materialismus teilt mit dem handlungstheoretischen Ansatz die Erkenntnis des Aufbaus der sozialen Welt aus Handlungen und die Einsicht in das mit menschlichem Handeln sich entwickelnde Moment von Freiheit. Weil Marx aber bereits in der theoretischen Grundlegung aus dem Sachverhalt der ›nichtintendierten Handlungsfolgen‹ oder der ›Versachlichung und Verselbständigung‹ Konsequenzen zieht für die Methode der Erkenntnis des Sozialen, bleibt er nicht ausschließlich auf die jeweilige

Sichtweise der Handelnden verwiesen und kann daher die damit verbundenen Erkenntnisschranken vermeiden. Indem Marx jene nichtintendierten sozialen Gebilde wie Geld, Markt etc. als Resultat sozialen Handelns unter gesellschaftlichen Bedingungen aufschlüsselt, die im handlungstheoretischen Bezugsrahmen nicht zu erklären sind, leistet er einen wesentlichen Beitrag dazu, eben diese Bedingungen in die Perspektive ihrer Veränderbarkeit durch die handelnden Individuen zu rücken. Die Menschen, die bisher durch die Natur oder durch ihre selbstgeschaffenen geschichtlichen und gesellschaftlichen Verhältnisse beherrscht wurden, sollen und können endlich zu Herren ihrer eigenen Geschichte und Vergesellschaftung werden. Sie können dies nur durch ihr eigenes, bewußtes Handeln.

»Der gesellschaftliche Charakter der Tätigkeit, wie die gesellschaftliche Form des Produkts, wie der Anteil des Individuums an der Produktion erscheint (im Kapitalismus – d. Verf.) . . . als den Individuen gegenüber Fremdes, Sachliches; nicht als das Verhalten ihrer gegeneinander, sondern als ihr Unterordnen unter Verhältnisse, die unabhängig von ihnen bestehen und aus dem Anstoß der gleichgültigen Individuen miteinander entstehn . . . Raubt der Sache diese gesellschaftliche Macht und ihr müßt sie Personen über Personen geben. Persönliche Abhängigkeitsverhältnisse (zuerst ganz naturwüchsig) sind die ersten Gesellschaftsformen, in denen sich die menschliche Produktivität nur in geringem Umfang und auf isolierten Punkten entwickelt. Persönliche Unabhängigkeit auf *sachlicher* Abhängigkeit begründet ist die zweite große Form, worin sich erst ein System des allgemeinen gesellschaftlichen Stoffwechsels, der universalen Beziehungen, allseitiger Bedürfnisse, und universeller Vermögen bildet. Freie Individualität, gegründet auf die universelle Entwicklung der Individuen und die Unterordnung ihrer gemeinschaftlichen, gesellschaftlichen Produktivität, als ihres gesellschaftlichen Vermögens, ist die dritte Stufe« (GR 75).

Erläuterungen und Zusätze

1. Wir verwenden hier den Ausdruck ›Gehäuse der Hörigkeit‹ mit Weber (in seinen religionssoziologischen Schriften), um den allgemeinen Sachverhalt der Herrschaft gesellschaftlicher Verhältnisse oder Strukturen über die sie hervorbringenden Handelnden zu bezeichnen. Weber unterscheidet, wie wir wissen, zwischen jener Herrschaft der sozialen Gebilde über die handelnden Individuen, die für die moderne kapitalistische Erwerbswirtschaft charakteristisch ist: diese faßt er (im Anschluß an die Darstellung des nackten Geldgewinnstrebens) als ›Verkehrung von Zweck und Mittel‹ (vgl. 27. Kap.); und jener Herrschaft, der die einzelnen Individuen in bürokratischen Großorganisationen unterliegen. Letztere haben wir in Teil F im Anschluß an Webers herrschaftssoziologische Schriften als ›Gehäuse der Hörigkeit‹ im speziellen oder genauen Sinn benannt. Eine ähnliche Unterscheidung (auch hinsichtlich der Gründe der Herrschaft der Produkte über ihre Produzenten) kennen wir bei Marx: Der ›Verkehrung von Zweck und Mittel‹ entspricht dort der ›Fetischismus‹ oder die die Warenproduktion auszeichnende ›Versachlichung‹, dem ›Gehäuse der Hörigkeit‹ im engen Sinn das Phänomen der ›Verselbständigung‹ der gesellschaftlichen Verhältnisse gegen die Handelnden,

soweit deren Gründe nicht im Fetischcharakter der Warenproduktion liegen. (Vgl. 5. Kap. § 3)

2. Im Gegensatz zu den verschiedensten Varianten von ›Industriegesellschaftstheorien‹ sieht Weber sehr genau die gesellschaftliche Determination der Entwicklung der modernen Technik (vgl. PE II, S. 323f., WG 33 u. ö.). Weber ist daher nicht umstandslos als Zeuge für jene Theorien heranzuziehen, in denen eine quasi-autonome Entwicklung der Technik oder der ›instrumentellen Vernunft‹ angenommen wird, die sich jeweils die gesellschaftlichen Verhältnisse unterordnet. Ebenso verfehlt ist auch der Versuch von SCHLUCHTER (1972, S. 9ff.), analog zur Herrschaft des bürokratischen Apparats – als eines Herrschaftsmittels – über die Zwecke, die Herrschaft der Technik über die Menschen Weber als angeblich »unüberholbare Dialektik« (S. 177) in die Schuhe zu schieben. Wir haben vielmehr in unserer Diskussion der Weberschen Wirtschaftssoziologie gezeigt, daß die prinzipielle Antinomie zwischen formaler und materialer Rationalität des Wirtschaftens im modernen Kapitalismus für Weber eindeutig gesellschaftliche Gründe (Geldrechnung, Trennung von Haushalt und Betrieb, Trennung des Arbeiters von den Beschaffungsmitteln, kapitalrechnungsmäßiges Erwerben) hat. Schluchter unterliegt in seiner Interpretation Webers jener der Kritischen Theorie der Frankfurter Schule eigenen Dämonisierung der Technik, die sich allenfalls darin auf Weber beziehen könnte, daß es jenem nicht gelingt, technisch bedingte Trennung des Arbeiters und Beamten von den Arbeits- und Verwaltungsmitteln von sozialer Trennung klar zu unterscheiden, was dann zur angeblich technisch bedingten Unausweichlichkeit der Herrschaft des bürokratischen Apparats in ›Fabrik‹ wie ›Staat‹ führt.

Von Webers Position aus sind Einwände zu formulieren gegen ›positive‹ wie ›negative‹ Varianten von Technokratietheorien: Gegen jene Theorien ›technologischer Gesellschaft‹ (vgl. Ellul, Schelsky u. a., einen guten Überblick vermittelt SCHLUCHTER, 1972, S. 177–235), in welchen die dem Kapitalismus spezifische Herrschaft der toten über die lebendige Arbeit als harmloser Ausfluß der Entwicklung moderner Technik betrachtet wird. Man müsse einen neuen, ›radikalen‹ Begriff von Technik formulieren, damit diese endlich zu ihrem Eigenrecht komme, als System in sich und nicht mehr einfach als Mittel zur Verwirklichung vorgegebener Zwecke aufgefaßt werde. Technik wird dann als automatischer Prozeß und herrschende strukturbildende Kraft verstanden, welche die ›technologische Gesellschaft‹ und den ›technischen Staat‹ samt deren spezifischen Herrschaftsverhältnissen erzeuge. Die handelnden Subjekte müssen sich jenen technischen Zwängen ohnmächtig fügen. Jener theoretischen Verherrlichung des Fetischcharakters, jener stromlinienförmigen Anpassung an die dem Kapitalismus spezifische ›Verkehrung von Zweck und Mittel‹ gegenüber behält Weber aufgrund seiner handlungstheoretischen Orientierung jene notwendige kritische Distanz, das Phänomen auch bei seinem Namen zu benennen. Gegenüber der Kritischen Theorie, die in der ›Dialektik der Aufklärung‹ Webers These vom prinzipiellen Antagonismus zwischen formaler und materialer Rationalität übernimmt und – wie Weber – jene theoretische wie praktische Verherrlichung der Verkehrung kritisiert, behielte er genug wissenschaftliche Strenge, die von ihr entwickelten abstrakten, utopisch-anarchischen Gegenbilder ›neuer‹, herrschaftsloser Technik,

›neuer‹ Menschen und ›neuer‹ herrschaftloser Vernunft nicht als geschichtsmächtig zu verkennen.

3. Indem Weber das Problem der ›Verfügung‹ und der Kontrolle der Leiter vor die Frage: privates oder gesellschaftliches Eigentum an den Produktionsmitteln? stellt, begünstigt er eine in der nachfolgenden Auseinandersetzung mit dem Sozialismus (von Seiten politischer Soziologie und Politologie) folgenschwere Verschiebung der Argumentationsrichtung: Fragen der Ökonomie rücken hinter organisations- und herrschaftssoziologischen Problemen aus dem Zentrum der Debatte. Auch der Weber (im Programm der Sozialökonomie) immer bewußte Zusammenhang wirtschafts-, rechts- und staatssoziologischer Probleme geht mit der weiteren Isolierung und Spezialisierung dieser Disziplinen für lange Zeit verloren.
4. Wir müssen hier daran erinnern, daß Marx und Engels im Unterschied zu den von ihnen stets bekämpften ›Antiautoritariern‹ (vgl. MEW 18) jene ›Sachautorität‹ ebenso anerkennen wie die durch die Engelssche Formulierung berühmte ›Autorität des Dampfs‹. Richtig verstanden bedeutet daher das Ziel, »*aller* Herrschaft des Menschen über den Menschen ein Ende zu machen« (SP 505), aller *politischen* und aller nicht sachlich legitimierten Herrschaft ein Ende zu machen.
5. In gewisser Weise wäre hier tatsächlich ein – von der gängigen positivistischen Verkürzung von ›Erfahrung‹ aus gesehen – ›utopisches‹ Moment im Marxismus festzumachen, indem darauf insistiert wird, die ›Natur‹ des Menschen nicht nur nach aller bisherigen Erfahrung, speziell aller bisherigen Erfahrung in Klassengesellschaften, zu beurteilen und ihm damit schon methodisch alle Entwicklungsmöglichkeiten abzuschneiden, die mit dem Übergang zum Sozialismus gegeben sind (vgl. 39. Kap., Zusatz 6). Über diese Entwicklung jetzt schon definitive Aussagen zu machen, ohne die Probe auf den Pudding zu wagen, widerspräche nicht bloß ernstgenommenen erfahrungswissenschaftlichen Grundregeln, sondern hieße zugleich auf individuelle und gesellschaftliche Emanzipation insgesamt vorab Verzicht zu leisten. Denn es dürfte – in Umkehrung des Utopismusvorwurfes gegen Weber – klar sein, daß sein Versuch einer Antwort auf die für ihn zentrale Frage, wer die Bürokratie beherrschen könne (vgl. WG 128f.; oben, 43. Kap., § 3; vgl. SCHLUCHTER, 1972, S. 105, 116, 141), – nämlich: der kapitalistische Unternehmer (unter den Bedingungen freier Konkurrenz) im Verein mit dem charismatischen Führer bei Trennung von Politik und Verwaltung, – nicht bloß ›gegen alle Erfahrung‹ seit Webers Tod verstößt, sondern bereits von ihm wider besseres Wissen um die zunehmende Monopolisierung und Durchstaatlichung der Wirtschaft (vgl. SP 501ff.; WG öfters) und zunehmende Bürokratisierung im Kapitalismus formuliert ist.

   Letztlich weiß somit Weber selber, daß jene angebliche ›Alternative‹ zwischen ›sachlichem Zwang des Markts‹ bei formeller persönlicher Unabhängigkeit einerseits und sozialistischer ›Diktatur der Bürokratie‹ gar keine sein kann, weil auch im Kapitalismus der ›sachlichen‹ die ›persönliche‹ Abhängigkeit folgt.

Literaturverzeichnis

Abendroth, Wolfgang, 1968, *Gesellschaft und politische Demokratie.* Neuwied

Abramowski, Günter, 1966, *Das Gesellschaftsbild Max Webers. Universalgeschichte am Leitfaden des okzidentalen Rationalisierungsprozesses.* Stuttgart

Adam, Hermann, 1973, »Pluralismus oder Herrschaft des Kapitals«, in: *WSI-Mitteilungen* 26. Jg, Heft 11, S. 432ff.

Adler, Max, 1922, *Die Staatsauffassung des Marxismus.* Wien

Adorno, Theodor W., 1969, »Soziologie und empirische Forschung«, in: Adorno, Th. W.; Albert, H.; Dahrendorf, R.; Habermas, H.; Pilot, H.; Popper, K., *Der Positivismusstreit in der deutschen Soziologie.* Neuwied und Berlin, S. 81–101

Adorno, Th. W. u. a., 1969, *Der Positivismusstreit in der deutschen Soziologie.* Neuwied und Berlin

Adorno, Theodor W., 1970, »Notiz über sozialwissenschaftliche Objektivität«, in: ders., *Aufsätze zur Gesellschaftstheorie und Methodologie.* Frankfurt, S. 129–136

Adorno, Theodor W.; Horkheimer, Max, 1947, *Dialektik der Aufklärung.* Amsterdam

Agnoli, J., 1968, *Die Transformation der Demokratie,* Frankfurt

Albert, Hans, 1963, »Modell-Platonismus: Der neoklassische Stil des ökonomischen Denkens in kritischer Beleuchtung«, in: *Sozialwissenschaft und Gesellschaftsgestaltung.* Berlin

–, (Hrsg.), 1964, *Theorie und Realität.* Tübingen

–, 1967, »Nationalökonomie als Soziologie: Zur sozialwissenschaftlichen Integrationsproblematik«, in: *Marktsoziologie und Entscheidungslogik.* Neuwied und Berlin, S. 470–508

–, 1967, »Macht und Zurechnung: Von der funktionellen zur institutionellen Verteilungstheorie«, in: ders., *Marktsoziologie und Entscheidungslogik.* Neuwied und Berlin, S. 729–461

Arbeitsgruppe Bielefelder Soziologen (Hrsg.) *Alltagswissen, Interaktion und gesellschaftliche Wirklichkeit.* Bd. 1, *Symbolischer Interaktionismus und Ethnomethodologie.* Reinbek

Arndt, Helmut, 1966, *Mikroökonomische Theorie.* 1. Bd.: *Marktgleichgewicht.* Tübingen

Autorenkollektiv, 1974, *Marxistisch-leninistische allgemeine Theorie des Staates und des Rechts. Band I: Grundlegende Institute und Begriffe.* Band II: *Historische Typen des Staates und des Rechts.* Berlin (DDR)

Bachrach, Peter; Baratz, Morton S., 1970, *Power and Poverty. Theory and Practice.* New York

Backhaus, Hans Georg, 1969, »Zur Dialektik der Wertform«, in: Schmidt, A. (Hrsg.), *Beiträge zur marxistischen Erkenntnistheorie.* Frankfurt a. M.

Bader, Veit-Michael, 1971, *Ansätze zur Kritik des Theorieverständnisses der kritischen Theorie Max Horkheimers.* Magisterarbeit, FU Berlin, Fachbereich Philosophie und Sozialwissenschaft
Bader, Veit-Michael; Berger, Johannes; Ganssmann, Heiner et. al. 1975, *Krise und Kapitalismus bei Marx.* Frankfurt a. M.
Barnard, Chester, 1938, *The Functions of the Executive.* Cambridge Mass. (Dt.: *Die Führung großer Organisationen.* Essen, 1970)
Barth, Hans, 1974, *Wahrheit und Ideologie.* (2. Aufl.) Frankfurt a. M.
Bauer, Otto, 1924, »Das Gleichgewicht der Klassenkräfte«, in: *Der Kampf,* Jg. 17, Jänner 1924, Nr. 2
–, 1936, *Zwischen zwei Weltkriegen.* Prag
–, 1965, *Die österreichische Revolution.* (Neue Aufl.), Wien
Bendix, Reinhard; Lipset, Seymour M., 1966, The Field of Political Sociology«, in: L. A. Coser (ed.) *Political Sociology. Selected Essays.* New York
Bendix, Reinhard, 1972, »Max Webers Soziologie heute«, in: Käsler, Dirk (Hrsg.), *Max Weber – Sein Werk und seine Wirkung.* München
Blanke; Jürgens; Kastendiek, 1975, *Kritik der Politischen Wissenschaft. Analysen von Politik und Ökonomie in der bürgerlichen Gesellschaft.* Frankfurt, 2 Bände
Blau, Peter M.; Scott, Alter W., 1962, *Formal Organizations. A Comparative Approach.* San Francisco
Blau, Peter M., 1956, *Bureaucracy in Modern Society.* New York, 17. Aufl. 1968
Bloch, Ernst, 1959, *Das Prinzip Hoffnung.* Frankfurt a. M.
–, 1961, *Naturrecht und menschliche Würde.* Frankfurt a. M.
–, 1964, *Geist der Utopie.* Bearbeitete Neuauflage der 2. Fassung von 1923, Frankfurt a. M.
Bluntschli, J. 1859, – *Deutsches Staats-Wörterbuch,* Bd. IV, Stuttgart; zit. nach: Institut für Sozialforschung, *Soziologische Exkurse,* Frankfurt a. M., 1956
Böhm-Bawerk, Eugen v., 1896, »Zum Abschluß des Marxschen Systems«, in: *Staatswissenschaftliche Arbeiten. Festgaben für Karl Knies,* Sonderabzug, Berlin
–, 1921, *Positive Theorie des Kapitals.* Bd. 1, (4. Aufl.) Jena
Bollhagen, Peter, 1966, *Soziologie und Geschichte.* Berlin (DDR)
Bracher, Karl Dietrich, 1971, *Die Auflösung der Weimarer Republik.* (5. Aufl.), Villingen
Braithwaite, Richard, B., 1953, *Scientific Explanation.* Cambridge
Burghardt, Adolf, 1974, *Allgemeine Wirtschaftssoziologie.* Pullach
Cairns, H., 1945, »Sociology and the social sciences«, in: Gurvitch, G.; Moore, W. L. (Hrsg.), *Twentieth Century Sociology.* New York, S. 3–19
Cerroni, Umberto, 1974, *Marx und das moderne Recht.* Frankfurt/Main
Clower, R. W., 1967, »Foundations of Monetary Theory«, in: ders. (Hrsg.), *Monetary Theory.* Harmondsworth, 1969, S. 202–211
Coletti, Lucio, 1973, *Marxismus als Soziologie.* Berlin
Cornu, August und Mönke, Wolfgang, 1961, »Vorwort« in: *Moses Hess. Philosophische und sozialistische Schriften* 1837–1850, Berlin
Cornu, August, 1962–68, *Karl Marx und Friedrich Engels. Leben und Werk.* Bd. 1–3, Berlin (DDR)

Crozier, Michel, 1963, *Le Phénomène Bureaucratique.* Paris
–, »Der bürokratische Circulus Vitiosus und das Problem des Wandels«, in: Mayntz, R. (Hrsg.), 1968, *Bürokratische Organisation.* Köln.
Cunow, Heinrich, 1920, *Die Marxsche Geschichts-, Gesellschafts- und Staatstheorie.* Berlin
Dahl, Robert A., 1957, »The Concept of Power«, in: *Behavioral Science,* Jg. 2, S. 201–215
–, 1968, »Power«, in: *International Encyclopedia of the Social Sciences,* Bd. 12, S. 405–415
Dahrendorf, Ralf, 1957, *Soziale Klassen und Klassenkonflikt in der industriellen Gesellschaft.* Stuttgart
Danto, Arthur C., 1974, *Analytische Philosophie der Geschichte.* Frankfurt
Downs, Anthony, 1957, *An Economic Theory of Democracy.* New York (dt.: *Ökonomische Theorie der Demokratie.* Tübingen 1968)
Drath, Martin, 1968, Artikel »Staat«, in: *Evangelisches Staatslexikon,* Stuttgart, Berlin
Durkheim, Emile, 1965, *Regeln der soziologischen Methode.* Neuwied
Esser, Josef, 1975, *Einführung in die materialistische Staatsanalyse.* Frankfurt
Etzioni, Amitai, 1967, *Soziologie der Organisationen.* München
Fischoff, Ephraim, 1972, »Die protestantische Ethik und der Geist des Kapitalismus; Die Geschichte einer Kontroverse«, in: Wickelmann, Johannes (Hrsg.), *Die protestantische Ethik II. Kritiken und Antikritiken.* Hamburg, S. 346–379
Flechtheim, Ossip, 1963, *Von Hegel zu Kelsen.* Berlin (West)
Forsthoff, Ernst, 1973, *Lehrbuch des Verwaltungsrechts.* (10. Aufl.) München
Freyer, Hans, 1930, *Soziologie als Wirklichkeitswissenschaft.* Leipzig
Gäfgen, Gérard, 1963, *Theorie der wirtschaftlichen Entscheidung.* Tübingen
Galtung, Johan, 1975, *Strukturelle Gewalt. Beiträge zur Friedens- und Konfliktforschung,* Reinbek
Gehlen, Arnold, 1949, *Sozialpsychologische Probleme der industriellen Gesellschaft.* Tübingen
Geiger, Theodor, 1953, *Ideologie und Wahrheit.* Stuttgart-Wien
Girndt, Helmut, 1967, *Das soziale Handeln als Grundkategorie erfahrungswissenschaftlicher Soziologie.* Tübingen
Gossen, Hermann Heinrich, 1854, *Entwicklung der Gesetze des menschlichen Verkehrs und der daraus fließenden Regeln für menschliches Handeln.* Braunschweig
Gossweiler, Kurt, 1971, *Großbanken, Industriemonopole, Staat.* Berlin (DDR)
Gouldner, Alvin W., 1954, »›Disziplinäre‹ und ›Repräsentative Bürokratie«, in: Mayntz, R., 1968, *Bürokratische Organisation.* Köln
–, 1974, *Die Krise der westlichen Soziologie.* 2 Bde., Reinbek
Habermas, Jürgen; Friedeburg, Ludwig v.; Oehler, Christoph; Weltz, Friedrich, 1961, *Student und Politik.* Neuwied
Habermas, Jürgen, 1962, *Strukturwandel der Öffentlichkeit.* Neuwied, Berlin
–, 1965, »Diskussionsbeitrag«, in: *Verhandlungen des 15. deutschen Soziologentages.* (Hrsg. Stammer, O.) Tübingen, S. 74–81
–, 1967, *Zur Logik der Sozialwissenschaften.* Sonderheft der *Philosophischen Rundschau,* Tübingen

–, 1968, *Technik und Wissenschaft als ›Ideologie‹.* Frankfurt a. M.
–, 1971, »Theorie der Gesellschaft oder Sozialtechnologie? Eine Auseinandersetzung mit Niklas Luhmann«, in: Habermas, Jürgen; Luhmann, Niklas, *Theorie der Gesellschaft oder Sozialtechnologie – was leistet die Systemforschung?* Frankfurt, S. 142–290
–, 1973, *Legitimitationsprobleme im Spätkapitalismus.* Frankfurt
Haney, Gerhard, 1971, *Die Demokratie – Wahrheit, Illusion und Verfälschungen.* Frankfurt/Main
Hartung, Fritz, 1972, *Die Entwicklung der Menschen- und Bürgerrechte von 1776 bis zur Gegenwart.* Göttingen, Berlin, Frankfurt
Hassinger, Erich, 1961, *Das Werden des neuzeitlichen Europa.* 1300–1600. Braunschweig
Hegel, Georg Friedrich Wilhelm, 1952, *Phänomenologie des Geistes.* Ed. Hoffmeister, J., Hamburg
–, 1969, *Wissenschaft der Logik.* 1. Bd., *Werke* in zwanzig Bänden, Bd. 5, Frankfurt a. M.
–, 1970, *Grundlinien der Philosophie des Rechts. Werke* . . ., Bd. 7, Frankfurt a. M.
Heidegger, Martin, 1963, *Holzwege.* Frankfurt
Heinemann, Klaus, 1969, *Grundzüge einer Soziologie des Geldes.* Stuttgart
Heller, Hermann, 1971, *Gesammelte Schriften. Bd. II, Recht, Staat, Macht.* Leiden
Hempel, Carl G., 1965, *Aspects of Scientific Explanation.* New York, London
Henrich, Dieter, 1952, *Die Einheit der Wissenschaftslehre Max Webers.* Tübingen
–, 1965, Diskussionsbeitrag auf dem 15. deutschen Soziologentag, in: Stammer, O. (Hrsg.), *Max Weber und die Soziologie heute,* Tübingen, S. 81–87
Herzog, Roman, 1971, *Allgemeine Staatslehre.* Frankfurt
Heymann, Kajo, 1973, »Bürokratisierung der Klassenverhältnisse im Spätkapitalismus«, in: Meschkat, Klaus; Negt, Oskar (Hrsg.), *Gesellschaftsstrukturen.* Frankfurt, S. 92–129
Hilferding, Rudolf, 1904, »Böhm-Bawerks Marx-Kritik«, in: *Marx-Studien,* Bd. 1, Wien
Hobbes, Thomas, 1962, *Leviathan.* Ed. Oakeshot, M., New York
–, 1970, *Leviathan.* Stuttgart
Hofmann, Werner, 1968, »Die Krise des Staats und das Recht«, in: *Kritische Justiz,* Heft 1
Horkheimer, Max, 1930, »Ein neuer Ideologiebegriff«, in: *Archiv f. d. Geschichte des Sozialismus u. d. Arbeiterbewegung,* Jg. XV, S. 33–56
–, 1942, »Autoritärer Staat«, in: *Walter Benjamin zum Gedächtnis,* Sonderband der *Zeitschrift für Sozialforschung,* Los Angeles
–, 1967, *Zur Kritik der instrumentellen Vernunft.* Frankfurt
Hume, David, 1910, »Vom Gelde«, in: Diehl, Karl und Mombert, Paul (Hrsg.), *Ausgewählte Lesestücke zum Studium der politischen Ökonomie,* 1. Bd. *Zur Lehre vom Geld,* Karlsruhe, S. 66–83
Husserl, Edmund, 1950, *Ideen zu einer reinen Phänomenologie und phänomenologischen Philosophie.* Den Haag
–, 1954, *Die Krisis der europäischen Wissenschaften und die transzendentale Phänomenologie.* Den Haag

Janoska-Bendl, Judith, 1965, *Methodologische Aspekte des Idealtypus. Max Weber und die Soziologie der Geschichte.* Berlin
Jellinek, Georg, 1904, *Die Erklärung der Menschen- und Bürgerrechte* (2. erw. Aufl.), Leipzig
–, 1905, *System der subjektiven öffentlichen Rechte.* (2. Aufl.)
–, 1966, Allgemine Staatslehre. (3. Aufl.), Bad Homburg, Berlin, Zürich
Jevons, William Stanley, 1871, *The Theory of Political Economy.* London
Joas, Hans, 1973, *Die gegenwärtige Lage der soziologischen Rollentheorie.* Frankfurt a. M.
Johnson, Harry M., 1960, *Sociology.* New York
Kade, Gerhard, 1962, *Die Grundannahmen der Preistheorie. Eine Kritik an den Ausgangssätzen der mikroökonomischen Modellbildung,* Berlin und Frankfurt a. M.
Kautsky, Karl, 1918, *Die Diktatur des Proletariats.* Wien
–, 1922, *Die proletarische Revolution und ihr Programm.* Berlin und Stuttgart
Kelsen, Hans, 1923, *Sozialismus und Staat.* (2. Aufl.), Leipzig
–, 1928, *Der soziologische und der juristische Staatsbegriff.* (2. Aufl.), Tübingen
–, 1966, *Allgemeine Staatslehre.* (1. Aufl., unveränderter Nachdruck), Bad Homburg, Berlin, Zürich
–, 1967, *Demokratie und Sozialismus.* Wien
Keynes, John Maynard, 1936, *Allgemeine Theorie der Beschäftigung, des Zinses und des Geldes.* München
Klenner, Hermann, 1953, *Der Marxismus-Leninismus über das Wesen des Rechts.* Berlin (DDR)
–, 1964, *Studien über die Grundrechte.* Berlin (DDR)
–, 1972, *Rechtslehre. Verurteilung der Reinen Rechtslehre.* Frankfurt/Main
Kirchheimer, Otto, 1967, *Politische Herrschaft.* Frankfurt
Kon, I. S., 1973, *Der Positivismus in der Soziologie. Geschichtlicher Abriß.* Berlin (West)
Korsch, Karl, 1967, *Karl Marx,* Frankfurt
Krause, Dieter, 1971, »Was ist Ideologie?« in: *Das Argument* 66, 13. Jg., S. 523ff.
Krüger, Herbert, 1966, *Allgemeine Staatslehre.* (2. durchgesehene Aufl.), Stuttgart
Kuhn, Thomas S., 1967, *Die Struktur wissenschaftlicher Revolutionen.* Frankfurt
Landshut, Siegfried, 1969, *Kritik der Soziologie und andere Schriften zur Politik.* Neuwied
Lange, Oskar, 1936/37, »On the Economic Theory of Socialism«, in: *Review of Economic Studies,* Vol. IV, (1. Teil: S. 53–71; 2. Teil: S. 123–142)
–, 1969, *Politische Ökonomie. Bd. 1, Allgemeine Probleme* (2. Aufl.), Berlin
Leibholz, Gerhard, 1967, *Strukturprobleme der modernen Demokratie.* (3. erw. Aufl.), Karlsruhe
Lenin, W. I., 1955, Aus dem Heft: »Der Marxismus über den Staat«, in: Karl Marx: *Kritik des Gothaer Programms.* Berlin (DDR)
–, 1960, *Staat und Revolution.* In: Lenin, *Werke* Bd. 25, Berlin (DDR)
–, 1971, »Was sind die ›Volksfreunde‹ und wie kämpfen sie gegen die Sozialdemokraten?« in: *Werke* Bd. 1, (6. Aufl), Berlin (DDR), S. 119–338
Lenk, Kurt, 1964, »Problemgeschichtliche Einleitung«, in: ders. (Hrsg.), *Ideologie,* (2. Aufl.), Neuwied-Berlin

Lieber, Hans Joachim; Furth, Peter, 1965, »Wissenssoziologie«, in: Beckerath, E. v. et. al. (Hrsg.), *Handwörterbuch der Sozialwissenschaften*, Bd. 12, Stuttgart, S. 337–346
Lipset, Seymour M., 1959, »Political Sociology«, in: R. K. Merton (ed.) *Sociology Today*
Litwak, Eugene, 1961/62, »Drei Alternative Bürokratiemodelle«, (Im Original: »Models of Bureaucracy which Permit Conflict«, *American Journal of Sociology*, Abgedruckt in: Mayntz, R. 1968, *Bürokratische Organisation*, Köln
Locke, John 1967, *Zwei Abhandlungen über die Regierung*. Frankfurt a. M.
Löwith, Karl, 1960, »Max Weber und Karl Marx«, in: ders, *Gesammelte Abhandlungen*. Tübingen
–, (Hrsg.), 1962, *Die Hegelsche Linke*. Stuttgart
–, 1964, *Von Hegel zu Nietzsche*. (5. Aufl.), Stuttgart
Ludwig, U.; Maier, H.; Wahse, J., 1972, *Bildung als ökonomische Potenz im Sozialismus*. Berlin
Luhmann, Niklas, 1964, »Zweck – Herrschaft – System. Grundbegriffe und Prämissen Max Webers«, in: *Der Staat*. Jg. 2, S. 129–158
–, 1965, *Grundrechte als Institution*. Berlin (West)
–, 1969a, »Klassische Theorie der Macht«, in: *Zeitschrift für Politik*, Jg. 16 (Neue Folge), S. 149–170
–, 1969b, *Legitimation durch Verfahren*. Neuwied
–, 1970a, *Soziologische Aufklärung* I. Köln/Opladen
–, 1970b, »Positivität des Rechts als Voraussetzung einer modernen Gesellschaft«, in: *Die Funktion des Rechts in der modernen Gesellschaft. Jahrbuch für Rechtssoziologie und Rechtstheorie*, Bd. 1 (Hrsg. Lautmann, Maihofer, Schelsky), Bielefeld
–, 1971a, »Sinn als Grundbegriff der Soziologie«, in: Habermas, J.; Luhmann, N., *Theorie der Gesellschaft oder Sozialtechnologie*, Frankfurt a. M.
–, 1971b, *Politische Planung. Aufsätze zur Soziologie von Politik und Verwaltung*. Opladen
–, 1972a, »Knappheit, Geld und die bürgerliche Gesellschaft«, in: *Jahrbuch für Sozialwissenschaft*, Bd. 23, H. 2, S. 186–210
–, 1972b, *Rechtssoziologie*. Bd. 1–2, Reinbek
–, 1973, *Zweckbegriff und Systemrationalität*. Frankfurt a. M.
Maihofer, Werner, 1968, *Demokratie im Sozialismus. Recht und Staat im Denken des jungen Marx*. Frankfurt a. M.
Mandelbaum, Maurice, 1975, »Gesellschaftliche Tatsachen«, In: Ritsert, Jürgen (Hrsg.), *Gründe und Ursachen gesellschaftlichen Handelns*. Frankfurt/New York, S. 196–214
Mannheim, Karl, 1925, »Das Problem einer Soziologie des Wissens«, in: *Archiv für Sozialwissenschaft und Sozialpolitik*, Bd. 53
–, 1952, *Ideologie und Utopie*. (3. Aufl.), Frankfurt a. M.
Maier, Hans, 1966, »Staatswissenschaften«, in: *Evangelisches Staatslexikon*, S. 2211–2213
Malewski, Andrzei, 1964, »Two Models of Sociology«, in: Albert, H. (Hrsg.), *Theorie und Realität*. Tübingen, S. 103–115

Marcuse, Herbert, 1965, »Industrialisierung und Kapitalismus«, in: Stammer, O. (Hrsg.), *Max Weber und die Soziologie heute.* Tübingen, S. 161–180
–, 1967, *Der eindimensionale Mensch.* Neuwied
Marshall, Alfred, 1966, *Principles of Economics.* (8. Aufl.), London
Marx, Karl und Engels, Friedrich, 1956ff., *Werke.* Hrsg. vom Institut für Marxismus-Leninismus beim ZK der SED, Berlin (DDR), Zit.: MEW, Bde. 1–39 und 2 Ergänzungsbände. Aufgeschlüsselt:
MEW 1 Marx, K., *Zur Kritik der Hegelschen Rechtsphilosophie. Kritik des Hegelschen Staatsrechts (§§ 261–313)* S. 201–333
ders., *Zur Judenfrage,* S. 347–377
ders., *Zur Kritik der Hegelschen Rechtsphilosophie. Einleitung* S. 378–391
ders., *Kritische Randglossen zu dem Artikel »Der König von Preußen und die Sozialreform. Von einem Preußen«,* S. 392–409
MEW 2 Marx, Karl und Engels, Friedrich. *Die heilige Familie oder Kritik der kritischen Kritik,* S. 3–223
MEW 3 dies., *Die Deutsche Ideologie,* S. 9–530
Marx, Karl, *Die Bürgerliche Gesellschaft und die kommunistische Revolution,* S. 537
MEW 4 ders., *Das Elend der Philosophie. Antwort auf Proudhons »Philosophie des Elends«.* Deutsch von E. Bernstein und K. Kautsky, S. 63–182
Engels, Friedrich, *Die Kommunisten und Karl Heinzen,* S. 309–324
Marx, Karl, *Die moralisierende Kritik und die kritisierende Moral,* S. 331–359
Engels, Friedrich, *Grundsätze des Kommunismus,* S. 361–380
Engels, Friedrich, *Frankreich. Politische Vorgänge,* S. 432–438
Marx, Karl und Engels, Friedrich, *Manifest der Kommunistischen Partei,* S. 459–493
MEW 7 Marx, Karl, *Die Klassenkämpfe in Frankreich 1848 bis 1850,* S. 9–107
ders., *Die Konstitution der Französischen Republik, angenommen am 4. November 1848,* S. 494–506
Engels, Friedrich, *Einleitung zu »Die Klassenkämpfe in Frankreich 1848–1850«* von Karl Marx (Ausgabe 1895), S. 511–527
MEW 8 ders., *Revolution und Konterrevolution in Deutschland,* S. 3–79
Marx, Karl, *Der 18. Brumaire des Louis Bonaparte,* S. 111–207
ders., *Vorwort* (zur 2. Ausg. (1869) »Der 18. Brumaire des Louis Bonaparte«, S. 559–560
Engels, Friedrich, *Vorrede* (zur dritten Auflage (1885) »Der 18 Brumaire des Louis Bonaparte« von Karl Marx), S. 561–562
MEW 11 Marx, Karl, *Die Administrativreform-Assoziation (Die Charte),* S. 266–269
MEW 13 ders., *Zur Kritik der politischen Ökonomie,* S. 7–160
Engels, Friedrich, *Karl, Marx, Zur Kritik der Politischen Ökonomie,* S. 468–477
MEW 16 Marx, Karl, *Lohn, Preis und Profit,* S. 103–152
MEW 17 ders., *Der Bürgerkrieg in Frankreich,* S. 313–365

ders., *Entwürfe* zum »Bürgerkrieg in Frankreich«, S.491–610
Engels, Friedrich, *Einleitung* zu »Der Bürgerkrieg in Frankreich« von Karl Marx (Ausgabe 1891), S. 615–625
Aufzeichnungen eines Interviews, das Karl Marx einem Korrespondenten der Zeitung »The World« gewährte, S. 639–643
MEW 18 Marx, Karl und Engels, Friedrich, *Die angeblichen Spaltungen in der Internationale,* S. 3–51
dies., *Resolutionen des allgemeinen Kongresses zu Haag vom 2.–7. Sept. 1872,* S. 149–158
Marx, Karl, *Rede über den Haager Kongress,* S. 159–161
Engels, Friedrich, *Zur Wohnungsfrage,* S. 209–287
ders., *Von der Autorität,* S. 305–308
MEW 18 Marx, Karl, *Konspekt von Bakunins Buch »Staatlichkeit und Anarchie«,* S. 597–642
Engels, Friedrich, *Vorwort* (zur 2. durchgesehenen Auflage »Zur Wohnungsfrage«), S. 647–655
MEW 19 ders., *Brief an Bebel vom 18./28. März 1875,* S. 3–9
Marx, Karl, *Kritik des Goethaer Programms,* S. 11–32
ders., *Brief an die Redaktion der »Otetschestwennyje Sapiski«,* S. 107–112
Engels, Friedrich, *Das Ausnahmegesetz gegen die Sozialisten in Deutschland – Die Lage in Rußland,* S. 148–149
ders., *Zum Tode von Karl Marx,* S. 340–347
Marx, Karl, *Randglossen zu Adolph Wagners »Lehrbuch der Politischen Ökonomie«,* S. 355–383
MEW 20 Engels, Friedrich, *Herrn Eugen Dührings Umwälzung der Wissenschaft (Anti-Dühring),* S. 1–303
ders., *Materialien zum »Anti-Dühring«,* S. 571–620
MEW 21 ders., *Der Ursprung der Familie, des Privateigentums und des Staats,* S. 25–173
ders., *Juristen-Sozialismus,* S. 491–509
MEW 22 ders., *Zur Kritik des sozialdemokratischen Programmentwurfs 1891,* S. 225–240
ders., *Antwort an den ehrenwerten Giovanni Bovio,* S. 279–281
MEW 23 Marx, Karl, *Das Kapital, Kritik der Politischen Ökonomie,* I. Bd.
MEW 25 ders., *Das Kapital, Kritik der Politischen Ökonomie,* III. Bd.
MEW 26.1–3 ders., *Theorien über den Mehrwert,* Bd. I–III
MEW 27 bis MEW 39, Briefe von Karl Marx und Friedrich Engels

Marx, Karl, 1953, *Grundrisse der Kritik der politischen Ökonomie.* (Rohentwurf), Berlin (DDR)

Marx, Karl, 1867, *Das Kapital,* 1. Bd. (1. Aufl), repr. Tokio 1959

Marx, Karl, 1966, *Das Kapital,* 1. Bd., 1. Kap., (1. Aufl.), repr, in: Fetscher, I., (Hrsg.), Marx-Engels-Studienausgabe, Bd. II, Frankfurt a. M.

–, 1970, *Resultate des unmittelbaren Produktionsprozesses.* Frankfurt a. M.

Mayer, Hans, 1925, »Produktion«, in: *Handwörterbuch der Staatswissenschaften.* (4. Aufl.),Bd. VI, S. 1108–1122

–, 1928, »Zurechnung«, in: Handwörterbuch der Staatswissenschaften. (4. Aufl.), Bd. VIII, S. 1206–1228
Mayntz, Renate, 1963, *Soziologie der Organisation.* Reinbek
–, 1968, (Hrsg.), *Bürokratische Organisation.* Köln
Melden, A. I., 1971, *Free Action,* London
Menger, Anton, 1903, *Neue Staatslehre.* Jena
–, 1904, *Das Recht auf den vollen Arbeitsertrag.* (3. Aufl.), Stuttgart und Berlin
Menger, Carl, 1968, *Grundsätze der Volkswirtschaftslehre.* (2. Aufl.), Tübingen
Merton, R. K.; Gray, A. P.; Hockey, B., (eds.), 1952, *Reader in Bureaucracy.* Glencoe, Ill.
Merton, Robert K., 1968, »Bürokratische Struktur und Persönlichkeit«, in: Mayntz, 1968
Meurer, Bärbel, 1974, *Mensch und Kapitalismus bei Max Weber. Zum Verhältnis von Soziologie und Wirklichkeit.* Berlin
Miliband, Ralph, 1972, *Der Staat in der kapitalistischen Gesellschaft. Eine Analyse des westlichen Machtsystems.* Frankfurt
Mill, John Stuart, 1910, *Principles of Political Economy,* Buch III, Kap. 7–9, in: Diehl, Karl und Mombert, Paul (Hrsg.), Ausgewählte Lesestücke zum Studium der politischen Ökonomie. 1. Bd., Zur Lehre vom Geld, Karlsruhe
Mises, Ludwig, 1920/21, »Die Wirtschaftsordnung im sozialistischen Gemeinwesen«, in: *Archiv für Sozialwissenschaft und Sozialpolitik, 47. Bd., S. 86–121*
Mitchell, W. C., 1969, The Shape of Political Theory to Come. From Political Sociology to Political Economy, in: S. M. Lipset (ed.) Politics and Social Sciences, New York, S. 101–136
Mohl, Robert, 1846, »Über Bürokratie«, in: ders., *Staatsrecht, Völkerrecht und Politik,* Bd. 2, 1862
Mommsen, Wolfgang, 1959, *Max Weber und die deutsche Politik* 1890–1920. Tübingen
–, 1963, »Zum Begriff der ›plebiszitären Führerdemokratie‹ bei Max Weber«, in: *Kölner Zeitschrift für Soziologie und Sozialpsychologie,* 15. Jg., S. 295–322
–, 1965, Diskussionsbeitrag auf dem 15. deutschen Soziologentag. in: Stammer, O. (Hrsg.), *Max Weber und die Soziologie heute.* Tübingen, S. 130–138
Morff, Otto, 1970, *Geschichte und Dialektik in der politischen Ökonomie.* Frankfurt
Morgenstern, Oskar, 1931, »Die drei Grundtypen der Theorie des subjektiven Werts«, in: *Probleme der Wertlehre, Schriften des Vereins für Sozialpolitik,* 183/1, München und Leipzig
Myrdal, Gunnar, 1963, *Das politische Element in der nationalökonomischen Doktrinbildung.* (2. Aufl.), Hannover
Nagel, Ernest, 1961, The Structure of Science. London
Narr, Wolf Dieter; Naschold, Frieder, 1971, *Theorie der Demokratie (Einführung in die moderne politische Theorie,* Bd. III) Stuttgart
Naschold, Frieder, 1972, *Systemsteuerung. (Einführung in die moderne politische Theorie,* Bd. II) (3. Aufl.) Stuttgart
Negt, Oskar, 1968, Korreferat in: Euchner, W., Schmidt, A., (Hrsg.), *Kritik der politischen Ökonomie heute.* Frankfurt a. M.
Offe, Claus, 1972, *Strukturprobleme des kapitalistischen Staates.* Frankfurt a. M.

–, 1974, »Rationalitätskriterien und Funktionsprobleme politisch-administrativen Handelns«, in: *Leviathan* 3, S. 333–345
Opp, Karl-Dieter, 1970, *Methodologie der Sozialwissenschaften. Einführung in Probleme ihrer Theoriebildung.* Reinbek
Pareto, Vilfredo, 1966, *Manuel d'Economie Politique.* Genf
Parsons, Talcott, 1948, »Max Webers Sociological Analysis of Capitalism and Modern Institutions«, in: Barnes, H. E. (ed.) *An Introduction to the History of Sociology,* Chicago, S. 287ff.
–, 1964, *The Social System.* New York/London
–, 1967, »On the Concept of Political Power«, in: *Sociological Theory and Modern Society.* New York, S. 297–354
Parsons, Talcott und Smelser, Neil J., 1972, *Economy and Society.* (5. Aufl.), London
Paschukanis, Eugen, 1966, *Allgemeine Rechtslehre und Marxismus.* (Unveränderter Nachdruck), Frankfurt a. M.
Pigou, A., 1969, »The Veil of Money«, in: Clower, R. W. (ed.) *Monetary Theory.* Harmondsworth, S. 30–36
Pilot, Harald, 1969, »Jürgen Habermas' empirisch falsifizierbare Geschichtsphilosophie«, in: *Der Positivismusstreit in der deutschen Soziologie.* Neuwied und Berlin
Polak, Karl, 1968, *Reden und Schriften.* Berlin (DDR)
Popper, Karl R., 1965, *Das Elend des Historismus.* Tübingen
–, 1966, *Logik der Forschung.* (2. Aufl.), Tübingen
Poulantzas, Nicos, 1972, »Aus Anlaß der marxistischen Rechtstheorie«, in: Marxistische und sozialistische Rechtstheorie (Hrsg. Reich, N.), Frankfurt a. M.
Projekt Klassenanalyse, 1972, *Zur Taktik der proletarischen Partei – Marxsche Klassenanalyse Frankreichs von 1848–1871.* Westberlin
–, 1973, *Materialien zur Klassenstruktur der BRD. Erster Teil: Theoretische Grundlagen und Kritiken,* Berlin (West)
Radbruch, Gustav, 1971, *Der Mensch im Recht.* (2. Aufl.), Göttingen
–, 1973, *Rechtsphilosophie.* (8. Aufl), Stuttgart
Rauh, Hans-Christoph, 1970, »Zur Herkunft, Vorgeschichte und ersten Verwendungsweise des Ideologiebegriffs bei Marx und Engels bis 1844«, in: *Deutsche Zeitschrift für Philosophie,* Jg. 16, H. 6., S. 689–715
Reich, Norbert, 1969, »Einleitung« zu Stučka, P. I., *Die revolutionäre Rolle von Recht und Staat.* Frankfurt a. M.
–, 1971, »Oktoberrevolution und Recht«, in: *Kritische Justiz.* Heft 2
–, 1972, »Marxistische Rechtstheorie zwischen Revolution und Stalinismus«, in: *Kritische Justiz.* Heft 2
Reichelt, Helmut, 1974, »Zur Staatstheorie im Frühwerk von Marx und Engels«, in: *Materialien zur Rekonstruktion der marxistischen Staatstheorie.* Frankfurt a. M., Berlin, Wien
Renner, Karl, 1965, *Die Rechtsinstitute des Privatrechts und ihre soziale Funktion.* (Wiederabdruck der 2. Aufl. von 1929), Stuttgart
Ricardo, David, 1887, *Letters of David Ricardo to T. R. Malthus 1810–1823.* Ed. Bonar, Oxford

–, 1905, *Principles of Political Economy and Taxation.* Deutsch: Jena
Ridder, Helmut, 1962, »Staat« in: *Staatslexikon* (7. Bd.), hrsg. von der Görres-Gesellschaft, (6. erw. Aufl), Freiburg
Riedel, Manfred, 1969, »Der Begriff der Bürgerlichen Gesellschaft und das Problem seines geschichtlichen Ursprungs«, in: ders., *Studien zu Hegels Rechtsphilosophie.* Frankfurt a. M. S. 135–166
Riehl, Wilhelm Heinrich von, *Die bürgerliche Gesellschaft,* Stuttgart, 11. Auflage 1930
Riker, William H., 1964, »Some Ambiguities in the Notion of Power«, in: *American Political Science Review.* Jg. 58
Ritsert, Jürgen, 1968, »Substratbegriffe in der Theorie des sozialen Handelns. Über das Interaktionsschema bei Parsons und in der Parsonskritik«, in: *Soziale Welt,* Jg. 19 (überarbeitet unter dem Titel: »Handlungstheorie und Grundannahmen des Liberalismus – über das Interaktionsschema bei Talcott Parsons.« In: Ders., *Wissenschaftsanalyse als Ideologiekritik,* Frankfurt a. M. 1975)
Robbins, Lionel, 1969, *An Essay on the Nature and Significance of Economic Science.* (Nachdruck der 2. Aufl. von 1935), London
Robinson, Joan, 1972, *Doktrinen der Wirtschaftswissenschaft.* (5. Aufl.) München
Rosenbaum, Wolf, 1971, »Zum Rechtsbegriff bei Stučka und Paschukanis« in: *Kritische Justiz,* Heft 2
Rousseau, Jean-Jacques, 1971, *Der Gesellschaftsvertrag.* Stuttgart
Sass, H. M., 1969, Nachwort zu: *Bauer: Feldzüge der reinen Kritik.* Frankfurt a. M.
Say, Jean Baptiste, 1803, *Traité d'économie politique.* Bd. 1, Paris
Scheler, Max, 1926, *Die Wissensformen und die Gesellschaft.* Leipzig
Schluchter, Wolfgang, 1972, *Aspekte bürokratischer Herrschaft.* München
Schmidt, Alfred, 1967, *Der Begriff der Natur in der Lehre von Karl Marx.* (2. Aufl.)., Frankfurt a. M.
Schmitt, Carl, 1932, *Legalität und Legitimität.* München
–, 1970, *Verfassungslehre.* (5. erw. Aufl.), Darmstadt
Schnädelbach, Herbert, 1969, »Was ist Ideologie?« in: *Argument* 50, Sonderband, Berlin, S. 71–92
Schneider, Erich, 1965, *Einführung in die Wirtschaftstheorie. 1. Teil: Theorie des Wirtschaftskreislaufs.* (12. Aufl), Tübingen
Schütz, Alfred, 1974, *Der sinnhafte Aufbau der sozialen Welt. Eine Einleitung in die verstehende Soziologie.* Frankfurt a. M.
Schumpeter, Joseph A., 1950, *Kapitalismus, Sozialismus und Demokratie.* (Zweite erweiterte Auflage), Bern
Selznick, Philip, 1948, »Foundations of the Theory of Organization«, in: *American Sociological Review,* Jg. 13, S. 25–35
Seyfarth, Constans und Sprondel, Walter M., 1973, (Hrsg.) *Seminar: Religion und gesellschaftliche Entwicklung. Studien zur Protestantismus-Kapitalismus-These Max Webers.* Frankfurt a. M.
Simmel, Georg, 1908, *Soziologie.* Leipzig
Sinzheimer, Hugo, 1923, »Arbeitsrecht« in: Handwörterbuch der Staatswissenschaften (4. Aufl.), 1. Band, S. 844–72
Smelser, Neil J., 1968, *Soziologie der Wirtschaft.* München

Smith, Adam, 1937, *An Inquiry into the Nature and Causes of the Wealth of Nations.* Ed. Cannan, E., New York
Sombart, Werner, 1921, *Der moderne Kapitalismus.* Bd. 1, 1. Hälfte, (4. Aufl), München
Stegmüller, Wolfgang, 1969, *Probleme und Resultate der Wissenschaftstheorie.* Bd. 1: *Wissenschaftliche Erklärung und Begründung.* Berlin, Heidelberg, New York
–, 1970, *Probleme und Resultate der Wissenschaftstheorie. Bd. 2: Theorie und Erfahrung.* Berlin, Heidelberg, New York
Stein, Ekkehart, 1973, *Staatsrecht.* (3. Aufl), Tübingen
Strauss, Anselm L., 1959, *Mirrors and Masks. The Search for Identity.* Glencoe/Ill.
Strauss, Leo, 1956, *Naturrecht und Geschichte.* Stuttgart
Stucka, Petr I., 1969, *Die revolutionäre Rolle von Recht und Staat.* Frankfurt a. M.
Thalheimer, August, 1973, *Der Faschismus in Deutschland.* Frankfurt a. M.
Thomas, William I., 1966, »The Relations of Research to the Social Process«, in: ders., *On Social Organization and Social Personality.* Hg. v. Janowitz, M., Chicago
Tomberg, Friedrich, 1969, »Basis und Überbau im historischen Materialismus«, in: ders., *Basis und Überbau.* Neuwied
Thome, Helmut, 1973, *Der Versuch, die »Welt« zu begreifen. Fragezeichen zur Systemtheorie von Niklas Luhmann.* Frankfurt a. M.
Tönnies, Ferdinand, 1922, *Gemeinschaft und Gesellschaft.* (4. und 5. Aufl), Berlin
Topitsch, Ernst (Hrsg.), 1965, *Logik der Sozialwissenschaften.* Köln und Berlin
Troeltsch, Ernst, 1919, *Die Soziallehren der christlichen Kirchen und Gruppen. Gesammelte Schriften,* Bd. 1, Tübingen
Trotzki, Leo, 1971, *Wie wird der Nationalsozialismus geschlagen?* Frankfurt a. M.
Walras, Léon, 1874–1877, *Eléments d'économie politique pure.* Lausanne, Paris und Basel
–, 1881, *Mathematische Theorie der Preisbestimmung der wirtschaftlichen Güter.* Stuttgart
Watkins, J. W. N., 1968, »Historical Explanation in the Social Sciences«, in: Gardiner, Patrick (Ed.), *Theory of History.* New York.
Weber, Werner, 1966, »Gewaltenteilung«, in: *Handwörterbuch der Sozialwissenschaften.* (9. Aufl.), Bd. 4, Stuttgart, Tübingen, Göttingen
Wieacker, Franz, 1952, *Privatrechtsgeschichte der Neuzeit.* Göttingen
Wieser, Friedrich v., 1924, *Theorie der gesellschaftlichen Wirtschaft. (Grundriß der Sozialökonomie, 1. Abt., 2. T.),* Tübingen
–, 1927, »Geld« in: *Handwörterbuch der Staatswissenschaften,* IV. Band, (4. Aufl.), S. 681–717
Winch, Peter, 1966, *Die Idee der Sozialwissenschaft und ihr Verhältnis zur Philosophie.* Frankfurt a. M.
Winckelmann, Johannes (Hrsg.), 1972, *Max Weber: Die protestantische Ethik II; Kritiken und Antikritiken.* (2. Aufl.), Hamburg
Wöhe, Günter, 1973, *Einführung in die Allgemeine Betriebswirtschaftslehre.* (11. Aufl)., München

Wolff, Robert; Moore Jr., Barrington; Marcuse, Herbert, 1966, *Kritik der reinen Toleranz*. Frankfurt a. M.

Wright, Georg Henrik v., 1974, *Erklären und Verstehen*. Frankfurt a. M.

Wygodski, Witali Solomonowitsch, 1967, *Die Geschichte einer großen Entdeckung*. Berlin

Wyschinski, A. I., 1953, »Fragen des Rechts und des Staates bei Marx«, in: *Sowjetische Beiträge zur Staats- und Rechtsgeschichte*. Berlin (DDR)

Zeisl, Hans, 1931, »Marxismus und subjektive Theorie«, in: Mises, L.; Spiethoff, A. (Hrsg.), *Probleme der Wertlehre, Schriften des Vereins für Sozialpolitik*, 183/1, S. 177–200

Sachregister

Äquivalent, allgemeines 138, 141, 144, 149, 151, 155
Äquivalententausch 133, 163, 182–185, 188, 189, 191
Äquivalentform 140f., 146, 154
Akkumulation des Kapitals 179, 180, 182, 184, 186, 188
Akkumulation, sog. ursprüngliche 166f.
Anarchismus 405f., 415
Aneignungsgesetz, Umschlag des 182–184, 368–371
Anstalt 422, 425
Arbeit 38f., 62, 100, 127, 128–133, 168, 183, 199, 290, 297
- abstrakt menschliche 53, 123f., 128, 129, 130–133, 138, 144, 170, 300, 301, 302, 310, 312
- freie 164, 166, 274, 277, 278–280, 303, 372f.
- gesellschaftliche 39, 131, 137, 138, 144, 249, 301, 302, 309f., 311, 312, 315, 373, 400
- Intensität der 173
- konkret nützliche 123, 124, 129, 130–133, 138, 144, 168, 170, 298, 302, 312
- materielle und geistige 52, 56f., 63, 412
Arbeiterklasse 61, 116, 174, 181, 186, 188, 190, 192, 371f.
Arbeiterpopulation 172, 174, 182, 184f.
Arbeitsgegenstand 168
Arbeitserwerb 264
Arbeitskraft 164f., 169, 175, 180, 181, 188, 189, 279
Arbeitsmittel 168, 188
Arbeitsproduktivität 132, 172, 173, 175, 176, 177, 188, 190
Arbeitsprozeß 167f., 306
Arbeitstag, Grenzen des 173f., 178f.
Arbeitsteilung 47f., 52f., 130, 137, 144, 212, 227, 230, 231, 338f., 410, 412
Arbeitszeit, gesellschaftlich notwendige 131, 176, 177, 178
Austausch 121, 130, 140, 147–151, 153, 411

Basis – Überbau 19, 27, 29, 30f., 32, 37, 58, 101, 114–117
Beamter 450ff.
- Trennung des Beamten von den Verwaltungsmitteln 452, 474f., 478, 488f.
Bedarfsdeckungswirtschaft 262
Betrieb 269f., 274, 278, 279, 280, 282f., 287f., 289f., 291, 296
Bewußtsein 26, 29, 35, 36, 37, 38, 40, 41, 42, 43, 44
- ideologisches 42–45, 46, 50, 51, 53, 55, 56, 57, 58, 60, 61, 63, 64, 145, 184
Beziehung, soziale 66, 69, 72, 78, 80f., 212f., 217, 422
Buchführung 274, 277, 280, 303
Bürokratie 305, 414, 450ff., 459, 471, 486ff.
- Leistungsüberlegenheit der Bürokratie 453ff., 487f.
- siehe auch bürokratische Herrschaft!
Bürokratisierung 112, 420, 467, 476ff., 488

Charaktermaske, ökonomische 150
Citoyen 333, 336, 362, 384, 413

Demokratie 352, 358ff., 394f., 414, 415, 462ff.
- bürgerliche 383f., 385, 391, 394, 403
- Führerdemokratie 467f.
- Massendemokratie 466, 468
- sozialistische 390f., 394, 403, 405, 483, 490f.
- unmittelbare 366, 408f., 413f., 464ff., 490f.

– Widerspruch zwischen Demokratie und Klassenherrschaft 365, 375, 379–381, 382, 385, 388f., 391ff.
Demokratisierung 394, 405, 463, 478, 488
Diktatur des Proletariats 390, 397, 402f.
Doppelcharakter der warenproduzierenden Arbeit 128–133, 144, 170, 312

Eigentum 48, 182, 183
Einkommensverteilung 289f.
Entfremdung 52, 61
Entwicklung, begriffliche und historische 116, 138, 141f., 152, 184, 321ff., 385–387
Entwicklungstendenzen, ökonomische und politische 385–388, 404
Erklärung; Erklären 77, 83–99, 103, 104, 105, 107, 108ff., 193, 221, 298f., 308f., 313, 314f.
Erwartung 80f., 110, 221
Erwerben 261–270, 275
Erwerben, kapitalrechnungsmäßiges 264–270, 271f., 276, 282f., 286, 287f., 291
Erwerbsbetrieb s. Betrieb
Erwerbstausch 263
Erwerbswirtschaft 197, 201, 262, 299, 300, 303
Experiment 92, 93

Form – Inhalt (bzw. Stoff) 123, 127, 128, 129, 130, 167, 183, 187
Fortschritt, technischer 177, 295, 298
Freiheit 342f., 349f., 360, 362f., 375, 413, 415

Gebrauchswert 120, 121, 122, 123, 125, 128, 161f., 167f., 199, 204, 298, 302, 312
Gehäuse der Hörigkeit 467f., 477f., 482, 483f., 493
Geld 50, 121, 125, 141, 149f., 151–160, 161, 187, 201f., 217, 219–250, 263, 282, 285f., 298f., 310f., 339
– Geldform 125, 135, 136, 138, 141, 144, 180
– formale Geltung des G.s 223ff.
– Kreditgeld 157, 159
– materiale Geltung des G.s 223ff., 298
– Geldrechnung 219, 225, 231ff., 239, 240–250, 285f., 288, 289, 291, 294, 296, 298ff., 301, 304, 485
– Geldschleier 121, 135, 140
– Geldtheorie 151, 152, 157, 158, 194, 210f., 220, 223f., 226, 227
– Weltgeld 152, 157
– Geldwert, subjektiver und objektiver 228
Geschichte (als Wissenschaft) 85, 95f., 206, 385f.
Geschichtsauffassung, materialistische 26, 28, 29, 31, 32, 36, 37, 38, 47, 52, 60, 119, 385f.
Gesellschaft, bürgerliche 27, 28, 29, 30, 31, 108, 111, 152, 184, 185, 186, 190, 311, 312, 314
– Trennung von bürgerlicher Ges. u. Staat 328ff., 355ff., 374, 393, 395, 406ff.
Gesellschaftsformation, ökonomische 29, 115f.
Gesetze, juristische 349ff., 354
–, ökonomische 206f., 210
Gewalt 414f., 426f., 434
Gewaltenteilung 355, 414
Gewinn 263–269, 271, 282f., 284
Gleichgewichtsökonomie 237
Gleichheit 341f., 349f., 361, 362f., 375, 411f.
Grenznutzen 204f., 211, 215, 224, 265, 267f., 289, 296
Grenznutzentheorie 203ff., 287
Greshamsches Gesetz 85, 87ff., 93, 96
Grundwiderspruch der kapitalistischen Produktionsweise 177, 178, 311
Grundrente 127, 181, 189

Handeln
– Einverständnishandeln 110f.
– rationales 199, 201, 206f.
– soziales 19, 66, 78ff., 102, 105, 201, 206, 212, 419
– zweckrationales 70

Handlungsrationalität 245, 249
Handlungstheorie 16, 52, 54, 65, 66, 76f., 99–113, 193, 206, 281f., 313, 314, 492
Haushalten (Haushalt) 211, 261–270, 274, 278, 279, 280, 282, 283, 287, 289f., 291, 296
Haushaltsrechnung 211, 278
Herrschaft 419f., 422, 427, 429ff., 437, 441, 445
- bürokratische Herrschaft 449ff.
- bürokratische Herrschaft und demokratische Regierungsform 462ff.
- bürokratische Herrschaft u. soziale Klassen 458f., 472f., 488f.
- bürokratische Herrschaft; Gründe ihrer Entstehung 475f.
- bürokratische Herrschaft und kapitalistische Produktionsweise 470ff., 488f.
- charismatische Herrschaft 440, 442
- legale Herrschaft 438, 441f., 444, 445f., 447
- legale Herrschaft und kapitalistische Produktionsweise 347ff., 446
- Minimierung der Herrschaft 463, 490f.
- monokratische Herrschaft 451, 460
- traditionale Herrschaft 439, 441f.
- Typen legitimer Herrschaft 436ff.
Herrschaftsverhältnis 48f., 50, 126f., 280, 304

Idealtypus 74, 94ff., 98f., 206ff., 210, 460f.
Ideologie 19, 24–26, 34, 46, 47, 50, 51, 53, 54, 55–60, 63, 145, 175, 183f., 187, 191
- Ideologiebegriff, totaler 24, 25
- Ideologiekritik 24, 25, 26, 32, 33, 38, 42, 43, 63, 183f., 185, 367
Individualismus, methodologischer 77, 82, 105, 106, 108, 111, 112, 313, 315, 423
Interesse 424, 430, 433, 434, 446
Irrationalität 246ff., 280, 307

Kampf 213ff., 235f., 290, 304, 317
Kapital 82f., 152, 161, 162, 177, 179, 183, 184, 188–190, 261, 264–269, 282f., 311
- als »automatisches Subjekt« 162, 180, 188, 311
- konstantes 170, 171, 173, 184
- variables 170, 181, 184
- Verwandlung von Geld in K. 152, 161–167, 181, 311
Kapitalismus 17f., 113, 193ff., 212, 242, 246, 247, 261–320
Kapitalist, Kapitalistenklasse 162, 168, 175, 181, 184, 186, 188, 190f.
Kapitalrechnung 211, 242, 248, 249, 265, 277, 278, 280, 285f., 288, 289, 291, 294, 296
Kapitalzins 266–269, 282f.
Klasse, soziale 62, 75f., 100, 181, 182, 186, 187, 188, 190f., 369
Klassenbewußtsein 61, 186–190, 372f., 375f., 381f., 383f., 387, 389, 394, 397f.
Knappheit 126, 196ff., 204ff., 242f., 262
Kommensurabilität 126, 317
Kommunismus 59, 60, 406ff.
Konkurrenz 176, 201, 216, 230, 237f., 239, 303f., 307, 318
Krise, ökonomische 140, 157, 160, 190, 302, 307, 311

Lebensmittel, notwendige 165, 172, 173, 174, 175, 177
Legitimität 430, 434, 437f., 441, 444, 447, 471
Lohnarbeit 115, 179, 181, 184, 189, 190f.
Lohnform 188–190

Macht 429ff., 435
- ökonomische 218, 237, 268f., 289, 290, 293
Markt 109, 110, 215ff., 219, 233–240, 278, 282, 290, 292, 296, 299, 304f., 485
- Marktgängigkeit 233f., 265
- Marktlage 232, 234f., 302, 304
- Marktmechanismus 110, 245, 248, 288, 290, 292, 299

Materialismus (s. auch Geschichtsauffassung, materialistische) 16f., 28, 33, 34, 36, 37, 39, 66, 99ff., 103, 104, 105, 314
Maximum, wirtschaftliches 237, 239
Mehrwert 162, 166, 169, 170, 171, 178, 180, 181, 182, 189
- Produktion des absoluten 171, 172, 173–175
- Produktion des relativen 172, 173, 175–178, 188
Mehrwertrate 171, 173, 176, 177, 178, 179, 185
Methode, dialektische 117, 118, 119
Mystifikation der gesellschaftlichen Verhältnisse 187–190

Natur, zweite 44, 45, 52, 53
Naturalrechnung 219, 242ff., 290, 294, 296, 297f., 304, 306
Naturrecht 352, 354, 357, 442f., 466
Naturwissenschaft 75, 88, 102, 112
Naturwüchsigkeit der gesellschaftlichen Entwicklung 49, 50, 62, 401
Neoklassik s. Ökonomie, neoklassische
Normen 69, 71, 72, 103, 424, 433, 443, 447, 450, 457
Nützlichkeit 122, 125, 126
Nutzleistung 196, 198ff.

Objektivität, gesellschaftliche 145, 159, 245, 247, 299, 304, 312, 316, 318f.
Öffentlichkeit 328f., 349f., 353, 355, 366, 407
Ökonomie, Kritik der politischen 26, 27, 111, 117, 127, 159, 300, 301, 302, 308
- neoklassische 158, 209
- politische 27, 117, 123, 127, 135, 136, 145, 146, 151, 204, 316, 319
Ordnung 104, 109, 236
Ordnung, geltende 424, 426
Ordnungsverband 296

Planwirtschaft 212, 248, 294–308
Preis 214, 216, 218, 232–236, 277, 290, 296, 298
Preis (-form) 140, 152
Preiskampf 213ff.
Preistheorie 194, 210f., 217
Privatarbeit 130, 137, 138, 144, 249, 309, 310, 311, 338
Privateigentum 49, 52f., 62, 144, 212, 227, 268, 269, 344, 349, 360f., 373f., 376, 489, 495
Produktentausch, unmittelbarer 142
Produktenwert 169, 170
Produktion 27, 28, 35, 36, 37, 38, 39, 40, 48, 167, 177, 211f., 289, 297
Produktionsfaktoren 189
Produktionsmittel 165, 169, 180, 182
Produktionsverhältnis 27, 28, 40, 58, 101, 116, 181, 186, 190
Produktivkraft 27, 28, 40, 41, 58, 61, 100f., 178, 230, 297
Produktivkraft der Arbeit s. Arbeitsproduktivität
Profit 166, 172, 189
Profitrate 171, 172, 173, 184
- tendenzieller Fall der 132, 172, 179, 311
Proletariat s. Arbeiterklasse
Psychologie 110, 111, 206

Rationalität 452, 480, 481f.
- formale Rationalität 194f., 219, 225f., 239, 240–250, 261, 280, 283, 285–293, 294, 298ff., 301, 303, 304, 305, 306, 307, 315–318
- materiale Rationalität 194f., 226, 240f., 246–250, 261, 283, 285, 288–293, 306, 316
- Trennung von formaler u. materialer Rationalität 457f., 483ff., 488f., 492
- Zweckrationalität 95, 249
Rationalisierung 442, 475, 479ff., 484
Realisation 148f., 153, 170, 180, 301
Recht 69, 82, 278, 284, 321ff., 425
- Bürgerrechte 359, 362f., 365f., 413
- Klassenrecht 376
- Menschenrechte 359–362, 413
- modernes 327, 337, 341f., 411ff., 416
- Rechtsform 337, 344, 346, 412
- Rechtsformalismus 354, 357

– Rechtsgleichheit 348, 472f.
– Rechtsperson 340ff., 345
– Rechtsverhältnis 337ff., 348f., 354
Reduktion von komplizierter auf einfache Arbeit 131f., 301
Reichtum 117, 119f., 123, 127, 177, 190, 199, 316
Rentabilität 265–269, 278, 286, 288
Reproduktion, einfache 181
– erweiterte 182f.
Reservearmee, industrielle 185

Schein, notwendiger (objektiver, bloßer usw.) 133, 146, 183, 184, 185, 191, 369ff.
Sein, gesellschaftliches und Bewußtsein 27, 32–36, 40–44, 57, 58, 60, 145
Sinn 65–75, 78ff., 87f., 196f.
– Sinnadäquanz 74, 82
– Funktionssinn 69, 72
– idealtypischer 74, 89, 94f.
– metaphysischer 68f., 72
– objektiver 72f., 91
– objektiv gültiger 68, 69, 72
– subjektiver (= gemeinter Sinn) 68, 71ff.
– als Ziel od. Zweck 70
Sozialismus 279, 292, 294–308, 318, 397ff., 485ff.
Staat 30, 53, 155, 178, 191, 222f., 296, 305, 321ff., 422ff.
– Absterben des Staates 403f., 406ff.
– als Klassenstaat 324, 335, 352f., 366, 370, 373–375, 376f., 402
– moderner 325f., 328, 419
– als Rechtsstaat 303, 327, 335, 347ff., 363f., 368, 376f.
– als Staat 329–332, 356f., 378, 403, 406, 409ff., 414f.
Staatsinterventionismus 418
Staatslehre 325
Staatssoziologie 419f.
Staatstheorie, marxistische 324ff., 355, 374, 378
Statistik 79, 93, 98
Struktur, ökonomische 27, 28, 29, 114, 115, 116, 127, 271f., 276, 277, 280ff.
– politische 321–325
Subjekt – Objekt 16, 21, 44, 45, 46f., 51, 136, 143, 159, 190
Subjekt und Objekt, Verkehrung von 50, 143, 145, 146, 162, 309, 312, 316
System, soziales 19, 115, 118, 154, 159, 186, 230
Systemrationalität 245, 249
Systemtheorie 52, 65, 66, 76f., 82

Tausch 195, 211ff., 220f., 295
– bei Konkurrenz 214, 216f., 233
– haushaltsmäßiger 263
– indirekter 230, 232
– isolierter 213ff., 233
– Tauschmittel 220ff.
– Tauschwert 121–125, 128, 204, 298, 311
Technik 197, 200f., 242, 284, 488f., 494
Theorie – Empirie 11f., 117f., 157, 158f.
ökonomische Theorie s. Wirtschaftstheorie
Totalität, gesellschaftliche 159
Tradition 439f., 446
Traditionalismus, ökonomischer 272, 284

Utilitarismus 316, 319f., 421
Utopie, Utopismus 45, 185, 404, 416, 491, 495

Verband 212, 296
– politischer 425ff., 464
– Wirtschaftsverband 296
Verdinglichung der gesellschaftlichen Verhältnisse s. Versachlichung
Verdopplung der Ware in Ware und Geld 148, 149, 150
Vergemeinschaftung 213
Verhaltenstheorie 66
Verkehrswirtschaft 212, 242, 246, 248, 295f., 304, 316
Versachlichung 50, 108, 136, 143, 145, 238f., 247, 283, 287, 292, 309, 312, 318, 339, 493
Verselbständigung 46–54, 55, 57, 59, 61f., 108, 111, 136, 143, 145, 309, 315,

351, 356f., 377f., 390ff., 406, 484, 489, 493f.
Verstaatlichung 400, 489f.
Verstehen 66, 73, 83f., 86–99
- aktuelles 89–92
- erklärendes (motivationsmäßiges) 89–92
Verwaltung
- Eingriffsverwaltung – Leistungsverwaltung 326, 355f., 357f., 377, 407, 408ff.
- Honoratiorenverwaltung 477, 488
- Kalkulierbarkeit der Verwaltung 474, 480
- Verwaltungsstab 69, 425, 459
- Trennung von Politik und Verwaltung 416, 457, 467
Verwertungsprozeß des Kapitals 168, 169, 170, 306

Wahl 411, 468
Wahlrecht, allgemeines 363, 365f., 379f., 389, 390ff., 463f.
Wahlhandlungslehre 205
Ware 119–126, 134, 187
- Fetischcharakter der 143–146, 183
Warenform der Arbeitsprodukte 52, 128, 130, 134–138, 146, 150, 187, 310
Warenproduktion 50, 126, 130, 133, 137f., 183, 187, 310
Wert 123, 124, 126, 127, 128, 129, 138, 139, 140, 203–205, 210f., 215, 217, 298f., 301f., 412
- Wertform 126, 134–142, 144, 145, 151, 152, 187f., 310, 312
- Wertform, relative 140f.
- Wertgegenständlichkeit 134–138, 140, 144f.
- Wertgröße 125, 131f., 150, 151, 220
- Wertparadoxon 126, 132, 204
- Wertprodukt 169, 170
- Wertsubstanz 123, 124, 128f., 131
Wertfreiheit 246
Werttheorie, subjektivistische 126, 146, 195, 203–210, 217, 300f., 316
Wesen – Erscheinung 123, 135, 175f.
Wirtschaftsethik 272–275
Wirtschaftsordnung 212, 280, 294, 295, 296, 304, 315
Wirtschaftssoziologie 111, 158, 194, 195, 206ff., 219, 226, 301, 313
Wirtschaftssystem 271–276, 279, 283, 300
Wirtschaftstheorie 194f., 203ff., 220, 267, 289, 300, 306
Wirtschaften, rationales 199
Wissenssoziologie 25, 26

Zahlungsmittel 152, 156f., 220ff.
Zins 266–269
Zirkulation, einfache 133, 153f., 159, 163, 165, 182–184, 185, 191, 327, 337f., 352f.
Zirkulationsform 263, 264, 265, 267
Zirkulationsmittel 153–155
Zweck-Mittel-Relation 200, 433, 461, 471f.
Zweck-Mittel-Verkehrung 271, 283, 493

Personenregister

(mit Ausnahme von Engels, F., Marx, K. und Weber, M.)

Abendroth, W. 357
Abramowski, G. 482
Adam, H. 435
Adorno, Th. W. 96, 106, 185, 482
Agnoli, Joh. 469
Albert, H. 96, 207, 210
Annenkow, P. W. 40
Arndt, H. 204

Bachrach, P. 432
Backhaus, H. G. 157
Bakunin, M. 404, 405
Baratz, M. 432
Barnard, Ch. 454
Barth, H. 26, 52, 64
Bauer, B. 33, 38, 56
Bauer, O. 378, 395
Bendix, R. 293, 421
Bentham, J. 319, 320
Blau, P. M. 109, 460, 461
Bloch, E. 45, 413
Bluntschli, J. 30
Böhm-Bawerk, E. v. 125–127, 132, 209, 217f., 298, 300
Bollhagen, P. 385
Bracher, K. D. 395
Braithwaite, R. B. 109
Burghardt, A. 158

Cairns, H. 25
Cerroni, V. 325, 344, 354
Clark, J. M. 209
Clower, R. W. 158
Coletti, L. 113
Cornu, A. 38, 336
Crozier, M. 455, 456, 487
Cunow, H. 357, 416

Dahl, R. 431
Dahrendorf, R. 96, 434
Danto, A. C. 77, 82, 103, 106, 270
Downs, A. 470
Drath, M. 357
Durkheim, E. 210

Ellul, J. 494
Etzioni, A. 460

Feuerbach, L. 39, 52
Fischoff, E. 273
Flechtheim, O. 345
Forsthoff, E. 326
Fourier, Ch. 416
Freyer, H. 480
Furth, P. 25

Gäfgen, G. 200, 207
Galtung, J. 432
Gehlen, A. 51, 82
Geiger, T. 26, 38, 63
Girndt, H. 83
Gossen, H. H. 204, 205, 209, 218
Gossweiler, K. 395
Gouldner, A. W. 83, 444, 447
Gray, A. P. 460
Gresham, Th. 96

Habermas, J. 39, 54, 66, 69, 75, 82, 83, 96, 102, 191, 292, 365, 366, 418, 447, 469, 470, 477
Haney, G. 413
Hartung, F. 365
Hassinger, E. 434
Hegel, G. F. W. 27, 29, 38, 45, 52, 64, 107, 117, 126, 319, 328–336, 352, 354, 385, 386, 434, 460
Heidegger, M. 482
Heinemann, K. 158
Helvétius, C. A. 63
Hempel, C. G. 461
Henrich, D. 99, 293
Herzog, R. 421

Hess, M. 52
Heymann, K. 479
Hilferding, R. 126, 132
Hobbes, T. 160, 335, 348, 352, 355, 357
Hockey, B. 460
Hoffmann, W. 357
Holbach, P. H. D. 63
Horkheimer, M. 25, 185, 191, 482
Hume, D. 140, 227
Husserl, E. 70, 482

Janoska-Bendl, J. 99, 461
Jellinek, G. 325, 326, 354, 355, 365, 384, 421
Jevons, W. St. 200, 209
Joas, H. 150

Kade, G. 239
Kant, I. 352
Kautsky, K. 378, 385, 404, 414
Kelsen, H. 325, 344, 345, 354, 355, 357, 384, 405, 413–416, 421, 434
Keynes, J. M. 158
Kirchheimer, O. 445
Klenner, H. 325, 345, 346, 365, 376
Knapp, G. F. 222
Knies, K. 96
Kon, I. S. 63
Korsch, K. 100
Krause, D. 63
Krüger, H. 421, 434
Kuhn, Th. S. 65, 111

Landshut, S. 481
Lange, O. 209, 306, 308
Leibholz, G. 469
Lenin, W. I. 63, 374, 377, 388
Lenk, K. 26
Lieber, H. J. 25
Lipset, S. 418, 421
Litwak, E. 455, 487
Locke, J. 335, 345, 352, 355, 357
Lockwood, D. 112
Löwith, K. 38, 112, 293, 336, 482
Ludwig, U. 132
Luhmann, N. 25, 52, 65, 66, 68, 69, 76, 81–83, 158, 200, 249, 300, 354, 357, 365, 385, 431–433, 446, 447, 460, 461

Maier, H. 132
Maier, H. 421
Maihofer, W. 415
Malewski, A. 112
Malthus, T. R. 127
Mandelbaum, M. 105, 270
Mannheim, K. 25, 26, 45
Marcuse, H. 54, 185, 292, 293, 434, 435, 482
Marshall, A. 209, 227, 239
Mayer, H. 217, 300, 303, 305, 306
Mayntz, R. 109, 449, 460, 461, 487
Mead, G. H. 66, 83
Melden, A. J. 112
Menger, A. 376
Menger, C. 200, 209, 227, 320
Merton, R. K. 454, 460, 487
Meurer, B. 113
Miliband, R. 419
Mill, J. St. 227
Mises, L. 294, 297–301, 305, 306, 308
Mitchell, W. C. 421, 463
Mönke, W. 336
Mohl, R. 459
Mommsen, W. 75, 447, 463, 466, 469
Moore, B. 434
Morff, O. 385
Morgenstern, O. 209, 217, 218
Myrdal, G. 307

Nagel, E. 96
Narr, W. D. 469
Naschold, F. 432, 469
Negt, O. 159

Offe, C. 191, 418, 451, 456, 487
Opp, K. D. 86, 96

Pareto, V. 207, 209, 210
Parsons, T. 52, 65, 106, 111, 112, 158, 218, 239, 433

Paschukanis, E. 345–347, 350, 367
Pigou, A. C. 140
Pilot, H. 385
Polak, K. 413
Popper, K. R. 31, 85, 86, 96
Poulantzas, N. 345
Proudhon, J. 404

Radbruch, G. 345, 376, 415
Rauh, H. G. 26
Reich, N. 345
Reichelt, H. 336, 357
Renner, K. 354, 376
Ricardo, D. 127, 133, 140
Ridder, H. 357
Riedel, M. 435
Riehl, W. H. 435
Riker, W. H. v. 431
Ritsert, J. 97, 434
Robbins, L. 203
Robinson, J. 139, 140
Roscher, W. 96
Rose, A. 66
Rosenbaum, W. 345, 346
Rousseau, J. J. 52, 345, 352, 357, 414, 469

Sass, H. M. 336
Saint-Simon, C. H. de 415, 416
Savigny, C. v. 227
Say, J. B. 140
Scheler, M. 25
Schelsky, H. 494
Schiller, F. W. 45
Schluchter, W. 388, 415, 449, 454, 456, 460, 487, 494, 495
Schmidt, A. 39
Schmitt, C. 365, 384, 385, 445
Schnädelbach, H. 63
Schneider, E. 200
Schütz, A. 70, 72–74, 76, 80, 82, 83, 91, 92, 99, 106
Schumpeter, J. 470
Selznick, Ph. 454
Seyfarth, C. 284
Simmel, G. 25
Sinzheimer, H. 376
Smelser, N. J. 158, 218
Smith, A. 45, 117, 133, 140, 160, 204
Sombart, W. 178, 283
Sprondel, W. M. 284
Stegmüller, W. 96, 109, 113
Stein, E. 366
Stirner, M. 33, 38, 56, 405, 406
Strauss, A. L. 112
Strauss, L. 446
Stucka, P. 345

Thalheimer, A. 395
Thomas, W. I. 62, 64
Thomé, R. 76, 77
Tönnies, F. 30
Tomberg, F. 31, 54
Topitsch, E. 96
Troeltsch, E. 29
Trotzki, L. 395

Vico, G. B. 51, 103

Wahse, J. 132
Walras, L. 200, 209, 239, 245
Watkins, J. W. N. 103, 107, 110, 112
Weber, W. 355
Wieacker, F. 354
Wieser, F. v. 159, 209, 218, 227, 228, 298
Winch, P. 71, 74, 97, 98, 102, 103
Winckelmann, J. 284, 421
Wöhe, G. 202
Wolf, F. 434
Wright, G. H. v. 96, 97, 102, 109, 112, 113
Wygodski, W. S. 157
Wyschinski, A. I. 345

Zeisl, H. 320